永宁年鉴

YONGNING NIANJIAN

2022

永宁县档案馆
永宁县史志编纂委员会办公室 编

黄河出版传媒集团
宁夏人民出版社

图书在版编目（CIP）数据

永宁年鉴. 2022 / 永宁县档案馆，永宁县史志编纂委员会办公室编. -- 银川：宁夏人民出版社，2023.4
ISBN 978-7-227-07807-4

Ⅰ. ①永… Ⅱ. ①永… ②永… Ⅲ. ①永宁县 - 2022- 年鉴 Ⅳ. ① Z524.34

中国国家版本馆 CIP 数据核字（2023）第 069993 号

永宁年鉴（2022）　　永宁县档案馆 / 永宁县史志编纂委员会办公室 编

责任编辑 管世献
责任校对 杨敏媛
封面设计 姚欣迪
责任印制 侯 俊

黄河出版传媒集团 宁夏人民出版社 出版发行

出 版 人 薛文斌
地　　址 宁夏银川市北京东路 139 号出版大厦（750001）
网　　址 http://www.yrpubm.com
网上书店 http://www.hh-book.com
电子信箱 nxrmcbs@126.com
邮购电话 0951-5052104 5052106
经　　销 全国新华书店
印刷装订 宁夏凤鸣彩印广告有限公司
印刷委托书号 （宁）0025840

开本 889 mm × 1194 mm 1/16
印张 24
字数 710 千字
版次 2023 年 11 月第 1 版
印次 2023 年 11 月第 1 次印刷
书号 ISBN 978-7-227-07807-4
定价 298.00 元

永宁县行政区划图

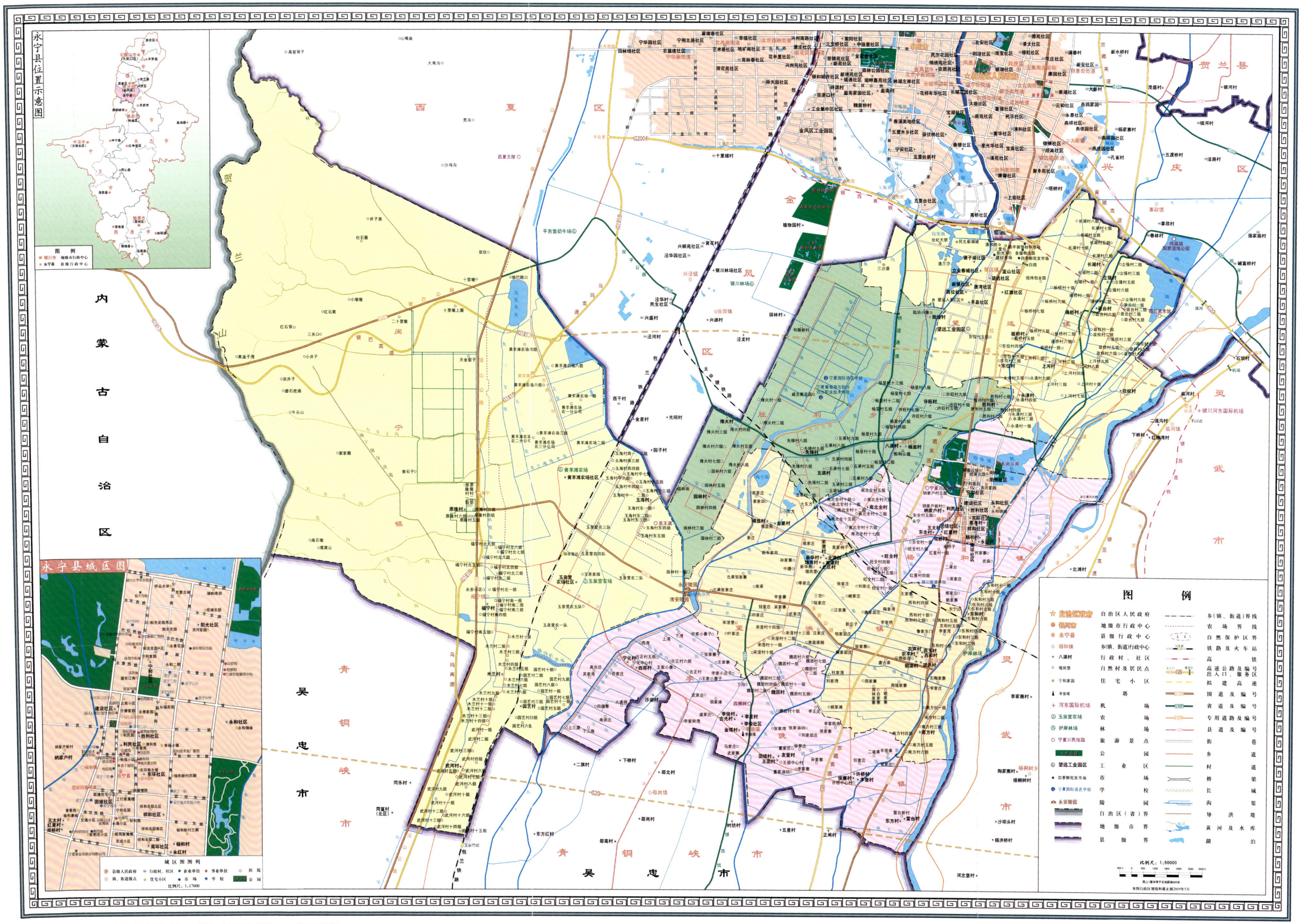

永宁县民政局　宁夏多闻科技股份有限公司　编制　　审图号：宁S（2020）005号　　2020年6月印刷

永宁县史志编审委员会

名誉主任：朱　剑　　郭雪平

　　　　　郝春明　　郑进选

主　　任：纪伏荣

副 主 任：陈丽娟　　沙　勐　　马立云

委　　员：陈国宝　　徐　军　　郭旭宏

　　　　　刘海峰　　路　晶　　谢丽丽

　　　　　杨立军　　马小英　　赵　超

　　　　　姜自力

《永宁年鉴》编辑部

主　　编：纪伏荣

副 主 编：沙　勐

执行主编：路　晶

特邀编审：霍丽娜

总　　纂：李玉春

校　　对：王富荣　　张学军　　付燕荣

9月24—26日，中国共产党永宁县第十五次代表大会召开

6月30日，永宁县庆祝中国共产党成立100周年优秀共产党员、优秀党务工作者和先进基层党组织表彰大会召开

11月12—14日，永宁县第十九届人民代表大会第一次会议召开

11月10—13日，中国人民政治协商会议永宁县第十一届委员会第一次会议召开

1月21日，永宁县举办新时代文明实践学雷锋志愿者服务项目创投大赛

1月，永宁县启动村、社区党支部委员会、村（居）民委员会换届选举工作，图为1月25日李俊镇村（居）委会正式候选人集体谈话会

3月6日，永宁县党史学习教育动员部署大会召开

3月24日，永宁县举办廉政书画展

3月24日，永宁县举办新任职领导干部廉政警示教育集体谈话会

4月21日，永宁县举办周末大讲堂——马克思主义“五观”百场万人大宣讲活动

4月29日，永宁县全县乡镇领导班子换届工作动员会召开

5月18—25日，2021年永宁县委中心组“奋进新时代、担当新使命、展现新作为”专题研讨会召开

6月23日至7月1日，永宁县为在党50年党员颁发“光荣在党50年”纪念章，图为李俊镇为在党50年的党员颁发“光荣在党50年”纪念章

6月27日，永宁县举行民主党派基层组织换届大会

7月1日，永宁县隆重举行庆祝中国共产党成立100周年活动，图为县城一处花坛

庆祝中国共产党成立100周年，望洪镇宋澄村农民在土地上“种”出的对党的祝福

7月10日，永宁县工商业联合会召开第十一届执行委员会第一次全体委员会议

9月6日，永宁县胜利乡选区组织群众投票选举县、乡两级人大代表

10月12日，永宁县举办2021年青年干部主体培训班

10月18日，公安部调研组调研永宁县公安机关贯彻习近平总书记关于公安工作重要讲话精神情况

11月1日，永宁县纪委监委党支部组织抗疫一线党员重温入党誓词

12月12日，环保部调研组调研永宁县黄河流域生态警示片反馈问题整改情况

2月28日，永宁县胜利乡的农民在田间播种

3月5日，银川市2021年一季度第一批次项目集中开工现场推进会永宁县分会场开启全县2021年工业项目建设

3月29日，福建省农业专家林占熺（中）在闽宁镇刘昌富的大棚里查看菌草生长情况

4月13日，宁夏晓鸣农牧股份有限公司在深圳证券交易所上市

6月6日，永宁县科协组织老科技工作者给农民传授种植科技知识

6月10日，京东物流银川亚洲一号项目在永宁县望远工业园区正式启动运营

6月25日，浙江大学贾惠娟（右三）教授在胜利乡八渠村给葡萄种植户现场讲解大青葡萄种植技术

7月9日，望洪镇增岗村的麦田里，农民正收割小麦

7月10日，宁夏国家葡萄及葡萄酒产业开放发展综合试验区在闽宁镇挂牌

7月15日，山东省青岛市政府考察组一行来到闽宁镇考察交流两地葡萄酒产业发展经验

7月15日，自治区蔬菜栽培技术培训班在永宁县望远镇举办，来自全区的蔬菜种植大户和农技人员120多人参加培训

9月1日，永宁县李俊镇开始2021年秋季农田水利基本建设

9月8日，第二十一届中国国际投资贸易洽谈会在厦门开幕，闽宁镇组团参会

9月23日，永宁县2021年中国农民丰收节在杨和镇举行

9月27日，胜利乡烽火村与新华百货连锁超市签订“农超对接”协议

9月30日，闽宁镇原隆村农民夜间采摘酿酒葡萄，以此提高葡萄品质

1月14日，永宁县举行首批“人才小高地”授牌仪式

3月11日，由共青团宁夏回族自治区委员会等单位主办的“青春向党提干劲 山海情缘青年说”主题演讲比赛在闽宁镇举行

3月12日，永宁县2021年“春风行动”举办民营企业周招聘活动

4月14—16日，新时代科技大篷车走进永宁县新华小学、丰盈小学、望远中心小学

4月28日，永宁县在龙辰九悦湾项目工地举办全县建筑行业劳动技能竞赛

5月12日，永宁县公安干警走访社区，开展预防电信诈骗宣讲活动

7月27日，永宁县红十字会在县人民医院开展第二场全县卫生健康系统驰援河南救灾捐赠活动

9月1日，宁夏医科大学附属医院组织医生在永宁县开展“民族团结月”义诊活动

9月10日，永宁县公安干警在县城学校周围开展道路高峰时段安全守护活动

9月18日，永宁县在玉海耿飚红军小学举行永宁县第一批县级国防教育基地授牌仪式

9月28日，闽宁镇捐赠福建省厦门市思明区两车价值60万元的冰糖苹果、白萝卜、西红柿、牛奶、羊肉等特产抵达思明区，支持厦门人民抗击新冠疫情

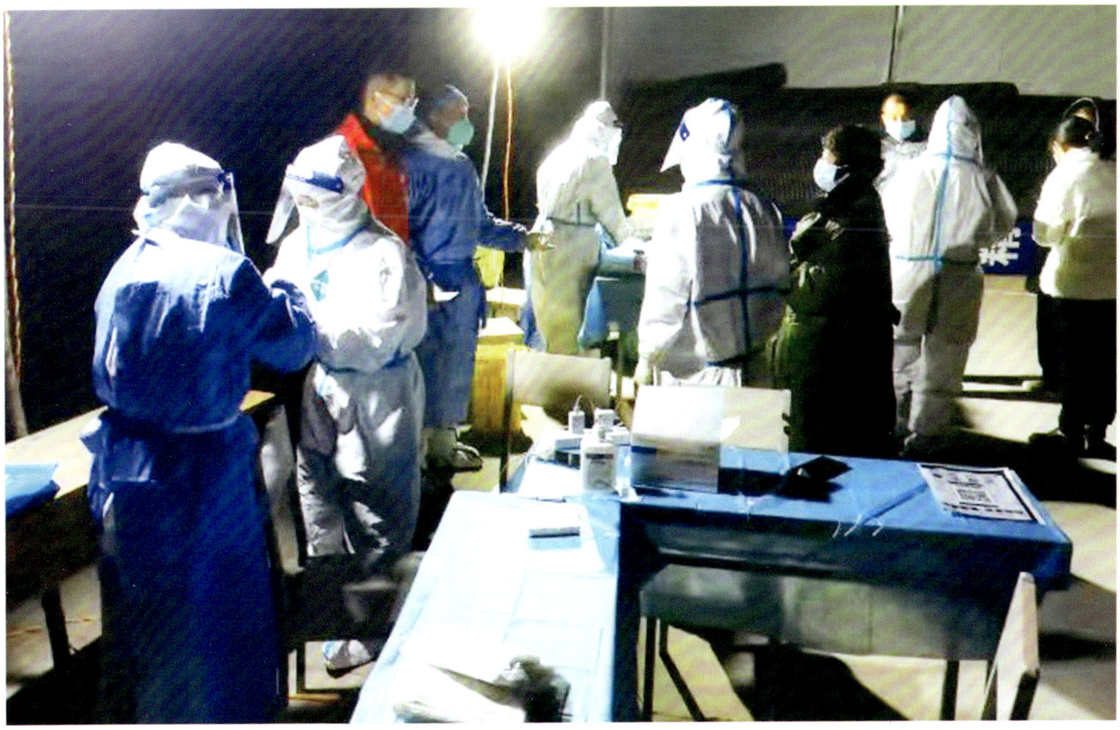

10月29日，永宁县纪检监察干部连夜在烽火村开展核酸检测工作

10月29日，杨和镇杨和四期居民点全员核酸检测采样点现场

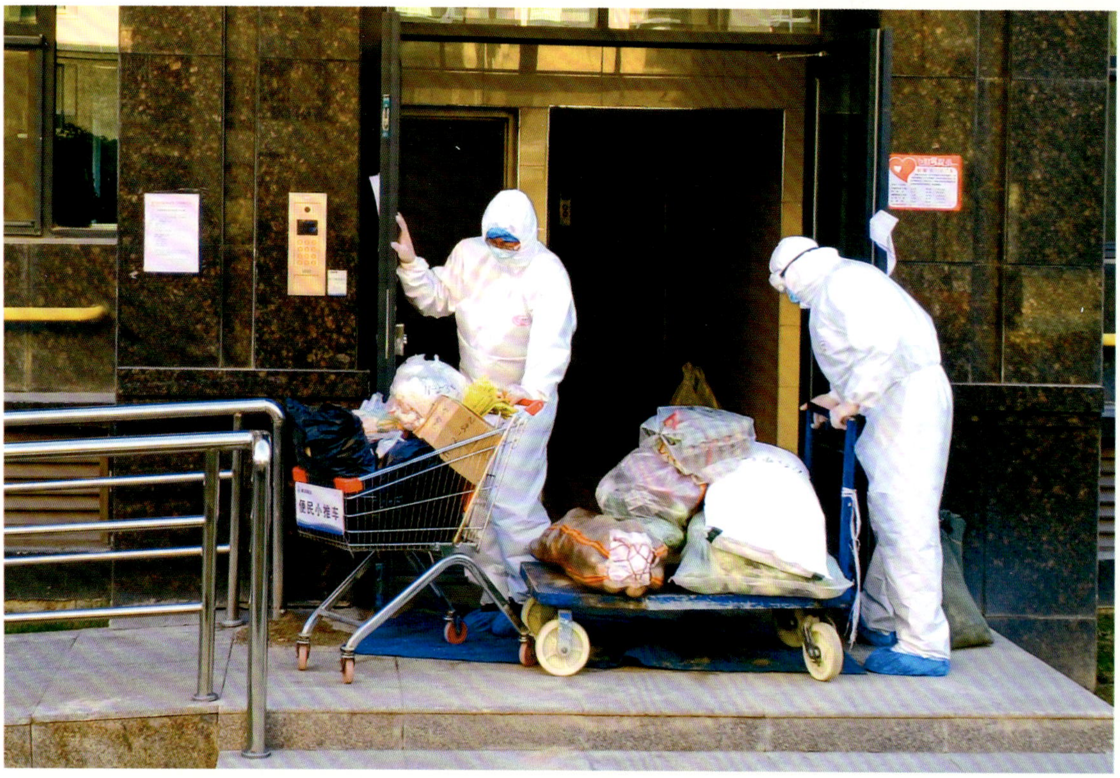

11月4日，永宁县自然资源局干部为蔚湖城小区居家居民配送生活物资

12月2日，永宁县第三届“创青春”青年电商创新创业大赛总决赛

12月27日，永宁县自然资源局不动产中心为望远人家A区住户颁发安置小区不动产产权证书

2月24日，永宁县残联在鸣翠湖滑雪场举办残疾人冰雪趣味运动会

4月13日，由中央网信办、自治区党委网信办主办的“脱贫攻坚巡礼——网络名人宁夏行”网络名人走进闽宁镇赵鸿农民文化大院

4月21日，闽宁两省区乡村振兴重点纪录片《闽宁纪事2021》开机仪式在永宁县闽宁镇举行

4月23日，永宁县举行“倡导全民阅读　建设书香永宁”讲好永宁故事诵读经典启动仪式

5月7日，新华书店闽宁镇店开业，当日游客满盈

5月31日，永宁县第五届职工运动会在县体育中心开幕

6月11日，胜利乡开展“粽叶飘香 情暖端午”新时代文明实践活动

6月15日，永宁县在县城第二小学举行“2021·绿书签行动”宣传活动

6月26日，永宁县新时代文明实践中心在永宁县人民公园举办“国韵新风　情定永宁”2021年永宁县第二届集体婚礼

9月7日，永宁县举行2021年文明创建“亮形象、展业绩、争先进”启动仪式

4月2日，全县机关干部职工在贺兰山东麓参加全县义务植树活动

4月23日，李俊镇组织李俊社区群众开展植树活动

5月25日，水利部调研组调研永宁县贺兰山东麓国土生态整治情况

9月3日，自治区发改委调查组调查黄河永宁流域生态情况

12月29日，自治区水利厅调研永宁县水权交易情况

黄河流经永宁县区域，水清、地绿、天蓝。图为从永宁县城东北远眺黄河东岸的鄂尔多斯台地

电视剧《闽宁镇》（播出时更名为《山海情》）2020年7月28日在闽宁镇开机拍摄

6月10日，反映永宁县闽宁镇东西部协作脱贫攻坚的电视剧《山海情》获第27届上海电视节最佳中国电视剧奖，图为剧组登台领奖并接受采访

编辑说明

一、《永宁年鉴》是由中共永宁县委、永宁县人民政府主办，永宁县档案馆、永宁县史志编纂委员会办公室编纂出版的大型综合性年刊。它是记述永宁县政治、经济、文化、社会和生态文明建设等方面的情况年度文献典籍，所载资料全面、系统、翔实、准确，是各界人士察悉永宁的权威性工具书。

二、《永宁年鉴（2022）》，以习近平新时代中国特色社会主义思想为指导，坚持马克思列宁主义、毛泽东思想、邓小平理论、"三个代表"重要思想、科学发展观，以辩证唯物主义和历史唯物主义的立场、观点和方法开展全书编纂工作。

三、《永宁年鉴（2022）》所收录的资料上限起自2021年1月1日，下限截至2021年12月31日。为较完整地保存和积累地方文献资料，对一些史实做简要的上溯。所收录的先进集体和个人，是2021年度获县级以上表彰的先进集体和个人。因一些单位未按要求提供资料，以致缺载。

四、《永宁年鉴（2022）》所收集的资料和数据由各有关部门提供，经主要领导审核。因统计时间、统计口径等原因，一些数据不尽一致，反映全县国民经济和社会发展的数据以永宁县统计局《2021年永宁县国民经济和社会发展统计公报》为准。一些单位提供资料系全年阶段数据，本年鉴一般不予采纳。

五、因执行国家公开出版物量词规范使用要求，本年鉴将亩、公斤等量词换算为公顷、千克，亩与公顷的换算只能是近似值换算。

六、本年鉴中所称的区或自治区为宁夏回族自治区，市为银川市，县为永宁县。

七、《永宁年鉴（2022）》采用分类编辑法。卷首编排反映政治建设、经济发展、文化建设、社会民生和生态文明建设的照片。主体内容分为类目、分目、条目3个层次。条目为年鉴内容的基本单位，其标题用黑体字外加【 】表示，附录类目设子分目。

目 录

特 载

专 载

大事记

永宁综览

中国共产党永宁县委员会

永宁县人民代表大会常务委员会

永宁县人民政府

中国人民政治协商会议永宁县委员会

中共永宁县纪律检查委员会 永宁县监察委员会

群众团体

法 治

人民武装

经济管理

农　业

工业和工业园区

商贸流通

金融业

交通　邮政

住房和城乡建设

资源与环境

科学技术

教育　体育

文化　旅游　传媒

医疗卫生

社会管理

乡镇　街道

荣　誉

附　录

宁夏回族自治区党政领导与福建省党政代表团在闽宁镇考察东西部协作，共同推进闽宁镇乡村振兴发展

2021 年 4 月 29 日，福建省委书记尹力、省长王宁率领福建省党政代表团来到闽宁镇，考察东西部协作在新阶段共同推进闽宁镇乡村振兴发展。宁夏回族自治区党委书记陈润儿、自治区主席咸辉参加活动。

葡萄酒产业是闽宁对口扶贫协作主要产业之一。福建省党政代表团观摩德龙酒庄葡萄种植和葡萄酒酿造工厂。经过多年发展，德龙酒庄发展成为集种植、酿酒、销售、休闲观光及葡萄酒文化旅游于一体的原生态有机葡萄酒生产企业。福建方面表示，将利用闽宁镇葡萄酒产业优势，重点帮助拓展市场，带动闽宁镇经济发展。

福建省委书记尹力调研中说，闽宁协作是习近平总书记亲自指导推动的伟大事业，25 年来，闽宁两省区沿着总书记指引的方向，一任接着一任干，闽宁协作成为中国贫困地区通过对口扶贫协作走向全面小康的范例。我们要高举闽宁协作这面旗帜，做好巩固拓展脱贫攻坚成果同乡村振兴衔接。要产业协作、对外开放协作、文化旅游协作，创新丰富协作方式，推动新发展阶段闽宁协作向更宽领域、更深层次、更高水平迈进。

宁夏回族自治区党委书记陈润儿说，25 年来，宁夏、福建两省区坚持闽宁扶贫协作模式不变，聚焦脱贫攻坚，长期协作，探索出一条先富带后富共同发展、东部扶西部共同繁荣、多数帮少数共同进步的社会主义发展康庄大道。两省区要贯彻习近平总书记重要指示精神，按照党中央部署要求，巩固拓展脱贫攻坚成果，全面推进乡村振兴，促进区域协调发展、协同发展，共同发展新局面。

宁夏回族自治区领导赵永清、张柱、石岱、马汉成、沈左权、王和山，福建省领导赵龙、杨贤金、郑新聪、林宝金、郑建闽参加活动。

宁夏回族自治区党委书记、自治区人大常委会主任陈润儿在永宁县闽宁镇调研社会经济发展情况

2021 年 10 月 1 日，宁夏回族自治区党委书记、自治区人大常委会主任陈润儿调研永宁县闽宁镇社会经济发展情况。

原隆村是陈润儿包抓的移民致富提升行动重点村。陈润儿沿着村道看绿化美化、环境整治，进群众家中察看居住环境、庭院卫生。陈润儿要求，要统一规划、分户作业，要健全投入机制，通过以奖代补的形式调动农户参与环境整治工作；要开展好路边绿化、庭院整治工作。要解决“钱从哪里来，事该怎么办，责任谁来担”的问题；要借鉴城市网格化管理经验，把责任落实到社区、到户、到人，推进乡村环境整治。

陈润儿来到宁夏倧牛牧业有限公司养殖场，调

查犊牛繁育、防疫管护，养殖就业带动情况。他说，闽宁镇要更多引进养殖龙头企业，延长产业链、提高附加值，采取公司加农户、市场连基地做法，要建立企业与养殖户利益联结机制，统一防疫、统一标准、统一销售，实现企业获利、群众增收。在宁夏晓鸣农牧股份有限公司，陈润儿赞赏企业繁、育、产、销一体化发展方式，带动群众增收致富的做法。

陈润儿要求永宁县党政干部在推进巩固拓展脱贫攻坚成果同乡村振兴衔接中，要发挥主观能动性，在解决问题、化解矛盾中锻炼自己、积累经验、提高能力。闽宁镇要培育壮大产业，抓养殖、种植、旅游、光伏等重点产业发展，拓宽移民群众就业增收渠道。要改善公共服务，改善教育、医疗、社保条件，实现基础教育均衡优质发展，实现移民群众小病不出村、大病不出县。

宁夏回族自治区领导张雨浦、雷东生参加调研。

宁夏回族自治区党委副书记、自治区主席咸辉调研检查永宁县重点场所新冠肺炎疫情防控和保供稳价工作

2021年11月5日，宁夏回族自治区党委副书记、自治区主席咸辉来到永宁县四季鲜批发市场调研检查新冠肺炎疫情防控、市场保供等工作。

在宁夏四季鲜农产品综合批发市场，咸辉随机抽查进出车辆管理、商铺消杀等情况。咸辉说，四季鲜批发市场人员流动性强、防控压力大，要做到逢人必检、逢车必查、逢货必验；要做到商户人员稳定可控、行动轨迹可查、货物流向可溯；要加强商铺摊点管控，做好消毒消杀、环境清洁、垃圾运转等，保证市场安全有序运营。

咸辉与果蔬摊贩交谈，询问价格和备货发货情况。咸辉说，当前全区新冠肺炎疫情防控形势依然严峻，要坚定信心不动摇，落实防控举措不懈怠，守土有责、守土负责、守土尽责，丝毫不能马虎、时刻不能放松。要守好自己的门、看好自己的人、干好自己的事；要坚持上下一心、密切配合、协调联动，抓疫情防控工作；要多渠道组织货源，多手段调控储备，多层次促进流通，依法打击哄抬物价、囤积居奇等行为。

宁夏回族自治区副主席刘可为，银川市委常委、永宁县委书记朱剑参加调研检查。

民政部党组书记、部长李纪恒在闽宁镇调研民政工作服务经济社会发展和民族团结进步情况

2021年6月7日，民政部党组书记、部长李纪恒在闽宁镇调研民政工作服务经济社会发展和民族团结进步工作。宁夏回族自治区党委常委、银川市委书记张柱，宁夏回族自治区副主席王和山，银川市委常委、永宁县委书记朱剑参加调研。

在永宁县闽宁镇，李纪恒调研镇、村两级东西协作脱贫致富，易地扶贫搬迁，社区落实社会救助、残疾人保障等民政制度落实情况，民政帮助困难群众精准脱贫情况。在闽宁镇，李纪恒走访慰问群众，听取群众对民政工作的意见建议。李纪恒说，民政工作要保持兜底保障政策稳定性，健全农村低收入人口动态监测及日常帮扶机制，守住不发生规模性返贫的底线。

宁夏回族自治区党委常委、银川市委书记张柱带领银川市委常委班子成员集体调研闽宁镇经济社会发展

2021年2月9日，宁夏回族自治区党委常委、银川市委书记张柱带领银川市委常委班子全体成员集体调研永宁县闽宁镇经济社会发展情况。宁夏回族自治区人大常委会副主任、银川市委副书记、市长杨玉经，银川市人大常委会主任左新军，银川市政协主席马凯参加活动。

中共银川市委常委们调研闽宁禾美扶贫车间带动群众增收情况，察看贺兰红共享酒庄。调研闽宁

镇葡萄酒产业发展和带动移民群众就业增收情况，在闽宁镇镇史馆，温习闽宁镇扶贫开发历史。

张柱说，闽宁镇的发展史是宁夏发展史的一个生动缩影，诠释社会主义是干出来的、幸福生活是奋斗出来的真言。闽宁镇24年的不懈奋斗，实现全面脱贫，创造党的精神财富，彰显制度优势。要从闽宁镇的发展中汲取精神力量，坚定不移听党话、跟党走，讲协作，重实干，作表率，加快银川经济社会高质量发展，在实现第二个百年奋斗目标的征程中走在前列。

在闽宁镇，中共银川市委常委们还看望慰问闽宁镇部分群众代表，向各族群众祝福新春。

宁夏回族自治区党委常委、银川市委书记张雨浦主持召开闽宁镇加快发展推进会

2021年11月8日，宁夏回族自治区党委常委、银川市委书记、市实施乡村振兴战略工作领导小组组长张雨浦主持召开闽宁镇开展合作加快发展推进会。

张雨浦说，“三农”工作重心由脱贫攻坚转向全面推进乡村振兴，闽宁镇是习近平总书记亲自部署推动、亲自命名建设、亲自授牌表彰的全国脱贫攻坚楷模，是东西部扶贫协作的典范，要提升闽宁镇经验、推动闽宁镇发展，助推新时代闽宁协作和银川乡村振兴实现更高质量发展。

张雨浦说，要规划先行，高标准制定闽宁镇镇村两级高质量发展规划。要巩固拓展脱贫攻坚成果同乡村振兴衔接，健全防止返贫动态监测和帮扶机制。

宁夏回族自治区乡村振兴局局长徐海宁到会，银川市委副书记、市长赵旭辉，银川市领导刘国强、雍建华、周兆川、朱剑等参加会议。

银川市委副书记、市长赵旭辉在永宁县现场督办中央生态环保督察组转办件办理工作

2021年12月11日，银川市委副书记、市长赵旭辉在永宁县现场督办中央生态环保督察组转办件办理工作。

在永宁县第一污水处理厂，赵旭辉在在线监测室、污水处理池排放口等地，察看总氮、总磷、氨氮等指标和污水处理排放情况。他要求，各污水处理厂要落实管理措施，完善出水监测体系，提高水质监测的能力和水平。要执行污水处理标准，严把污水收集、处理和中水排放等关键环节，确保污水处理后稳定达标排放。

赵旭辉强调，要学习贯彻习近平生态文明思想、习近平总书记视察宁夏重要讲话精神，落实中央第四生态环境保护督察组督察宁夏回族自治区动员会部署要求，做好中央生态环保督察组转办件办理工作，做到第一时间回应、第一时间行动、第一时间整改，确保件件有着落、事事有结果。

银川市委常委、永宁县委书记朱剑专题调研永宁县“我为群众办实事”实践活动开展情况

2021年6月7日，银川市委常委、永宁县委书记朱剑专题调研全县“我为群众办实事”实践活动开展情况。朱剑来到县城人民公园、杨和镇、望远镇和胜利乡，调研两镇老年人活动中心、老年大学改建项目。查看杨和镇杨和村、惠丰村灌溉农田，农渠淌水情况。查看民生渠闸口、王太村十组给水泵站使用情况。重点解决“上下游”泵站集中输送的灌溉，解决杨和村、惠丰村、纳家户村40公顷农田灌溉难问题。

对望远镇物流大道、北方置业、四季鲜市场车流量大，物流大道道路两侧160盏路灯不亮，夜间出行存在安全隐患问题，朱剑现场协调县直部门，

对接启动“亮灯”工程。对望远镇2.8千米双庆渠农田灌溉，朱剑协调望远镇与县直部门，启动改造双庆渠工程，解决村民淌水难和交通拥堵等问题。

县委常委、常务副县长李伟，县委常委、宣传部部长林骏参加调研。

永宁县委副书记、县长郝春明调研2021年重点项目推进工作

2021年1月25日，永宁县委副书记、县长郝春明调研2021年永宁县重点项目推进工作。郝春明来到墨工科技二期项目建设现场，郝春明说，石墨产业发展潜能很大，它不仅普遍应用于电极、电池等一般工业和消费领域，也广泛用于核电、航天、军事、冶金、电子等特殊工业领域，是新材料新技术的代表。墨工科技在永宁落地，契合永宁县工业发展方向，业已成为永宁县工业发展一个标志性项目，永宁县将不遗余力支持墨工科技在永宁的发展。

在和瑞包装扩产项目、望远二中等项目现场，郝春明了解项目建设布局、用地规划、征收进展等情况，对存在的问题，郝春明提出解决思路、研究推进措施。郝春明对在场的县经济部门负责人、财政部门负责人、工业园区负责人说，要创造性开展工作，全力支持项目建设。

望远二中建设项目是政府为民办的十大民生实事之一。新建总面积18000平方米，包括36个教学班，容纳学生1800人，是解决望远地区义务教育初中阶段资源短缺的重要工程。郝春明说，望远二中建设是一件民生工程、民心工程，是实现永宁教育均衡发展重要节点工程，各部门要有责任观念、解决遇到的困难和问题，推动项目尽早建成使用。

郝春明要求，各部门要协调配合，梳理、规范土地收储程序，要合理配置土地资源，科学规划，提升土地资源价值和利用，让土地发挥应有的经济效益、社会效益，完善永宁县城市基础设施配套建设，盘活资产，改善民生，为永宁县的经济社会发展提供有力的项目用地保障。

县领导钱冬、李伟、马燕、孙佳永一同参加调研。

永宁县闽宁镇被授予“全国脱贫攻坚楷模”称号

2021 年 2 月 25 日，全国脱贫攻坚总结表彰大会在人民大会堂举行，永宁县闽宁镇获“全国脱贫攻坚楷模”奖牌。代表永宁县出席大会的永宁县委常委、闽宁镇党委书记张文从习近平总书记手中接过“全国脱贫攻坚楷模”奖牌。

1997 年，时任福建省委副书记的习近平以福建、宁夏两省区简称亲自命名“闽宁村”，开启闽宁镇大开发、大扶贫、大发展的新篇章。

经过 20 多年的建设发展，闽宁镇人口从最初的 8000 多人发展到 6.6 万人，移民纯收入由搬迁之初的 500 元增加到 2020 年的 15000 元，村集体经济收入超过 600 万元。闽宁镇走出了一条东西协作的脱贫之路、产业支撑的致富之路、生态优先的发展之路、民族团结的和谐之路，闽宁镇成为中国东西部对口帮扶、易地搬迁脱贫的中国典范。

当天，永宁县组织干部、群众收看全国脱贫攻坚总结表彰大会实况。

中央宣讲团在闽宁镇宣讲党的十九届六中全会精神

2021 年 11 月 24 日，学习贯彻党的十九届六中全会精神中央宣讲团成员、中央政策研究室副主任田培炎来到永宁县闽宁镇，宣讲党的十九届六中全会精神。宁夏回族自治区党委常委、宣传部部长李金科参加活动。

在闽宁镇政府会议室，田培炎和与会者分享学习党的十九届六中全会精神的心得体会，围绕大家关心的热点问题开展互动交流。

田培炎说，党的十九届六中全会《中共中央关于党的百年奋斗重大成就和历史经验的决议》，是中国共产党历史上第三个历史决议，内容丰富。对基层党员干部群众关心的热点问题，田培炎理论联系实际，运用鲜活事例，深入浅出地作出阐释。

田培炎介绍，共同富裕是社会主义的本质要求，是中国式现代化的重要特征，是习近平新时代中国特色社会主义思想的重要内容。新征程上，还有不少发展不平衡、不充分的问题，实现共同富裕任重而道远。要优化分配收入的格局，提高劳动收入在第一次分配中的比例，保障和改善民生，实现基本公共服务均等化；要鼓励和支持先富起来的企业和个人，尽到社会的责任，帮助困难群体，唯有多措并举，才能早日实现共同富裕的目标。

宁夏国家葡萄及葡萄酒产业开放发展综合试验区在永宁县闽宁镇挂牌

2021 年 7 月 10 日，宁夏国家葡萄及葡萄酒产业开放发展综合试验区在永宁县闽宁镇贺兰红酒庄会议中心正式挂牌，这是中国首家葡萄及葡萄酒综合试验区。宁夏回族自治区党委书记、人大常委会主任陈润儿，宁夏回族自治区党委副书记、主席咸辉，农业农村部党组成员、副部长马有祥，工业和信息化部总经济师许科敏，中粮集团有限公司党组书记、董事长吕军，共同为宁夏国家葡萄及葡萄酒产业开放发展综合试验区揭牌。

经国务院批准，农业农村部、工业和信息化部、宁夏回族自治区人民政府共同印发《宁夏国家葡萄及葡萄酒产业开放发展综合试验区建设总体方案》，提出用5年时间打造千亿级葡萄酒产业的发展目标。宁夏贺兰山东麓葡萄酒产业进入国家战略。

宁夏回族自治区规划用5—10年时间，实现产区酿酒葡萄基地总规模达到66000公顷，年产优质葡萄酒3亿瓶以上，实验区综合产值1000亿元。

永宁县西北区域地处贺兰山东麓中部腹地，处于贺兰山东麓酿酒葡萄园区的核心产区。永宁全县酿酒葡萄种植面积6969.6公顷。酿酒葡萄产量6038.9吨，葡萄酒产量5049.9吨。销售成品酒783.6万瓶，销售原酒205.6万瓶。

中共永宁县委、永宁县人民政府举办闽宁镇脱贫攻坚成果同乡村振兴衔接新闻发布会

2021年4月15日，中共永宁县委、永宁县人民政府在闽宁镇召开闽宁镇巩固脱贫攻坚成果同乡村振兴衔接新闻发布会。

24年，闽宁镇经济社会各项事业健康发展，特色优势产业扩大，东西协作推进脱贫攻坚、城乡发展。发展壮大特色种养殖产业、商贸物流劳务产业、高效设施现代农业、文化旅游产业四大特色优势主导产业。

24年，闽宁镇酿酒葡萄种植近5280公顷，酒庄13家，年产葡萄酒2.6万吨。建成食用菌、番茄、草莓等为主设施温棚园区5个。建成规模化养殖园区9个，养殖肉牛2.3万头、羊3.6万只、家禽67万羽。建成村头田间扶贫车间5个。

24年，闽宁镇建成全区创业就业示范基地，开展移民群众的技术技能培训，年均组织开展培训30余期2000余人次，现有劳务派遣公司21家，劳务经纪人73人，年均输出劳动力近1.2万人，务工人员人均收入超过2.6万元。建成闽宁镇会议中心、游客服务中心，年接待游客数量逐年增加，实现由传统种植到现在一二三产融合发展。

24年，闽宁镇由最初8000多人的闽宁村发展为今日6.6万人，昔日的天上无飞鸟、地下不长草、十里无人烟、风吹沙石跑的干沙滩，变成如今绿树成荫、良田万顷、经济繁荣、百姓富足的新型社会主义幸福城镇。2020年农民人均可支配收入达到14961元，较搬迁初期增长近30倍。全镇累计减贫1648户7185人，6个贫困村全部脱贫出列。

24年，在党中央及宁夏回族自治区、银川市、永宁县各级党委、政府领导下，上下同心、实干苦干，闽宁镇入选全国特色小镇，获得“全国脱贫攻坚楷模”“全国民族团结进步模范集体”“全国脱贫攻坚组织创新奖”“全国乡村治理示范乡镇”“国家卫生乡镇”等称号。

2020年，永宁县开启乡村振兴之路元年，完成《闽宁镇总体规划》《闽宁镇经济社会发展规划纲要》《闽宁镇新镇区规划》，完成闽宁镇6个建制村美丽乡村、富民产业、乡村振兴等规划。闽宁镇开启探索建立“政府引资、企业主导、社会参与”的产业发展机制，壮大全镇特色种养殖业、商贸物流业、设施农业、文化旅游等特色产业。

发布会发布闽宁镇《山海情》影视文化旅游小镇的规划建设情况。闽宁镇启动《山海情》影视文化旅游小镇建设，选址闽宁镇原隆村，整体设计以电视剧《山海情》的场景结合移民工作推进为主线，以涌泉村、早期金滩村、今日金滩村、闽宁镇的发展顺序开展布局。还原《山海情》部分场景，建设集研学、旅游、党员干部培训、影视拍摄及后勤服务、市民休闲娱乐等于一体的影视旅游基地。

宁夏晓鸣农牧股份有限公司在深圳证券交易所上市

2021年4月13日，地处永宁县的宁夏晓鸣农牧股份有限公司在深圳证券交易所上市。宁夏晓鸣农牧股份有限公司实现宁夏农牧产业在创业板上市零的突破。交易所首次公开发行股票4700万股，发行价格每股4.54元，募集资金2.1338亿元。开盘当天涨幅600%，市场60亿元。2020年9月30日，公司资产总额为85022.36万元，负债总额为23530.00万元。

晓鸣股份是中国蛋鸡行业第一家上市公司。公司深耕蛋鸡制种行业，利用西部地区的地理资源天然优势，独创“集中养殖、分散孵化”的经营模式，建立高效、完善的生产和营销体系，发展为中国生物安全水平最高、代次最全、竞争力最强的蛋鸡制种企业，行业中规模最大、最具影响力的企业。

中国畜牧业协会统计显示，2017—2019年，全国商品代雏鸡的年销售量分别为104400万羽、110100万羽和119300万羽，同期晓鸣股份商品代雏鸡销售量市场占有率可达到7.80%、9.68%和10.04%。

2019年，公司商品代雏鸡销售数量11980.09万羽，销售额达到42776.41万元，鸡商品代雏鸡占比达83.04%；商品代育成鸡创营业收入占比为5.5%，父母代种雏鸡占比1.16%，副产品占比10.3%；销售网络遍及中国近30个省（区、市），雏鸡和蛋鸡出口蒙古国。

公司建有蛋鸡标准化规模养殖基地3个，祖代养殖场4个、父母代养殖场18个；在永宁县闽宁镇、新疆五家渠、河南兰考、吉林长春、陕西三原共建有孵化厂5座；在河南兰考建有商品代育成鸡场1座；在闽宁智慧农业扶贫产业园建有年产20万吨蛋鸡消毒饲料加工厂1座。

2019年，向市场推广父母代蛋种鸡500万套；父母代蛋种鸡存栏量达210万套，向市场推广商品健母雏1.6亿羽。

京东物流银川“亚洲一号”项目在永宁县正式启动运营

6月10日，由宁夏商务厅、永宁县人民政府、京东集团共同举办的京东物流银川“亚洲一号”项目正式启动运营仪式在永宁县举行。

2020年，京东集团投资4.5亿元，在永宁县望远工业园区启动建设京东物流银川“亚洲一号”项目。一期项目建设用地面积101379.00平方米，总建筑面积54376.89平方米，主要建设1栋仓库、1栋分拣加工厂房，建筑面积均为23885平方米，1栋框架结构综合楼，建筑面积1998平方米。

京东物流银川“亚洲一号”是宁夏单体面积最大的智能物流园区，是银川区域公共仓储配送中心及商品物流集散基地。基地配置全球领先的自动化分拣设备和智能控制系统，涵盖食品、3C、家电、服装、百货及进口等全品类商品，日处理订单能力可达5万单，宁夏全境及周边消费者实现当日下单、当日就能收货的线上购物体验。

“亚洲一号”实现宁夏城际配送、城市配送、农村配送衔接，满足银川区域城市供应、工业品下乡、农产品进城、进出口贸易等物流需求。

京东集团布局，通过构建完善的下沉和上行物流基础设施，参与宁夏特色产业发展与产品推广，带动宁夏本土品牌向全国市场发展。

2021年永宁县党史学习教育述要

2021年，党中央作出在全党开展党史学习教育的重大战略决策。一年中，中共永宁县委按照学史明理、学史增信、学史崇德、学史力行的要求，组织实施、推进永宁县党史学习教育开展。

党史学习教育全县全覆盖

2021年，永宁县各级党委（党组）中心组专题研讨学、领导干部读书班交流学、讲师团专家辅导学、党员每日学、群众跟随学，实现县委、各基层党委、各党支部、广大群众等层面党史学习教育全覆盖。全县建立11个县级“红色资源库”，围绕红色历史、脱贫攻坚、全面建成小康社会、乡村振兴等4个主题开展实践教育，累计开展教育活动1200余场5.45万人次。建立学习群30余个，组织送党课40余场次。组织成立“理论志愿宣讲团”“文艺宣讲团”“姐妹花宣讲团”“小红军宣讲团”等4支宣讲队伍，下到田间、课堂、社区，开展宣讲，党史学习教育更接地气。

领导带头讲学，县委党史学习教育领导小组突出抓好县处级以上领导干部通过理论学习中心组集中学习、专题读书班研讨学、下到基层讲党课等，督促各基层党委、支部开展学习。县委召开常委会会议24次，把党史学习教育指定教材和习近平总书记系列重要讲话精神作为常委会第一议题原原本本学。先后召开县委理论学习中心组集中学习会16次、举办读书班4期，参加专题辅导9场次，县处级以上党员领导干部到基层讲党课110余场次，发挥基层领学、一线讲学的示范引领作用。

永宁县委成立6个巡回指导组加强对各参学单位的巡回指导，在巡回指导中做到重要方案必须审核、重要材料必须把关、重要节点必须把控、重要人员必须到位、重要会议必须参加，推动主题教育开展。基层党组织创新推出的“夜读班”“田间课堂”“庭院课堂”“板凳课堂”“便携小喇叭移动课堂”“阳光晒晒团”和党史学习教育包等学习形式层出不穷，将“大课堂”融入“小平台”，党史学习教育更接地气。全县各基层党委、支部组织开展集中学习2000余场次，各部门（单位）主要负责人讲党课360余场次，党员撰写心得3000余篇，进行知识测试580余场次。

对非公企业党员和流动党员等党史学习教育薄弱环节，送教材、送党课、组织专题辅导，开展邮一套书籍、建一个微信群、写一份心得、办一件实事的形式推进学习教育全覆盖。为流动党员寄送学习教材300余本，建立流动党员微信学习群30余个，党员领导干部、广大基层宣讲员深入非公企业党组织送宣讲、送党课40余场次。

党史学习教育润物入心

2021年，永宁县党史学习教育追求润物入心、开化人智的效果。县委组织开展专题研讨13场次，县处级以上领导发言74人次；各参学单位共组织开展1300余场次，领导班子成员发言200余人次。建立领导干部大调研工作机制，县处级领导先后开展调研80余次，撰写调研报告、体会文章130余篇，其中3篇调研成果被自治区党委办公厅评为优秀调研报告；各基层党组织负责人开展专题调研220余场次，撰写体会文章330余篇。实现基层党组织组织生活会召开率和处级领导参加率两个100%。县委常委班子召开专题民主生活会，查找问题40余个。

2021年，永宁县党史学习教育开展专题组织生活会、民主生活会，党史学习教育发扬党内政治生活批评和自我批评作风，党员之间面对面查摆问题、解决问题。全县375个基层党组织围绕“学史明理、学史增信、学史崇德、学史力行”召开专题组织生活会。银川市委常委、县委书记朱剑，县委副书记张文同志以党员身份参加县委办党支部的专题组织生活会，为各级党组织开好组织生活会作表率。党史学习教育中，永宁县基层党组织组织生活会召开率和处级领导参加党组织组织生活会参会率达到100%。县委各常委落实监督检查责任，查处违规吃喝问题3个方面问题40余条，对查摆出的突出问题，制定切实有效的整改措施，所有问题整改到位。全县62个参学单位领导班子通过召开专题民主生活会，找准工作不足，开展整改。

2021年，永宁县党史学习教育开展知识竞赛、文艺会演、慰问表彰、文学艺术作品展览等活动。一批党史讲座视频和红色经典影片展映展播，一批书法、美术、摄影等艺术作品创作展览。县委对“两优一先”模范进行表彰奖励并组织部分代表举办先进事迹报告会3场。干部群众撰写理论调研文章近百篇，征集摄影、书画、新媒体音视频等文艺作品两百多件。组织干部群众参加自治区和银川市开展的党史学习教育各类竞赛活动，获得自治区和银川市“七一”理论征文优秀组织奖、银川市“学党史强业务提能力”知识竞赛第一名、红色经典诵读3个二等奖等优异成绩。在青少年中深入开展“党的故事我来讲”等红色基因传承工程，开展系列文化活动800余场次。组织开展“传承经典”“争做雷锋”“红色研学”“筑梦远航”系列活动420余场次。各级各类媒体将镜头和笔触聚焦基层，先后刊发永宁县党史学习教育相关报道468篇次；县委党史学习教育领导小组办公室编发专题简报68期，刊发信息300余篇，刊发党员干部心得体会35篇，刊发“两优一先”先进事迹10篇。推送党史学习教育相关信息1000余条，在全县营造浓厚的党史学习教育宣传氛围。

为学为用落脚为群众“办实事”

2021年，永宁县开展两批“我为群众办实事”项目征集，征集群众急难愁盼问题724条，合并梳理建立“我为群众办实事”台账清单142项，按照难易程度分别建立三级台账，实行三级督查督办、层层负责销号的工作机制。142项实事项目全部办理完成，完成率100%。活动中通过多种途径从各领域广泛征集群众的急难愁盼问题，梳理汇总归类出10项民心工程，把曾经困扰群众生产生活的操心事、烦心事、揪心事，办成了群众交口称赞的省心事、顺心事、舒心事。

实施城乡基础设施提升工程，解决群众生活“堵”点。集中解决了一批城乡居民反映的污水外溢，屋顶漏雨等跑、冒、滴、漏的烦心事。完成了闽宁镇污水处理厂提升改造工程。在全县农村进行水冲式卫生厕所改造420户。完成县人民医院重症监护病房卫生间“蹲改坐”便器改造，完成卫生间扶手安装178个。

实施特殊人群关爱工程，纾解困难家庭“愁”事。向22名去世党员家庭发放2.2万元党内关怀资金，对17名罹患重大疾病党员给予8.01万元党内关怀慰问资金；对13名对越参战人员进行公益性岗位安置就业；为18名城乡贫困“两癌”患者发放救助金18万元；多方争取资金对2021年考入普通高校符合资助条件的130名家庭困难学生落实助学金44万元，切实解决了一批困难群众的燃眉之急。

实施历史遗留问题化解工程，梳理近年来群众反映集中但又得不到解决的历史遗留问题79件，落实领导包案化解制度，79件信访积案件件有着落，其中，全县2.1万户农民征地拆迁补偿款已全部兑现到位、“三沙源项目延期交房”问题已完成总进度的80%。

实施就业创业提升工程，对企业反映“用工难”和群众反映的“就业难”问题，组织126家用工企业现场招聘，提供就业岗位3000个，吸引2000人参加，达成就业意向768人次；开展企业职工、贫困劳动力、高校毕业生等重点群体就业创业技能培训60期2783人，实现城镇新增就业3230人。

实施基础教育提升工程，第五幼儿园、闽宁镇木兰幼儿园建设工程投入使用；第二中学综合楼建设工程开工建设。

实施政务服务便民工程，在望远镇区设置商事服务代办网点，企业注册登记窗口前移，实现企业设立登记全程代办；实行365天×24小时警务服务；建成公共法律服务中心、7个乡镇（街道）公共法律服务工作站、95个村（社区）公共法律服务工作室三级法律服务实体平台；为全县20个偏远村配备视频电话，群众在家门口实现“人机对话”一体智能法律咨询，群众少跑腿。

实施文化体育惠民工程，开展“文艺六进”活动200余场次，放映红色电影750余场；开展传统文化艺术公益培训70期，累计培训670人次；在闽宁镇富宁社区开设少儿书法公益课17期，培训400余人次；在县城、望远镇区新建、改建小微公园5个，新建健身步道6公里；在全县社区、公园等新增配备健身器材215件（套）。

实施交通优化提升工程，新建永红路、仁心路、庆年路3条1.7公里城市道路，解决县城及望远地区交通绕行和部分路口高峰期拥堵问题；对全县部分村庄、设施农业园区的50余条70余公里乡村道路进行硬化和砂石料铺设；调整优化永宁公交车场至银川市民大厅等9条公交线路，开通闽宁至银川定制公交。

实施科技帮扶助农工程，成立农业专家服务组，对全县种植、养殖大户提供点对点技术服务 300 余次；邀请浙江大学教授到农丰村、前渠村、八渠村及闽宁镇原隆村等地，现场进行小棚架葡萄避雨栽培、疏花、疏果等种植技术示范培训，提高农户种植养殖技术。

实施信息网络提升工程，新建改建 5G 基站 108 个，扩大全县 5G 网络覆盖面；建成特色产品 O2O 体验馆及大数据平台，完成档案馆数字化改造，实现便民、利民。

实行三级督查督办工作机制，县委党史学教办每月对实事进展情况进行汇总通报，对照项目完成期限提前 1 个月下发督办单，在电视台进行电视问政、纪委监委督查问效方式推进落实。县委常委会议、政府常务会议专题研究，主要领导挂帅督办，县委、县政府主要领导开展“我为群众办实事”专题调研 13 场次，化解问题 50 余件。全县各乡镇、街道，县直单位、部门梳理建立办实事台账事项 1383 件，年底全部办结。项目知晓率、覆盖率、满意率均在 90% 以上。

永宁县贺兰山东麓葡萄酒产业发展

2016 年 7 月，习近平总书记视察宁夏时指出“中国葡萄酒市场潜力巨大，贺兰山东麓酿酒葡萄品质优良，宁夏葡萄酒市场潜力巨大，综合开发酿酒葡萄酒产业，路子是对的，要坚持走下去”。2020 年 6 月，习近平总书记再次视察宁夏时提出“随着人民生活水平不断提高，葡萄酒产业大有前景。宁夏要把发展葡萄酒产业同加强黄河滩区治理、加强生态恢复结合起来、提高技术水平、增加文化内涵、加强宣传推介、建设自己的知名品牌，提高附加值和综合效益”。

永宁县独享贺兰山东麓核心区位优势和资源禀赋，葡萄酒产业作为永宁县重点产业之一，全县把葡萄酒产业作为推进经济转型、改善生态环境、促进农民增收的重要支柱产业来抓，成为宁夏创建国家葡萄及葡萄酒产业开放发展综合实验区核心区，全县葡萄酒产业发展有坚实基础。

永宁县葡萄酒产业发展现状

截至 2021 年，永宁县酿酒葡萄种植面积 6969.6 公顷，正常生产酒庄 17 座，在建酒庄数 9 座，加工能力 7.72 万吨。酿酒葡萄产量 6038.9 吨，葡萄酒产量 5049.9 吨。销售成品酒 783.6 万瓶，销售原酒 205.6 万瓶，销售额 2.93 亿元，酒庄接待游客 4.3 万人次。11 个酒庄达到列级酒庄标准，其中，二级 1 个，三级 2 个，四级 4 个，五级 4 个，位居全区各县前列。

永宁酿酒葡萄基地建设初具规模。永宁县地处贺兰山东麓中部腹地，独享“黄金地带”的天然优势，是贺兰山东麓酿酒葡萄产区的核心产区。目前，全县酿酒葡萄种植面积 6969.6 公顷，主栽品种有赤霞珠、蛇龙珠、梅鹿辄、西拉、黑比诺、霞多丽等 20 多个。形成农垦集团玉泉营农场、黄羊滩农场以及沿山 110 国道两侧德龙公司、中粮公司等大型葡萄酒生产企业为主的贺兰山东麓酿酒葡萄产业带。

永宁葡萄酒庄建设发展，永宁县已建成贺兰神、贺兰红、中粮长城、西夏王玉泉国际、轩尼诗夏桐等特色酒庄 17 座，11 家酒庄达到列级酒庄标准。通过大企业雄厚的经济实力和成熟的栽培、酿造技术，为永宁县贺兰山东麓葡萄酒产业带来又好又快发展，起到示范带动作用。小酒庄的精品建设和高端酒庄酒的推广，建设永宁县优质葡萄酒品牌。大企业与小酒庄的协同发展，共同助力永宁县葡萄酒产业蓬勃发展。抢抓宁夏回族自治区打造贺兰山东麓世界级葡萄产业带及文化长廊的机遇，在利用好地域优势的同时，不断规范园区的建设，建设种植规模化、酿造专业化、销售品牌化的葡萄酒庄产业集群。

永宁葡萄酒品牌建设。全县产区各酒庄开展葡萄酒品牌建设，获得国际国内各类著名葡萄酒大奖赛奖。长城天赋、贺兰神、轩尼诗夏桐、巴格斯、西夏王等品牌逐渐在国内外葡萄酒市场打响，受到广大葡萄酒专业人士和消费者的推崇和青睐。

永宁葡萄酒产业品质管理。落实执行宁夏回族自治区、银川市出台的系列法律法规及标准，规范葡萄酒产业发展秩序与管理，推进葡萄品种优良化、种植规模化、管理规范化、生产标准化和经营品牌化建设。保证酿酒葡萄品质上加强贺兰山东麓地理标志产品产地范围、产品质量、包装标识及专用标志的管理和监督，提升酒庄建设准入条件，保护贺兰山东麓产地品牌。

永宁葡萄酒行业有序发展。鼓励引导各酒庄企业参加葡萄酒行业举行的活动，进行品牌推介和渠道销售探讨，为酒庄酒销售寻找突破口。永宁县成立贺兰山东麓酿酒葡萄产业领导小组，统筹全县葡萄酒产业发展，对规上葡萄酒企业，优先项目支持。引导企业合理布局，保障葡萄酒质量安全，促进永宁县葡萄酒行业健康有序发展。

永宁县葡萄酒行业发展面临重要战略机遇

永宁葡萄酒产业发展受惠国家、宁夏回族自治区政策扶持。宁夏回族自治区党委、宁夏回族自治区政府把葡萄酒产业作为全区特色优势产业之一，在政策制定、基地建设、龙头引进、品牌培育等方面支持推动贺兰山东麓葡萄酒产业的发展。永宁县委、县政府出台系列保护政策，成立永宁县葡萄酒产业服务中心，准确定位葡萄及葡萄酒产业发展方向、提升贺兰山东麓建设项目准入门槛；实施原产地保护，管好用好贺兰山东麓土地资源，加大投入改善行业发展基础。

永宁葡萄酒旅游产业出现业态。永宁县是贺兰山东麓酿酒葡萄三大“原产地保护区”核心地域，是国际公认的酿酒葡萄最佳生态区之一。通过宁夏回族自治区、银川市举办贺兰山东麓产区葡萄酒推介会、高峰论坛、博览会等模式，产区葡萄酒产品越来越得到国内外葡萄酒业内人士和著名企业的认可。永宁葡萄产业生态区旅游产业大势初现，县旅游规划提出发展110国道葡萄观光休闲旅游带建设，依托闽宁镇、玉泉营葡萄小镇建设，挖掘葡萄酒文化。随着宁夏回族自治区旅游产业的蓬勃发展，对处于贺兰山东麓酿酒葡萄核心产区的永宁县来说，有着广阔的发展前景和难得的历史机遇。

永宁县葡萄酒行业发展现实困境

永宁县葡萄酒行业在居高不下生产成本上发展。贺兰山东麓由于气候的特殊性，冬季埋土，春季放土，新建葡萄园开垦成本12000—18000元/亩，每年管理成本2000元/亩以上，人工费用逐年增加，葡萄种植生产周期长，建设成本高，企业资金压力大；酒庄进口国外设备及聘请专家费用昂贵，运营成本高昂，竞争力薄弱。近些年，永宁县组织引导在酿酒葡萄种植机械使用，酿酒葡萄种植技术上攻关，降低酿酒葡萄种植成本。

永宁县葡萄酒行业发展宣传推介势弱。永宁县现存产区及酒庄企业营销渠道相对单一，营销模式单一，“葡萄酒+互联网”手段运用不够；企业打造品牌、创建文化上认识不到位，投入明显不足；品牌宣传推介力度有限，尤其对“贺兰山东麓葡萄酒”地理标志宣传力度不够，没有形成地理标志品牌认同度，导致产区知名度不高。近些年，永宁县组织引导葡萄酒酒庄、企业走出去，组团参加全国性的商品展会，组团到全国商品流通枢纽地区开展推介活动。

永宁县葡萄酒行业发展产业规模徘徊不前。2012年以来，全县酿酒葡萄面积一直徘徊在7260公顷、产量1万吨左右，增幅缓慢。2017—2019年的3年，葡萄酒产量分别为8372吨、9495吨、12981吨，年销量10249吨、9647吨、6842.8吨；销售额为2.81亿元、3.61亿元、3.52亿元。葡萄酒年销量下滑，销售额增长缓慢，库存量逐年增加，仅2020年全县库存5.55万吨。部分酒庄圈而不建、建设迟缓，基地不连片，导致土地、水利、路政、环保等资源浪费。近些年，永宁县举全县之力，集全县之智，推动葡萄酒产业规模化发展战略。

永宁县葡萄酒行业发展人才匮乏，科技支撑基础薄弱。永宁县葡萄酒产业发展缺乏种植、酿造和营销技术人才，人才“难引进，进得来，留不住”，企业科研和生产脱离，人才培养处于起步阶段，跟不上葡萄酒产业发展的步伐，制约葡萄酒产业的可持续发展；科技支撑基础薄弱，产品研发力度不够。近年来，全县引进20多个酿酒葡萄品种，因对酿酒葡萄特性研究不够，对新产品、新工艺的研发力度不够，制约对酿酒葡萄皮、酿酒葡萄籽等珍贵资源的综合利用技术研发，永宁全葡萄酒产区每年有4000多吨葡萄籽、葡萄皮被废弃。

永宁县葡萄酒全产业链规划与实施

永宁县起步实施闽宁镇东西协作为平台建设战略，以葡萄酒产业为主题，以闽宁镇为产业发展载体，利用国家农业高新技术产业示范区、国家葡萄及葡萄酒产业开放发展综合实验区优势，以闽宁镇红酒一条街、闽宁产业园、中国酒业协会葡萄酒培训中心、“贺兰红”酒庄、贺兰山东麓葡萄酒教育学院等为依托，引进成立中国（宁夏）国际葡萄酒会员俱乐部、宁夏葡萄酒文化创意中心、中法葡萄酒学院、西北农林科技大学葡萄酒闽宁试验站等，将闽宁镇建成贺兰山东麓葡萄酒全产业链聚集展示中心。建设葡萄酒主题公园。以贺兰山红酒庄万亩葡萄基地为依托，规划建设葡萄及葡萄酒主题公园。发展上下游产业链。集中建设宁夏葡萄酒设备加工制造园区，引进和创办制罐、制瓶、制塞、制箱、制筐、橡木桶制造等产区关联设备制造企业以及葡萄籽、皮、渣、藤、深加工企业。定期策划举办诸如中国（宁夏）贺兰山东麓国际葡萄酒博览会暨中国葡萄酒产业高峰论坛、中国葡萄酒庄园论坛、中国（宁夏）贺兰山东麓葡萄酒新酒节等，吸引国内外专业人士、客商，吸引国内外游客到闽宁镇游览观光、休闲体验。

建设贺兰山东麓葡萄酒产业园区。永宁县起步实施以闽宁镇、农垦玉泉营作为核心区，以贺兰山东麓葡萄酒全产业链聚集展示中心为建设重点，举办国际葡萄酒博览会、世界葡萄酒论坛，加强国际交流与合作，引进培育一批企业创业投资、科技创新、文化创意等，推进葡萄酒产业与农工商、文旅康融合发展，建设国家葡萄酒高新技术产业示范区、国家葡萄酒标准化示范区，建成中国葡萄酒高质量发展先行区。

着手筹办中国葡萄酒技术研究院。起步组建宁夏葡萄酒产区咨询顾问团，依托中国农业大学、西北农林科技大学、浙江大学等科研能力强高校、科研院所，集聚国内外一流涉及葡萄酒全产业链专业的各类专家共同参与，对贺兰山东麓葡萄酒比较优势和酿酒葡萄生长机理等产业发展需求进行全方位研究。

着手申办国家级葡萄酒检测检验中心，在闽宁镇筹建大数据中心、文化创意中心、市场运营中心、智慧园区运营管理中心、休闲康养教育中心等科研、教育、文创、康养等产业融合发展配套机构。

着手引进德国、意大利知名农业机械企业及专业技术人员来永宁，与国内企业开展葡萄专用机械研发合作，用2—3年时间，对贺兰山东麓立地条件研发葡萄树埋藤展藤、采收等专业机械，解决贺兰山东麓葡萄酒产业发展中用工成本高的瓶颈问题。

实施新建葡萄种植基地工程建设，永宁县规划，到2025年全县新增酿酒葡萄面积3676.2公顷，总面积达到10645.8公顷。

实施低质低产葡萄园提质改造工程，改造现有低质低产葡萄种植园面积1320公顷。到2025年完成全部改造任务。通过提质改造，使现有低产葡萄种植基地盛产期年产优质酿酒葡萄500千克以上。

新建酒庄及列级酒庄创建。到2025年，全县规划新增葡萄酒庄5座，酒庄总数达到26座。争创5座列级酒庄，列级酒庄总数达到16座。一级列级酒庄1座，二级列级酒庄2座，三级列级酒庄3座，四级列级酒庄3座，五级列级酒庄7座。争创1—2个国际著名酒庄，通过列级酒庄和国际著名酒庄的建设，提高永宁县葡萄酒庄的知名度，推动永宁县葡萄酒产业发展。

产业效益目标。到2025年，酿酒葡萄基地平均亩产优质原料葡萄达到500公斤，年产优质酿酒原料葡萄8.1万吨，生产葡萄酒4.86万吨。以每吨原酒灌装1330瓶，产区可年产优质高、中端瓶装葡萄酒6480万瓶，葡萄酒全产业实现年产值80亿元，实现一二三产业融合产值100亿元。

永宁县乡村振兴加快现代化农村建设

2021年，永宁县按照产业兴旺、生态宜居、乡风文明、治理有效、生活富裕的农业农村工作目标，实施巩固拓展脱贫攻坚成果同乡村振兴有效衔接发展战略，推动农业从增产导向转向提质导向，构建人与自然和谐共生的乡村发展新格局，打造共建共治共享的现代社会治理格局，培育新型职业农民、增进农民福祉。巩固拓展脱贫攻坚成果，开启乡村振兴战略强县建设元年。

巩固脱贫攻坚成果，开启乡村振兴

2021年，永宁县农村人均可支配收入实现17914元，同比增长11.7%；生态移民人均可支配收入实现10924元，同比增长20.1%；“脱贫不稳定户、边缘易致贫户、突发严重困难户”监测对象人均纯收入12149.56元，同比增长18.1%。2021年，永宁县共有脱贫户1434户5649人，脱贫不稳定户、边缘易致贫户、突发严重困难户等监测对象190户699人，其中，消除风险监测对象133户448人，现存未消除风险监测对象57户251人，2021年新增50户211人。

乡村振兴从巩固脱贫成果起步。2021年，永宁县落实摘帽不摘责任、摘帽不摘政策、摘帽不摘帮扶、摘帽不摘监管要求。接续落实“不愁吃、不愁穿，义务教育、基本医疗、住房安全有保障”全县脱贫成果的巩固。建立健全防返贫监测和帮扶机制，守住不发生规模性返贫的底线。

动态监测返贫，开展4次农村户籍人口大排查，2021年新增“脱贫不稳定户、边缘易致贫户、突发严重困难户”监测对象50户211人，因人因户制定精准帮扶举措173条，开展县乡联动收入风险研判2次，启动突发事故引发返贫致贫联动应急处置1次。落实宁夏回族自治区、银川市动态监测返贫调整、优化的要求，对6个脱贫村1434户脱贫人口开展常态化监测，持续跟踪收入变化巩固情况，建立早发现、早干预、早帮扶机制。

政策制定、组织构建，开启乡村振兴行动

乡村振兴的政策出台、组织机构构建、工作机制形成。县委、县政府履行巩固拓展脱贫攻坚成果同乡村振兴有效衔接主体责任，成立移民致富提升行动工作领导小组，形成县级领导主抓、行业部门包抓的工作机制和齐抓共管、联动协调的工作格局。全年召开11次县委常委会议、13次政府常务会议、3次农村工作会议，研究部署脱贫攻坚成果巩固拓展、全面推进乡村振兴等重要工作；出台《永宁县实现巩固拓展脱贫攻坚成果同乡村振兴有效衔接的实施方案》《永宁县关于进一步强化易地搬迁后续扶持实施移民致富提升行动工作方案》等10个专项方案；县级包抓领导下到10个重点帮扶村、社区，开展“移民致富提升行动”和环境整治工作专项调研走访。宁夏回族自治区10个部门与10个重点移民村、社区对接，完成选派驻村第一书记和工作队员30名，实现“一对一”结对帮扶；县直40多个部门推选驻村第一书记和工作队员62名。乡村振兴实现有政策，有组织，有人员。

压实县、乡、村三级责任。签订《全国防返贫监测信息系统数据质量责任书》19份，制定《永宁县防返贫监测和帮扶工作行业部门筛查预警反馈机制实施方案》。县级领导实地督导调研、召开驻村工作联席会、重点工作推进会等，全年召开月度行业部门联席会1次、驻村第一书记联席会议2次、乡镇干部联席会议4次，开展行业部门筛查预警反馈3次，全县防返贫监测机制运行顺畅，未发生规模性返贫事件。

开展事前、事中、事后监督，县纪委、县委办公室督查室、县政府办公室督查室、县乡村振兴服务中心组成联合督查组，2021年6月、8月、11月、12月4次下到乡镇、村，督查监测对象帮扶措施落实情况。

产业发展、就业推进、社会融入三驾马车并驱乡村振兴

聚焦产业、就业、社会融入，以10个重点村、社区为点，落实领导、干部、责任部门三级抓落实，推动移民致富提升行动。谋产业促效益，强化产业支撑力度。

推进葡萄酒产业高质量发展，全县酒庄达到20家，12家酒庄达到自治区列级酒庄的标准，葡萄酒年加工能力9.04万吨，酿酒葡萄种植面积达到7788公顷，其中，2021年新增种植面积8184公顷，2021年全县酿酒葡萄总产量18937吨，葡萄酒销售量694万瓶，销售额2.99亿元；2021年酒庄基地季节性用工量69.5万人次，基地季节性用工工资支出8539万元，酒庄酿造生产及销售用工工资支出3931万元；接待游客量61362人次，旅游收入238万元；2021年度获得国内外葡萄酒比赛大金奖、金奖数量50个，宁夏国家葡萄及葡萄酒产业开放发展综合试验区在永宁县挂牌成立。李俊镇玉泉营农场打造葡萄小镇，实现稳定就业688人，带动季节性就业3100人。推进设施农业高质量发展，以闽宁镇福宁村、原隆村、园艺村、玉海村为重点，推进198公顷现代农业科技示范园建设，园艺村设施温棚园区二期实现每棚收益2万—6万元；新增白萝卜种植基地面积198公顷，吸纳农村劳动力就业1283人，发放工资798.8万元。

全力推进"出户入园"项目，新建武河村养殖园区二期；依托改造升级后的中光光伏肉羊养殖园区项目，推动肉羊入园8000余只；新建原隆村养羊圈舍33栋，惠及"脱贫不稳定户、边缘易致贫户、突发严重困难户"14户，存栏数量2000余只。

推进县域文旅产业发展。发挥闽宁镇"全国脱贫攻坚楷模"金字招牌影响力，实施影视文化旅游基地建设项目；强化宣传营销力度，打造"掌上闽宁"小程序，开展"两晒一促"文旅推介活动，扩大红色旅游影响力。

加大农产品品牌建设力度。选送闽宁禾美参加自治区农业农村创新创业大赛，获全区第一名；闽宁镇4家酿酒葡萄企业认证有机农产品31个，其中，全年新增有机认证产品10个，新增认证面积97.77公顷，进一步提升了闽宁产品知名度、美誉度。明需求拓渠道，全力推进就业创业。按照"属地管理、分级负责、全面准确、及时有效"的原则，全面强化乡镇、村（社区）移民信息就业核查，全县10个重点移民村（社区）劳动力总数38502人，已就业32114人，就业率达到83%。组建搬迁群众就业服务专班，挂牌10个移民劳务工作站。全面落实自治区职业技能提升行动三年计划，举办重点群体技能培训17期840人，提供乡村公益性岗位230个，依托12家扶贫龙头企业和10家就业帮扶车间，带动移民就业近3万人次，实现政策性移民劳动力家庭至少有一人外出务工。开展创业培训12期350人，培训后实现创业155人。

强短板补弱项，全面推动移民社会融入。将统筹安排资金2500万元，按照3年规划对黄羊滩农场、玉泉营农场、闽宁镇园艺村、木兰村、福宁村分步实施基础设施提升工程，逐年逐片解决基础设施短板问题。兴建成望远镇富原社区，李俊镇玉泉营社区日间照料中心已建成并投入使用，有效解决社区居民活动场所短缺问题。开展移民地区村庄清洁行动，其中原隆村人居环境整治行动成果在10月29日全区观摩活动中获得高度肯定；有序推进闽宁镇、玉泉营、黄羊滩等8个污水站提高标准改造和闽宁镇福宁村、木兰村、园艺村美丽乡村整村推进环境综合整治工程。推进贷款贴息工作，2021年新增小额信贷281户1347.8万元；购买优势特色产业保险112户9.9万元、家庭意外伤害保险23.4万元，保障脱贫户产业及人身安全。创建全国易地搬迁移民致富提升示范区。打造闽宁镇"搬迁移民脱贫致富示范乡镇"，制定《搬迁移民脱贫致富示范乡镇建设规划》，重点聚焦特色产业上水平、基础设施补短板、公共服务有质量等10项示范工程。

东西协作脱贫攻坚转向东西合作共建共赢

2021年，永宁县稳步推进闽宁互访工作。两地完成互访24批263人次，闽宁镇接待福建党政交流考察团14批160人次、学校医院交流6批80人次，协调宁夏赴福建考察4批23人次。招闽商引闽资，2021年新引进18家企业落地闽宁镇，注册资金2.48亿元，涵盖制造加工、信息技术、商贸物流等产业；促成青川管业、富贵兰服装、德龙酒业等17家企业增加投资1.39亿元。推动消费闽宁协作。全年闽宁协作消费帮扶销售额达4.16亿元，在第21届中国国际投资贸易洽谈会上，首次设立闽宁镇展示馆，推介12家企业66种产品。闽宁镇展示馆首次获评创意特色展台优秀奖，提升永宁农产品在闽的知名度，扩大闽宁镇影响力。接续结对帮扶，厦门市32所优质中小学校、幼儿园与闽宁镇16所公办学校全覆盖结对共建，6个省级乡村振兴示范村、6家市属国有企业与闽宁镇6个示范村全覆盖结对帮扶，厦门市第三医院、湖里区妇幼保健院和思明区妇幼保健院与闽宁镇卫生院结对帮扶。

《山海情》真实、艺术地再现闽宁镇的脱贫事业

反映永宁县闽宁镇东西部合作脱贫事业的电视连续剧《山海情》（拍摄时名为《闽宁镇》）1月12日在宁夏卫视、东南卫视、浙江卫视、北京卫视、东方卫视、腾讯视频、优酷、爱奇艺等平台播出。闽宁镇的脱贫故事，在国内引发强烈反响，也勾起广大有过吊庄移民经历人的回忆。

23集电视剧《山海情》讲述20世纪90年代以来，宁夏西海固人民在党和国家扶贫政策的引导下，在福建的对口帮扶下，不断探索脱贫致富路径，通过奋斗获得美好生活的故事。

《山海情》的开头是一幅幅橙黄色的西北风俗画，全剧整体构图以黄色为基调，贴近西北戈壁沙漠的地理景观。电视剧音乐以激昂奋进，渲染出为创建美丽家园而艰苦奋斗的情感氛围。

“最不适宜人类居住”的贫困山区涌泉村搬迁到戈壁滩吊庄，产生一出出悲喜交加的人生戏剧。居民们不愿搬迁，已经搬迁的农民面对同样难以生存的戈壁滩后又都逃回……

为一头驴就卖女儿，一家三口只有一条裤子，真实还原迁入闽宁前的西海固人民生活环境，地窝子、土坯房、漫天黄沙，吊庄移民后，靠什么维持生计，用水难，用电难，种蘑菇难、卖蘑菇难、阻拦弃学打工难，一个个真实而又感人的故事，真实再现闽宁镇易地整体搬迁的艰难曲折性。

闽宁镇第一代移民，福宁村原党支部书记谢兴昌看完电视剧《山海情》，他说：“马得福这个角色就是许许多多闽宁基层干部的缩影。当时这个戈壁滩真的是天上无飞鸟，地上不长草，沙滩无人烟，风吹石头跑。村民干完活回到帐篷准备吃饭，遮天蔽日的沙尘暴说来就来。男的在外面拽着帐篷绳子，女的留在帐篷里看好铺盖和行李。结果大风一来，人根本挡不住，帐篷一下子就被吹走。等沙尘暴过去，村民们带来的家当几乎全被吹跑，妇女怀里抱着一个锅，脚下踩着一床被，这就留住全部家当。”

闽宁镇移民马忠义一家人追剧《山海情》，家人感慨二十多年前刚迁家闽宁开始开荒创业的日子。马忠义弟兄三人用筛子把土地里的卵石筛了出来，用3年时间造出18亩水浇田，造好的田，第二年种玉米，亩产量400多公斤。看到黄澄澄的玉米就像看到金色的希望。看《山海情》，就像看我们的过去。马忠义说：“老家西吉县兴平乡山大沟深，是出名的烂泥河地区，出门没有路走，娃娃没有学校上学，没有水，靠天吃饭。种上一摞子，收上一抱子，打上一帽子，吃上半碗子，欠账一尻子。今天，我们这些移民，是最能感受‘黄河水甜，共产党亲’的一些人。”

从西海固走出来，今事业有成，二十年前曾去福建打工的闽宁镇刘海云看电视剧《山海情》后介绍：他与电视剧中马得宝的经历很像。回想到二十年前在西吉县的黄土高坡大山里生活，靠天吃饭，常年干旱，很少吃到白面、大米。吊庄移民，政府组织他们男女青年到福建电子厂、鞋厂打工，他挣到钱，改变人生，改变思想。现在每年有农民兄弟姐妹们一批接一批去福建及广州电子厂打工就业，劳务输出已形成产业，有更多人过上有尊严的生活。刘海云说：“《山海情》故事很真实，那些人物就像我们自己。”

闽宁镇走出来的大学生马艳说：“我与电视剧《山海情》中贫困户一样出身于贫瘠的小山村，与电视剧中的涌泉村一样，靠天吃饭。所以，看到电视剧中大西北农村的诸多场景，就感觉是自己的出生地一样，用黄土墙围成的土院子，糊着窗纸、没房檐的老旧房子；放一张木头炕桌的火炕等等，这些都是我们曾经生活的场景。搬到闽宁镇刚开始是困难的，后来我们在闽宁镇学会种植枸杞、菌菇，还有温棚种植鲜花，生活逐渐走向正轨。这些经历与电视剧中何其相似。在这场守望相助的脱贫奋斗中，党员干部是带头人，技术人才是支撑，贫困群

众是主体、是脱贫致富受益人，干沙滩最终变为金沙滩，实现脱贫致富。《山海情》中的人物事迹也会激励一代代的人不懈奋斗。作为新时代的青年，身处强国时代，接受良好教育的同时，我们也应该扛起责任，定义属于自己的奋斗青春。”

泾源县人宁夏作家兰喜喜介绍，少年时代，自己的命运几乎和得宝、水旺、尕娃们一样，为摆脱贫穷和饥饿，怀揣着到外面大千世界里挣大钱的梦想，也与一众伙伴拉钩为盟，结伴出逃，最后在大人们的围追堵截中，逃离失败。为活命，每个人都把尊严放到最低，一些人扒火车，干偷化肥、白糖、煤和自行车的行当。就像马得福说，这些人偷，也是真的没办法。如今，看到《山海情》里的这一幕，真的被感动。尽管这些人物可能从未在你的生活中出现，但对于西海固、闽宁镇、玉泉营、芦草洼抑或这个世界来说，他们却从未消失过。

裘志新与宁春4号春小麦

中国著名小麦育种专家，永宁县小麦育种繁殖所原所长裘志新，2021年12月20日9时因病在永宁县逝世，享年74岁。

裘志新1947年8月生于浙江杭州，1965年高中毕业后，支宁来到永宁县。

来宁夏前，裘志新没见过小麦、高粱，没干过农活。来宁8年后，耙田、整地、播种、插秧、施肥、除草、收割、打碾，他都成为行家里手，但与生俱来的灵性，他更喜欢生物制肥，农作物新品种推广，因此被推为永宁县农村科技带头人并被聘为乡农技员。

1973年，裘志新被吸收到原永宁县良种场，开始农业科技研究。他刻苦自学良种繁育、作物栽培、植物生理、土壤肥料、昆虫病理、生物统计等十多门大学专业课程。

在永宁县良种繁殖场，他对小麦育种乐此不疲，为弄懂一个难点问题，裘志新总是穷尽一切办法搜集资料，经常骑车几十里到当地科研院所向专家请教。

每年宁夏小麦收割后，裘志新都会将种子运到云南和海南去加代繁育。他常年行走在南方、北方。

南繁迁徙，火车一坐就是几天，晚上，他就钻到硬座下面躺着。杂交育种，每种组合只种一两行，稍微出点意外，一些组合就见不到结果。在云南、海南，裘志新每天早上5点起床，扑到地里，旱了挑水浇灌，涝了用瓢盆排水。

裘志新一向节俭，废水泥袋洗净装种子，报纸代替高级硫酸纸作杂交袋。小小的白纸标签、一个回形针，都视为宝贝。他总结出一套适合本单位实际，摊子小、花钱少、效率高的育种方法。连续35年成功进行一年2—3代的北育南繁工作。

1977年，裘志新与同事们首先育成半矮秆中熟丰产的春小麦新品种永良1、2号，在生产上推广应用后取得较好的增产效果，当年获宁夏回族自治区第一次科学大会“育成小麦新品种奖”。

1981年，育成丰产性突出、适应性广泛、品质优良的宁春4号又名永良4号春小麦，因其增产增收效果显著，在短时间便受到农民的欢迎，得以大面积推广，至1983年即完成宁夏灌区小麦品种的第4次更新，同时迅速向内蒙古、新疆、甘肃等6省区扩展，并被哈萨克斯坦等国家引种，成为中国春小麦种植面积最大的品种之一，迄今仍是西北春麦区的当家品种。

至2019年，仅宁春4号推广面积就达到9240000公顷，已增小麦70亿公斤，创造出重大的经济、社会效益。宁春4号先后获得宁夏回族自治区科技进步三等奖、一等奖，国家科技进步三等奖，银川市有突出贡献科技成果特等奖。

继宁春4号之后，他又带领技术人员先后育成宁春5号、宁春13号、宁春26号、宁春33号、宁春38号、宁春39号、宁春41号、宁春48号、宁春51号、宁春52号、宁春53号及永良15号等12个优质、高产小麦新品种，为西北、华北春麦区的小麦生产发挥作用。

他利用小麦雌雄蕊成熟的“时间差”，首创“小麦剪颖直接授粉法”，省去“去雄”这一工序，将杂交工效提高5—10倍。

裘志新为了小麦育种事业，60 岁时仍日复一日不停南北迁徙，勤耕不辍。

育种一生，硕果累累。裘志新先后荣获全国五一劳动奖章、农业劳动模范称号，1999 年获全国优秀科技专家称号、人事部记一等功，2001 年获宁夏科技功勋奖，2008 年被自治区政府授予“有突出贡献专业技术杰出人才奖”，2013 年获宁夏“塞上英才”称号。宁春 4 号的成功选育被国内外专家誉为“穿梭育种”的典范等。2019 年，裘志新被授予全国“最美奋斗者”称号。

大事记

DASHIJI

1月

5日　中国新闻网消息，由国家广电总局策划组织指导，福建省广播电视局申报立项及发行许可，中共福建省委宣传部、中共宁夏回族自治区党委宣传部、福建省广播电视局、宁夏回族自治区广播电视局、中共厦门市委宣传部、中共莆田市委宣传部、中共永宁县委联合摄制的电视剧《闽宁镇》更名《山海情》将在全国主要卫视播出。

6日　中国共产党永宁县第十四届委员会第八次全体会议在永宁县委党校召开。出席全会的县委委员35名，候补委员4名。银川市委常委、县委书记朱剑，县委副书记郝春明、张虹，县委常委钱冬、郑进选、张文、杨勇、王立平、李伟、林骏、余梁出席会议。银川市委常委、永宁县委书记朱剑受县委常委会委托，向全会作工作报告。朱剑就《中共银川市委员会关于制定国民经济和社会发展第十四个五年规划和二〇三五年远景目标的建议》向全会作说明。全会全面总结2020年永宁县的工作，谋划2021年全县社会与经济发展工作。

7日　县长郝春明主持召开审议《永宁县国民经济和社会发展第十四个五年规划纲要》会议。郝春明要求，全县各部门要学习领会中共中央、国务院关于国家“十四五”规划战略决策要义，宁夏回族自治区、银川市“十四五”规划的内涵，审视永宁县自身情况，编制好永宁县的“十四五”规划。要把项目谋划作为规划编制的重点，谋划一批具有带动性、支撑永宁经济发展标志性项目。县领导李伟、王少林、马燕、孙佳永、杜勇、马占山出席会议。

12日　反映永宁县闽宁镇东西部合作脱贫事业的电视连续剧《山海情》开始在宁夏卫视、东南卫视、浙江卫视、北京卫视、东方卫视、腾讯视频、优酷、爱奇艺等平台首轮播出。

同日　永宁县红十字会召开第一次会员代表大会，会议审议通过《永宁县红十字会工作报告》《永宁县红十字事业发展规划（2021—2025年）》。会议一致通过朱剑、郝春明为永宁县红十字会名誉会长提议；张丽娟当选为永宁县红十字会第一届理事会常务副会长，马曼茹当选为专职副会长，王金玉、徐丽娟当选为兼职副会长，杨小永等6名当选为常务理事；成静当选为县红十字会第一届监事会兼职监事长，户娟兵当选为副监事长。永宁县、银川市红十字会领导郝春明、林骏、李淑娟、白如实出席会议。

同日　国家税务总局永宁县税务局为宁夏瀛海天琛建材有限公司开出永宁县首张水土保持补偿费完税证明。2020年12月4日，财政部明确水土保持补偿费、地方水库移民扶持基金、排污权出让收入、防空地下室易地建设费2021年1月1日起划转至税务部门征收。依据永宁县水务局开出的水土保持补偿费缴费通知书，永宁县税务局开始征收水土保持补偿费。

14日　永宁县首批“人才小高地”授牌仪式在宁夏创业谷举行，8家企事业单位被命名为“永宁县首批人才小高地”。银川市委组织部副部长杨银山，县委副书记、县长郝春明出席仪式。县委常委、组织部部长余梁主持仪式。人才小高地建设紧扣永宁县重点战略和特色产业发展需要，加快培育互联网数字经济、葡萄酒、氨基酸生物发酵等产业，创新人才链深度融合，发挥人才小高地桥梁和纽带作用。

14—15日 永宁县举办“学习宣传贯彻党的十九届五中全会精神微宣讲大赛”。大赛由县委宣传部主办。以宣传贯彻党的十九届五中全会精神为主题。比赛分为初赛和决赛两个阶段进行，初赛选出20个参赛作品进入决赛。决赛评出特等奖1名、一等奖2名，二等奖3名、三等奖4名、优秀奖10名，优秀组织奖5名。

18日 中共中央宣传部、公安部、中央广播电视总台共同主办最美基层民警发布仪式发布，永宁县公安局副局长兼闽宁镇派出所所长任建华获全国“最美基层民警”称号。任建华先后荣立个人二等功1次，三等功5次，多次被评为优秀公务员。多年来，任建华以原隆村警务室、镇警务工作站和派出所为家，勤勉工作，辖区刑事案件大幅下降，连续5年无重大刑事案件发生，连续5年无新增吸毒人员。

20日 中共永宁县委退役军人事务工作领导小组组织走访慰问在永宁居住的抗美援朝出国作战志愿军代表姬云桐、苏玉成、章天祥，为老同志佩戴抗美援朝出国作战70周年纪念章。姬云桐，现年95岁，河北安国人，中共党员，党龄74年。1945年入伍，曾获得华北解放纪念章、解放西北纪念章、人民功臣、中国人民抗日战争胜利70周年纪念章10余枚。苏玉成，现年93岁，1951年入朝参战，曾参加解放汉城战役，战斗中身负重伤，荣立三等功。章天祥，现年89岁，1950年2月参加抗美援朝战役。县委常委、组织部部长余梁为老同志送上慰问金。永宁县现生活抗美援朝出国作战志愿军老兵14人，县委分批对其余11人全部开展入户走访慰问。抗美援朝出国作战70周年纪念章是由中共中央、国务院颁发授予。

25日 县长郝春明调研2021年永宁县重点项目推进工作。郝春明查看墨工科技项目二期、和瑞包装扩产项目、望远二中等项目，查看重点项目建设布局、用地规划、征收进展等情况。望远二中是新建总面积18000平方米、36个教学班，容纳学生1800人的初级中学。郝春明要求，要想方设法加快望远二中项目建设。县领导钱冬、李伟、马燕、孙佳永参加调研。

26日 宁夏穆盛德食品有限公司和宁夏宜顺泰医疗器械有限公司向永宁县应对新冠肺炎疫情工作领导小组后勤保障组捐赠冷切肠15箱、鼻腔清洁卫士20箱等价值69600元物资。

27日 反映永宁县闽宁镇东西部合作脱贫事业的电视剧《山海情》在京召开创作座谈会。中宣部副部长，国家广播电视总局党组书记、局长聂辰席出席并讲话。聂辰席说，《山海情》是庆祝中国共产党成立100周年的开年大戏，是“理想照耀中国”电视剧展播的重头戏。中国视听大数据统计，《山海情》首周每日平均综合收视率达1.340%，东方卫视、北京卫视、浙江卫视播出的配音版的电视平台综合收视率达1.466%，东南卫视、宁夏卫视播出的原声版的电视平台综合收视率取得近来电视剧收视最好成绩。

同日 永宁县启动2021年网上年货节活动，通过拼多多、抖音、快手、淘宝、蔬东坡等线上电商平台开展直播销售，直播销售把永宁优质肉制品、面制品、乳制品等年货推上互联网。永宁县电商公共服务中心、闽联宁商务服务中心有限公司、宁夏丝路风情网络科技股份有限公司等协助活动开展。

28日 永宁县开始向市场投放政府储备冻肉45吨，平抑高起的猪肉价格。投放储备肉价格每斤17元，时市场猪肉每斤27元。县城的新百超市、上海百联都有销售。

29日 反映永宁县闽宁镇东西部合作脱贫事业的电视剧《山海情》开始在中央广播电视总台电视剧频道晚间经典剧场连续播出。

2月

4日 自治区人大常委会副主任，

银川市委副书记、市长、市委应对疫情工作领导小组组长杨玉经来到永宁工业园区银川临时急救医院和望远镇集中隔离酒店，督导隔离医学观察、重点场所管控等措施落实情况。

同日 中共永宁县委应对新冠肺炎疫情工作领导小组组长、县委副书记、县长郝春明主持召开永宁县委应对新冠肺炎疫情工作领导小组第62次调度会。会议要求，县级领导要亲自抓、亲自督促；公安局、综合执法大队、卫健局等部门要严防卡口、严防疏漏；社区、村、组精准掌握返乡人员信息；加强进口冷链食品的管控；要落实境外、中高风险地区返永人员的管控制度，从卡口到隔离宾馆要实现无缝对接；做好第二批境外包机入永人员服务保障工作。

4—10日 中共永宁县委下派7个慰问小组，慰问全县新中国成立前入党老党员、农村和城镇生活困难党员、因公牺牲党员干部家属、抗击新冠肺炎疫情优秀共产党员等552人，发放慰问金52.95万元。

9日 宁夏回族自治区党委常委、银川市委书记张柱带领银川市委常委班子全体成员集体调研银川市永宁县闽宁镇经济社会发展情况。中共银川市委常委们调研闽宁禾美扶贫车间带动群众增收情况，察看贺兰红共享酒庄。调研闽宁镇葡萄酒产业发展和带动移民群众就业增收情况，在闽宁镇镇史馆，温习闽宁镇扶贫开发历史。中共银川市委常委们还看望慰问闽宁镇部分群众代表，向各族群众祝福新春。

10日 永宁县首家“院线影院”——闽宁镇华夏电影院运营。闽宁镇农民可以不出镇看大片。闽宁镇华夏电影院占地面积600多平方米，可同时容纳205名观众观影。闽宁镇华夏电影院实现最新影片与全国一线城市同步上映。

22日 银川市春播现场会在永宁县望洪镇增岗村优质小麦科技创新综合示范区举行。春播现场会展示第三代小麦耕播一体化匀播机，该机加载北斗导航系统，使播种更加精量化，同时可实现旋耕、播种、施肥、保墒等一体化操作。市委副书记刘国强，市领导朱剑、达英、雍辉、王琦参加现场会。

同日 宁夏回族自治区供销合作社与化肥储备企业签约暨春耕备耕农资供应启动仪式在永宁县供销合作社农业生产资料公司举行。仪式上，宁夏回族自治区供销社通报全区化肥淡季储备完成情况，向承担化肥淡季储备中标的17家企业授牌，现场签订承储协议。宁夏回族自治区供销社党组书记、理事会主任杨少华、永宁县县长郝春明参加启动仪式。

23日 永宁县政府公众网消息，中央文明委发布2020年《关于表彰第六届全国文明城市、文明村镇、文明单位和第二届全国文明家庭、文明校园及新一届全国未成年人思想道德建设工作先进的决定》。永宁县望远镇政权村获评第六届全国文明村镇，永宁县人民检察院、国家税务总局永宁县税务局获评第六届全国文明单位称号；永宁县望远镇、永宁县人民法院、永宁县人民医院、永宁县交通运输综合执法大队通过复查继续保留全国文明村镇、文明单位称号。

同日 全国人大常委会原副委员长、中国关心下一代工作委员会主任顾秀莲一行来永宁县考察调研。宁夏回族自治区人大常委会副主任董玲、银川市人大常委会副主任达英、永宁县人大常委会主任郭雪平等领导参加考察调研。

同日 永宁县人武部、永宁县退役军人事务局联合为11名永宁籍现役立功受奖军人家庭送喜报。永宁县委常委、永宁县人民武装部政委杨勇，永宁县副县长马燕为立功受奖为家属佩戴绶带和红花，现场宣读喜报，为立功军人家属送上奖励金。

24日 永宁县政府公众网消息，永宁县66个村、29个社区全部完成村党支部委员会、村民委员会换届选举工作，依法选出村党支部委员会、村民委员会成员625人。全县村党支部委员会和村民委员会换届选举工作实行县级领导包乡联村指导换届选举制度，25名县领导、7个工作指导组、66个部门、102个工作专班下到乡镇、街道、村、社区开展换届工作，全程参与“两推一选”、考察、评议、选举环节。61个村和29个社区实行书记、主任一人兼任；村党支部委员会和村民委员会班子成员平均年龄45.4岁，较上届下降3.3岁；大专以上学历163人，较上届增加44.2%，女性党支部委员会和村民委员会成员占比33.3%。165名致富带头人、退伍军人进入村党支部委员会和村民委员会班子。选民参选率达91%。联审剔除不符合任职条件16人。

同日 中国乡村振兴研究院副院长、上海信泽控股集团首席执行官周重润一行考察永宁县闽宁镇贺兰神葡萄酒庄、《山海情》影视基地、闽宁镇游客中心、贺兰红共享酒庄和玉泉营北青穆兰酒庄等地，重点关注闽宁镇葡萄酒、旅游业情况。

25日 全国脱贫攻坚总结表彰大会在人民大会堂举行，永宁县闽宁镇获“全国脱贫攻坚楷模”荣誉。经过20多年的建设发展，闽宁镇人口从最初的8000多人发展到6.6万人，移民纯收入由搬迁之初的500元增加到2020年的15000元，村集体经济收入超过600万元。闽宁镇是中国东西部对口帮扶、易地搬迁脱贫的中国典范。

同日 中共永宁县纪委十四届六次全体会议召开。银川市委常委、永宁县委书记朱剑出席会议并讲话，县长郝春明、县政协主席段伏林，中共永宁县纪律检查委员会常委、委员，永宁县监察委员会委员，县直部门、乡镇、街道主要负责人、纪委书记、工委书记等参加会议。乡镇、部门党委、党组代表开展述职、述廉汇报。朱剑与单位党组织负责人签订2021年党风廉政建设责任书。会议审议通过中共永宁县委常委、纪委书记、县监察委员会主任王立平代表县纪委常委会向大会所作的《以高质量发展统揽纪检监察工作推动全县“十四五”规划开好局起好步》工作报告。

同日 2021年宁夏回族自治区、银川市、永宁县三级政府“春风行动”退役军人、农民工、大学生就业招聘会启动仪式在闽宁镇召开。宁夏回族自治区、银川市、永宁县就业部门领导参加启动仪式。启动仪式当日，近1200人到场求职、咨询。区内外131家企业与会，提供就业岗位5200个。当天达成就业意向260个，有88名退役军人参加应聘活动，达成就业意向30多人。永宁县县长郝春明参加活动。

26日 永宁县葡萄酒产业联盟在闽宁镇召开成立大会。经会议选举，立兰酒庄总经理邵青松当选第一届理事长、酩悦轩尼诗夏桐酒庄副总经理刘世秋当选秘书长，会议产生中粮长城葡萄酒（宁夏）有限公司、宁夏西夏王葡萄酒业、保乐力加贺兰山（宁夏）葡萄酒业、宁夏立兰酒庄、贺兰神（宁夏）国际葡萄酒庄、宁夏长和翡翠酒庄等6家理事单位，酩悦轩尼诗夏桐（宁夏）酒庄、宁夏类人首葡萄酒业等2家监事单位。联盟立足发挥永宁县葡萄酒产业的资源优势和特色，开展行业管理工作，成为联系科研、生产、销售、加工、市场及基地、果农、企业之间的桥梁。

同日 永宁县城乡公共事业服务中心挂牌成立。县城乡公共事业服务中心隶属县人民政府，是直属正科级事业单位，承担全县城乡环境卫生整治、生活垃圾的收集、分类、清运、处置和综合利用，广场、公园、公厕以及破损路面、人行道等城乡环卫基础设施的保洁及维护，全县园林绿化养护工作。县领导李伟、马少军参加仪式。

同日 永宁县特色农产品线上到线下体验馆开业。馆内设宣传投影区、商品陈列区、直播间等，汇聚包括立兰酒庄、西域有品、北客黄油等永宁县当地企业与农户种植的农特产品。体验馆作为电商扶贫助农的新平台，助力永宁农产品拓宽销售渠道、促进农村消费、促进农村市场繁荣。

3月

1日 永宁县在闽宁镇游客集散中心举行闽宁镇文旅推介会。推介闽宁镇的红酒、红树莓、双孢菇等特色农产品，推出闽宁红色之旅、红酒之旅、研学之旅、葡萄酒品鉴之旅等多条旅游路线。当日，永宁县分别与宁夏中国国际旅行社、宁夏中国旅行社签订文化旅游合作框架协议。县领导马燕参加推介会。

同日 永宁县召开建设工程春季

开工、复工动员会。会议表彰2020年宁夏回族自治区、银川市、永宁县安全文明标准化示范项目工地。县住建局分别与建设、施工和监理单位代表签订《安全生产目标责任书》《平安工地目标责任书》《扬尘治理目标责任书》。2020年，永宁县共实施房屋建设和市政工程项目37个，总建筑面积229.02万平方米。

3日 银川市委副书记、代市长赵旭辉来到银川市第十五届人民代表大会第五次会议永宁县代表团，与代表们一起审议政府工作报告。赵旭辉说，永宁县广大干部，克服困难、实干苦干，经济社会发展取得不俗的进步。在新的起点，永宁县要坚持“干”字当头，树牢“大抓产业、抓大产业”的导向，心无旁骛抓产业；要突出项目建设，把重大项目引进作为产业发展的引擎。银川市委常委、永宁县委书记朱剑参加审议。

5日 银川市2021年一季度第一批次重大项目集中开工现场推进会举行永宁县分会场活动。银川市委常委、永宁县委书记朱剑，银川市副市长韩江，永宁县人大常委会主任郭雪平，永宁县县长郝春明，永宁县政协主席段伏林等参加。当日集中开工的江山阅购物广场及幼儿园、小任果蔬现代农业产业园、华盛牧歌地产等第一季度第一批次40个重点项目，总投资97.18亿元，年度计划投资26.43亿元，涵盖高端装备制造、新型材料、新能源和现代农业、文化旅游等多个领域。

6日 永宁县党史学习教育动员部署大会召开。银川市委常委、永宁县委书记朱剑出席并讲话。朱剑指出，学史，可知古今；懂史，能明大义；用史，方续荣光。中国共产党的历史，是中国共产党带领全国各族人民书写的一曲壮歌。每个共产党员都必须修好党史这门必修课。县人大常委会主任郭雪平，县委副书记、县长郝春明，县政协主席段伏林等领导及全县各乡镇、街道、县直部门负责人参加会议。

9日 银川新闻网消息，反映永宁县闽宁镇东西部合作脱贫事业的电视剧《山海情》播出，越来越多的外地游客来到闽宁镇旅游，参观闽宁镇镇史馆，打卡标志性的大牌楼，体验和泥打土坯活儿，听村民讲搬迁故事，尝美酒美食，游客日超1000人，每天带来4万元左右的旅游收入。

同日 永宁县县长郝春明调研永宁县葡萄酒产业及文化产业发展工作。永宁县建成酒庄有17家，葡萄酒年加工能力达到7.72万吨。郝春明来到贺兰红共享酒庄、立兰酒庄、中粮长城酒庄、《山海情》影视文化基地，与企业家座谈。郝春明肯定在永宁创业的葡萄产业创业的企业家为永宁县葡萄酿酒产业集群形成所作出的贡献。倡导企业推动葡萄酒产业与文化旅游、电商等多业态融合发展。

11日 永宁县与宁夏职业技术学院校地合作签约暨食用菌生产技术培训班开班仪式在闽宁镇举行。宁夏回族自治区副主席杨培君、宁夏职业技术学院校长刘炜、永宁县县长郝春明出席签约仪式。宁夏职业技术学院有专业技术和人才优势，闽宁镇食用菌产业基地有人才培养需求，经双方对接、洽谈，达成校地协同育人共识。县领导张文、满红、孙佳永、蒯金银参加签约仪式。

12日 永宁县2021年春季专场招聘会在望远镇望远广场举行，2000余名求职者参加，现场达成就业意向近800人。招聘会吸引120家企业进驻，提供制造业、服务业、教育培训、大型商超、食品加工、物流等岗位3000个。

17日 永宁县举行2021年春季新兵入伍欢送仪式，为新兵送行。永宁县委常委、永宁县人武部政委杨勇宣读应征青年的批准入伍命令，为高原新兵、大学生新兵代表发放优待金，颁发“光荣之家”牌匾。县领导满红、马燕参加活动。

18日 永宁县第二批次28个项目集中开工现场推进会在中钢新型材料（宁夏）有限公司年产2万吨特种石墨项目现场举行。集中开工项目为新建项目，总投资48.76亿元，年度计划投资20.11亿元。中钢新型材料（宁夏）有限公司年产2万吨特种石墨项目作为市级重点项目之一，概算总投资17亿元，占地32公顷。中共银川市委常委、永宁县委书记朱剑，县领导郭雪平、郝春明、段伏林参加开工仪式。

20日 永宁县召开政法队伍教

育整顿推进会第一次督导工作调度会，县教育整顿成员单位领导参加会议。会议传达学习中央政法委委员、秘书长陈一新在省级政法队伍教育整顿领导小组办公室主任会议上的讲话精神，宁夏回族自治区政法队伍教育整顿第一次督导工作调度会议精神，全区政法队伍教育整顿第2次调度会精神，银川市政法队伍教育整顿第一次督导工作调度会议精神；永宁县政法队伍教育整顿领导小组办公室通报全县近期工作推进情况，全县政法单位汇报教育整顿工作。会议要求，政法单位要将“五项教育”细化分解责任到人、时限到天。

21日 银川市市长赵旭辉调研工业经济运行和工业项目建设情况。在永宁县中钢新型材料宁夏有限公司，赵旭辉实地了解企业规划发展后说，企业要落实能耗双控要求，重点在精深加工上下硬功、谋新路，提升产品端附加值和核心竞争力，实现绿色高质量发展。在宁夏墨工科技有限公司生产车间，赵旭辉对企业技术研发、市场前景表示认可，赵旭辉说，企业要在研发、市场拓展、品牌塑造上发力，努力占据石墨烯行业的龙头。

22日 永宁县委党史学习教育领导小组办公室召开第一次推进会。会议发布永宁县开展党史学习教育的实施方案及任务分工，审议全县党史学习教育工作手册。会议要求，要扎实按照学党史、悟思想、办实事、开新局的目标要求，推进全县党史学习教育工作开展，要聚焦学史明理、学史增信、学史崇德、学史力行。县领导林骏参加会议。

24日 永宁县举行政法队伍教育整顿专题培训班。银川市委常委、永宁县委书记朱剑为全县政法干警讲党课。朱剑说，开展政法队伍教育整顿，是继扫黑除恶后又一项专项斗争，是政法战线全面管党治警的重要举措，要筑牢政治忠诚之魂，清除害群之马。永宁县委副书记、县长郝春明，副县长、县公安局局长杜勇及全县政法干警参加活动。

29日 永宁县邀请宁夏回族自治区党史学习教育宣讲团成员、宁夏回族自治区党校教授张继业作党史学习教育专题辅导报告。银川市委常委、县委书记朱剑及其他县处级以上领导，乡镇、街道、县直部门主要负责人参加报告会。

同日 永宁县举办政法队伍教育整顿廉政教育报告会暨警示教育大会。县纪委副书记、监委副主任谢尉庆为全县政法干警作专题报告。他用近年来查处的全县政法干警违纪违法典型案例，警醒全体政法干警要公正、文明、廉洁执法。

同日 永宁县人民法院联合永宁县退役军人事务局举行“永宁县人民法院涉军维权工作站挂牌”仪式。县人民法院涉军维权工作站专司涉及军人权益维护工作。

30日 永宁县召开2021年民族团结进步创建工作推进会，会议通报2020年全县民族团结进步创建工作，安排部署2021年全县民族团结进步创建工作。2020年，永宁县开展“全国民族团结进步示范县”创建活动，巩固提升国家级民族团结进步示范单位5个，争创国家级民族团结进步示范单位11个，宁夏回族自治区级民族团结进步示范单位29个，银川市级民族团结进步示范单位19个。县领导郑进选参加会议。

31日 福建省厦门市思明区委书记廖华生、湖里区委书记龚建阳带领厦门市思明区、湖里区考察团到永宁县闽宁镇考察对接东西协作工作。银川市委常委、永宁县委书记朱剑，县委副书记、县长郝春明参加考察。考察人员了解闽宁镇经济社会发展及东西协作等工作情况。考察人员表示，要发挥两地在人才、技术、资源等方面的优势，实现信息资源共享互通；要持续发展壮大双孢菇、红酒、旅游等特色优势产业。要通过扩大招商引资等方式，引企业、招项目、注资金，推动闽宁镇经济社会事业快速发展。

4月

1日 永宁县组织开展2021年清明烈士祭扫活动。县直机关在职县处级领导、机关干部代表、烈属代表、老战士代表、学校师生代表、群众代表、军人和民兵代表等280多人来到烈士陵园参加清明祭扫、献花，缅怀英烈活动。礼兵向革命烈士纪念碑敬献花篮。县政协主席段伏林参加活动。

同日 县图书馆在闽宁镇镇史馆建“红色阅读岛”图书流通服务点。这是县图书馆建成的第33家图书流通服务点。

同日 永宁县举办周末大讲堂——马克思主义祖国观、民族观、文化观、历史观、宗教观专题讲座，全县170余名科级干部聆听宣讲。活动邀请中央民族大学教授刘树宏、严庆、蒋爱花为参加讲座的干部授课。

3日 永宁县举办纪检监察系统家属开放日活动，组织全县纪检监察系统30余名干部家属参观永宁县纪律检查委员会，永宁县监察委员会办公区、办案区、信访接待室、谈心谈话室、廉政警示教育长廊等，集体观看廉政书画展、廉政警示教育片《政治掮客苏洪波》。

10日 永宁县召开政法队伍教育整顿第三次推进会。银川市委常委、永宁县委书记、县政法队伍教育整顿领导小组组长朱剑，宁夏回族自治区政法队伍教育整顿指导组王巍，银川市指导组郭学东到会。会议通报银川市对永宁县政法队伍教育整顿学习教育环节评估验收反馈情况，对查纠整改环节工作进行部署。朱剑要求，政法单位要准确把握“自查从宽、被查从严”政策内涵，要发挥“关键少数”示范作用，推动教育整顿查纠阶段工作的开展。县领导林骏、余梁、杜勇，县人民法院院长魏凯军、县人民检察院检察长安宁参加会议。

13日 地处永宁县的宁夏晓鸣农牧股份有限公司在深圳证券交易所上市。交易所首次公开发行股票4700万股，发行价格每股4.54元，募集资金2.1338亿元。开盘当天涨幅600%，市场60亿元。

15日 永宁县召开闽宁镇推动巩固脱贫攻坚成果同乡村振兴衔接新闻发布会，发布会上发布，经过20多年的建设发展，闽宁镇由最初8000人发展为6.6万人，2020年，全镇农民人均可支配收入14961元，较搬迁之初增长近30倍。全镇6个贫困村全部脱贫出列，累计减贫1648户7185人。成立村头田间扶贫车间5个。闽宁镇获得“全国脱贫攻坚楷模”称号。发布会上宣布，闽宁镇的乡村振兴工作继续开展援宁群体协作，依托资源禀赋，发展红酒、双孢菇、文化旅游等重点产业，推进乡村全面振兴。《人民日报》宁夏分社、新华社宁夏分社、中央广播电视总台及宁夏回族自治区、银川市媒体参加发布会。县领导李伟、林骏出席发布会。

19日 永宁县召开“自查从宽、被查从严”政策解读宣传会议，动员全县政法干警自我革命，达到“教育大多数、惩处极少数”的目的。会议学习《自治区政法队伍教育整顿领导小组办公室“自查从宽、被查从严”典型案例通报》《推动自查的十项措施》等文件内容；解读公职人员在问责处分后，在职务和待遇方面是否受原处分影响的相关政策规定。县领导林骏参加会议。

21日 纪录片《闽宁纪事2021》在闽宁镇开机。2021年开始，福建和宁夏两省区宣传部门和广播电视台将以编年史的方式，每年推出一部《闽宁纪事》系列纪录片。纪录片《闽宁纪事2021》分为《打卡山海情》《情暖贺兰山》《宝贝出山记》3集，每集25分钟，将以闽宁协作的典型，闽宁镇的变化为创作主线，通过平凡人记录反映闽宁镇乡村振兴事业发展，讲述闽宁镇人民生活的变化，展现闽宁镇乡村振兴推进的成效。

25日 永宁县召开政法队伍教育整顿领导小组会第四次推进会，银川市委常委、永宁县委书记、县政法队伍教育整顿领导小组组长朱剑出席会议并讲话。会议传达学习车俊在银川市督导反馈会上的讲话精神和张柱在全市政法队伍教育整顿第三次领导小组会和第四次推进会上的讲话精神。朱剑要求，政法各单位准确把握“自查从宽、被查从严”政策，动真碰硬。县领导王立平、林骏、余梁、高建华，县人民法院院长魏凯军，县人民检察院检察长安宁参加会议。

29日 福建省委书记尹力、省长王宁率领福建省党政代表团来到闽宁镇，考察东西部协作在新阶段共同推进闽宁镇乡村振兴发展。宁夏回族自治区党委书记陈润儿、自治区主席咸辉参加活动。

福建省党政代表团观摩德龙酒庄葡萄种植和葡萄酒酿造工厂，表示将利用闽宁镇葡萄酒产业优势，重点帮助拓展市场，带动闽宁镇经济发展。福建省委书记尹力说，闽宁协作25年，闽宁两省区一任接着一任干，闽宁协作成为中国贫困地区通过对口扶贫协作走向全面小康的范例。我们要做好巩固拓展脱贫攻坚成果同乡村振兴衔接。推动新发展阶段闽宁协作向更宽领域、更深层次、更高水平迈进。

5月

6日 县长郝春明调研永宁县2021年农村人居环境整治、村庄清洁行动推进情况。郝春明查看望远镇政权村、胜利乡五渠村、望洪镇宋澄村、李俊镇魏团村。全县村庄清洁行动“春季战役”开始以来，清理农村生活垃圾、建筑垃圾共17347.9吨，清理村内沟渠1347.7千米，种植树木共40316株，清理畜禽粪污、农业生产废弃物2649.2吨。创建“美丽庭院”160户，开展“红黑榜”评比39次。郝春明要求，重点对违建危房进行排查，做到危房不住人，危房不出租；要推进农村厕所改建工作，生活垃圾治理工作。县领导郑进选、孙佳永一同调研。

9日 银川市委常委、永宁县委书记朱剑主持召开永宁县新冠肺炎疫情防控工作会议，会议组织学习宁夏回族自治区应对新冠肺炎疫情工作指挥部办公室防范新冠肺炎疫情输入风险工作的通知，部署永宁县新冠肺炎疫情防控工作。会议要求，县卫健局、县公安局等部门要按照银川市新冠肺炎疫情防控指挥部的要求，流调人员开展流调工作要科学，防范处理技术要规范，做到高度重视，内紧外松。会议要求，大型活动要执行银川市新冠肺炎疫情防控指挥部要求。县领导郝春明、郑进选、马燕、马占山参加会议。

11日 永宁县政法队伍教育整顿查纠整改环节警示教育大会召开。县委常委、政法委书记高建华出席会议。会议组织学习陈一新在全国政法队伍教育整顿办第三次主任会议上讲话精神，通报宁夏回族自治区政法队伍教育整顿领导小组办公室“自查从宽、被查从严”典型案例，通报全县政法单位汇报教育整顿查纠整改推进情况。高建华要求，要把握“教育大多数、惩处极少数”原则，把握“自查从宽、被查从严”政策，将警示教育融入自查自纠、组织查处、专项整治等重点工作中。

12日 自治区妇联副主席李冬梅、银川市妇联主席刘红梅为闽宁镇送上“全国巾帼建功先进集体”奖牌和荣誉证书。闽宁镇被全国妇联评为2021年“全国巾帼建功先进集体”。李冬梅对闽宁镇在妇女思想政治引领、创业发展、维权关爱、家庭文明、组织建设等工作中做出的工作给予肯定，她说，闽宁镇为全区妇女工作树立了榜样。

同日 永宁县政府公众网消息，全县接种新冠疫苗5.4万剂次。永宁县5月起开展新冠疫苗接种工作。全县设置24个疫苗接种点，接种新冠疫苗54074剂次，其中，第一剂接种42102剂次，第二剂次接种11972剂次。

18—25日 中共永宁县委理论学习中心组召开“奋进新时代、担当新使命、展现新作为”专题读书班及集体研讨会议。银川市委常委、永宁县委书记朱剑主持县委理论学习中心组“奋进新时代、担当新使命、展现新作为”专题研讨会议，自治区党史学习教育第一巡回指导组赵建宁、贾峰，银川市党史学习教育第四巡回指导组奏建忠、赵立春同志到会指导；县人大常委会主任郭雪平、县政协主席段伏林等参加会议。

30日 闽宁协作第25次联席会议在福建省福州市召开。会上，闽、宁两省区表示，贯彻习近平总书记关于深化东西部协作和定点帮扶工作重要指示精神，立足新阶段、担当新使命，共同谱写新时代闽宁协作新篇章，闽、宁两省区就东西部协作广泛协商，达成制度性安排。宁夏回族自治区党委书记、人大常委会主任陈润儿讲话，福建省委书记、人大常委会主任尹力主持并讲话。宁夏回族自治区党委副书记、自治区主席咸辉，福建省委副书记、省长王宁，宁夏回族自治区政协主席崔波，福建省政协主席崔玉英出席。银川市委常委、永宁县委书记朱剑与会。

6月

1—15日 永宁县第五届职工运动会召开。运动会设置拔河、跳绳、篮球、足球、龟兔赛跑等8项集体比赛项目，滚铁环、立定跳远、踢毽子、袋鼠跳等12项个人比赛项目。运动会历时15天，62支工会代表队1875名职工参加。县领导郑进选、满红、陈丽娟、蒯金银、郭宏参加活动。

2日 永宁县政府公众网消息，永宁县开展全县“四级四同”政务服务事项改革，简化办事程序，梳理更新全县“四级四同”政务服务事项1419项，梳理出“马上办”事项663项，“网上办”事项1269项，“一次办”事项1289项，“就近办”事项652项，“集中办”事项1137项，“掌上办”事项553项。

同日 宁夏工委纪念馆暨党史党性廉政教育基地获得第二批宁夏党史宣传教育基地称号。据宁夏工委纪念馆统计，2018年6月30日建馆以来，宁夏工委纪念馆共接待宁夏回族自治区、银川市、永宁县1169家机关、企事业单位36959人次，成为全区党史党性教育、爱国主义、廉政教育的主要阵地之一。

7日 民政部党组书记、部长李纪恒在闽宁镇调研民政工作服务经济社会发展和民族团结进步工作。在永宁县闽宁镇，李纪恒调研镇、村两级东西协作脱贫致富，易地扶贫搬迁，社区落实社会救助、残疾人保障等民政制度落实情况，民政帮助困难群众精准脱贫情况。在闽宁镇，李纪恒走访慰问群众，听取群众对民政工作的意见建议。

同日 银川市委常委、永宁县委书记朱剑专题调研全县“我为群众办实事”实践活动开展情况。朱剑来到县城人民公园、杨和镇、望远镇和胜利乡，调研两镇老年人活动中心、老年大学改建项目；查看杨和镇杨和村、惠丰村灌溉农田、农渠淌水情况；查看民生渠闸口、王太村十组给水泵站使用情况，重点解决“上下游”泵站集中输送的灌溉，解决杨和村、惠丰村、纳家户村40公顷农田灌溉难问题。

10日 由宁夏回族自治区商务厅与京东集团共同举办的“京东物流银川‘亚洲一号’项目暨6·18宁夏京东消费节启动仪式”在永宁县举行。宁夏回族自治区副主席赖蛟，宁夏回族自治区商务厅党组书记、厅长徐晓平，银川市副市长张全智，县领导郭雪平、郝春明及京东集团副总裁冯全普等出席启运仪式。

同日 银川市委常委、永宁县委书记朱剑主持召开永宁县“着力经济发展质量大提升，着力城乡建管质量大提升，着力生态环境质量大提升，着力群众生活质量大提升行动”部署推进会，安排部署相关工作。推进会部署城乡居民收入提升、基础教育质量提升、百万移民致富提升、全民健康水平提升具体工作。县领导郝春明、郑进选、王立平、余梁、高建华、满红、陈丽娟、马少军、杜勇、郭宏等参加推进会。

同日 反映永宁县闽宁镇脱贫攻坚电视剧《山海情》在第27届上海电视节白玉兰奖获最佳中国电视剧，演员尤勇智获最佳男配角、演员黄尧获最佳女配角、摄影指导杨振宇获最佳摄影。《山海情》成为本届上海电视节获得奖项最多的一部电视剧。评委会评语称，现实主义创作基础上的浪漫表达，一代人奋斗使命和成果的恢宏呈现，《山海情》在剧作、表演和影像上达到高超的艺术水准与和谐统一。《山海情》男主角马得福的扮演者黄轩获得“中国电视剧海外推广大使”称号。

同日 国家乡村振兴局中国扶贫发展中心、新华社半月谈杂志社举办的全国精准扶贫典型案例第三次发布会。县委常委、闽宁镇党委书记张文在发布会上介绍：闽宁镇20年前的人口由搬迁之初的8000人到现在的6.6万人，人均年收入由搬迁之初的不足500元增加到14961元，增长近30倍发展情况。发布会上，华中师范大学乡村振兴研究院常务副院长、教授陆汉文点评认为，闽宁镇依赖的是东西部扶贫协作这一中国特色的特殊制度安排。

11日 永宁县委全面深化改革委员会召开会议。银川市委常委、永宁县委书记朱剑主持会议。会议审议《永宁县排污权有偿使用和交易改革实施方案》《永宁县生态环境损害赔偿制度改革实施方案》《永宁县深入推进山林权改革加快植绿增绿护绿步伐的实施方案》《永宁县用水权改革实施方案》。县领导郭雪平、郝春明、钱冬、张文、王立平、李伟、林骏、余梁、孙佳永、魏凯军、安宁、曾晓隆参加会议。

16日 党史学习教育中央第十指导组组长魏大鹏带队在闽宁镇实地调研，魏大鹏一行参观闽宁镇宁闽合发双孢菇工厂化栽培基地、贺兰山东麓葡萄种植基地，现场与党员群众面对面交流，了解党史学习教育开展情况。魏大鹏还调研永宁县闽宁镇镇史馆红色党史学习教育工作。宁夏回族自治区领导张柱、李金科、沈左权，银川市委常委、永宁县委书记朱剑参加调研活动。

同日 《人民日报》刊发专刊《闽宁镇——破浪前行在乡村振兴的康庄大道上》，图文并茂介绍25年来，当初的闽宁村已经发展成人口6.6万的闽宁镇，发展为全国民族团结进步模范集体、全国乡村治理示范乡镇、全国脱贫攻坚楷模历史性沧桑巨变。

24—25日 银川市委常委、市纪委书记、监委主任宋志霖，银川市委常委、永宁县委书记朱剑，县长郝春明，县政协主席段伏林等市、县领导分别走访慰问永宁县部分新中国成立前老党员、离休干部、农村生活困难党员，为党龄满50年的老党员佩戴“光荣在党50年”纪念章，转达党中央的关怀，代表市委和县委向老党员致以节日的问候和祝福。

25日 永宁县举行庆祝中国共产党成立100周年大合唱比赛。12支合唱队伍用高亢嘹亮的歌声，颂扬党的丰功伟绩，展示出全县人民听党话跟党走的坚定信心决心。

同日 浙江大学贾惠娟教授来到胜利乡八渠村，给种植农户现场讲解大青葡萄种植技术和田间管理要求。

27日 永宁县召开各民主党派基层组织换届工作大会。付燕荣当选中国国民党革命委员会永宁支部第十六届委员会主委，张学民当选中国民主同盟永宁总支第六届委员会主委，马少军当选中国民主建国会永宁支部第三届委员会主委，勉维娜当选中国民主促进会永宁支部第五届委员会主委，周金生当选中国农工民主党永宁县第四届委员会主委，吴自平当选九三学社永宁支社第五届委员会主委。民主党派银川市委会领导，县领导马小平、马少军、郭宏参加会议。

29日 永宁县县长郝春明调研2021年政府为民办实事、人大建议、政协提案办理工作。相关部门汇报2021年全县为民办实事、人大建议、政协提案办理情况。郝春明查看望洪镇东和村、人民公园、永宁五幼、珍珠湖步道、三沙源等为民办实事、人大建议、政协提案办理项目。郝春明要求，相关部门要与县人大代表、政协委员沟通、总结建议提案办理工作。县领导李伟及相关部门负责人参加调研。

7月

1日上午8时 庆祝中国共产党成立100周年大会在北京天安门广场隆重举行。中共中央总书记、国家主席、中央军委主席习近平发表重要讲话。在永宁县政府会议室，朱剑、郭雪平、郝春明、段伏林等县四套班子领导、县处级以上领导及县直部门负责人身着正装，佩戴党员徽章，收听收看“庆祝中国共产党成立100周年大会”庆典盛况，聆听习近平总书记的重要讲话。

9日 永宁县选派92名驻村第一书记和工作队员下到村党支部委员会或村民委员会开展工作，促进巩固拓展脱贫攻坚成果同乡村振兴衔接。

10日 宁夏国家葡萄及葡萄酒产业开放发展综合试验区在闽宁镇挂牌成立。综合试验区由农业农村部、工业和信息化部、宁夏回族自治区政府共同建设，规划面积502.2平方公里。综合试验区力争到2025年，实现综合产值1000亿元。综合试验区是全国首个特色产业开放发展综合试验区。宁夏回族自治区党委书记、人大常委会主任陈润儿，宁夏回族自治区党委副书记、自治区主席咸辉，农业农村部党组成员、副部长马有祥，工业和信息化部总经济师许科敏，中粮集团有限公司党组书记、董事长吕军共同为宁夏国家葡萄及葡萄酒产业开放发展综合试验区揭牌。永宁县葡萄及葡萄酒产业位于综合试验区核心区域。

同日 永宁县工商业联合会召开第十一次代表大会，选举新一届工商业联合会执行委员会主席、副主席、秘书长。永宁县委副书记、县政法委书记张文出席会议并讲话，县委常委、统战部部长马小平主持会议，银川市工商联主席郝玉峰应邀出席会议。会议应到代表120人，实到代表105人。大会选举张文霞为永宁县工商业联合会第十一届执行委员会主席，邵青松、朱娟娟、韩向成等23人为副主席，马小梅为秘书长。

13日 永宁县县长郝春明带队调研全县土地开发利用建设情况。郝春明来到人和管业、亚鹰集团、三沙源、民生逸兰汐、江山阅等地，察看土地开发、土地利用、项目建设等情况，现场解决项目用地、项目建设存在的问题。郝春明要求，要提高节约集约用地意识，科学有序出让土地。县领导李伟及相关部门负责人参加调研。

15日 宁夏回族自治区蔬菜栽培技术培训班在永宁县举办，来自全区的120多名蔬菜种植大户和农技人员参加培训。学员观摩永宁望洪镇康润丰有机蔬菜生产基地。李俊镇悦丰农业港菜基地、永宁望远镇板桥村佳蕾农业专业合作社生产基地。宁夏回族自治区农技协专业人士向参培学员讲解宁夏蔬菜病虫害发生情况分析及防治技术，宁夏设施蔬菜发展现状及生产关键技术建议，为农户答难解疑。

23日 永宁县召开巩固拓展脱贫攻坚同乡村振兴衔接专项整治群众身边腐败和不正之风工作会。会议传达学习宁夏回族自治区、银川市巩固拓展脱贫攻坚成果同乡村振兴衔接专项监督工作会议精神，《永宁县关于深入开展群众身边腐败和不正之风专项整治实施方案》；通报永宁县关于巩固拓展脱贫攻坚成果同乡村振兴衔接相关工作情况。县领导李伟、祁华参加会议。

23—24日 23日，胜利乡第十六届委员会选举产生中共胜利乡委员9名、中共胜利乡第十六届纪律检查委员会委员5名，出席中国共产党永宁县第十五次代表大会代表20名；中共永宁县杨和镇第四次代表大会选举产生中共永宁县杨和镇第四届委员会委员9名、中共永宁县杨和镇纪律检查委员会委员5名，出席中国共产党永宁县第十五次代表大会代表23名；中国共产党永宁县望洪镇第四次代表大会选举产生中国共产党望洪镇第四届委员会委员9名、纪律检查委员会委员5名，出席中国共产党永宁县第十五次代表大会代表29名；中国共产党闽宁镇第二次代表大会选举产生中国共产党永宁县闽宁镇第二次委员会委员和纪律检查委员会委员及出席中国共产党永宁县第十五次代表大会的党代表。24日，中国共产党永宁县望远镇第十四次代表大会选举产生中国共产党望远镇第十四届委员会委员9名、纪律检查委员会委员5名，出席中国共产党永宁县第十五次代表大会代表33名。

24日 李俊镇捐赠河南抗洪救灾20余吨芹菜和西红柿、8台抽水机、200套被褥、260件矿泉水、300件方便面、40箱蛋黄派等救援物资启程驰援河南灾区。

26—29日 永宁县红十字会组织开展第一场援助河南水灾捐赠活动，宁夏天之谷食品有限公司捐赠价值10.8万元物资。27日，组织开展第二场援助河南水灾捐赠活动，县卫生健康局、县人民医院捐赠现金、计价物资共21万余元。28日，组织永宁县玉良荣丰葡萄种植专业合作社开展第三场援助河南水灾捐赠活动，募集到捐赠价值20400元的即食食品。29日，组织在四季鲜批发市场开展第四场援助河南水灾捐赠活动，募集到永宁县杨和镇政府及杨和镇爱心企业捐赠价值26398元的当季蔬菜。

29日 银川市委常委、永宁县委书记朱剑，县委常委、人武部政委杨勇慰问县人武部、武警某中队、驻永某部队官兵，向驻永人民解放军、武警部队官兵、民兵预备役人员致以节日祝贺。县长郝春明、政协主席段伏林慰问永宁县消防救援大队、银川市警备区、银川市消防救援支队官兵。县领导余梁走访慰问望远镇优抚对象代表，送上慰问金。

30日 银川市委常委、永宁县委书记朱剑主持召开2021年度县委议军会议。会议表示全力推动全县武装工作开展，抓民兵整组训练，抓应急维稳、抢险救灾等演练，保证遇有情况能够拉得出、用得上。会上，朱剑说，要推进双拥工作开展，为永宁驻军解决实际问题。县领导段伏林、杨勇、李伟、林骏、余梁、祁华、马小平、周德强、杨文智参加会议。

同日 永宁县举办银川市、永宁县两级优秀党员、党务工作者、先进基层党组织先进事迹宣讲报告会，县直机关、乡镇、街道200多名党员干部聆听宣讲。

8月

2日 永宁县召开应对新冠肺炎疫情工作领导小组会议，县长郝春明主持会议。会议传达自治区党委常委会会议暨应对新冠肺炎疫情工作领导小组第18次会议及有关文件精神。县卫健局通报全县新冠肺炎疫情防控工作进展情况。乡镇、街道，工作组组长汇报新冠肺炎疫情防控工作。会议要求，要严控聚集性活动，加强对超市、商场、农贸市场等重点场所的常态化新冠肺炎疫情防控力度。县领导钱冬、李伟、林骏、余梁、祁华、马小平、杨文智、沙勐、屠建强等参加会议。

4日 文化和旅游部、国家发展改革委正式公布第三批199个全国乡村旅游重点村名单和第一批100个全国乡村旅游重点乡镇名单，永宁县闽宁镇入选第一批全国乡村旅游重点镇。闽宁镇依托葡萄酒产业带动脱贫攻坚、乡村振兴，成为获得国际重量级葡萄酒金奖最多的产区，走出一条葡萄酒产业与文化旅游融合发展之路。

5日 永宁县委办公室党支部召开党史学习教育专题组织生活会。宁夏回族自治区党委党史学习教育第一巡回指导组、银川市委党史学习教育第四巡回指导组、永宁县委党史学习教育第二巡回指导组到会指导。银川市委常委、永宁县委书记朱剑，县委副书记、县政法委书记张文以普通党员身份参加活动。永宁县委办公室党支部负责人报告党支部党史学习教育情况，代表县委办公室党支部作检视剖析。县委办公室全体党员查摆剖析自身存在的不足，开展批评与自我批评。宁夏回族自治区党委党史学习教育第一巡回指导组赵建宁对专题组织生活中的批评和自我批评给予肯定。

同日 永宁县县长郝春明主持召开永宁县委应对新冠肺炎疫情工作领导小组会议，会议传达党中央、国务院、宁夏回族自治区、银川市新冠肺炎疫情防控工作会议精神，通报全县新冠肺炎疫情防控工作进展情况。会议要求，全县领导干部要清醒认识新冠肺炎疫情防控形势的严峻性、复杂性和不确定性，把握新冠肺炎疫情防控主动权，关注重点地区疫情动态，落实无缝衔接和闭环管理。县领导林骏、余梁、马小平、孙佳永、杨文智、沙勐、屠建强参加会议。

6日 永宁县召开“着力经济发展质量大提升，着力城乡建管质量大提升，着力生态环境质量大提升，着力群众生活质量大提升行动”推进会。永宁县县长郝春明主持会议并讲话。

9日 永宁县委深化改革委员会召开“用水权、土地权、排污权、山林权”改革工作推进会，安排部署全县“四权”权改革推进工作。永宁县县长郝春明主持召开会议。会议听取县水务局、县自然资源局、市生态环境局永宁分局关于用水权、土地权、排污权、山林权改革措施落实情况的汇报。县领导张文、李伟、孙佳永参加会议。

11日 永宁县县长郝春明调研全县城乡居民收入监测工作。郝春明来到永和社区永和锦城、望洪镇西玉中心村、闽宁镇原隆村等地，实地走访部分记账户，查看记账员的家庭状况，对记账户电子记账中存在的问题进行现场指导。上半年，全县全体居民人均可支配收入为11234元，同比增长12.9%。其中，城镇常住居民人均可支配收入15630元，同比增长15.0%；农村居民人均可支配收入8579元，同比增长11.6%。县领导李伟、沙勐参加调研。

18日 永宁县开展12—14岁学生人群新冠病毒疫苗接种工作。

全县按照就近就地的原则，对全县1.17万名12—14岁人群在18—19日完成新冠病毒疫苗第一剂次接种。全县共启用8个疫苗接种点，方舱临时接种点、学校临时接种点及乡镇卫生院同步开展接种工作。

同日 永宁县县长郝春明主持召开永宁县应对新冠肺炎疫情工作指挥部会议。会议传达学习全区新冠肺炎疫情防控工作会议精神、宁夏回族自治区应对新冠肺炎疫情指挥部《关于进一步从严从紧抓好当前新冠肺炎疫情防控工作的通知》。县卫生健康局通报全县新冠肺炎疫情防控工作情况。郝春明要求，全县要做好一线医护人员和卡口执勤工作人员保障工作，领导干部要发挥带头作用，做到非必要不接触、非必要不聚餐、非必要不离宁。县领导李伟、陈丽娟、杨文智、沙勐、郭宏参加会议。

21日 永宁县召开县乡人大换届选举委员会会议。会议研究永宁县第十九届人民代表大会初步代表候选人审查及公示事宜，通报县乡人大换届选举阶段性工作开展情况及存在问题。会议指出，县乡两级人大换届选举是群众家门口的民主法治建设实践大事。县选举委员会全体成员要以高度的政治责任感和历史使命感开展工作。县领导余梁、王少林、满红参加会议。

23日 永宁县召开2021年秋季学期开学新冠肺炎疫情防控、全面压减作业总量和时长，减轻学生过重作业负担工作推进会。会议要求安排义务教育质量监测工作，严查随意增减课时、提高难度、加快进度等违规办学行为，保证学生在校内学足学好。压减作业总量和时长。要求全县学校要发挥学校教育主阵地作用，开展课后服务工作，严禁课后服务时间变相补课。副县长沙勐参加会议。

同日 永宁县政府公众网消息，至8月22日，永宁县15—17岁、12—14岁新冠病毒疫苗第1剂接种2.3万人，接种率分别为107.92%、102.21%，接种率居银川市首位。

24日 永宁县发布开启义务教育优质均衡发展县创建工作。创建活动自2021年8月起，实施推进教育资源标准化建设，按照标准建设校舍场地，按照标准配齐设施设备，合理均衡配置教师资源。推进校园数字化建设，提高教育信息化水平，到2025年9月全县义务教育资源配置、政府保障程度、教育质量、社会认可度等4个方面，校际差异系数全部达到国家县域义务教育优质均衡发展评估验收标准，2026年接受宁夏回族自治区评估和国家认定。

9月

1日 中国共产党永宁县直属机关工作委员会党员代表会议召开。会议审议通过《中国共产党永宁县直属机关工作委员会关于出席中国共产党永宁县第十五次代表大会代表选举办法》，讨论通过县直机关工委代表候选人建议人选名单。选举产生52名出席中国共产党永宁县第十五次代表大会代表。县委常委、组织部部长、县直机关工委书记余梁主持大会，县直机关工委委员、所辖党组织书记，各条战线共产党员代表出席会议。

5日 永宁县第23个民族团结进步月集中宣传活动在闽宁镇团结广场举行。活动现场，学生代表收到爱心书包和奖学金，部分企业获得“爱心单位”证书。市县两级农工党、九三学社等民主党派界别专业人士，为移民群众开展免费诊断、法律咨询活动。就业、医保、文联等部门开展送技能、送政策、送文化进乡村活动。活动由银川市委统战部、永宁县委统战部等单位主办。

6日 永宁县第十九届人民代表大会县级人大代表及乡镇人大代表选举当天，永宁县组织194895名选民行使民主权利，依法选举产生新一届县级人大代表196人、乡镇人大代表421人，永宁县县乡两级人大代表换届选举工作完成。6月，永宁县启动县乡人大换届选举，依法成立县乡人大换届选举委员会和县乡人大换届选举工作领导小组，制定《永宁县县、乡人民代表大会换届选举工作实施方案》。

7—12日 闽宁镇组团参加在厦门举办的第二十一届中国国际投资贸易洽谈会。洽谈会上，闽宁镇建闽宁馆，主要展销永宁县的名优葡萄酒等农产品并开展招商引资活动。洽谈会上，国内外多家著名葡萄酒产业集团就葡萄酒链配套表现兴趣，表示将组团来永宁县考察调研，寻求合作商机。

9日 中共银川市委常委、永宁县委书记朱剑看望慰问全县一线教职工和教师代表，向全县广大教师和教育工作者致以节日的问候和诚挚慰问。朱剑、余梁来到永宁中学，看望慰问中小学、幼儿园教师及职工代表。郭雪平来到望远镇开展走访慰问活动；县长郝春明来到永宁县第二小学南校区，看望慰问县城部分中小学幼儿园优秀教师代表；县政协主席段伏林、副主席郭宏来到闽宁中学看望慰问工作在一线的教师。

11日 以“文化引领·闽宁协作·乡村振兴”为主题的2021年厦门文旅志愿者走进闽宁镇。厦门文化旅游志愿者在闽宁现场展出80幅艺术漆画、摄影作品，独具厦门民俗特色的漆线雕、影雕、木偶、香道等“非遗”项目。当日，厦门、银川两市文旅部门签订战略合作协议，规划文化旅游交流。活动期间，厦门文旅部门人员还调研闽宁镇“非遗”保护传承、文旅融合情况，看望福建挂职人员，调研宁夏“非遗”保护传承、文旅融合开展情况。

同日 《银川日报》消息，9月，永宁县王太堡农业生态观光园百余亩油菜花争相绽放。红彤彤的高粱、爬满棚架的葫芦、成片成片的油菜花映入眼帘，空气中散发着的花香沁人心脾，蜜蜂嗡嗡采蜜，蝴蝶上下飞舞。金色的油菜花海与湛蓝的天空交叠出一幅浓墨重彩的田园画卷，美不胜收的风景也吸引大量游客纷纷游玩赏花。

13日 县长郝春明督查闽宁镇、黄羊滩农场、玉泉营农场土地反馈问题整改情况。在闽宁镇园艺村、武河村、黄羊滩农场，郝春明查看占地恢复情况，相关负责人汇报土地问题整改情况。郝春明要求，要落实耕地保护制度，执行耕地和基本农田保护政策，打击违法违规用地和破坏耕地行为，守住永宁县基本农田红线，防止耕地非农化。

同日 永宁县电子商务协会筹备暨第一届会员大会召开。会议审议通过《永宁县电子商务协会章程》《会员大会制度》《民主选举制度》《民主决策制度》《理事会制度》《监事会制度》等12项管理制度，选举产生第一届理事会理事9名、监事会监事3名，选举产生第一届理事会会长、副会长、秘书长，第一届监事会监事长。副县长杨文智及企业家代表、会员单位代表参加大会。

15日 永宁县召开“四权”改革推进会，银川市委常委、永宁县委书记朱剑主持会议并讲话。中共永宁县委深化改革办公室汇报全县全面深化改革工作情况。县水务局、县自然资源局、市生态环境局永宁分局负责人汇报“四权”改革进展情况。朱剑要求，要加快集体林地经营权确权颁证，推进集体林地“三权”分置改革。县领导段伏林、张文、钱冬、李伟、林骏、余梁、祁华、孙佳永、沙勐、王维焕参加会议。

同日 永宁县举办2021年下半年欢送新兵入伍和欢迎退伍老兵返乡仪式。县委常委、县人武部政委杨勇主持仪式。会议宣读应征青年批准入伍命令，参会领导为入伍新兵代表佩戴红花，为新兵代表赠送纪念品，并为高原新兵、大学生新兵代表发放优待金和“光荣之家”牌匾。县领导陈丽娟、沙勐、张文霞参加活动。

18日 永宁县国防教育办公室对各单位申报的第一批永宁县国防教育基地单位进行考核，经永宁县委宣传部、永宁县人民武装部政治工作科、县国防教育办公室研究，决定命名宁夏工委纪念馆、玉海（耿飚红军）小学为第一批永宁县级国防教育基地。

22日 县长郝春明主持召开全县经济运行调度及项目建设工作推进会。县统计局、县发改局、县商投局、县政府督查室等部门通报全县1—8月经济运行、固定资产投资、招商引资等工作情况，汇报2022年项目谋划和储备情况。1—8月，全县规模以上工业、固定资产投资、财政收入等指标增速均实现两位数增长，规模以上工业增加值同比增长19.4%，固定资产投资增长12.2%。县领导李伟、杨文智参加会议。

23日 永宁县2021年农民丰收

节开幕在永宁县王太堡生态农业观光园举行，农民们载歌载舞庆祝节日。今年的活动主题是“庆丰收、感党恩”，推进永宁县乡村振兴事业发展。在丰收节开幕式上，永宁县农业农村局与新华百货签约农产品供销框架协议。

同日 宁夏供销合作社系统教育培训基地、闽宁镇供销社成立揭牌仪式在闽宁镇原隆村红树莓扶贫生态产业园举行。宁夏回族自治区供销社党组书记、理事会主任杨少华，永宁县县长郝春明等参加仪式。与会领导为宁夏供销社系统培训基地揭牌，为当日成立的闽宁镇供销合作社、闽宁镇原隆村供销合作社揭牌。宁夏供销社系统培训基地将整合利用各类培训资源和力量，培养供销合作社干部。县委常委、闽宁镇党委书记周德强参加仪式。

26日 中共永宁县第十五届纪律检查委员会第一次全体会议召开。大会选举祁华、谢尉庆、张泉柳、杨立军、岳海瑞、邢利斌、张冬为中共永宁县第十五届纪律检查委员会常务委员会委员，祁华当选为中共永宁县第十五届纪律检查委员会书记，谢尉庆、张泉柳当选为中共永宁县第十五届纪律检查委员会副书记。

同日 两辆冷链物流车满载着闽宁镇群众的关切，启程福建厦门，跨越千里驰援厦门人民抗疫。福建厦门正在抗击疫情，闽宁镇的干部、企业、村民几日内便筹集到了60万元资金以及价值60万元的牛奶、果蔬、枸杞、牛羊肉等物资。村民马雅玲早上6点多，来到温棚里，打着灯摘下28箱1150斤的西红柿，送到发车点。两辆冷链车星夜兼程，28日把物资送抵福建厦门市思明区和湖里区，第一时间分发给抗疫一线的医护人员和群众。

10月

1日 宁夏回族自治区党委书记、自治区人大常委会主任陈润儿调研永宁县闽宁镇社会经济发展情况。陈润儿在闽宁镇看绿化美化、环境整治，进群众家中察看居住环境、庭院卫生。陈润儿在闽宁镇调查犊牛繁育、防疫管护和养殖就业带动情况。他要求永宁县党政干部在推进巩固拓展脱贫攻坚成果同乡村振兴衔接中，要发挥主观能动性。宁夏回族自治区领导张雨浦、雷东生参加调研。

12日 永宁县2021年青年干部主体培训班在县委党校举行。银川市委常委、永宁县委书记朱剑为参训学员讲授开班第一课。朱剑以习近平总书记15岁时来到陕西省延川县文安驿公社梁家河大队插队落户的经历，讲述习近平总书记知青时期的艰苦生活和成长历程。他勉励青年干部不负韶华，练好本领。朱剑同时寄语青年干部，对党忠诚常修常炼；实事求是持之以恒；善于作为起而行之。县领导余梁参加活动。

同日 永宁县县长郝春明主持召开闽宁镇原隆村村庄规划编制征求意见会。规划编制团队汇报规划制定进展情况，与会人员就规划开展交流讨论。郝春明说，规划要精准定位，打造样板、突出特色，站得高、谋得远；要坚持村民参与、合理布局，高质量完成规划编制任务，为原隆村的乡村振兴描好图、着好色。

14日 永宁县开展重阳节走访活动，慰问永宁县5位百岁老人。慰问人员走访5位百岁老人，送上“温暖重阳”百岁老人长寿保健金。慰问人员来到新华中心村李月英老人家中，李月英已106岁，仍笑声朗朗、声如洪钟。县领导余梁参加活动。

18日 永宁县委组织部、永宁县委党校在延安干部培训学院杨家岭分院举办永宁县选调生理想信念专题示范班。来自全县乡镇、街道、村、社区及县直部门的34名选调生参加为期4天的学习。通过现场教学，使全体选调生接受党性洗礼。延安干部培训学院的杨忠虎教授以《不忘初心　寻根延安　党中央在延安十三年》为题作首场专题报告。

19日 永宁县县长郝春明主持召开永宁县应对新冠肺炎疫情工作领导小组会议，会议传达暂停永宁县大型活动要求，通报全县新冠肺炎疫情防控情况，部署全县新冠肺炎疫情防控工作。郝春明要求，要紧盯重点人、重点区域，落实公共场所错峰限流、场次间隔、通风消毒、佩戴口罩、测温验码等措施。县领导李伟、沙勐、屠建强、马少军参加会议。

22日 永宁县县长郝春明督导

四季鲜农产品综合批发市场、兰花花酒店督导新冠肺炎疫情防控工作。郝春明要求，四季鲜农产品综合批发市场要按照新冠肺炎疫情防控标准要求，落实口罩佩戴、测温、信息登记、行程码和绿码查验等常态化新冠肺炎疫情防控措施；要落实市场保供稳价工作。郝春明查看兰花花酒店隔离管控情况，蔚湖城小区部分单元封控情况。县领导马小平、沙勐、屠建强参加督导。

24 日 县长郝春明主持召开永宁县应对新冠肺炎疫情工作领导小组会议。会议听取全县新冠肺炎疫情防控工作情况的汇报，研判新冠肺炎疫情防控薄弱环节及对策，部署新冠肺炎疫情防控工作。郝春明说，宁夏回族自治区内相继出现新增本土新冠肺炎确诊病例，疫情蔓延速度快、防控形势严峻复杂。全县要行动起来，防控人员要靠前指挥，责任到人。要提早准备全县全员核酸检测工作。

25 日 银川市委常委、永宁县委书记朱剑主持召开永宁县委应对新冠肺炎疫情工作领导小组会议。会议传达学习宁夏回族自治区党委新冠肺炎疫情防控相关文件精神、听取望远片区核酸检测情况汇报，安排第 2 轮核酸检测相关事宜。听取乡镇、街道核酸检测点位准备及常态化新冠肺炎疫情防控工作情况的汇报。朱剑肯定全县新冠肺炎疫情防控工作，要求安排部署开展新一轮核酸检测工作。县领导郝春明、张文等参加会议。

27 日 永宁县望远片区启动第二轮核酸检测，700 余名医护人员在 51 个采样点为望远片区居民开展核酸检测。采样 113883 人次。

28 日 绿城·桃李江南项目公司、伊利集团宁夏分公司、宁夏光耀集团金帝置业有限公司，向永宁县人民政府捐赠帐篷、电取暖器、棉大衣、防护服等防疫物资。县领导李伟参加捐赠活动。

30 日 永宁县委组织部紧急划拨 84 万元党费，用于支持全县新冠肺炎疫情防控工作，支持在疫情防控一线成立的 122 个临时党支部、354 个党员责任区，引导党员群众奋战在疫情防控最基层，把县委、县政府决策部署落实到“最后一公里”。

31 日 银川市委常委、永宁县委书记朱剑主持召开永宁县委应对新冠肺炎疫情工作领导小组指挥部工作会议。朱剑要求，新冠肺炎疫情防控工作要做到领导干部到位，部门一把手、乡镇党委书记、乡镇长要到封控点开展督查指导。要监管到位，明确各小组的监管职责，保证监管工作跟得上，乡镇卫生院发热哨点要规范流程，保证监督到位；村居卫生室要按规范处置发热病人，保证检测到位。

11 月

1 日 宁夏北方乳业有限责任公司、银川市产城资本投资控股有限公司通过永宁县红十字会，向永宁县捐赠食品、防护服等价值 13 万余元的防疫紧缺物资。县领导郝春明、李伟、林骏、沙勐参加捐赠活动。

2 日 永宁县县长郝春明督查重点交通卡点新冠肺炎疫情防控工作。郝春明来到永宁收费站和银川南绕城高速卡点，查看卡点人车流量情况，新冠肺炎疫情防控工作流程执行情况，防护装备配置情况，后勤保障工作，登记人员和核酸采集检测工作。郝春明要求，银川南绕城永宁收费站卡点是进出银川、永宁的重要节点，卡点要落实行程码、健康码、核酸检测报告查验制度，守住永宁新冠肺炎疫情防控第一道防线。县领导李伟参加督导。

3 日 银川市委常委、永宁县委书记朱剑主持召开永宁县应对新冠肺炎疫情工作指挥部会议。会议要求执行自治区应对新冠肺炎疫情工作指挥部办公室关于对封控、管控区域人员核酸检测的要求。听取永宁县新冠肺炎疫情防控工作转运组、核酸检测组、隔离管控组、疫情处置组、乡镇、街道核酸检测及常态化新冠肺炎疫情防控工作的汇报。朱剑要求，要加强流行病学调查和重点人员管控，全面追踪密切接触者、次密切接触者，做到应隔尽隔，应管尽管；要强化现有隔离场所管理，要配强隔离点工作力量。县领导郝春明、张文等参加会议。

同日 县长郝春明督导望远镇核酸检测采样点、杨和镇封控单元新冠肺炎疫情防控工作。县委常委、常务副县长李伟参加督导。

5日 宁夏回族自治区党委副书记、自治区主席咸辉调研检查永宁县四季鲜批发市场新冠肺炎疫情防控、市场保供等工作。咸辉随机抽查进出车辆管理、商铺消杀等情况。咸辉说，要坚定决心信心不动摇，落实防控举措不懈怠，守土有责、守土负责、守土尽责，要多渠道组织货源，多手段调控储备，多层次促进流通，依法打击哄抬物价、囤积居奇等行为。宁夏回族自治区副主席刘可为，银川市委常委、永宁县委书记朱剑参加调研检查。

8日 宁夏回族自治区党委常委、银川市委书记、市实施乡村振兴战略工作领导小组组长张雨浦主持召开闽宁镇开展合作加快发展推进会。张雨浦说，闽宁镇是习近平总书记亲自部署推动、亲自命名建设、亲自授牌表彰的全国脱贫攻坚楷模，是东西部扶贫协作的典范，要提升闽宁镇经验、推动闽宁镇发展，助推新时代闽宁协作和银川乡村振兴实现更高水平发展。

16日 永宁县委常委会召开“深化作风建设”专题民主生活会，银川市委常委、永宁县委书记朱剑主持会议并讲话。市委党史学习教育第四巡回指导组组长秦建忠到会指导。县政协主席郑进选列席会议。会议传达学习党的十九届六中全会精神，书面学习《中国共产党章程》《关于新形势下党内政治生活的若干准则》《中共中央关于加强党的政治建设的意见》。县委常委会班子成员从责任落实、监督检查、违规吃喝三个方面作个人对照检查报告。秦建忠说，永宁各级党组织重视党史学习教育，为民办实事取得良好的效果。

18日 永宁县为各乡镇、街道下拨统一采购的大米、面粉、食用油及蔬菜，力保新冠肺炎疫情防控和寒冬期间困难群众温暖过冬。组织慰问困难家庭307户，每户200元的补助标准，发放米、面、油、蔬菜等慰问品。县领导沙勐、马文君参加慰问。

22日 永宁县开展2021年农田水利基本建设观摩评比活动。2021年，全县秋冬季农田水利基本建设投入车辆5501辆次，投用农用机械2882台次，投工投劳314243工日，完成整地14704.8公顷，完成总任务的100%；清淤支斗沟159条，共345.7千米，完成率为101.9%；清淤农毛沟3568条，共1793.1千米，完成率为108.3%；清淤支斗渠181条，共393.6千米，完成率为96.5%；清淤农毛渠3866条，共2096.8千米，完成率为104%；整修农田路7980条，共3603.5千米，完成率为137.9%。

24日 学习贯彻党的十九届六中全会精神中央宣讲团成员、中央政策研究室副主任田培炎来到永宁县闽宁镇，宣讲党的十九届六中全会精神。宁夏回族自治区党委常委、宣传部部长李金科参加活动。田培炎和与会者分享学习党的十九届六中全会精神的心得体会，围绕大家关心的热点问题开展互动交流。

24日起 永宁县全面启动年满3周岁至11周岁年龄段符合接种新冠病毒疫苗条件的儿童新冠疫苗免费接种工作。全县在乡镇共设置27个疫苗接种点，有3.92万符合接种条件的儿童接种。

26日 宁夏北方精工钢结构实业有限公司破产重整案资产生产经营管理移交员工动员大会在北方精工举行。北方精工破产管理人和新任股东宁夏望远现代金属物流集团股份有限公司双方代表完成资产移交工作，宁夏北方精工钢结构实业有限公司破产重整案是永宁法院受理的首起破产重整第一案件。2019年6月，北方精工因严重资不抵债向永宁县人民法院申请进入破产程序。2019年10月15日，永宁法院主持，召开第一次债权人会议，表决通过《关于决定破产企业继续营业的报告》《选举债权人委员会的报告》《财产管理方案的报告》。2021年9月27日，宁夏望远现代金属物流集团股份有限公司通过竞拍取得北方精工的100%的股权，成为北方精工新股东。

12月

3日 县长郝春明带队调研黄河流域生态环境问题整改及项目建设工作。郝春明查看永宁县第一污水处理厂、闽宁镇污水处理厂、杨和镇南北全村东方渠、县城及闽宁配煤中心、利拓及永益种植基地、玉泉营和黄羊滩农场基础设施建设提升工程施工现场。郝春明要求，要对督察发现的问题依法依规坚决整改、全面整改，负起黄河流域生态环境警示片披露问题整改责任。县领导李淑娟参加调研。

6日 永宁县召开迎接第二轮中央生态环境保护督察工作推进会。县长郝春明主持会议。会议传达中央第四生态环境保护督察组督察宁夏回族自治区动员会会议精神。郝春明要求，落实中央环保督察期间资料调阅、现场督察、案件转办等工作；要重点关注重点企业、重点行业、重点领域等群众反映强烈的问题，集中精力、全面整改。县领导张文、李伟、余梁、孙佳永、曹永进、屠建强、沙勐、李淑娟参加会议。

8日 永宁县县长郝春明调研望洪镇、李俊镇养殖场、污水处理厂的生态环境保护工作。郝春明在永宁县荣俊养殖专业合作社、银川茂林养殖专业合作社要求，养殖企业要在发展壮大的同时保证环保达标，相关单位要开展养殖场气味、粪污处理等畜禽养殖污染防治工作，保证全县畜禽养殖产业良性健康发展。在望洪镇南方村污水处理站、李俊镇雷台村污水处理站，郝春明要求，环保督察问题整改工作要做好记录台账。

11日 银川市市长赵旭辉在永宁县现场督办中央生态环保督察组转办件办理工作。在永宁县第一污水处理厂，赵旭辉在线查看监测室、污水处理池排放口等地，了解污水处理后排放情况，他要求，各污水处理厂要落实管理措施，完善出水监测体系，提高水质监测的能力和水平。要执行污水处理标准，严把污水收集、处理和中水排放等关键环节，实现污水处理后达标排放。

15日 永宁县区域公共品牌“禾美永宁”获得“2021年中国农产品区域公共品牌·市场竞争力新锐品牌”奖。评选活动由《品牌农业与市场》杂志社主办，多家知名品牌研究机构联合发起网络票选产生。

20日 永宁县县长郝春明主持召开永宁县智慧城市和数字化经济发展会议。审议通过《永宁县智慧城市和数字化经济发展“十四五”规划》。

同日 中国著名小麦育种专家、全国“五一”劳动奖章获得者、全国“最美奋斗者”、永宁县小麦育种繁殖所原所长裘志新，因病在永宁县逝世。

22日 农业农村部农产品质量安全中心公布2021年第三批全国名特优新农产品名录，永宁县闽宁镇鸡蛋、双孢菇榜上有名。全国名特优新农产品是指在特定区域内生产、具备一定生产规模和商品量、具有显著地域特征和独特营养品质、有稳定的供应量和消费市场、公众认知度和美誉度高，经农业农村部农产品质量安全中心登录公告和核发证书的农产品。

同日 永宁县图书馆永和分馆在永和社区揭牌开放。县图书馆为永和分馆配置政经、文化、科技、少儿、生活、其他等六大类图书共2000册。

24日 永宁县召开青年联席会议第二次全体会议，会议研究推进全国县域共青团基层组织改革试点工作。6月，永宁县被列为全国县域共青团基层组织改革试点地区，出台《永宁县推进县域共青团基层组织改革试点工作实施方案》，明确4个方面10项内容35条改革内容。县领导马小平参加会议。

30日 永宁县召开县委应对新冠肺炎疫情工作领导小组工作会议，银川市委常委、永宁县委书记、永宁县应对新冠肺炎疫情工作领导小组组长朱剑主持会议并讲话。会上调整县委应对新冠肺炎疫情工作领导小组、指挥部及工作人员，通报近期新冠肺炎疫情防控工作开展情况。朱剑要求，立即进入新冠肺炎疫情防控备战状态，加强境外和国内中高风险地区返永人员全流程闭环管理；领导干部带头开展值班值守工作。

31日 永宁县政府公众网消息，截至12月30日，永宁县接种新冠病毒疫苗60.3万剂次。接种第一针291898剂，第二针269629剂，第三针41490剂。其中，3—11岁第一剂接种37018人，第二剂接种27632人。

永宁综览

YONGNING ZONGLAN

地理人文

【地理位置】 永宁县地势西高东低，呈西南向东北倾斜状，全境可分为五个地貌单元。贺兰山地：位于县境西北部，北起单岭子，南至小沟口，呈北南走向，单岭子到头关南为南山区，山势陡峭，海拔1433—2516.6米，坡度25—30度以上。洪积扇地：由贺兰山洪积物冲积而成的扇倾斜平原。地面因受水蚀、风蚀，布满碎石，属温带荒漠草原。河成老阶地：洪积扇以东至黄河冲积平原间，由于黄河的变迁上切，造成河成老阶地。风沙地：地表沙丘起伏，部分为平沙地，北部沙化程度重，多为贺兰山东麓沙碛卵石地貌，南部黄河冲积平原：黄河在历史上的改道和淤积程度不同，湖泊、沼泽星罗棋布。

【行政区划】 2021年全县辖区有望远镇、杨和镇、望洪镇、李俊镇、闽宁镇5镇，胜利乡，团结西路街道办事处，玉泉营农场、黄羊滩农场2个区属农场，66个村民委员会，17个社区居委会，545个村民小组。

【历史沿革】 据考证，在旧石器时代晚期永宁县域就有人类生活，距今有3万年。春秋以前属北地、西戎等北方游牧部落之地。战国时期，属北地郡辖地。秦为北地郡富平县地。西汉分属北地郡治灵州、灵武两县。东汉前期仍为北地郡灵州县，东汉后期废，属灵武县辖地。三国、西晋时期，为羌、鲜卑、匈奴等部族驻牧地。东晋、十六国时期，先后属后赵、前秦、后秦、夏4国辖地。南北朝时期，先后属北魏、西魏、北周辖地，北周时期为怀远郡怀远县辖地。隋立弘静县（治望洪堡东），分属弘静、灵武（治邵岗堡）、怀远3县辖地。唐先后改弘静县为安静县、保静县，分属保静、灵武、怀远3县辖地。五代保静、灵武、怀远均废县为镇，属朔方节度使灵州地。北宋时属西夏静州（望洪镇附近）、顺州（邵岗堡西）、怀州（掌政镇南）、永州（杨和堡附近）4州地。元属甘州行中书省、西夏行中书省、甘肃行中书省，隶属宁夏行省之宁夏府路。明先属宁夏府，后分属于陕西都指挥使司之宁夏卫、宁夏前卫、宁夏左屯卫、宁夏右屯卫等4卫。清雍正三年（1725年）永宁分属宁夏、宁朔两县。1941年4月1日，永宁置县，县治初设望洪堡，同年秋迁至杨和堡，下设14个乡。1949年9月23日永宁解放。9月28日成立永宁县第一届人民政府，隶属于宁夏省。1954年9月27日宁夏省建制撤销，永宁县隶属于甘肃省银川专区。1958年10月25日，宁夏回族自治区成立，永宁县隶属宁夏回族自治区。1972年6月1日隶属宁夏回族自治区银川市。

【物产资源】 永宁县蕴藏的矿产资源主要有铁、膏盐矿、石灰矿、黏土矿、磷矿石、贺兰石、水晶、石英等。县内农业自然条件优越，沃野平畴，沟渠纵横，气候适宜。黄河在境内流长32.5千米，西干、唐徕、汉延、惠农四大干渠由南向北纵贯全县土地。素有“塞上江南、鱼米之乡”之称。

【自然环境】 永宁县属中温带

干旱气候区，大陆性气候特征十分明显。年平均气温 8.7℃，夏季各月平均气温在 20℃以上，大于等于 10℃的积温平均为 3245.6℃，积温性高，无霜期平均 167 天，早霜始于 9 月 25 日左右，终霜期一般在 4 月底到 5 月初，年太阳总辐射 141.7 千卡 / 平方厘米，年日照时数达 2866.7 小时，光能资源丰富，日照长。温度和日照条件可满足多数农作物生长发育的需要。温差大，气温年较差平均为 31.5℃，日较差平均 13.6℃，有利于有机物质的合成和积累，适宜优质农产品生长。年平均降水量很低，多年年平均降水量为 201.4 毫米。降水量在一年中分配很不均匀，多集中在 7—9 月，约占全年总降水量的 62.2%。年平均蒸发量为 1470.1 毫米。由于降水稀少、蒸发强烈，没有灌溉就没有稳定的农业。风大沙多是这个地区主要灾害性天气，全年超过 8 级大风平均为 3.5 天，大风多集中在 1—4 月，占全年大风天数的 63%，沙尘暴多发生在 4—5 月，年平均沙暴日数为 3.2 天，历年平均风速为 2.4 米 / 秒，最大风速为 18 米 / 秒。冬春季多盛行西北风和东北风，夏秋季多东南风。

【当年气候】 2021 年，永宁县平均气温为 10.9℃，与常年平均值相比偏高 1.3℃。年极端最高气温为 37.0℃，出现在 7 月 9 日；年极端最低气温为－23.8℃，出现在 1 月 7 日。全年各月平均气温除 4 月、10 月、11 月与历年平均值相比偏低外，其余各月均偏高。2021 年，总降水量为 153.1 毫米，与常年平均值相比偏少 24.1 毫米。全年降水分布不均且较为集中，各月降水量与历年同期平均值相比，除 2—4 月、9 月、11 月降水偏多外，其他各月均偏少。2021 年，全年日照时数为 2874.4 小时，与历年平均值相比偏少 18.3 小时，各月日照时数与常年同期平均值相比，除 3—4 月、6 月、8—10 月偏少外，其他各月均偏多。2021 年，永宁县不同程度地出现异常天气气候事件及气象灾害，对农牧业生产、人民生活、交通、设施建设及生态建设造成一定影响。年初气温异常偏高，冷暖变化剧烈。1 月 4—7 日，最低气温降至 -23.8℃，1 月中旬之后气温迅速回升并持续异常偏高，1 月 11 日—3 月 31 日，全县平均气温 2.9℃，偏高 4.1℃，创 1961 年以来新高。3 月 30 日—4 月 1 日，全县出现当年春季首场透雨，降水量在 15 毫米以上。沙尘日数多，沙尘暴强度大、范围广，3 月 15 日，出现 2002 年以来强度最大、范围最广的强沙尘暴，最小能见度仅为 218 米；3 月 28 日，再次出现沙尘暴，最小能见度仅为 754 米。夏季降水量异常偏少。6 月 1 日—8 月 15 日持续异常少雨，为 1961 年以来同期最少，是 1961 年以来唯一一个夏季降水量小于春季降水量的年份。由于持续少雨和气温异常偏高，干旱发展迅速，7 月上旬达重度气象干旱，8 月 14 日达特旱。

【人口】 2021 年末，全县常住人口 32.4 万人，比上年末增长 0.2 万人。其中，城镇常住人口 21.3 万人，占总人口比重为 65.7%；回族人口 8.04 万人，占总人口的比重为 24.8%；女性人口 15.8 万人，占总人口的比重为 48.8%。人口出生率为 11.76‰，死亡率为 4.64‰，人口自然增长率为 7.12‰。

政治建设

【党的建设】 2021 年，永宁县完善党委、党组理论学习中心组学习制度，推动习近平新时代中国特色社会主义思想学懂弄通做实。完成乡镇、村党支部委员会、村民委员会换届，消除村集体没有固定资产，没有任何经济来源村。完善干部考核评价激励机制，一批先进基层党组织和优秀共产党员受到宁夏回族自治区、银川市表彰，裘志新获得“全国最美奋斗者”称号，任建华被表彰为“全国最美基层民警”。全县街道、社区均建立完善党建联席会议制度，吸纳辖区各行业领域 141 个党组织进驻社区开展共建活动。街道、社区两级召开联席会议 88 次。构建小区网格党支部建设，组建居民小区党支部 82 个，楼栋党小组 173 个，小区网格党组织覆盖率达到 104%。选聘 210 名党员担任楼长。基层党建出现永宁县人民检察院、国家税务总局永宁税务局等永宁县党的建设先进典型，2021年，两批命名32家单位为“让党中央放心、让人群众满意”模范机关。全年召开县非公经济和社会组织工委联席会议2次，听取专题汇报2次。宁夏永宁工业园调整规范党组织设置2个，新单独组建党支部9个。全县非公经济组织和社会组织党组织覆盖率分别达到84.4%和84%。划拨9.5万元支持新建非公企业和社会组织党组织建设党群活动阵地，形成四季鲜市场“红色引擎”、创业谷“双孵化”等4个党建品牌，宁夏永宁工业园区企业综合党委成功创建为宁夏回族自治区非公企业和社会组织党建工作示范点。

2021年，全县8个软弱涣散村和后进村党组织全部转化，村级集体经济总量6333万元，示范村达到71.12%。开展“导师帮带制”试点工作，建立77名帮带导师团队，以老带新、以强带弱促进结对86对，储备后备干部132名。全县各级党组织开展党员集中轮训班224期，培训党员21074人，达到党员总数的62.15%。对全县578名村、社区党组织书记、副书记及新选任村党支部委员会、村民委员会干部进行履职培训；集中举办专题培训班，对92名驻村第一书记和工作队员进行培训。规范党员发展工作，举办发展对象集中培训班1期，培训112人，全年新发展党员178名，确定入党积极分子204名。管好流动党员，惩戒违纪违法党员。开展换届纪律学习宣传、风险排查整改、换届程序执行开展巡回督查，核查问题线索12件，审慎回复党风廉政意见79批3070人次，全县换届风清气正。

【**基层政权建设**】 2021年，永宁县推进乡镇、街道职能整合，规范乡镇、街道党政机构和乡镇、街道事业单位设置，乡镇分别设综合办公室、党建工作办公室、经济发展办公室、社会事务管理办公室、综合执法办公室、民生服务中心、农业综合服务中心、综治中心、财经服务中心；街道组建党政办公室、党建工作办公室、社会事务办公室、社会治理办公室、民生服务中心、综合治理中心、公共事业服务中心。充实基层，下放事业编制54名，下放人员47人。乡镇、街道编制396名，较改革前增长20%。依法明确乡镇行政权力事项100项，街道行政权力事项32项；向乡镇、街道赋权6类83项；明确乡镇行政执法事项72项，街道行政执法事项44项；乡镇、街道承办政务服务事项123项。

2021年，永宁县组织近千名县、乡人大代表正式候选人与选民见面。把好代表政治关、素质关、结构关，规范代表候选人提名推荐和审查程序。依法选举产生乡镇人大代表420名。县委书记带队调研县内村党支部委员会、村民委员会人选，逐一开展党员基本信息核准，党员工作生活现况核实，党员交纳党费情况核清，党员参加组织生活情况核查。制定换届风气监督23条举措，建立县乡换届监督员队伍，选聘4名监督员全程参与并督导6个乡镇领导班子换届工作。签订严守换届纪律承诺书1000余份。对换届选举中涉及的800位重点人，开展提醒谈话、警示谈话、勉励谈话、疏导谈话等专题谈心谈话活动。2021年，永宁县66个村、29个社区全部完成村党支部委员会、村民委员会换届选举工作，依法依规选出村党支部委员会、村民委员会成员625人。61个村和29个社区实行书记、主任一人兼任；村党支部委员会和村民委员会班子成员平均年龄45.4岁，较上届下降3.3岁；大专以上学历163人，较上届增加44.2%，女性党支部委员会和村民委员会成员占比33.3%。165名致富带头人、退伍军人进入村党支部委员会和村民委员会班子。选民参选率达91%。

2021年，永宁县查处基层腐败和作风问题11起，处分4人，问责9人。聚焦百万移民致富提升工作，下发督办单15份，督促整改问题43个。开展民生领域侵害群众利益问题专项整治，向社会公布整治成果2批次，查处群众身边腐败和作风问题12起，处分14人，问责9人。

【**精神文明**】 2021年，永宁精神文明建设指导委员会召开文明城市创建工作推进会，制定《永宁县创建全国文明城市三年行动方案》，全面推进永宁县文明城市创建工作。开展全国文明城市实地测评专项督查，县广播电视台录制电视问政片，问政文明城市建设过程软点、短点。督促整改1000多处。在全县城乡开展群众性精神文明创建活动。2021年，永宁县望远镇政权村获评第六届全国文明村镇，永宁县望远镇、永宁县人民法院、永宁县人民医院、永宁县交通运输综合执法大队通过复查继续保留全国文明村镇、文明单位称号。全县有区级文明村镇、文明单位5个，区级、市级文明校园6所。2021年，组织各级文明单位、文明村镇、文明校园参与开展文明集体亮牌行动。

2021年，永宁县发挥先进典型引导全县精神文明建设。开展最美永宁人、文明家庭、星级文明户、移风易俗示范户、新时代好少年评选活动，2021年评选最美永宁人28人、新时代好少年40名、移风易俗示范户14户、文明家庭15户、星级文明户4000余户、移风易俗先进红白理事会6个。开展新时代文明实践活动，建成新时代文明实践点10个，改造新时代文明实践阵地6个，新代文明实践站、所实现全县全覆盖。组织志愿者开展清岸清水农村河湖清理活动、交通文明出行劝导活动，全年志愿服务一万多场，志愿服务一百多万小时。实施永宁县未成年人思想道德建设，开展中小学“开学第一课”的活动。

2021年，组织开展“中国共产党建党100周年，我为祖国献礼”为主题风筝手绘活动，组织开展“百米长卷红色绘画”活动，组织各单位志愿者在春节录制“共抗疫情、喜迎新春”网络拜年视频，开展“送春联助防疫·寒冬墨香暖人心”志愿者活动，制作书写“抗疫”春联、福字10万余件。清明节组织全县280余名志愿者开展清明祭英烈活动。中秋开展“我与祖国共团圆”志愿者免费拍摄家庭团圆合照活动，拍摄家庭团圆照88张。组织青年抗疫突击队13支，848名青年志愿者到社区协助开展核酸检测、人员登记等志愿服务。举办大学生返乡社会实践活动，65名大学生到机关事业单位及村、社区开展政务实践活动。联系清华大学、北京大学等高校志愿团队在闽宁镇为农村留守儿童开展课业辅导、留守儿童兴趣培养工作。

2021年，永宁县精神文明建设委员会办公室、文化部门、公安部门联合开展邮寄、速递企业管控；开展印刷复制企业等重点区域排查，打击非法制售传播活动。开展“纯净网络专项行动，监测巡查互联网，核处查删有害信息。开展“有害书，要远离。非正版，不听传。用网络，不沉迷”系列宣传，开展版权宣传教育活动、校园周边文化环境综合整治活动。开展新闻出版管理方面的违法违规专项整治活动，查处非法出版、盗版盗印教辅教材。开展文化市场行政执法机构版权执法活动。全年文化市场检查103次，检查企业741家次，收缴非法出版物1325册，立案查处12件。2021年，全县改进意识形态工作责任制，县委常委会研究意识形态工作2次，开展专项检查，约谈责任单位主要负责人。

经济建设

【经济状况】 2021年，永宁县实施“工业强县、生态立县、产城融合、民生优先”四大战略，集中力量发展葡萄酒等重点产业，经济社会健康发展，主要经济指标稳中有进。全年全县实现地区生产总值130.35亿元，按可比价格计算，比上年增长9.8%。其中，第一产业增加值22.07亿元，增长5.5%；第二产业增加值35.07亿元，增长16.6%；第三产业增加值73.22亿元，增长8.3%。按常住人口计算，全县人均地区生产总值40357元，增长9.0%。

2021年，永宁县推进葡萄酒、文化旅游、肉牛养殖、新材料等重点产业发展。实施宁夏小任果蔬现代农业产业园等一产项目16个，宁夏和瑞包装有限公司数字化车间技改项目等二产项目26个，宁夏乐丛世家国际家居博览中心项目等三产项目43个。投入技改资金1亿元，推进装备制造、印刷包装等传统产业改造升级。做强生物医药、绿色食品产业，实施L-酪氨酸关键技术等项目研究。

2021年，永宁县下达2019、2020年度工业技术改造综合奖补资金1299万元，支持葡萄酒产业等项目26个。12家企业享受宁夏回族自治区优势产业电价补贴政策。培育科技型企业，组织申报宁夏回族自治区、银川市各类科技项目47项，争取资金3367万元，铁狮环保被认定为国家高新技术企业，才运达机电等3家企业被认定为科技“小巨人”企业，墨克仪表等5家企业被认定为宁夏回族自治区科技型中小企业，晓鸣农牧和伊品生物被认定为2021年度首批“宁夏回族自治区创新型示范企业”。

2021年，永宁县发展新材料产业，墨工科技等3家企业被认定为首批宁夏回族自治区新材料企业，大光节能等4家企业列入银川市新材料产业重点企业库，中钢特种石墨新材料项目年底部分设备启动试生产。推进葡萄酒核心区建设工程，落实宁夏国家葡萄及葡萄酒产业开放发展综合试验区建设任务，成立永宁县葡萄酒产业联盟，实施中粮长城葡萄酒（宁夏）有限公司酿酒葡萄示范园建设等项目，全县新增酿酒葡萄8118公顷，全县达到7576.8公顷，改造低产园240公顷。推动服务业提质扩容，实施服务业建设项目15个，争取宁夏回族自治区服务业发展引导资金57万元。做强商贸物流，京东“亚洲一号”、四季鲜二期项目投入运营，红星美凯龙进驻永宁，全年物流业实现交易额突破200亿元。推出6条红酒主题旅游线路，闽宁镇入选第一批全国乡村旅游重点镇，宋澄村、王太村、福宁村、武河村入选宁夏特色旅游村。

【财政收支】 2021年，永宁县全年完成地方财政收入21.74亿元，比上年增长65.9%。一般公共预算收入10.27亿元，同比增长17.1%。全年完成地方财政支出35.38亿元，比上年增长1.7%。一般公共预算支出26.95亿元，同比下降8.5%。落实减税降费政策，支持市场主体，激发市场活力，扩大税源、稳固税基，增强内生动力。盘活财政存量资金资产，加快国有资产、资源处置力度，带动非税收入增长。开源节流，压减非急需非刚性支出和一般性支出。统筹资金用于人员工资、城乡最低生活保障、城乡居民养老、住房保障、高龄津贴、城乡救助、退役安置优抚等；统筹保障全县各行政事业单位基本运转；统筹资金用于医疗基金补助、扶贫、教育、卫生健康和就业等其他民生支出，保障普惠性、基础性、兜底性民生建设。统筹资金用于推进美丽乡村、美丽小城镇建设、农村环境综合整治、一二三产业融合发展、高标准农田建设、村级“一事一议”项目，扶持壮大村集体经济，推进乡村振兴建设。统筹资金用于粮食补贴、农业保险、农业项目补贴等，助推农业产业发展。统筹资金用于农村生活污水处理提高标准改造工程、农村水源地保护建设，永二干沟、第一排水沟、中干沟湿地整治、燃煤锅炉替换改造、清洁能源改造补贴，支持污染防治攻坚战。化解债务存量，统筹资金用于支付全县征地拆迁款补偿、民营企业欠款及银行贷款还本付息，化解财政运行风险。统筹资金用于淘汰落后产能补助、成长型企业补助、企业以奖代补补贴、民贸民品贴息补助、创业就业补助、创业贷款担保贴息等。推动支出标准化和预算项目库建设，提高预算执行的精准性。规范预算管理，编制因公出国（境）经费、公务车购置及运行费、公务招待费预算、推行公务卡结算、国库集中支付、预算执行动态监控、预算绩效评价等预算管理制度改革，提高预算管理水平。管好用好中央惠企直达资金，资金直达企业、直接惠企利民。

【乡村振兴】 2021年，永宁县开启乡村振兴之路，完成全县建制村美丽乡村、富民产业、乡村振兴等规划。建立“政府引资、企业主导、社会参与”的产业发展新机制，壮大特色种养殖产业、商贸物流劳务产业、设施现代农业、文化旅游产业四大特色产业，引领乡村振兴发展实施社会救助制度与巩固脱贫攻坚成果同乡村振兴政策衔接，落实农村低保、特困供养、临时救助等兜底保障政策。关注不稳定脱贫户和边缘户变化情况，将监测到低收入30人纳入兜底保障范围，脱贫不脱保。全年发放城乡低保金及补贴3458.3万元，高龄津贴及补贴1106.5万元，特困人员救助资金及补贴189.93万元，困难残疾人生活及护理补贴770万元，孤儿养育津贴75.93万元，发放临时救助资金100.79万元。社会救助为乡村振兴兜底。

2021年，农村电子商务服务乡村振兴，打通消费帮扶农产品销售通道，组织开展永宁网上购货节、“爱心助农直播——胜利乡小番茄”等促销活动。建立电商乡村振兴模式，培育电商大户，示范带动全县农村电商发展。建成1个县级电商服务中心、1个乡镇级电商公共服务中心、23个村级电商服务点，全县注册重点电子商务企业88家，网络店铺辐射全县66个行政中心村。

2021年，永宁县金融机构对接过渡期脱贫人口小额信贷支持政策，加大脱贫户和边缘易致贫户小额信贷发放，发放支农再贷款金额1.28亿元，金融资源配置到农村重点领域和薄弱环节，金融机构连接农业经营主体，2021年永宁县涉农贷款余额为78.85亿元。

2021年，永宁支持妇女就业创业推动乡村振兴，全县全年审核发放农村妇女创业担保贷款246笔3070.50万元，助推农村妇女就业创业。为望洪镇靖益中心村姚丽申报“双培双带”项目资金5万元，培育妇女致富带头人。为闽宁禾美电商扶贫车间争取“母亲小额循环金”项目资金10万元，带动闽宁镇建档立卡贫困户妇女增收致富。全年争取农村妇女发展项目资金546.90万元，为乡村振兴提供力量。

2021年，永宁县开启乡村振兴闽宁合作新模式。与厦门市思明区、湖里区合作，拓宽产业、资源等合作领域。实施厦门葡萄酒包装、犇旺冷链物流综合示范等项目，提高实体经济数量和质量。打造观光休闲、教育娱乐等一体化产业链，发展特色种植、养殖、劳务、旅游、电商等产业。

【农业生产】 2021年，永宁县全年完成农林牧渔业总产值42.53亿元，比上年增长5.8%。全年粮食播种面积25350.6公顷，总产量22182.9万公斤，其中，小麦播种面积4408.8公顷，总产2471.9万公斤；玉米播种面积18678公顷，总产17438.5万公斤；水稻播种面积2574公顷，总产2242.5万公斤。全县蔬菜及经济作物播种面积22209公顷，其中，露地瓜菜播种面积2508公顷；设施农业4653公顷。全县有蔬菜生产的企业28家，建设蔬菜生产基地35个。

2021年，全县畜禽总饲养量达到307.41万头（只）。其中，肉牛饲养量8.25万头、羊饲养量43万只、生猪饲养量4.6万头、禽饲养量250.5万只，全县肉类总产量达到1.56万吨，畜牧业产值达到10.59亿元。全县水域总面积892公顷，水产品总产量3950吨。

2021年，全县农产品加工业总产值完成88.62亿元，农产品加工量141.12万吨，比2020年增长59.96%。全县绿色食品、有机农产品认证企业14家，认证产品88个，认证面积7483公顷。全县培育有机大米品牌1个，使用“宁夏大米”区域公用品牌1个，“宁夏大米”地理标志品牌1个。认证有机水稻1848公顷，认证有机稻谷1170吨。

2021年，全县农业生产投入拖拉机4200多台次、收割机426台次、播种机392台次、耕整机1842台次。规划农田水利基本建设片区20个，完成农田水利基本建设面积14704.8公顷，整修农田路7980条3603.5千米，整修农田林网624公顷；使用车辆5501辆次，投用农用机械2882台次，投工投劳22.4万工日。改善灌溉面积14704.8公顷。

2021年，全县酿酒葡萄种植面积7866.6公顷。酿酒葡萄总产量18937吨，葡萄酒生产量11818吨，销售额2.99亿元。全县在审批服务管理局注册登记的农民合作社717家，家庭农场200家。

【工业经济】 2021年，全县规上工业企业总产值95.6亿元，同比增长16.5%，工业增加值增速11.9%。全县规上工业企业复工复产率达到92.3%。2021年，拨付2019年、2020年两年23个工业项目技术改造综合奖补助资金1299万元，推动企业技术升级，伊品生物、和瑞包装、正德源科技、北方乳业、中粮长城葡萄酒5家企业享受2021年优势产业用电优惠政策，全年减免电量19354.49万千瓦时，减免电费1245.99万元。凤凰城智能制造、众力管廊、晶润生物3家企业获得2021年宁夏回族自治区工业企业贷款贴息；天一海腾工贸、天恩医药、多维药业获得防疫用品重点生产企业贷款贴息；伊品生物被认定为宁夏回族自治区制造业行业领先示范企业；凤凰城智能制造、墨工科技、正德源科技3家企业被认定为宁夏回族自治区首批新材料企业；和瑞包装被评为宁夏工业互联网平台，落实涉企支持资金1297.6万元。

2021年，永宁县计划实施工业投资项目29个，开工项目29个，开工率为100%。全年完成工业投资5.97亿元，同比增长21.6%。其中，完成技改投资1.59亿元，同比增长146%。永宁列入宁夏回族自治区“三个100”项目的中钢年产2万吨特种石墨项目土建工程完成土建。华盛牧歌饲料加工项目厂房已建设完成，进入设备安装调试阶段。

2021年，永宁县立足食品制造加工、装备制造和装饰建材业等产业结构优势，实施永宁县电子信息产业高质量发展战略，永宁县推动新型材料产业高质量发展战略；推动企业加快转型升级。凤凰城智能制造、墨工科技、正德源科技3家企业被认定为首批宁夏回族自治区新材料企业，大光节能、青川管业、成建建筑、正德源科技4家企业列入银川市新材料产业重点企业库。引进新材料高端产业、龙头企业，加速全产业链发展，形成高纯石墨烯、特种石墨等企业，市场规模大、技术能力强，墨工高纯石墨烯项目一期进入试运行，项目国内突破高纯石墨纯化提取技术。中钢新型材料年产2万吨特种石墨项目年底部分设备启动试生产。

2021年，新增9家规模以上工业企业。9家企业获得宁夏回族自治区新增入规企业奖补资金，12家年产值较上年度增长企业享受2020年银川市工业企业扶持政策支持；30家小微工业企业，列入“小升规”。2021年，新增宁夏朗月新材料有限公司等10家规模企业。

【固定资产投资】 2021年，永宁县实施固定资产投资项目85个，总投资167亿元，年度计划完成42亿元。开复工项目84个、开工率99%，入库项目65个、入库率77.4%。实施招商引资项目46个，县外总投资50.41亿元，到位资金19.76亿元。

2021年，全县实施房地产开发项目21个，其中，新建项目8个、续建项目13个，房地产开发投资33.16亿元，是上年的1.3倍。其中，住宅开发投资25.39亿元，增长1.1倍；商业营业用房投资3.97亿元，增长4.1倍；其他投资3.80亿元，增长1.6倍。房屋施工面积501.27万平方米，增长19.8%，其中，住宅施工面积358.32万平方米，增长23.3%。商品房销售面积49.05万平方米，增长3.3%。

2021年，宁夏永宁工业园区完成固定资产投资7.1亿元，比2020年增长44.6%，其中，工业投资6.07亿元，同比增长23.62%。技改投资1.59亿元，同比增长145%。完成招商引资4.9亿元。全年园区开工建设项目32个，完成固定资产投资7.1亿元，比2020年增长44.6%。园区实施招商引资项目18个，计划总投资20亿元。实际落地资金2.7亿元。

【国内贸易】 2021年，永宁县社会消费品零售总额269469.2万元，同比增长2.8%。增速位列银川市三区两县一市第1名，全区22个县(市、区)位列第12名。2021年，实现销售21590.54万元，同比增长9.87%。京东“亚洲一号”永宁电商物流园项目、宁夏四季鲜农产品综合批发市场二期扩建项目已建设完成并投入运营。

2021年，政府引导组织活动促进社会消费，春节期间，组织7家大型连锁超市及1家电器商场开展节庆促销、拉动消费。利用外经贸洽谈会、中阿博览会、进出口博览会等平台，帮助企业拓展海外市场，组织10余家企业参加广东21世纪海上丝绸之路国际博览会、中国（厦门）国际贸易投资洽谈会等。组织永宁县新百电器永宁店参与银川市2021年首批家电以旧换新惠民工程，以旧换新149笔，带动销售55.5万元，补贴金额7.2万元。

2021年，永宁县加速电商发展模式，建成1个县级电商服务中心，1个镇级电商公共服务中心，1个县级仓储物流中心，2个农产品O2O体验馆，23个村级电商服务点，注册重点电子商务企业88家，网络店铺上百个，品牌快递公司11家，辐射县域行政中心村66个。全县网络交易额实现51.96亿元，同比增长26.09%，网络零售额实现12.58亿元，同比增长38.24%，全县重点电商企业发展到203家，配送枸杞、大米、蔬菜、生鲜等农特产品。电商禾美、闽宁禾美扶贫车间被授予宁夏回族自治区就业扶贫示范基地、宁夏回族自治区扶贫龙头企业；宁夏鲜果香农产品流通有限公司入选“阅宁夏·鉴优品”飞跃全民电商节宁夏电商超能团队全区20强；永宁区域公共品牌“禾美永宁”获得“2021年中国农产品区域公共品牌·市场竞争力新锐品牌”奖。2021年，结合小城镇和中心村改造建设，永宁县拓展服务网点，供销社化肥连锁经营网点遍布全县5镇1乡、2个国营农场。全年县供销合作社吸纳成员入社，新增成员社3家，新增社员2160名。

【交通邮政】 2021年，永宁县全年公路客运量1320.4万人次，公路客运周转量14824万人公里，公路货运量262.7万吨，公路货运周转量55310万吨公里。实施完成许黄公路李俊街改造工程、许旺公路改建工程，项目9月开工建设，11月完工。县域内建设公交候车亭11座，10月全部完工。全年共审验道路客货运输车辆2081辆，考核驾驶员从业资格证3926件，新增及迁入道路普通货物运输车辆653辆，迁出131辆，县内个人过户127辆、道路运输证注销及报废车辆28辆。

2021年，全年完成邮政业业务收入3741.85万元，收寄函件完成营业收入总量15.33万元，占全年计划的102.2%。收寄特快专递完成营业收入总量257.40万元，占全年计划的73.5%。全年收寄函件0.98万件。年末本地固定电话用户0.82万户，移动电话用户达到37.66万户，计算机互联网用户12.06万户。

【金融保险】 2021年，永宁县完善金融服务体系、提升金融服务水平，集中行动防范整治非法集资现象。辖区未发生系统性风险，存款、贷款均呈现平稳增长，信贷结构继续改善，金融服务实体经济发展的能力提升。2021年，永宁县人民币存款余额194.89亿元，较年初增加22.55亿元，同比增长13.08%。2021年，人民币贷款余额150.03亿元，较年初增加4.64亿元，同比增长3.19%。帮助解决企业融资难问题，银川闽宁中小企业融资担保有限公司完成注资3000万元，其中，银川市担保公司注入2000万元、永宁县政府注入1000万元。宁夏农业信贷融资担保有限责任公司注入担保金200万元。同年，支持农业产业发展，担保贷款107笔3870万元。

2021年，县金融机构新发放普惠小微企业贷款加权利率同比下降1.67个百分点，新发放涉农贷款加权平均贷款利率同比下降1.29个百分点。2021年，全县中长期贷款余额76.24亿元，同比增长4.2%，较年初回落0.6个百分点，中长期贷款新增3.08亿元，同比多增0.57亿元。全年，发放支农再贷款0.99亿元，全县涉农贷款余额80.61亿元，占各项贷款总额的53.73%。

2021年，县金融局联合人民银行永宁支行对闽商小贷公司、中联信担保公司开展现场检查，严查抽逃注册资本、非法集资等严重违规经营行为。公安、市监部门开展“私募基金”“私募股权投资基金”“私募证券投资基金”“财富管理”不实宣传督查，排查注册机构9家，注销公司1家，正在办理注销2家，列入异常名录6家。

2021年，全年实现保费收入1.93亿元，下降8.5%。其中，财产保费收入0.71亿元，下降18.4%；人身险保费收入1.22亿元，下降1.6%。全年支付各项赔款及给付额0.78亿元，增长16.4%。其中，财产险赔付0.43亿元，增长13.2%；人身险赔付0.35亿元，增长20.7%。

文化建设

【文化工程】 2021年，永宁县有文化馆2个，有公共县级图书馆1个，惠风文苑图书分馆1个；有广播电台1座，电视台1座；广播综合人口覆盖率100%，电视综合人口覆盖率100%。公共图书馆藏书20万册。

2021年，永宁县实施提升县、村综合文化服务中心功能工作，完成13个村、社区综合文化服务中心、2个农民文化大院功能提升建设项目，申报5个2021年基层综合文化服务中心建设工程。实施李俊镇文化活动中心项目综合楼项目建设。

2021年，永宁县文艺工作者用艺术歌唱生活，创作各类文艺作品147件，刊发作品64幅，音乐短片《同心同德战疫情》在中央广播电视总台网站播放。组织文艺骨干开展黄河主题文化创作工作，创作《古老的宁夏黄河渡口》《仁存渡春秋》《在同一条河流间行走》等作品，其中，李晓哲创作的摄影专题《网红打卡地》入展“乡村里的宁夏”主题影展。

2021年，永宁县专业文学取得新成就，参与第四届贺兰山文艺奖评选，毕会萍、刘辉《致敬英雄——与祖国同行》获影视类作品二等奖，关宁宏书的隶书条幅获书法类三等奖，李晓哲摄影作品《奋斗在小康路上的闽宁镇女人们》获摄影类三等奖；《移民赵鸿的幸福生活》获中国艺术摄影协会举办的“大河上下”第十三届黄河流域九省区艺术摄影展优秀奖；王建邦、关宁宏、周山的书法作品入围宁夏第十三届书法篆刻临摹展；樊国珍、李峰、关宁宏、张红梅、王勤伟5位永宁县书法家协会会员的书法作品入围宁夏书协举办的“美丽新宁夏翰墨颂党恩”书法美术摄影民间工艺作品展。

2021年，永宁县群众文化活动形式多样、内容丰富，春节期间，县文化宫录制“金牛送福文化进万家”云上活动，线上线下受众6万余人次；承办银川市2021年“美丽乡村文化大集”启动仪式；承办2021年“春雨工程”厦门文化志愿者走进宁夏漆画摄影展；组织开展庆祝中国共产党成立100周年全县干部职工歌唱大赛，“永远跟党走奋进新时代”“七一”群众文艺会演等活动200余场次。在全县乡镇中小学开展“戏曲进校园”等活动12场次。

2021年，永宁县净化文化环境，组织执法检查1161人次，对歌舞娱乐场所、新闻出版经营单位、包装装潢印刷企业、互联网上网服务营业场所开展检查103次、检查企业741家次、收缴非法出版物1325册，立案查处12件。永宁县文化市场综合执法大队被全国创建“青少年维权岗”活动领导小组办公室命名为“2019—2020年度全国青少年维权岗”。

【教育事业】 2021年，永宁县有普通本科高校1所，在校生14834人；中等职业学校3所，在校生6129人；普通高中院校4所，在校生6537人；初级中学学校6所，在校生12476人；普通小学27所，在校生25499人；幼儿园64所，在园幼儿12388人。全县学前三年毛入园率131.70%，小学学龄儿童入学率100%，初中学龄人口入学率99.59%，初中三年巩固率99.53%。

2021年，永宁县开启义务教育优质城乡均衡发展县五年创建工作，规划到2025年9月，全县义务教育资源配置、保障程度、教学质量、社会认可度等4个方面的校际差异系数全部达到国家县域义务教育优质均衡发展标准。

2021年，全县争取教育项目资金8019万元，实施7所中小学校舍新建、改扩建，建筑面积34640.13平方米，总投资金额20231.23万元。闽宁二小多功能厅及风雨操场、原隆小学、玉海小学宿舍、永宁县第五幼儿园、木兰幼儿园当年开工当年竣工。永宁二中实验楼项目、望远二中新建项目跨年建设。

2021年，全县补充中小学校招考事业单位教师68名、公费师范生10名，选调教师31名，自主招考事业编教师170名。全县实现划片免试就近入学，随迁子女全部安排到公立学校就读。民办义务教育学校实行公民统招，采取电脑随机派位形式招生。全年转入学生512人，转出学生242人。

2021年，全县资助学前教育阶段1045名贫困学生，发放资助金86.97万元；资助义务教育阶段贫困学生3559名，发放资助金111.55万元；资助高中阶段贫困学生530名，发放资助金53万元，为353普通高中学生免除学费14.12万元，为67名中职教育贫困学生发放资助金6.7万元。

【科技事业】 2021年，永宁县有高新技术企业12家，发明专利215件，比上年增长9.1%，专利授权414件，比上年增长1.2倍。推荐26名优秀人才申报银川市级高精尖缺人才引领、学术技术带头人储备工程，实施8个县级人才小高地项目、5个市级“导师帮带”人才项目，开展产学研和校地合作，邀请浙江大学贾惠娟教授指导永宁设施葡萄生产。推选宁夏墨工科技有限公司新材料研发人员丁振杰申报“2021年宁夏回族自治区青年人才托举工程”。科技特派员创新创业覆盖全县各乡镇。技术人员服务新型农业经营主体，全年参与技术服务人员25人，服务农业新型经营主体102家，服务面积4217.4公顷，指导农户513户，指导面积220.44公顷。润宇泽环保改善入库高新技术企业；晶润生物、绿方水产等新获批为宁夏回族自治区农业高科技企业。全县有宁夏回族自治区农业高科技企9家。

2021年，全县工业企业高新技术企业达到12家；青川管业、才运达机电、成建建筑3家企业获批宁夏回族自治区科技“小巨人”企业，全县宁夏回族自治区“小巨人”企业达到8家；弘泽农业、穆勒电气、莫克仪表等15家企业新获批宁夏回族自治区科技型中小企业，全县宁夏回族自治区科技型中小企业达到46家；墨工科技、晓鸣股份、润宇泽环保、北客生物、才运达机电5家企业新获批技术创新中心，全县技术创新中心达到12家；伊品生物、晓鸣农牧获得全区首批创新型示范企业称号。

社会建设

【平安永宁】 2021年，永宁县完成县、乡、村三级公共安全视频监控联网安防控工程建设，实现县综治中心与县智慧城市运营管理指挥分中心联网；实施乡镇、街道综治中心、重点村、社区综治中心建设。实施矛盾纠纷排查化解信息系统与社会治理信息系统等数据资源衔接。开展星级和谐社区创建工作，评选出四星级和谐社区10个、三星级和谐社区11个、二星级和谐社区3个；开展平安单位评选，命名平安单位、平安村、平安社区、平安校园等有110个。社会治安重点地区和突出治安问题实施挂牌整治。选任939名兼职调解员，成立7个社区调委会，建成县级调解中心1个、乡镇调解中心6个。推动信访积案化解工作，开展治理重复访、化解信访积案专项工作，化解率100%。开展电信网络诈骗、非法集资、非法传销、毒品犯罪等社会治安突出问题专项整治。推进永宁家庭视频监控、自动报警、收音、对讲、抓拍等家庭安防监控报警项目建设，增加人脸识别等智能感知设备覆盖范围。

【人民生活】 2021年，永宁县城镇居民人均可支配收入36601元，比上年增加2903元，增长8.6%。城镇常住居民人均消费性支出24064元，增长4.1%。全县农村常住居民人均可支配收入17914元，比上年增加1873元，增长11.7%。农村常住居民人均生活消费支出14759元，增长16.6%。

2021年，全县城乡居民养老待遇发放20541人，人均发放280.57元。对符合条件的20541名城乡居民待遇领取人员养老金进行调整，人均月增资5元；企业职工退休人员养老待遇发放16640人，人均月发放2084.14元；机关事业单位退休人员养老待遇发放应发2502人，人均月发放5196元。落实灵活就业人员社保补贴促稳定政策，受理申报“4050”灵活就业人员社保补贴4184人，补贴资金1539万元，发放社保补贴2030人748万元。落实失业保险促稳定政策，为5210人次发放失业金916.63万元，代缴医保4936人次161.13万元，审核发放失业补助金16056人次发放金额1794.4万元。

【社会保障】 2021年，永宁县城镇职工基本养老保险达到70085人、机关事业单位养老保险达到7329人、失业保险达到34380人、工伤保险达到44113人。城乡居民养老保险参保人数达到108346人。

2021年，永宁县实施援企稳岗补贴促稳定政策。审核发放61家企业稳岗补贴217.8万元。落实创业担保贷款促稳定政策。发放创业担保贷款108笔5013.5万元，为479人贴息122.58万元。落实公益性岗位安置促稳定政策，安置城镇公益性岗位120个，安置建档立卡公益性岗位50个。

2021年，永宁县实现城镇新增就业3766人，登记失业率3.88%。全年城镇新增就业4232人，失业人员再就业2520人，年末登记失业率为3.68%。实现农村劳动力转移就业22555人，就业收入28219.57万元。全年发放创业担保贷款108笔，金额5013.5万元，其中，个人创业55笔855万元；小微企业53笔4158.5万元。全年发放农村妇女创业担保贷款246笔3070.50万元，为闽宁禾美电商扶贫车间争取“母亲小额循环金”项目资金10万元，争取支持妇女创业项目资金546.90万元。促进高校毕业生就业，全年实名制登记离校未就业高校毕业生417人，推荐安排就业299人，开发基础就业岗位，高校毕业生到机关事业单位实习生共在岗99人。

2021年，启动新被征地农民养老保险工作。为2250人办理参保手续。

【社会救助】 2021年，永宁县将低保等社会救助审核确认权下放到乡镇、街道。民政、纪检、审计等部门开展审核确认。全县最低生活保障管理工作流程规范，为城乡低保、高龄、孤儿、特困供养、残疾人等发放各类社会救助资金4828.79万元，落实困难残疾人生活补贴2672人、276.9万元，重度残疾人护理补贴2834人、302.65万元。投入资金6.14万元，为307户保障对象困难家庭发放大米、面粉各1袋；投入资金105.75万元，为5359户城乡低保对象、1319户高龄低收入、187户分散特困供养对象发放取暖补贴32.535万元，为全县城乡低保、农村分散供养特困人员、孤儿、高龄低收入老年人、低收入家庭购买发放煤炭241吨，惠及困难群众482户。集中照护50名贫困重度残疾人，支付贫困重度残疾人集中照护费用60.26万元。投入资金27万元，保护全县农村留守儿童、社会散居孤儿、事实无人抚养儿童804人。全年发放高龄津贴及补贴1106.5万元，特困人员救助资金及补贴189.93万元，困难残疾人生活及护理补贴770万元，孤儿养育津贴75.93万元，发放临时救助资金100.79万元。

2021年，全县拥有养老机构2家，共有床位593张，其中，民办养老院1家，床位223张。

【医疗卫生】 2021年，永宁县共有医疗卫生机构13个，其中，医院2个、乡镇卫生院8个。卫生机构床位594张。卫生技术人员1142人，其中执业医师433人、执业助理医师169人、注册护士809人。疾病预防控制中心1个，卫生技术人员28人；妇幼保健院、所1个，卫生技术人员68人；社区卫生服务中心、站8个，卫生技术人员77人；卫生监督所1个，卫生技术人员11人；村级卫生室27个，乡村医生及防疫妇幼207人。全年全县投入3000余万元新建乡镇卫生院综合门诊楼1家，发热门诊3个，社区卫生服务站4个，数字化预防接种门诊2个；为县人民医院配置64排CT，为乡镇卫生院更新全自动生化仪、彩超、直接数字化X射线摄影等医疗设备。推进“互联网＋医疗健康”工作，完成远程心电诊断13627例、远程影像诊断19212例，开展委托检验30524例。开展健康永宁26个专项行动，开展慢病综合防控推动公共卫生均等化，打造健康主题公园1个、健康步道7处、“健康饮食一条街”1处。全县88个社区、村创建健康社区、村71个，创健康促进机关43个，健康促进学校34所；健康家庭7476户。

2021年，永宁县开展“互联网+医疗健康”示范区建设，全年完成远程心电诊断13627例，远程影像诊断19212例。全县建立电子健康档案222994份，电子健康档案建档率90.81%；有动态记录的档案56052份，健康档案动态使用率25.14%；65岁及以上常住居民数23820人，健康管理率47.14%。全年全县无甲类传染病报告，报告乙、丙类传染病17种1065例，全年全县接种免疫规划11种疫苗78651剂次。全年全县接种新冠病毒疫苗607263剂次，其中，第一剂接种291973剂次，第二剂次接种242075剂次，第三剂次接种45004剂次。报告新冠病毒疫苗疑似预防接种异常反应12例，其中，一般反应8例，4例为偶合症。当年，全县有管理现存病毒获得性免疫缺陷综合征105人，经筛查确诊严重精神障碍患者44例，机构管理高血压患者17406人、管理糖尿病患者5188人。

生态文明建设

【蓝天工程推进】 2021年，永宁县开展治煤、治尘、治气、治车和禁烧工作，改善环境空气质量。巩固燃煤锅炉煤改电气、散煤双替代成果，取缔非法散煤销售点，推进闽宁镇清洁煤配送中心建设，整治、淘汰经纬创业园23家企业33台燃煤小锅炉。强化工业企业超低排放改造，伊品、启元实现稳定达效排放，瀛海水泥改造工程加快推进。对15家企业发放燃气锅炉低氮改造奖补资金143.92万元。6家重点监管企业完成综合治理，排查常温常压下可能挥发的有机物企业300余家，完成治理90家。31家加油站油气回收设施装置稳定运行。开展非道路移动机械监管，申报审核通过666辆，完成第一批申领牌照327张。划定黄牌车禁行区和限行区，查处冒黑烟车辆200余起。整治不符合产业政策，不符合产业布局规划，未办理工信、发改、土地、规划、环保、工商、质监、安监、电力等相关审批手续企业98家，实现动态清零。强化扬尘防控，监督56家在建工地实现工地周边100%围挡，物料堆放100%覆盖，出入车辆100%冲洗，施工现场地面100%硬化，拆迁工地100%湿法作业，渣土车辆100%密闭运输。整治裸露空地、堆土86万余平方米；城市道路保洁机械化清扫率达到87%。查禁秸秆放烧，建立易发多发区域网格，开展联合检查20余次，制止焚烧火点60余处。开展污染天气和沙尘天气预报预警，调度企业落实降负、错峰等应急减排措施，减少对环境空气质量的影响。

【碧水工程推进】 2021年，永宁县实施饮用水源、黑臭水体、城镇污水、工业废水、农村排水的治理，实现治污水、防洪水、排涝水、保供水、抓节水同步实施。落实第一、第二污水处理厂监管，实现稳定达标排放；落实河湖长制，开展重点排水沟综合整治，开展水质监测预警，清理整治河湖乱占、乱采、乱堆、乱建问题59处；开展入河排污口专项整治行动，对宁夏回族自治区核查的15个排污口逐一明确责任主体，更新排污口清单。现场核查各类排污口116处，开展排污口溯源、监测；强化农村生活污水处理，保障农村污染治理设施长效运行，全县农村6个中心村污水处理站达到一级A排放标准。实施许桥、黄羊滩、玉泉营、闽宁镇4个污水站提高标准改造工程，完成广湖沟等4条农村黑臭水体治理。完成户厕改造410座。15家葡萄酒庄污水治理设施稳定运行。封停港菜基地取水井74眼。实施饮用水水源保护，完成闽宁镇农村集中式供水工程水源地规范化建设。开展城市集中式饮用水源地排查整治，落实疫情定点医疗机构、隔离点的废水排放监管，规范定点医疗机构的医疗废物和医疗废水的收集、储存、处置等环节的监管。

【净土工程推进】 2021年，永宁县建立完善土壤环境基础数据库，开展土壤污染治理与修复，将永宁县硫酸厂列为优先管控地块。监督启元签订土壤污染防治目标责任书，委托第三方开展土壤污染隐患排查。管控建设用地，督促泰瑞完成开发地块第二轮土壤污染状况详查，并通过宁夏回族自治区审核。加强建设项目审查和管理，评审通过项目43个。一般工业固废填埋场全面建成投运，一般工业固体废物综合利用率为99.2%。防治地下水污染，19座加油站完成土壤污染状况监测，27座加油站完成水质监测井建设，推进园区土壤环境监测和地下水污染状况调查评估。保护耕地土壤环境，保障农产品质量安全。开展生活垃圾治理工作，配置分类垃圾桶5000个、分类电动垃圾收集车13辆，集中收运、安全处置城乡生活垃圾6.22万吨。在望远镇、望洪镇、胜利乡设置生活垃圾分类试点村8个。开展畜禽养殖业污染防治，督促25家规模化养殖企业开展环境综合治理，粪污综合利用率达到90%以上，设施装备配套率达到95%以上。建立化肥减量增效核心示范区33公顷、有机肥替代示范区330公顷，推广测土配方施肥23364公顷，推进农用残膜回收利用。

【黄河流域生态改善】 2021年，永宁县坚持“源头治理、中段提升、末端兜底”的治理政策，突出植树绿化，把治水与防沙治沙、湿地修复等结合起来，实施河道和滩区综合提升治理工程；推进封山禁牧、退耕还林还草，实施国土绿化行动，建成西部水系生态旅游长廊绿化工程，全长28千米，宽60—120米，总绿化面积376.2公顷，在黄河沿岸进行高标准农田林网建设和片状护岸林建设，绿化造林近132公顷；净化水体6万平方米，栽植节水型植物52.8公顷。开展“携手清四乱，保护母亲河”专项行动，拆除砖混房屋、养殖场、圈舍、跑马场、彩钢房、葡萄架、铁丝围栏、温棚等私搭乱建约11.2万平方米，14处乱建问题全部整改到位；全面清理取缔封堵非法排污口20余处；清淤整治间接入黄的县、乡、村三级河长制沟道86条378.2千米，附属沟道2299千米。永宁县境内塌岸不止，形成南方、东和、雷台、东升、黄家圈等6个较大的危险工段。通过黄河宁夏段防洪工程二期防洪工程的实施，共建成控导工程131座，其中，丁字坝73道、人字垛58座，备防石11万方，治理堤岸线长5.56千米；对黄河永宁望远镇东升段中干沟桥两侧塌陷河岸实施应急抢险，南侧新建3座导洪丁字坝，北侧修建315米长护岸，恢复生产道路353米，使黄河岸线逐步趋于稳定。提升河道行洪防洪能力。

中国共产党永宁县委员会

ZHONGGUO GONGCHANDANG YONGNING XIAN WEIYUANHUI

综 述

【概况】 2021年，中国共产党永宁县委员会坚持以习近平新时代中国特色社会主义思想为指导，贯彻习近平总书记“七一”重要讲话和视察宁夏重要讲话精神，研究部署贯彻党的十九大精神和习近平总书记视察宁夏重要讲话精神，落实全面从严治党、推动高质量发展、推进基层治理体系和治理能力现代化等重大工作。旗帜鲜明讲政治，从严整改中央、宁夏回族自治区党委巡视反馈问题，开展“两学一做”学习教育，推动“不忘初心、牢记使命”主题教育常态化、制度化。全县党员干部“四个意识”“四个自信”“两个维护”更加坚定。贯彻习近平总书记“七一”重要讲话精神，开展党史学习教育，营造学党史、悟思想、办实事、开新局的浓厚氛围，“我为群众办实事”取得成效。

【经济发展】 2021年，中国共产党永宁县委员会坚持以新发展理念为引领，实施创新驱动、工业强县等重大战略，地区生产总值保持在100亿元以上，完成一般公共预算收入48.4亿元，实施投资亿元以上项目121个。中钢新型材料年产2万吨特种石墨项目全面开工，墨工科技建成全国首条自动化石墨烯生产线。国家葡萄及葡萄酒产业开放发展综合试验区在闽宁镇挂牌，贺兰红共享酒庄成为中国（宁夏）国际葡萄酒博览会永久会址。全社会研究与试验发展经费投入强度排名全区前列，伊品生物、晓鸣农牧被评为全区“创新型示范企业”。现代农业提质增效，粮食生产保持稳定，成功创建宁夏回族自治区级农业高新技术产业示范区，板桥村获评全国“一村一品”示范村镇。晓鸣股份成为全国蛋鸡养殖行业和全区企业创业板第一股，实现永宁上市企业“零”的突破。商贸物流快速发展，京东“亚洲一号”成为全区单体面积最大的智能物流园区，四季鲜成为全区唯一交易额过百亿农产品批发市场。党政机构改革、“放管服”、综合行政执法等重点领域改革取得明显成效，营商环境优化。

【乡村振兴】 2021年，闽宁镇成为东西部扶贫协作的成功典范，荣获“全国脱贫攻坚楷模”荣誉称号，谱写“干沙滩变成金沙滩”的现实版《山海情》。坚持尽锐出战、精准施策，统筹124亿元实施扶贫项目231个，全县2019户8405名建档立卡户稳定脱贫，6个贫困村全部脱贫出列，“两不愁三保障”问题全面清零，实现全面小康不漏一户、不落一人。全国易地扶贫搬迁及后续扶持发展现场会在永宁县实地观摩。

【防污攻坚】 2021年，永宁县开展中央环保督察及“回头看”反馈问题整改，生物发酵企业异味扰民，饮用水水源地保护，不符合产业政策，不符合产业布局规划，未办理工信、发改、土地、规划、环保、工商、质监、安监、电力等相关审批手续企业整治取得明显成效。树立绿水青山就是金山银山理念，开展污水处理厂、站提高标准改造、人工湿地建设、黄河河滩地生态修复，地表水全部实现Ⅳ类以上水质，守好改善生态环境生命线。

【风险防范】 2021年，永宁县稳妥化解政府债务，清欠400余家民营企业中小企业账款35.98亿元，兑付约2.9万户农民群众征地拆迁款19.6亿元，守住不发生系统性债务风险底线。加强社会面风险防控，解决三沙源逾期交房等问题取得重要进展。

【城乡建设】 2021年，永宁县推动城乡扩容提质，常住人口增长到32.16万人，城镇化率达64.6%，提升13.1个百分点。完成永宁黄河大桥、京藏高速（永宁段）改扩建、109东线等重大项目，保障银西高铁、银中城际铁路建成通车，所有建制村实现通客车，获评全区“四好农村路”示范县。配合实施银川都市圈城乡西线供水、“东热西送”等重大工程。开发建设房地产面积268万平方米，改造老旧小区34万平方米，新建城乡道路278千米，人民公园优化提升，创建为国家卫生县城、国家园林县城。开展农村人居环境整治三年行动，拆除违法违规建筑5.3万平方米，清理危房37万平方米，完成饮水安全改造5000余户，新建卫生厕所6400余座，获评全国首批农村生活垃圾分类和资源化利用示范县。全域旅游加快推进，葡萄酒体验游、研学观光游、生态采摘游等活动丰富多彩，闽宁镇成为全国乡村旅游重点乡镇。

【民生保障】 2021年，永宁县财政支出的76%投向民生领域。城乡居民人均可支配收入年均分别增长6.1%、7.8%，居民储蓄存款余额年均增长7.4%。新建、改建26所中小学及幼儿园，新增学位9330个，基本解决义务教育“大班额”问题，成为国家义务教育发展基本均衡县、宁夏回族自治区普及高中阶段教育达标县。城镇新增就业2.2万人，农村劳动力转移就业10.2万人，城镇登记失业率稳定在宁夏回族自治区控制线以下。发放各类社会救助保障金2.9亿元，建成“老饭桌”49个、居家养老服务站及日间照料中心28个，第二敬老院投入运营，基本医疗保险参保率稳定在95%以上，困难残疾人生活补贴、重度残疾人护理补贴全覆盖，社会保障更加有力。成立县医疗健康总院，建成4个规范化基层医疗健康服务中心和30个标准化村卫生室，成功创建全国健康促进县，人均寿命由2016年的76.3岁提高到2021年的77.7岁。推进文化惠民，建成23个基层综合文化服务中心，开展文化、科技、卫生“三下乡”和“永宁大集·大吉永宁”等活动上千场次，创作《暖春》等文艺精品。推进全民健身活动开展，闽宁镇获评全国群众体育先进单位。

【社会治理】 2021年，中国共产党永宁县委员会发挥制度优势，抓住社区、校区、园区、厂区防控，推进疫苗接种，保障人民群众身体健康和生命安全。推进基层治理体系和治理能力现代化，闽宁镇获评全国乡村治理示范乡镇。建立党政主要负责人述职述法制度，推动法治政府建设，县人力资源和社会保障局、原隆村被表彰为宁夏回族自治区“七五”普法先进集体。推进扫黑除恶专项斗争，依法严惩5个涉黑涉恶犯罪团伙，打击黑恶势力、打击黑恶势力保护伞工作受到中央督导组好评。开展司法责任制综合配套改革，政法队伍教育整顿取得成效。推进文明城市创建，开展志愿服务活动，推进移风易俗。依法整治电瓶车非法运营、私搭乱建等突出问题。获评全国未成年人思想道德建设先进县。县法院、检察院、税务局被命名为全国文明单位，政权村获评全国文明村镇。

【民族团结巩固】 2021年，中国共产党永宁县委员会学习贯彻中央民族工作会议精神，以铸牢中华民族共同体意识为主线，依法管理宗教事务，守住促进民族团结、维护政治安全生命线。完成宁夏川民俗园等突出问题整改，宗教法治化水平明显提升，成功创建宁夏回族自治区民族团结进步示范县，闽宁镇被表彰为全国民族团结进步模范集体，新华中心村等4个单位获评全国民族团结进步示范单位。坚持党的领导、人民当家作主、依法治国有机统一，支持县人大及其常委会通过法定程序审议和批准县人民政府、县人民法院、县人民检察院工作报告，以及《永宁县国民经济和社会发展第十四个五年规划和二〇三五年远景目标纲要》等重大事项，人民意志得到充分彰显。贯彻中央和宁夏回族自治区、银川市委关于政协工作会议精神，出台《关于新时代加强和改进人民政协工作的实施方案》，保障政协依照章程开展工作，推进政协参政议政、民主协商议事。全县6个民主党派、县工商联完成换届。获评全国实施妇女儿童发展规划纲要示范县、全国科普示范县，县总工会被表彰为全国工会系统先进集体。加强党管武装工作，国防动员和后备力量建设取得新成绩。组建县乡村退役军人服务保障机构，永宁县创建为宁夏回族自治区双拥模范县。

【全面从严治党】 2021年，中国共产党永宁县委员会贯彻党委意识形态工作责任制，守好意识形态主阵地。强化理论武装，完善党委、党组中心组学习制度，推动学习习近平新时代中国特色社会主义思想。新时代文明实践中心建设走在全区前列。推进抓乡促村、整乡推进、整县提升，完成各乡镇村、社区党支部委员会、村（居）民委员会换届，全面消除村集体没有固定资产，没有任何经济来源村，基层组织规范化水平明显提升。坚持正确选人用人导向，完善干部考核评价激励机制，党员干部担当作为意识增强。一批先进基层党组织和优秀共产党员受到宁夏回族自治区、银川市表彰，裘志新荣获“全国最美奋斗者”荣誉称号，任建华被表彰为“全国最美基层民警”。履行“两个责任”，开展国家监察体制改革，一体推进不敢腐、不能腐、不想腐，查处违反中央八项规定精神问题84起，处置问题线索3898件次，给予党纪政务处分568人次，反腐败斗争压倒性胜利更加巩固。发挥巡察利剑作用，配合市委开展十一轮巡察，整改问题1288个。加强常委会自身建设，坚持民主集中制，修订完善常委会议事规则、重大事项请示报告等制度，带头履行“一岗双责”，营造风清气正、干事创业的良好政治生态。

重要会议

【中国共产党永宁县第十四届委员会第八次全体会议】 2021年1月6日，中国共产党永宁县第十四届委员会第八次全体会议在永宁县委党校召开。出席全会的县委委员35名，候补委员4名。朱剑、郝春明、张虹、钱冬、郑进选、张文、杨勇、王立平、李伟、林骏、余梁出席会议。不是县委委员和候补委员的在职县处级领导，县纪委常委、委员、监委委员，县直各部门、乡镇、街道党政主要负责人，宁夏回族自治区、银川市驻永各单位、各民主党派、工商联主要负责人和无党派人士，担任过永宁县四套班子领导职务的退休老干部代表，来自基层的党代表、人大代表、政协委员，以及非公企业负责人代表列席会议。

全会由县委常委会主持。银川市委常委、永宁县委书记朱剑受县委常委会委托，向全会作工作报告。朱剑就《中共永宁县委员会关于制定国民经济和社会发展第十四个五年规划和二〇三五年远景目标的建议》向全会作说明。

全会肯定县委常委会2020年的工作。面对艰巨复杂的形势任务特别是新冠肺炎疫情，县委常委会团结带领全县干部群众务实苦干，打赢新冠肺炎疫情防控阻击战，2020年，全面实现小康，开启高质量发展步伐，为全面建设社会主义现代化国家新征程打下基础。

全会提出，“十四五”时期，永宁要建设黄河“几”字弯乡村振兴发展示范区、现代物流产业发展集聚区、生态优先绿色发展先行区、民生优先协调发展示范区。全力推进工业强县、生态立县、产城融合、民生优先四大战略。全会以举手表决的方式通过《中共永宁县委员会关于制定国民经济和社会发展第十四个五年规划和二〇三五年远景目标的建议》。

【中国共产党永宁县第十四届委员会第十次全体会议】 2021年9月19日，中国共产党永宁县第十四届委员会第十次全体会议召开，会议审议中共永宁县第十五次代表大会的会议材料、建议名单等。银川市委常委、永宁县委书记朱剑主持会议。中共永宁县第十四届委员会委员、候补委员参加会议，不是县委委员和候补委员的在职县处级领导干部、不是县委委员和候补委员的纪委常委及委员列席会议。全会应到委员34名，候补委员4名，因事、因病请假委员5名、候补委员1名，实到委员29名、候补委员3名。

全会审议通过出席中国共产党银川市第十五次代表大会代表候选人预备人选建议名单，并采取圈选办法选出出席大会代表候选人预备人选；审议通过中国共产党永宁县第十五次代表大会召开时间、议程、日程；审议通过中国共产党永宁县第十五次代表大会代表资格审查委员会成员建议名单；审议通过中国共产党永宁县第十五次代表大会选举办法；审议通过中共永宁县第十五届委员会委员、候补委员候选人预备人选和中共永宁县第十五届纪律检查委员会委员候选人建议名单；审议通过中国共产党永宁县第十五次代表大会代表资格审查报告；审议通过中共永宁县第十四届委员会工作报告；审议通过中共永宁县第十四届纪律检查委员会工作报告；审议通过中共永宁县第十四届委员会党费收缴管理使用情况报告。

全会要求，各级各部门要落实代表选举、人事安排、综合会务、宣传报道、会风监督等各方面工作，高标准高质量完成各项既定目标任务，把县第十五次党代会开成民主团结、求实奋进，提振精神、鼓舞士气、凝心聚力、共谋发展的大会。

【中国共产党永宁县第十五次代表大会】 中国共产党永宁县第十五次代表大会2021年9月25—26日在县委党校召开。大会应到代表272名，实到代表253名。

大会主席团成员朱剑、郭雪平、郝春明、段伏林、钱冬、杨勇、李伟、林骏、余梁、祁华、马小平、周德强在主席台就座。郝春明主持大会。

朱剑代表中国共产党永宁县第十四届委员会作题为《勇于探索开新局　务实奋进创新业　为全面建设社会主义现代化新永宁而努力奋斗》的报告。报告指出，永宁县第十四次党代会以来，中共永宁县委团结带领全县人民推动各项事业取得新进展、新成就。五年来，政治建设全面加强；发展质效提升；城乡面貌改善；民生福祉殷实；治理能力增强；团结和谐更加巩固；从严治党纵深推进，胜利完成全面建成小康社会和“十三五”规划主要目标任务。

报告指出今后五年的奋斗目标，坚持发展第一要务，建设贺兰山东麓葡萄酒文旅产业带、现代物流及“三新”产业带、现代农业产业带，加快转变经济发展方式；巩固脱贫攻坚成果，加快农业农村现代化，全面推进乡村产业、人才、文化、生态、组织振兴，争当全区农业强、农村美、农民富的乡村振兴排头兵；加强县城、望远建设，改善生态环境，推动教育、卫生、文化、体育等民生事业提档升级；坚持党建引领，开展群众性精神文明创建活动，推动基层自治、法治、德治融合，争创全国民族团结进步示范县。

祁华代表中共永宁县第十四届纪律检查委员会向大会作题为《忠诚履职　担当作为　为全面建设社会主义现代化新永宁提供坚强保障》的工作报告。

全会以无记名投票的方式选举产生中国共产党永宁县第十五次县委委员37名，候补委员8名；朱剑、郝春明、张文、李伟、杨勇、林骏、余梁、祁华、马小平、周德强、孙佳永11人为中国共产党永宁县第十五届委员会常务委员会委员。朱剑当选为中共永宁县委书记，郝春明、张文当选为中共永宁县委副书记。

全会选举中共永宁县第十五届纪律检查委员会委员19名；永宁县出席中共银川市第十五次代表大会代表代表47名。

不是代表的中共永宁县第十五届委员会委员、候补委员、纪委委员，不是代表的县处级领导，不是代表的县直各部门、乡镇、街道党政主要负责人，退休老干部，民主党派、工商联负责人，宁夏回族自治区、银川市属驻永单位主要负责人，金融机构负责人，部分企业主要负责人列席会议。

【中国共产党永宁县第十五届委员会第二次全体会议】 中国共产党永宁县第十五届委员会第二次全体会议12月30日召开。出席会议的有县委委员32人，县委候补委员8人。不是县委委员和候补委员的在职县处级领导干部，县纪委常委、委员、监委委员，各乡镇、街道、各部门（单位）主要负责人列席会议。

全会由县委常委会主持。

全会传达学习党的十九届六中全会、中央民族工作会议、全国宗教工作会议精神，习近平总书记在党外人士座谈会上的重要讲话精神和宁夏回族自治区党委十二届十三次全会、银川市第十五次党代会和银川市委十四届十三次全会精神。讨论并通过《中共永宁县委员会关于以铸牢中华民族共同体意识为主线推进新时代党的民族工作高质量发展的实施方案》《县委常委会2022年工作要点》。银川市委常委、永宁县委书记朱剑就贯彻落实中央和宁夏回族自治区银川市委会会议精神，做好2022年各项工作作安排部署。县委副书记、县长郝春明安排2022年经济工作。县委常委、统战部部长马小平就《中共永宁县委员会关于以铸牢中华民族共同体意识为主线推进新时代党的民族工作高质量发展的实施方案》向全会作说明。

全会指出，党的十九届六中全会是在中国共产党成立一百周年之际召开的一次具有里程碑意义的重要会议。全会审议通过的《中共中央关于党的百年奋斗重大成就和历史经验的决议》，对推动全党进一步统一思想、统一意志、统一行动，团结带领全国各族人民夺取新时代中国特色社会主义新的伟大胜利，具有重大现实意义和深远历史意义。全县上下要统一到以习近平同志为核心的党中央决策部署上来。

全会指出，要以铸牢中华民族共同体意识为主线，坚持和加强党对民族工作的领导，坚定不移走中国特色解决民族问题的正确道路，全面贯彻落实党的民族政策，坚持各民族共同团结奋斗、共同繁荣发展，坚持民族区域自治制度，坚持稳中求进工作总基调，坚持系统观念，构筑中华民族共有精神家园，促进各民族广泛交往、全面交流、深度交融，防范化解民族领域风险隐患，推进新时代党的民族工作高质量发展，为铸牢中华民族共同体意识示范市作出贡献。

全会指出，做好2022年经济工作，要抓牢项目建设，落实项目谋划储备，改善项目引进和投资环境，在强化经济发展支撑上取得新突破；要扩大开放合作，培育壮大特色优势产业，发挥企业创新主体作用；要强化生态环境保护，推进污染防治攻坚，降低能源消耗和碳排放强度，在推动绿色发展上取得新突破；要保障和改善民生，强化就业优先导向，办好重点民生实事。

【中共永宁县委第十四届县委常委会会议】 中共永宁县委第十四届县委2021年第1次常委会会议2021年1月6日召开。会议听取中国共产党永宁县第十四届委员会第八次全体会议各分会场讨论情况汇报。

中共永宁县委第十四届县委2021年第2次常委会会议2021年1月7日召开。会议传达学习习近平总书记在中央农村工作会议上的重要讲话精神和二〇二一年新年贺词，学习宁夏回族自治区党委经济工作会议、建设黄河流域生态保护和高质量发展先行区第三次推进会议精神和市委十四届十一次全会、市委经济工作会议精神，研究贯彻落实措施。研究县委经济工作会议筹备相关事宜、关于召开永宁县第十八届人民代表大会第五次会议和政协永宁县第十届委员会第五次会议相关事宜。审议《永宁县2021年春节慰问活动方案》。

中共永宁县委第十四届县委2021年第3次常委会会议2021年1月26日召开。会议传达学习习近平总书记在省部级主要领导干部学习贯彻党的十九届五中全会精神专题研讨班开班式上的重要讲话精神和十九届中央纪委五次全会、中央政法工作会议、中央全面深化改革委员会第十七次会议精神；传达学习中共中央办公厅国务院办公厅关于印发《领导干部报告个人有关事项规定》《领导干部个人有关事项报告查核结果处理办法》的通知，通报领导干部报告个人有关事项易错易漏点；传达学习全国宣传部长会议和“扫黄打非”工作会议精神；传达学习宁夏回族自治区党委书记、自治区人大常委会主任陈润儿在全区新冠肺炎疫情防控工作会议上的讲话精神；传达学习宁夏回族自治区党委农村工作会议精神；传达学习全区工程建设政府采购等重点领域突出问题专项治理工作动员会议精神，研究贯彻落实措施。会议通报市委《关于对2020年落实党风廉政建设责任制和意识形态工作责任制检查考核反馈问题进行整改的通知》，安排部署整改落实相关工作。研究调整永宁县精神文明建设工作委员会及2020年精神文明创建评选相关事宜。审议通过《中共永宁县委员会2021年工作要点》《中共永宁县委员会2021年工作要点责任分工》。传达学习宁夏回族自治区推进基层整合审批执法力量改革现场会精神，研究审议通过《永宁县推进基层整合审批服务执法力量改革实施方案》《永宁县推进基层整合审批服务执法力量改革工作方案》。

中共永宁县委第十四届县委2021年第4次常委会会议 2021年2月4日召开。会议传达学习习近平总书记在中共中央政治局第27次集体学习上的重要讲话精神、在世界经济论坛“达沃斯议程”对话会上的特别致辞和中共中央政治局会议精神；传达学习宁夏回族自治区“两会”精神；传达学习宁夏回族自治区纪委十二届五次全体会议精神，研究贯彻落实措施。审议通过县人民政府党组《关于贯彻落实提高自然灾害防治能力建设重点工程的实施方案》《关于开展工程建设政府采购等重点领域突出问题专项治理工作方案》。研究关于召开县委常委班子2020年度民主生活会相关事宜，研究干部事宜。

中共永宁县委第十四届县委2021年第6次常委会会议 2021年2月28日召开。会议听取全县2021年项目谋划和一季度项目集中开工准备情况，安排部署有关工作。审议通过《永宁县2021年招商引资工作安排》《永宁县创建“食品药品安全区”实施方案》《2020年度各党（工）委书记抓基层党建工作述职评议考核结果的请示》《关于研究推荐全国“七一勋章”提名和“两优一先”初步建议人选的请示》。

中共永宁县委第十四届县委2021年第9次常委会会议 2021年4月7日召开。会议传达学习习近平总书记考察调研福建省重要讲话精神、对革命文物工作重要指示精神和中央政治局会议精神，研究贯彻落实措施；传达学习全国、全区统战部长会议精神；听取全县政法队伍教育整顿工作推进情况汇报，安排部署下一阶段工作。听取全县党史学习教育及各巡回指导组工作开展情况汇报，安排部署有关工作。听取永宁县工程建设政府采购等重点领域突出问题专项治理工作进展情况汇报，安排部署有关工作。研究审议通过县人民政府党组《永宁县贯彻落实宁夏回族自治区生态环境保护督察反馈意见整改方案》《永宁县再融资债券使用情况及隐性债务变动核查情况报告的请示》《永宁县庆祝建党100周年暨2021年系列文旅活动实施方案》《关于〈永宁县望洪镇宋澄村建设红色美丽村庄试点工作方案〉的请示》《中共永宁县委员会常务委员会议事规则》。

中共永宁县委第十四届县委2021年第10次常委会会议 2021年4月25日召开。会议传达学习习近平总书记对深化东西部协作和定点帮扶在清华大学考察时的重要指示精神，出席领导人气候峰会时的重要讲话精神，研究贯彻落实措施；传达学习《中共中央关于加强对“一把手”和领导班子监督的意见》，研究贯彻落实措施；传达学习宁夏回族自治区党委书记、自治区人大常委会主任陈润儿在吴忠市调研座谈时对政法队伍教育整顿工作指示精神、全区第一批政法队伍教育整顿第四次调度会精神、中央第四督导组下沉银川市督导反馈会议精神、市政法教育整顿领导小组第四次推进会议精神，研究贯彻落实措施。

中共永宁县委第十四届县委2021年第11次常委会会议2021年4月30日召开。会议传达学习习近平总书记在广西调研考察的重要讲话精神，研究贯彻落实措施；传达学习《中共中央纪委机关中共中央组织部国家监察委员会关于严肃换届纪律加强换届风气监督的通知》，研究贯彻落实措施；传达学习宁夏回族自治区党委书记、自治区人大常委会主任陈润儿研究部署政法队伍教育整顿查纠整改专题会议精神和全区政法队伍教育整顿领导小组第三次全体会议精神。研究审议《永宁县委理论学习中心组2021年政治理论学习方案(送审稿)》；研究审议《永宁县乡镇领导班子换届考察方案（送审稿）》。听取关于乡镇党员代表大会筹备工作情况的汇报。

中共永宁县委第十四届县委2021年第12次常委会会议2021年5月20日召开。会议传达学习中共中央政治局会议及习近平总书记在中共中央政治局第二十九次集体学习、博鳌亚洲论坛2021年年会开幕式、在河南省考察和推进南水北调后续工程高质量发展座谈会上重要讲话精神，祝贺中国空间站天和核心舱发射任务成功贺电、祝贺首次火星探测任务天问一号探测器成功着陆火星贺电、向首届中国国际消费品博览会贺信、给《文史哲》编辑部全体编辑人员回信，研究贯彻落实措施；传达学习中央政治局常委、中央纪律检查委员会书记赵乐际在全国巡视工作会议暨十九届中央第七轮巡视动员部署会议、在广西调研讲话精神，中纪委副书记、国家监委主任杨晓渡在全国巡视工作会议暨十九届中央第七轮巡视动员部署会议上的讲话精神，宁夏回族自治区党委书记陈润儿在宁夏回族自治区党委常委会（扩大）会议和宁夏回族自治区纪委监委机关调研座谈会上的讲话精神。宁夏回族自治区党委第一督导组在查纠整改环节下沉银川市督导情况反馈会精神，银川市政法队伍教育整顿第五次推进会精神，安排部署全县政法队伍教育整顿有关工作；传达学习宁夏回族自治区脱贫攻坚总结表彰大会、全区实施百万移民致富提升行动工作会议精神，研究贯彻落实措施。

中共永宁县委第十四届县委2021年第14次常委会会议2021年6月9日召开。会议研究确定副处级职位，晋升三级调研员、四级调研员职级考察建议人选。

中共永宁县委第十四届县委2021年第19次常委会会议2021年7月22日召开。会议听取银川市委第五考察组通报换届考察方案。研究审议永宁县工商业联合会《关于第十一次代表大会换届选举结果的请示》。

中共永宁县委第十四届县委2021年第21次常委会会议2021年7月30日召开。会议研究审议《中共永宁县第十五届委员会委员、候补委员、纪委委员候补选人推选方案》《关于提请研究审议公务员（参公人选）拟记个人三等功和嘉奖奖励的请示》。

中共永宁县委第十四届县委2021年第23次常委会会议2021年8月27日召开。会议研究审议永宁县人大常委会党组《关于永宁县第十九届人民代表大会正式代表候选人的请示》，研究中共永宁县第十五届委员会委员、候补委员、纪委委员候选人预备人选的请示。

中共永宁县委第十四届县委2021年第24次常委会会议2021年9月3日召开。会议传达学习习近平总书记在河北承德考察、中央全面深化改革委员会第21次会议、中央政治局会议、中央党校（国家行政学院）中青年干部培训班开班式上的重要讲话精神，研究贯彻落实措施；传达学习中央民族工作会议精神，研究贯彻落实措施；传达学习黄河流域生态保护和高质量发展先行区建设第5次推进会议精神，研究贯彻落实措施；传达学习全市领导干部大会精神，研究贯彻落实措施。审议《永宁县加快落实黄河流域生态环境问题整改方案》；审议《永宁县2021年农田水利基本建设大会战实施方案》。研究县委组织部《关于提请研究出席中国共产党永宁县第十五次代表大会代表的请示》《关于永宁县领导班子换届人事安排的请示》，安排部署下一步工作。

中共永宁县委第十四届县委

2021年第26次常委会会议 2021年9月19日召开。会议传达学习宁夏回族自治区违规吃喝隐形变异问题专项整治工作会议精神、宁夏回族自治区纪委办公厅《关于中秋国庆期间加强监督执纪问责持之以恒纠“四风”树新风的通知》，研究贯彻落实措施。听取中国共产党永宁县第十五次代表大会筹备情况的报告，研究审议《关于召开中国共产党永宁县第十五次代表大会的请示》。研究审议永宁县出席中共银川市第十五次代表大会代表候选人预备人选建议名单，中共永宁县第十五次代表大会主席团和秘书长、主席团常务委员会委员、副秘书长、执行主席、代表团临时召集人、代表团组团及分团团长和副团长、列席和邀请人员建议名单，中共永宁县第十五次代表大会代表资格审查委员会成员建议名单，《中共永宁县第十五次代表大会选举办法（草案）》，中共永宁县第十五届委员会委员、候补委员和中共永宁县第十五届纪律检查委员会委员候选人预备人选名单，《中共永宁县第十五次代表大会代表资格审查报告》，中共永宁县第十四届委员会党费收缴、使用和管理情况报告；研究审议《中共永宁县第十四届委员会工作报告》和《中共永宁县第十四届纪律检查委员会工作报告》；研究审议县委统战部《关于提请研究政协银川市第十四届委员会委员协商提名人选的报告》。

【中共永宁县委第十五届县委常委会会议】 中共永宁县委第十五届县委2021年第2次常委会会议 2021年10月15日召开。会议传达学习习近平总书记在纪念辛亥革命110周年大会、中共中央政治局第33次集体学习时的重要讲话精神，在阿联酋迪拜世博会上的致辞，研究贯彻落实措施；传达学习宁夏回族自治区党委十二届十三次全会精神，研究贯彻落实措施。听取信访维稳工作汇报，安排部署下一步工作；听取全县冬季保煤保电保热保气保水工作情况汇报，安排部署下一步工作；听取全县食品安全工作情况汇报，安排部署下一步工作。研究审议《永宁县推进县域共青团基层组织改革试点工作实施方案》；研究审议《永宁县关于开展第八个五年法治宣传教育的实施意见（2021—2025年）》；研究审议《永宁县法治政府建设“十四五”规划（2021—2025年）》；研究中央依法治国办法治政府建设督察事宜；研究审议《永宁县2021年乡镇部门绩效考评方案》；研究中共银川市第十五届委员会委员、候补委员和纪委委员候选人推荐人选事宜；研究确定永宁县第十九届人民代表大会常务委员会组成人员建议人选事宜；研究确定政协永宁县第十一届委员会常委会组成人员建议人选事宜。

中共永宁县委第十五届县委2021年第3次常委会会议 2021年10月21日召开。会议传达学习中央人大工作会议精神，研究贯彻落实措施；传达全国老龄工作会议精神，研究贯彻落实措施。听取全县近期新冠肺炎疫情防控工作开展情况，安排部署下一步工作。审议《永宁县2021年“两会”新冠肺炎疫情防控工作方案》；审议《永宁县全员新冠病毒核酸检测工作实施方案》。听取县“两会”筹备情况汇报。研究永宁县第十九届人民代表大会第一次会议、政协永宁县第十一届委员会第一次会议有关事宜，审议《永宁县人民代表大会常务委员会工作报告》《政协永宁县第十届常务委员会工作报告》《政协永宁县十一届一次会议提案工作报告》《2022年县政协协商计划》。审议县人民政府、法院、检察院提请县人大十九届一次会议审议的有关报告文件。研究确定永宁县出席银川市第十六届人民代表大会代表推荐建议人选。研究确定增补永宁县委常委、闽宁镇党委书记周德强为中共银川市第十五届委员会委员、候补委员推荐人选。

中共永宁县委第十五届县委2021年第4次常委会会议 2021年11月9日召开。会议传达学习习近平总书记在中共中央政治局第三十四次集体学习、在参观国家“十三五”科技创新成就展时的重要讲话精神、在中华人民共和国恢复联合国合法席位50周年纪念会议、在二十国集团领导人第十六次峰会、在第四届中国国际进口博览会开幕式上的主旨演讲、在参加北京市区人大代表换届选举投票时的讲话，研究贯彻落实措施。研究永宁县第十九届人民代表大会第一次会议有关事宜。

中共永宁县委第十五届县委2021年第6次常委会会议 2021年12月10日召开。会议传达学习习近平总书记在中央军委人才工作会议、中央全面深化改革委员会第22次会议等重要讲话精神，研究贯彻落实措施。传达学习《中共中央　国务院关于深入打好污染防治攻坚战的意见》，中央第四生态环境保护督察组督察宁夏回族自治区动员会精神。传达学习宁夏回族自治区党委十二届十四次全会、银川市第十五次党代会、市委十四届十三次全会精神，安排部署贯彻落实工作。听取2021年闽宁协作工作情况汇报，安排部署下一步工作；听取县纪委监委2021年协助县委深化全面从严治党履行监督责任工作报告；听取2021年意识形态工作责任制落实情况汇报，安排部署下一步工作；听取2021年全面依法治县工作情况汇报，安排部署下一步工作；听取2021年全面推行河湖长制工作情况汇报，安排部署下一步工作；听取领导干部外出请销假有关规定执行情况的汇报。研究审议《永宁县科级领导班子和科级领导干部考核办法》；研究审议《加强对“一把手”和领导班子监督实施细则》《“一把手”和领导班子开展党内谈话实施细则》《“一把手”述责述廉实施细则》；研究审议《永宁县深化新时代教育督导体制机制改革实施方案》；研究审议《永宁县村级组织运转经费管理使用制度》；研究审议《永宁县2022年元旦春节慰问工作方案》；研究审议《提高永宁县村务监督委员会成员工作补贴的请示》。

【中共永宁县委第十四届县委2021年专题会议】 2020年党风廉政建设责任制和意识形态工作责任制检查考核反馈专题会 2021年1月25日召开。会议要求，落实全面从严治党主体责任，加强班子成员“一岗双责”意识。落实全面从严治党监督责任，加强监督执纪问责的能力和水平。全面贯彻落实中央八项规定精神，加强规范财务管理。

永宁县工业项目审查专题会议 2021年3月12日召开。会议听取中钢集团新型材料（宁夏）有限公司年产2万吨特种石墨产能项目建设情况的汇报。听取宁夏和瑞包装有限公司年产1.2亿平方米智能环保纸包装项目情况的汇报。听取宁夏恒泰化工设备有限公司年加工制造4000吨非标设备压力容器制造项目情况的汇报，听取宁夏蜀佳农牧科技有限公司年产20万吨饲料项目情况的汇报，听取宁夏尚禹节水科技有限公司智能农业节水灌溉设备生产建设项目情况的汇报。听取宁夏裕灏工贸有限公司年产3000吨包装材料建设项目情况的汇报。环保专家张炳宏对以上项目环保情况进行评价分析。

三沙源房地产开发项目遗留问题化解事宜专题会议 2021年3月26日召开。会议指出，三沙源房地产开发遗留问题时间跨度长、涉及群众多、社会关注度高，成为影响全县和谐稳定的突出问题。全县上下要认识推进解决三沙源房地产开发遗留问题的重要性和紧迫性，站在讲政治、讲大局、保民生、促发展的高度，把思想统一到县委的决策部署上来，做到为群众负责、为事业负责，主动担当，彻底解决遗留问题。

全县农村污水处理及综合文化艺术体育中心等5个PPP项目相关事宜专题会议 2021年3月29日召开。会议要求，要落实建设先行区及先行区示范市各项要求，全面梳理排查农村污水处理及水环境领域存在的各类问题，创新思路、完善举措、抓整改落实。会议要求，各责任领导、相关部门要各司其职、各负其责，主动作为、密切配合，形成合力，推动5个政府和社会资本合作项目建设。

土地管理及土地收储遗留问题化解事宜专题会议 2021年3月31日召开。会议指出，土地管理和土地收储事关城乡发展、重点项目建设和经济社会各项事业。当前全县涉及土地收储、耕地保护、审批及利用等方面的遗留问题较为突出，亟须研究解决。

全县上下要树牢以人民为中心的发展思想，坚持从大局出发、大处着眼，坚持问题导向，强化责任担当，精准施策，攻坚克难，加快解决土地遗留问题，为推动高质量发展扫平障碍、腾出空间。

闽宁镇公交线路规划设计事宜专题会议2021年4月2日召开。会议指出，闽宁镇公交线路规划设计对解决群众出行难问题、优化城乡道路客运网络、提升公交一体化服务水平、助推闽宁镇经济社会发展具有重要意义。各有关部门要高度重视、明确责任、相互配合，与市交通局、公交公司沟通对接，加强闽宁镇公交线路规划设计的科学性、前瞻性、系统性，真正使公共交通能更好地服务闽宁镇群众。

迎接福建省代表团考察闽宁镇有关工作筹备事宜专题会议2021年4月27日召开。会议指出，深化闽宁协作会议将于4月29日召开，福建省党政代表团将赴闽宁镇进行考察，对深化闽宁协作、拓展务实合作，推动闽宁镇全方位发展意义重大。相关部门要高度重视，提高站位，按照宁夏回族自治区党委、银川市委、永宁县委部署要求，统筹各方力量，落实各项准备工作，保证考察观摩取得成功。

传达学习宁夏回族自治区应对新冠肺炎疫情工作指挥部办公室防范新冠肺炎疫情输入风险工作专题会议2021年5月9日召开。会议要求，银川新发生1例境外输入确诊病例，敲响疫情远未结束的警钟。全县上下要认识当前新冠肺炎疫情防控形势的复杂性，时刻绷紧新冠肺炎疫情防控这根弦，坚持内紧外松、从严从细，提前科学谋划、规范运作流程，制定应急预案、实现防控。

宁夏国际农机汽贸物流园项目破产清算事宜专题会议2021年6月1日召开。会议指出，宁夏国际农机汽贸物流园项目因资金链断裂长期处于停工状态，涉及群众多，矛盾纠纷复杂，影响社会和谐稳定。全县各级各相关部门要站在讲政治、顾大局、保民生、促发展的高度，落实责任，科学精准发力，厘清旧账、盘活存量资产，推动破产清算处置。

县综合文化艺术中心等5个政府和社会资本合作项目专题会议2021年6月3日召开。会议指出，县综合文化艺术中心等5个政府和社会资本合作项目事关百姓福祉，因建设单位中建安装公司拒不履行合同，未补足项目资本金，造成项目长期停工，除望远九年一贯制学校外其余均未建成导致烂尾，经相关部门多次协调，仍拒绝按照县委、县政府决议配合引入第三方完成后续建设，必须依法提起仲裁追究其严重失信行为。要把思想和行动统一到县委、县政府决策部署上来，坚持从全县发展大局出发，践行以人民为中心的发展思想，把握政策，实事求是，依法依规解决好政府和社会资本合作项目遗留问题。

永宁县基本农田补划工作专题会议2021年6月8日召开。会议指出，永久基本农田整改补划工作是巩固永久基本农田划定成果的重要手段，对于守住耕地红线、保障国家粮食安全具有重要意义，全县各级各部门要按照中央、宁夏回族自治区、银川市关于永久基本农田补划工作要求，统筹做好永宁县永久基本农田补划工作，保证永久基本农田整改补划的成果与生态保护红线、城镇开发边界、国土空间规划编制的衔接。

全县污水治理现场办公专题会议2021年6月10日召开。会议指出，污水处理是实施污染防治攻坚战的一项重要任务，做好污水处理工作对永宁县在建设黄河流域生态保护和高质量发展先行区、先行区示范市走在前列、争当表率意义重大。全县各级各部门要深入学习贯彻习近平生态文明思想，全面贯彻落实宁夏回族自治区党委、银川市党委部署要求，压紧压实责任，形成工作合力，以对人民高度负责的态度，解决污水处理工作中遇到的难题，打赢水污染防治攻坚战。

望远镇壮大村集体经济项目建设情况专题会议2021年7月8日召开。会议决定，做好村级集体经济项目核查验收工作，发挥村级集体经济项目效益，会议原则同意望远镇党委“关于调整永清村、政权村、通桥村壮大村集体经济项目建设内容的请示”意见。

【中共永宁县委第十五届县委2021年专题会议】 永宁县工业项目专题会议2021年9月30日。会议研究谷余香（宁夏）生物科技开发有限公司闽宁镇万吨杂粮面加工项目；研究宁夏利骏生物科技有限公司年产12000吨营养植物油深加工建设项目；研究宁夏岩板建材有限公司岩板科技建材示范基地项目。

永宁县乡村振兴推进工作专题会议2021年10月1日召开。会议指出，实施闽宁镇原隆村乡村振兴，对于加快原隆村环境整治、培育壮大富民产业、提高群众生活水平等具有重要意义。全县各级各部门提高政治站位、强化政治担当，把原隆村环境整治，基础设施改造提升工程牢牢抓在手上，以最高标准、最快速度、最实作风、最佳效果如期完成各项目标任务，推动闽宁镇在全面推进乡村振兴中争当楷模。

闽宁镇经济社会发展规划编制事宜专题会议2021年10月21日召开。会议指出，高质量编制闽宁镇经济社会发展规划，对深化闽宁协作，推进脱贫攻坚与乡村振兴衔接，推动闽宁镇经济社会高质量发展具有重要意义。各有关部门要紧扣新发展阶段、新发展理念、新发展格局等新要求，明确“十四五”时期闽宁镇经济社会发展的基本思路和主要目标，推进闽宁镇经济社会发展规划编制，规划要落实宁夏回族自治区党委、银川市委要求，符合闽宁实际，引领长远发展，经得起实践和历史检验。

永宁县极端天气应对、城市供气供暖及道路清雪工作专题会议11月6日召开。银川市委常委、永宁县委书记朱剑主持召开县委专题会议，郝春明等县处级领导及各乡镇（街道）、部门主要负责同志参加会议。会议听取全县应对极端天气及当前安全生产工作、城市供气供暖及道路清雪工作、保障农业生产安全工作、全县近期信访维稳及社会面管控工作、疫情防控期间对特殊群体社会救助工作、全县封控区域解封工作等相关汇报。会议强调，全县要提升安全意识，保持高度警惕，要落实属地责任、行业监管责任和企业主体责任。要全面加强雨雪冰冻、疫情防控背景下的安全生产工作，强化人力准备、物资储备、应急战备。会议还对冬季农业生产、特殊群体社会救助、城市供气供暖等工作进行了安排部署。

综合服务

【概况】 2021年，中共永宁县委办公室围绕全县中心工作开展督促、检查、调查研究、信息反馈、沟通上下、联系各方等工作。完成中共永宁县委文件、文稿的起草、校核、制发、清退、归档工作。落实县委会议的筹备安排、组织和会务工作。完成上级党政军领导机关的文件、信函的日常文书处理和保密工作；办理县委公文、资料的收发、传递、立卷、归档，负责县委机关档案工作。完成上级党委领导和县委重要客人的接待工作。开展“让党中央放心、让人民群众满意”模范机关创建工作，发挥政治把关、参谋助手、统筹协调、督办落实、服务保障作用，完成各项工作任务。

【党史学习教育】 2021年，中共永宁县委办公室开展党史学习教育，组织学习党的十九届六中全会精神。学习习近平总书记视察宁夏重要讲话，聆听习近平总书记在庆祝中国共产党成立100周年重要讲话；组织学习中共中央、中共宁夏回族自治区委员会、中共银川市委、中共永宁县委各项决策精髓要义，准确把握精神实质。组织召开支部党员大会、支部委员会、党小组会，定期开展党课学习；开展专题读书班2次、支部书记讲专题党课4次，观看红色教育影片5次。组织党员干部集中学习，党员干部轮流讲述、分享学习体会。组织党员干部参加清明节网上祭英烈活动，参加“红色精神薪火传”党史知识竞赛。推动学习教育成果转化。纠治形式主义，集中审核清理网络工作群18个，整合58个。开展结对帮扶、社区共建工作，帮扶困难户30户，慰问困难党员15人次。

【以文辅政】 2021年，中共永宁县委办公室围绕乡村振兴、脱贫攻坚、基层治理、生态环保等重点工作开展调查研究，撰写调研报告53篇，其中，《永宁县"三个聚焦"奋力跑好高质量发展接力赛》《闽宁镇五大行动接续发力续写乡村振兴"山海情"》等文章被宁夏回族自治区、银川市采用；《永宁县生态绿化及长效管理机制建设情况调研报告》《永宁县巩固拓展脱贫攻坚成果同乡村振兴有效衔接工作情况的调研报告》《关于永宁县幼儿教育师资配备情况调研报告》等被中共宁夏回族自治区委员会办公厅评为优秀调研报告。开展废止、宣布失效和修改部分党内规范性文件工作，对315份需要清理的党内法规和规范性文件逐一提出清理意见。

【统筹协调】 2021年，中共永宁县委办公室统一调度县委工作，书记每周工作有计划、常委每周工作有协调；做实县委领导决策思想，县委工作部署与部门联络贯通，掌握情况、兼顾各方。组织与人大、政府、政协机关沟通协调，实现县委决策，人大、政府、政协机关呼应，部门、乡镇共同行动的工作格局。

【文稿研写审签】 2021年，中共永宁县委办公室完成中共永宁县委第十五次党代会工作报告、经济社会发展情况汇报等20余篇综合性文稿，完成党史学习教育高端论坛、县乡领导班子换届工作会议、十五届县委一次全会等85篇领导讲话，起草《永宁县三基本工作法和三一线工作机制》《永宁县委人大政府政协领导班子沟通协作办法（试行）》《永宁县委人大政府政协领导班子协同推进工作办法（试行）》等制度起草、审议、下发。强化县委总揽全局、协调各方的领导作用。举办全县党务政务公开、公文写作和保密工作培训班，培训提升文秘人员业务能力，提高全县公文拟写质量。起草审核各类文字材料700余篇。加强制度建设，制定完善20项办公室管理制度，健全《收发文登记簿》《借阅登记簿》等各种表簿，掌握文件行踪，实现文件送出有登记，收回有核点。2021年，发文比2020年减少26%，实现发文件数只减不增。

【会务筹办】 2021年，中共永宁县委办公室筹办中共永宁县第十五次代表大会，组织县委各类会议200余场次，实现会议通知到人、指定座席、会中核对程序化，严明会议纪律，保证会议效果。对年久失修、功能老化的常委会议室和视频会议室进行改造，保障党政内网视频会议安全畅通，全年接入调试视频会95场次。组织完成县直机关选区和党群、人大、政协选区人大换届选举工作会议7次，开展选举工作培训班2次，完成选民登记、推选代表候选人、代表候选人与选民见面等工作，研究制定《选举日工作方案》，完成党群、人大、政协机关选区人大代表选举工作。2020年，会议减少28%，督查检查事项减少11%，实现会议频次只减不增。

【信息编发】 2021年，中共永宁县委办公室开展全县信息研究、编写、传送工作的督导考核，组织研读中共宁夏回族自治区委员会、中共银川市委工作重点信息，实现中共永宁县委所报送的信息与上级机关信息需求高度契合。组织全县信息撰写工作，引导工作经验类、问题建议类信息的采集、撰写和报送。全县信息编采为实现上情下达、下情上传的作用，开展信息工作人员培训，举办为期3天的全县党政办公室主任培训班，对公文信息、机要保密、党务政务公开等业务作全面综合培训，开展信息专题培训1次。2021年，县委办公室向宁夏回族自治区、银川市机关报送信息稿件506条，采用56篇。健全重大紧急信息报送应急机制，落实机要工作人员24小时值班及紧急信息报送制度，4篇紧急信息得到宁夏回族自治区、银川市主要领导批示。

【督查督办】 2021年，中共永宁县委办公室健全、完善全县绩效考评体系，形成主要领导领班、督查部门督办、常态化跟踪回访的专项督办落实机制。全年印发督查通报11期、督办通知单41期，办理宁夏回族自治区、银川市领导批示件8件，办理市委常委会会议定事项督办件41件，办结率100%。开展2021年全县督查检查考核工作，对农村人居环境整治、望远镇基础设施规划建设、农村污水处理设施提高标准改造、为群众办实事项目落实情况开展再督查，向县委提交督查专报17期，办理县委领导批示件5件。建立县委主要领导调研事项督查督办通知单办理情况台账，推动27项县委主要领导调研事项落实，办结18项，当年办结率67%，9项任务跨年度办结。

【机要保密】 2021年，中共永宁县委办公室落实秘密通信管理要求，完成通信设备换装工作，执行机要密码各项规章制度，收发电报157份，实现无错传、无漏传、无泄密、无漏报、无积压。全县机要传送终端全部投入使用，运行情况良好，保障全县党政机关信息系统安全、高效。全年召开保密委员会会议2次，迎接宁夏回族自治区、银川市保密办公室进驻式检查工作。开展全县保密工作监督检查，发放整改建议书25份，提出整改意见70余条，删除敏感信息10余条，未出现过失泄密事件。

【新冠肺炎疫情防控】 2021年，中共永宁县委办公室抽调专人充实县新冠肺炎疫情防控指挥部办公室，组织服务保障永宁县新冠肺炎疫情防控领导小组和永宁县新冠肺炎疫情防控指挥部会议，传达中央及宁夏回族自治区、银川市党委、政府新冠肺炎疫情防控部署要求。专人跟进全县新冠肺炎疫情防控信息和工作动态、统计数据，为领导决策提供准确信息；开展督查全县新冠肺炎疫情防控一线工作进，暗访督查，发现突出问题18个；跟踪督办银川市督办要求永宁县整改的6个问题，完成整改。组织办公室干部职工下到胜利社区和三沙源社区，对隔离封控单元实施24小时封闭管理，在红旗社区和原隆村配合大规模核酸检测工作。

组织工作

【概况】 2021年，永宁县有基层党组织445个，其中，党（工）委22个，党总支24个，党员12284名。2021年，县委组织部全力推进党的组织体系建设，贯彻落实县委组织工作和干部工作的政策，向县委提出干部及领导班子建设、调整、配备意见、建议。协调、规划和督查全县各级党组织建设、党员教育管理和发展工作。制订落实干部教育规划，开展全县人才工作的宏观指导、组织协调、督促检查工作，推进组织工作各项任务落实，培养忠诚干净担当的高素质干部。

【党员教育】 2021年，中共永宁县委组织部开展党员教育培训，全县各级党组织开展党员集中轮训班224期，培训党员21074人，达到党员总数的62.15%。分层分类对全县578名村、社区党组织书记、副书记及新选任村党支部委员会、村民委员会干部进行履职培训；集中举办专题培训班，对92名驻村第一书记和工作队员进行培训。开展讲授党课、党员现身教育等党员日常教育，选派15名优秀党员代表参加银川市《党员说》录制，1名村支部书记在全区“马得福式乡村好干部”专题座谈研讨会上交流发言。规范党员发展工作，举办发展对象集中培训班1期，培训112人，全年新发展党员178名，确定入党积极分子204名。管好流动党员，惩戒违纪违法党员。开展党员信仰宗教和参与宗教活动问题排查，督促262名流动党员参加党史学习教育。

【建党100周年庆祝】 2021年，中共永宁县委组织部开展中央、宁夏回族自治区、银川市优秀党员、党务工作者、先进基层党组织推荐评选工作，全县22名党员、7个基层党组织被评选为宁夏回族自治区、银川市优秀党员、党务工作者、先进基层党组织，举办永宁县“七一”表彰大会，表彰160名优秀共产党员、优秀党务工作者和先进基层党组织。开展“光荣在党50年”纪念章发放工作，给符合条件党员723名颁发纪念章。走访慰问获得党内功勋荣誉表彰的党员、生活困难党员、老党员老干部等817人。

【农村党建】 2021年，中共

永宁县委组织部开展抓乡促村、整乡推进、整县提升示范县乡创建行动，细化12项重点任务44条推进措施，开展村党组织星级评定结果和抓乡促村、整乡推进、整县提升问题施策，开展全县8个软弱涣散村和后进村党组织全部转化工作，村级集体经济总量6333万元，示范村达到71.12%。选出新一届村、社区党支部委员会、村（居）民委员会成员625人，“学历年龄”实现一升一降。开展“导师帮带制”试点工作，建立77名帮带导师团队，以老带新、以强带弱促进结对86对，储备后备干部132名。

【“党建+产业”】 2021年，中共永宁县委组织部推动“党建+产业”集体经济发展模式，建设望洪镇增岗村、高渠村有机大米、“阳光玫瑰”葡萄等产业群，推动杨和镇王太村联合周边6个村组建王太堡生态农业观光园，村集体收入达501万元。推行新华中心村联合党委“联建档立卡贫困户，联留守儿童，联五保孤寡老人，联信访户、困难户、拆迁户、低保户，联集成移民户；带头遵纪守法、带头勤劳致富、带头规范建房、带头移风易俗、带头清洁家园”党建模式，推进红色教育主题公园、红色景观小品、景岳故事长廊等红色环线景观项目建设。

【基层组织建设】 2021年，中共永宁县委组织部完成29个社区共建单位调整工作，全县街道、社区均建立完善党建联席会议制度，吸纳辖区各行业领域141个党组织进驻社区开展共建活动。2021年，召开街道、社区两级联席会议88次，居民小区开展自治活动60余期，解决街巷环境整治、停车难等民生问题170余件。构建小区网格党支部建设，组建居民小区党支部82个、楼栋党小组173个，小区网格党组织覆盖率达到104%。选聘210名党员担任楼长，开展信访维稳、矛盾调解、帮困救助工作。基层党建提升出现永宁县人民检察院、国家税务总局永宁县税务局等永宁县党的建设先进典型。2021年，两批命名32家单位为“让党中央放心、让人群众满意”模范机关。全年召开县非公经济和社会组织工委联席会议2次，听取专题汇报2次。宁夏永宁工业园调整规范党组织设置2个，新单独组建党支部9个。全县非公经济组织和社会组织党组织覆盖率分别达到84.4%和84%。划拨9.5万元支持新建非公企业和社会组织党组织建设党群活动阵地，形成四季鲜市场“红色引擎”、创业谷“双孵化”等4个党建品牌，宁夏永宁工业园区企业综合党委成功创建为宁夏回族自治区非公企业和社会组织党建工作示范点。

【干部教育】 2021年，中共永宁县委组织部组织全县30名县处级以上领导干部参加党的十九届五中全会精神网络轮训学习，参学率、结课率均达到100%。运用闽宁镇脱贫攻坚和党史党性教学资源，申报全市干部教育培训现场教学基地2个。举办全县驻村第一书记提升培训班、党的十九届五中全会精神专题网络培训班、全县青年干部主体培训班、全县选调生理想信念专题培训班等40场，培训5500余人次。对接宁夏回族自治区、银川市组织部门，选派处科级领导干部参加宁夏回族自治区、银川市各部门培训班24人次。开展定期督学、提醒通报，全县公务员网络在线教育培训参学率达100%。

【干部培养】 2021年，中共永宁县委20次研究干部议题，报经银川市委组织部预审批复干部选拔任用报告7批次，涉及干部491人次。开展专项考察2次，识别干部40余人。加强专业化干部配备，为农业、统计、发改、住建、卫生、司法等专技部门选配专业化领导干部17名。从乡村振兴、新冠肺炎疫情防控、信访维稳、重大项目建设中发现、选拔干部。提拔使用乡村振兴一线干部21人，其中，驻村干部5名，重用驻村干部1人，晋升职级5人，激励干部在乡村振兴一线担当作为、建功立业。优化乡镇、街道机构设置，选拔16名优秀事业干部担任新成立站、所、中心负责人，其中从部门提拔12人。

【干部提拔调查】 2021年，中共永宁县委组织部落实“讨论决定前，对拟提拔或进一步使用人选的干部档案必审、个人有关事项报告必核、纪检监察机关意见必听、线索具体的信访举报必查”制度，查核填写350名干部任前档案审核记录表，补充档案资料400余份，将“年龄、工龄、党龄、学历、工作经历、干部身份”存疑干部挡在门外；听取纪检监察机关意见380余人次，甄别研判，取消推荐资格9人，防止有问题干部提拔。

【基层换届选举】 2021年，中共永宁县委成立以县委书记为组长，四套班子主要领导为副组长的换届工作领导小组，组建7个换届工作小组。按照乡镇领导班子换届结构要求，县委书记带队调研，在全县范围内分类排查，对符合条件的人选，逐一进行党员基本信息核准，党员工作生活现况核实，党员交纳党费情况核清，党员参加组织生活情况核查。新一届乡镇领导班子平均年龄38岁，35岁以下的29名；大学本科以上学历的41人，占89%；2年以上乡镇工作经历的52名，本地干部或熟悉本地情况的干部28名。

【县第十五次党代会组织工作筹备】 2021年，中共永宁县委组织部按照宁夏回族自治区、银川市有关政策要求，通过合理确定规模结构、征求意见建议、严格人选资格条件、组织审核把关，做好党代表推选考察工作，保证县委委员、候补委员、纪委委员和党代表的代表性和广泛性。选举产生新一届中共永宁县委委员37人，候补委员8人。选举产生永宁县出席中国共产党银川市第十五次代表大会代表47名，完成中共永宁县第十五次委员会选举工作。

【换届选举督导】 2021年，中共永宁县委组织部严肃换届纪律，加强换届风气监督，制定换届风气监督23条举措，建立县乡换届监督员队伍，选聘4名换届风气监督员全程参与并督导6个乡镇领导班子换届工作。落实自我监督，在全县开展下级党组织向上级党组织承诺、干部个人向党组织承诺活动，签订严守换届纪律承诺书1000余份。围绕换届选举中涉及的重点人群，开展提醒谈话、警示谈话、勉励谈话、疏导谈话等专题谈心谈话800余人次，打牢换届风清气正基础。

【干部交流】 2021年，中共永宁县委组织部落实干部交流制度，交流干部97人，其中，跨部门、跨乡镇横向交流52人，部门、乡镇间纵向交流45人，改善部门领导班子结构。选派1名年轻干部到福建角美镇挂职，选派1名年轻干部到区直机关挂职，选派8名年轻科级干部到信访部门挂职，锻炼年轻干部。

【干部激励】 2021年，中共永宁县委组织部用好用活考核评价指挥棒作用。综合评定科级领导干部年度实绩考核“优秀”等次62人，将工作能力强、实绩突出、群众公认度高的39名干部选拔交流到重要岗位；对表现突出的61名干部给予晋升职级；对66名干部进行岗位调整或免去领导职务。对敢担当善作为干部的激励保护，推动被问责和受处分影响期满干部合理使用，提拔任用问责后表现优秀干部39人，构建能者上、劣者汰的用人局面。

【干部监管】 2021年，中共永宁县委组织部强化选人用人监督。建立干部违纪违规及问责情况电子数据库。受理查核办结12380干部监督来电、来信、来访举报8件。委托审计部门对任职时间较长及离任的14名科级领导干部开展任中和离任经济责任审计、自然资源资产离任审计，加强对权力集中、资金密集、资源富集等重点部门和关键岗位干部的监管。执行科级领导干部外出报告、请销假登记备案制度，登记备案外出培训、病事和公休假102人次。开展“两代表一委员”资格联审，开展退出领导岗位干部管理情况专项督查，下发督查通报1期。

【公务员考录】 2021年，中共永宁县委组织部立足永宁县经济社会发展实际和公务员队伍现状，统筹研究编制空缺、性别比例、学历层次、急需程度等各种因素，科学制定招录计划优化公务员队伍结构。2021年共招录公务员21名，其中，普通公务员11名，选调生7名，法检系统3名，公务员队伍呈现出年轻化、高学历人才化态势。

【公务员考核】 2021年，中共永宁县委组织部建立公务员平时考核考核机制，平时考核考核职级公务员1931人次。开展最美公务员、人民满意公务员评选活动，为获得个人嘉奖、记三等功、记二等功等奖励的178名公务员进行表彰并兑现奖金26.9万元；为全县900余名公务员开展健康体检，对全县晋升职级的203人次进行薪资调整，月人均增资217元。

【塑才引才】 2021年，中共永宁县委组织部开展13名县处级领导联系服务14名高层次人才，29名乡镇部门领导与各行业专家交朋友，为人才、企业提供服务。推荐26名优秀人才申报市级高精尖缺人才引领、学术技术带头人储备工程，实施8个县级人才小高地项目、5个市级“导师帮带”人才项目，为11名创新型大学生发放生活补贴，推荐3名优秀基层干部到宁夏大学、银川二中等单位研修，2名高层次人才入选银川智库。组织县域企业赴西北农林科技大学招才引智，吸引高层次人才来永就业创业。开展产学研和校地合作深度融合，邀请浙江大学贾惠娟教授指导永宁设施葡萄生产，现场培训葡萄种植户62人次。与中科院水产所、福建省农业科学院等高校科研院所合作，开展菌菇新品种研究、水产养殖、设施园艺等成果转化及示范等工作。成立“永宁县葡萄酒产业联盟”，17家成员单位形成联盟共同体，促进科研、交流、推广等工作。

【人才关心】 2021年，中共永宁县委组织部投入200余万元，用于落实人才政策、实施人才项目。完善住房、就医、社保、子女入学等政策，组织4名“高精尖缺人才”开展健康体检，春节期间走访慰问全县各领域优秀人才专家；每年列入财政经费预算4万元给予高层次人才裘志新困难生活补助，解决专家人才实际困难。举荐优秀人才，7名党政人才、高技能人才被评为“全区优秀共产党员”和“全区优秀党务工作者”；推荐各类人才担任党代表、人大代表和政协委员，增强人才政治引领。

宣传工作

【概况】 2021年，永宁县委宣传工作坚持服务县委、县政府中心工作，组织、指导全县理论研究、理论学习、理论宣传工作。部署全县性的宣传思想工作。引导社会舆论，指导、监督、管理和协调全县新闻宣传，对县新闻媒体实施方针政策的指导；组织学习宣传贯彻习近平新时代中国特色社会主义思想及习近平总书记视察宁夏重要讲话精神。组织开展庆祝中国共产党成立100周年宣传教育活动，推进精神文明建设及文化事业发展，弘扬主旋律，积蓄正能量。

【学习强国】 2021年，中共永宁县委宣传部把学习宣传阐释习近平新时代中国特色社会主义思想作为全县宣传思想首要政治任务，组织县委理论学习中心组理论学习18次，推动党的创新理论落地生根。订阅发放习近平《论中国共产党历史》《新时代宣传思想工作》等书籍千余本。组建县级宣讲团、教体系统宣讲团、青年宣讲团、百姓宣讲团等多个宣讲团队和“姐妹花”“小红军”等多支宣讲小分队，宣讲习近平总书记“七一”重要讲话精神、党的十九届六中全会精神，组织活动400余场次，接受教育干部群众3万余人次。组织全县在职党员在“学习强国”平台学习，参学率100%。

【意识育化】 2021年，中共永宁县委宣传部落实中共永宁县委加强和改进意识形态工作要求。全年筹备召开意识形态领导小组全体会议1次，筹备召开县委常委会研究意识形态工作2次，组织开展专项检查1次，筹备召开意识形态领域舆情分析研判会4次，下发风险提示函6期，审批讲座及文艺活动等10余场次。

【扫黄打非】 2021年，中共永宁县委宣传部落实永宁邮寄、速递企业管控；开展印刷复制企业等重点区域排查，打击线上非法制售传播活动。开展纯净网络专项行动，监测巡查互联网，核处查删有害信息，督促互联网企业履行内容审查管理职责。开展保护青少年护苗专项行动，开展“有害书，要远离。非正版，不听传。用网络，不沉迷”绿书签2021系列宣传，开展版权宣传教育活动，校园周边文化环境综合整治。开展新闻出版管理方面的违法违规专项整治活动，查处非法出版、盗版盗印教辅教材。落实《宁夏回族自治区2021年推进软件工作实施方案》，印发《永宁县2021年推进使用正版软件工作安排》，将软件正版化工作纳入永宁县开展打击侵犯知识产权和制售假冒伪劣商品违法犯罪活动绩效考核的一项重要内容，纳入部门、单位年终绩效考评，抓实文化市场行政执法机构版权执法工作，巩固党政机关软件正版化成果，实现软件正版化落到实处。2021年，开展文化市场检查103次，检查企业741家次，收缴非法出版物1325册，立案查处12件。

【党史学习教育】 2021年，中共永宁县委印发《永宁县党史学习教育实施方案》，成立以银川市委常委、永宁县委书记朱剑为组长的永宁县委党史学习教育领导小组及6个巡回指导组。组织学习习近平总书记在党的十九届六中全会、庆祝中国共产党成立100周年大会、党史学习教育动员大会、全国脱贫攻坚总结表彰大会、视察宁夏等发表的重要讲话精神800余场次，各类形式的宣讲378场次，交流研讨190余场次，红色研学旅行200余场次，参与学生3万余人。建立领导干部大调研工作机制，县处级领导开展调研80余次，撰写调研报告、体会文章130余篇。其中，3篇调研成果被宁夏回族自治区党委办公厅评为优秀调研报告。组织全县5200余名党员干部群众集中收看全国“七一勋章”颁授仪式及中国共产党成立100周年庆祝大会，为720名老党员颁发“光荣在党50年”纪念章，开展传承党的百年光辉史基因、铸牢中华民族共同体意识主题教育、“永远跟党走　奋进新时代”等系列活动、“聆听红色声音　继承革命传统”等主题党日活动，开展邮一套书籍、建一个微信群、写一份心得、办一件实事活动，引导党员干部群众赓续红色血脉，坚定理想信念。建立11个县级“红色资源库”，围绕红色历史、脱贫攻坚、全面建成小康社会、乡村振兴等4个主题开展实践教育，受训1200余场5.45万人次。开辟“田间课堂”“红领巾成长课堂”等四大宣讲品牌，让党史学习教育更接地气。开展“我为群众办实事”实践活动，县级2批142项实事项目及各乡镇、街道、单位、部门项目1383件全部办结，办结率均为100%，达到学党史、悟思想、办实事、开新局的目的。

【新闻宣传】 2021年，中共永宁县委宣传部组织完成中国共产党永宁县第十五次党代会、永宁县第十九届人民代表大会中国人民政治协商会议永宁县第十一届委员会第一次会议报道。完成全县“四大提升”行动观摩、宁夏国家葡萄及葡萄酒产业开放发展综合试验区挂牌仪式等重要活动宣传。在庆祝中国共产党成立100周年期间，开设“奋斗百年路　启航新征程”重大主题专栏话题，开展重大主题采访宣传活动。围绕党史学习教育、乡村振兴、经济发展、新冠肺炎疫情防控等县委中心工作，对接中央及宁夏回族自治区、银川市主流媒体来永宁县采访宣传报道。县级融媒体中心发挥平台作用，线上线下开展县域发展宣传。借电视剧《山海情》在全国的传播力，闽宁镇“全国脱贫攻坚楷模”称号的影响力，配合中央电视台完成纪录片《风华百年》《今日中国看宁夏》《闽宁纪事》和“唱支山歌给党听”主题快闪短片、“乡村演说家”直播节目等一系列拍摄活动。6月16日，《人民日报》刊发专刊《闽宁镇——破浪前行在乡村振兴的康庄大道上》；4月26日，《宁夏日报》刊发《永宁：巩固脱贫成果衔接乡村振兴》，全方位展示脱贫攻坚精神的闽宁实践和推动乡村振兴的瞩目成绩，为促进永宁县经济社会发展营造良好的舆论氛围。2021年，中央及宁夏回族自治区、银川市主流媒体来永宁采访宣传350余次，刊发相关稿件2640余篇。电视连续剧《山海情》于2021年6月摘得第27届上海电视节白玉兰奖最佳中国电视剧、最佳摄影4个奖项。国庆节，组织开展“倡导国庆新民俗　打造爱国活动周”活动，在县城主干街道等地悬挂国旗3500余面，拍摄“为祖国庆生”系列微视频50余个，送出国庆面780余碗，覆盖人群500余人次。

【精神文明建设】　2021年，中共永宁县委召开永宁县2021年第一次文明委暨文明城市创建工作推进会，审议印发《永宁县创建全国文明城市三年行动方案》《永宁县关于进一步推进2021年文明城市创建工作方案》。开展全国文明城市实地测评点专项督查2次，录制电视问政2期，整改问题1000余件，开展群众性精神文明创建活动，培育区级文明村镇、文明单位5个，区级市级文明校园6所。启动文明创建“亮形象、展业绩、争先进”活动，组织各级文明单位、文明村镇、文明校园参与，完成各级文明集体亮牌30个。发挥先进典型示范引领作用，评选2020年最美永宁人28人、新时代好少年40名、移风易俗示范户14户、文明家庭15户、星级文明户4000余户、移风易俗先进红白理事会6个。建成新时代文明实践点10个，改造新时代文明实践阵地6个，实现新时代文明实践站（所）全覆盖。开展百场理论宣讲、红色电影进基层、传统文化进校园、普法下基层、文化下乡、公益服务、家风传承、七彩假期进社区、移风易俗、全民健身工程等文明实践活动3300余场，参与人数9.3万余人次。

【志愿服务】　开展永宁清岸清水农村河湖清理活动、交通文明出行劝导活动，全年志愿服务13600余场161万余小时。实施永宁县未成年人思想道德建设，开展中小学“开学第一课”活动，提升未成年人思想道德建设工作能力。开展“中国共产党建党100周年，我为祖国献礼”为主题的风筝手绘活动，组织开展“百米长卷红色绘画”活动，开展征集优秀童谣活动，160余名学生参加，评出优秀作品43篇，推荐上报10篇，其中1篇被评为宁夏回族自治区优秀童谣。组织各单位志愿者在春节录制“共抗疫情、喜迎新春”网络拜年视频，开展“送春联助防疫·寒冬墨香暖人心”志愿者活动，制作书写“抗疫”春联福字10万余件。清明节，组织全县280余名志愿者开展清明祭英烈活动。中秋节，开展“我与祖国共团圆”志愿者免费拍摄家庭团圆合照活动，拍摄家庭团圆照88张。

【国防教育】　2021年，中共永宁县委宣传部贯彻落实《中华人民共和国国防教育法》《全民国防教育大纲》，以“赞颂党的辉煌、汇聚强军力量”为主题，组织开展2021年全民国防教育日活动，增强全民国防观念，履行国防义务。在永宁县闽宁镇玉海小学举行永宁县第二十一个“全民国防教育日”宣传活动，举行县级国防教育基地授牌仪式，宁夏工委纪念馆和玉海小学被授为第一批永宁县级国防教育基地。

统战工作

【概况】　2021年，中共永宁县统一战线工作落实党领导的多党合作和政治协商制度及对民主党派的方针、政策；落实县委统战工作的决定；联系各民主党派和无党派代表人士，发挥民主党派参政议政和民主监督作用；联系少数民族和宗教界的代表人物；会同有关部门做好培养、考察、选拔、推荐党外人士担任人大常委会、政府、政协机关领导职务的工作；调查研究并反映全县非公有制经济代表人士的情况；做好非公有制经济代表人士的思想政治工作；研究党外知识分子的情况，反映意见，协调关系，开展县内外统一战线的宣传工作。

【统一战线】　2021年，永宁县有民革永宁支部、民盟永宁总支、民建永宁支部、民进永宁支部、农工党永宁支部、九三学社永宁支社6个民主党派，成员154名。永宁县党外知识分子联谊会现有会员32人。全县共有常住人口32.16万人，其中少数民族人口8.4万人，占26.13%，有汉族、回族、满族等32个民族。有伊斯兰教、佛教、道教、基督教四大宗教，县内宗教活动场所57座，其中伊斯兰教47座、佛教8座、基督教2座，道教没有活动场所。

【工作调研】 2021年，中共永宁县委统战部围绕学习习近平新时代中国特色社会主义思想和习近平来宁视察重要讲话精神等，搭建民主党派参与社会实践活动平台，协助民主党派、工商联、无党派人士围绕永宁县经济社会重点工作开展调研，建言献策，形成涉及医疗、扶贫、文旅、企业发展等方面的调研文章8篇。

【民主党派建设】 2021年，中共永宁县委统战部制定《中共永宁县委统战部关于协助各民主党派基层组织做好换届工作的实施方案》，完成全县6个民主党派换届工作。发挥党派人才优势，全年开展社会服务12次；为新的社会阶层人士搭建平台，全年开展法律援助、乡村振兴等服务活动5次。协助做好政协换届工作，将民主党派界、工商联界等16个界别提名人选225人分别报送8部门联审，确定165名政协永宁县第十一届委员会委员人选和13名政协银川市第十四届委员会委员提名。开展市医院、宁夏医科大学附属医院、区市县三级农工党、九三学社医护人员义诊服务活动，受众近5000人。

【民族团结创建】 2021年，中共永宁县委统战部开展“全国民族团结进步示范县”创建，巩固全县创建工作成果，成立中共永宁县委、永宁县人民政府领导，部门乡镇负责人为成员的创建工作领导小组。创建工作经费纳入县年度财政预算，纳入领导班子年度绩效考核指标体系和干部考核体系中，推进民族团结进步示范创建工作。县委常委会、政府常务会议全年多次专题研究民族宗教领域重点工作，巩固提升民族团结进步示范单位创建工作，已创建国家级民族团结进步示范单位5个、宁夏回族自治区级民族团结进步创建示范单位3个。

【经济促进】 2021年，中共永宁县委统战部成功申报银川市少数民族发展资金项目4个，共补助资金48万元；申报中央财政衔接推进乡村振兴少数民族发展补助资金项目1个，补助资金260万元；银川市民族团结进步示范点补助资金31万元，争取宁夏回族自治区民贸民品贷款贴息资金1060.69万元，改善民族地区基础设施，提高经济发展的质量和效益，提升各族群众的获得感、幸福感、安全感。

【民族团结宣传】 2021年，中共永宁县委统战部组织开展“民族团结进步月”系列活动，举行3场集中宣传活动；联合中国新闻社制作“铸牢中华民族共同体意识”动漫短视频15期，在中央、宁夏回族自治区、银川市、永宁县四级媒体和全区统战系统推送，覆盖人数近100万人。承办银川市“传承党的百年光辉史基因　铸牢中华民族共同体意识”线上知识竞赛活动，参与人数达33万人；开展民族团结模范家庭和人物宣传，永宁县融媒体中心制作6期模范人物故事节目。在中央、宁夏回族自治区、银川市各类媒体平台相继发布“民族团结进步月”活动稿件20余篇。开展“铸牢中华民族共同体意识”线下答题活动，与群众互动答题。开展“同上一堂思政课，共话民族大团结”活动805次，厚植中小学生爱党爱国爱社会主义情感。

【新冠肺炎疫情防控】 2021年，中共永宁县委统战部做实宗教场所新冠肺炎疫情防控工作。召开宗教场所应对新冠肺炎疫情工作会议，疫情期间暂停全县宗教场所活动，对全县宗教场所内人员进行每日测温、登记，坚持每天重点区域消毒。全县宗教场所稳定有序，信教群众生命安全。组建县委统战部新冠肺炎疫情防控志愿服务队，赶赴望远人家B区协助开展2轮核酸检测；县工商联组织30余家民营企业捐款捐物36万元；宗教领域捐款捐物

1.6万元，全县支持新冠肺炎疫情防控。开展常态化巡查暗访，开展夜间、周五、周六、周日时段对辖区宗教活动场所关停情况进行排查，实现宗教场所新冠肺炎疫情防控不出纰漏。

【宗教中国化】 2021年，中共永宁县委统战部在57座宗教活动场所制作社会主义核心价值观、中华优秀传统文化、中央民族工作会议等内容的宣传展板、标语；设立党史文化书屋，为全县57座宗教场所购置党史学习图书8种456本。推广宗教场所财务审计、第三方集中代理记账和宗教场所民主监督委员会等管理模式，全县57座宗教场所民主管理制度、宗教活动管理制度、寺管会职责、财务管理制度实现全覆盖。全面开展完成57座宗教活动场所统一编号、统一建档、统一挂牌工作。

【助推非公经济发展】 2021年，中共永宁县委统战部在微信群平台定期向非公企业推送减税降费等惠企政策。在创业谷建成民营企业家理想教育示范点1个；联系民营企业，下到120家企业开展走访调研活动。组织开展惠企政策宣传5场，发放惠企政策宣传资料10000余份；完成39家民营企业经济运行、万家民营企业评营商环境、民营企业用电情况调查和使用商业承兑汇票调查等工作；围绕乡村振兴，争取宁夏回族自治区工商联项目资金300万元。

【侨务工作】 2021年，中共永宁县委统战部新建设永和社区“侨胞之家”阵地建设。协助银川市侨联开展“侨心聚情浓　端午粽飘香”等弘扬中华优秀传统文化系列活动，为全县侨眷代表送上慰问品。走访全县6家港资企业，助力企业新冠肺炎疫情防控工作。组织归侨侨眷、归国留学人员参加银川市侨联举办的专题培训班，培育港澳台侨同胞对伟大祖国、中华民族、中华文化、中国共产党、中国特色社会主义的认同意识。

政策研究

【概况】 2021年，永宁县委政策研究室开展农业、农村改革政策调研，围绕全县乡村振兴战略实施中心工作和农村承包土地经营权抵押贷款试点社会热点，开展专题调研，为深化改革形成多项调研报告并取得阶段性成果。总结推广执行农村经济政策、发展农村经济的典型经验，指导全县的农村经济工作。以用水权、土地权、排污权、山林权改革为主题，开展调查研究。

【调查研究】 2021年，永宁县委政策研究室开展大调研活动，开展《打造贺兰山东麓葡萄酒产业国家农业高新技术产业示范核心区，建设闽宁特色葡萄小镇》《加强企业治理，推进园区转型升级》《推进老旧小区改造，满足人民对美好生活的向往》等31个课题的调研，征集调研报告31篇，向县委党史学习教育领导小组办公室推荐报送26篇。围绕永宁县重点工作，编印《永宁工作调研》1期，刊登优秀调研报告6篇。开展全县优秀调研报告推荐评选工作，收集县直部门、单位组织撰写的调研报告60篇，向宁夏回族自治区党委政研室推荐13篇。开展对收集的调研报告集中评选，评出一等奖4名、二等奖6名、三等奖8名、优秀奖6名，为获奖作者颁发证书。组织向《宁夏工作研究》《大银川》等政策理论刊物投稿，《破解发展瓶颈　勇开经济新局》等4篇被刊登。

【改革深化】 2021年，永宁县委政策研究室开展永宁县落实宁夏回族自治区全面深化改革回头看、银川市改革攻坚年行动，制订永宁县未完成中央和宁夏回族自治区党委部署改革任务整改清单78项，完成整改销号42项，正在推进的36项；对银川市改革攻坚年提出的24项改革任务，永宁县完成11项，正在推进的13项。2021年，县委组织召开深化改革委员会会议2次，专项小组会议3次、改革推进会3次、现场办公会3次，出台重要改革方案33个，开展国家级、市级改革试点2项，研究解决改革重大问题20余件。开展深化改革专项联合督查调研6次，制发《改革督查通报》6期、督办单3份、整改通知书7份，形成专题调研报告12篇。建成市级“用水权、土地权、排污权、山林权”改革典型示范点2个。完成永宁县排污权交易第一单。

【党史学习教育】 2021年，永宁县委政策研究室召开党史学习教育动员会，安排党史学习教育。向党员干部发放《中国共产党简史》《习近平新时代中国特色社会主义思想学习问答》《论中国共产党历史》《毛泽东邓小平江泽民胡锦涛关于中国共产党历史论述摘编》等学习读物，集中学习25次，开展专题组织生活会1次，开展支部主题党日1次，专题党课1次，研讨13次，专题读书班2次，专题宣讲1次，撰写心得体会8篇，报送理论文章3篇，开展党史知识测试4次。组织党员干部观看《革命者》《信仰之源：陈望道与共产党宣言》等红色电影。

【典型宣传】 2021年，永宁县委政策研究室调研、撰写、报送改革典型经验信息74篇，被媒体、改革信息化平台采用17篇，其中，1篇在人民网、1篇在国家卫健委《卫生健康工作交流》、3篇在宁夏新闻网、3篇在银川新闻网刊发。

【新冠肺炎疫情防控】 2021年，永宁县委政策研究室干部职工全员参加新冠肺炎疫情防控工作。在社区无物业小区开展值守，在隔离点、核酸检测点开展志愿服务工作22天。

【文明城市创建】 2021年，永宁县委政策研究室安排干部职工在责任路段、路口及岗亭开展卫生清扫、文明劝导、宣传服务等活动；每周在宁和街与团结路交叉口配合交警，开展对电动车、自行车遵守交通法规、文明出行劝导活动。

网络信息化建设

【概况】 2021年全县网络信息化建设与管理工作落实全县信息化推进和电子政务建设工作要求，执行国家、宁夏回族自治区有关电子政务和信息化工作的法律、法规、政策。组织、研究全县信息化发展总体规划，编制电子政务和信息化建设计划并组织实施和监督。建立全县政务信息资源共享机制，开展全县电子政务数据资源开发、管理、安全、保密、监督工作；实施全县互联网的行业管理，组织网络与信息安全行业检查工作。

【组织领导】 2021年，中共永宁县委网络信息化办公室将网络安全工作纳入对县委常委会重点汇报工作内容；组织对县委理论学习中心组成员开展《网络意识形态》专题辅导1期、《习近平关于网络强国论述摘编》专题学习1期。编制《永宁县智慧城市和数字化经济发展“十四五”规划》，为全县网信事业发展做好谋划和顶层设计。6月11日，组织召开永宁县委网络安全和信息化委员会第三次会议，审议通过全县网信工作要点。

【网络宣传】 2021年，中共永宁县委网络信息化办公室开展习近平新时代中国特色社会主义思想、习近平总书记在庆祝中国共产党成立100周年大会上的重要讲话精神、十九届六中全会精神的网上宣传阐释，组织发布宣传信息500余篇，阅读量26万。开展“共同营造清朗网络空间”“网络中国节”“民族团结月”“新冠肺炎疫情防控”等主题宣传，发布图文信息1500余篇，阅读量170万。在“永宁微博”发布信息500余篇，阅读量25万。配合人民网、央视网等媒体完成《石榴花开籽籽同心》宣传片的拍摄，配合中央驻宁媒体、区内外知名网络等，完成“中国葡萄酒·当惊世界殊”主题互动闽宁采访活动。

【网络舆情导处】 2021年，中共永宁县委网络信息化办公室做好常态化网络舆情巡查监测，共监测到涉永宁县网络舆情5万余条，转办督办舆情信息173期，撰写《舆情月报》12期；呈报《舆情专报》10期。下发《网络舆情风险提示函》7期；下发《网络问政风险预警提示》9期；形成《涉疫舆情报告》6期。撰写《2021

年季度网络意识形态领域风险防范化情况通报及下一季度风险点预判》4期。2021年，网络问政平台共处理投诉、建议、咨询类帖子490件，办结490件。通过永宁县人民政府网站留言统计栏目发布网络问政平台办理情况季度通报4期。

【网络综合治理】 2021年，中共永宁县委网络信息化办公室落实网络信息属地管理，整改政治类表述错误信息36篇，下发整改督办函16期。对“宁夏人群”微信公众号发布夸张、内容陈旧涉永宁视频内容，对接该微信公众号运营负责人进行处置。加强互联网违法和不良信息举报监督，在“永宁微博”、“网信永宁”微信公众号、“永宁县人民政府”网站、“和美永宁”APP公布举报电话和举报邮箱；对县域内19家网吧1030台计算机开机界面和待机屏保设置带有网络安全宣传标语和举报方式内容的图片。县教体局、乡镇、街道开展“清朗”暑期未成年人网络环境治理行动；县扫黄打非办、统战、公安、市监等部门对县域内网络文化经营场所和电子出版物市场开展专项检查，清理非法不良出版物及音像制品。

【网络安全】 2021年，中共永宁县委网络信息化办公室落实政务网络中心机房安全管理工作，监测处理DOS攻击主机和僵尸网络主机159台次。组织永宁县绩效考核系统、“和美永宁”APP和“大象就医”APP参加2021年银川市网络安全攻防应急演练。落实整改政务系统用户弱口令漏洞、APP存在违规收集个人信息等问题。开展系统木马、病毒查杀及漏洞修复。完成1000多个有许可备案号属地网站的核查。开展国家网络安全宣传周活动，实施“校园日”“电信日”“法治日”“金融日”等6个主题日活动。线上转载推送网络安全信息、视频100余条，阅读量13万；线下开展集中宣传15场次，发放宣传彩页2万余份；开展LED流动宣传车进校园、进集市活动，播放网络安全视频5000余条，受众10万余人。全县完成100人网评员队伍建设，落实银川市网评任务92项；组织全县网评员在重要活动、重要时间节点发布评论5199条。

【基础设施建设】 2021年，中共永宁县委推动5G网络建设。全县建成5G基站404处。新建5G汇聚节点机房5处。实现永宁县城区主干道路、高密度小区、银川能源学院及全县各党政机关、重点商网，望远镇、杨和镇、闽宁镇等部分重点区域5G信号连片覆盖。推进县智慧城市运营中心项目建设。整体系统搭建、应用系统的功能原图和UI界面设计基本完成。公共云资源、“12345”平台库表、银川市地理信息平台等资源已对接市网信局及电子政务服务中心申请成功并接入。

智慧城市运营

【概况】 2021年，永宁县智慧城市运营中心实施整合数据资源，搭建城市公共管理运行平台框架，指导、协助各部门、乡镇（街道）开展智慧城市子系统建设。实施智慧政务、智慧环保、智慧园区、智慧教育、智慧医疗、智慧城管、智慧交通、智慧公安、应急管理等子系统建设。开展全县城市运营管理指挥机制体制建设，建立科学完善的城市管理运营考核评价体系，开展全县智慧城市管理工作考核和评价。

【推进项目建设】 2021年，永宁县智慧城市运营中心启动全县智慧城市项目建设，落实资金200万元，开启项目招投标、实施工作。采集项目建设数据，对建成的系统进行调试。通过物联网、移动互联网、云计算、GIS等先进的科学技术，对项目系统中的“塞上枫桥”管理、综合指挥调度、网格化管理、智慧城市运营管理指挥中心平台等5个系统进行运行，项目与社会治安综治中心、“一村一警”系统相融合，实现共建、共治、共享，实现智慧数据治理社会。

【队伍建设】 2021年，永宁县智慧城市运营中心成立综合办公室、运营指挥调度室、联动和应急协调室、信息应用室、运维保障室5个机构，县委编委核定单位全额事业编5名，实有正式在编工作人员3人、“三支一扶”人员1人、实习生2人、公益岗位1人。

【制度建设】 2021年，永宁县智慧城市运营中心建立运营管理指挥体制机制。制定《办公会议制度》《保密工作制度》《督查督办管理制度》《安全生产管理制度》《值班制度》等运行制度，实现制度管人管事，强化日常履职情况。

【疫情防控】 2021年，永宁县智慧城市运营中心组织工作人员下沉到祥和社区，对祥和名邸南、北区的3512户开展20天疫情防控工作。落实县委疫情防控工作安排，开展疫情防控工作，协调宁夏中房房地产公司为祥和社区捐赠了5000个口罩、45公斤消毒液等防疫物资。

机构编制

【概况】 2021年，中共永宁县委机构编制工作以推进治理体系和治理能力现代化为目标，贯彻党的机构编制工作条例，巩固机构改革成果，开展城市管理领域综合执法改革，推进乡镇、街道改革，统筹配置各类编制资源，完成全年目标任务。

【机构改革】 2021年，中共永宁县委机构编制委员会办公室推进基层整合审批服务执法力量改革。制订7个乡镇、街道改革方案，统一规范乡镇、街道内设党政机构和事业单位设置。乡镇统一设建综合办公室、党建工作办公室、经济发展办公室、社会事务管理办公室、综合执法办公室、民生服务中心、农业综合服务中心、综治中心、财经服务中心；街道组建党政办公室、党建工作办公室、社会事务办公室、社会治理办公室、民生服务中心、综合治理中心、公共事业服务中心。充实基层编制，下放事业编制54名，下放人员47人，乡镇、街道编制396名，较改革前增长20%。组建永宁县综合行政执法局及永宁县综合行政执法大队，形成一个住建、市场监管、自然资源等领域的跨部门跨领域综合执法部门。乡镇、街道设置综合执法办公室，负责辖区内执法工作，县综合执法大队设立7个执法中队，派驻乡镇、街道执法人员36人，与乡镇、街道联合执法，实现一支队伍管执法。

【乡镇、街道赋权】 2021年，中共永宁县委机构编制委员会办公室印发《永宁县乡镇（街道）权力清单目录》《永宁县乡镇（街道）赋权事项清单目录》《永宁县乡镇（街道）行政执法事项清单目录》《永宁县乡镇（街道）政务服务事项清单目录》《永宁县县乡“属地管理”主体责任和配合责任清单目录》等5个清单目录，明确乡镇行政权力事项100项，街道行政权力事项32项；向乡镇、街道赋权6类83项；明确乡镇行政执法事项72项，街道行政执法事项44项；乡镇、街道承办政务服务事项123项；“属地管理”事项40项。

【权责清单管理】 2021年，中共永宁县委机构编制委员会办公室推进权力清单和责任清单两单融合，应用中央编办机构编制云平台“权责清单管理系统”，加强权责清单管理应用和对外公示；对照宁夏回族自治区行业系统权力清单指导目录，梳理调整政府工作部门权力清单，保留行政职权事项3537项，为部门依法履职提供依据。

【编制管理】 2021年，中共永宁县委机构编制委员会办公室执行机构编制事项，贯彻落实《中国共产党机构编制工作条例》《永宁县委机构编制委员会工作规则》《永宁县委机构编制委员会办公室工作细则》，规范机构编制管理工作。开展永宁县第二次机构编制核查工作，共核查人员编制信息5000余条。开展机构编制实名制管理工作。逐项建立新台账，办理编制变动手续，实现编制和实有人员的动态管理工作，实现在编在岗实有人员与财政供养人员相一致。2021年，办理人员变动调整1100余件。

【财政供养岗位招录】 2021年，中共永宁县委机构编制委员会办公室调研全县人员编制总体情况，提出高层次人才、急需紧缺人才需要，招考计划建议，提请编委会研究。配合县委组织部、人社局做好招考计划的编制审核工作，2021年，共招考各类人员146人，其中，选调生7名，公务员、含参公事业14名，事业人员115名，免费师范生10名。放活用人自主权，用人单位根据本单位空编情况，提出用人计划和确定人选，上报县委编委会议研究通过后办理调动手续。补充教师编制，测算制定永宁县中小学三年内自然减员等增加教师编制的计划，争取宁夏回族自治区事业编制140名，配合教育局招聘中小学教师，解决教师不足等问题。

【事业单位管理】 2021年，中共永宁县委机构编制委员会办公室通过建立年度报告公开审核公示，事业单位登记管理效能得到提升。完成82家事业单位法人年度报告公示，年度报告审核通过率达100%。办理事业单位登记24件，其中，设立登记4件、注销登记1件、变更19件。完成机关群团、事业单位非法人统一社会信用代码日常赋码发证、变更工作，办理机关群团组织统一社会信用代码变更59件。续缴中文域名费133个单位，域名工作实现连续和稳定。

党校教育

【概况】 2021年，中共永宁县委党校工作围绕县委重要会议精神，服务县委、县政府中心工作，落实县委、县政府党政干部培训教育规划，开展县直副科级以上干部和各乡镇副科级以下干部、村委干部的培训、轮训和县直各单位的公务员培训。开展全县理论干部和党员外干部的培训、轮训。围绕党校理论教育和干部培训的主业务，推动党校日常工作开展。

【党史学习教育】 2021年，中共永宁县委党校开展党史学习教育工作活动，成立党史学习教育工作领导小组，开设读书班集中领学、专题交流、研讨促学集体学习活动，引导干部个人自学。全年，开展20次专题研讨会议，撰写40篇交流发言材料。开展网上观看党史专题片、红色文化纪念场馆寻访、为烈士敬献花篮等活动，开展党史、新中国史、改革开放史、社会主义发展史教育活动。开展主题党日活动11次，支部书记、党员干部讲党课4次，召开党员大会9次、支部委员会18次、组织生活会2次、民主生活会1次，撰写学习心得94篇，为李俊镇古光村党员以“在红色资源中汲取奋进力量——宁夏工委崔景岳”为主题讲党课1次。

【宁夏工委纪念馆开发】 2021年，中共永宁县委党校开发宁夏工委纪念馆红色基因资源。全年接待宁夏回族自治区退役军人事务厅、宁夏回族自治区审计厅、宁夏回族自治区人社厅、宁夏回族自治区机关工委、银川市委宣传部、银川市公安局、银川市财政局、西夏区委办公室、宁夏医科大学等及永宁县各机关企事业单位共749家、22729人在永宁宁夏工委纪念馆开展党史党性廉政爱国主义教育。9月，宁夏工委纪念馆被中共永宁县委统一战线工作领导小组命名为“永宁县铸牢中华民族共同体意识教育基地”。

【干部教育培训】 2021年，中共永宁县委党校开展2021年永宁县干部教育培训工作。党校组织教师完成专题培训讲稿和课件准备，教师做到随时都能走上讲台，讲得清楚、讲得准确、讲得生动。党校党的理论教育和党性教育课程占总课时比例达到70%。坚持“党校姓党”政治宗旨，聘请区内知名专家教授及领导干部来党校授课，提高学校讲师教学水平；申请中央党校网上学习平台账号，探索开展线上、线下培训新模式，实现与中央党校优质教学资源共享。全年承办培训24班次，培训26期，培训时间95天，培训3019人。

【专题调研】 2021年，中共永宁县委党校完成中共宁夏回族自治区委党校、中共银川市委党校、中共永宁县委、县人民政府确定的调研课题的调研工作，撰写上报调研文章、征文19篇。党校组织对4名教师的6个专题课件开展政治方向、意识形态等内容审核，4个课件经公示无异议搬上台讲授，保证讲授课件的意识形态主导方向正确。组织完成《在红色资源中汲取奋进力量——宁夏工委崔景岳》《走得再远也不要忘记脚下的路——宁夏黄河仁存渡口》等专题史料的撰写。

【征文、宣讲】 2021年，中共永宁县委党校组织教师参加第九届全区党员教育电视教学片评比观摩，中共永宁县委党校选送的党课视频课件获二等奖；在中共银川市委宣传部主办的“庆祝中国共产党成立100周年理论论文”征选活动中，中共永宁县委党校选送的论文获二等奖；在永宁县第一届微宣讲大赛中，中共永宁县委党校选送宣讲代表的宣讲被评为特等奖；参加2021年永宁县优秀调研报告评选，中共永宁县委党校组织撰写的调研报告获一等奖两篇、优秀奖一篇。组织党校教员到村、社区、企业及机关事业单位开展习近平总书记“七一”重要讲话精神、“传承党的百年光辉史基因、铸牢中华民族共同体意识”等宣讲培训活动，全年开展宣讲57场，受众3805人。

【社会帮扶】 2021年，中共永宁县委党校开展重大节日前走访慰问困难党员群众工作。春节、“七一”期间，慰问李俊镇古光村、李俊社区、闽宁镇等单位退休困难职工、遗属、困难党员等19户，送上米、面、油等生活用品，价值7000元。

【全国文明城市创建】 2021年，中共永宁县委党校组织干部职工开展黄河清水清岸、义务植树、移风易俗、人居环境整治等志愿活动。全年开展志愿服务30余天，参与文明志愿人数11人。组织单位职工包村入户，开展移风易俗宣讲活动、人居环境整治等活动。参加全县的爱国卫生大扫除活动。当年，中共永宁县委党校被县精神文明建设工作委员会命名为“文明单位”。

【新冠肺炎疫情防控】 2021年，中共永宁县委党校落实县委政府新冠肺炎疫情防控部署，8月抽调4名工作人员到新冠肺炎疫情防控隔离点开展新冠肺炎疫情防控工作，在10月抽调1名工作人员到永宁县新冠肺炎疫情防控指挥部协助新冠肺炎疫情防控，2名工作人员到新冠肺炎疫情防控隔离点协助新冠肺炎疫情防控。组织人员在三沙源社区进行24小时新冠肺炎疫情防控值班。

档案管理

【概况】 2021年，永宁县档案馆坚持档案姓党、为党管档的政治自觉，服务县委、县政府的中心工作。组织引导干部、职工系统性地学习习近平新时代中国特色社会主义思想。组织推进永宁档案管理工作规范化、标准化、科学化建设。全年依法开展接收档案资料收集，馆藏档案、资料整理工作。组织完成宁夏回族自治区地方志办公室、银川市地方志办公室地情文献编纂任务。2021年，县档案馆地方志工作考核获银川市一等奖。全区地方志系统绩效考核，县档案馆获二等奖，县档案馆的党史研究工作在银川市考核评为优秀。

【档案收藏】 2021年，永宁县档案馆开展文件材料收集归档工作，督导41个单位、部门规范整理档案3758盒48501件；14个单位、部门整理疫情档案241盒6222件，收集疫情照片3600张；收集整理奖状、奖牌等实物档案34张（块）；整理收集脱贫攻坚档案规范988盒2104卷3292件。新冠肺炎疫情防控档案共整理241盒6222件。

【档案数字化】 2021年，永宁县档案馆完成中共永宁县委、县人民政府、县人大常委会、政协永宁县、县商投局、县综合执法局、团结西路街道办、县妇联、县审批局等24个单位2442盒48856条359163页档案的著录、扫描、修图质检工作，文档数字化率100%。

【档案服务】 2021年，永宁县档案馆为群众提供房屋拆迁、法律诉讼、婚姻证件、落实政策待遇、养老保险、办理退休等方面档案查询资证。接待查阅群众2176人次，查阅档案2328卷2806件，复印18847页。为档案查询人员答疑解惑。

【档案开放鉴定】 2021年，永宁县档案馆组织馆员考察学习宁夏回族自治区、银川市档案馆档案开放限制件范围的甄别，制定永宁县档案开放限制件范围。开展初审、复审、领导签字3道程序，对馆藏所有到期档案适宜开放鉴定，完成中共永宁县委1950—1995年895卷、9360件档案适宜开放鉴定工作。

【档案工作宣传】 2021年，永宁县档案馆开展“档案话百年”主题档案日活动，6月9日，在政府大院综合楼布展档案知识展架、张贴档案知识宣传画报，普及国家机关工作人员档案知识。在杨和大街悬挂横幅，向群众发送《中华人民共和国档案法》等法规宣传彩页。邀请县融媒体中心记者宣传报道永宁档案日活动，扩大活动的影响。开展“用档案展现党的百年辉煌、讲好中国共产党的故事”活动，以闽宁扶贫协作脱贫攻坚重大题材等档案故事，制作《永宁县档案见证脱贫攻坚专题片》微视频，网上点击率达到13000人次。6月9日、11月23—24日，组织永宁县直属机关工作人员50人，收看国家档案局线上专题讲座，学习“十四五”全国档案事业发展规划。

【馆库安全】 2021年，永宁县档案馆完成计算机网络信息安全管理和信息备份工作，保障档案数据完整、安全。执行计算机机房、数字化加工场所管理制度、保密制度及巡检制度，每天2次例行巡检机房温度、湿度，登记备录，对著录室13台局域网计算机进行U口、光驱口封口处理。开展县直机关档案数字化著录人员培训，与著录馆员签订保密协议，每日对数字化操作登记，防止档案信息泄密、档案遗失。邀请永宁县消防大队官兵开展消防安全知识培训，提升馆内馆员的安全意识。

【党史研究】 2021年，永宁县档案馆、永宁县党史研究室开展《脱贫攻坚口述史（宁夏卷）》征编工作，组织完成闽宁镇致富带头人、领导干部、村民代表等10多人的口述征集；完成《闽宁扶贫协作重要文献选编》市县篇文献资料收集。在媒体开展党史宣传教育。帮助永宁县电视台拍摄“奋斗百年路 启航新征程”党史系列宣传报道；协助宁夏回族自治区党委党史研究室《初心铸就辉煌》专题片拍摄；审核宋澄村红色美丽村庄文化长廊内容，为新华中心村党史陈列布展项目提供3000张电子照片。协助县委宣传部完成《“记录小康工程”永宁县大事记（1949—2019）》资料的搜集、编写、校对、审定工作。全书近44万字，从经济建设、政治建设、文化建设、生态建设和党的建设方面，记录永宁县全面建成小康社会的伟大历程和光辉成就。编辑完成《记录小康工程闽宁镇大事记》，全书56357字。完成“奋斗百年路 启航新征程”大型图片展览的筹备工作。永宁县党史研究室推荐的宁夏工委纪念馆、闽宁镇镇史馆被宁夏回族自治区党委党史研究室命名为全区党史宣传教育基地。

【方志工作】 2021年，永宁县档案馆、县地方志办公室组织开展永宁年鉴编纂工作，落实“提高年鉴质量、编辑年鉴精品”的要求，征集90个单位的资料、照片等，保证年鉴编纂工作开展。12月，编纂出版《永宁年鉴（2021）》；组织编纂《原隆村志》。开展5月18日地方志宣传日活动。悬挂横幅标语、发放彩页宣传《地方志工作条例》。向社会赠送《永宁年鉴》《崔景岳》等书，发放宣传彩页1000份、书籍300余本。开展全国地方志系统先进工作者吴志宏事迹学习活动。5月19日，特邀宁夏回族自治区地方志编审委员会办公室副主任张明鹏为乡镇、街道，县直部门、单位科级领导干部157人作“方志文化渊源与传承”专题讲座。组织人员参加中国地方志指导小组办公室 国家方志馆举办的“讲述黄河故事、传承黄河文化”讲述大赛，获得优异成绩。

【党史学习教育】 2021年，永宁县档案馆开展党史学习教育，组织党史学习教育强化读书班，参加“学习强国”干部教育网络培训，为干部职工购买《中国共产党简史》《论中国共产党历史》《毛泽东邓小平江泽民胡锦涛关于中国共产党历史论述摘编》《中华人民共和国简史》等书籍，系统安排学习。党史学习教育完成专题研讨10次，撰写心得体会38篇，开展党史小讲堂10次，党史知识测试6次。党员日常教育经常化，8小时之内集中学习，8小时之外个人学。党史学习教育召开党员大会6次、支部委员会12次、专题党课4次、主题党日14次。

永宁县人民代表大会常务委员会

YONGNING XIAN RENMIN DAIBIAO DAHUI CHANGWU WEIYUANHUI

综 述

【概况】 2021年，永宁县人大常委会对县人民代表大会负责并报告工作。保证宪法、法律、行政法规和上级人民代表大会及其常委会决议执行；领导、主持县人民代表大会代表的选举；召集县人民代表大会会议；讨论、决定永宁县政治、经济、教育、科学、文化、卫生、环境和资源保护、民政、民族等工作的重大事项；决定对永宁县国民经济和社会发展计划、预算及部分变更；监督县人民政府、人民法院和人民检察院的工作，联系县人民代表大会代表；决定县人民政府副县长的任免；决定永宁县人民政府办公室主任、政府序列局局长的任免等。组织完成县乡换届选举重点任务，在县域经济社会高质量发展中彰显人大作为、人大担当，统筹推进永宁县新冠肺炎疫情防控和经济社会高质量发展发挥重要作用。

【党的领导】 永宁县人大常委会把坚持党对人大工作全面领导作为坚定不移的政治坐标，围绕习近平总书记提出的人大六个方面重要工作和栗战书委员长对新时代人大工作要求，立足永宁县第十五次党代会决策部署，明确县人大工作奋斗目标和重点任务，以民主法治力量维护县委权威、落实县委部署，自觉在县委领导下行使职权，向县委报告2次党组工作；人大重要会议、重要事项、重大问题主动向县委请示报告，全年提请县委常委会研究人大工作相关议题4项。

【理论学习】 2021年，永宁县人大常委会创新开展党史学习教育，全年举办19堂专题党课，组织学习中共党史、新中国史、改革开放史和社会主义发展史。开展“我是代表我先行、我为群众办实事”主题活动。在人大各类重要会议中组织学习宣传党的十九届六中全会精神，班子成员立足本职谈落实、深化理解讲党课。常委会及其成员组织开展人民代表大会制度史纳入党史学习教育重要内容，加强对中国共产党领导的人民代表大会发展历史学习。

【制度建设】 2021年，永宁县人大常委会发挥人大常委会党组在人大把方向、管大局、保落实的领导作用，修订党组议事规则，规范党组工作流程。坚持民主集中制，全年召开党组会议16次，党组理论学习中心组学习12次，研究“三重一大”事项12次。加强对机关党建工作的领导，安排修订机关党组议事规则，细化机关党组成员分工。指导人大常委会办公室党支部建设，办公室党支部获评“四星级”党支部、先进基层党组织称号。

【依法任免】 2021年，永宁县人大常委会对县委作出的重大决策依法决定全力推动。全年组织召开人大常委会会议9次、主任会议11次，作出调整预算等决议、决定8项。对县委做出的人事安排依法任免、全程监督，全年依法任免国家机关工作人员44人次，依法接受人大常委会委员辞职3人次，组织4批次22名国家工作人员进行宪法宣誓。

【经济发展】 2021年，永宁县人大常委会全年组织开展工作视察、执法检查、专题调研等15次，听取和审议“一府两院”专项工作报告16项，提出审议意见30条。着眼于财政经济平稳运行，听取和审议国民经济、计划预算、审计等专项报告，专题调研全县财政专项资金管理工作，推进审计查出问题整改，实现财政资金安全、规范、高效运行。视察调研重点项目建设、绿色食品、红色旅游、葡萄酒产业发展情况，推动永宁经济发展入正规、加速度。

【社会安稳】 2021年，永宁县人大常委会开展视察全国文明城市创建工作，推动民生焦点问题整改。视察《中华人民共和国就业促进法》《中华人民共和国安全生产法》贯彻实施情况，夯实社会稳定根基。调研全县大气污染防治工作开展情况，巩固环境治理成果。着眼于社会大局和谐稳定，视察县人民法院家事审判工作、县人民检察院公益诉讼工作，促进审判权、检察权正确行使。依法受理群众来信来访10件次，推动涉法涉诉信访问题依法妥善解决。

【县乡换届】 2021年，永宁县人大常委会把握县、乡两级人大换届选举工作的总体要求、基本原则，制定方案、精心组织、规范指导。将党的领导贯穿于换届选举工作始终，向县委请示报告换届选举相关事项4次，党组会议研究6次，依法做出换届选举时间等决定4项。成立县乡人大换届选举工作指导督查组，建立联席会议制度，形成工作合力。发扬民主，多途径宣传动员群众参与选举，组织近千名县、乡人大代表正式候选人与选民见面。突出把好代表政治关、素质关、结构关，规范代表候选人提名推荐和审查程序，优化代表结构。换届选举依法选举产生新一届县人大代表196名、乡镇人大代表420名。召开永宁县第十九届人大第一次会议，代表依法履职，完成大会各项议程。

【作风建设】 2021年，永宁县人大常委会党组落实全面从严治党主体责任，制定党组及党组成员落实全面从严治党问责清单、问题清单、责任清单，完善党组成员廉政档案。党组成员签订党风廉政建设工作责任书，逐级开展廉政风险点排查。落实中央八项规定精神，贯彻宁夏回族自治区作风建设八条禁令，全面开展违规吃喝隐形变异问题专项整治，召开作风建设专题民主生活会。2021年，县人大常委会机关获评国家级节能机关。

【工作宣传】 2021年，永宁县人大常委会坚持党对意识形态工作领导，把握建党百年，换届选举特殊节点，每季度召开分析研判会并形成报告4篇。把握各阶段宣传重点，丰富《发展永宁 人大在线》板块的宣传，全年在各类媒体刊登信息100余篇，刊发《发展永宁人大在线》专刊12期，汇编第十八届人大履职实践5年合刊1期。落实中央民族工作会议精神，开展马克思主义“五观”专题学习，机关全体党员无信仰宗教、参与宗教活动等情况。

重要会议

【永宁县第十八届人民代表大会第五次会议】 2021年1月12—14日在永宁县闽宁镇召开。会议应到代表164人，出席145人。

大会执行主席朱剑、郭雪平、段伏林、张虹、余梁、王少林、满红、陈丽娟、马少军和大会主席团成员参加大会。大会主席团常务主席、执行主席郭雪平主持大会。

永宁县人民政府县长郝春明向大会作政府工作报告。报告指出，2020年，永宁县全面建成小康社会取得历史性成就。全年地区生产总值增长3%；规模以上工业增加值增长2%；固定资产投资增长9%；一般公共财政预算收入增长22%；城镇居民人均可支配收入增长2%，农村居民人均可支配收入增长5%。报告指出，2021年全县经济社会发展的预期目标为：实现地区生产总值增长7%以上；规上工业增加值增长6.5%左右；全社会固定资产投资增长5%以上；地方财政一般公共预算收入增长6%以上；社会消费品零售总额增长10%以上；城镇居民人均可支配收入增长7%左右，农村居民人均可支配收入增长7.5%左右；完成宁夏回族自治区、银川市下达的约束性指标任务和控制性指标。报告指出，到2025年，地区生产总值实现年均增长6%；固定资产投资年均增长6%；地方公共财政预算收入实现年均增长6%；城乡居民人均可支配收入年均分别增长7%和8%。

常务副县长李伟向大会作永宁县第十八届人民代表大会第四次会议议案、重点督办意见建议办理情况的报告。

受永宁县第十八届人民代表大会常务委员会委托，县人大常委会主任郭雪平作永宁县人大常委会工作报告。报告指出，2020年，召开人大常委会会议6次、主任会议8次，听取和审议“一府两院”专项工作报告17项，作出决议、决定5项，提出10个方面48条审议意见，组织开展工作视察、专题调研17次，完成十八届人大四次会议确定的目标任务。

县人民法院院长魏凯军向大会作永宁县人民法院工作报告；县人民检察院代检察长安宁向大会作永宁县人民检察院工作报告。

永宁县第十八届人民代表大会第五次会议举行第三次全体会议。选举安宁为永宁县人民检察院检察长。郭雪平主持宪法宣誓仪式，新当选的县人民检察院检察长安宁进行庄严的宪法宣誓。

会议表决通过关于县国民经济和社会发展第十四个五年规划纲要和2035年远景目标的决议草案，决定批准这个报告。会议表决通过关于县人民政府工作报告的决议草案，关于永宁县2020年国民经济和社会发展计划执行情况与2021年国民经济和社会发展计划的决议草案，关于县2020年财政预算执行情况与2021年财政预算的决议草案，关于2020年永宁县环境状况和环境保护目标完成情况报告的决议草案，关于县人大常委会工作报告的决议草案，关于县人民法院工作报告的决议草案、关于县人民检察院工作报告的决议草案。会议听取议案审查委员会主任委员满红关于议案审查的报告。

宁夏回族自治区第十二届人大代表，银川市第十五届人大代表，出席政协永宁县第十届委员会第五次会议的全体委员，党群团系统负责人，政府组成人员及有关单位负责人，县人武部、县中队、消防队负责人，驻永单位负责人，特邀人员，部分企业主要负责人等列席会议。

【永宁县第十九届人民代表大会第一次会议】 2021年11月12—14日在永宁县闽宁会议中心召开。会议应到代表196名，实际出席176名，出席人数符合法定人数。

银川市委常委、永宁县委书记朱剑主持大会。永宁县人民政府县长郝春明向大会作政府工作报告。2021年底，全年地区生产总值达到120亿元，可比增长10%，是2016年的1.3倍；规模以上工业增加值、固定资产投资分别增长13%、8%左右，增速较2016年分别提高5.7和25.5个百分点；地方一般公共预算收入9.64亿元，增长10%，近3年年均增速保持两位数增长；社会消费品零售总额增长8%左右，年均增长2.2%；城乡居民人均可支配收入分别达到36393元和17484元，较2016年分别提高9445元和5620元，收入差距由2.3倍缩小到2.1倍；全县金融机构人民币各项存款余额、贷款余额分别达到198.5亿元和148亿元，是2016年的1.6倍和1.2倍。报告指出，今后5年，全县主要发展指标预期是：地区生产总值年均增长6%；固定资产投资年均增长6%；地方一般公共预算收入年均增长6%；城乡居民人均可支配收入增速高于经济增长速度。2022年全县经济社会发展主要预期目标是：地区生产总值增长8%左右，规模以上工业增加值增长10%，地方一般公共预算收入增长6%，固定资产投资增长7%以上，社会消费品零售总额增长10%，城乡居民人均可支配收入分别增长7.5%、8%左右，城镇登记失业率控制在4.5%以内，节能减排降碳指标完成区市下达的目标任务。

永宁县第十八届人大常委会

副主任陈丽娟作人大常委会工作报告。报告指出，第十八届人大常委会共召开常委会会议41次、主任会议52次；作出决议、决定33项；开展视察、调研、执法检查等105次，较上届增长48%；听取审议专项工作报告66项，较上届增长43%。依法任免国家机关工作人员378人次、人民陪审员111人次，依法补选人大代表28名，接受人大常委会委员、人大代表辞职26人次。为推动县域治理体系和治理能力现代化作出贡献。王哲作县人民法院工作报告，过去的5年永宁县人民法院受理各类案件40430件，结案36961件，结案率91.42%，法官人均结案1019件。2021年受理各类案件10072件，同比上升33.6%，结案8117件，同比上升33.64%，结案率80.59%。肖声作县人民检察院工作报告，过去5年，永宁县人民检察院坚决惩治严重暴力犯罪和多发性侵财犯罪，批准逮捕515件771人，提起公诉1172件1599人，维护国家安全和社会稳定。移送审查起诉职务犯罪案件27件32人，提起公诉24件25人，不批准逮捕226件331人，决定不起诉164件205人。以学习贯彻《民法典》引领民事检察工作创新发展，办理生效裁判监督案件14件，提请抗诉5件，提出再审检察建议5件，法院采纳改判6件，促成和解撤回监督申请2件。办理行政检察监督案件235件，办理公益诉讼案件168件。

大会选举郭雪平为永宁县第十九届人大常委会主任，陈丽娟、马少军、姜利、曹永进为永宁县第十九届人大常委会副主任；选举郝春明为永宁县人民政府县长，李伟、孙佳永、杨文智、屠建强、沙勐、李淑娟为永宁县人民政府副县长；祁华为永宁县监察委员会主任，王哲为永宁县人民法院院长，肖声为永宁县人民检察院检察长。会议选举永宁县第十九届人大常委会委员、出席银川市第十六届人民代表大会的代表。

银川市委常委、永宁县委书记、全体会议执行主席朱剑主持宪法宣誓仪式，新当选人员进行庄严的宪法宣誓。

大会表决通过关于永宁县人民政府工作报告的决议草案，关于永宁县2021年国民经济和社会发展计划执行情况与2022年国民经济和社会发展计划的决议草案，关于永宁县2021年财政预算执行情况与2022年财政预算的决议草案，关于2021年永宁县环境状况和环境保护目标完成情况报告的决议草案，关于永宁县国有资产管理情况综合报告的决议草案，关于永宁县人大常委会工作报告的决议草案，关于永宁县人民法院工作报告的决议草案，关于永宁县人民检察院工作报告的决议草案。会议听取议案审查委员会主任委员马少军作的关于议案和意见建议的审查报告，表决关于议案的决定草案。

银川市委常委、永宁县委书记朱剑在大会上讲话。朱剑说，永宁县第十九届人民代表大会第一次会议，在全体代表和与会人员的共同努力下，完成各项议程。各位代表不负全县人民重托，牢记神圣使命，依法履行职责，共商发展大计。

出席政协永宁县第十一届委员会第一次会议的全体委员列席会议。

【永宁县第十八届人大常委会会议】 永宁县第十八届人大常委会第34次会议2021年2月24日召开，县人大常委会主任郭雪平主持会议。县人大常委会副主任王少林、满红、陈丽娟、马少军及其他常委会组成人员参加会议。会议传达学习宁夏回族自治区第十二届人民代表大会第四次会议精神，会议通过任免案，决定任命许波为永宁县住房和城乡建设局局长、孙伟国为永宁县农业农村局局长、哈东军为永宁县水务局局长，任命张泉柳为永宁县监察委员会委员、副主任。郭雪平主持宪法宣誓仪式。县委常委、组织部部长余梁，副县长马燕，县人民法院院长魏凯军，县人民检察院检察长安宁，县人民政府各组成部门负责人及部分人大代表出席会议。

永宁县第十八届人大常委会第三十五次会议4月22日召开，县人大常委会主任郭雪平主持会议。副主任王少林、满红、陈丽娟、马少军及其他常委会组成人员参加会议，县委常委、组织部部长余梁、副县长马燕、县人民法院院长魏凯军、县人民检察院检察长安宁列席会议。会议学习第十三届全国人民代表大会第四次会议精神；听取全县社会经济工作情况的报告；听取县发改局、县财政局、县教体局、县卫健局等部门主要负责人履职情况的汇报，并开展满意度测评；会议审议并通过人事免职议案。

永宁县第十八届人大常委会第36次会议6月9日召开，县人大常委会主任郭雪平主持。县人大常委会副主任满红、陈丽娟、马少军及其他常委会组成人员参加会议。会议听取和审议县人民政府关于《中华人民共和国就业促进法》贯彻实施情况的报告，审议县人大常委会关于确定永宁县、乡镇人民代表大会换届选举时间的议案，县人大常委会关于重新确定永宁县乡镇人民代表大会代表名额的议案，县人大常委会关于设立永宁县县、乡镇人大、政府选举委员会和选举工作领导小组的议案，审议并通过人事任免。

永宁县第十八届人大常委会第37次会议7月8日召开，县人大常委会主任郭雪平主持会议。副主任王少林、满红、陈丽娟、马少军及其他常委会组成人员参加会议。会议传达学习习近平总书记在庆祝中国共产党成立100周年大会上的重要讲话，审议并通过人事任免议案，任命祁华为永宁县监察委员会委员、副主任、代理主任的议案，通过杨文智、沙勐2位任命为永宁县人民政府副县长的议案。郭雪平主持宪法宣誓仪式。就学习宣传贯彻落实习近平总书记重要讲话精神，郭雪平要求，习近平总书记的重要讲话总揽全局、视野宏阔，回望历史、擘画未来，通篇闪烁着马克思主义中国化、时代化的理论光辉，是坚定理想信念、坚守初心使命的庄严宣誓，是奋进新征程、创造新辉煌的激励动员，是继承革命传统、赓续红色血脉的鲜明指引，是以史为鉴、开创未来的行动指南。县委常委、组织部部长余梁，副县长孙佳永，县人民法院院长魏凯军，县人民检察院检察长安宁，县人民政府各组成部门负责人及部分人大代表出席会议。

永宁县第十八届人大常委会第38次会议7月26日召开。县人大常委会主任郭雪平主持会议。县人大常委会副主任王少林、满红、马少军及其他常委会组成人员参加会议。会议审议并通过人事任免议案，任命屠建强为永宁县人民政府副县长、县公安局局长的议案，通过任命王哲为永宁县人民法院代理院长、肖声为永宁县人民检察院代理检察长。郭雪平主持宪法宣誓仪式。县委常委、纪委书记、监察委员会代理主任祁华，副县长杨文智，县人民政府各组成部门负责人及部分人大代表出席会议。

永宁县第十八届人大常委会第39次会议8月30日召开，县人大常委会主任郭雪平主持会议。县人大常委会副主任王少林、满红、陈丽娟、马少军参加会议。会议听取和审议县人民政府关于2021年上半年全县国民经济和社会发展计划执行情况的报告，关于2020年财政决算（草案）和2021年上半年财政预算执行情况的报告，关于2020年度县本级预算执行及其他财政收支的审计工作报告，关于调整政府性基金预算的报告，关于创建全国文明城市工作情况的报告，关于《中华人民共和国安全生产法》贯彻执行情况的报告，县人民检察院关于公益诉讼工作开展情况的报告，关于永宁县县、乡镇两级人大换届选举代表名额分配方案的议案。会议通过《永宁县人民代表大会常务委员会关于批准2020年县本级财政决算的决议》《永宁县人民代表大会常务委员会关于批准调整政府性基金预算的决议》《永宁县人民代表大会常务委员会关于批准永宁县县、乡镇两级人大换届选举代表名额分配方案的决定》。县委常委、县人民政府常务副县长李伟，县委常委、组织部部长余梁，县委常委、纪委书记、监察委员会代理主任祁华，副县长杨文智，县人民法院代理院长王哲，县人民检察院代理检察长肖声，县人民政府各组成部门负责人及部分人大代表出席会议。

永宁县第十八届人大常委会第40次会议9月27日召开，县人大常委会主任郭雪平主持。县人大常委会副主任王少林、满红、陈丽娟、马少军及其他常委会组成人员参加会议。会议听取和审议永宁县人民法院关于家事审判工作开展情况的报告、永宁县人大常委会代表资格审查委员会关于永宁县第十九届人民代表大会代表资格的审查报告。2021 年是永宁县乡人大换届选举年，选举产生永宁县十九届人大代表 200 名，会议选举产生 196 名，预留 4 名。续任代表占比 22.45%，大学专科以上学历代表占比 70.4%，年龄 55 岁以下代表占比 96.94%，基层代表、妇女代表占比均有提升。第十八届人大常委会主任郭雪平讲话时要求，永宁县人民法院要加大《民法典》的学习宣传的落实执行；家事审判工作要以人为本。县委常委、纪委书记、监察委员会代理主任祁华，副县长沙勐，县人民法院代理院长王哲，县人民检察院代理检察长肖声，县人民政府各组成部门负责人及部分人大代表出席会议。

永宁县第十八届人大常委会第 41 次会议 11 月 5 日召开，受县人大常委会主任郭雪平委托，县人大常委会副主任王少林主持会议。县人大常委会副主任马少军及其他常委会组成人员参加会议。会议传达学习中共中央关于人大工作会议精神，听取和审议县人民政府《关于开展第八个五年法治宣传教育决议（草案）》的议案，听取和审议《关于县第十八届人民代表大会第五次会议议案、重点督办建议办理情况的报告》，听取和审议《县人大常委会关于永宁县第十八届人民代表大会第五次会议议案、重点督办建议办理结果的测评报告》，审议县人大常委会主任会议提请的《关于推迟召开永宁县第十九届人民代表大会第一次会议》的议案，审议县人大常委会监察和司法工作委员会《关于规范性文件备案审查工作开展情况的报告》，审议通过永宁县第十九届人民代表大会第一次会议相关事宜，作出《永宁县人大常委会关于推迟召开永宁县第十九届人民代表大会第一次会议的决定》。

【永宁县第十九届人大常委会会议】 永宁县第十九届人大常委会第 1 次会议 12 月 17 日召开，县人大常委会主任郭雪平主持会议。县人大常委会副主任陈丽娟、马少军、姜利、曹永进参加会议。常务副县长李伟，县委常委、纪委书记祁华，县人民法院院长王哲、县人民检察院检察长肖声列席会议。会议传达学习党的十九届六中全会精神、中央人大工作会议精神；听取和审议县人民政府关于全县葡萄酒产业发展情况的报告；听取和审议关于调整政府性基金预算的报告；会议做出关于调整政府性基金预算的决定；审议并通过关于《永宁县人民代表大会常务委员会议事规则（修订草案）》等三项工作制度的议案、关于永宁县第十九届人民代表大会常务委员会代表资格审查委员会组成人员的议案。

视察调研督办

【第十八届县人大常委会法律执行视察】 5 月 12 日，永宁县人大常委会视察《中华人民共和国就业促进法》贯彻实施情况。县人大常委会副主任王少林、满红、陈丽娟、马少军参加视察，副县长马燕一同视察。视察组实地察看永宁县职业技术教育培训中心、宁夏新东方职业技能培训学校、富贵兰（宁夏）实业有限公司等。相关部门汇报《中华人民共和国就业促进法》贯彻落实情况。委员们围绕加大劳动技能培训、推动产业发展、做好服务工作等建议：县人民政府及相关部门要结合永宁县经济发展和产业布局，对接就业创业需求，落实就业创业补贴扶持政策；要有针对性地发展职业教育；要以高校毕业生、农民工、退役军人、残疾人等人群为重点，做好就业服务保障工作。

6 月 24 日，县人大常委会组织部分委员视察永宁县公益诉讼工作。县人大常委会副主任王少林、满红、陈丽娟、马少军参加视察，县人民检察院检察长安宁一同视察。视察组实地查看李俊镇友爱村供外蔬菜生活基地整治情况，查看县人民检察院公益诉讼快速检测室，观看公益诉讼典型案例宣传片，听取县人民检察院、县自然资源局、县水务局、县市场监督管理局、县文化旅游广电局、银川市生态环境局永宁分局、望远镇负责人关于公益诉讼方面的检察建议书办理整治情况的汇报。委员们建议：检察机关要主动聚焦入黄排水沟整治、固体废物污染防治、贺兰山沿山生态治理，突出办理生态环境和资源保护领域的公益诉讼案件，重点深化保健食品市场、校园周边、农贸市场的监督。要探索拓展公益诉讼办案范围。要履行诉前程序，推动行政机关依法履职尽责。要完善同行政机关、纪检监察机关、审判机关的协调沟通机制，建立健全部门联动工作机制，提升公益诉讼监督刚性和权威，增强公益诉讼检察办案整体质效。

7月29日，县人大常委会组织部分人大常委会组成人员视察全县执行《中华人民共和国安全生产法》情况。县人大常委会副主任王少林、马少军参加视察，常务副县长李伟一同视察。视察组调研利拓供外蔬菜基地、望远镇红旗生态园、江山阅建筑工地、宁夏荣盛中小企业创业园等《中华人民共和国安全生产法》贯彻执行情况。委员们建议：县人民政府扛起防范重大安全风险的政治责任，对照《中华人民共和国安全生产法》要求，依法监管。要加大对企业安全生产技术改造的支持力度，对装备及不具备安全生产条件的企业，要通过综合治理措施，提高企业安全生产保障能力。

9月9日，县人大常委会组织部分组成人员视察永宁县家事审判工作开展情况。县人大常委会主任郭雪平，副主任王少林、满红、马少军参加视察，县人民法院代理院长王哲陪同视察。视察组实地查看人民法院杨和法庭、望远法庭的家事法庭、高清数字法庭、互联网庭审等。县人民法院、县人民检察院汇报家事审判工作开展情况。委员们建议：县人民法院推进家事审判开展，要加大家事审判宣传力度，要加强家事审判队伍建设，转变家事审判理念，满足人民群众多元化司法需求。

【第十八届县人大常委会督查督办】 4月15日，县人大常委会组织视察全县重点项目建设实施情况。县人大常委会副主任王少林、满红、陈丽娟、马少军和部分县人大常委会组成人员参加视察，常务副县长李伟、副县长马燕参加活动。视察组视察中钢新型材料（宁夏）有限公司年产2万吨特种石墨项目、闽宁镇现代智慧农业项目、宁夏乐丛世家国际家居博览中心项目等6个全县重点项目建设情况。县发改局汇报全县2021年重点项目推进情况，县住建局汇报5个政府和社会资本合作项目实施进展情况，县统计局汇报第一季度固定资产投资运行情况，县审批局汇报重点项目审批情况，常务副县长李伟汇报全县重点项目建设情况。参会人员对推进全县重点项目建设提出建议，要解决项目建设中存在的重大项目储备不足、新入库项目少等问题；要加大对房地产企业的监管力度，实现工程如期完工；要力促政府和社会资本合作项目尽早完工；推动全县社会、经济发展。

7月6日，县人大常委会组织部分委员、代表，视察永宁县创建全国文明城市工作。县人大常委会副主任王少林、满红、陈丽娟、马少军参加视察活动，县领导杨文智一同视察。

视察组实地查看县城交通整治情况、北苑市场综合整治情况、望洪镇新华中心村环境综合整治情况、杨和康城周边环境治理情况、杨和四期惠丰文苑文化馆阵地建设情况。县人民政府及县精神文明建设指导委员会办公室、县交警大队、团结西路街道办事处等汇报创建全国文明县城工作。委员、代表们建议：要创新管理机制，提升城市管理水平。要加强协调配合，形成工作合力。相关部门和乡镇要担起创建工作责任，抓实抓细各项工作，推进永宁县创建全国文明城市早日成功。

7月13日，县人大常委会主任郭雪平调研永宁县农业企业绿色食品产业发展情况。调研组围绕优质粮食、畜牧产业、蔬菜产业、葡萄酒等绿色食品等核心产业，查看永宁县永国现代农业专业合作社、银川茂林养殖专业合作社、宁夏悦丰生态农业科技股份有限公司、贺兰神（宁夏）国际葡萄酒庄等企业的产品生产、加工、流通等环节及农产品标准化基地建设情况。郭雪平说，永宁作为农业大县，要把握宁夏回族自治区、银川市建设国家农业绿色发展先行区的政策机遇，发挥资源禀赋，扩大现有绿色食品产业规模。要强化企业与农民的利益联结，促进产品增值、产业增效、农民增收。要把绿色发展理念贯穿于种养、加工、流通、消费等各环节，完善绿色食品标准化生产、质量追溯、生产投入品监管等体系建设。引导扶持一批成长性好、带动力强的重点龙头企业，推动绿色食品产业集群化、规模化、高质量发展。县政协副主席蒯金银一同调研。

7月28日，县人大常委会副主任王少林带领部分常委会组成人员、专家咨询委员会成员，调研全县财政专项资金、土地出让金使用情况，公共基础设施资产管理情况，副县长沙勐一同调研。调研组实地查看观平路维护管理、黄河应急抢险原东升段堤坝项目建设，全县防汛物资储备情况；听取交通运输局、水务局关于公共基础设施管理情况汇报，财政局关于全县财政专项资金、土地出让金使用情况汇报，政府性债务化解情况的汇报。调研组建议：全县要完善国有资产管理机构，充实工作人员；要督促各部门、各单位建好、管好账目，实现国有资产底数清、情况明；要开源节流，统筹安排各项财政收支。

8月10日，县人大常委会主任郭雪平前调研胜利乡重点工作开展情况。郭雪平来到胜利乡许旺村、八渠村及黄羊滩农场社区，查看县乡人大换届选举选民登记册情况，流动人员和人员登记情况。听取胜利乡县乡人大换届选举工作推进情况的汇报。郭雪平要求，胜利乡要加强对换届选举工作的组织领导，按照法定程序统筹推进换届选举各项工作。要保障人民群众的选举权、监督权等民主权利。郭雪平还调研各村产业发展、人居环境整治、新冠肺炎疫情防控等工作。

8月10—11日，县人大常委会副主任王少林带领人大代表和专家咨询委员会成员，调研全县财政经济运行情况。调研组来到县发改局、县财政局、县审计局、县统计局，听取部门负责人关于2021年上半年全县国民经济和社会发展计划执行情况，关于2020年全县财政决算和2021年上半年财政预算执行情况，关于2020年县本级预算执行及其他财政收支的审计情况，关于2021年上半年全县经济运行分析的汇报。委员、人大代表们建议：永宁县补齐环境治理、改善民生、经济高质量发展中的短板；要全面实施预算绩效管理，提高财政资金使用效益；要规范预算支出审批程序，盘活各类沉淀资金资产，要监督被审计单位落实审计整改工作的主体责任。

9月1日，县人大常委会组织常委会组成人员调研永宁县红色文化旅游工作开展情况，县人大常委会副主任陈丽娟参加调研。调研组查看闽宁镇镇史馆、闽宁人家、中共宁夏工委办公旧址、宋澄村红色美丽村庄等旅游景点。调研组与相关部门负责人就红色文化旅游产业发展现状、存在问题和短板进行交流，并建议，要挖掘红色文化旅游资源的深度，提升旅游资源品质。相关部门要有精品的发展意识，塑造鲜明的红色文化旅游品牌形象。要加快文旅产业融合发展，推进文化与旅游产业的深度融合，建设红色文化旅游“新卖点”，助推乡村振兴战略实施。

9月17日，县人大常委会组织部分组成人员和人大代表调研全县大气污染防治工作开展情况。县人大常委会副主任马少军参加调研。调研组实地查看瀛海水泥厂燃气锅炉低氮排放改造，闽宁镇配煤中心建设项目工地、蓝邦海悦府二期建设项目工地、永宁中学北侧空地的扬尘整治，宁夏和瑞包装有限公司、彦之虎汽车维修厂废气超低排放改造，宁夏伊品生物科技股份有限公司环保治理设施升级改造等企业及项目，相关部门汇报全县大气污染防治工作。参加调研的县人大常委会成员、人大代表肯定全县大气污染防治工作取得的成效并指出：空气质量改善形势严峻，部分企业主体责任落实不够，部门监管职责履行不到位等。委员、代表们建议：落实生态保护红线、环境质量底线，推进大气污染防治，严控污染负荷的增量；加大对违法企业、违法行为的处罚力度；推动形成区域合作共建共治共享合力。

【第十九届县人大常委会全县工作情况视察】 12月2日，县人大常委会副主任曹永进带队组织部分人大常委会组成人员、专家咨询委员会成员视察永宁县葡萄酒产业发展情况。视察组查看宁夏类人首酒庄、宁夏玉泉国际葡萄酒庄、宁夏长和翡翠酒庄和中粮长城（天赋）酒庄发展情况。县发改局、县税务局、县自然资源局、县农业农村局、县审批局、县文旅局、县商投局、闽宁镇汇报推进葡萄酒产业发展工作开展情况，常务副县长李伟汇报全县葡萄酒产业发展情况。参加视察的人大常委会委员肯定全县葡萄酒产业发展取得的成就，同时建议：县人民政府要从葡萄酒生产企业个数，各企业产能、产值、从业人员、营业收入、税收、环保治理等方面摸清底数。要在葡萄酒产业强链补链延链上下功夫。要在葡萄酒产业规划上下功夫，形成葡萄酒产业发展规划与闽宁镇总体规划对接。副县长孙佳永陪同视察，常务副县长李伟参加座谈会。

12月15日，县人大常委会副主任姜利带队，组织部分常委会组成人员调研永宁县巩固拓展脱贫攻坚成果同乡村振兴衔接工作。调研组来到园艺村设施温棚园区、木兰村养殖园区、福宁村富贵兰服装加工车间，实地察看闽宁镇扶贫产业项目发展和乡村人居环境整治情况。全县乡镇，县农业农村局、县乡村振兴服务中心、县卫健局、县人社局、县住建局、县教体局、县民政局、县统计局、国家统计局永宁调查队汇报巩固拓展脱贫攻坚成果同乡村振兴衔接工作推进情况，副县长李淑娟作全县情况汇报。参加调研的委员们肯定全县脱贫攻坚成果同乡村振兴衔接工作的同时建议：要激发群众的内生动力，相关部门要提升产业技术支撑水平，提高产业发展效能。乡镇要尽量避免产业同质化问题。

永宁县人民政府

YONGNING XIAN RENMIN ZHENGFU

综　述

【概况】 2021年，永宁县人民政府实施“工业强县、生态立县、产城融合、民生优先”四大战略，集中力量发展葡萄酒等重点产业，统筹稳增长、促改革、调结构、惠民生等工作，巩固全面建成小康成果，经济社会健康发展，全年地区生产总值可比增长10%，规上工业增加值同比增长13%，固定资产投资同比增长8%，社会消费品零售总额同比增长8%左右，地方一般公共预算收入同比增长10%，城乡居民人均可支配收入分别同比增长8%和9%。

【产业择优】 2021年，永宁县人民政府围绕宁夏回族自治区“九大”产业布局，集中力量推进葡萄酒、文化旅游、肉牛养殖、新材料等产业发展。实施宁夏小任果蔬现代农业产业园等一产项目16个、宁夏和瑞包装有限公司数字化车间技改项目等二产项目26个、宁夏乐丛世家国际家居博览中心项目等三产项目43个。投入技改资金1亿元，推进装备制造、印刷包装等传统产业改造升级。做优做强生物医药、绿色食品产业，实施L–酪氨酸关键技术研究等项目。下达2019年度、2020年度工业技术改造综合奖补资金1299万元，涉及葡萄酒产业等项目26个。12家企业享受宁夏回族自治区优势产业电价补贴政策。

【科技兴企】 2021年，永宁县人民政府培育科技型企业，组织申报区市各类科技项目47项，争取资金3367万元，铁狮环保被认定为国家高新技术企业，才运达机电等3家企业被认定为科技“小巨人”企业，墨克仪表等5家企业被认定为宁夏回族自治区科技型中小企业，晓鸣农牧和伊品生物被认定为2021年度首批“宁夏回族自治区创新型示范企业”。发展新材料产业，墨工科技等3家企业被认定为首批宁夏回族自治区新材料企业，大光节能等4家企业列入银川市新材料产业重点企业库，中钢特种石墨新材料项目年底部分设备启动试生产。

【湖泊整治】 2021年，永宁县人民政府落实河湖长制，河湖清“四乱”常态化开展，对县域内河湖“四乱”问题进行自查并清理87处。加快中心村农村污水处理站二期提高标准改造，治理农村黑臭水体沟渠4条，加强人工湿地运维管理和入河湖排污口监督管理，重点入黄干沟水质稳定达到Ⅳ类及以上标准。实施中水回用改造、贺兰山东麓拦洪库及泄洪沟道清淤改造等项目。集中力量推进黄河流域生态环境警示片反映问题的整改落实，8个问题均制定整改措施并予以推进。

【农村整洁】 2021年，永宁县人民政府开展农村人居环境整治5年行动，全面提升村容村貌，清理各类垃圾杂物3.71万吨，清理农业生产废弃物2.03万吨，清理村内沟渠2339千米，拆除乱堆乱建建筑1380座处，完成户厕改造410户。

【城市功能提升】 2021年，永宁县人民政府完善城市道路系统，完成永红东路道路给排水工程等市政建设项目3个，实施闽宁镇小型消防救援站建设项目，新建5G基站108个，全县达338个，城市道路保洁机械化作业率达到87%。

【闽宁协作】 2021年，永宁县人民政府实施百万移民致富提升行动，巩固脱贫攻坚成果，落实摘帽不摘责任、摘帽不摘政策、摘帽不摘帮扶和摘帽不摘监管要求，健全防止返贫动态监测和帮扶机制，排查新增监测对象51户220人，住房安全、饮水安全、义务教育和基本医疗继续保持动态清零，全县未发生返贫和新增致贫问题。强化产业支撑力度，统筹资金10371.4万元实施项目24个。组建搬迁群众就业服务专班，挂牌10个劳务工作站，在移民安置区开展专场招聘会6场，达成就业意向277人。提供乡村公益性岗位243个，依托12家扶贫龙头企业和10家就业帮扶车间带动就业达3万人次。开展政策保障服务工作，劳务移民享受低保331户462人，享受困难残疾人生活补贴和重度残疾人护理补贴982人。

【葡萄酒业突起】 2021年，永宁县人民政府全力落实宁夏国家葡萄及葡萄酒产业开放发展综合试验区建设任务，成立永宁县葡萄酒产业联盟，实施中粮长城葡萄酒（宁夏）有限公司酿酒葡萄示范园建设等项目，全县新增酿酒葡萄8118公顷，达到7576.8公顷，改造低产葡萄园240公顷。

【服务产业】 2021年，永宁县人民政府推动服务业提质扩容，实施服务业建设项目15个，争取宁夏回族自治区服务业发展引导资金57万元。做强商贸物流，京东"亚洲一号"、四季鲜二期项目投入运营，红星美凯龙进驻永宁，全年物流业实现交易额突破200亿元。推进红酒、红色文化旅游产业融合发展，设计推出6条红酒主题旅游线路，闽宁镇入选第一批全国乡村旅游重点镇，宋澄村、王太村、福宁村和武河村入选宁夏特色旅游村。

【重教兴育】 2021年，永宁县人民政府实施基础教育质量提升行动，改善办学条件，续建第五幼儿园、闽宁木兰幼儿园、闽宁镇第二小学风雨操场和多功能厅，新建永宁县第二中学教学实验楼。落实全面压减作业总量和时长，减轻学生过重作业负担工作，县域内37所中小学课后服务全覆盖。深化"互联网+教育"，建设永宁二小"互联网+教育"标杆学校等。补充县域内中小学教师资源，事业单位招考教师68名、公费师范生10名，选调教师31名，自主招考事业编教师170名。

【全民健康】 2021年，永宁县人民政府实施全民健康水平提升行动，投入3000余万元新建1家乡镇卫生院综合门诊楼及3个发热门诊，建设4个社区卫生服务站和2个数字化预防接种门诊，为县人民医院配置64排CT，为乡镇卫生院更新全自动生化仪、彩超、直接数字化X射线摄影系统等医疗设备，提高医疗服务能力。巩固健康促进县成果，推进"互联网+医疗健康"工作，完成远程心电诊断13627例、远程影像诊断19212例，开展委托检验30524例。

【资产投资】 2021年，全县实施固定资产投资项目85个，总投资167亿元，年度计划完成42亿元。开复工项目84个，开工率99%。入库项目65个，入库率77.4%。

【粮食安全】 2021年，永宁县人民政府贯彻落实"藏粮于地、藏粮于技"战略，投资1136万元实施高标准农田建设项目续建工程2个，共534.6公顷。完成粮食播种面积25773公顷，蔬菜播种面积2442公顷，养殖水面877.8公顷。年底，全县大家畜存栏5.34万头，羊饲养量43万只，生猪饲养量4.6万头，禽饲养量250.5万只。

【招商引资】 2021年，永宁县人民政府实施招商引资项目46个，外方总投资50.41亿元，实际到位资金19.76亿元。

【改革深化】 2021年，永宁县人民政府全面落实各项改革工作。商事制度等改革全面深化，全县营商环境进一步优化。用水权、土地权、排污权、山林权改革推进，完成4个湖泊、21条排水沟的水流自然资源确权登记，开展县域取水工程核查登记和执法。完成农村土地承包经营权确权颁证工作，全县土地确权率100%、颁证率100%。开展排污许可证发放、排污登记、初始排污权确权、新增排污权确定等工作。开展林业“一张图”数据与第三次土地调查数据融合和山林权调查确权登记工作，完成造林数据与国家森林资源智慧管理平台整合工作。

【债务化解】 2021年，永宁县人民政府多方筹措资金化解隐性债务，全县化解债务39.45亿元。三沙源等逾期交房遗留问题化解取得重要进展。

【生态环境建设】 2021年，永宁县人民政府开展林业生态建设，完成新造乔木林92.4公顷、未成林抚育提升及退化林改造330公顷、森林抚育1320公顷、新建生态经济林99公顷。开展大气污染治理，淘汰小燃煤炉33台，90家有挥发性有机物企业完成有害挥发性有机物治理。强化攻坚措施，全面落实中央、宁夏回族自治区环保督察整改任务。

【安全生产】 2021年，永宁县人民政府建立清单化任务管理工作机制，聚焦重点难点问题加大专项整治力度，全县排查一般隐患8172处，整改5664处，排查上报突出问题和重大隐患63项，其中突出问题26项、重大隐患37处，完成道路交通等领域整改49项。

【新冠肺炎疫情防控】 2021年，永宁县人民政府落实“四早”措施，健全发现、快速处置、精准管控、救治的常态化防控机制。全力推进疫苗接种，9月，全县接种新冠病毒疫苗49万剂次，提前完成宁夏回族自治区下达的目标人群接种任务。启动重点人群追踪排查管理响应机制，开展重点场所管理，建立进口物品精准处置4项机制。开展预检分诊工作，建成投入使用发热门诊3家，规范设置乡镇卫生院发热哨点诊室8个。

【节能降耗】 2021年，永宁县人民政府对新上项目在审批时给予监管，排查出存量高污染、高排放项目4个。建立能耗双控预警机制。逐月对全县重点用能企业用能情况进行统计、分析，全县规上工业能耗92.85万吨标准煤，同比增长1.98%，能耗增量为1.83万吨标准煤，全面完成全年目标任务。

【就业安民】 2021年，永宁县人民政府不断强化就业创业服务，开展线上线下招聘会26场次，提供岗位2.8万个，发放创业担保贷款2034万元。实现农村劳动力转移就业2.19万人，转移就业收入25383.39万元。实现城镇新增就业3766人，登记失业率3.88%。支持小微企业和社会组织吸纳高校毕业生、新生代农民工和退役军人就业，鼓励高校毕业生创业并带动就业，高校毕业生就业率一直稳定在92%以上。安置城镇公益性岗位7批120人、乡村公益性岗位5批50人。

【社会保障】 2021年，永宁县人民政府完成职工基本养老保险、失业保险、工伤保险参保人数完成全年目标任务，城乡居民养老保险参保人数达到92092人，完成参保任务的92%。城镇职工、城乡居民医疗保险参保人数分别达到33229人、194162人，完成区市下达的目标任务。为城乡低保、高龄、孤儿、特困供养、残疾人等发放各类社会救助资金4828.79万元，落实困难残疾人生活补贴2672人、276.9万元，重度残疾人护理补贴2834人、302.65万元。通过政府购买服务等方式为智力、精神、重度肢体残疾人提供托养等服务。

【不动产登记】 2021年，永宁县人民政府推进农村宅基地使用权和房屋所有权“房地一体”确权登记颁证工作，完成11412宗宅基地的不动产测绘及权属调查，登记发证4673宗。办理各类不动产登记22723件，完成7个安置小区19285户、162.45万平方米房屋首次登记。

【文化惠民】 2021年，永宁县人民政府开展全民阅读活动，接待读者7.1万人次，图书借阅量达20.9万册次。开展“永远跟党走奋进新时代”文艺会演和干部群众合唱比赛，以及送演出、送图书、送培训、送电影进农村、进社区、进校园、进军营、进工地、进特殊教育场所等系列基层文化活动。

【全民健身】 2021年，永宁县人民政府组织县内大型群众体育活动15次，参与人员约3万人次，闽宁镇被国家体育总局评为全国群众体育先进示范单位。投资500多万元在县城及乡镇新建多功能运动场7个、5千米健身步道1处、健身小木屋3个，安装体育器材210余件。

【社会治理】 2021年，永宁县人民政府基层社会治理体系建设、文明城市创建、双拥创建、“八五”普法、依法治县、扫黑除恶专项斗争、防灾减灾救灾、防汛抗旱、消防安全、粮食流通领域行业监管、食品药品安全监管、民族宗教等工作深入开展。

重要会议

【永宁县第十八届人民政府常务会议】 永宁县第十八届人民政府第79次常务会议2021年1月7日召开，县长郝春明主持会议。会议传达学习中共中央总书记、国家主席、中央军委主席习近平在中央农村工作会议上的重要讲话精神、2021年新年贺词，宁夏自治区党委经济工作会议、宁夏回族自治区建设黄河流域生态保护和高质量发展先行区第三次推进会议精神，以及市委十四届十一次全会、市委经济工作会议精神，研究贯彻落实意见。审议永宁县第十八届人民代表大会第五次会议相关材料以及研究民政、财政、自然资源等事宜。

永宁县第十八届人民政府第80次常务会议于2021年1月16日召开，县长郝春明主持会议。会议传达学习习近平总书记在中国共产党第十九届中央纪律检查委员会第五次全体会议上的重要讲话精神，全国、宁夏回族自治区、银川市安全生产电视电话会议精神，自治区党委农村工作会议精神，宁夏回族自治区2021年春运工作会议精神，陈润儿在全区新冠肺炎疫情防控工作会议上的讲话精神及中共中央办公厅、国务院办公厅印发《关于做好人民群众就地过年服务保障工作的通知》，研究贯彻落实意见。会议通报永宁县2020年经济指标情况。审议《永宁县推进基层整合审批服务执法力量改革实施方案》，建设闽宁镇小型消防站，2021年春节氛围营造等相关事宜。

永宁县第十八届人民政府第81次常务会议于2021年2月8日召开，县长郝春明主持会议。会议传达学习习近平总书记在中共中央政治局第27次集体学习上的重要讲话精神，习近平总书记在世界经济论坛“达沃斯议程”对话会上的特别致辞，中共中央政治局会议精神。会议还传达学习《政府督查工作条例》，宁夏回族自治区第十二届人民代表大会第四次会议精神，中国人民政治协商会议第十一届宁夏回族自治区委员会第四次会议精神，自治区政府第五次全体扩大会议精神，宁夏回族自治区基础教育工作暨县域义务教育优质均衡发展工作会议精神，2021年全区生态环境保护工作电视电话会议精神，宁夏回族自治区纪委十二届五次全体会议精神，银川市委农村工作会议精神，宁夏回族自治区党委常委、银川市委书记张柱对近期工作安排和要求。审议《永宁县人民政府重大行政决策规则》《永宁县人民政府关于春节期间烟花爆竹燃放安全管理的通告》等事宜。

永宁县第十八届人民政府第82次常务会议于2021年2月27日召开，县长郝春明主持会议。会议传达学习习近平总书记在党史学习教育动员大会上的讲话、习近平总书记在全国脱贫攻坚总结表彰大会上的讲话等系列重要讲话精神，陈润儿书记在宁夏回族自治区领导干部贯彻党的十九届五中全会精神专题研讨班开班仪式上的讲话精神，张柱在十四届市委2021年第7次常委会会议上的讲话精神等；听取全县2021年项目储备和一季度项目集中开工准备工作情况的汇报，全县信访维稳、安全生产等工作汇报，安排部署有关工作。会议还研究审议《永宁县2021年招商引资工作安排》《永宁县创建“食品药品安全区”实施方案》等相关事宜。

永宁县第十八届人民政府第83次常务会议于2021年3月23日召开，县长郝春明主持会议。会议学习《中华人民共和国民法典》部分内容；传达学习习近平总书记在中央党校（国家行政学院）中青年干部培训班开班式上的重要讲话精神，习近平总书记在中共中央政治局第二十八次集体学习上的重要讲话精神，李克强总理对森林草原防火工作批示精神以及宁夏回族自治区、银川市关于进一步加强森林草原防灭火工作的要求；传达学习咸辉主席调研闽宁镇讲话精神，宁夏回族自治区葡萄酒产业高质量发展第3次推进会精神，全区春季农业生产工作电视电话会议精神以及赵旭辉市长督查一季度第二批项目开工情况的通报等文件精神。会议还听取全县2021年1—2月经济运行情况及全县行政规范性文件清理等情况的汇报。会议还研究民政工作、机构改革工作、健康永宁工作、交通工作。

永宁县第十八届人民政府第84次常务会议于2021年4月2日召开，县长郝春明主持会议。会议传达学习全国扫黑除恶专项斗争总结表彰大会等会议精神；听取全县隐性债务化解情况的汇报；研究审议《永宁县庆祝建党100周年暨2021年系列文旅活动实施方案》、《山海情》文化影视旅游村项目立项、《永宁县关于严格规范村庄撤并工作的实施方案》、拨付宁夏伊品贸易有限公司税收返还奖励以及信访等事宜。

永宁县第十八届人民政府第85次常务会议于2021年4月16日召开，县长郝春明主持会议。会议传达学习习近平总书记在深化东西部协作和定点帮扶工作上的重要指示精神、习近平总书记对打击治理电信网络诈骗犯罪工作作出的重要指示精神、李克强总理对防汛抗旱工作重要批示精神、孙春兰副总理在全国新冠病毒疫苗接种工作电视电话会议上的讲话精神及《中小学教育惩戒规则（试行）》等。会议审议《永宁县2021年争项目争资金工作方案》，研究2021年农村一二三产融合发展项目、全县取水工程实施整改等事宜。

永宁县第十八届人民政府第86次常务会议于2021年5月12日召开，县长郝春明主持会议。会议传达学习习近平总书记在十九届中共中央政治局第29次集体学习上的重要讲话精神、在博鳌亚洲论坛2021年年会开幕式上的视频主旨演讲精神、在“领导人气候峰会”上的重要讲话精神，宁夏脱贫攻坚总结表彰大会精神、全区实施百万移民致富提升行动工作会议精神、宁夏回族自治区黄河流域生态保护和高质量发展先行区第四次推进会精神，自治区《关于健全支持中小企业发展制度的实施意见》《自治区支持九大产业加快发展若干财政措施（暂行）》《自治区应对新冠肺炎工作指挥部办公室关于转发北京市新冠病毒疫苗接种有关工作经验的通知》，安排部署新冠肺炎疫情防控相关事宜。会议还研究卫生与健康、教育体育、永宁工业园区等单位相关事宜。

永宁县第十八届人民政府第87次常务会议于2021年5月20日召开，县长郝春明主持会议。会议传达学习习近平总书记在推进南水北调后续工程高质量发展座谈会上的重要讲话精神，宁夏回族自治区党委办公厅、宁夏回族自治区人民政府办公厅《关于印发用水权、土地权、排污权、山林权“四权”改革实施意见的通知》《关于进一步强化易地搬迁后续扶持实施百万移民致富提升行动的意见》等精神。审议《永宁县人民政府工作规则（送审稿）》《永宁县农村人居环境整治提升五年行动2021年工作方案》等事宜。会议还研究财政工作、生态环境保护工作。

永宁县第十八届人民政府第88次常务会议于2021年6月9日、11日召开，县长郝春明主持会议。会议集中学习《中华人民共和国反食品浪费法》，传达学习习近平总书记对职业教育、革命文物工作、在清华大学考察时的重要指示精神，传达学习习近平总书记在全球健康峰会上的重要讲话，5月31日中共中央政治局会议精神及其他重要讲话精神；传达学习宁夏回族自治区党委、政府印发的《关于新时代加快完善社会主义市场经济体制的实施意见》《关于深化要素市场化配置改革的实施意见》；传达学习宁夏回族自治区印发的《持续优化营商环境更好服务黄河流域生态保护和高质量发展先行区建设若干措施的通知》精神。研究审议《永宁县2021年优化营商环境重点任务分工方案》《永宁县脱贫攻坚与乡村振兴有效衔接实施方案》《永宁县拆迁安置房办理不动产登记实施方案》等相关事宜。

永宁县第十八届人民政府第89次常务会议于2021年6月25日召开，县长郝春明主持会议。会议传达学习习近平总书记在青海省考察时的重要讲话精神，习近平给江苏省淮安市新安小学少先队员的回信，习近平总书记对湖北十堰市张湾区艳湖社区集贸市场燃气爆炸事故作出的指示精神，李克强总理对防灾减灾救灾、防震减灾和自然灾害综合风险普查工作作出的批示精神，全国、全区、全市安全生产工作视频会及宁夏回族自治区政府性债务管理领导小组会议精神等；研究平安永宁建设、新冠肺炎疫情防控等相关事宜；与会人员观看习近平总书记关于安全生产重要论述专题片《生命重于泰山》。会议期间还召开永宁县经济运行调度会议和县委教育工作委员会2021年第1次会议，研究经济运行工作，听取2021年初中学业水平考试备考等情况的汇报。

永宁县第十八届人民政府第90次常务会议于2021年7月9日召开，县长郝春明主持会议。会议传达学习习近平总书记在庆祝中国共产党成立100周年大会、“七一勋章”颁授仪式、中共中央政治局第31次集体学习上的重要讲话精神；宁夏回族自治区党委书记陈润儿在全区优秀共产党员、优秀党务工作者和先进基层党组织表彰大会上的讲话精神；银川市委书记张柱在永宁县、西夏区富宁村调研督导时的讲话精神，《银川市政府督查室关于永宁县、灵武市农村人居环境整治情况的督查通报》；中国共产党永宁县第十四届委员会第九次全体（扩大）会议精神。会议还听取宁夏回族自治区党委环保督察反馈问题整改情况的汇报，安排部署相关工作；审议《永宁县城乡居民收入提升行动实施方案》《永宁县全民健康水平提升行动实施方案》；研究教育、司法、交通等相关事宜。

永宁县第十八届人民政府第91次常务会议于2021年7月15日召开，县长郝春明主持会议。会议传达学习习近平总书记在中国共产党与世界政党领导人峰会上的主旨讲话、习近平总书记在中央全面深化改革委员会第20次会议上的重要讲话精神，传达学习中共宁夏回族自治区委员会《加强对“一把手”和领导班子监督实施办法（试行）》《“一把手”和领导班子开展党内谈话实施办法（试行）》《“一把手”述责述廉实施办法（试行）》。对近期安全生产、新冠肺炎疫情防控、节假日值班工作进行安排部署。会议研究公办幼儿园收费标准调整、土地闲置费、城镇垃圾处理费征管划转等事宜。

永宁县第十八届人民政府第92次常务会议于2021年7月22日召开，县长郝春明主持会议。会议传达学习习近平总书记对防汛救灾工作作出的重要指示精神、在亚太经合组织领导人非正式会议上的重要讲话精神和学习宣传贯彻习近平新时代中国特色社会主义思想研讨会暨党史学习教育高端论坛会议精神。会议研究经济运行工作，安排部署迎接国务院大督查工作。会议还研究自然资源工作、财政工作。

永宁县第十八届人民政府第93次常务会议于2021年7月30日召开，县长郝春明主持会议。会议传达学习习近平总书记在西藏考察时的重要讲话精神，习近平总书记对深入推进农村厕所革命作出的重要指示精神；传达全区推进新冠病毒疫苗接种工作电视电话会议精神，通报新冠肺炎疫情防控、疫苗接种情况，安排部署新冠肺炎疫情防控工作。会议还研究审议了其他事宜。

永宁县第十八届人民政府第94次常务会议于2021年8月12日召开，县长郝春明主持会议。会议学习《中华人民共和国土地管理法实施条例》，传达学习习近平总书记在主持中共中央政治局第32次集体学习上的重要讲话精神；习近平总书记在党外人士座谈会上的重要讲话精神；习近平总书记向新冠疫苗合作国际论坛首次会议发表的书面致辞。安排部署全县新冠肺炎疫情防控工作，研究审议财政、《永宁县人民政府常务会议工作规则（送审稿）》、黄河流域生态保护、常态化开展扫黑除恶专项斗争等相关事宜。

永宁县第十八届人民政府第95次常务会议于2021年8月18日召开，县长郝春明主持。会议传达学习习近平总书记给“国际青年领袖对话”项目外籍青年代表的回信，全国安全防范工作视频会议精神，听取耕地保护例行督查和土地例行督查反馈问题整改情况汇报，以及调整园区企业污水处理标准的汇报，安排部署有关工作。会议审议并原则通过《永宁县卫生事业发展“十四五”规划》《永宁县现代服务业发展“十四五”规划》。会议还研究了其他相关事项。

永宁县第十八届人民政府第96次常务会议2021年8月27日召开，县长郝春明主持会议。会议传达学习中央财经委员会第10次会议精神、习近平总书记在河北承德考察时重要讲话精神，银川市委关于印发《加强对“一把手”和领导班子监督实施细则（试行）》《“一把手”和领导班子开展党内谈话实施细则》《“一把手”述责述廉实施细则》的通知，研究全县2021年1—8月重大项目推进事宜，听取2021年上半年政府常务会议议定事项、民生实事、人大议案、政协提案办理情况的汇报，审议《永宁县加快落实黄河流域生态环境问题整改方案》等事项，安排部署相关工作。会议还研究了其他相关事宜。

永宁县第十八届人民政府第97次常务会议于2021年9月14日召开，县长郝春明主持会议。会议传达学习习近平总书记在中央全面深化改革委员会第二十一次会议、金砖国家领导人第十三次会晤、中央民族工作等会议上的重要讲话精神；传达学习宁夏回族自治区生态环境保护工作调度会议、宁夏回族自治区党委第一生态环境保护专项督察组督察反馈会议及银川市委常委（扩大）会议、银川市领导干部大会精神；传达学习宁夏回族自治区关于推进河湖长制相关工作的精神，听取县河长办关于全县河长制落实情况、河湖水治理工作开展情况的汇报，安排部署推进“民族团结进步月”活动、生态环境保护整改、未成年人思想道德建设等工作。会议还研究了其他相关事宜。

永宁县第十八届人民政府第98次常务会议于2021年9月23日召开，县长郝春明主持会议。会前学习《中华人民共和国预算法实施条例》，传达学习相关讲话精神并审议“十四五”有关专项规划等。会议审议并原则通过《永宁县应急体系发展“十四五”规划》《永宁县水利发展与水资源综合利用“十四五”规划》。会议还研究了其他相关事项。

永宁县第十八届人民政府第99次常务会议于2021年9月30日召开，县长郝春明主持会议。会议传达学习习近平总书记在中央人才工作会议上的重要讲话、《中共宁夏回族自治区委员会办公厅〈关于做好国庆节假期有关工作〉的通知》精神；传达学习李克强总理对森林草原防灭火工作作出的重要批示、银川市安委会2021年第3次全体（扩大）会议精神；传达学习《自治区应对新冠肺炎疫情工作指挥部办公室关于〈转发国务院联防联控机制关于进一步加强新冠肺炎疫情防控工作〉的通知》《中共宁夏回族自治区委员会办公厅关于〈做好全区深入实施“四大提升行动”全面促进乡村振兴现场会准备工作〉的通知》等会议文件精神，安排部署国庆节假期安全生产、新冠肺炎疫情防控、环境卫生整治等工作。会议还研究了法治政府建设相关事宜。

永宁县第十八届人民政府第100次常务会议于2021年10月12日召开，县长郝春明主持会议。会议传达学习习近平总书记在纪念辛亥革命110周年大会上的重要讲话、中共中央政治局第33次集体学习时的重要讲话精神，传达学习习近平总书记为阿联酋迪拜世博会中国馆作的视频致辞，传达学习李克强总理在庆祝中华人民共和国成立七十二周年招待会上的致辞、陈润儿书记在永宁县闽宁镇调研时的讲话精神、宁夏回族自治区党委十二届十三次全会精神，安排部署有关工作。会议观看《创城电视问政整改回头看》专题片，安排部署下一步创城工作；听取全县冬季保煤保电保热保气保水工作情况汇报，安排部署冬季供暖工作。会议审议通过《关于深入开展第八个五年法治宣传教育的决议（送审稿）》《永宁县科技创新“十四五”规划》《永宁县现代物流业发展“十四五”规划》《永宁县关于成立农业灌溉服务专业合作社实施方案》。

永宁县第十八届人民政府第101次常务会议于2021年10月19日召开，县长郝春明主持会议。会议传达学习习近平总书记在《生物多样性公约》第十五次缔约方大会领导人峰会上的主旨讲话、在中央人大工作会议上的讲话，在第二届联合国全球可持续交通大会开幕式上的重要讲话精神和对老龄工作的指示精神，《自治区党委办公厅、人民政府办公厅印发〈关于进一步减轻义务教育阶段学生作业负担和校外培训负担的实施方案〉的通知》《自治区党委办公厅、人民政府办公厅印发〈关于全面推行林长制的实施意见〉的通知》。会议还研究了其他相关事宜。

【永宁县第十九届人民政府常务会议】 永宁县第十九届人民政府第1次常务会议于2021年11月15日召开，县长郝春明主持会议。会议传达学习中国共产党第十九届中央委员会第六次全体会议精神、宁夏回族自治区党委常委扩大会议精神、永宁县“两会”精神等。会议研究加强楼堂馆所建设管理事宜，听取2021年政务公开工作、2021年全域旅游示范县创建工作开展情况汇报。会议还研究了其他事宜。

永宁县第十九届人民政府第2次常务会议于2021年11月23日召开，县长郝春明主持会议。会议传达学习《中共中央关于党的百年奋斗重大成就和历史经验的决议》、《关于〈中共中央关于党的百年奋斗重大成就和历史经验的决议〉的说明》、习近平总书记近期重要讲话精神和银川市第十四届委员会第十三次全体会议精神。会议还审议《永宁县进一步加强火灾防控工作实施方案》《永宁县党政机关培训费管理办法》《永宁县村民委员会和农村集体经济组织分账管理的实施方案》，并研究民政等其他相关事宜。

永宁县第十九届人民政府第3次常务会议于2021年12月8日召开，县长郝春明主持会议。会议组织学习《中华人民共和国宪法》《银川市生活垃圾分类管理条例》。传达学习习近平总书记在中央全面深化改革委员会第22次会议、在中央军委人才工作会议、在全国宗教工作会议、在中央财经委员会第三次会议上的重要讲话精神，《中共中央办公厅国务院办公厅印发农村人居环境整治提升五年行动方案（2021—2025）》，书面传达学习《宁夏回族自治区防灾救灾减灾责任规定》《自治区党委、自治区人民政府关于推进防灾减灾救灾体制机制改革的实施意见》《银川市防灾减灾救灾责任规定》《银川市人民政府办公室关于加快推进防灾减灾救灾体制机制改革的通知》，以及中国共产党宁夏回族自治区第十二届委员会第十四次全体会议精神、中国共产党银川市第十五次代表大会精神。听取全县中央环保督察转办件办理情况以及2021年法治政府建设工作开展情况汇报，安排部署相关工作。会议还审议《永宁县工业结构调整和产业发展“十四五”规划》等事宜。

永宁县第十九届人民政府第4次常务会议于2021年12月20日召开，县长郝春明主持会议。会议集中学习《中华人民共和国民法典》中的建设用地使用权、宅基地使用权内容及《城市建筑垃圾管理规定》《银川市建筑垃圾管理条例》法律法规。会议传达学习习近平总书记在中央经济工作会议、中国文学艺术界联合会第十一次全国代表大会、中国作家协会第十次全国代表大会开幕式上的重要讲话精神，传达学习中央全面深化改革委员会第23次会议精神，自治区党委常委会会议、公务服务工作会议精神，银川市深入推动黄河流域生态保护和高质量发展先行区示范市建设推进会议精神，《中共银川市委办公室银川市人民政府办公室关于印发〈银川市公共服务实施办法（试行）〉的通知》《自治区人民政府办公厅关于〈加快推进高效节水农业发展〉的实施意见》《自治区应对新冠肺炎疫情工作指挥部办公室转发关于〈做好今冬明春企业新冠肺炎疫情防控工作〉的通知》《银川市应对新冠肺炎疫情工作领导小组指挥部通告》，安排部署相关工作。会议还听取永宁县2020年招商引资工作奖励资金分配计划汇报，审议《永宁县2022年元旦春节元宵节系列文旅活动实施方案（送审稿）》《永宁县深化证照分离改革进一步激发市场主体发展活力实施方案（送审稿）》《永宁县重污染天气应急预案（送审稿）》，研究交通工作、应急管理工作。

永宁县第十九届人民政府第5次常务会议于2021年12月31日召开，县长郝春明主持会议。会议传达学习习近平总书记在中共中央政治局专题民主生活会上的重要讲话精神、中央农村工作会议精神、《自治区党委办公厅人民政府办公厅印发关于〈深入推进“四大提升行动”的若干措施〉的通知》、《自治区党委办公厅人民政府办公厅关于〈做好我区2022年元旦春节期间有关工作〉的通知》、银川市“两会”精神、银川市相关文件精神、陈润儿书记在银川市督导调研新冠肺炎疫情防控工作及推进会上的讲话精神、《自治区党委应对新冠肺炎疫情工作领导小组办公室关于〈进一步加强新冠肺炎疫情防控工作〉的紧急通知》。听取全县新冠肺炎疫情防控工作情况汇报、黄河流域生态环境警示片披露问题整改情况汇报，并安排部署相关工作。会议还研究了其他事宜。

政府信息公开

【概况】 2021年，永宁县全面推进政务公开标准化规范化建设，推进基层政务公开标准化规范化建设，推进决策公开、执行公开、管理公开、服务公开、结果公开，依法保障人民群众知情权、参与权、表达权、监督权，加快法治政府和服务型政府建设，坚持以公开为常态、不公开为例外。出版《永宁县人民政府公报》4期，发布政务动态类信息2655条，政府信息公开6514条，网站浏览量429万余次，独立用户访问量309.7万个。

【公开完善】 2021年，永宁县将政务公开工作纳入重要议事日程，县政府领导定期听取政务公开工作汇报，研究解决政务公开工作存在的问题。乡镇、街道、县直部门建立政务公开工作机制、体制，全县政务公开备案工作人员近70名。利用政府网站、电视、“和美永宁”APP、政务微博、微信公众号等平台，实施政务公开。组织举办1期3天的政务公开工作专题培训班，邀请宁夏回族自治区区、银川市政务公开领域专家授课；培训政务专职工作人员150人。10月，组织全县28个单位、7个乡镇（街道）政务公开工作人员实施现场教学、实操演练。

【公开体系建设】 2021年，永宁县全面推进政务公开体系建设，规范公开现行规范性文件。在政府门户网站设置“规范性文件”专栏，公开现行规范性文件，提供文件下载。在政府门户网站开设机构职能类栏目，集中展示各部门机构职能，在各单位机构职能中公开机构设置、职能、办公地址、办公时间、联系方式、负责人姓名等信息。规范公开行政许可和其他管理服务的依据、条件、程序以及办理结果。完善行政权力运行栏目内容，集中公开行政处罚、行政强制的依据、条件及重大行政处罚决定信息。设置“行政事业性收费”专栏，引用国家及宁夏回族自治区各项行政事业性收费标准目录清单，实现标准、依据等要素公开，标准、依据等相关文件可查询。集中、规范公开县政府常务会议召开及会议内容，并提供会议视频，设置“招录信息”专栏集中公开公务员及事业编招考相关信息。

【监管信息公开】 2021年，永宁县梳理编制政务公开事项清单和标准目录，建立随机抽取检查对象，随机选派执法检查人员，抽查情况及查处结果向社会公开抽查事项清单，执法信息发布，审批信息、抽检数据、处罚案件等重要信息一律公开，提高监管执法透明度，倒逼监管人员规范执法。

【财政信息公开】 2021年，永宁县全县56个一级预算单位信息全部在政府网站预决算专栏予以公开，细化财政资金公开内容，全面反映部门预算收支构成，引导全县各单位依规公开、及时公开、主动公开财政资金信息，实现“阳光财政”。

【防疫信息公开】 2021年，永宁县重新整合新冠肺炎疫情防控专栏，增设“热门问答、防控工作、通知公告、疫情播报”4个子栏目，对疫情形势变化，转载发布相关信息，开展政策解读、回应社会关切，满足群众知晓新冠肺炎疫情防控有关知识要求。

【教育信息公开】 2021年，永宁县对群众关注度高的学前及义务教育阶段招生工作热点信息，主动向社会公开，全面接受群众监督。完善教育“白名单”管理制度，规范教育培训机构信息公开行为，满足社会、家长对教育工作的知晓需求。

【公开质量提升】 2021年，永宁县全面推进政务公开，贯彻落实政府决策、执行、管理、服务、结果公开要求，开展保密审查和内容审核，严防信息发布失信、侵犯个人隐私、影响社会稳定等问题。落实政策解读，实现重要政策性文件、规范性文件与解读材料同步组织、同步审签、同步发布。2021年，发布11个规范性文件，图解率100%。人社局、审批局等单位还运用视频、漫画解读等方式政策、文件。

【开放活动】 2021年，永宁县选定群众普遍关注的政务服务、医疗健康、食品药品安全等6个方面，开展县级“政府开放日”活动6次，县直部门举办“政府开放日”活动21次，邀请20余名政务公开义务监督员400余名热心群众进机关、进现场、进会议，主动回应社会关切。2021年，收到258件政民互动投诉问题，办结258件，办结率100%。10件依申请公开，均全部办结，答复率100%。

【监督公开】 2021年，永宁县对各单位政务公开工作实行全过程监督。加强网站日常巡读网和信息审核把关，建立政务公开微信群，每周对部门单位网站内容保障情况、政务新媒体发布情况进行一次总体评估，在群内通报存在问题。全年参加政府开放日、政务常务会等23次。建立“月反馈、季度通报、半年督查、年底考评”的工作机制。根据区市第三方评估机构结果，每月定期反馈至各单位，每季度开展一次通报，半年进行一次专项督查，发现的问题反馈，并提出整改建议，为年底考核提供依据。

综合服务

【概况】 2021年，永宁县政府办公室履行“参与政务、管理事务、搞好服务、协调联系”职能，发挥办公室联络中枢、协调纽带、参谋助手和后勤保障作用，处理县政府的日常政务工作，完成县政府和政府办文件、材料的审核和制发；完成县政府会议筹备、服务；督促检查县政府决定事项的落实；开展调查研究和信息工作；管理县政府机要和保密工作。协调县政府领导的公务活动；审核基层向县政府的请示事项和工作意见；协调县政府工作部门、直属事业机构之间的关系；组织落实县人大代表、政协委员的批评、建议、提案、意见和县人大、政协机关的专项督办事项。2021年，政府办公室获得国家级“节约型机关”，县级“让党中央放心、让群众满意”模范机关等称号。

【服务中心工作】 2021年，永宁县政府办公室聚焦全县中心任务，落实中共永宁县委、永宁县政府提出的“全面建设社会主义现代化新永宁”内涵要求，落实建设黄河流域生态保护和高质量发展先行区，协助县人民政府领导科学决策，推动全县85个项目实施，为永宁县经济社会高质量发展，永宁县“十四五”规划开局履职尽责。

【督查督办】 2021年，永宁县政府办公室对县政府领导批示及交办事项实行清单式管理，即时转办，即时督办，保证件件落实。对政府工作报告确定的98项任务，领导批示事项、会议确定事项、现场调研事项跟踪督办，2021年开展督查检查110余次，下发督办通知单30期、督查通报12期。办理人大议案、建议22件，政协提案、建议24件，办复率100%。

【新冠肺炎疫情防控】 2021年，永宁县政府办公室集中力量，落实新冠肺炎疫情防控和环保督察迎检责任。筹办应对新冠肺炎疫情工作领导小组会议常态化防控工作会议30次，起草新冠肺炎疫情防控制度方案20份，办公室机关干部下到社区卡点值守。统筹协调全县各部门开展流调溯源、人员管控、物品封存、环境消杀等工作，储备医用防控口罩、防护服、体温计、消毒液等多种防护物资，组织完成多轮大范围核酸检测。

【督察落实】 2021年，永宁县政府办公室担当政治使命、扛起中央环保督察组反馈问题整改的政治责任，起草方案，协调组建综合协调工作小组、投诉办理工作小组、资料申报工作小组等10个小组，组织召开动员部署会、工作推进会，接受督察，配合督察，做好案件转办、资料报送、汇报起草、信息公开、后勤保障等工作。报送8批调阅资料，总结经验做法信息16篇，转办中央环保督察群众信访投诉件13批次29件。

【办文办会】 2021年，永宁县政府办公室把严的精神、实的作风贯穿办文办会全过程，按照特事特办、马上就办的要求，进一步规范工作流程，建立通知会议“一个入口”办到位、起草文件“一周印发”保执行、传批文稿“一秒不压”提效率、督办事项“一个链条”盯到底制度，制定保密、考勤等各项规章制度，办公室工作高效运转。落实基层减负工作要求，精简文件、会议、简报、报表，尽量压缩会议的数量、规模，做好会前、会中和会后各项工作，提高办文办会质量。筹办政府常务会议35次、专题会议140余次，处理各级各部门来文3110余件，制发各类文件380份，同比减幅30%以上。

【政务公开】 2021年，永宁县政府充分运用政府网站在政策解读、关切回应的权威优势，建成永宁县对外宣传的“重要窗口”。严把“三审三校”信息审核关，发布政务动态类信息2655条，政府信息公开信息6514条，网站浏览量429万余次，规范性文件图解率达100%。开展“政府开放日”活动24次，邀请400余名热心群众参加活动。加快“互联网+监管”系统推广应用，推进智慧城市运营指挥中心建设，汇总数据资源目录168条，认领监管事项586项，新增录入监管行为信息2427条，数字政府建设有成效。

【信息调研】 2021年，永宁县政府办公室不断提高调查研究和信息收集质量，发挥参谋助手作用，当好县委、县政府的“智囊团”“千里远”“顺风耳”。超前思考、提前调研、先行谋划，协助县政府领导开展各类调研128次，联系基层单位51个，形成调研报告6篇。围绕乡村振兴、生态立县、闽宁合作等重大战略，加强调查研究和分析研判，为领导决策提供参考。严把审核关和报送关，做到信息报送真实、准确、全面，报送信息数量明显提高，全年起草大型综合性材料30余篇，专项工作部署、总结汇报材料180余篇，整理上报综合信息486篇，被区市采用政务信息23篇。

【信访接待】 2021年，永宁县政府办公室主动把信访工作放在大局中定位考量，坚持以法治思维和法治方式化解矛盾，建设“阳光信访、责任信访、法治信访”。引导群众正常上访，强化矛盾纠纷排查化解力度，对三沙源、兰花花等一批重点难点矛盾纠纷，实行分类建档、动态管理，召开专题会议研究化解措施，压实包保责任。对重点案件和重点人员进行梳理，发现信访隐患，采取措施，做好稳控工作。全年接待受理群众来信、来访、网上投诉198批779人次，同比下降2.94%，社会和谐安定、形势向好。

【应急值守】 2021年，永宁县政府办公室落实24小时领导带班、工作人员值班制度。节假日、汛期、疫情等特殊时期，值班室人员坚守岗位，高效、平稳、有序处置社会舆情、灾害事故等突发事件42起，强化手电、雨伞等应急物资配备，应急处置协调能力不断提高。

【外事管理】 2021年，永宁县政府办公室对党员干部因私护照、中国香港通行证、中国澳门通行证、中国台湾通行证实行集中式管理，建立《因私出国证件登记保管台账》，落实党员干部出国境审批管理，全年未发生干部滞留不归和违反外事纪律的现象。落实外籍人士疫苗接种测温验码、登记护照信息、签署接种疫苗同意书、实现全过程服务不间断。

【平安建设】 2021年，永宁县政府办公室开展社会平安系统治理、社会平安依法治理、社会平安源头治理，无矛盾上交，无群体性事件，无安全事故，无邪教活动，无治安案件，无刑事案件；开展重点行业专项整治，建设工程、重点行业监管，重点环节预防监督。实施逢车必查，逢人必检，对进入政府办公区域人员开展核查工作，保障县政府大院防疫安全。集中开展县直机关办公区域消杀工作，定时定点对县直机关公共区域集中消毒。

【公务服务】 2021年，永宁县政府办公室执行《党政机关国内公务接待管理规定》《永宁县党政机关公务接待管理办法》，完成中阿博览会、葡萄酒博览会及县党代会、“两会”等大型会议活动保障工作，服务保障各类会议1129场次。公务接待45批次，实现活动组织严谨，服务无重大纰漏。

【机关创先】 2021年，永宁县政府办公室党组开展“让党中央放心、让人民群众满意”模范机关创建工作，投入5万元，设立办公室图书室，购买图书1000余册，提升全县办公室系统150名分管领导和业务骨干公文写作水平。

【党史学习教育】 2021年，永宁县政府办公室组织学习习近平总书记“七一”重要讲话、习近平总书记视察宁夏重要讲话精神，党的十九届六中全会精神。组织开展读书班、主题党日、讲授党课等活动，组织观看赏析党史纪录片、红色交响乐活动，组织开展党员干部诵读党史故事、聆听音乐微党课。党员干部撰写心得体会120余篇，办公室党组组织开展交流研讨12次。

信访工作

【概况】 2021年，全县信访督办工作止存量、遏增量、规范信访秩序，在提升工作效能、化解重点矛盾上下大力气，全县信访总量下降，开展集中治理重复信访、化解信访积案，全县信访形势总体稳定。

【来信来访】 2021年，永宁县信访督办局接待受理群众来信、来访、网上投诉242批856人次，与2020年204批504人次相比，批次增加38批、人次增加352人次，比2020年批次上升18.62%、人数上升69.84%。其中，受理个访223批261人次，与去年同期191批231人次相比，批次增加32批、人次增加30人次，同比批次上升16.75%、人数增加12.99%；接待集体上访19批595人次，与2020年13批273人次相比，批次增加6批、人次增加322人次，批次上升46.15%，人数上升54.12%。网上信访占比99.11%，位居全市前列。

【京访治理】 2021年，银川市下达永宁县的控制性约束指标为，进京访20批次，赴区越级访11批次，到银川市越级上访指标为14批次。截至12月30日，永宁县进京上访5批5人次，与2020年51批53人次相比，批次减少46批，人次减少48人，比2020年下降90.19%，人次下降90.56%；到宁夏回族自治区越级上访2批2人次，与2020年9批48人次相比，批次减少7批，人次减少46人，同比批次下降77.77%，人次下降95.83%；到银川市越级上访3批5人次，与2020年8批8人次相比，批次减少5批次，人次减少3人次，同2020年批次下降62.50%，人次下降37.50%。

【积案化解】 2021年，永宁县完成国家信访局、宁夏回族自治区信联办第一批交办永宁县79件信访积案，其中，中央信联办、国家信访局交办56件，宁夏回族自治区信联办交办23件，按期实现全部“清零”目标。国家信访局第二批交办永宁县11件信访积案，办结上报4件，经宁夏回族自治区审核办结2件，其余正在办理化解中。全县责任单位关注信访人动向，跟进做好思想疏导、困难帮扶等工作，巩固化解成果，防止案件再次倒流。综合运用经济、行政、法律等手段做好人员稳控工作，防止发生进京越级上访。引导信访人通过诉讼途径依法维权。

【重访治防】 2021年，永宁县开展信访专项治理行动，成立永宁县信访专项治理行动领导小组。县信访工作联席会议召集人、县委副书记、政法委书记张文担任组长，县委常委、政府常务副县长李伟任副组长，成员由县信访工作联席会议各成员单位主要负责人组成。11月24日，县委副书记、政法委书记张文主持召开永宁县专项治理行动动员部署会暨永宁县近期信访维稳工作推进会，对信访工作进行再安排、再部署。

【地产矛盾化解】 2021年，永宁县聚焦房地产、物业管理、农业农村、农民工工资、企业破产重组等信访矛盾多发、高发领域，重心下移、关口前置，提前化解处置，回应群众诉求，在基层化解不稳定因素，处置在萌芽状态。永宁县赴宁夏回族自治区、银川市越级集体访下降，重复信访量下降；未发生规模性聚集、未发生涉访个人极端行为、未发生因信访问题处置不及时而引发的负面炒作，保持重大活动和敏感节点期间全县社会大局和谐稳定。

【矛盾排查】 2021年，永宁县提前谋划春节、北京冬奥会期间信访维稳工作。提前部署，组织各责任单位对重点领域、重点地区、重点人员开展排查梳理，排查出群体性矛盾纠纷隐患27件，重点信访人103名，其中，对46名有进京访苗头人员，县乡、部门及领导落实稳控责任，落实属地责任，抓住人员稳控，实现“北京不去、网上不炒、本地不串”。

【信访维稳】 2021年，永宁县加大信访维稳资金投入力度。全县各乡镇、部门信访维稳资金由2021年每乡镇15万元提高至每乡镇30万元，公安、住建、人社、退役军人等信访矛盾多发、易发部门增拨10万元信访维稳经费，全年各乡镇信访维稳资金可达到40万元，信访维稳资金投入力度达到历史以来最高水平。强化各级领导干部的群众观念和维稳责任，压实县处级领导包案化解职责，推进领导干部接待群众来访工作规范化、制度化、经常化，把化解责任扛在肩上，带着责任和感情接访，倾听群众诉求。

【缠访疏解】 2021年，全年召开3次县委常委会、1次县委信访工作维稳会、4次政府常务会议、4次县政府信访专题会，对重点人员稳控、进京访治理及重要节会期间维稳工作做安排部署。对进京上访的人员，依法予以行政拘留处罚，形成震慑。为治理进京访，创建“全国信访工作示范县”提供良好的社会环境。

政府督查督办

【概况】 2021年，县人民政府督察办公室工作落实督察措施，推动工作落实，提高办事效率和办事质量。与县委督查室联合，抓县委、县政府决定事项的落实工作。围绕政府工作报告、重大工程、重点项目建设工作，对全年的工作任务目标进行责任分解，明确领导分工，明确部门责任、责任人，定期组织检查，及时通报情况，推进全县各项工作的落实。全年完成督办宁夏回族自治区、银川市、永宁县政府工作报告任务200多项、民生实事任务18项，督办“三大攻坚战”任务落实20批次，督办重点项目建设8批次，服务县人大代表、常委会调研督查、视察8批次，服务县领导调研、督查24次，服务政协委员、常委督查和开展民主协商活动8次，督办县级人大议案7件、建议15件，督办县级政协提案10件、建议意见14件，办复率100%，自测满意率超过90%，联合或单独下发督办通报12期、督办通知32期，促使近90%被督查工作按时序进度得以推进。

【会议要件落实督查】 2021年，县人民政府督察办公室重点加强县委常委会议、政府常务会议、专题会议和上级重要文件精神督查。对30多次新冠肺炎疫情防控调度会、28次政府常委会议、20多次专题会议等会议决定事项进行分解督查，对区市转发的年度中心任务、《永宁县2021年督查检查考核计划》等文件涉及的15个方面近100项具体任务进行跟踪督办；督办区、市、县政府领导批办交办事项30多件次，批办、交办事项件件有落实、事事有回音。

【议案、提案办理督查】 2021年，县人民政府督察办公室开展督促完成宁夏回族自治区、银川市、永宁县人大议案、政协提案及意见建议的办理工作。对重点工程、民生实事、议案提案、会风会纪等重点工作的督查推进。全县应办完成10项民生实事项目，超过或达到或按序时进度要求完成9项，占总数88.9%；110件人大代表议案、政协委员提案办复率达100%；督促上报各类专报15期。

【环保整改督查】 2021年，县人民政府督察办公室开展中央环保督察反馈问题整改落实督查、污染防治攻坚战核心任务反馈问题整改落实督查，国务院大督查相关工作反馈问题整改落实督查，市县两级为民办实事、电视问政节目曝光的有关问题等问题整改情况督查。坚持问题导向，下到现场、真督实查，查关键环节，查任务完成的质量、时限，面对面逐环节落实。对于督查中发现的问题，第一时间转交责任单位进行整改。抓住领导批办、交办事项的督查落实，做好分办、转办、催办工作。

行政审批服务

【概况】 2021年永宁县审批服务管理工作推进“一窗式”综合服务改革，容缺承诺制办理改革，开展商事制度改革。为企业开办和注销提供更加快捷服务。推进工程建设项目审批制度改革。

【商事改革】 2021年，永宁县审批服务管理局整合企业设立登记、印章刻制、银行开户、社保登记等企业开办环节，压减企业开办时间，实现企业开办3小时的服务目标，企业设立登记由法定20个工作日压减至1小时，企业当场领取营业执照。工商银行、建设银行开户办理服务引驻办事大厅，实现资料齐全当即办理开户。与中国建设银行永宁支行签订设立代办点服务协议，实现企业设立登记全程由银行工作人员代办，申请人当场领取营业执照。在闽宁镇民生服务中心添置商事智能审批一体机，借助自助终端设备和智能化申请系统，登记效率实现再提升。

【便利化推进】 2021年，永宁县审批服务管理局开启“一业一证”改革。小餐馆、超市、宾馆等33个业态点，一张行业综合许可证替代多个许可证照，全年发放行业许可证7件。推进涉企审批事项告知承诺制，梳理出县级涉企审批事项138项。其中，涉企经营审批类事项86项、项目投资审批类事项52项。2021年，通过告知承诺制办理业务624件。将不动产登记、就业创业、人才服务、社会保险、企业设立变更、登记等高频办理的501个事项纳入综合窗口受理，全年综合受理平台受理业务8.03万件。

取水许可实现电子证照申报，取水单位通过系统自行下载打印，取水许可证办理实现零跑腿。

【建设项目减繁】 2021年，永宁县审批服务管理局细化制定45项改革配套措施，出台容缺承诺、并联审批、联合验收等32项改革配套文件细则，工程建设项目审批合并调整审批时序20个，容缺承诺事项17个，取消申请材料66个。建设项目竣工验收由之前的150个工作日，压缩到现在20个工作日内办结。落实数字化施工图审查工作，对符合施工图审查免审的项目在办理施工许可时不再要求出具施工图审查合格报告。

【不动产登记】 2021年，永宁县审批服务管理局推进“互联网+不动产登记”，对接信用社、工行、农行、建行，开通“互联网+不动产抵押登记”，实现补换证登记1个工作日办结；抵押权登记2个工作日内办结；首次登记、转移登记、预告登记等一般登记及在建建筑物抵押登记3个工作日内办结。2021年，办理各类不动产业务3.2万件。

【纳税服务】 2021年，永宁县审批服务管理局、永宁县税务局增设24小时自助办税服务厅，设置全天候自助办税服务区、电子税务局自助区、人工业务受理区三大功能区，实现纳税人可以自行办理发票申领、代开、验旧、专票认证。电子税务局提供申报、缴税、代开发票业务并均可在“税邮云”微信小程序自行线上代开普通发票。

【客户服务】 2021年，永宁县审批服务管理局落实国网银川供电公司2021年度优质服务惠民生10项举措。通过95598热线、“网上国网”APP提供24小时服务。实行短信、手机APP、微信主动向群众推送故障停电、抢修进度和计划复电时间信息。城市地区160千瓦及以下、农村地区100千瓦及以下小微企业实行零审批、零投资服务。10千伏业扩供电企业办理时间不高于15个工作日。

【跨省通办】 2021年，永宁县审批服务管理局实施政务服务“跨省通办”，梳理出包括国家公布183项“跨省通办”事项。按照商事、社保、医保等不同类别分别设置“跨省通办”专窗。实现“全程网办、异地代收代办、掌上办”，实现政务服务事项“跨省通办”。与山东省惠民县行政审批服务局签订政务服务“跨省通办”联动机制合作框架协议，将企业、群众重点关注的61项高频事项纳入“跨省通办”事项清单中，实现异地办理事项“就近办”。同沿黄9省区35县区，就132项事项签订政务服务“跨域通办”合作协议，结成政务服务“跨域通办”联盟。2021年，办理跨省通报业务2500余件。

【党史学习教育】 2021年，永宁县审批服务管理局成立党史学习教育领导小组，开展专题读书班，购置配发资料80册，开展集中学习30次，专题研讨30人次，举办集中读书班3期，专题宣讲4次，知识测试9次，演讲比赛2次，参加经典诵读1次，撰写心得体会60余份，编发简报23期，网络答题300余人次，网络平台学习覆盖50余人，召开专题组织生活会1次，专题民主生活会1次，参观红色教育基地4处。

【作风建设】 2021年，永宁县审批服务管理局以制度建设保障作风转变。落实督查考核，全年发布考核周公示43次、月通报11次，评选红旗窗口3个、服务标兵21名；受理投诉34件，其中12345平台30件，现场投诉4件。信访件2件。受理12345平台咨询件8件，表扬件1件，回访办事群众360余人；收到政务服务“好差评”数据84209件。

中国人民政治协商会议永宁县委员会

ZHONGGUO RENMIN ZHENGZHI XIESHANG HUIYI YONGNING XIAN WEIYUANHUI

综　述

【概况】 2021年，中国人民政治协商会议永宁县委员会坚持以习近平新时代中国特色社会主义思想为指导，学习贯彻中共十九大、十九届六中全会精神和习近平总书记视察宁夏重要讲话精神，在县委的坚强领导下，对永宁县政治、经济、文化和社会生活中的重要问题进行协商，团结各党派、团体和永宁县各界人士依法对永宁县重大方针政策的贯彻执行、县直机关及其工作人员的工作，通过建议和批评开展监督。对永宁县人民群众普遍关心的问题，开展调查研究，反映社情民意，开展协商讨论。通过调研报告、提案、建议等形式，向永宁县政府提出意见和建议。为推动永宁高质量发展作出贡献政协力量。

【党的领导】 2021年，中国人民政治协商会议永宁县委员会坚持在中共永宁县委员会的领导下开展政协工作，贯彻落实县委《关于新时代加强和改进人民政协工作的实施方案》精神，实现政协工作始终沿着正确政治方向前进。坚持党管干部原则，按照县委统一部署完成政协各专门委员会的主任任免工作。

【换届选举】 2021年，中国人民政治协商会议永宁县委员会在县委领导下完成政协换届工作。按照区、市、县党委关于换届工作的安排部署，县政协党组从增强“四个意识”、坚定“四个自信”、做到“两个维护”的政治高度，坚持把换届工作摆在突出位置，统一思想、严格程序，成立县政协换届工作领导小组，制定换届工作方案，严守换届纪律，严把委员推荐、提名、联审、考察关，于2021年11月中旬圆满完成政协换届各项工作，协商提名县政协第十一届委员会委员165名，设置界别21个，依法选举产生县政协第十一届委员会领导班子和常务委员会组成人员，换届工作合法合规、有序高效。

【党的建设】 落实党风廉政建设“一岗双责”责任制，印发政协党组2021年党风廉政建设及反腐败工作安排，制定全面从严治党“三个清单”，层层签订党风廉政建设目标责任书；深入开展“廉洁从政警示教育月”活动，集中观看警示教育片，开展党纪法规知识测试和主题党日活动，提高领导干部拒腐防变意识；组织召开政协党组、机关党组“深化作风建设”专题民主生活会，作风建设不断深化；严格落实机关党建“三强十一严”工程，召开功能型党支部组织生活会4场，评议党员委员履职情况，政协机关党的建设全面加强。组织学习习近平新时代中国特色社会主义思想。政协班子成员带头学、委员座谈交流学、机关干部跟进学，学习党的十九届五中、六中全会精神和习近平总书记视察宁夏重要讲话精神，学习习近平总书记关于加强和改进人民政协工作的重要思想，全年组织党组理论学习中心组学习11次、主席会议学习11次、常委会会议学习6次，举办专题讲座3场、全体委员培训班2期。

【党史学习教育】 紧紧围绕“学党史、悟思想、办实事、开新局”主题，开展集中学习52次、组织收看网上专题讲座9次、知识竞赛3场、专家辅导2场、举办读书班2次6天、党组成员基层宣讲4场次、开展专题交流研讨10期37人次，通过“永宁政协”微信公众号发布“党史知识”60余条；深入开展“我为群众办实事”实践活动，党组成员到包联村、社区开展调研，协调解决群众“急难愁盼”事7件，县政协支持2万元打造旺全村党建文化广场，包抓的杨和镇王太村集体经济突破100万元，帮扶成效显著。

【意识形态工作】 2021年，中国人民政治协商会议永宁县委员会将意识形态工作纳入党组民主生活会、组织生活会，作为述职述廉述责等重要议事内容，政协党组书记与政协党组、委、室负责人员层层签订意识形态工作责任书，明确责任。完善舆情监测预警、分析研判和应对处置机制，党组和机关党组专题研究意识形态工作各2次，召开意识形态分析研判会各4次；开展社会主义核心价值观进机关、进社区、进农村活动，马克思主义“国家观、民族观、宗教观、历史观、文化观”教育宣传；落实网络意识形态责任制，让马克思主义占领“永宁政协”微信公众号、微信群等重要意识形态阵地。审核“和美永宁”等媒体内容及上报宁夏回族自治区、银川市的信息，保证意识形态政治正确。

【参议政治】 2021年，中国人民政治协商会议永宁县委员会集中协商、共谋发展。政协永宁县第十届委员会第5次会议和政协永宁县第十一届委员会第1次会议，组织委员围绕永宁县人民政府、永宁县人民法院、永宁县人民检察院等3个工作报告，就事关全县工业、农业发展、城乡建设、社会管理、文教卫生体育等方面协商建言，收集160条意见建议。教育、民建、工商联等界别的20名委员，围绕推动经济发展、乡村振兴等方面作大会交流发言，意见建议均转交县委、县政府决策参考。

【参议经济】 2021年，中国人民政治协商会议永宁县委员会围绕产业发展、健康永宁等主题，召开专题协商会议3次，组织委员和行业专家探讨研究永宁县产业发展、健康永宁的长与短、成与失提出针对性意见建议，推动永宁县经济社会健康发展。政协班子成员定期下到包抓乡镇、村社区、企业、重点项目开展调研，包抓的12家规上企业生产经营正常，8个建设项目投资额、开工率、入库率成功达到预期目标。聚焦产业振兴，就永宁县肉牛产业发展开展常委会专题议政，在县内调研，到区内外考察学习，全面摸清永宁县肉牛存出栏、养殖分布、屠宰加工、粪污利用、饲草种植等情况，精准分析出土地资源制约、项目资金兑付不到位、养殖效益下滑、专业技术人才短缺等8方面问题，针对性提出涵盖6方面19条意见建议的调研报告上报县委、县政府。

【民主监督】 2021年，中国人民政治协商会议永宁县委员会聚焦提升基层治理能力出谋划策。围绕落实《永宁县关于完善乡村治理体系提高治理能力的实施方案》精神，就推动社区治理过程中无物业小区管理情况开展民主监督，针对县内点多面广的老、旧、小无物业管理小区现状，提出一楼一策、改造基础设施、规范自治行为、加强安全管理、引入物业公司等6方面意见建议，为永宁实施老旧小区改造、强化社区管理提出建议意见。全年选派10名善于担当的委员，担任公、检、法及发改等部门和行业的特约监督员，监听公开庭审，开展行风评议，与会价格听证，以政协民主监督推动有效履职。

【社会管理参议】 2021年，中国人民政治协商会议永宁县委员会聚焦提升依法治县水平，就完善矛盾纠纷多元化解机制开展常委会专题议政，在县内调研和县外考察，指出调解基础保障机制不到位、人民调解信息化建设滞后等5方面9个问题，提出6方面13条建议，调研报告得到县委主要领导批示，意见建议得到相关部门采纳。聚焦新冠肺炎疫情防治中出现的短板和问题，就永宁县疾病预防控制体系建设情况开展常委会专题议政，邀请县政府分管领导、相关部门和医疗机构负责人全程参与调研，与委员围绕医疗设施、人才队伍建设等问题进行讨论，提出4方面17条专业意见建议，为永宁公共卫生事件处置能力贡献政协智慧力量。

【新冠肺炎疫情防控】 2021年，中国人民政治协商会议永宁县委员会政协班子成员按照县委统一安排部署，前往包抓乡镇、社区、企业开展疫情防控督导，组织社区开展核酸检测等工作，帮助协调25万元疫情防控物资。政协机关干部全员参与，到共建社区负责隔离点值班值守、转运物资，协助组织核酸检测、开展联防联控。全县18名医疗卫生行业和乡镇、社区政协委员站在一线前沿，文艺界委员创作大量的文艺作品，宣传防控知识，鼓舞抗疫士气。全县各界别政协委员和政协机关干部捐资捐物价值120万余元，在打赢新冠肺炎疫情防控阻击战中展现政协担当。

【提案督办】 2021年，中国人民政治协商会议永宁县委员会坚持提案办理高质量为导向，建立县政协十届五次会议确定的11件重点提案和13件建议案办理清单，坚持县委、县政府主要领导领衔督办、分管领导具体负责的提案办理机制，联合县委督查室、政府办督查室开展提案督查3次，召开提案办理协商会议3次，组织委员开展提案建议满意度测评。组织开展政协永宁县第十一届一次会议提案立案工作。

【共识凝聚】 2021年，中国人民政治协商会议永宁县委员会班子成员围绕“学习百年党史、汲取奋进力量”等主题开展宣讲活动3场次，面向界别群众宣传党的路线、方针、政策，宣传伟大建党精神；组织委员围绕铸牢中华民族共同体意识等主题开展4次界别活动，团结界别群众，画出永宁县最大最美“同心圆”。在4个专门委员会微信工作群和各类协商议政会议，接受委员社情民意信息，全年报送社情民意信息32件。

【制度建设】 2021年，中国人民政治协商会议永宁县委员会制定完善县政协全体会议工作规则等13项规章制度，内容涵盖政协党的建设、履职工作、委员管理、内部运行等各方面，编印《县政协规章制度选编》下发全体委员，用制度规范政协机关运作、规范政协工作人员履职行为。

【委员培训】 2021年，中国人民政治协商会议永宁县委员会举办全体政协委员培训班2期，政协专委会分组学习4场次，围绕中国共产党为什么“能”、马克思主义为什么“行”、中国特色社会主义为什么“好”等主题开展学习研讨4场次，20余名委员作交流发言；组织4批30余名政协委员到区内外交流学习。

【机关建设】 2021年，中国人民政治协商会议永宁县委员会坚持以建设政治型、学习型、务实型、创新型、廉洁型为目标，丰富主题党日活动内容形式，开展文明城市创建、社区人居环境整治等结对共建活动9次。2021年，政协永宁县委员会被中共永宁县委员会授予“让党中央放心、让人民群众满意”模范机关、县级文明单位、节约型机关等称号。

重要会议

【中国人民政治协商会议永宁县第十届委员会第五次会议】 2021年1月11—13日，中国人民政治协商会议永宁县第十届委员会第五次会议召开。会议应出席委员128人，实到120人。

大会执行主席段伏林、蒯金银、郭宏、刘玉生等在主席台前排就座。

银川市委常委、县委书记朱剑，县人大常委会党组书记、主任郭雪平，县委副书记、政法委书记张虹出席会议。

大会开幕式由大会执行主席蒯金银主持。

县政协主席段伏林代表中国人民政治协商会议永宁县第十届委员会常务委员会向大会作工作

报告。报告指出，2020年，县政协强化政治引领，在团结奋斗中凝聚新共识；精准建言献策，在服务大局中谋求新作为；规范协商机制，在民主协商中打造新亮点；坚持固本强基，加强自身建设，坚持团结和民主两大主题，政治协商、民主监督、参政议政，发挥人民政协专门协商机构作用，为建设高质量发展新永宁贡献政协力量！

县政协副主席郭宏向大会作关于十届四次会议提案工作情况的报告。十届四次会议期间提交提案106件，经审查立案11件，列为建议办理13件，现场答复27件，转社情民意7件。按照“清单式”提案工作要求，所立24件提案、建议提出意见建议74条，交由17个部门单位承办，提案办结率为70.8%。

马小平、高泽、吴自平、袁秀琴、骆梅5位政协委员围绕推动产业振兴、提升教育发展质量、提高应对传染病防控工作水平、加强公共文化服务建设、促进旅游产业发展、提升社区治理水平等方面作大会发言。

会议审议通过县政协十届五次会议提案审查情况的报告；审议通过县政协十届五次会议决议；表彰提案承办先进单位、先进个人和优秀提案人。

银川市委常委、县委书记朱剑在大会讲话。朱剑说，一年来，县政协及其常委会围绕县委、县政府中心工作，履行政治协商、民主监督、参政议政职能，围绕乡村振兴、生态建设、民生保障开展11项重点协商活动，向县委呈报8篇调研报告、提出意见建议100余条，联合宁夏回族自治区、银川市政协就启元药业环保问题开展调研协商，推动中央环保督察反馈问题整改销号和企业复产；为推动永宁高质量发展发挥重要作用。

会议审议通过县政协主席段伏林代表中国人民政治协商会议永宁县第十届委员会常务委员会向大会作的工作报告，县政协副主席郭宏向大会作关于十届四次会议提案工作情况的报告。

政协永宁县委员会历届离任的主席、副主席，中共永宁县委各常委、永宁县人大常委会各副主任，永宁县各副县长、县法院院长、县检察院代检察长及永宁工业园区管委会、永宁县人武部等领导应邀列席会议。

【中国人民政治协商会议永宁县第十一届委员会第一次会议】 中国人民政治协商会议永宁县第十一届委员会第一次会议2021年11月11日召开。会议应出席的第十一届委员会委员165人，实到119人。

银川市委常委、永宁县委书记朱剑，县委副书记、县长郝春明，县政协党组书记、第十届县政协主席段伏林，县委副书记、政法委书记张文出席。

大会执行主席郑进选、马立云、张文霞、马文君、刘玉生出席会议。中共永宁县委各常委、永宁县人大各副主任、永宁县政府各副县长、县法院代院长、县检察院代检察长列席会议。

大会执行主席郑进选主持大会。

受政协永宁县第十届委员会常务委员会委托，段伏林向大会作工作报告。报告指出，5年来，县政协十届常委会把握团结和民主两大主题，围绕中心、服务大局，履行政治协商、民主监督、参政议政职能，广泛凝聚共识，为推动永宁经济社会高质量发展作出贡献。

报告指出，未来的5年，是永宁县政协继往开来、奋发有为的5年。十一届县政协按照县第十五次党代会的部署，提高政治协商、民主监督、参政议政水平，更好凝聚共识，同心同德干事业，攻坚克难抓落实，为发展新永宁贡献政协力量。

受政协永宁县第十届委员会常务委员会的委托，县政协副主席郭宏向大会作提案工作报告。报告指出，政协永宁县十届一次会议5年来，提出提案576件，经审查立案117件，大会现场办复91件，5年平均办结率为76.43%。

县政协委员张学民、勉维娜、周金生、禹夏青分别围绕推动提升教育质量、传承保护非物质文化遗产、建立医养结合机构、改善乡镇基础设施等方面作大会发言。

11月13日，政协永宁县第十一届委员会第一次会议举行选举大会。大会以无记名投票的方式，选举政协永宁县第十一届委员会主席1名，副主席3名，秘书长1名，常务委员33名。郑进选当选为政协永宁县第十一届委员会主席，马立云、张文霞、马文君当选为政协永宁县第十一届委员会副主席；刘玉生当选为政协永宁县第十一届委员会秘书长；丁学刚等33人当选为政协永宁县第十一届委员会常务委员。

大会以举手表决的方式通过《县政协十一届一次会议提案审查委员会关于县政协十一届一次会议提案审查情况的报告》《县政协十一届一次会议政治决议》《县政协十一届一次会议关于十届常委会工作报告的决议》《县政协十一届一次会议关于十届常委会提案工作报告的决议》。

银川市委常委、永宁县委书记朱剑在大会讲话。他说，县政协十届委员会及常委会坚持党对政协工作的全面领导，准确把握新时代人民政协的新方位、新使命，坚持发扬民主和增进团结相互贯通、建言资政和凝聚共识双向发力，为推动全县经济社会高质量发展作出贡献。

新当选的县政协主席郑进选在大会上说，新一届政协和广大政协委员要坚持党的领导，要按照县委的部署要求，提高政治协商、民主监督、参政议政水平，更好凝聚共识，用实际行动和履职成效践行新时代人民政协的使命担当。

【政协永宁县第十届委员会常务委员会会议】 政协永宁县第十届委员会第20次常委会会议2021年1月5日召开，县政协主席段伏林主持会议。应到政协常委、委员26人，实到政协常委、委员23人。会议传达习近平总书记在全国政协新年茶话会上的重要讲话精神，协商通过政协十届五次会务手册、常委会工作报告和提案工作报告，协商通过政协2020年年度协商计划。

政协永宁县第十届委员会第21次常委会会议2021年1月11日召开，县政协主席段伏林主持会议。会议应到政协常委、委员26人，实到政协常委、委员24人。会议听取县政协十届五次会议各组关于政协常委会工作报告和提案工作报告分组讨论情况汇报。

政协永宁县第十届委员会第22次常委会会议2021年1月13日召开，县政协主席段伏林主持会议。会议应到政协常委、委员26人，实到政协常委、委员24人。会议听取县政协十届五次会议各组关于政府工作报告、县国民经济和社会发展“十四五”规划纲要（草案）等工作报告以及县政协十届五次会议决议（草案）分组讨论情况汇报，审议十届五次会议提案审查情况报告（草案）。

政协永宁县第十届委员会第23次常委会会议2021年4月29日召开，县政协主席段伏林主持会议。会议应到政协常委、委员26人，实到政协常委、委员18人。会议传达学习全国“两会”精神，开展中共党史集中学习，协商通过县政协全体委员培训班方案，协商通过免去李正凯县政协常委职务。

政协永宁县第十届委员会第24次常委会会议2021年4月29日召开，县政协主席段伏林主持会议。会议应到政协常委、委员25人，实到政协常委、委员19人。会议围绕全县肉牛产业发展情况、疾病预防控制体系建设情况开展常委会专题议政，邀请县政府副县长马燕及有关部门负责同志参加。

政协永宁县第十届委员会第25次常委会会议2021年6月21日召开，县政协主席段伏林主持会议。会议应到政协常委、委员25人，实到政协常委、委员18人。会议听取“中国共产党领导的多党合作和政治协商制度发展历程和现实意义”专题辅导讲座，传达学习《永宁县严肃换届纪律加强换届风气监督工作方案》。会议协商通过任生雄辞去县政协常委、经济委员会主任职务，翁华任县政协经济委员会主任职务，协商通过韩向成任县政协常委、杨成辞去县政协委员。

政协永宁县第十届委员会第26次常委会会议2021年8月27日召开，县政协主席段伏林主持会议。县政协副主席蒯金银、郭宏，秘书长刘玉生及政协全体常委参加会议。县政协党组副书记郑进选列席会议。会议学习严肃换届纪律相关文件；全国地方政协提案工作经验交流座谈会精神；县委关于做好永宁县政协换届工作的会议精神。会议还协商通过县政协相关制度以及相关人事任免事宜。县政协主席段伏林说，县政协十一届一次会议召开在即，换届各项工作时间紧、任务重、要求高，各位政协常委要高度重视此次换届工作。要把好委员提名程序关，推荐政治素质高的新一届政协委员。委员结构要更加优化、党内党外人员比例更加合理。

政协永宁县第十届委员会第27次常委会会议2021年10月8日召开，县政协主席段伏林主持会议。会议应到委员24人，实到20人。会议传达学习习近平总书记在中国共产党成立100周年大会、中央民族工作会议上的重要讲话精神，传达学习中共永宁县第十五次党代会、县委十五届一次会议精神，听取县政协第十一届委员会委员建议名单、界别设置、委员名单公告情况，协商讨论县政协十一届一次会议常委会工作报告、提案工作报告，征集讨论县政协2022年协商议题。

政协永宁县第十届委员会第28次常委会会议2021年11月13日召开，县政协主席段伏林主持会议。县政协副主席郭宏参加会议。县政协党组副书记郑进选、县政协副主席候选人张文霞列席会议。会议传达学习习近平总书记在纪念辛亥革命110周年大会上的重要讲话精神；协商通过县政协十一届一次会议筹备方案、议程、日程；协商通过县政协十一届一次会议主席团成员、主席团会议主持人、秘书长名单；协商通过县政协十一届一次会议主席团常务主席和常务主席会议召集人名单；协商通过县政协十一届一次会议大会执行主席名单；协商通过县政协十一届一次会议各次大会主持人名单；协商通过县政协第十一届委员会提案审查委员会主任、副主任、委员名单；协商通过县政协十一届一次会议副秘书长名单；协商通过县政协十一届一次会议委员提交提案截止日期的决定；协商通过县政协十一届一次会议特邀人员名单；协商通过县政协十一届一次会议列席人员名单；协商通过县政协十一届一次会议分组及召集人名单；协商通过县政协十一届一次会议会务机构及职责；协商通过县政协十届常委会工作报告、提案工作报告；协商通过县政协十一届一次会议大会发言事宜；听取各委办主任汇报工作总结；协商通过县政协2022年度协商计划。县政协主席段伏林说，政协换届是全县人民政治生活中的一件大事，要把好政治关、素质关、程序关，完成永宁县政协各界代表人士的新老交替。

【政协永宁县第十一届委员会常务委员会会议】 政协永宁县第十一届委员会第1次常委会会议2021年11月13日召开，县政协主席郑进选主持会议。县政协副主席马立云、张文霞、马文君，秘书长刘玉生出席会议。会议协商通过政协永宁县第十一届委员会专门委员会主任名单。郑进选要求，各位常委要有责任，进入工作角色，适应新形势、新任务、新要求；要围绕工作大局，打造一支讲大局、讲团结、讲和谐的务实的领导班子；要增强廉洁自律意识，遵守各项规章制度；要以新姿态、新作风、新形象谋求新发展、开创新局面、取得新成绩，为推动永宁高质量发展做出新贡献！

政协永宁县第十一届委员会第2次常委会会议2021年11月25日召开，县政协主席郑进选主持会议。县政协副主席马立云、张文霞、马文君及政协常委参加会议。会议组织学习《中共中央关于党的百年奋斗重大成就和历史经验的决议》，习近平总书记关于《中共中央关于党的百年奋斗重大成就和历史经验的决议》的说明、中国共产党第十九届中央委员会第六次全体会议公报、宁夏回族自治区政协十一届常委会第二十二次会议精神及《中国人民政治协商会议宁夏回族自治区委员会专门委员会通则》，集中学习《中国人民政治协商会议章程》，观看专题片《百年奋斗启新程以史为鉴开创未来》《百年奋斗启新程光辉历程伟大飞跃》。会上，县政协副主席马立云，委员孙占军、郝文婧、鲁亚楠、勉维娜围绕学习贯彻中共十九届六中全会精神作交流发言。郑进选要求，政协常委作为政协履职的“关键少数”，要学习政协历史、政协章程和各项规章制度，从章程、制度中学习调查研究、协商议事、视察监督、撰写提案等基本履职方法，在发挥主体作用、推进作风建设、强化责任担当上走前列、作示范。

政协永宁县第十一届委员会第3次常委会会议 2021年12月30日召开，县政协主席郑进选主持会议。县政协副主席马立云、张文霞、马文君及政协常委参加会议。会议组织学习习近平总书记在全国宗教工作会议、在中央经济工作会议、在深入推动黄河流域生态保护和高质量发展座谈会上的重要讲话精神，学习中央农村工作会议、中央关于加强和改进新时代政协工作的相关文件精神，宁夏回族自治区党委十二届十四次全会、银川市委十四届十三次全会精神，银川市第十五次党代会、银川市“两会”精神，研究贯彻落实意见，组织开展2021年度全县科级领导班子评价赋分工作。郑进选要求，政协常委会是政协的领导集体，要规范常委、委员履职行为，主动担当作为；自觉做好人民政协制度的参与者、实践者、推动者。要坚持大团结大联合，发挥人民政协组织体系健全、联系广泛的制度优势，全力推动形成全县上下共同团结奋斗的局面；要围绕县委、县政府工作重点、群众生产生活难点、社会治理焦点，开展专题协商活动，解决社会关注的热点、难点、痛点问题，为推动永宁经济社会发展贡献政协智慧和力量。

视察调研

【无物业管理的居民楼调研】 3月11—12日，县政协组织社会治理委员会部分政协委员，对团结西路街道办事处和望远镇多年来建成使用而无物业管理的居民楼进行全面调研。永宁县城市建成区有县城片区和望远镇片区。现无正规物业服务状态的有54处133栋居民楼3638套楼房。其中，县城43处75栋居民楼2438套楼房，望远镇11处58栋居民楼1200套楼房。无正规物业问题的原因是：建成时间早、规模小，不具备物业入驻条件；基础设施老旧，维护成本高，物业公司不愿入驻；这些居民楼多建设于1986—2000年，物业公司规模小，服务能力弱，主动承担社会责任的担当不够；政府投入不足，未健全相应的机制。委员们建议：拆除原来各自居民楼间的隔离障碍，最大限度地实现连通；改造基础设施，创造物业入驻条件；规范自治行为，引导实行物业管理；加强安全管理，妥善解决危房问题；支持物业公司优胜劣汰，扩大规模，进而实现小区以“好”带“差”，物业全覆盖。

【疾病预防控制体系建设查看】 3月26日，县政协组织社会治理委员会部分政协委员对全县疾病预防控制体系建设情况进行实地查看和座谈讨论。全县疾病预防控制体系建设基本情况是，有医疗卫生机构101个，其中县级医院2个，疾病预防控制中心、妇幼保健计划生育中心、卫生监督所各1个，乡镇卫生院8家，社区卫生服务站9个、村卫生室30个，个体医疗诊所49家。全县卫生健康系统在岗职工1278人，其中在编586人、临聘692人；从事公共卫生工作258人（含村医），在编67人，临聘191人。县疾病预防控制中心核定编制20人，实有在编人员19人，临聘10人，其中：本科学历15人，专科学历13人，中专及以下1人；副高职称3人，中级5人，初级4人，其他6人。随着医改的不断深化，全县各级医疗机构疾病预防控制体系不断建立完善，县、乡、村三级慢性病、传染病疫情网处置逐渐规范，建立预检分诊、首诊负责、卫生监测等各种制度并严格执行，全县疾病预防和控制工作稳步开展，应急救治能力显著提升。委员们认为存在的问题和不足有：医疗机构疾控基础条件不足；公共卫生队伍建设力量不足；疾病预防控制保障机制不健全；医疗机构资金保障不到位；公共卫生人员待遇偏低。因医改取消疾控中心、卫生监督所等公共卫生机构原承担的社会服务类收费项目，公共卫生机构运行资金短缺，人员福利待遇有减无增。委员们建议，加强基础设施建设，积极推进医疗资源合理配置。加强疾控人员队伍建设，努力提高专业队伍综合素质。强化物资储备保障，实现公共卫生事业有序运转。强化宣传教育，提升疾病预防控制意识和能力。

【肉牛产业发展情况调研】 3月31日至4月1日，政协永宁县委员会组织部分委员调研全县肉牛产业发展情况，县政协副主席蒯金银参加调研。调研组考察灵武市白土岗镇肉牛产业发展情况。查看闽宁镇宁夏壹泰牧业有限公司、玉海村养牛散户牛棚、牛羊肉屠宰场等地，实地调查了解养殖户防疫、饲养成本、饲料价格等情况，了解全县肉牛产业发展情况。目前，永宁县肉牛品种以西门塔尔牛、安格斯牛为主，并开展改良，良种化水平不断提高。县人民政府推进肉牛标准化生产，实行见犊补母项目补贴、粮改饲项目补贴等项目扶持政策，促进肉牛养殖业发展。调研组就灵武九牛农牧专业合作社、灵武市肉牛产业发展、当地肉牛产业的发展形势对地方经济影响与永宁县肉牛产业现状开展分析、研究。调研组建议，永宁县要明确发展重点，发挥区位优势，打造宁夏回族自治区肉牛产业核心区，破解肉牛产业发展中的难题；要调动公司、联合体、农户三者的力量，引导形成以闽宁镇为龙头，公司、大户为骨干，农户为补充的永宁肉牛发展格局，要找出永宁县肉牛产业发展的短板和制约因素，推动永宁县肉牛产业发展形成规模效益，为乡村振兴和农民增收提供力量。

【全县肉牛产业发展专题座谈】 4月21日，永宁县政协召开“助推全县肉牛产业发展”专题座谈会。县政协副主席蒯金银参加活动。永宁县肉牛养殖以闽宁镇、胜利乡为主，肉牛经营则以宁夏壹泰牧业有限公司、宁夏犇旺生态养殖有限公司等企业为龙头。2021年，全县肉牛饲养量5.21万头，与去年同期相比增加1.92万头。此外，永宁县推进“种养一体化”发展方式，优质饲草面积逐年增加，并与酿酒葡萄、有机水稻、青贮种植企业签订订单，消纳企业生产的有机肥，实现小区域内种养生态循环利用。与会人员认为，全县肉牛产业发展虽取得一定成绩，但仍然存在产业发展不平衡、专业技术人才缺乏、精深加工能力不强等问题。会议要求相关界别委员要充分发挥政协职能优势，提出具有科学性、可行性的意见和建议，为全县肉牛产业发展献计出力，并希望相关部门形成合力，相互配合，展现服务型管理新作为，用好用活相关政策打破全县肉牛产业发展瓶颈。县政协副主席蒯金银及部分政协委员、相关部门、乡镇负责人参加会议。

【提案建议办理督查】 4月26—27日，政协永宁县委员会组织部分委员及提案人开展提案建议办理专项督查。县政协副主席郭宏参加督查。督查组对县政协十届五次会议立案的28件提案建议，以及县政协十届四次会议未办结的5件提案建议进行督查、协商。2021年，县公安局共承办提案建议3件，其中，建议关于进一步合理科学规划永宁县道路交通标识线及设施的建议，公安部门已自查隐患31处，对6处问题标线和4处交通隐患进行整改。督查组在县老干部局、县卫健局、团结西路街道等单位，查看提案办理情况。督查组指出，提案工作是委员议政监督的重要内容，是监督部门改进工作的重要渠道。各级各相关部门要把提案办理当作为党政分忧、替群众解难、促社会和谐的实事去做好。承办单位要重视政协提案建议的办理，在办前主动加强与提案人的沟通对接，在办理过程中要常沟通，多联系，广协商；要全面强化责任落实，推动工作提质增效。

中共永宁县纪律检查委员会 永宁县监察委员会

ZHONGGONG YONGNING XIAN JILÜ JIANCHA WEIYUANHUI YONGNING XIAN JIANCHA WEIYUANHUI

【概况】 2021年，中共永宁县纪律检查委员会、永宁县监察委员会落实全面从严治党要求，协助县委推进全面从严治党、组织协调全县反腐败工作。履行监督、执纪、问责职责。对党员开展遵守纪律的教育，对全县机关党组、党委，乡镇、街道党委、党工委等党的组织和党员领导干部履职开展监督；推动开展廉政教育，对行使公权力的公职人员依法履职、秉公用权、廉洁从政从业以及道德操守情况进行监督检查；对涉嫌贪污贿赂、滥用职权、玩忽职守、权力寻租、利益输送、徇私舞弊以及浪费国家资财等职务违法和职务犯罪进行调查；发挥监督保障执行、促进完善发展作用。

【政治监督】 2021年，中共永宁县纪律检查委员会、永宁县监察委员会对贯彻落实习近平总书记视察宁夏重要讲话和重要指示批示精神开展的监督检查，督促全县各级党组织和党员干部自觉把坚决维护习近平总书记党中央的核心、全党的核心地位，坚决维护党中央权威和集中统一领导落实到具体行动中。捍卫制度、落实决策、履行责任、行使权力，开展专项督查190次，督促完成整改问题226个，问责履职不力问题7件8人。开展疫情防监督检查，现场督查163次，督促整改问题101个；既督战更参战，协助宁和社区管控居家隔离户196户527人，协助望远镇、胜利乡核酸检测2万余人次。严肃换届纪律，开展换届纪律学习宣传、风险排查整改、换届程序执行开展巡回督查，核查问题线索12件，审慎回复党风廉政意见79批3070人次，全县换届风清气正。

【纪检、监察履职】 2021年，中共永宁县纪律检查委员会、永宁县监察委员会保持惩治腐败高压态势，处置问题线索396件，立案111件，处分118人，其中，科级干部29人，组织处理167人次，收缴违纪违法资金77.27万元。推进工程建设政府采购等重点领域突出问题专项治理，核查问题线索74件，立案4人，组织处理33人次，督促43家单位完善内控制度58个，推动构建风清气正的发展环境。开展粮食购销领域腐败问题专项整治，督促相关单位自查整改问题3个。发出纪律检查建议书、监察建议书72份；督促相关部门、单位完善制度、堵塞漏洞。组织县处级领导干部赴贺兰县接受廉政警示教育，对79名新任职领导干部开展廉政谈话，举办廉政书画展，观展党员干部600余人次，一体推进干部不敢腐、不能腐、不想腐的思想建设。

【“四风”纠治】 2021年，中共永宁县纪律检查委员会、永宁县监察委员会落实中央八项规定精神和宁夏回族自治区“八条禁令”，查处违反中央八项规定精神问题15起，处分15人，问责5人，通报典型案件5起6人。推进违规吃喝隐形变异问题专项整治，督促党委、党组开好作风建设专题民主生活会。开展对形式主义、官僚主义问题整治，查处工作不到位、履职不尽责问题18起，处分2人，问责22人。

开展媒体监督，牵头制作《电视问政》专题片，曝光典型作风问题13起，推动干部真抓实干。

【基层腐败整治】 2021年，中共永宁县纪律检查委员会、永宁县监察委员会推进巩固拓展脱贫攻坚成果同乡村振兴衔接专项监督，查处腐败和作风问题11起，处分4人，问责9人。聚焦百万移民致富提升、城乡居民收入提升、基础教育质量提升、全民健康水平提升等工作开展督查，下发督办单15份，督促整改问题43个，对宁夏回族自治区确定的百万移民致富提升行动重点村实行县、乡、村三级包抓。对群众急、难、愁、盼问题，开展民生领域侵害群众利益问题专项整治，向社会公布整治成果2批次，查处群众身边腐败和作风问题12起，处分14人，问责9人。落实村务监督委员会规范化建设，提高村务监督委员会成员工作补贴，全面从严治党覆盖到村队。扫黑除恶常态化，全县的政法队伍教育整顿，核查问题线索76件，立案15人，处分13人，永宁县纪律检查委员会、永宁县监察委员会获“宁夏回族自治区扫黑除恶先进集体”称号。

【督查整改】 2021年，中共永宁县纪律检查委员会、永宁县监察委员会健全问题整改和督查督办监督机制，督促巡视问题整改。中央第七巡视指导督导组反馈的市、县巡察工作的4个问题全部整改；宁夏回族自治区党委巡视整改“回头看”反馈7个问题，整改4个，政府债务化解等3个问题正在整改。开展市县一体化巡察工作，全年配合市委开展2轮巡察。中共永宁县十四届委员会巡察工作实现全覆盖；指导监督被巡察单位完成第十二轮至十四轮巡察反馈问题整改87个；对2017年开展市县一体化巡察工作以来的48个被巡察党组织整改情况进行“回头看”，发现并反馈问题238个，立行立改71个。组织开展涉粮问题专项巡察，发现并反馈问题4个；推动被巡察党组织建立健全制度123项，清退资金4.8万元，追责问责34人。

【整改监督】 2021年，中共永宁县纪律检查委员会、永宁县监察委员会压实管党治党政治责任，推动党委主体责任和纪委监督责任联动。对落实主体责任不到位的3个党组织、2名领导干部予以问责。开展永宁县政治生态分析研判评价，开展对党政机关、县直单位、部门负责人和领导班子的监督，推动对“关键少数”监督具体化、制度化、常态化，批评教育帮助和处理790人次。对51名受处分干部开展回访教育，为2名受到不实举报干部澄清正名，保护敢担当善作为的干部。

群众团体

QUNZHONG TUANTI

永宁县总工会

【概况】 2021年，永宁县总工会有基层工会组织622家，涵盖基层单位983家，工会会员55446人，其中，女会员24293人，农民工会员27405人，女农民工会员11219人。企业工会356家，涵盖基层单位364家、会员21062人，其中：国有企业工会5家、会员160人，集体企业工会1家、会员53人，国有独资企业工会1家、会员27人，私营企业工会342家，涵盖基层单位350家、会员19998人，外商投资企业工会5家、会员638人，港澳台投资2家、会员186人；个体经济组织4家、会员312人；其他类型的工会组织130家，涵盖基层单位474家、会员24685人。2021年，永宁县工会开展参与涉及职工切身利益永宁县有关政策的制订。对侵犯职工合法权益的重大事件进行调查，提出处理意见。组织和指导全县基层工会履行维护职能开展工会工作。指导基层工会组织职工开展以职工代表大会为基本制度的民主管理、民主决策、民主监督工作。指导和帮助企业建立平等协商、集体合同制度以及工资协商工作。

【工会党建】 2021年，永宁县总工会开展基层党建全面提升年活动，县总工会开展党组理论学习中心组学习、党员干部职工政治理论学习、主题党日等学习活动。开展党员承诺践诺活动。2021年，组织机关党员干部集中学习78次、党组中心组理论学习14次、主题党日活动12次、讲党课4次，为支部21名党员过集体“政治生日”1次。

【党史学习教育】 2021年，永宁县总工会组织开展“大学习、大讨论、大调研”活动，组织开展习近平总书记“七一”重要讲话、党的十九届六中全会精神等主题交流研讨活动13次。邀请县讲师团成员开展“传承党的百年光辉史基因、铸牢中华民族共同体意识”等宣讲4次，组织总工会机关干部撰写调研文章5篇。履行工会主责主业，开展“我为群众办实事”实践活动，完成县级“我为群众办实事”项目1个，完成市级为民办实事项目1个。

【新冠肺炎疫情防控】 2021年，县总工会执行县委部署，组织干部职工下沉社区开展核酸检测、小区单元值班值守工作。开展关心关爱行动，筹措资金20余万元，慰问新冠肺炎疫情防控一线医护人员和工作人员。组织基层工会利用微信群、QQ群、企业公众号等新媒体，宣传新冠肺炎疫情防控政策和科学防护知识。

【文化活动】 2021年，永宁县总工会在建党100周年，举办全县第五届职工运动会，组织开展“红色精神薪火传”全县职工党史知识竞赛、庆祝中国共产党成立100周年大合唱比赛等主题系列活动。在闽宁镇宁闽合发双孢菇工厂化栽培示范基地、宁夏伊品生物科技股份有限公司等企业醒目位置建设职工思想道德建设宣传栏，红色文化立根基层。

【岗位建功】 2021年，永宁县总工会聚焦永宁产业行业特点，组织开展比工程质量、比工程进度、比安全生产、比技术创新、比文明施工、比科学管理、创优质工程技能竞赛，举办全县建筑行业技能竞赛、机电仪技能比武大赛等竞赛，全市首届葡萄酒产业职业技能竞赛等。全县402家基层工会的近2万名职工参加活动。开展“五小”成果选树活动。2021年，推荐申报银川市“凤城工匠”6人，上报银川市“十佳”五小成果34项。

【职工维权】 2021年，永宁县总工会利用“12351”职工网络维权平台，聘请法律顾问，开展“法院＋工会”劳动争议调解服务工作，化解劳动关系矛盾。开展全县安全生产专项整治三年行动，开展“安康杯”竞赛、“安全隐患大排查”等活动，参与劳资纠纷安全事故处理。

【劳资和谐】 2021年，永宁县总工会深化民主管理提升行动，全年为28家企业安装电子显示屏，提升基层厂务公开的实效性，保障广大职工的知情权、参与权、表达权和监督权，指导基层工会健全完善以职工代表大会为基本形式的民主管理制度，全县国有企业及事业单位厂务公开、职代会制度全覆盖。国有、集体、外资以及港澳台企业厂务公开建制率、职代会制度覆盖率100%。非公有制企业职代会、厂务公开动态建制率92%以上。推动企业参与集体协商行动，指导非公企业广泛开展集体协商工作，全年签订工资专项集体合同335份，集体合同签订率达到96.5%。

【工会救助】 2021年，永宁县总工会筹措资金近65万元，慰问职工农民工近5000人次。开展职工医疗互助活动，全年开展职工医疗互助活动10期，补助报销302.86万元，惠及职工1872人次。

【就业服务】 2021年，永宁县总工会开展线上线下就业服务，借助银川市人才交流服务中心网站、公众号及辖区企业职工微信群等网络平台，组织发布企业用工信息31期，涉及279家企事业用人单位的6227个招聘岗位。举办春秋季招聘会2场次，达成就业意向近千人次。举办电焊工、育婴员、养老护理员等职工职业技能培训班，一些困难职工、农民工、下岗失业人员、灵活就业人员实现就业。开展全民健康行动，联系宁夏医科大学总医院心理学专家为全县职工开展心理健康知识讲座4场次，覆盖职工近500人次。

【财务审监】 2021年，永宁县总工会落实控制因公出国境经费、公务车购置及运行费、公务招待费产生的消费，强化预算执行，保证工会经费的使用绩效。开展工会经费审查审计监督第三方审、交叉审、同级审、对下审等多重审计。开展县总工会、111家基层工会2020年经费开展审计，工会经费规范使用。

【基层建设】 2021年，永宁县总工会新组建新基层工会组织42家，发展会员3006人。支持永宁县宏源达农机作业服务有限公司、团结西路街道办事处永和社区、宁夏创成索福门业有限责任公司成立“职工之家”3家，建成望远金盛恒大物流园、望远镇唐湾社区等3个户外劳动者服务站点。

共青团永宁县委员会

【概况】 共青团永宁县委员会下属基层组织571个，其中，团委20个，团工委3个，团总支20个，团支部349个，毕业生团组织179个。2021年，永宁县团的工作开展全县青年思想政治工作，加强青年工作体系建设。开展农村实用技术培训，助推乡村振兴。组织全县各级团组织开展学雷锋、树新风活动，青年志愿者服务活动。全县团的工作服务大局、服务青年、服务社会。

【党史学习教育】 2021年，共青团永宁县委员会开展党史学习教育，召开全县共青团系统党史学习教育动员大会；组建青年讲师团，开展百年党史基层宣讲26场次，组织全县团组织开展党史月月谈10期，开展党史专题学习3000余次，线上参与“青年大学习·一起学党史”主题团课35期。组织闽宁镇15名学生赴北京参加“学党史、传基因、育新人——宁夏百名青少年研学营”，厚植青少年爱党、爱国情感。

【工作创新】 2021年，共青团永宁县委员会开展全县共青团基层组织改革工作，选优配强乡镇团干部，村、社区在返、在乡大学生中选拔兼职团支部副书记。扩大团组织覆盖，新建非公领域团组织27个，开展行业系统建团工作，全县5家律师事务所实现团支部全覆盖。改革团员发展和管理教育的方式，新发展学校学生团员350人，社会面团员50人。

【组织建设】 2021年，共青团永宁县委员会完成全县95个村、社区基层团组织的换届选举工作。换届后，团支部书记平均年龄为33.5岁，本科及以上学历占68%。举办2021年党建带团建基层团干部专题培训班，130余名各级团干部参加培训。收缴当年年度团费1.8万余元，拨付全县各乡镇、街道基层团组织工作经费14万元。

【“红领巾”工作】 2021年，共青团永宁县委员会举办全县少先队辅导员风采大赛1场，组织少先队辅导员参加宁夏回族自治、银川市少先队辅导员专题培训班2场，提升少先队辅导员专业化水平。组织2万余名学生同上“红领巾心向党”主题云队课，举办“我向党旗敬个礼”“党的故事我来讲”“知党史感党恩童心向党跟党走”等主题活动5场；开展“请党放心强国有我”庆祝中国少年先锋队建队72周年集中活动1场，录制红领巾学党史视频3期。树立少年榜样，激励全县少先队员，永宁县银子湖学校的王佳欣荣获“全国优秀少先队员”称号。

【”筑梦”助学】 2021年，共青团永宁县委员会开展的“希望工程”，争取区市县资金44万元，资助130人。组织40名受资助大学生与青少年“大手拉小手”，帮助辅导课业。引入专业社工组织实施“共青团服务易地扶贫搬迁安置社区项目”，帮助基层社区解决辖区青少年放学无人看管的问题。对接《南方周末》和东风日产，为永宁县胜利乡中心小学捐建图书室1个。举办“微心愿认领”活动，为259名贫困青少年送去爱心书包、生活用品等。

【志愿服务】 2021年，共青团永宁县委员会组织青年抗疫突击队13支，848名青年志愿者到社区协助开展核酸检测、人员登记等志愿服务。举办大学生“返家乡”社会实践活动，65名大学生分两批次到机关事业单位及村、社区开展政务实践活动。实施校地合作志愿服务项目，组织银川能源学院青年大学生志愿服务队在团结西路街道各社区开展志愿服务活动100余场。联系清华大学、北京大学、厦门大学等高校志愿团队在闽宁镇为农村留守儿童开展课业辅导和兴趣培养工作。开展“净滩行动”“清岸清水”“植树添绿”“垃圾分类”等生态环保志愿服务活动7场。

【青年创业】 2021年，共青团永宁县委员会联合县就创中心举办“春风行动”招聘会5场，提供用工岗位5200余个。举办2场宣讲会，邀请就业创业专业人士为200余名待就业青年讲解乡村振兴战略中创业机遇。举办永宁县第三届“创青春”青年电商创新创业大赛，42支生态农业、文化创意、电商直播等领域青年创业团队、个人参加比赛。组织农村青年致富带头赴福建开展产品推介、产业对接、技能培育、经验交流借鉴活动。开展永宁在村就业创业青年大排查，全县有掌握农业技术在农村就业、创业青年1.2万余人。

永宁县妇女联合会

【概况】 2021年，永宁县妇女联合会围绕全县中心工作，开展巾帼建功、家庭文明创建、妇女儿童依法维权、巾帼暖心活动。全县妇女儿童事业实现新发展。永宁县被授予全国妇联系统先进集体和全国“两纲”示范县，全区“爱妮保”工作先进单位；闽宁镇获“全国巾帼建功先进集体”称号。

【党史学习教育】 2021年，永宁县妇女联合会组织开展党史学习教育，引领妇女听党话、跟党走。开展“不到长城非好汉革命传统教育”“走好新时代长征路”“脱贫攻坚精神的闽宁实践”等系列活动19场次，开设微信公众号展播“红色故事”专栏，展播《献礼建党百年——讲巾帼英雄故事》《童心向党——“小红军”讲述红军长征的辉煌历程》等故事107篇。举办诵读《赵一曼家书》《秋瑾》等红色家书诵读活动，14个单位参与。征集全县各行各业15个优秀女性诵读作品并推送市妇联展播，点击量过万。

【志愿服务】 2021年，永宁县妇女联合会以巾帼志愿服务为平台，动员永宁巾帼志愿者立足社区、面向家庭、扶贫助困、调解矛盾、关爱老人、呵护儿童，助力文明城市创建，开展活动15场次。开展促进和谐稳定、倡导文明新风、助力创业就业、推进家庭教育等巾帼志愿服务活动近百次。县城巾帼志愿者活跃在创建文明城市的各个领域，乡镇巾帼志愿者在人居环境整治中活跃在各村庄、庭院。

【评优选优】 2021年，永宁县妇女联合会在全县范围收集“最美妈妈”事迹，在和美永宁等新媒体平台展播“最美妈妈”事迹10篇；展播“三八红旗手”“巾帼建功标兵”等先进人物事迹26篇，榜样引领妇女建功立业。

【巾帼行动】 2021年，永宁县妇女联合会举办巾帼家政服务“进社区”等主题技能培训班2场次，推荐闽宁镇2名妇女参加“香橙妈妈大学——乡村女性就业赋能”创业培训，帮助妇女创业增收。全年审核发放农村妇女创业担保贷款246笔3070.50万元，助推农村妇女就业创业。为望洪镇靖益中心村姚丽申报“双培双带”项目资金5万元，培育妇女致富带头人。为闽宁禾美电商扶贫车间争取“母亲小额循环金”资金10万元，带动闽宁镇建档立卡贫困户妇女增收致富。2021年，争取各类项目资金546.90万元，支持妇女创业行动。

【环境改善】 2021年，永宁县妇女联合会召开“美丽庭院”推进会，举办“美丽庭院”打扫居家院落卫生培训班。十一期间，县妇联在闽宁镇原隆村与乡镇基层妇联执委、巾帼志愿者开展环境综合整治志愿服务，帮助老弱病残家庭收拾屋子、打扫院子。在原隆村创建“美丽庭院”示范户15户。为“美丽庭院”示范户拍摄全家福、为“美丽庭院”授牌。开展赠送家风故事书籍、赠送绿植、赠送家居用品活动。全年创建镇、村级“美丽庭院”627户，宁夏回族自治区、银川市、永宁县级“美丽庭院”295户。

【新冠肺炎疫情防控】 2021年，永宁县妇女联合会落实县委部署，组织全体干部到望远镇三沙源中央公园、杨和康城、陆坊小镇开展大范围核酸检测工作，到望远镇西位社区、团结西路街道办东环社区15个封控点开展24小时值班值守、环境消杀等工作。组织妇女向封控点捐款捐物价值约14万元。

【健康巾帼】 2021年，永宁县妇女联合会在全县寻找创建县级“健康家庭”35户，推荐银川市级“健康家庭”15户，宁夏回族自治区级“健康家庭”7户。在新媒体平台线上展播“健康家庭”事迹10篇。宣传关爱女性健康“爱妮保”惠民保险政策，全有12507名妇女投保，缴纳保费125.07万元；理赔患病妇女58名，理赔金额154.50万元。争取全国和宁夏回族自治区妇联乳腺癌和宫颈癌救助项目资金24万元，救助全县24名患病妇女，为每人发放救助金1万元。争取市妇联“两癌”关爱服务项目资金6万元，为20名乳腺癌和宫颈癌患病及特殊、困难妇女开展关爱行动服务。

【家风建设】 2021年，永宁县妇女联合会在闽宁镇建设家风家训展示馆，展示永宁县及闽宁镇辖区内的“最美家庭”“最美永宁人”等典型事迹。在全县开展寻找评选“最美家庭”30户，推荐市级“最美家庭”14户，在新媒体平台线上展播“最美家庭”事迹10篇。2021年，成立一支36人的县级家庭教育师资队伍，开展教师进家庭活动16场次，700余人参加。线上推送“帮助青少年扣好人生第一粒扣子”的家庭教育专刊15期。线上、线下开展亲子活动21场次。在全县7个乡镇、街道安排讲党史、家庭教育、信访维权、家风家教、法律知识等送课下基层活动21场次。组织闽宁镇家长儿童150人参加“童心向党”家庭教育亲子实践活动。争取市妇联基层妇联组织力提升试点项目资金2.8万元。

【妇女维权】 2021年，永宁县妇女联合会在全县乡镇、街道开展维权知识宣传及普法讲座18场次，1000余名妇女接受教育。组织全县各乡镇、街道，村、社区妇联干部150人接受民法典婚姻家庭专题讲座。全年县妇联接待来访来电63例，其中，婚姻家庭矛盾纠纷29例，家庭暴力5例，财产纠纷2例，其他27例，调解率100%。

【妇幼保护】 2021年，永宁县妇女联合会组织开展看望慰问留守儿童，为单亲、残疾建档立卡户等困难家庭的孩子们赠送冬衣300件、爱心知识书包50个、家风故事书240本。争取到湖北省丝宝集团洁婷公司为闽宁中学、闽宁二中开展2期关爱女童公益讲座，为1200余名女童送上爱心大礼包。春节期间，县妇联为28名困难妇女送去米、面、油。争取市妇联春节慰问金13万元，慰问贫困单亲母亲130名。为19名贫困单亲母亲发放“正心基金爱心妈妈”资助金4.1万元。六一为东环社区困境儿童发放书包60个。为杨和镇纳家户村2名贫困小学生争取到社会爱心人士捐赠的助学金每人每年5000元，资助完成从小学到大学的学业。联合市妇联慰问闽宁镇因失火伤亡的2个儿童家庭。

【两“纲”落实】 2021年，永宁县妇女联合会、永宁县妇儿工作委员会办公室落实中国妇女、儿童发展纲要，开展终期监测评估，制作《2011—2020年永宁县妇女儿童发展成果专题片》，整理永宁妇女、儿童发展10年来工作档案，全县48个成员单位推动永宁《妇女发展规划》和《儿童发展规划》的实施，全县妇女儿童事业通过宁夏回族自治区政府对永宁县“两规划”工作完成情况的终期评估验收，永宁县获“全国两纲示范县”称号。

【妇女参政】 2021年，永宁县妇女联合会完成全县街道、村、社区妇联换届工作。乡镇、街道妇联主席由同级党政领导班子中的女性担任，专职副主席由乡镇、街道在编干部中的女性担任。完成5镇1乡1街道和66个村、29个社区妇联换届工作。共选出乡镇、街道妇联主席7人，专职副主席7人，兼职副主席31人，执委181人，兼职副主席中有女企业家、社会组织带头人。新一届乡镇、街道妇联班子中，本科以上学历26人，占58%；大专学历17人，占36%；35周岁以下26人，占58%；中共党员36人，占80%。选出村、社区妇联主席95人、执委1425人。新一届村、社区党组织书记中女性成员占23.16%；村、社区村党支部委员会和村民委员会中，女性成员占47.41%，平均年龄39.5岁，女性比例显著增加。

永宁县科学技术协会

【概况】 2021年，永宁县科学技术协会工作团结和动员科学技术工作者实施科技兴县战略，促进科学技术发展，促进科学技术的普及和推广，促进科学技术人才的成长和提高，普及科学知识，传播科学思想和科学方法。组织实施青少年科学素质提升行动、农民科学素质提升行动，发挥科普示范基地、农技协的作用，传播科学思想，推广先进的实用技术。团结和带领广大科技工作者提高人民群众的科学文化素质，促永宁县经济社会发展。

【科普农村】 2021年，永宁县科学技术协会联合宁夏回族自治区、银川市科普工作队，在永宁县开展“科普大篷车”下基层、“三下乡”服务活动20余次，在集市和农民丰收节开展科技知识宣传，受益群众12000余人。在乡镇开展科技知识宣传12场，发放科技宣传资料10000余册、科技宣传品800余份。组织永宁县菌菇种植企业、花卉种植企业参加宁夏回族自治区农业科技协会举办的培训班。承办全区蔬菜种植培训班1期，邀请宁夏回族自治区、银川市农业专家开展农业技术培训4次。

【科普少年】 2021年，永宁县科学技术协会组织在银子湖学校举办银川市第四届青少年电子制作锦标赛，永宁县青少年在电路创新、寻宝机器人、智能寻轨器等多个项目中，获一等奖12个、二等奖6个、三等奖10个，优秀辅导教师2名。联合宁夏回族自治区科协科普工作队开展科普大篷车进学校活动，分期在永宁县第一小学、新华小学、丰盈小学、望远中心小学巡展。邀请中国流动科技馆走进永宁县，在永宁中学开展2个月的巡展活动，接待学生23000余人。

【科普社区】 2021年，永宁县科学技术协会开展科普进社区活动，普及尊重自然、绿色低碳、科学生活、安全健康、应急避险、反对邪教等知识，开展培训、讲座、宣传等活动10场，发放科普图书5000余册。

【科普宣传】 2021年，永宁县科学技术协会开展2021年永宁县科普信息化年活动。逐乡镇召开科普宣传员会议，兑现2020年科普宣传员工作补助。开展科普宣传员培训活动，调整没有发挥作用的科普宣传员；2021年，永宁县在“科普中国”APP注册人数达到10785人，位居全区县区第一；永宁县“科普中国”传播分享科普文章190万余篇。在“和美永宁”平台“微科普”栏目，推送各类科普知识400多条。联合融媒体中心拍摄制作“科普大篷车”栏目2期，宣传永宁县特色农产品，推广实用农业技术。

【科普落地】 2021年，永宁县科学技术协会争取宁夏回族自治区科普工作队项目资金4万元，在闽宁镇建成科普主题公园1个；闽宁镇红树莓基地利用宁夏回族自治区科协项目资金15万元，建成宣传中医药文化的科普基地。在永和社区投资10万元建成社区科普活动室。利用项目资金，建成永宁中学科技活动室，为闽宁二中成功争取农村中学可持续发展资金11.7万元，购置科普器材和开展科普活动。

【协会建设】 2021年，永宁县科学技术协会开展“科创中国”平台推广应用，带动101人在永宁县科技型企业注册“科创中国”联络员。组织推选宁夏墨工科技有限公司新材料研发人员丁振杰申报“2021年宁夏回族自治区青年人才托举工程”。联合宁夏回族自治区、银川市科协，慰问宁夏晓鸣农牧股份有限公司技术研发团队和永宁县5名优秀科技工作者；向银川市科协推荐永宁县叶靓、纳卫华、施新军、吴自平、赵春光5位科技人员的先进事迹，市科协集中进行宣传。

【项目申报】 2021年，永宁县科学技术协会成功申报永宁县第二中学青少年科技活动室、东环社区科普活动室、闽宁二中农村科技馆发展等6个项目，项目资金32.95万元。

【“老科技”活动】 2021年，永宁县科学技术协会动员组织26名老科技专家组成的科技志愿服务队，到企业、基地开展技术指导服务。每名专家按照自己的专业特长定点服务1到2个企业或农业基地。建立服务点19个，科技专家联系指导服务站12个，解决生产中遇到的技术问题。老科协会员开展大型观摩交流4次，撰写调研报告2篇，申报项目2个，争取项目资金2万元，发展会员5名。

【新冠肺炎疫情防控】 2021年，永宁县科学技术协会发挥科普宣传员、科技志愿者作用，在全县科普资源宣传平台，线上线下开展新冠肺炎疫情防控科普宣传。组织党员干部到望远社区、团结社区、望远政权村开展核酸检测；抽调人员入驻集中隔离酒店，完成58人次密接人员集中隔离工作；组织干部下到望远社区，完成2个封控单元楼的24小时值守和服务工作。

【党史学习教育】 2021年，永宁县科学技术协会开展党史学习教育，举办党史学习教育读书班3期，报送党史简报信息45篇，组织开展集中专题研讨16次。

永宁县工商业联合会

【概况】 2021年，永宁县工商业联合会坚持“政治建会、团结立会、服务兴会、改革强会”的工作方向，围绕中心，服务大局，创新思路；实现在深化思想信念教育实践活动上有提升，在服务发展上有举措，在参政议政上有成效，在基层建设上有加强。2021年，被中华全国工商业联合会评为2020—2021年度全国“五好”县级工商联。

【万企兴村】 2021年，永宁县工商业联合会开展公益性岗位购买行动，伊品、德福等企业捐献爱心，解决就业岗位，增加贫困家庭收入。全年新增公岗150个。其中，乡村振兴中心100个，就创中心50个。解决乡村公益性岗位在岗人员234人。本地企业壹泰、犇旺、闽楠等9个规模化养殖园区，带动就业创业人数120人。2021年，争取宁夏回族自治区工商联项目资金100万元，开展原隆村人居环境整治行动，完成原隆村巷道立面抹灰2300平方米；完成原隆村巷道立面彩绘1800平方米；完成原隆村对应巷道的路面铺装2200平方米。整治成果在10月29日宁夏回族自治区观摩活动中获得领导肯定。

【品牌建设】 2021年，永宁县工商业联合会组织闽宁镇企业青禾农牧、北客生物、闽宁禾美等农产品加工企业参加区内外农产品展会；选送“闽宁禾美”参加宁夏回族自治区农业农村创新创业大赛，取得全区第一名。

【消费帮扶】 2021年，永宁县工商业联合会组织开展全县消费帮扶企业进行消费帮扶认定，认定消费帮扶产品33类83个；推动消费帮扶产品对外销售，销售额达到8.41亿元；开展消费帮扶企业带贫益贫联结工作，与企业签订带贫益贫协议，全县12家消费帮扶企业带动劳动力就业2700余人。

【新冠肺炎疫情防控】 2021年，永宁县工商业联合会全体人员下沉社区参与新冠肺炎疫情防控，协助望远镇银子湖小区、唐徕湖畔小区、县城南环社区开展全员核酸检测工作3场次，完成1.5万余人核酸检测工作。开展“敲门”行动，对所包银子湖社区30栋楼挨家挨户敲门走访，上门宣传新冠肺炎疫情防控政策及相关法律法规，动员居民完成核酸检测，实现核酸检测不漏一人。下沉社区，协助县城内阳光花园社区B区、C区开展封控点新冠肺炎疫情防控工作，24小时坚守岗位，完成工作任务。组织全县民营企业捐款捐物，支持一线防疫人员，疫情期间，银川铁狮环保、永宁实成房地产、永宁县金广餐厅、宁夏艾森米特家具等25家企业，捐赠物资总价值为34.29万元。

【换届工作】 2021年7月10日，永宁县召开县工商联第十一次会员代表大会，参会会员120人，选举产生工商联第十一届执行委员会，选举工商联主席1名、副主席23名、执行委员29名、秘书长1名，执委成员涵盖全县民营经济各条战线上代表人士。

【思想教育】 2021年，永宁县工商业联合会组织非公经济人士参加宁夏回族自治区银川市工商联理想教育培训3次，参加银川市工商联举办的党的路线方针政策惠企政策培训班1次；在望远工业园区举办“学法守法诚信经营公平竞争”民营企业培训班1次。组织全体参会人员学习贯彻习近平总书记建党100周年重要讲话精神；建立工商联副主席和执委微信工作平台，常态化开展学习习近平总书记在民营企业座谈会上的讲话，中央、宁夏回族自治区、银川市、永宁县减税降费惠企政策宣传。组织非公经济人士开展建党100周年庆祝活动。

【服务企业】 2021年，永宁县工商业联合会深化联系企业服务机制，开展走访和专题调研，与企业家联系沟通，了解会员企业存在的困难和问题，向相关部门反映企业诉求，联系各省在宁商会，开展招商信息交流。在创业谷打造民营企业家理想信念教育示范点1个；完成民营企业经济运行、万家民营企业营商环境、民营企业用电情况调查，开展商业承兑汇票使用问卷调查工作，39家民营企业参与调查问卷填报。重视非公经济人士综合评价工作，建立工商联执行委员数据库，完善非公经济人士数据库，依据数据向宁夏回族自治区、银川市工商联推荐政治素质过硬、参政议政能力强、经营业绩好的非公经济代表人士为人大代表、政协委员和先进个人候选人。

【基层建设】 2021年，永宁县工商业联合会加强对基层商会组织的指导，提倡和鼓励企业家办会。根据乡镇、街道经济发展情况，成立乡镇商会，将工商联工作与党委、政府中心工作结合起来，发挥商会优势，密切企业和政府之间的关系。开展与民政、工商、商投等政府职能部门联系协调和交流沟通。理顺体制机制，解决商会注册登记、行业商会业务主管、异地商会归口管理等问题。

【党史学习教育】 2021年，永宁县工商业联合会党支部成立党史学习教育领导小组，集中学习指定教材，每周开展1次党史专题学习，每月开展1次主题党日活动，坚持以会代训，逢会必讲党史。开展党史学习教育34场次，开展党史学习教育读书班活动3期，开展主题党日活动11场次。开展传承党的百年光辉史基因铸牢中华民族共同体意识专题党课3场次，组织开展党史知识专题测试4次。举办“改革开放时期历史”“党的十八大以来历史”“党的十九届六中全会精神”“习近平论作风建设重要论述”为主题的专题研讨会10场次。组织全体党员开展红色教育基地观摩学习活动3场次。干部到包扶社区讲党课活动1次。

永宁县文学艺术界联合会

【概况】 永宁县文学艺术界联合会下成立有作家协会、书法家协会、美术家协会、摄影家协会、舞蹈家协会、音乐家协会、戏剧家协会、民间艺术家协会、诗歌朗诵艺术协会、收藏家协会等10个艺术协会，有会员856名，其中，国家级会员2名、宁夏回族自治区级会员29名、银川市级会员69名，进入市文联各协会主席团成员4名、理事12名。2021年，县文联组织文艺创作、评论、学术交流、人才培训、文艺评奖活动。开展文化交流，编辑永宁县文学刊物。

【群众文艺】 2021年，永宁县文学艺术联合会开展“歌声中的党史故事”文艺宣讲传唱活动56场次，参与群众3000余人；组织开展少儿才艺公益培训，培训191课时，培训1631人次；组织中国传统节日文明实践活动11场次；集中开展传统文化进校园活动2场次；在闽宁镇富宁社区开设少儿书法公益培训课30期；在文艺演出、群众集会中宣传“道德模范”和“最美人物”事迹。

【主题创作】 2021年，永宁县文学艺术联合会组织文艺工作者用镜头、笔墨反映永宁抗疫故事，创作各类文艺作品147件，刊发作品64幅，其中，音乐短片《同心同德战疫情》在中央广播电视总台网站刊播。联合银川市文联开展推动黄河文化彰显区建设调研座谈会。组织永宁县文艺志愿者开展“黄河颂歌”中华经典诗文诵读活动。组织文艺骨干开展黄河主题文化创作工作。收集黄河文化彰显区研究文章《古老的宁夏黄河渡口》《仁存渡春秋》及诗歌《在同一条河流间行走》等作品，其中，李晓哲创作的摄影专题《网红打卡地》入展“乡村里的宁夏”主题影展。

【精品创作】 2021年，永宁县文学艺术联合会全年推荐8部优秀文艺作品参与第四届贺兰山文艺奖评选，其中，毕会萍、刘辉《致敬英雄——与祖国同行》获影视类二等奖，关宁宏隶书条幅获书法类三等奖，李晓哲摄影作品《奋斗在小康路上的闽宁镇女人们》获摄影类三等奖。李晓哲作品《移民赵鸿的幸福生活》获中国艺术摄影协会举办的“大河上下”第十三届黄河流域九省区艺术摄影展优秀奖；王建邦、关宁宏、周山的书法作品入围宁夏第十三届书法篆刻临摹作品展；县书法家协会会员樊国珍、李峰、关宁宏、张红梅、王勤伟五位的书法作品入围宁夏书协举办的“美丽新宁夏翰墨颂党恩”庆祝中国共产党成立100周年书法、美术、摄影民间工艺作品展；马珍、贺彬参加银川市“铸牢中华民族共同体意识”主题征文，作品分别获二等奖和优秀奖。

【创作交流】 2021年5月12日，永宁县文学创作基地在闽宁镇挂牌。永宁县文学艺术界联合会配合各文艺部门，协调永宁县各文艺家协会，组织各协会骨干会员在文创基地开展文艺惠民活动，在永宁县文学创作基地展出“百年风华正茂奋斗铸就辉煌”优秀作品，展览到移民群众家门口。全年，永宁县文学艺术界联合会组织各协会会员在文创基地开展文艺惠民活动6场，群众参与1000余人次。召开马凤鸣纪实文学作品《我是移民》研讨会，书协会员书法临摹作品改稿会，李晓哲“乡村里的宁夏”专题摄影心得分享会。

【《永宁文艺》编刊】 2021年，永宁县文学艺术界联合会编辑发行《永宁文艺》季刊，编刊《永宁文艺》4期，刊发各类文艺作品300余件。

【志愿服务】 2021年，永宁县文学艺术界联合会组建永宁文联文艺志愿者服务队，开展文艺志愿者服务27场次，参与志愿服务的文艺志愿者200余人次，服务大众13050人次。

永宁县残疾人联合会

【概况】 2021年，永宁县残疾人联合会开展为残疾人康复、教育、劳动就业提供服务，创造条件，扶助残疾人平等参与社会活动。推动永宁县残疾人教育、康复、扶贫、就业、维权、文化体育、权益保障、残疾预防工作上台阶。

【扶困济难】 2021年，永年县残疾人联合会兜牢残疾人民生保障底线。配合民政局开展困难残疾人生活补贴和重度残疾人护理补贴审核发放工作；协调医保、社保、就业等部门，解决残疾人低保、养老保险、就业、医保等政策落实不到位问题，为2948名残疾人购买保险。实施“阳光助残小康计划”，为残疾人脱贫不稳定家庭、边缘脱贫易致贫家庭、低保户家庭，且有劳动能力、有发展致富意愿10户家庭，每户补助4000元。

【就业助残】 2021年，永年县残疾人联合会组织56位有就业意愿的残疾人参加宁夏残疾人春季专场招聘会，5人与企业达成就业协议；组织36名残疾人参加银川市秋季职业招聘会。开展残疾人实用技术及职业技能培训，举办手工皮艺、中式面点、汤瓶八诊职业技能培训班4期，培训142人，有15名残疾人通过培训实现就业；举办葡萄、蔬菜种植，肉牛、肉羊育肥实用技术培训2期，培训101人。联合东全村建设“永宁县东全村残疾人创业扶持基地”，为该村20名残疾人免费提供17栋温棚种植西瓜、西红柿各一茬，经济产出7.5万元，获利5.8万元。对全县20家按比例安置残疾人就业的企事业单位开展就业年审，安置残疾人就业290人。2021年，征收残保金77万元。对11名应届毕业残疾人大学生开展跟踪就业服务，8人实现就业。扶持残疾人自主创业、灵活性就业，为8名自主创业的残疾人发放补贴4.9万元，为38名灵活就业残疾人发放就业补贴7.6万元；为21名残疾人个体工商户补贴基本养老保险费8.85万元。

【居家助残】 2021年，永年县残疾人联合会投入25万余元，购买居家服务，为250名智力、精神、重度肢体残疾人提供居家托养，为残疾人提供保洁、维修、理发、洗澡、按摩等居家生活和康复训练服务。

【生活助残】 2021年，永年县残疾人联合会开展大宣传大排查大调研活动，与民政局配合，落实贫困残疾人生活补贴、护理补贴审核发放工作，全年发放残疾人生活补贴2860人335.75万元，护理补贴2848人370.98万元，全县困难残疾人生活补贴和重度残疾人护理补贴覆盖率达99%。

【托养助残】 2021年，永年县残疾人联合会开展残疾人托养服务工作，政府购买服务，为全县男16—59岁、女16—54岁就业年龄段内智力、精神障碍残疾人，肢体一、二级残疾，智力、精神多重残疾、重度肢体残疾人提供居家托养服务，为250名符合条件的残疾人每人发放1000元助残补助，补助资金25万元。助残托养工作经第三方机构评估，满意度达90.85%。

【助学扶残】 2021年，永年县残疾人联合会配合教育局开展义务教育控辍保学摸底排查工作，全县义务教育阶段适龄残疾学生162人，其中，在校及随班就读116人，送教上门12人，特教学校21人，缓学10人；落实扶残助学政策，资助学前教育阶段残疾儿童10名共1万元，资助大中专阶段学生8名共2.5万元。

【康复助残】 2021年，永年县残疾人联合会推进“康复进乡镇、服务到家庭”，开展残疾人康复训练与服务工作，联合卫健部门残疾人家庭医生签约活动，3788人提供精准康复服务。

【幼残儿救助】 2021年，永年县残疾人联合会按照《永宁县残疾儿童康复救助实施方案》标准和要求，由各康复机构对全县0—6岁残疾儿童开展生活自理能力、运动功能、社会适应能力等方面的康复训练实施康复救助。2021年，为87名0—6岁残疾儿童提供康复训练救助经费54.5万元。

【器具适配】 2021年，永年县残疾人联合会开展残疾人辅助器具适配工作。投入补贴资金7.47万元，为96名残疾人配发轮椅、助听器等辅助器具79件、护理垫655包，安装假肢矫形器16人；实施脊髓损伤残疾人生活重建训练4人，贫困重度肢体残疾人电动站立式轮椅适配1人。在闽宁镇玉海村、原隆村新建3个残疾人辅助器具交换服务点，配置轮椅、腋杖等辅助器具，为急需的老年人和伤残人提供便利。当年，接收社会捐赠的护理床1张、辅具2件。

【精神残障关慰】 2021年，永年县残疾人联合会开展精神残疾防治救助工作。年内3次邀请专科医院医生对335名有服药需求的精神残疾人服药、用药情况开展问诊，投入17.1万元购置康复药品免费发放，为4名重度精神残疾人给予住院治疗补贴0.32万元。

【残疾预防】 2021年，永年县残疾人联合会开展第五个残疾预防日宣传活动，悬挂横幅、集中宣传、电子屏循环播放残疾预防动漫宣传片等形式宣传残疾预防知识、儿童康复救助政策。全年为35名高危孕产妇发放产前诊断补贴1.75万元；为48名0—6岁残疾儿童发放残疾诊断补贴1.44万元；发放残疾评定补贴305人2.44万元。

【人文助残】 2021年，永年县残疾人联合会在2021年春节期间，慰问困难残疾人家庭122户，发放慰问资金6.4万元，走访宁夏儿童福利院医疗康复中心、永宁县残疾儿童康复中心，送去慰问金1.5万元，捐赠口罩、消毒液等防疫物资。

【文化助残】 2021年，永年县残疾人联合会举办残疾人冰雪趣味运动会、残疾人运动会、全国特奥日趣味运动会。庆祝建党100周年，联合图书馆举办“阅经典咏诗文贺百年辉煌”道德大讲堂活动。组织残疾人参观军事文化博览园、银川艺术博览中心等红色教育基地，观看电影；邀请银川市残疾人艺术团开展“感党恩听党话永远跟党走”慰问演出。全国第十一届残运会暨第八届特殊奥林匹克运动会上，永宁县5名残疾人运动员参加，1人获得跳远银牌，1人获得轮椅网球女子团体第四、轮椅网球女子双打第四名。

【权益保障】 2021年，永年县残疾人联合会接待、处理残疾人来信来访。涉及康复、教育、就业、社会保障、权益维护等方面咨询服务125件，接收12345智慧银川服务平台转来的信访投诉3件，信访结案率100%。

【非残查证】 2021年，永年县残疾人联合会开展残疾人数据动态管理行动，县残联投入专项经费7万元，抽调112名调查员，在1个月内对全县7677名持证残疾人开展入户调查，入户调查结果经过第三方评估公司评估。全县7个乡镇、街道95个村社区，持证残疾人7677人。调查完成率为100%，其中，入户调查7398人，电话调查211人，查无此人11人，已搬迁12人，空挂户15人，外出27人，注销2人，迁移1人，入户调查率达97.23%。

【助残宣传】 2021年，永年县残疾人联合会在全国爱耳日、全国助残日开展宣传活动，发放宣传册2200余份、宣传品1000余份。在永宁县残联微信公众号发布《中华人民共和国残疾人保障法》实施30周年线上答题活动，全县残联系统工作人员全部参与答题活动。开展巩固残疾人脱贫成果，提高残疾人生活质量宣传。县内残疾人专门协会走访残疾人家庭60户。

永宁县红十字会

【概况】 2021年2月，永宁县红十字会成立，红十字会由中共永宁县委领导分管、政府领导联系，列入群团机关序列，为副科级事业单位。2021年，永宁县红十字会组织开展社会募捐，接受社会援助，监督救灾款物的使用。开展人道领域内的社会服务和社会公益活动；组织开展群众性的初级卫生救护训练和现场急救；参与推动无偿献血和非血缘关系骨髓移植供给者的宣传活动，开展供髓者资料数据的储存、检索工作。组织青少年开展社会精神文明和弘扬人道主义活动。实现汇集社会力量，服务于社会的目的。

【机构设置】 2021年1月12日，永宁县红十字会召开第一次会员代表大会，会议审议并通过永宁县红十字会工作报告、《永宁县红十字会事业发展规划（2021—2025年）》，聘请朱剑、郝春明为永宁县红十字会名誉会长，选举产生永宁县红十字会理事会、监事会；李淑娟当选为永宁县红十字会第一届理事会会长，张丽娟当选为永宁县红十字会第一届理事会常务副会长，马曼茹当选为专职副会长，王金玉、徐丽娟当选为兼职副会长，杨小永等6人当选为常务理事；成静当选为县红十字会第一届监事会兼职监事长，户娟兵当选为副监事长。

【履职履责】 2021年，永宁县红十字会对接捐赠企业47家、民营机构25家、机关事业单位15家、个人5人，按照捐赠人意愿定向捐赠接收率100%，非定向捐赠调配使用率100%。没有出现违规使用捐赠款物和借助公益捐赠变相开展营利性活动现象。

【信息公开】 2021年，永宁县红十字会制定永宁县红十字会物资捐赠规章制度，建立健全财务会计制度、财务审计制度和受赠财产使用制度，准确公开所接受捐赠的财产使用、管理情况，公益捐赠公开透明。

【抗疫捐赠】 2021年，永宁县红十字会执行县新冠肺炎疫情防控领导小组决策，开展永宁县红十字会抗击疫情捐赠活动5场，募集新冠肺炎疫情防控款物总价值66.68万元，其中，捐赠现金41.35万元，捐赠物资折合人民币价值25.33万元，所捐赠款物分配给县中医医院、县妇幼保健所、乡镇卫生院、兰花花隔离点等永宁县新冠肺炎疫情防控一线。

【应急救护】 2021年，永宁县红十字会开展应急救护知识普及活动。举办专题讲座，开展公益培训，举行应急演练。实施应急救护知识进学校、进社区、进乡村、进机关、进企事业单位、进军营活动，全年开展应急救护培训班4期，培训人员90余名，永宁4名医疗专业人员获得初级应急救护师资质证书；开展心肺复苏培训，组织心肺复苏术认证证书和自动体外除颤器操作认证证书培训班4场，为通过考核的219人颁发心肺复苏培训证书；与县安全生产委员会办公室组织安全生产月防灾、减灾、救灾应急演练1次。现场为群众演示心肺复苏、创伤包扎等急救方法。

【人道救助】 2021年8月，河南省多地遭遇严重洪涝灾情，永宁县红十字会组织爱心人士和企业，募集物资价值20.67万元、募集资金18.82万元。开展闽宁对口帮扶捐赠，对接福建19家爱心企业募集捐赠资金162万元，对接捐赠物资企业2家，募集捐赠物资价值37万元，用于闽宁镇产业帮扶、教育培训、人居环境建设等。

【志愿队伍建设】 2021年，永宁县红十字会根据《中国红十字志愿服务工作管理办法》，开展红十字志愿服务队队伍建设，全县有86名医护人员成为红十字志愿者。

【献血活动组织】 2021年，永宁县红十字会全年组织开展无偿献血活动4场，261人参与无偿献血，献血总量达9.75万毫升，36人留取造血干细胞。其中，县机关干部职工献血67人，献血量2.62万毫升，2人留取造血干细胞；县公安局献血33人，献血量1.24万毫升，9人留取造血干细胞；宁夏伊品生物科技有限公司献血132人，献血量4.97万毫升，25人留取造血干细胞；永宁县人民法院献血29人，献血量9200毫升。

法 治

FAZHI

政法工作与综合治理

【概况】 2021年，永宁县政法工作全面落实维护社会长治久安要求，推进扫黑除恶专项斗争，维护国家政治安全，开展政法队伍教育整顿，抓平安永宁建设。开展常态化新冠肺炎疫情防控工作，获得全区铁路护路联防工作先进集体，全区扫黑除恶专项斗争先进集体。维护永宁县社会大局稳定。

【党管政法】 2021年，永宁县政法委员会坚持党管干部原则，全年抽调6名干部参加8批次政法干部提拔任用考察工作。配齐配强政法领导班子，政法队伍教育整顿期间，永宁县政法机关领导干部交流15人，其中，政法委5人，公安局2人，法院2人，检察院2人，司法局4人。提交县委常委会专题研究扫黑除恶专项斗争10次、政法队伍教育整顿8次，年度向县委常委会汇报政法工作开展情况，提交政法工作报告，向县委、县政府提交重点领域突出问题风险评估报告3份。定期召开政法委员会会议、政法委书记办公会，专题研究全县政法工作阶段性工作。3月24—25日，组织全县180余名政法干警开展为期2天的封闭学习。

【队伍整顿】 2021年，中共永宁县政法委组织督查全县政法单位开展政治教育、业务教育、警示教育、红色教育、典型教育活动。全县公安、检察、法院聚焦群众反映强烈、影响执法司法公信力的多发性、顽固性、典型性问题自觉查找，全县收到线索267条，全部办结；发现顽疾问题654条，核实认定261条，全部整改完成。教育整顿总结制订制度80余项，推动用制度管权管人管事。政法队伍整顿教育活动中，政法单位制定走访倾听民意、创新基层治理等10大类62项具体措施，开展“我为群众办实事”活动。政法单位把纪律规矩挺在前，以案促改，104名在职政法干警主动向组织说明问题，提升干警廉洁自律意识和拒腐防变的思想。

【国家安全】 2021年，中共永宁县政法委全面加强国家安全工作，严密防范和严厉打击境内外敌对势力、敌对分子的渗透破坏、暴力恐怖活动，主动配合宁夏回族自治区、银川市国家安全部门跟踪评估工作。开展防邪反邪工作，实施永宁县群众举报邪教线索奖励，开展教育转化去存量攻坚工作。开展庆祝建党100周年社会稳定工作、第五届中国—阿拉伯国家博览会信访维稳工作，专题研究部署信访维稳工作。庆祝建党100周年、中阿博览会等重要节点全县安全稳定。

【扫黑除恶专项斗争】 2021年，中共永宁县政法委常态化开展扫黑除恶专项斗争，巩固专项斗争成果，永宁县扫黑除恶办公建立28项工作制度；县纪委监委、政法部门建立40项制度；组织、宣传部门已建立7项制度；重点行业部门梳理完成125项制度；全县乡镇、街道形成53项制度，行业监管更加有力。政法部门组织对黑恶案件进行倒查，对5条主要案件线索进行挂牌督办；对96件减刑、假释、暂予监外执行案件、39367起报警开展警情梳理分析，对发现问题跟踪，直至整改到位。

【基层治理】 2021年，中共永宁县委政法委推进县、乡、村三级公共安全视频监控联网应用群众性治安防控工程建设，推进智慧法院建设，推动县综治中心与县智慧城市运营管理指挥分中心融合建设；实施乡镇、街道综治中心、重点村、社区综治中心建设，完成望远镇富源社区综治中心建设。实施矛盾纠纷排查化解信息系统与社会治理信息系统等数据资源衔接，平安建设上台阶。完善非公经济组织和社会组织党建工作体系建设，组织企业申报宁夏回族自治区创新平台项目1项，银川市科技创新项目17项；开展星级和谐社区创建工作，评选出四星级和谐社区10个、三星级和谐社区11个、二星级和谐社区3个；社团治理开展打击整治非法社会组织专项行动，社会组织党组织覆盖率达到93.39%；学校治理建立开始向民办中小学选派党组织书记，校园全部实现互联网接入。乡村治理实现高标准村级党群活动场所全覆盖，创建三星级以上村党组织40个。开展平安单位评选，命名平安单位、平安村、平安社区、平安校园等110个。社会治安重点地区和突出治安问题实施挂牌整治，1个区市级、3个县级挂牌整治的社会治安重点地区和突出问题全部完成整治。

【联防护路】 2021年，中共永宁县委政法委开展铁路沿线隐患排查整治，将沿线羊圈、麦场、鱼池整治作为攻坚项目。开展春季路外安全环境综合治理专项整治行动，督促清理高铁沿线私搭乱建彩钢板房10处、彩钢板漂浮物隐患问题84件，清理垃圾20处，设置警示牌13块。

【服务改革】 2021年，中共永宁县委政法委推进政法部门内设机构改革，开展永宁县人民法院、永宁县人民检察院职能配置优化、机构职责划转、机构撤并重组改革，严格法官、检察官遴选标准程序，开展司法警察、检察官助理、书记员、检察行政人员职务职级套转晋升和人民警察职务序列套改工作。新招录入职辅警1批29人，面向全区选调工作人员1名，遴选新增法官4名，招录聘用制书记员12名，司法队伍得到补充。推进智慧诉讼服务改革，在立案大厅设立智能导诉机器人，为当事人解答各种法律问题，为当事人提供法律咨询、程序导诉、法规查询等诉讼服务。年使用超过3000人次。公安局推进和改革派出所工作，28名辅警下到派出所，基层派出所民警达到102人，占全局民警总数43.78%，社区民警50人，占派出所民警总数49.01%。全面推行公安窗口24小时服务，回应群众对公安工作的新期待。

【社会维稳】 2021年，中共永宁县委政法委开展电信网络诈骗、非法集资、非法传销、毒品犯罪等社会治安突出问题专项整治。开展社区、学校、医院为重点的永宁智能安防建设，以县、乡、村三级综治中心为指挥平台，以公共安全视频监控联网应用为重点，开展群众性治安防控工程建设，推进永宁家庭视频监控、自动报警、收音、对讲、抓拍等家庭安防监控报警项目建设，增加永宁人脸识别等智能感知设备覆盖范围，实现信息自动采集、数据自动异常报警、管理智能高效、防范严密精准，提升永宁社区警务智能化水平和预测预警预防能力。

【矛盾化解】 2021年，中共永宁县委政法委平安永宁建设协调小组组织各成员单位常态化开展矛盾纠纷排查化解工作。重新调整、选任939名兼职调解员，成立7个社区调委会，建成县级调解中心1个、乡镇调解中心6个。推动信访积案化解工作，集中开展治理重复访、化解信访积案专项工作攻坚行动，化解率100%。

【见义勇为褒扬】 2021年，中共永宁县委政法委慰问见义勇为人员及见义勇为牺牲者家属42户，发放慰问金4.95万元；关怀见义勇为人员、英模、烈士子女生活，借助助学和脱贫解困项目，解决其困难；保障见义勇为人员合法权益，为42户见义勇为人员购买商业保险。召开司法救助会议，确定救助事项、救助金额。协调政法部门开展司法救助工作，落实司法救助案件10件。

法治政府建设

【概况】 2021年，永宁县以推进依法行政，建设法治政府为主线，围绕《永宁县法治政府建设实施方案（2016—2020年）》《永宁县2020年法治政府建设工作要点》推进政府法治建设。2020年，全县法治建设完成目标任务。

【“八五”普法】 2021年，永宁县政府成立普法工作领导小组，提请县人大常委会审议通过《关于深入开展第八个五年法治宣传教育的决议》，永宁县“八五”普法工作上升到地方法定规章要求。2021年，政府常务会议会前学法10次，组织政府办领导班子成员集中学习《中华人民共和国政府信息公开条例》《中华人民共和国安全生产法》等法律法规。开展全县“法律进机关”活动，县直部门建立学习制度，对全体干部职工进行相关法律、法规教育。组织开展无纸化学法用法考试。开展保密知识培训学习，集中观看《“守”机“危”信警示片》，教育干部职工保守国家秘密、维护国家安全和利益的重要性。

【普法创新】 2021年，永宁县政府发挥信访局、机关事务中心、政务公开办公室在普法教育中的职能作用，对管理对象、服务对象及社会公众宣传普及法律以及履职履能的相关法律法规。坚持线上与线下相结合，利用政府门户网站，设置“法治政府建设”专栏，在政府办工作微信交流群发送有关法律宣传的文章、图片、动漫、微视频等法治文化作品，营造法律学习氛围。

【扫黑除恶专项斗争】 2021年，永宁县政府常态化开展扫黑除恶专项斗争工作。发挥政府办牵头、指导和督促职能作用，开展重点行业专项整治。建立健全社会治安、工程建设、生态环境等重点行业的监管防控机制以及重点环节预防监督机制。

【依法决策】 2021年，永宁县政府建立健全科学民主依法决策机制。修订完善《永宁县人民政府重大行政决策规则》《永宁县人民政府政府常务会规则》《永宁县人民政府工作规则》，制定《永宁县人民政府2021年度重大行政决策事项目录》并统筹谋划2022年目录编制工作。健全法律顾问参与重大行政决策机制，政府法律顾问列席政府常务会议、专题会议45次，审查规划、合同、协议50件，出具合法性审查意见50份。

【文件规范】 2021年，永宁县政府规范性文件的管理，执行“三统一”和有效期制度，实现政策文件与解读材料同步组织、同步审签、同步部署。全年发布11个规范性文件，全部发布政策解读，图解率100%。联合司法局对现行的行政规范性文件进行集中清理，清理结果经县人民政府第83次常务会议研究通过，其中，废止54件、修改5件。依法受理公民申请公开。全年接收申请公开10件，全部办结，答复率100%。在政府网站设立专栏，政民互动栏目回应群众关切247件，建立建议提案答复制度，公开每年两会上人大代表、政协委员提案及办理情况。

公　安

【概况】 2021年，永宁县公安局完成全县公安警务工作。开展刑事案件、经济案件、毒品案件侦破工作，依法打击犯罪分子，审核刑事案件。对永宁县法律、法规规定的场所、特种行业、枪支弹药、危爆物品进行治安管理，依法查处治安案件。对紧急治安事件和重大紧急情况，实施指挥调度。对全县治安实施动态管理。开展新冠肺炎疫情防控和维护政治社会安全工作。全局120余人受到表彰奖励，闽宁派出所被公安部评为“枫桥式公安派出所”称号，闽宁派出所原隆村警务室被银川市公安局评为“石榴籽警务室”称号。

【社会稳定】 2021年，永宁县公安局开展扫黑除恶专项斗争，涉黑涉恶线索核查办结率100%，九类涉恶案件破案率同比上升122%；侦破系列盗窃车内财物案件，侦破区厅挂牌系列盗窃铜材案件，打掉一批沿街盗窃商铺犯罪团伙，打击处理妨害国（边）境管理人员19人，全县刑事案件破案数同比上升80.1%。开展校园“护学岗”工作，推行“威慑警务”，实施“主动警务”，织密联调联动全天候矛盾化解网络，全县公共安全形势平稳。

【诈财侦办】 2021年，永宁县公安局打击和防范涉众型经济犯罪，对全县经济类犯罪风险隐患进行排查整治，化解假借其他公司名义实施犯罪活动1起，依法取缔风险公司3家，捣毁传销窝点90个，查获传销违法犯罪人员235人，刑事拘留17人，取保候审1人。落实金融、通信、互联网等行业监管责任，侦破电信诈骗案件240起，抓获犯罪嫌疑人285人。2021年，“断卡行动”侦破帮助信息网络犯罪案件6起、抓获犯罪嫌疑人19人，查获开办卡50人，收贩卡12人，源头打防取得效果。建立电信诈骗警情先行研判工作机制，联合银行、通信等行业对转出的被骗款，开展资金冻结、止付等工作，核查本地开办涉案“两卡”线索数142条，本地户籍开办涉案“两卡”人数63条，办理侦查协作案件101起，邮寄信件131封，提交研判报告5篇，追回经济损失135.3万元。预警止付涉案银行账户1133个，资金677.34万元，冻结涉案银行账户947个，资金2528.1万元，遏制辖区新型电信网络诈骗犯罪态势。开展“反诈宣传进校园”“全民反诈”宣传活动，全县“国家反诈中心”官方APP推广注册人数达71568人，成功预警劝阻2454人次，减少辖区群众因遭受电信诈骗造成的经济损失。

【为民服务】 2021年，永宁县公安局推行案件办理统一入口、统一审核、统一出口工作机制，规范现场执法、案件受理、执法行为，维护执法工作公平正义。结合公安队伍教育整顿和党史学习教育，开展“我为群众办实事”和“开门纳谏”警民恳谈活动，倾听群众呼声。深化“互联网+公安政务服务”改革，公安窗口服务实现全年365天每日24小时服务，2021年，周末节假日办理业务2500余件。解决群众急、难、愁、盼问题，学习教育成果转化为为民服务、维护稳定的实际工作。

【教育整顿】 2021年，永宁县公安局开展公安队伍教育整顿、党史学习教育专项活动，制定《永宁公安队伍教育整顿实施方案》《永宁县公安局党史学习教育实施方案》，举办习近平法治思想研讨1次、局领导讲党课9次，开展政治轮训班4期，局属党支部书记讲党课22场次，干警接受教育2000余人次；全年召开教育整顿会议29次，支部召开学习会议500余次，学习教育实现干警思想转化与进步。

【党管治警】 2021年，永宁县公安局推进公安队伍正规化建设、党风廉政建设，细化永宁县公安局从严管党治警主体责任，党风廉政建设和反腐败工作有安排、有督查，领导干部签订《2021年党风廉政建设责任书》52份，民警、辅警签订《永宁县公安局民警、辅警八小之外监督管理责任书》500份。实现党委书记负总责，分管领导具体抓。局属派出所组织开展“开门纳谏”警民恳谈会15场次，征集意见建议100余条，对征集意见建议全部落实整改。

【道路安全】 2021年，永宁县公安局开展客车、大货车、危化品运输车、校车、摩托车等五类车辆规范驾驶教育，依法查处酒驾、涉牌涉证、超速、超员、超载、疲劳驾驶等交通违法行为，组织开展交通违法查处“雷霆行动”，超限超载联合执法等专项行动40余次，联合执法60余次，查处大货车超载1282起，百吨王182起，农村面包车超员222起，酒驾290起，涉牌涉证226起；查处摩托车骑手不戴安全头盔、汽车驾驶员不系安全带违法行为10137起。在县城、望远区域部署30名交通警力开展日常巡逻，查处城区行人、非机动车违法和机动车违停等行为，全年处理机动车违章10865起，行人、非机动车违法5250起、机动车不礼让斑马线行为1409起，培养全县道路交通文明文化。

【新冠肺炎疫情防控】 2021年，永宁县公安局落实执行中共永宁县委新冠肺炎疫情防控决策，开展外防输入、内防反弹工作；开展社会面排查，卡口防控，闭环管控境外返银人员工作；开展流调溯源工作。兰花花疫情隔离点创新开展1名责任区民警、1名街道干部、1名社区工作人员、1名医务人员、1名网格员联合工作模式，实施隔离人员分类管控制度，全年完成集中隔离医学观察9次，管控隔离人员达3725人，无涉稳案件发生，新冠肺炎疫情防控工作得到宁夏回族自治区、银川市、永宁县三级党委、政府领导的表彰。

检　察

【概况】 2021年，永宁县人民检察院依法开展对贪污贿赂犯罪、国家机关工作人员渎职犯罪案件侦查；依法办理审查批准逮捕、决定逮捕案件，实施立案侦查监督、侦查活动监督。依法办理审查起诉、提起公诉、抗诉案件。对人民法院刑事审判活动实行监督工作。受理公民的报案、举报、控告和刑事申诉。开展涉及生态环境保护的检察工作。2021年，永宁县人民检察院被中央文明委授予继续保持“全国文明单位”称号，被中共永宁县委评为第一批“让党中央放心、让人民群众满意”的模范机关，院党支部被评为银川市“五星级基层党组织”。

【队伍整顿】 2021年，永宁县人民检察院成立政法队伍教育整顿领导小组，召开政法队伍教育整顿动员部署会，开展自查自纠。通过学习教育发动自查、明确政策激励自查、领导带头引领自查等多种形式，落实“自查从宽、被查从严”政策，实现自查自纠全面覆盖、思想发动广泛深入，核查出违反“三个规定”问题2件，均处理；核查出1人存在违规参股借贷情况，给予党内严重警告处分，并收缴违纪资金。与县公安局、县法院联合制定《关于刑事案件介入会商制度实施办法》等规章制度，用制度思维和制度方式堵漏洞、固根本。

【刑事检察】 2021年，永宁县人民检察院深化纠正漏补、漏诉，优化认罪、认罚，开展羁押必要审查，提高刑事案件办案质量。受理批捕案件134件202人，同比件数上升14.52%，人数上升18.8%。其中，批准逮捕66件109人，人数上升14.73%，不批准逮捕65件90人，同比件数上升27.45%，人数上升20%。受理审查起诉案件359件438人，同比件数上升112.42%，人数上升88.79%。其中，起诉263件330人，同比件数上升70.77%，人数上升46.01%。不起诉93件99人，同比件数上升220.68%，人数上升153.84%。核查财产刑执行案件40件，执行标的118万元。办理财产刑违法违规案件3件。

【民事检察】 2021年，永宁县人民检察院受理民事检察监督案件86件，其中，审判监督案件30件，执行监督案件30件，支持起诉案件21件，生效裁判监督案件5件。发出支持起诉状21份。办结生效裁判监督案件5件，提请抗诉3件均获上级院支持，终结审查2件。发出审判违法检察建议30份，执行违法检察建议30份，回复采纳率100%。

【行政检察】 2021年，永宁县人民检察院解决群众反映强烈的行政争议化解难问题，突出解决行政诉讼程序空转问题。受理行政检察社会综合治理类案件12件，发出检察建议12份，收到回复整改12份；受理行政程序审判违法监督案件7件，发出检察建议7件，受理行政检察执行监督立案5件，发出检察建议5份，均回复采纳；办结行政争议实质性化解案件4件。

【公益诉讼】 2021年，永宁县人民检察院落实“河湖长＋检察长＋警长”工作机制，开展食药领域公益诉讼专项监督，排查行政公益诉讼案件线索52件，立案50件，发出诉前检察建议49份，诉前磋商案件1件，收到回复整改49份。其中，涉及“等外”领域案件23件，食品安全领域案件6件，生态环境及资源保护领域案件21件。

【信访接待】 2021年，永宁县人民检察院启动联合司法救济程序，检察长带头办理司法救助案件，主持召开公开听证活动，化解矛盾深化救助工作。受理各类信访案件148件次，接听“12309”电话52件次。受理司法救助案13件，救助10件10人，发放救助金23.3万元。

【未成年人保护】 2021年，永宁县人民检察院监督落实对儿童和学生法治教育、预防性侵害教育缺位等义务，对校园预防性侵害相关制度落实情况监督检查；发出检察建议15份，均回复且整改到位；开展普法宣传活动62场次；未成年人司法救助17人、观护帮教及分级预防18人，开展谈心谈话40余次；立案未成年人公益诉讼7件；监督公安机关撤销未达刑事责任年龄刑事案件11件，提前介入性侵害未成年人刑事案件5件，排查各类涉未成年人刑事案件24件。

【少捕慎诉慎押】 2021年，永宁县人民检察院加强与公安机关、审判机关协作、配合，准确打击刑事犯罪。县人民检察院与永宁县公安局、永宁县人民法院联合会签《关于刑事案件介入会商制度实施办法》，对疑难复杂案件的捕、诉程序实现办案组全程办理，严控案件退侦率、延期率。2021年，全院一次退侦率为2.15%，同比下降5.9%；二次退率为0.8%，同比下降7.2%；不捕率45.5%，同比上升1.1%；不诉率23.1%，同比上升8.4%。出席法庭案件210件，其中，适用简易程序审理63件，适用速裁程序审理78件，两项占比67.14%，提高办案效率。

【律师执权保障】 2021年，永宁县人民检察院完善各种基础建设及各项规章制度。设置律师绿色通道，设置专门场所，实行专人接待、专人负责、专人回复制度；完善预约登记手续，搭建电子阅卷平台。制作律师阅卷预约登记表，对律师身份信息、卷宗交接及阅卷内容等进行详细登记备案，形成档案材料；加强检察院与律师事务所联系，保障信息公开。组织召开“检律座谈会”，将律师对检察工作的意见建议，梳理汇总、加以落实。

【智慧检务】 2021年，永宁县人民检察院完成工作网网络核心设备及防火墙采购与调试部署，完成统一业务应用系统2.0后台环境配置；与银川市远程提讯2.0系统应用对接，完成远程提讯系统、控辩协商系统设备改造升级；完成公益诉讼快速检测实验室建设，2名干警通过培训取得样品取样、检测技侦资质；公开听证室建设完成，通过高检院信息中心对接验收；保障刑事案件未成年被害人的合法权益和身心健康，完善取证、救助工作机制，建设完成未成年人一站式保护中心。

【机制创新】 2021年，永宁县人民检察院落实司法体制改革要求，深化司法责任制改革，健全检察权运行新模式，落实员额检察官办案责任制，责任分明，可追、可溯。院领导带头办理疑难复杂案件。建立健全检察官绩效考评机制。成立检察官业绩考评委员会，突出业绩导向，激励多办案、快办案、办铁案。对各类人员履行司法岗位职责、开展检察业务工作等方面的情况，进行定性、定量的综合性评价，推进员额检察官动态管理，做到检察官有进有出、优胜劣汰。

【内部监督】 2021年，永宁县人民检察院落实办案检察长监管职责，对于办案数量较少、质量不达标的检察官进行监督提醒；利用检察办案系统对案件进行自动分案，全程监控，对未按照节点录入信息的发出流程监控通知书。开展《领导干部干预司法活动、插手具体案件处理的记录、通报和责任追究规定》《司法机关内部人员过问案件的记录和责任追究规定》《关于进一步规范司法人员与当事人、律师、特殊关系人、中介组织接触交往行为的若干规定》宣传，提高公众知晓度，扩大社会影响力。

【新冠肺炎疫情防控】 2021年，永宁县人民检察院党组落实县委部署，召开新冠肺炎疫情防控专题会议，启动紧急预案，全院干警随时待命，24小时昼夜交替轮岗，48名干警下沉永和社区、蔚湖城社区、蓝山社区、农声村等多个核酸采集点，协助完成15000余人次核酸采样工作，负责永和社区8个单元的防疫、物资配送工作。

法　院

【概况】 2021年，永宁县人民法院依法审判级别管辖和地域管辖的第一审刑事、民事、经济、行政及环境资源案件；协调处理各类经济、行政、环境资源、民商事矛盾，定分止争，维护当地社会秩序稳定。让人民群众在每一个司法案件中感受到公平正义，忠实履行宪法法律赋予的职责。各项工作取得新发展。全年受理各类案件10737件，比上年多收2742件，同比上升34.30%；结案9000件，比上年多结2043件，同比上升29.37%；结案率83.82%，同比下降3.2个百分点。

【政治建设】 2021年，永宁县人民法院坚持落实党对人民法院工作的绝对领导，主动向县委汇报重要工作和重大事项，法院工作自觉接受党的领导。召开会议专题分析研判司法领域意识形态的风险点，保证意识形态安全。推进党史学习教育、政法队伍教育整顿，组织干警开展政治轮训和专项业务培训。开展“三会一课”“主题党日”等活动，法院班子成员专题讲授党课12次，组织干警到六盘山红色教育基地、宁夏党史馆、银川党史馆开展现场教育7次。开展庆祝中国共产党成立100周年系列活动，制作微视频、举办红色经典传诵。

【司法审判】 2021年，永宁县人民法院坚持宽严相济刑事政策，依法打击刑事犯罪，审结刑事案件244件，判处犯罪嫌疑人293人。严惩严重危害社会治安和群众生命财产安全犯罪，审结抢劫、绑架、故意伤害等犯罪案件56件，维护社会和谐稳定。严惩职务犯罪，审结纳某某受贿、滥用职权案件，保持惩治腐败犯罪高压态势；贯彻实施《民法典》，坚持以人民为中心，妥善化解民商事纠纷，全年审结民商事案件5730件。

【司法执行】 2021年，永宁县全年受理执行案件3754件，结案2893件，结案率77.06%，执行到位金额2.64亿元。强化立审执协调配合，成立执行异议审查团队，强化执行合力。发挥执行指挥中心作用。升级“亮剑行动”“凌晨叫醒”等集中执行活动，执结一批群众“急盼”、严重影响司法公信的涉民生案件。开展执行款专项清理行动，发放执行款1.62亿元，兑现胜诉权益。加大对拒执行为的打击力度，主动与公安机关、检察院协调配合，建立依法从严从快办理拒执罪案件常态化工作机制。2021年移送拒执案件6件，公安机关立案5件。

【司法改革】 2021年，永宁县人民法院修订完善法官及审判辅助人员权责清单，定岗、定人、定责，实行精细化、规范化管理。落实司法职业保障，完成8名法官单独职务序列等级确定、4名法官助理按期晋升、1名司法警察职级晋升工作。制定《绩效考核办法》，实现法官、法官助理、司法行政人员三类人员、两种待遇落实到位。开展审判辅助事务集约化管理和社会化外包试点改革，加大司法辅助工作外包力度。

【繁简分流】 2021年，永宁县人民法院强化审务督察，限期整改落实，促进民事案件繁简分流改革规范推进。2021年，小额诉讼程序适用率3.80%，简易程序适用率87.31%，一审审判员独自对案件进行审判适用率92.75%，简易程序平均审理时间40—60天。

【智慧赋能】 2021年，永宁县人民法院推动诉讼服务工作与

"互联网+"深度融合，在院机关及派出法庭诉讼服务窗口设置自助诉讼服务一体机、文书智能生成终端，引进全区首个智能导诉机器人"云帆"，提升诉讼质效。满足群众多样化需求，开通诉讼费缴纳移动支付功能，增加微信扫码渠道，成为全区第三家开通该项功能的法院。庭审直播常态进行，全年直播庭审2652场。干警开展"微创新"活动，利用微信公众平台开通"预约调档"功能，方便当事人诉讼。

【新冠肺炎疫情防控】　2021年，永宁县人民法院落实县委、县政府防疫工作部署，安排干警下沉社区轮班值守20余天，组建近百人志愿服务队前往望远镇、李俊镇王团村、宁和社区、银子湖社区协助开展全民核酸检测。组织干警无偿献血，完成防疫任务。

【法治营商】　2021年，永宁县人民法院落实习近平总书记关于"法治是最好的营商环境"的重要指示，审慎使用司法拘留等强制措施和对企业经营影响较大的查封、扣押、冻结措施，平等保护民营企业合法权益，提高审判执行效率，防止因诉讼拖延影响企业生产经营。依法审理金融借款、保险证券等案件，防范化解金融风险，办结社会关注度高、影响面广的北方精工破产重整案件。组织法官下到企业开展法治宣传，通过典型案例"以案说法"，为企业、职工答疑解惑。

【服务人民】　2021年，永宁县人民法院开展"我为群众办实事"实践活动，制定为民服务"十项举措"，解决人民群众在司法活动中的需求。加强窗口建设，针对群众设立案窗口、加快立案速度的诉求，推出"立案八条"，实现"一站通办、一次全办"。在闽宁法庭设立律师工作站，邀请3家律所律师进驻法庭免费提供法律咨询。在县退役军人事务局设立"涉军维权工作站"，便捷满足部队官兵法律需求。依法落实司法救助制度，为符合条件的当事人缓免诉讼费1.79万余元。兼顾执法和善意司法，联合媒体开展公益助农宣传和法官直播带货活动，为被执行人拓宽小番茄销售渠道，促进案件执行。

【学习教育】　2021年，永宁县人民法院聚焦"五项教育"，丰富学习载体，铸牢政治忠诚。推行晨读夜学模式，常态化开展部门、支部学习。落实"三个一线""三基本"工作机制，班子成员深入群众开展实地调研10余次。

【队伍建设】　2021年，永宁县人民法院领导班子成员带头说明自身问题活动，全院86名干警均以不同形式主动说明问题，并对29名干警依纪依规进行从宽处理。全面起底各类问题，严查违反防止干预司法"三个规定"、违规违法办理暂予监外执行案件、执法不作为乱作为等制约司法公信力提升的问题。核实认定顽瘴痼疾38条，整改38条，涉及干警26人，处理21人次。运用群众力量检视自身不足，核结各类线索143件。对查实及半实半否线索中涉及的6名干警，分别给予提醒谈话、责令作出书面检查、诫勉谈话、批评教育等处理。对诉讼服务、政治建设、队伍管理等方面的问题，制定16项制度补强短板弱项。面向社会各界聘请10名特约监督员，让司法监督的覆盖面更广。

司法行政

【概况】　2021年，永宁县司法局参与永宁县规章的制订，参与社会治安综合治理工作。指导监督永宁县律师工作，维护法律服务市场秩序。管理永宁县公证机构，指导、监督公证业务活动。管理全县法律援助工作。指导、管理永宁县基层人民调解和基层法律服务工作。指导、管理社区矫正日常工作。

【廉政建设】　2021年，永宁县司法局制定《2021年全面从严治党"三个清单"》；组织干部观看廉政警示教育片、参观宁夏工委纪念馆廉政教育基地、开展党纪法规知识测试等活动；制定司法局廉政风险清单；开展违规吃喝隐形变异问题专项整治工作，召开党组"深化作风建设"专题民主生活会，对违反防止干预司法“三个规定”的3名干部给予警示谈话问责处理，作出书面检查。建立长效机制23项。

【意识形态工作】 2021年，永宁县司法局党组班子落实意识形态工作责任制，坚持党对意识形态工作的领导，将意识形态工作纳入局党组重要议事日程，纳入党建工作责任制、党风廉政建设责任制，做到意识形态工作同司法行政业务工作同部署、同安排、同考核。司法局班子成员把意识形态工作作为民主生活会和述职述责述廉述法的重要内容，逐级签订意识形态工作责任书。召开党组会议专题研究意识形态领域新情况、新问题。加强律师、公证行业、社区矫正对象及刑满释放人员的管理教育。开展党员信仰宗教和参与宗教活动排查，组织党员学习民族宗教政策。落实微信群、微信公众号、宣传栏等阵地管控，把握意识形态工作正确导向。围绕重点工作，结合重要会议、重大活动和重要时间节点，做好正面宣传。落实网络意识形态责任制，做到第一时间发现舆情、搜集舆情、应对舆情、处置舆情。全年局党组召开意识形态专题会议2次，召开意识形态分析研判会4次，召开党组理论学习中心组会议14次，开展专题研讨4次。

【党史学习教育】 2021年，永宁县司法局立足深入调研访民意、立足岗位帮民困、化解矛盾解民忧、开门纳谏汇民智、服务群众暖民心、接受监督聚民力等活动形式，开展“我为群众办实事”实践活动，征集实事项目31个，项目内容涉及公共法律服务、法律援助、公证、人民调解等具体工作，31件实事项目全部完成。

【队伍整顿】 2021年，永宁县司法局开展政法队伍教育整顿，围绕违反防止干预司法“三个规定”；政法干警及其家属违规从事经营活动；政法干警及其家属违规参股借贷；违规违法减刑、假释、暂予监外执行；有案不立、压案不查、有罪不究；法官、检察官离任后违规从事律师职业，充当司法掮客；县法院重点整治的“审限管理”问题；县检察院重点整治的“民事行政监督”问题；县公安局重点整治的“涉案卷宗管理”问题；县司法局重点整治的“公证便民服务”问题，对2018年以来执法司法工作中存在的问题进行大起底、大排查。完成2轮自查申报，核查11条问题线索，处理违反“三个规定”4人、违规经商办企业1人，整改其他顽疾7人。教育整顿期间收到各类问题线索8条，上级转办7条，群众来访举报1条，全部核查完毕。教育整顿取得成效。

【新冠肺炎疫情防控】 2021年，永宁县司法局落实县委、县政府决策，组织党员干部参与新冠肺炎疫情防控工作，下派包括社区矫正警察、人民调解员70人在三沙源社区、望远蔚湖城小区、富原小区协助开展防控值守、进出入小区人员登记、防疫消毒、入户排查等工作。

【安全生产】 2021年，永宁县司法局组织干部职工学习习近平总书记关于安全生产重要论述、《安全生产法》，组织观看《生命重于泰山》专题片。制定《永宁县司法局安全生产工作方案》，成立工作领导小组，责任划分到人。建立安全生产责任制，实行一岗双责制度。6次召开安全生产会议，6次现场排查安全生产隐患。

【法治政府】 2021年，永宁县司法局组织召开全县全面依法治县委员会第4次会议，制发《永宁县法治社会建设实施方案（2021—2025年）》《永宁县法治政府建设“十四五”规划（2021—2025年）》。邀请铁路运输法院法官和政府法律顾问对乡镇、街道、部门360余名行政执法人员开展行政执法培训。组织全县223名行政执法人员参加行政执法证件申领考试，新换发行政执法证件392本。编印《永宁县行政执法文件、文书汇编》，规范行政执法文书基本标准和执法程序。制发《永宁县行政执法争议协调解决制度》《永宁县行政执法案件移送制度》。深化行政复议体制改革，2021年，全县受理行政复议申请18件，办结17件。法律顾问代理涉政府行政诉讼案件22件，判决14件，均胜诉，8件正在审理中。召开专题会，研究解决3起县政府被执行案件。

【“八五”普法】 2021年，永宁县司法局落实“谁执法谁普法”普法责任制，推动形成部门各司其职、社会广泛参与的法治宣传教育活动。通过“七五”普法验收，制定《永宁县关于开展第八个五年法治宣传教育的实施意见（2021—2025年）》，启动“八五”普法工作。建成县法治宣传教育主题公园，提高和拓宽群众学法成效。建成法治文化阵地9个，乡村法治文化阵地69个，社区法治文化阵地29个。依托“法润永宁”微信公众号、“永宁司法”抖音号等新媒体，推送普法讯息1056篇，编发普法短视频141条，浏览量240万人次。

【纠纷化解】 2021年，永宁县司法局制定《关于推进“一站式”矛盾纠纷多元调解中心建设的实施方案》，建立县、乡镇、街道、村、社区三级矛盾纠纷联动调解中心。扩充人民调解队伍，成立7个社区调委会，全县实现人民调解组织网络全覆盖。全县各级人民调解组织排查纠纷876次，预防纠纷97件，排查出各类纠纷820件，调解成功764件。

【社区矫正】 2021年，永宁县司法局制定永宁县社区矫正对象考核奖惩办法；开展社区矫正业务培训，召开社区矫正分析研判会18次；对150名社区矫正对象开展心理辅导3期，开展集中教育1次。全县接收社区矫正对象1519人，解除1360人，在册社区矫正对象167人，社区矫正保持安全稳定，未发生重大事故、重大群体性事件及重大刑事案件。

【村居建设】 2021年，永宁县司法局为农村村民委员会、城镇居民委员会配备公共法律服务自动柜员机29台、可视化桌面机82台，建成7个乡镇、街道公共法律服务工作站，全县村、社区公共法律服务工作室实现全覆盖。村、居法律顾问开展法律服务1080次，参与村居重大矛盾纠纷调解44次。

【模范机关创建】 2021年，永宁县司法局规范组织活动，全年召开支部委员会16次，党员大会8次，领导班子成员讲党课9次，召开民主生活会3次、组织生活会2次。未发现有党员干部信仰宗教和参与宗教活动。规范党员发展工作，2021年，1名预备党员转正。疫情期间，党员参与新冠肺炎疫情防控，设立“党员先锋岗”，党员模范带头工作在抗疫一线。落实党员“星级化”管理和党员“双报到、双报告”制度，组织党员到共建社区团结社区开展法治宣传、文明城市创建等志愿服务。

人民武装

RENMIN WUZHUANG

【概况】 2021年，永宁县人民武装部党委坚持以习近平新时代中国特色社会主义思想和习近平强军思想为指导，牢记使命责任，开拓创新，适应常态化新冠肺炎疫情防控，坚持首位首抓举旗铸魂、聚焦主业练兵备战、注重规范建章立制，各项工作有力有序推进。

【政治学习】 2021年，永宁县人民武装部坚持每月2天集中学习，组织全体人员跟进学习习主席系列重要讲话，党的十九大和十九届五中、六中全会精神，《论中国共产党历史》等理论书籍。组织学习全军思想政治教育工作会议精神。巩固深化“不忘初心、牢记使命”主题教育成果，开展中国共产党建党100周年“传承红色基因、担当强军重任”主题教育。

【练兵备战】 2021年，永宁县人民武装部练兵备战，应对重大危机，完善各类预案，落实民兵编组，明确协同保障。组织参加军区指挥所演习和冬季野营拉练，永宁县地震救援、抗洪抢险演练，组织永宁民兵担负“西部·联合-2021”演习外围警戒管控和执勤任务。实行首长值班，首长作战值班，春节、五一、十一期间，组织人武部和民兵应急分队开展重要目标警卫、营门防冲击战备行动演练；开展反恐防暴、防汛抗洪、抗震救灾等非战争军事行动动员保障演练。2月、10月，组织所属干部和文职人员，开展战备值班业务培训。

【国防动员】 2021年，调整永宁县国防动员委员会及办事机构组成人员，明确办事机构正规化建设标准，完善工作制度，理顺运行关系。制定2021年永宁县国防动员委员会工作要点。军地联动编制国防动员“十四五”规划，加强国防动员和后备力量建设，增强平时服务、急时应急、战时应战的能力。开展全县国防潜力数据统计核查，掌握县域企业重点潜力要素和基础潜力数据，构建全域覆盖、信息共享的国防动员数据库。

【民兵整组】 2021年，永宁县人民武装部成立民兵组织调整改革领导小组，明确军地责任分工。组织开展民兵整组潜力调查，组织召开深化民兵调整改革协调会，研究制定方案，召开民兵整组恳谈会，出台9条民兵整组具体措施。7月，在军区组织民兵工作检查抽考中，永宁县获全区第1名。12月代表警备区参加永宁军区组织的年度练兵备战综合考评，获得优秀等级成绩。

【民兵训练】 2021年，永宁县人民武装部在5月、9月、12月，按照警备区《2021年银川市基干民兵军事训练指示》，永宁县人武部组织民兵应急连和3个专业分队集中轮训。所训科目达到训练预期目标。马锋等10人被人武部评为优秀民兵。

【兵员征集】 2021年，永宁县人民武装部开展一年“两征两退”工作，组织体格检查、政治考核、役前训练、兵员输送。廉洁征集和阳光定兵，征兵工作负责人员签订廉洁征兵责任书，入伍新兵及家长签订入伍责任书，完成年度兵役征集任务。

【基层建设】 2021年，永宁县人民武装部开展人民武装部规范化建设，推动7个乡镇、街道武装部规范化建设。4月、11月，人武部领导下到基层武装部开展调研、检查挂钩帮建，督导年度重点工作落实，提出整改要求，推动基层武装部建设全面发展。2020年望洪、望远镇两个武装部考核达标，2021年其余5个武装部均考核优秀。闽宁镇武装部被银川警备区表彰为先进基层武装部，杨和镇武装部部长杨少林、李俊镇武装部干事马斌涛、胜利乡武装部干事马亮被银川警备区表彰为优秀专武干部。

【巡察整改】 2021年，永宁县人民武装部开展巡察整改问题“回头看”，召开3次党委会、2次纪委会，专题研究整改工作，推动军委纪委张升民书记谈话关联的6个问题、军区检查指出的7个问题、警备区检查指出的15个问题的整改。落实军区提出的“五股歪风”见底清零要求。对人武部团职干部办公室、宿舍超面积的问题进行彻底整改，封堵超面积住房49平方米，清退个人收视费1350元。

【国防教育】 2021年，永宁县人民武装部协调组织全县科级以上领导干部，乡镇、部门负责人开展八一军事日活动。邀请国防大学西安政治学院心理战系外语与外军政治情况教研室主任、教授严兴平，为全县科级以上干部举行国防教育讲座。在永宁县民兵训练基地组织轻武器实弹射击。国防教育日，利用LED屏滚动播放国防标语。县人民武装部组织在银川能源学院、永宁县人民法院、县城社区开展国防教育讲座，普及国防知识。

【双拥共建】 2021年，永宁县人民武装部助力乡村振兴，帮扶杨和镇永红村，开展温棚种植、垂钓养殖帮扶。支持永红村壮大村集体经济，2021年，永红村村集体收入达到20万元。巩固闽宁镇玉海村耿飚红军小学帮扶成效，组织全校师生600余人开展军训和学练军体拳活动。11月，投入3万元为闽宁镇黄夷小学购买教学用品，帮助改造厨房餐厅并购买空调、置物架和厨房用品等。投入7000元为闽宁镇退役军人服务站购买电脑、打印机等办公用品。7月12日至15日，协调闽宁镇领导和村、社区干部8人到浙江嘉兴廖家乡村振兴学院进行专题培训。联合县退役军人事务局组织全县处级领导、机关干部代表、烈士代表、学校师生代表、各界干部群众代表、军人和民兵代表280余人到烈士陵园开展清明烈士祭扫、献花、缅怀英烈活动。组织50名民兵参加全县植树造林活动，植树800余棵。6月、8月、9月，组织民兵教练员为银川能源学院、防沙治沙学院和县属中学进行军训。7月29日协调召开县委议军会，集中研究解决驻永部队建设和实际问题。

【新冠肺炎疫情防控】 2021年，永宁县人民武装部成立新冠肺炎疫情防控领导小组，设立办公室，制定应急预案，参与地方疫情联防联控工作，动员基干民兵、普通民兵2000余人次，在永宁县兰花花大酒店、四季鲜农产品综合批发市场、银川南高速路口、部分社区等56个点位开展疫情检测、人车登记、劝离劝说、消毒督导等工作。投入5类200余件套口罩、防护服、防护眼镜、消毒液等防疫物资，慰问抗疫一线基层党员、民兵。县人民武装部抗疫工作被《中国民兵》《宁夏日报》《宁夏法治报》《华兴时报》等媒体报道。

经济管理

JINGJI GUANLI

综　述

【概况】　2021年，永宁县发展改革工作围绕县委、县政府的全年目标任务，统筹全县国民经济和社会发展，监测预测预警全县经济和社会发展态势趋势，提出调控管理政策建议。管理全县综合投资，组织推动全县重点项目计划实施，推进落实区域协调发展战略、新型城镇化战略。组织对全县粮食安全行政首长责任制考核；监督管理全县粮食收购、储存环节的粮食质量安全。统筹推进新冠肺炎疫情防控和经济社会发展。

【经济总况】　2021年，永宁县实现地区生产总值130.35亿元，比2020年增长9.8%，增速位居银川市第2位；规模以上工业增加值同比增长11.9%，增速位居银川市第3位；固定资产投资同比增长20.5%，增速位居银川市第1位；第三产业增加值同比增长8.3%。新纳规入库服务业企业2家，争取2021年宁夏回族自治区服务业发展引导资金57万元，助推生产性服务业向专业化和价值链高端延伸。

【“十四五”规划】　2021年，永宁县发展改革局制订《永宁县国民经济和社会发展第十四个五年规划和二〇三五年远景目标纲要》，明确“十四五”时期永宁经济社会发展指导方针和主要目标。履行推进黄河流域生态保护和高质量发展、城乡居民收入提升行动。

【工业经济】　2021年，永宁县新增规上工业企业9家，获得宁夏回族自治区新入规企业奖补资金9家，享受2020年银川市工业企业培育政策企业12家，入选宁夏回族自治区“专精特新”企业3家。凤凰城智能制造、墨工科技、正德源科技3家企业被认定为首批宁夏回族自治区新材料企业，墨工高纯石墨烯项目一期已进入试运行。探讨永宁县完善企业治理体系，提高企业治理能力方案，落实企业技改资金和入规企业奖补资金等惠企政策，各项奖补资金2586.6万元，10月全部拨付完企业，企业满意率达100%。关注紫荆花破产清算进度，关注职工动向。实施永宁县2021年减轻企业负担工作实施政策，全年清欠民营企业中小企业账款1.5亿元。

【资产投资】　2021年，永宁县计划实施固定资产投资项目85个，总投资167亿元，年度计划投资59.25亿元。申报宁夏回族自治区“六个一百”重大项目21个；谋划储备2021—2025年项目141个。2021年发改局争取项目7个，争取项目资金4366万元。规范政府投资项目招投标，完成各类项目招标42个，总中标金额12.35亿元。

【生态整治】　2021年，永宁县发展改革局统筹推进黄河流域生态环境警示片披露问题整改，整改清理黄河沿岸乱占、乱采、乱堆、乱建问题；开展黄河永宁段河道及滩地被占问题整治，开展不符合产业政策，不符合产业布局规划，未办理工信、发改、土地、规划、环保、工商、质监、安监、电力等相关审批手续企业专项整治。淘汰落后和化解过剩产能，遏制高耗能、高污染项目盲目发展，完成全县能源消费总量和能源消费强度控制目标，对摸底的119家不符合产业政策，不符合产业布局规划，未办理工信、发改、土地、规划、环保、工商、质监、安监、电力等相关审批手续企业实施监督整改，59家完成整治。开展一般工业固废综合利用，全县一般工业固废综合利用率为99%。

【粮食储备】 2021年，永宁县发展改革局落实宁夏回族自治区原粮储备生产基地建设任务，完成小麦原粮基地建设1511.4公顷，稻谷原粮储备生产基地建设任务1056公顷。强化粮食流通领域监管，备案粮食收购企业16家，联合监管4批次政策粮食出入库，开展夏秋粮收购市场监督检查。完善粮食应急保障体系建设，落实县级应急成品粮550吨、应急食用植物油160吨，按季度开展监督检查。开展粮食购销领域腐败问题专项整治行动，制定实施方案，全面自查自纠，报送调度报表，发现问题4个，正在推进整改落实中。全力推进应急物资储备库改扩建工程，完成工程进度60%。按需调拨防疫物资，调拨测温仪及防护服、口罩、消毒液等防疫物资价值166.43万元。

【价格监测】 2021年，永宁县发展改革局坚持每日对米面油肉、蔬菜等生活必需品和防疫用品药品进行价格监测，准确上报数据，发布价格监测分析报告10篇。完成永宁县公办幼儿园收费标准调整、农业灌溉末级渠系终端供水价格成本监审评审、农村污水处理收费标准制定工作。完成建筑工程施工降水处理费摸底调查，推进望远工业园区污水处理费调整工作。做好农业成本调查，组织全县29家行政事业性收费单位完成年报审核。

【党史学习教育】 2021年，永宁县发展改革局组织学习习近平新时代中国特色社会主义思想，习近平总书记“七一”重要讲话精神、党的十九届六中全会精神。举办读书班2期，开展干部集中学习80余次、专题组织生活会1次、专题党课5次、党史故事微宣讲1次、道德讲堂2期，开展专题研讨14次。发改局党委由二星级党组织升级为三星级党组织，局机关被县委组织部命名为第二批“让党中央放心让人民群众满意”模范机关；局机关组织召开支部委员会12次、支部主题党日12次、党课4次、理论学习中心组学习会12次、组织生活会2次、民主生活会2次，组织发改局党委党员教育培训班2期，培训200人次。

财　政

【概况】 2021年，永宁县财政工作根据全县经济发展计划，制订年度预算和编制年度决算，执行县人大批准的年度预算。管理全县行政部门、政法部门、文化、教育、卫生、科学技术、广播电视等单位经费支出，监督指导行政、团体、企业事业单位执行财务制度。实现财政收支目标，保障社会民生，监管、规范各级财政运行。从严从紧编制预算，压减一般性支出，加强政府债务和金融风险防范，完成财政收入增长、清欠民营企业中小企业账款等工作任务。

【收入预算执行】 2021年，永宁县完成县本级财政总收入217413万元，占年度预算任务的102.07%，同比增长65.88%。一般公共预算收入完成102654万元，其中，税收收入完成45720万元，为年度预算的108.86%，同比增长21.42%，非税收入完成56934万元，同比增长13.89%，占年度预算110.38%，同比增长17.13%。政府性基金收入完成114759万元，为年度预算的95.63%，同比增长164.29%。

【支出预算执行】 2021年，全县财政总支出完成384257万元，占预算变动数的93.66%，同比增加36337万元，增长10.44%。其中：一般公共预算支出完成269483万元，占预算变动数的93.36%，同比下降8.51%；政府性基金支出完成114759万元，占预算变动数的94.37%，同比增长 115.04%。

【财政保障】 2021 年，县财政局落实减税降费政策，优化营商环境，加大对市场主体支持力度，激发市场活力，扩大税源、稳固税基，增强内生动力。全面盘活财政存量资金资产，加快国有资产、资源处置力度，带动非税收入增长。多措并举开源节流，压减非急需非刚性支出和一般性支出，保障重点领域支出需求。

【财政民生】 2021 年，县财政局坚持优先保障“三保”支出，守牢财政保障底线。统筹资金 100293 万元，用于人员工资、城乡最低生活保障、城乡居民养老、住房保障、高龄津贴、城乡救助、退役安置和优抚等；统筹资金 6421 万元，保障全县各行政事业单位基本运转；统筹资金 38247 万元，用于医疗基金补助、扶贫、教育、卫生健康和就业等其他民生支出，保障普惠性、基础性、兜底性民生建设。

【财政支农】 2021 年，全县财政统筹资金 46229 万元，推进美丽乡村、美丽小城镇建设、农村环境综合整治、一二三产业融合发展、高标准农田建设、村级“一事一议”项目、扶持壮大村集体经济等，全面推进乡村振兴建设。统筹资金 15695 万元，用于粮食补贴、农业保险、农业项目补贴等，助推农业产业发展。统筹资金 5652 万元，用于农村生活污水处理提高标准改造工程，农村水源地保护建设，永二干沟、第一排水沟、中干沟湿地整治，燃煤锅炉替换改造，清洁能源改造补贴等。

【财政支持工业】 2021 年，县财政局统筹资金 32585 万元，主要用于淘汰落后产能补助、成长型企业补助、企业以奖代补补贴、民贸民品贴息补助、创业就业补助、创业贷款担保贴息等，推动高质量发展。

【政府债务管理】 2021 年，县财政局稳妥化解债务存量。按照永宁县委的要求和隐性债务化解方案，统筹资金 397308 万元，用于支付全县征地拆迁款补偿、民营企业欠款及银行贷款还本付息等，防范化解财政运行风险。

【国有资产管理】 2021 年，全县财政工作完善资产配置预算审批程序，开展国有资产出售、出租、报废处置管理。发挥财政监督职能，2021 年通过会计集中核算、政府统一采购等监督方式核减资金 2181.7 万元。执行中央八项规定精神及宁夏回族自治区、银川市、永宁县若干规定，从严控制因公出国（境）经费、公务车购置及运行费、公务招待费经费，全县因公出国（境）经费、公务车购置及运行费、公务招待费经费支出同比下降 14.4%。

【预算管理改革】 2021 年，县财政局按照预算管理一体化规范要求，推动支出标准化和预算项目库建设，提高预算执行的精准性。规范预算管理，编制因公出国（境）经费、公务车购置及运行费、公务招待费预算，推行公务卡结算、国库集中支付、预算执行动态监控、预算绩效评价等预算管理制度改革，提高预算管理水平。推进财政和相关部门预决算公开，促进预决算公开透明。全面实施预算绩效管理，将绩效理念融入预算编制、执行、监督全过程，提高财政资金使用效益。管好用好直达资金，实现资金直达企业、直接惠企利民。

税 务

【概况】 2021 年，国家税务总局永宁县税务局落实党对税收工作的全面领导，执行国家税收、社会保险费收缴政策。组织实施税源监控和风险管理，开展重点企业和自然人税收管理。落实永宁县国际税收和进出口税收管理，组织开展纳税服务、税收宣传工作。全年入库税收 10.18 亿元，入库社保费收入 7.17 亿元。2021 年，辖区有纳税人 20334 户，其中，一般纳税人 2852 户，小规模纳税人 17482 户，个体工商户 13296 户。当年新增纳税人 3163 户。

【税收征缴】 2021 年，国家税务总局永宁县税务局统筹做好减税降费和组织税费收入工作，落实各项减负纾困、恢复发展的减税降费政策，提振市场主体信心。全年减免税费6.69亿元，其中，新增减税降费0.62亿元，延期缴纳税款2515万元，制造业小微企业缓缴税款1037万元。2021年，组织各项收入18.86亿元，同比增长28%，其中税收收入10.18亿元，完成预算9.25亿元的110%，中央级收入3.72亿元，完成预算3.5亿元的106%；地方级收入6.45亿元，完成预算5.75亿元的112.3%，社保费收入完成7.17亿元，其他收入完成1.51亿元。近5年来首次在11月份完成全年收入任务，全年突破10亿元大关。

【税收治理】 2021年，国家税务总局永宁县税务局落实“首违不罚”“春雨润苗”“合并申报”等工作，城镇垃圾处理费等7项非税职责划转税务部门，划转工作获银川市委常委、永宁县委书记朱剑表扬性批示。以“金三”系统中5C监控评价、税收收入质量评价两个模块中的418个指标为基础，依托征管系统和内部控制监督平台，建立“征管5C监控评价”创新项目，形成“集中提取疑点、优化核查整改、深度评价监督”的高效联动工作模式，征管监管工作精准，5C监控综合评价位列全市第一。

【”清亲”和谐】 2021年，国家税务总局永宁县税务局开展“我为纳税人缴费人办实事的便民办税春风行动”，选拔业务骨干成立纳税人满意度攻坚小组，18名联络员对540户重点纳税人四轮走访，帮助解决问题50余个。开办非接触式办税缴费，107项税费业务实现非接触式办理。不动产交易办税时间压缩至10分钟以内。助力210户小微企业获得信用贷款11472万元。开展房产、土地两税核查工作，核查房产、土地涉税数据529户次，查补入库1264万元。开展重大执法决定法制审核62户，案卷评查80件。落实首违不罚政策，89户“首违”纳税人免于处罚。

【党史学习教育】 2021年，国家税务总局永宁县税务局组织学习习近平总书记重要讲话精神和党的十九届六中全会精神，学习习近平总书记关于税收工作的重要论述。党委书记带头讲专题党课1次，班子成员讲专题党课6次。举办读书班1期，开展中心组学习15次，专题交流研讨7次。县局青年理论学习小组组织各类学习18次，各党支部组织集中学习200余次。开展青年讲党史、参观宁夏工委纪念馆等庆祝建党百年活动20余次。组织拍摄微党课《闽宁镇山海情》视频在国家税务总局平台展播。推动为民办实事、解难题，走访纳税人1000余户，开展座谈8次，征求意见109条，解决纳税人难题50个。走访社区群众360余户，征集群众意见15条，解决群众反馈问题3条。班子成员下到基层税务分局调研，征集意见4次，均落实解决。

【文化建设】 2021年，国家税务总局永宁县税务局巩固全国文明单位创建成果，举办道德讲堂4期，开展志愿服务活动20余次。筹措资金28万元，为5名助征员缴纳养老保险，3名重大疾病患者获得工会特救助金2.2万元。2021年，国家税务总局永宁县税务局获全区税务系统先进基层党组织、巾帼文明岗、五四红旗团组织、模范职工之家，宁夏农林水财轻工工会“先进职工之家”等荣誉。2021年，国家税务总局永宁县税务局1人获第二届宁夏“最美税务人”，1人获全区税务系统“向上向善好青年”，2人获永宁县“最美志愿者”，1人家庭获永宁县“最美家庭”等荣誉。

审　计

【概况】 2021年，永宁县审计工作履行审计监督职责，跟踪财政预算管理、涉农资金、生态环境保护、城市发展等涉及群众利益的热点难点问题，开展审计监督工作。全年围绕县委、县政府中心工作，开展审计质量提升活动，履行审计监督职责，推进审计事业发展。召开县审计委员会第六次、第七次会议。完成2021年度项目审计计划。

【预算执行审计】 2021年，永

宁县审计局成立工作专班，运用大数据，开展全县53个一级预算单位部门财务数据采集、分析比对工作，采集财务会计软件账套备份数据，实现一级预算单位数据采集、分析监测的审计监督全覆盖。对县财政预算执行、部门预算执行、重大政策落实、就业资金管理等专项资金使用情况开展审计。完成对县财政局、发改局、卫生健康局、闽宁镇等53个一级预算单位、部门预算执行情况开展审计，发现各类问题18个，下发审计决定书1件。审计局代表县人民政府向县人大常委会作专项报告，县人大常委会委员和人大代表给予肯定。县政府办公室印发整改通知，就审计发现的问题逐项细化，分解到责任单位，限期整改。

【经济责任审计】 2021年，永宁县审计局强化干部管理监督，完成县委政研室、县文学艺术界联合会、县市场监督管理局、县民政局、杨和镇等11个单位党政主要领导干部经济责任审计。

【资源责任审计】 2021年，永宁县审计局开展杨和镇自然资源资产离任审计。

【政策执行审计】 2021年，永宁县审计局开展重大政策落实跟踪审计。完成第一、第二、第三季度中央及宁夏回族自治区重大政策措施落实情况跟踪审计，2020年保障性安居工程资金投入和使用绩效审计，国有欣荣公司运营情况专项审计。完成全县征地拆迁资金管理使用情况审计调查，对县直机关单位隐性债务和系统外新增债务开展审计调查。完成易地搬迁审计项目现场审计。开展网络安全和信息化建设长期跟进审计。

【政府项目审计】 2021年，永宁县审计局完成政府投资项目审计审核69项，挽回经济损失6923.64万元。配合全县工程建设领域专项治理，向县委、县政府移交问题项目38项，审计发现问题6项和违规问题线索2项。开展全县各建设单位在工程建设领域存在问题进行审查定性约300条，配合县纪委案件调查6起，配合县巡察办调查事项3起。

【其他审计】 2021年，永宁县审计局完成县委、县政府交办的三沙源代建回购、幸福童年幼儿园、闽宁镇原隆村人居环境整治提升工程等7项审计审核工作。抽调专人配合区审计厅、市审计局开展宁夏2020年社保基金专项审计、全区困难群众救助资金补助审计、农业专项资金投入使用绩效审计，银川市国有企业资产负债损益专项审计调查等。

【党史学习教育】 2021年，永宁县审计局组织党员干部学习《中国共产党简史》《论中国共产党历史》等党史书籍，开展专题讲座、交流研讨、知识测试，培养干部真信笃行。联合南环社区开展“奋斗百年路 启航新征程”等活动，联合宁夏回族自治区审计厅在闽宁镇拍摄录制《唱支山歌给党听》视频，组织全体干部职工观看《决胜时刻》《悬崖之上》等红色经典优秀影片。完成先锋村、南环社区、环境卫生整治等25项民生实事，投资7.4万元为运输公司家属楼重新安装铁围墙、修整破损路面、搭建车顶棚；投资5.4万元，联合县委组织部为永通小区搭建四角凉亭，干部每月到闽宁镇望远富原小区开展结对帮扶，巩固脱贫成果。

统　计

【概况】 2021年，永宁县统计工作组织领导协调全县统计工作；核算全县地区生产总值，监管乡镇、街道办国民经济核算工作，完成全县投入产出调查工作。组织实施城乡居民收入和社会发展等数据统计、收集、调查、汇总、整理，获取有关调查的统计数据。开展全县国民经济、科技进步和社会发展等情况统计分析、统计预测、统计监督。为县委、县政府及相关部门制订计划、宏观管理提供定量定性的决策依据。

【统计服务】 2021年，永宁县统计局坚持专业数据一月一解读、经济形势一季一分析、重要工作一事一要情，撰写经济运行情况分析，增强经济运行的前瞻性和主动性，提高统计的预警预判能力；整理和编印《永宁县经济指标手册》《统计分析报告》，向县委、县政府及社会公众发布最新经济数据。撰写统计分析报告14篇，上报统计业务信息23篇，编印《永宁县第七次全国人口普查公报》《永宁县2020年国民经济和社会发展统计公报》等。

【依法统计】 2021年，永宁县统计局组织全县统计从业人员学习《关于深化统计管理体制改革提高统计数据真实性的意见》《统计违纪违法责任人处分处理建议办法》《防范和惩治统计造假、弄虚作假督察工作规定》等法律法规。全年开展统计法制宣传培训，开展统计数据质量核查和执法检查。邀请宁夏回族自治区、银川市统计局执法力量，对永宁县统计调查对象采取数据检查执法检查，全年核查企业75家，执法检查21家，守护统计数据的真实。

【数据解读】 2021年，永宁县统计局开展职业编码及数据上报等阶段性普查工作。执行国务院、宁夏回族自治区和银川市人普办的审批发布要求，6月9日，在政府网站、“和美永宁”APP等向全社会公开第七次全国人口普查永宁县数据，浏览人数超过3万人次。印发《永宁县第七次全国人口普查公报》，撰写人口普查数据解读和分析研究报告5篇。

【常规统计】 2021年，永宁县统计局开展每月“企业一套表平台”数据催报、审核、验收工作；完成每季度规模以下工业企业、建筑业小微企业、规模以下服务业企业、小微企业固定资产投资、规模以下企业创新、限额以下批发零售住宿餐饮企业开展企业抽样调查及生态移民统计监测工作。

【党史学习教育】 2021年，永宁县统计局坚持每日早8点40分至9点为党史学习时间，全体干部轮流领学“必读篇目”，读原著、学原文。开展线上学习“每日一答”活动，检验成效，干部“学习强国”APP参与率100%，3名干部成为网络答题“100分选手”。开展党史学习教育讨论交流活动，干部撰写学习体会25篇，参与讨论20人次。

社会经济调查

【概况】 2021年，国家统计局永宁调查队以提高统计调查数据质量为中心，按期完成居民收支、农民工工资收入监测、农作物产量、播种面积调查，主要畜禽监测、农产品价格、中间消耗督查，开展新设立小微企业跟踪调查，提高统计调查数据质量。

【居民收入统计】 国家统计局永宁调查队调查显示：2021年，永宁县城镇居民人均可支配收入36600.8元，增加2903.2元，比2020年增长8.6%。永宁县农村居民人均可支配收入17913.6元，增加1873.1元，同比增长11.7%。

【农业统计】 2021年，国家统计局永宁调查队开展粮食播种面积及产量统计。2021年，永宁县粮食作物播种面积为25350.6公顷，比2020年下降1.1%。其中，小麦播种面积为4408.8公顷，比2020年增长23.7%；玉米播种面积18070.8公顷，同比增长5.2%；水稻播种面积为2494.8公顷，比2020年下降44.9%；豆类播种面积396公顷，与2020年持平。全年粮食总产量为22.11万吨，比2020年下降0.3%。其中，小麦产量2.59万吨，比2020年增长27.0%；玉米产量17.29万吨，比2020年增长7.2%；水稻产量2.20万吨，比2020年下降44.8%；其他豆类产量0.03万吨，与去年持平。粮食单产亩576公斤，同比增长0.7%。春小麦亩产388公斤，比2020年增长2.6%；玉米亩产632公斤，比2020年增长1.9%；水稻亩产587公斤，比2020年增长0.2%；豆类亩产48公斤，比2020年下降4.0%。

【畜产统计】 2021年，国家统计局永宁调查队开展畜禽生产统计。永宁县生猪存栏22625头，比2020年下降8.9%。其中，能繁母猪存栏4037头，比2020年增长13.2%。出栏30286头，比2020年增长40.6%。牛存栏45811头，比2020年增长5.6%。其中，奶牛存栏10536头，比2020年增长13.6%。出栏32863头，比2020年下降11.6%。羊存栏156378只，比2020年增长48.2%；出栏218127只，比2020年增长18.1%。家禽存栏733472只，比2020年下降19%；出栏1355570只，比2020年增加37.4%。

【制度建设】 2021年，国家统计局永宁调查队开展防止统计造假、弄虚作假自查工作，维护和提高统计调查数据质量。事后质量抽查查账册。查台账，查账页，查原始账本，检查账页上的数据与基层表中的数据是否一致。实地访问生产单位、普通农户记账户，对比台账、基层账表数据是否与现场调查数据一致。开展农作物播种面积和产量各项常规调查及7期快速调查，覆盖农作物播种面积、农作物产量、农产品价格和中间消耗调查，查摆漏洞、补齐短板，做实农业调查工作基础。

【信息服务】 2021年，国家统计局永宁调查队开展微信推送统计信息，将信息考核结果纳入平时考核。编发重大调研14篇，信息分析39篇，获县领导批示5篇，工作动态41篇，微信公众号推送11篇。

【党史学习教育】 2021年，国家统计局永宁调查队开展党史学习教育，召开党史学习教育动员会，组织学习习近平总书记在党史学习教育动员大会上的重要讲话精神，开展集中学习、读书班33次。庆祝中国共产党成立100周年期间，组织干部每天坚持唱红歌20分钟；参加宁夏调查总队系统"颂歌献给党"歌咏比赛，永宁县调查队获二等奖；参加永宁县第一届"学习强国"——"永远跟党走"知识竞赛，永宁县调查队参赛选手连晨辉获个人一等奖；组织全体干部职工集中收看庆祝中国共产党成立100周年大会实况。

市场监督管理

【概况】 2021年，永宁县市场监管工作开展全县市场监管综合执法，监督管理全县市场交易、网络商品交易，查处不正当竞争、违法直销、传销、侵犯商标专利知识产权和制售假冒伪劣行为；开展市场主体信用建设；开展全县产品质量安全监督管理，综合管理特种设备安全监察、监督工作；监督检查高耗能特种设备节能标准和锅炉环境保护标准的执行情况；对食品生产、流通、消费实施全过程监督。开展药品、医疗器械和化妆品安全监督管理，实施药品、医疗器械和化妆品安全考核。

【法治建设】 2021年，永宁县市场监督管理局规范行政执法行为，调整权责清单，减少行政处罚事项15项，增加行政裁决事项1项。落实政府信息公开制度，公示行政许可信息465条、行政处罚信息79条。开展以案释法、现场旁听庭审、网络旁听庭审，增强干部依法行政意识。推进法治文化建设，设置法治文化阵地，制作法治主题公园宣传栏，把法治文化建设纳入本单位文化建设内容。

【案件查处】 2021年，永宁县市场监督管理局办理一般程序行政处罚案件立案168起，结案168起，收缴罚没款151.78万元，向公安机关移送案件2起，向其他部门移送案件7起。其中，立案查处药品违法案件15起，结案14起，1起正在办理中，罚没款3.76万元；食品案件75起，收缴罚款45.29万元，没收违法所得1.96万元；特种设备安全案件12起，罚款57.08万元。

【新冠肺炎疫情防控监管】 2021年，永宁县市场监督管理局督促指导经营户落实新冠肺炎疫情防控措施。监督农贸市场、批发市场、餐饮单位、商场超市、药店等经营场所落实佩戴口罩、测温验码、店堂消杀、一米间隔、"四类药品"暂停销售等防疫措施。落实进口冷链食品"1234"溯源管理机制，在"宁冷链"系统中备案食品173个，250批次，在该系统注册117户，审核通过

115户，备案第三方冷库18家，对310人开展冷链系统使用培训。督促110家进口冷链食品经营单位落实防疫要求。

【环境“盈”商】 2021年，永宁县市场监督管理局深化商事制度改革，优化证照办理流程，快速高效办理个体工商户注册登记。全县新注册市场主体4620户，其中，企业1258户，农民专业合作社28户，个体工商户3334户，同比分别增长3.96%、10.93%、-9.68%、1.68%。提高企业年报信息公示率，2020年度企业年报率达98.71%，位列全区第二，银川市第一。整合基层审批服务、执法力量，登记注册行政审批事项下移至乡镇、街道民生服务中心。望远镇、杨和镇、闽宁镇、李俊镇、望洪镇、胜利乡6个民生服务中心全部接入宁夏回族自治区政务服务系统。为乡镇民生服务中心配置打印机4台、高拍仪4台、电脑6台，配备工商登记注册业务人员6名。

【市场监管】 2021年，永宁县市场监督管理局制定随机抽查事项清单及部门联合抽查事项清单，全县市场监管领域相关部门开展“双随机”抽查任务共54项，抽查对象共1348户，其中，联合检查10项，检查户数865户。落实企业经营异常名录管理，审核列入异常名录企业、农民专业合作社276户，移出异常名录75户。

【传销打击】 2021年，永宁县市场监督管理局开展防范、打击传销宣传活动5次，发放各种宣传品1万余份。全年4次配合县公安局开展打击整治聚集型传销违法犯罪行动，2021年，捣毁传销窝点104处，遣散传销人员261人次，其中，刑事拘留17人，查扣涉案现金21万元，查扣车辆7辆。

【质量计量监管】 2021年，永宁县市场监督管理局督查小化工企业计量安全保障、企业环保新标准落实情况，检查加气站、涂料生产企业12家，加气机85台、气体检测报警器127台，发现问题2家，当场责令改正。开展民生领域工业产品质量监管，全年抽检91家企业、个体工商户生产、销售的172个批次的工业产品，其中：合格157个批次，5个批次不合格。开展计量监管，对县内5个集贸市场、1个果蔬批发市场在用的计量器具进行检定，没收“鬼秤”3台。开展强制计量器具检定工作，对全县32家加油站的738把加油枪进行两次周期检定；对各企事业单位和小作坊送检的290台电子秤、80台电子天平、1000余块压力表进行检定。

【食安监管】 2021年，永宁县市场监督管理局制定食品、药品监督检查计划，开展食品药品安全预警，实施食用农产品快速检测3000批次，合格率99%。开展药品医疗器械和化妆品抽检66批次，其中，药品抽样47批次，化妆品抽样17批次，医疗器械2批次；评价审核上报药品不良反应病例438例，药物滥用79条。督查学校食堂卫生，督查率达100%，监督外卖封签制度落实，外卖封签覆盖率达100%。推进“阳光药店”工程，137家达到建设标准，纳入率达92.97%，建成率达74.05%。创建2条食品安全示范街、2个食品安全示范食堂、1个示范市场、4家食品生产示范企业。

【粮食市场】 2021年，永宁县市场监督管理局开展计量、价格监督检查2次，出动执法人员24人次，检查粮食经营企业25家次。同时，对全县25家涉粮企业使用的26台电子汽车衡、21家企业使用的21台谷物水分测量仪检定情况进行计量专项检查。开展全县“保健品”行业联合清理整治专项行动。配合公安机关、卫健局等单位检查零售药店155家，养生会馆（所）、理疗馆（中心）、针灸馆50余家，其中8家被责令改正，7家被责令停业整顿；扣押治疗仪主机5台，电脑1台，设备161个（台），保健食品289瓶（盒、支）；拆除不符合要求的门头牌6张、宣传画14张。

【特行监管】 2021年，永宁县市场监督管理局推进安全生产专项整治“三年行动”，排查一般安全隐患235起，全部整改；排查重大隐患5处，全部整改。开展液化石油气充桩使用专项检查，查扣过期、报废气瓶50余只。开展事故警示教育5次、特种设备风险分级和隐患排查双重预防机制培训1次、应急救援演练10次。全年未发生特种设备安全事故。

【消费维权】 2021年，永宁县市场监督管理局接收各类投诉举报信息2334件，答复咨询件274件，受理投诉举报2060件，已全部办结，为消费者挽回经济损失24.92万元。开展矛盾纠纷排查化解工作，实行“零报告”制度。维护消费者权益，表彰2020年创建永宁县级放心消费单位、店堂40家。

【产权保护】 2021年，永宁县市场监督管理局开展商标帮扶指导工作，推荐申报宁夏回族自治区地理标志运营试点企业2家、国家地理标志运营试点企业1家。统筹推动发明专利、商标申请，专利授权量达到257件，发明专利量208件，每万人发明专利拥有量达到6.47件；拥有注册商标3669件，其中，中国驰名商标4件。

【扫黑除恶专项斗争】 2021年，永宁县市场监督管理局开展市场监管领域打击传销防止反弹工作，价格监督检查治理行业乱象治理工作等10项常态化工作机制，巩固斗争成果。办结一般检察建议书11件，公安提示函1件。

【价格监管】 2021年，永宁县市场监督管理局开展涉企收费专项治理和民生价格监管，出动执法人员230人次，检查单位414家次，涉及交通、旅游、商业零售、生活服务、校外培训机构等重点行业。立案查处供暖超标收费案件1起，罚款5.1万元。

【餐饮监管】 2021年，永宁县市场监督管理局联合永宁县融媒体中心，对辖区大众消费量大、关注度高的餐厅进行检查，在永宁电视台刊播1期。活动开展4期，出动执法人员16人次，检查餐饮户12家，其中，网红餐厅5家，邀请社会各界人士参与5人，发现问题12家，当场责令整改。

【党史学习教育】 2021年，永宁县市场监督管理局制定学习计划，设立12个专题，以晨读夜学、读书班等形式解决工学矛盾。组织全体干部职工参观红色基地、观看红色电影、开展专题研讨、进行党史知识小测试、收听收看专题讲座。开展为民办实事，梳理汇总实事项目15件，销号完成8件。

【执纪问责】 2021年，永宁县市场监督管理局落实中央八项规定，开展监督检查4次，编发通报4期，发送廉洁过节提醒微信、短信信息186条，领导干部节假日遵规守纪情况报告32人次。开展违规吃喝隐形变异问题专项整治工作及工程建设政府采购等重点领域突出问题专项整治工作。

农 业
NONGYE

综 述

【概况】 2021年，永宁县农业与农村工作围绕建设黄河流域生态保护和高质量发展先行区，实施乡村振兴战略，推进农业农村现代化。坚持农业农村优先发展方针，深化农业供给侧结构性改革，提升农业发展质量，稳定粮食生产，发展乡村产业，开展农村人居环境整治。全县种养业提质增效，实现农业稳产保供和农民增收。

【粮食生产】 2021年，永宁全县落实粮食播种面积25740公顷，总产22182.9万公斤。其中，小麦播种面积4092公顷，较上年增528公顷，平均亩产398.7公斤，较上年增20.7公斤，总产2471.9万公斤；落实玉米播种面积18678公顷，较上年增1504.8公顷，平均亩产616.2公斤，较上年减3.8公斤，总产17438.5万公斤；落实水稻播种面积2574公顷，较上年减1914公顷，平均亩产575公斤，较上年减11公斤，总产2242.5万公斤；落实豆类、杂粮播种面积396公顷，总产30万公斤。

【蔬菜生产】 2021年，永宁县蔬菜及经济作物播种面积22209公顷。其中，露地瓜菜播种面积2508公顷，较上年均略减，主栽作物有白菜、娃娃菜、山药、红薯、盘菜、白萝卜、辣椒、番茄等；设施农业4653公顷，包括日光温室生产面积3564公顷，大中拱棚生产面积726公顷，小拱棚生产面积363公顷；供港蔬菜15048公顷，占地面积3762公顷。有蔬菜生产的企业28家，建设蔬菜生产基地35个。

【葡萄酒产业】 2021年，永宁县编制《永宁县贺兰山东麓葡萄酒产业高质量发展“十四五”规划（2021—2025年）》。全县已建成酒庄20家，葡萄酒年加工能力9.04万吨，酿酒葡萄种植面积7866.6公顷。酿酒葡萄总产量18937吨，其中，红葡萄17116吨，白葡萄1821吨。2021年葡萄酒生产量11818吨，其中，干红10478吨，干白551吨，桃红及其他789吨。葡萄酒销售量694万瓶，销售额2.99亿元，出口量7100瓶，出口额177万元，原酒销售量3440吨，销售额2779万元，销售总额3.26亿元。酒庄基地季节性用工量69.5万人次，基地季节性用工工资支出8539万元，酒庄酿造生产及销售用工工资支出3931万元。接待游客量61362人次，旅游收入238万元。2021年度获得国内外葡萄酒比赛大金奖、金奖数量50个。全县葡萄酒库存量瓶贮275万瓶，原酒5.23万吨。

【畜禽养殖】 2021年，永宁县畜禽总饲养量达到307.41万头。肉牛饲养量8.25万头，其中，肉牛存栏4.15万头，出栏4.1万头；奶牛存栏1.06万头；羊饲养量43万只，其中羊存栏23.6万只，出栏19.4万只；生猪饲养量4.6万头，其中，生猪存栏2.06万头，出栏2.54万头；禽饲养量250.5万只，其中，禽存栏127.8万只，出栏122.67万只。全县肉类总产量达到1.56万吨，产鲜奶4.81万吨，禽蛋产量1.15万吨。

畜牧业产值达到 10.59 亿元。

【水产养殖】 2021 年，永宁县水域总面积 892 公顷，其中，池塘面积 258 公顷，大水面 634 公顷。稻田生态种养面积 67 公顷。水产品总产量 3950 吨。

【动物疫控】 2021 年，永宁县免疫畜禽 402.94 万头（只），生猪口蹄疫免疫 3.83 万头、猪瘟免疫 3.84 万头、猪高致病性蓝耳病免疫 0.43 万头；奶牛口蹄疫免疫 2.0 万头、奶牛结节性皮肤病免疫 1.03 万头、肉牛口蹄疫免疫 7.77 万头、肉牛结节性皮肤病免疫 4.59 万头；羊口蹄疫免疫 48.4 万只、小反刍兽疫免疫 48.4 万只、布鲁氏菌病免疫 9.53 万只；禽流感免疫 139 万羽、鸡新城疫免疫 131.69 万羽；犬只包虫病药物投放 1.56 万只、狂犬病免疫 0.87 万只。牲畜口蹄疫、猪瘟、高致病性蓝耳病、高致病性禽流感、鸡新城疫、小反刍兽疫、牛结节性皮肤病免疫密度均为 100%。对牲畜口蹄疫、高致病性禽流感、猪瘟、鸡新城疫、高致病性猪蓝耳病、小反刍兽疫等动物疫病进行监测，检测各类样品 4800 份，合格率 85% 以上。

【绿食生产】 2021 年，永宁县农产品加工业总产值完成 88.62 亿元，农产品加工量 141.12 万吨，比 2020 年增长 59.96%。全县评定永宁县二星级绿色食品企业 5 家，被评银川市三星级绿色食品企业 4 家。建设农产品产地冷藏保鲜设施项目 2 家。全县绿色食品、有机农产品认证企业 14 家，认证产品 88 个，认证面积 7482.52 公顷，认证产量 30774.58 吨。其中，新增有机农产品认证 10 个，认证面积 97.75 公顷，认证产量 540.46 吨。申报全国名特优新农产品 2 个。新培育绿色标准化示范基地 6 家。

【农机补贴】 2021 年，永宁县农机购置补贴项目完成补贴资金 424.22 万元，补贴各类机具 273 台，受益农户和合作组织 224 户，拉动合作组织、农户投入资金 2469.72 万元。办理农业机械政策性保险 503 台，保费 252520 元，区市补贴资金 195756 元，农户自筹资金 56764 元。

【农机推广】 2021 年，永宁县农业生产投入拖拉机 4200 多台次、收割机 426 台次、播种机 392 台次、耕整机 1842 台次参加农业生产。完成机耕地 25600 公顷，机播插 25600 公顷，机收 22870 公顷。三秋季节，完成秋翻地 20830 公顷、机深翻 14490 公顷、秋施肥 7960 公顷、秸秆还田 11670 公顷。免费办理拖拉机和联合收割机注册上牌 172 台、安全技术检验 3018 台、喷漆刷新 3000 余台、驾驶员审验（含换证）892 人、农机驾驶操作人员培训 795 人。

【食肉监管】 2021 年，永宁县全年完成果蔬农残定性检测 66268 样次，检测合格率 99.9%；主要农产品定量抽检 463 批次，检测合格率 98.7%。屠宰环节“瘦肉精”监督抽检 5116 份，屠宰场开展“瘦肉精”企业自检 7678 份，全部为阴性；完成产地检疫 2350.15 万头，其中，生猪 1.68 万头、牛 1.67 万头、羊 9.72 万只、禽类 2336.89 万只、其他畜禽 0.19 万头（只）；完成屠宰检疫 11.1721 万头，其中猪 0.4051 万头、羊 10.713 万只、牛 0.054 万头。农业投入品抽检 105 批次，其中种子 24 批次、肥料 22 批次、饲料 40 批次、兽药 9 批次、农药 10 批次，全部合格。推行“合格证 + 检测”“合格证 + 追溯码”试点基地 20 个。

【节肥减药】 2021 年，推广绿色节肥减药技术。全县落实粮食作物测土配方施肥面积 23100 公顷；增施有机肥面积 3564 公顷，推广机械施肥 32.6 万亩次，推广玉米水肥一体化 1188 公顷；落实病虫草害专业化统防统治面积 27588 公顷，统防统治覆盖率 54.5%，推广高效低毒低残留农药、农药减量助剂、物理诱控等技术 21054 公顷，绿色防控覆盖率 41.6%。全县小麦化肥利用率达到 40.46%。

【农田建设】 2021 年，永宁县规划农田水利基本建设片区 20 个，完成农田水利基本建设面积14704.8公顷，清淤支斗沟159条345.7千米，清淤农毛沟3568条1793.1千米，清淤支斗渠181条393.6千米，清淤农毛渠3866条2096.8千米，整修农田路7980条3603.5千米，整修农田林网624.03公顷；使用车辆5501辆次，投用农用机械2882台次，投工投劳22.4万工日。改善灌溉面积14704.8公顷，治理水土流失6.1平方千米，完成秋翻地19866公顷，其中机深翻13899.6公顷；秋施肥7656公顷；秸秆还田11193.6公顷。续建2020年高标准农田建设项目，投资857万元实施完成胜利乡杨显村、五渠村415.8公顷高标准农田建设项目。投资279万元实施完成望远镇通桥村、闽宁镇原隆村121.11公顷高效节水工程高标准农田建设项目。利用扶持资金730万元实施完成闽宁镇园艺村、木兰村217.8公顷高效节水项目和闽宁镇原隆村4.95公顷酿酒葡萄高效节水配套工程。

【农技示范】 2021年，永宁县开展稳粮保供绿色转型科技创新示范。建设望洪镇增岗村、杨和镇旺全村集中连片稳粮保供绿色转型科技创新示范69.3公顷，主导宁春3015、宁春55号、宁春4号高产优质品种；使用测土配方施肥、有机肥替代、机械施肥技术，亩均化肥施用量52.76公斤，较全县平均减12.75公斤，减19.46%；使用统防统治、杀虫灯52台、性诱诱捕器200套物理防控技术，亩均化学农药用量114.48克，较全县平均减少36.52克，减24.2%；使用精播精种、全程机械化作业技术，耕种收综合机械化率达到96.8%。示范小麦平均亩产535.2公斤，超目标产量35.2公斤，超7.04%；较2021年全县预测亩实产473.6公斤增61.6公斤，达到绿色增产增效的示范目标。

【优粮行动】 2021年，永宁县农牧局建设望洪镇增岗村玉米绿色高质高效技术模式示范33公顷，选用优质耐密玉米品种，集成应用水肥一体化、增施有机肥、配方施肥、种肥同播、水肥耦合、病虫害绿色防控等绿色生产技术。集中展示先玉1225、宁单24号、先玉1321、宁单40号、东农258号等5个品种，示范基肥加施硫肥1.32公顷。建设李俊镇宁化村春麦复种燕麦草一年两熟模式示范36.96公顷，示范宁春61号1.98公顷、宁春55号10.56公顷、宁春59号6.6公顷、宁春58号17.82公顷，集成应用增施有机肥、测土配方施肥、云播一体化、旱灌头水、统防统治等节肥减药绿色生产技术。

【生产与加工】 2021年，永宁县支持粮食加工企业、种子育繁企业、社会化服务组织推进粮食产业融合发展。依托宁夏昊鑫现代农业开发有限公司、永宁县裕稻丰生态农业科技有限公司、永宁县伟国农业专业合作社等3家企业开展大米生产、加工、销售，仓储能力9.55万吨，年加工水稻18万吨；依托永宁县种子公司、科泰种业2家种子销售企业，建设繁种基地7个，完成小麦良种繁育204.6公顷。依托12家农业社会化服务组织开展社会化服务53.6万亩次，其中：翻耕整地16.4万亩次、机械播种6732公顷、机械收获5478公顷、植保统防统治18.7万亩次，粮食烘干530吨。

【品牌培育】 2021年，永宁县培育优质粮食品牌，增强市场竞争力。全县培育“堃锐”有机大米品牌1个，使用“宁夏大米”区域公用品牌1个，“宁夏大米”地理标志品牌1个。认证有机水稻1848公顷，认证有机稻谷1170吨。

【农民培训】 2021年，永宁县培育高素质农民220人，其中，蔬菜生产140人，农资经营服务人员80人。

农村建设

【概况】 2021年，永宁县全面提升农村人居环境整治工作，聚焦农村生活垃圾治理、厕所革命、污水治理、村庄规划管理、村容村貌提升等内容，创新出“政府支持、镇村自治、因村施策、综合治理”的农村人居环境整治之路，全面推动“村庄清洁行动”常态化、制度化和持续化。编制完成县、乡、村三级乡村振兴规划，2021年编制12个村庄规划，闽宁镇武河村被列入全区19个“多规合一”实用性村庄规划编制试点。

【土地确权】 2021年，永宁县全面完成农户承包地经营权确权工作。全县已经签订土地承包合同和地籍签字确认的村62个，应确权农户面积24050.4公顷，实确权农户面积24050.4公顷；应确权农户数40861户，已确权农户40861户。2020—2021年完成变更及新确权农户4041户，其中，变更1848户、新确权2193户，土地承包经营权证书全部发放完成。

【土地流转】 2021年，永宁县通过开展农村土地承包经营权贷款，发放贷款517笔，贷款金额2337.79万元，面积415.4公顷。其中闽宁镇分中心抵押贷款181笔，贷款金额793.8万元。全县流转农村土地面积16618.8公顷，流转农户44167户。2021年新增流转土地面积1452公顷，涉及农户2135户。

【产权改革】 2021年，永宁县被确定为全区农经综合管理平台4个试点地区之一，完成系统平台建设并上线使用，推动数字赋能乡村振兴和农经管理的智慧化、规范化、信息化。开展村民委员会和农村集体经济组织分账管理工作，形成社会职能归村民委员会管理、经济职能归农村集体经济组织管理的格局。

【经济主体孵化】 2021年，永宁县农业农村局持之以恒培育壮大新型农业经营主体，助力乡村产业振兴。完成自治区级、银川市级示范社、星级家庭农场15家的申报工作，其中，完成银川市市级示范社4家、三星级家庭农场4家申报工作；完成自治区级示范社4家、四星级家庭农场3家申报工作。全县在审批服务管理局注册登记的农民合作社717家，家庭农场200家。

【环境整治】 开展村庄清洁行动。拆除乱堆乱建1563座，清理废弃房屋、断壁残垣115处，危旧房拆除改造38户，硬化村庄巷道630.16千米，治理村庄破损公路2318.65千米；清理农村各类垃圾杂物89.1万吨，清理散乱污163处，清理畜禽养殖粪污等农业生产废弃物5.8万吨。发动农民群众投工投劳22万余人次。推进农村“厕所革命”，全县完成户厕改造1402座，建设农村公厕4座。2021年，创建宁夏回族自治区、银川市、永宁县美丽庭院295户，望远镇、杨和镇“美丽庭院”创建率达到30%。

【示范建设】 2021年，永宁县重点打造原隆村作为全县农村人居环境整治示范村建设，对全村2005户进行全面整治，实施道路、庭院绿化、美化、亮化等工作，改造1998户宅院外立面，涂刷院墙11万平方米，清理农村生活垃圾80万吨，种植树木2万多棵，发动群众投工投劳。

农业技术推广

【概况】 2021年，永宁县农技推广工作推进优化农作物品种，优化种植结构，推进化肥农药减量增效行动。推广粮食作物绿色高质高效栽培、耕地质量提升和化肥农药减量增效、旱作节水高效种植等技术模式，开展农作物重大病虫害预测预报、测土配方施肥与耕地监测调查、粮食生长动态及墒情监测等基础工作。

【品种培优】 2021年，永宁县农技推广中心小麦种植推广宁春4号、宁春55号、宁春50号、宁3015四个优质高产品种，其中，宁春4号播种面积占85%，优质良种覆盖率100%；玉米种植主导品种先玉1225、先玉1321、太玉9号等品种，籽粒玉米播种面积占70%，青贮玉米品种2310公顷，粮饲兼用玉米面积3300公顷左右；水稻种植主导品种富源4号、宁粳50号、宁粳57号等品种，覆盖率61.5%，示范种植国家一级米品种天隆优619号75.9公顷。

【品质培优】 2021年，永宁县农技推广中心推进粮食品质提升行动。小麦使用施肥结构优化、精播细种、早灌头水、适时收获等技术，提升小麦品质。水稻推广施肥结构优化、干湿交替灌水、适时早收等技术，提高整精米率，提升品质；玉米推广施肥结构优化、控灌头水、培肥增密、适时晚收等技术，增加籽粒容重，提升品质。

【节肥减药】 2021 年，永宁县农技推广中心推广绿色节肥减药技术。全县落实粮食作物测土配方施肥面积 23430 公顷，覆盖率 92.4%；增施有机肥面积 3564 公顷，推广机械施肥 21516 公顷，推广玉米水肥一体化 1188 公顷；落实病虫草害专业化统防统治面积 27588 公顷，统防统治覆盖率 54.5%，推广高效低毒低残留农药、农药减量助剂、物理诱控等技术 21054 公顷，绿色防控覆盖率 41.6%。

【化肥替代】 2021 年，永宁县农技推广中心落实有机肥替代化肥示范 1419 公顷，其中：商品有机肥示范 330 公顷，亩用量 150 公斤；畜禽粪便堆制肥示范 1089 公顷，亩用量 306 千克。建立小麦、玉米、水稻核心示范区 5 个，面积 204.8 公顷。完成小麦堆肥消纳能力试验、小麦发酵液不同用量优化增效试验、玉米不同有机肥品种展示试验 3 项。完成农民技术培训 106 人次，开展现场观摩交流会 6 场次。示范平均亩化肥纯量 31.9 千克，较常规减 3.4 千克，减 10%；平均亩产 640.8 千克，较常规增 31.8 千克，增 6%。

【除病去害】 2021 年，永宁县农技推广中心装备虫情测报灯 5 台、诱捕器 36 套，设立病虫害监测点 12 个，坚持定点监测和大田普查相结合，开展 12 项病虫害监测测报，全年发布监测防治信息 10 期，召开病防治现场会 1 场次，中短期测报准确率 96%，长期测报准确率 85%。开展稻水象甲、苹果蠹蛾疫情监测，建立稻水象甲监测点 5 个，田间实地监测 5 期，县域未发生虫情；建立苹果蠹蛾监测点 10 个，田间实地监测 5 期，虫情轻度发生；完成瓜类种苗检测 2 期，种子田间检测 3 次。建立小麦专业化统防统治与绿色防控示范 66 公顷，综合应用性诱物理防控、色板诱杀技术、杀虫灯性诱等物理防控技术覆盖率 100%。

【粮菜轮作】 2021 年，永宁县农技推广中心在全县 33 个供港蔬菜基地开展小麦、供港蔬菜小轮作，水稻、供港蔬菜大轮作模式示范 349.8 公顷，示范粮食产量处于较高水平，在需要时能够提供粮食生产供给。对供港蔬菜生产易造成耕地质量下降、土壤重金属污染等质疑，建立耕地质量监测点 7 个，结果表明：土壤有机质含量 24.63 克 / 千克，较全县平均值高 9.79 克 / 千克；土壤无重金属污染。

【农情监测】 2021 年，永宁县农技推广中心开展粮食生长发育动态、病虫害监测和土壤墒情等监测服务工作，发布生产指导信息，服务粮食安全生产。全年发布粮食生育动态信息 4 期、土壤墒情信息 18 期、病虫害发生防治信息 10 期。开展农情信息的宣传应用，在永宁县政府网站发布 3 期，在永宁县电视台播放宣传 3 期。

【技术攻关】 2021 年，永宁县农技推广中心实施小麦绿色生产技术体系，示范实施系列的关键技术展示和试验研究。引进展示小麦优新品种 9 个，示范追施新型肥料品种 4 个，实施肥料品种、药剂组合效果试验 5 项。通过观测调查和检测分析，取得成果。

【技术服务】 2021 年，永宁县农技推广中心采用双向选择方式鼓励技术人员参与新型经营主体全程技术指导服务，全年参与技术服务人员 25 人，服务农业新型经营主体 102 家，服务面积 4217.4 公顷，指导农户 513 户，指导面积 220.44 公顷。特别是在今年黏虫防治工作上，通过大范围入户指导防治，遏制黏虫危害。

【农民培训】 2021 年，永宁县农技推广中心结合示范区建设，全年举办培训班 16 场次，培训农户及大户 420 余人；组织现场观摩培训会 5 场次，培训技术人员及大户 200 余人次；召开春播现场会1场次、统防统治现场会1场次，现场培训130余人次。

乡村振兴

【概况】 2021年，永宁县乡村振兴服务中心统筹指导全县乡村振兴工作。提出全县乡村振兴工作目标、任务、政策。组织调研乡村振兴工作中的重大问题、绩效评估。组织实施巩固脱贫攻坚与乡村振兴衔接工作。开展全县乡村振兴工作动态分析、成果宣传和经验交流工作。

【组织引领】 2021年，永宁县委、县政府履行巩固拓展脱贫攻坚成果同乡村振兴衔接主体责任，成立移民致富提升行动工作领导小组，县级领导主抓、行业部门包抓。县委常委会11次、政府常务会13次部署脱贫攻坚成果巩固，推进乡村振兴等工作；出台《永宁县实现巩固拓展脱贫攻坚成果同乡村振兴有效衔接的实施方案》等10个专项方案。县级领导包抓10个村，开展移民致富提升行动和环境整治工作。宁夏回族自治区10个部门与永宁10个重点移民村对接乡村振兴工作。全县选派驻村第一书记和工作队员30名，实现一对一结对扶持，引导乡村振兴。

【脱贫监测】 2021年，永宁县脱贫户1434户5645人。2021年永宁县有脱贫不稳定户、边缘易致贫户、突发严重困难户等监测对象190户703人。2021年底，消除风险监测对象133户452人，有未消除风险监测对象57户251人。2021年，农村人均可支配收入实现17914元，同比增长11.7%；生态移民人均可支配收入实现10924元，同比增长20.1%；全县监测对象2021年人均纯收入为12149.56元，同比增长18.10%。

【脱贫巩固】 2021年，永宁县巩固脱贫成果摘帽不摘责任，摘帽不摘政策，摘帽不摘帮扶，摘帽不摘监管，健全防返贫监测和帮扶机制，守住不发生规模性返贫的底线。建立《巩固拓展脱贫攻坚成果同乡村振兴有效衔接工作指导细则》，签订《全国防返贫监测信息系统数据质量责任书》19份。开展4次农村户籍人口大排查，因人因户制定精准帮扶举措173条，县乡联动开展脱贫户收入风险研判2次，启动突发事故引发返贫致贫联动应急处置1次，保持主要帮扶政策总体稳定。对6个脱贫村1434户脱贫人口开展常态化监测。全年召开月度部门联席会1次，驻村第一书记联席会议2次，乡镇干部联席会议4次，开展行业部门筛查预警反馈3次，全县防返贫监测机制运行顺畅，形成闭环，未发生规模性返贫事件。

【致富提升】 2021年，永宁县聚焦产业、就业、社会融入3件事情，对标”9+1”专项提升，以10个重点村为重点，落实“领导干部+责任部门”三级包抓工作机制，推进移民致富提升行动。以闽宁镇福宁村、原隆村、园艺村、玉海村为重点，实施设施农业建设，实施198公顷现代农业科技示范园建设。以闽宁镇为重点，推进闽宁镇肉牛产业高质量发展，依托壹泰、犇旺、闽楠等9个规模化养殖园区，发展草畜种植加工、繁育育肥和屠宰加工的产业链；推进“出户入园”，推动肉羊入园8000余只。原隆村新建养羊圈舍33栋，存栏数量有2000余只，惠及低保户、五保户、低收入户14户。

【乡村文旅】 2021年，永宁县挖掘闽宁镇“全国脱贫攻坚楷模”红色文化资源，实施《山海情》影视文化旅游基地项目建设，完成5个旅游景区项目申报及第一次评定验收。打造“掌上闽宁”小程序，开展“晒文旅·晒优品·促消费”第二季大型文旅推介活动，扩大永宁县红色旅游影响力。

【本土品牌建设】 2021年，永宁县组织闽宁镇北客生物、闽宁禾美等农产品加工企业参加区内外农产品展会，选送闽宁禾美参加宁夏回族自治区农业农村创新创业大赛，取得全区第一名，提升闽宁扶贫产品知名度、美誉度。闽宁镇4家酿酒葡萄企业认证有机农产品，认证产品31个，认证面积97.75公顷，认证产量6217.06吨。

【就业兴村】 2021年，永宁县以就业创业为民本，推进乡村振兴。强化乡镇、村移民信息就业核查，对劳务移民全程化跟踪对接、点对点提供服务，实现搬迁群众稳得住、有就业、能致富。组建搬迁群众就业服务专班，挂牌10个移民劳务工作站。举办重点群体技能培训17期840人，提供乡村公益性岗位230个，依托12家扶贫龙头企业和10家就业帮扶车间，带动移民就业近3万人次，保证政策性移民劳动力家庭至少有一人外出务工。在移民安置区开展专场招聘会共6场，参会企业155家，推荐就业岗位8709个。开展创业培训12期350人，培训后实现创业155人，发放创业担保贷款86笔3013.5万元，其中，个人创业52笔815万元；小微企业34笔2198.5万元。

【规划编制】 2021年，永宁县乡村振兴实施提升基础系列项目，开展3个村庄、2个国有农场规划编制，规划完成并通过审议开始实施；统筹安排资金2500万元，按照3年规划对黄羊滩农场、玉泉营农场、闽宁镇园艺村、木兰村、福宁村分步实施基础设施提升工程，逐年逐片实施道路硬化、改厕等基础设施建设。

【环境整治】 2021年，永宁县乡村振兴服务中心推动移民村庄环境整治。10月29日，宁夏回族自治区人居环境整治观摩团在永宁县观摩，闽宁镇原隆村人居环境整治行动成果获得肯定。推进闽宁镇、玉泉营、黄羊滩等8个污水站提高标准改造，开展闽宁镇福宁村、木兰村、园艺村美丽乡村整村推进环境综合整治工程，开展黄羊滩道路、排水、路灯、环卫等基础设施改造。

【综合治理】 2021年，永宁县乡村振兴服务中心开展基层治理能力提升行动，建成闽宁镇共建共治共享社会治理服务中心、6个村级综治中心。完成基层审批服务执法力量改革和便民化改革，实施乡镇、街道民生服务中心标准化建设。

【致富示范】 2021年，永宁县开启闽宁镇“搬迁移民脱贫致富示范”乡镇建设，制定《搬迁移民脱贫致富示范乡镇建设规划》，重点建设特色产业等10项示范工程，保证1年有变化、3年见成效、5年上台阶，为易地搬迁移民致富提升创造可复制、可推广的“闽宁经验”。

【闽宁共建】 2021年，永宁县争取东西协作资金4800万元，实施闽宁镇园艺村第三代设施温棚园区二期建设工程、武河村养殖园区二期建设等10个闽宁协作项目。闽宁两地完成互访24批263人次，其中，在闽宁镇接待福建党政交流考察团14批160人次，学校、医院交流6批80人次，协调宁夏赴福建考察4批23人次。产业协作发展，招商落地加工、信息技术、商贸物流等14家企业，区镇共建闽宁产业园1个，计划筹建闽宁产业园二期，吸纳农村劳动力就业300人，闽宁协作消费帮扶销售额达4.16亿元。结对帮扶，厦门市32所优质中小学校、幼儿园与闽宁镇16所公办学校全覆盖结对共建，6家市属国企与闽宁镇6个示范村全覆盖结对帮扶，厦门市第三医院、湖里区妇幼保健院和思明区妇幼保健院与闽宁镇卫生院结对帮扶。

水 务

【概况】 2021年，永宁县水务工作以争取项目资金为重点，聚焦生态立县、振兴乡村、民生水利基础建设；以河长制工作为重点，优化水资源合理配置，改善生态环境，提高农业综合生产能力。以黄河流域生态环境警示片反馈问题整改落实为重点，推进全县用水权改革。

【河湖治理】 2021年，永宁县水务局全面排查河湖“四乱”问题，整治中小河流、农村河湖，自查发现河湖污染问题59处，全部完成清理整治。开展黄河河道及滩地被占问题整治工作。对黄河永宁段河道及滩地内乱耕开展调查，发现乱建27处77间3699平方米。2021年，完成10处乱建清理整治，剩余8座泵站、5处护岸林管理房、3座庙宇和1

座铁塔基站申请保留，编制完成洪水影响评价，整治方案通过专家评审。

【河湖勘界】 2021年，永宁县水务局完成河湖管理范围划定、复核及界桩设立工作，设立界桩742根。

【黄河保护】 2021年，永宁县水务局加强人工湿地运行管理，入黄水质稳定达标。据《宁夏回族自治区全面推行河长制重点任务进展情况通报》，永宁县入黄排水沟水质稳定达到地表水Ⅳ类或以上水质，黄河国控断面水质稳定实现Ⅱ类进Ⅱ类出。

【河湖长制】 2021年，永宁县水务局落实“河长+检察长+警长”工作机制，县河长办、检察院、公安局联合制定并印发《永宁县河湖长制“河长+检察长+警长”实施方案》，落实河湖检察长10名、河湖警长6名，河长、检察长、警长综合执法，实现治理能力提升。

【水资源管理】 2021年，永宁县工农业生产取水约束性指标为黄河干流取水量为3.50亿立方米，地下水水量615.26万立方米，全县用水控制在约束性指标内。县水务局执行取水许可制度，把住取水许可准入关，全县取得取水许可证29家，依法注销6家，换发电子取水许可证9家。开展自备井取水工程核查登记专项整治行动。全县在册系统内登记474家1344眼取水口，系统内整改销号167眼，其中封填79眼，取得取水许可证88眼。对黄河流域生态环境警示片反馈问题，全面整改落实。

【水旱防御】 2021年，永宁县水务局编制完成《永宁县山洪灾害防御预案》《宁夏黄河永宁段防洪（凌）应急预案》《永宁县腰石井拦洪库防洪抢险应急预案》。开展堤防及水库等汛前安全检查。投入112万元，实施腰石井拦洪库应急清淤整治工程。

【水利建设】 2021年，永宁县水务局投资2873.35万元实施宁夏中小河流治理项目中干沟下段治理工程的续建，完成闽宁镇污水处理厂尾水管道工程，银川市区、永宁县乡镇级集中式饮用水水源地规范化建设工程等重点工程的建设。改善永宁县生态环境，完善防洪体系。

【水土保持】 2021年，永宁县水务局水土流失治理面积6.96平方公里，超额完成任务。完成“江山阅”等25个项目水保方案审批。全年收缴水土保持补偿费414.9万元。

【水政执法】 2021年，永宁县水务局查处7处水事违法行为，下发行政处罚决定书7份，罚款22万元。受理12345平台投诉举报工单6份，跟踪办理并回复。

【安全生产】 2021年，永宁县水务局编制完成《永宁县水利工程安全事故应急预案》、修订《水务局安全生产专项整治三年行动方案》，完成监管县域内用水安全生产；对水厂、在建工程、防汛抗旱物资储备库、人工湿地、滞洪库等地每季度组织1次安全检查，消除安全隐患。

【党史学习教育】 2021年，永宁县水务局成立以局党组书记为组长的党史学习教育领导小组，开展双周学习教育活动。开展主题党日观摩学习活动，组织党员干部走进宁夏工委纪念馆重温党的历史，邀请党校讲师为机关党员讲解习近平总书记在庆祝中国共产党成立100周年大会上的重要讲话精神党课。召开意识形态、网络安全意识形态工作会议。党员签订不信仰宗教、不参与宗教承诺书。完成巡视巡察整改工作，巡察组反馈的7个方面15个问题，其中，12个整改完毕并作出制度性规定，项目管理混乱等3个问题正推进整改。

工业和工业园区

GONGYE HE GONGYE YUANQU

综　述

【概况】　2021年，永宁县工业走生态优先、绿色低碳的高质量发展之路，开展工业经济调控，落实国家、宁夏回族自治区、银川市惠企政策，全县工业经济稳定增长，呈现出高开、强进、稳收，工业发展超出预期。2021年，全县规上工业总产值增长16.5%；规上工业增加值增长11.9%，创2015年以来新高。比2019年同期增长15.4%，比两年平均增速提高4.5个百分点，全年实现两位数增长。

【门类扩增】　2021年，永宁县制造业拉动作用明显。采矿业、制造业、电力热力燃气及水生产和供应业涉及永宁主要是两大门类，增加值同比增长12.6%，占全部规上工业增加值的92.3%，上拉全部规上工业增加值增长11.1个百分点；电力热力燃气及水生产和供应业增长4.3%，占全部规上工业增加值的7.7%，上拉全部规上增长0.8个百分点。

【轻重工业】　2021年，永宁县轻工业增速及拉动作用均快于重工业。2021年，轻工业实现增加值同比增长21.8%，占全部规上工业增加值的73%，上拉全部规上增长11.8个百分点，对全部规上工业贡献率达99.6%；重工业实现增加值同比下降9.3%，上拉全部规上工业仅增长0.1个百分点。

【产量增降】　2021年，永宁县全部规上工业监测统计的产品产量有28种，重点关注的产品产量有7种呈“四增三降”。其中“四增”分别是：化学药品原药同比增长14.2%，机制纸及纸板同比增长53.9%，饲料同比增长30.5%，葡萄酒同比增长20.8%。“三降”分别是：味精生产同比下降2.8%，水泥生产同比下降26.1%，钢结构生产同比下降5.2%。

【骨干企业】　2021年，永宁县规上工业产值过亿元企业11家，企业个数较上年增加4家，完成产值同比增长22.6%，总量占全部规上工业的81.7%，上拉规上工业增长17.6个百分点，贡献率达106.6%。其中，宁夏伊品生物科技股份有限公司上拉规上工业增长10.7个百分点，贡献率达65%；宁夏启元药业有限公司上拉规上工业增长1.9个百分点，贡献率达11.3%。11家过亿企业产值增幅超过20%的企业有8家，强劲的增长势头为规上工业稳增长奠定坚实的基础。

【行业现状】　2021年，永宁县规上工业17个行业大类中主要表现：食品和医药两大行业发力，支柱作用不可替代。两大行业实现增加值增长18.2%，高于两年平均增长4个百分点，总量占全部规上工业增加值的54.2%，比2020年提高2.3个百分点，两大行业拉动全部规上工业增长8.1个百分点，贡献率达68.3%。2021年，非金属矿物制品业、燃气生产供应业、通用设备、汽车制造等行业增加值同比分别下降17.9%、14.1%、46.7%和103.5%。其中，非金属制品业增加值占全部规上工业总量的

9.8%，总量占比位居17个大行业下拉全部规上工业增长1.2个百分点；汽车制造业涉及企业处于停产状态，下拉规上工业增长0.6个百分点，年底汽车制造业退出规上统计。

【科技创新】 2021年，永宁县高新技术制造业实现增加值增长15.8%，拉动全部规上工业增长8.6个百分点，总量占规上工业增加值比重的60.8%，同比提高2.1个百分点。战略性新兴产业增长较快。全县涉及8家战略性新兴产业企业实现增加值增长12.1%，拉动全部规上工业增长1.6个百分点。

【园区发展】 2021年，永宁工业园区在宁夏联网直报平台在库统计工业企业335家，完成工业总产值同比增长13.8%，实现营业收入同比增长9.0%，分别比2020年提高3.5和2.5个百分点，企业总数比2021年增加56家，园区内9家规下企业和1家规模较大个体户申请入规上工业统计，园区企业绿色转型和政府营商环境优化，园区发展活力增强，带动作用突出，推动工业经济发展作用显著。

【新材料产业发展】 2021年，永宁县不断优化园区产业布局，完善产业发展定位，形成装备制造业和建筑装饰建材业为主导，生物医药、绿色食品等为辅的产业结构，新材料龙头企业引领作用明显。宁夏凤凰城智能制造有限公司、宁夏墨工科技有限公司、宁夏正德源科技发展股份有限公司3家企业被认定为首批宁夏回族自治区新材料企业，宁夏大光节能科技有限公司、宁夏青川管业有限公司、宁夏成建建筑科技有限公司、宁夏正德源科技发展股份有限公司4家企业列入银川市新材料产业重点企业库，新材料基础产业发展初具规模。产业布局方面紧盯国际行业前沿，引进新材料高端产业、龙头企业，目前，墨工高纯石墨烯项目一期已进入试运行，建成全国首条自动化石墨烯生产线，率先突破高纯石墨纯化提取技术，二期应用项目将建设一套功能定制化石墨烯、石墨烯基润滑油、润滑脂生产装备和生产线，投产后将促进永宁县石墨产业高端化以及产业应用化发展；中钢新型材料（宁夏）有限公司年产2万吨特种石墨项目现完工，企业和项目的建成投产形成高纯石墨烯、特种石墨等市场规模大、技术能力强的产业集聚，加速石墨烯产业发展步伐，为永宁县提升产业集群、完善产业链条、节约集约发展提供支撑。

【新能源产业发展】 2021年，全县风、光电站开发配套电网加快建设，产业链条逐步拓展，新能源产业呈现较快发展势头。建成风电项目1个——宁夏达力斯贺兰山一期风电项目，装机容量为40.5兆瓦。建成光伏发电项目总装机容量197.62兆瓦，其中，集中式光伏发电装机容量130兆瓦，分布式光伏发电装机容量67.62兆瓦，2020年度全年发电14761.45万度，2021年发电量25480.45万度。在延链、强链上，配套产业初具规模，形成风机主要零部件等新能源装备制造产业以及新能源汽车产业。在风机装备制造领域，宁夏众力管廊科技有限公司、宁夏华天瑞德科技有限公司2020年产值合计2.58亿元，2021年产值0.77亿元。

【食品加工】 2021年，重点发展葡萄酒产业、奶产业、肉牛和滩羊产业、优质粮食产业、果蔬产业等绿色食品产业。全县现共有农产品生产、食品加工农业产业化龙头企业26家，北方乳业、中粮长城葡萄酒、贺兰神国际酒庄、恒生西夏王酒业、晶润生物食品5家规上企业列入银川市新食品加工产业重点企业库。国家葡萄及葡萄酒产业开放发展综合试验区在闽宁镇挂牌，贺兰红共享酒庄成为中国（宁夏）国际葡萄酒博览会永久会址，宁夏回族自治区授予永宁县区级葡萄产业良种繁育基地。小任果蔬现代农业产业园项目、宁夏伊品生物科技股份有限公司年产1200吨玉米风味酱、年产2万吨赤藓糖醇项目、谷余香万吨原生态粗粮产品深加工、硕辰昊年产3000吨肉制品加工等项目多元赋能，新食品加工产业提质增效，正逐渐由生产主导型向加工经营主导型转变。

宁夏永宁工业园

【概况】 宁夏永宁工业园区是宁夏回族自治区循环经济试点园区、银川市重要工业基地。2019年4月，宁夏回族自治区编办批复园区管理机构为宁夏永宁工业园区管理委员会，为银川市政府派出参照《公务员法》管理的正处级事业单位。宁夏永宁工业园区核准面积为35.24平方公里。辖望远区块，东至京藏高速，西至唐徕渠，南至福银路，北至南绕城，面积20.48平方公里；闽宁产业城区块，东至唐徕渠，西至快速通道，南至胜利乡杨显村农田，北至永清路，面积2.93平方公里；杨和功能区，东至惠农渠，西至汉延渠，南至太中银铁路，北至中干沟，规划面积11.83平方公里。2018年9月，宁夏回族自治区《开发区整合优化和改革创新实施方案》明确，园区主导产业为装备制造和装饰材料。园区限制发展产业为：煤炭、电力、化工、冶金、有色金属、生物发酵。2021年底，园区有工业企业414家，商贸物流带有物流市场15家。

【园区生产】 2021年，园区规上企业全年完成工业总产值39.04亿元，比2020年增长5.66%；完成工业增加值8.56亿元，比2020年增长1.15%；完成工业销售产值38.49亿元，比2020年增长7.27%；完成出口交货值7.14亿元，比2020年增长8.14%。企业研究与发展投入占主营业务收入的1.36%，研究与发展活动规上企业22家。2021年，园区物流产业实现交易额213.1亿元，同比增长9.86%。

【园区投资】 2021年，宁夏永宁工业园区完成固定资产投资7.1亿元，比2020年增长44.6%，其中，工业投资6.07亿元，同比增长23.62%。技改投资1.59亿元，同比增长145%。完成招商引资4.9亿元。园区实施招商引资项目18个，计划总投资20亿元。实际落地资金2.7亿元。

【项目建设】 2021年，宁夏永宁工业园区开工建设项目32个。良田路一体化提升泵站维修项目建设完成，通过竣工验收；宁夏伟达世纪机械加工厂年产800万米环保装饰线条建设项目、京东“亚洲一号”永宁电商物流园项目、宁夏四季鲜农产品综合批发市场二期扩建项目已建设完成并投入运营；中钢新型材料（宁夏）有限公司年产2万吨特种石墨项目，宁夏乐丛世家国际家居博览中心主馆及1#、2#馆提升改造等项目正在建设中。

【招商引资】 2021年，宁夏永宁工业园区探索建立跨开发区招商引资、利益共享的合作机制，与银川经开区等兄弟园区合作，选派干部成立招商小分队常驻深圳、苏州开展驻点招商。围绕主导产业开展精准招商、产业链招商，重点对接山东海化集团太阳能光伏玻璃项目、浙江商会木材加工产业园项目、路丰品牌家居定制仓储物流项目、昆明理工恒达科技铅炭电池项目、洛阳月星新能源锂电池负极材料项目。

【科技兴园】 2021年，宁夏永宁工业园区新增国家级高新技术企业4家。首次认定新增银川铁狮环保设备有限公司、宁夏泽瑞隆环保技术有限公司等2家企业。重新认定宁夏和瑞包装有限公司、中英阿诺康（宁夏）生物科技有限公司2家企业。新增国家级科技型企业2家；新增宁夏回族自治区级科技型中小企业5家；新增宁夏回族自治区“专精特新”“小巨人”企业称号3家，宁夏回族自治区“专精特新”示范企业1家。

【安全生产】 2021年，宁夏永宁工业园区聘请第三方安全生产服务公司，由专家组成工作组，下到企业开展排查。推行园区安全生产工作网格化管理模式。管委会与辖区内企业签订安全生产、消防目标责任书及安全生产承诺书各362份，企业安全生产情况“一企一档”。开展安全生产培训6次，培训企业责任人及安全主管604人次。接受群众咨询40余次，发放各类宣传单1100余份、宣传手册1200余份。开展园区“治违除危”安全生产专项行动。检查企业1083家次。2156处隐患已整改1956处。

【规划修编】 2021年，宁夏永宁工业园区开展园区规划环评、地质灾害危险性评估、压覆矿产资源评估报告、地震安全性评价、环境应急预案、水土保持方案、规划水资源论证报告和节能评估等10项区域评价工作，完成6项；1项规划水资源论证报告已过专家论证会，正在根据专家意见修改报告；1项洪水影响评价已编制完成，专家正在内审中；水土保持方案正在根据水利厅水土保持区域评估管理办法等相关文件要求修改报告，气候可行性论证正在协调收集近30年气候数据。

【污染防治】 2021年，宁夏永宁工业园区管委会成立巡查小组进行巡查，制止垃圾、荒草焚烧现象；排查裸露空地、砂石料堆场，全面实施绿网覆盖。对中央环保督察"回头看"反馈的问题，聘请6名群众监督员，动态监督启元药业公司异味排放情况，管委会安排专人驻企业监督巡查企业生产负荷和运行情况，启元污染防治到位。全面完成中央环保督察转办案7件。

【产业升级】 2021年，宁夏永宁工业园区完善产业全链条，形成园区产业互补、循环利用的产业链。玉元公司生产的山梨醇供给启元药业生产VC；中盛紫征生产的纸板供给和瑞包装；德朗宁等型材生产企业的产品在铝型材市场销售；石材企业生产的产品在北方国际建材城销售；家具、板材企业在路丰市场销售；管材、管件企业在阳光100市场销售；钢结构生产企业在金属物流购买原材料，产品供给园区企业建设厂房。园区以和瑞包装为龙头企业带动其他纸板生产企业。

【党史学习教育】 2021年，宁夏永宁工业园区党工委组织开展每周半天集中学习，为园区党组织征订党史学习教育学习资料100套，转发学习资料650本。开展党史学习教育专场宣讲。组织党员干部到宁夏工委纪念馆、宁夏博物馆等党史学习教育基地开展党史学习教育，引导督查非公企业党支部开展党史学习教育。20余名干部下到企业，开展点对点党史宣讲。组织开展"我为群众办实事、我为职工解难题"活动，收集到19个方面47条问题，园区党工委逐一整改并销号。

【党的建设】 2021年，宁夏永宁工业园区党工委按照有场所、有设施、有标志、有党旗、有书报、有制度的要求，引导园区商务楼宇、大市场、非公企业、社会组织建设开放性党群活动服务中心。宁夏创业谷实业发展有限公司、宁夏四季鲜综合批发市场党支部党群活动服务中心被评为全县党建示范点。开展庆祝中国共产党成立100周年系列活动，组织园区企业开展党史知识笔试测试，评出一等奖1名、二等奖2名、三等奖3名、优秀奖6名并颁发荣誉证书。为非公企业和社会组织党组织赠送党员政治生日贺卡680张。为园区"在党50年"老党员颁发纪念章；慰问获得党内功勋荣誉表彰党员9名，每人发放慰问金1000元；慰问困难老党员1名，发放慰问金500元。开展园区非公企业和社会组织党建工作基本情况核查，园区有10人以上企业和社会组织125家，有独立党组织37家，建立联合党组织16家，未建立党组织21家，园区党组织覆盖率达到85.6%。

招商引资

【概况】 2021年，永宁县招商投资促进工作坚持把招商引资作为经济工作重点，组织全县性的重点对外招商引资活动，统筹协调招商引资工作，联系投资者及各类工商组织机构来永宁县考察投资，组织开展招商引资推介活动。负责招商引资项目库建设，组织开展经济技术合作和招商引资项目的征集、整理、筛选和发布工作。研究全县主导产业、新兴产业以及国内外同类产业投资促进政策，研究国内外各地投资促进发展趋势，向县委、县政府提出相关建议。

【招商引入投资】 2021年，永宁县实施招商引资项目75个，引入项目投资92.07亿元，实际到位资金63.04亿元，完成全年任务的100.06%，其中，产业项目32个，实际到位资金29.76亿元，占全年目标任务的56.68%。按照项目性质分类，新建项目72个，实际到位资金62.44亿元；续建项目3个，实际到位资金0.6亿元。

【招商开展】 2021年，永宁县对2021年招商引资工作到位资金目标任务向全县45个部门进行分配。根据9个重点产业建立完善招商项目储备库，编制储备项目17个，实现招商项目库联动扩展、良性循环。依据投资考察意向和重点对接项目，建立招商工作台账，实时动态更新信息库。对接新注册企业。

【广结商“缘”】 2021年，永宁县招商投资工作开展“请进来”活动58批次。邀请上海信泽集团、上海金砖集团、广东能源集团湛江电力有限公司、山东水发集团、浙江惠明集团、北京中科国财科技发展有限公司、厦门建发集团、上海筑能环境科技有限公司、中通快递和极兔快递、厦门天地开发建设集团有限公司等企业来永宁县考察、对接项目。开展“走出去”活动13批次。对接深圳威迈斯新能源股份有限公司、厦门市厦门国贸集团股份有限公司、厦门亿联网络有限公司、华侨大学、厦门文广传媒集团马拉松项目和厦门大学校地合作项目、上海海化集团光伏玻璃生产等项目。

【会展招商】 2021年，永宁县用好用活中阿博览会、闽宁合作两个“金字招牌”，通过参加各类商洽会、展会、行业论坛、商会活动等多种渠道开展招商。依托闽宁协作，多次赴福建开展招商引资工作并成功签约。县领导带队赴福建省参加闽宁协作第25次联席会议、第四届21世纪海上丝绸之路博览会暨第二十三届海峡两岸经贸交易会、第二十一届中国国际投资贸易洽谈会，宁夏名特优农产品集散中心启动仪式开展招商引资项目考察对接工作。举办3次推介会。在厦门市湖里区、厦门天地开发建设集团有限公司、烟台市长裕玻璃包装有限公司召开推介会，围绕葡萄酒及配套产业、装备制造等开展推介及项目对接。

【食品加工业发展】 2021年，永宁县聚焦葡萄酒、肉奶制品等精深加工领域，加快产业化聚集、标准化生产、品牌化经营、高端化引领。对接储备西夏肉铺、中为明大集团有限公司、坤鹏农业科技有限公司、中产集团、华夏金龙集团、山东季子圆生物科技有限公司等食品加工项目，促成以绿色食品加工引领现代农业产业发展新格局形成。

【新材料产业增长】 2021年，永宁县推动新材料产业形成集聚效应。以中钢集团新材料产业园项目、宁夏墨工科技石墨烯项目为片区，对接石墨烯智控发热岩板项目、比亚迪刀片电池项目、洛阳月星新能源科技有限公司等企业，吸引新材料企业落户，打造新材料生产基地，助推新材料、新能源和电子信息等战略性新兴产业快速崛起。

【葡萄酒产业强链】 2021年，永宁县引进投资者、支持现有酒庄扩大规模等方式，促进葡萄酒产业发展。中粮长城葡萄酒（宁夏）有限公司、德龙葡萄酒有限公司、富麓酒庄等扩大种植规模、打造葡萄酒特色产业建设项目。利用落地产业项目集群效应开展以商招商工作，延伸和补全葡萄酒上下游产业链条。围绕葡萄酒产业所需机械装备、酵母、酒瓶、酒标、酒塞、橡木桶、包装箱等，引进培育相关企业，增强配套供应能力。多次赴山东省开展专题招商活动，与多家葡萄酒瓶生产厂家达成初步合作意向，邀请企业赴永宁县考察对接葡萄酒配套产业，争取引进相关配套产业，形成葡萄酒产业聚集优势，促进葡萄酒产业高质量发展。

电力工业

【概况】 2021年，国网永宁县供电公司承担永宁县李俊镇、望洪镇、杨和镇、望远镇、闽宁镇，团结西路街道办事处供电任务，供电营业区面积934平方公里，服务用电客户21.9万户，服务用电客户17.9万户，安全生产长周期运行达9726天。

【经营业绩】2021年，国网永宁县供电公司完成售电量109857.7634万千瓦时，比去年同期上升12.45%；供电可靠性完成99.9616%，比2020年增加0.0217%；台区达标率98.51%；网上国网自有渠道缴费率突破18%；配网主干及分支线路跳闸同比下降66.3%。抢修到达现场及时率100%，比2020年提升0.15%。

【社会责任履行】 2021年，国网永宁县供电公司发布社会责任报告，是全区首家发布社会责任报告县级供电企业，公司开展申报国家电网公司级社会责任示范基地。国网永宁县供电公司建成西北领先的数字化供电所。组建"共产党员服务队网格化服务团队"提升公司服务社会的自觉，实现"刷脸办电"新模式。开展"电力数据＋独居老人"延伸服务，实现临时电源用电"即扫即用，据实结算，现时清付"。全年制定"办实事、惠民生"专项行动计划32项。

【安全生产】 2021年，国网永宁县供电公司实行安全生产奖惩机制，开展安全生产问题隐患专项整治。2021年，公司安全专项督查发现隐患44条，整改22条，国家电网公司安全巡视6条问题全部整改；国网宁夏电力公司安全巡视31条问题全部整改。督查作业现场1618次，督查立查立改问题298起。

【供电运维】 2021年，国网永宁县供电公司试点开展营配数据同源治理工作，组织编写永宁公司营配同源数据治理经验，对40类不规范数据提出治理方法，规范7类典型问题操作流程，为区县公司数据治理提供借鉴经验。实行设备主人专人制，开展无人机、人工智能、带电检测立体巡检。完成试点区域图像采集、无人机自主巡检、目标图像识别分析工作；推广0.4—10kV不停电作业；对配网异常台区、频繁停电进行事前管控，2021年，供电可靠性达到99.9616%。

【配网工程建设】 2021年，国网永宁县供电公司开展永宁县供电公司2021—2023年配电网建设改造项目，实施贺兰山东麓葡萄酒长廊建设供电规划的编制。完成金沙林场线路绝缘化改造、永宁变电站518望洪线改造，连湖变电站511武河线配出线改造，新建李银路、创业路6台环网箱。实施农网配电站、变电站新增布点工程建设，新增配电站、变电站57台，当年全部竣工。

【绿色赋能发展】 2021年，国网永宁县供电公司完成县域各乡镇、高速公路服务区13台充电桩建设，接入总容量780千瓦；开展农网线路规划、改造，全流程接入新能源用户，新接入分布式光伏3户，容量102千瓦，县域光伏发电量达到1.109亿千瓦时；完成乡村农业电气化应用工程建设，推进智慧温棚、自动化养殖等一批典型项目的示范推广。

【服务客户】 2021年，国网永宁县供电公司建设"综合型、服务型、智能型、线上线下一体化"供电营业厅，建设客户物联服务平台体验示范点，安装物联网电能表437只，配套设备258台，搭建新型智能电能表—家庭物联终端—智能家电或电气设备为主的信息感知链路，延伸电力服务客户能力。全年办理报装业务1927户，1466户零收费，让利小微企业200余万元。

商贸流通

SHANGMAO LIUTONG

综　述

【概况】 2021年，永宁县商业贸易工作促进商贸流通产业发展，推进连锁经营、电子商务等现代流通手段建设。促进城乡市场发展，建立统一、开放、竞争、有序发展，指导农村市场体系建设。开展重要消费品市场和重要生产资料市场监测工作，建立健全生活必需品市场供应应急管理机制，推动电子商务的应用与发展，引进与培育大型电商企业，鼓励商贸、餐饮、生活服务类企业利用网络平台实现实体经营与网上营销协同发展。开展全县物流行业管理，推进全县区域性物流配送中心建设。2021年，商贸行业监管取得明显成效。

【商品供给】 2021年，永宁县社会消费品零售总额269469.2万元，同比增长2.8%。增速位列银川市三区两县一市第1名，全区22个县(市、区)位列第12名。2021年，实现销售21590.54万元，同比增长9.87%。

【组织促销】 2021年，永宁县通过政府引导组织活动，促进社会消费，春节期间，组织7家大型连锁超市及1家电器商场开展节庆促销、拉动消费。利用宁夏外经贸洽谈会、中阿博览会、进出口博览会等平台，帮助企业拓展海外市场，组织10余家企业参加第四届21世纪海上丝绸之路博览会暨第二十三届海峡两岸经贸交易会、中国兰州投资贸易洽谈会。组织新百电器永宁店参与银川市2021年首批家电以旧换新惠民工程，提振消费市场，活动期间以旧换新149笔，带动销售55.5万元，财政补贴金额7.2万元。举办永宁第六届“欢乐购物季”“平安乡村惠民补贴”活动，激活社会消费触点。

【商贸流通】 2021年，永宁县通过争资金、抓项目，推进现代商贸流通业提档升级。对接区市商务部门，争取商贸流通项目资金，促进商贸流通业发展。申报惠民流通项目2个、外销窗口项目1个、现代物流项目7个、市场体系建设项目3个。支持重点项目建设，2021年，京东物流银川“亚洲一号”启动运营；四季鲜冷链物流产业园二期项目建成并投入运营；完成小任果蔬现代农业产业园冷链配送中心建设；完成新百现代物流城市共同配送冷链物流基地项目建设。永宁小任果业、天天鲜等流通骨干企业在区内设立直营网点93个，区外设立外销窗口56个，永宁县绿色果蔬、有机大米、牛羊肉、葡萄酒等特色产品远销全国各地。2021年，永宁县建设冷冻冷藏库66986平方米、分拣配送中心122497平方米。

【电子商务】 2021年，永宁县网络交易额达51.96亿元，同比增长26.09%，网络零售额实现12.58亿元，同比增长38.24%。永宁县境重点电商企业发展到203家，主要推售永宁县枸杞、大米、蔬菜、生鲜配送等农特产品。电商禾美（宁夏）网络科技发展有限公司闽宁禾美扶贫车间被授予宁夏回族自治区就业扶贫示范基地、宁夏回族自治区扶贫龙头企业。“闽宁巧媳妇”

直播带货团队，被中央广播电视总台《新闻联播》、《人民日报》、新华社、央广新闻等报道；宁夏鲜果香农产品流通有限公司入选“阅宁夏·鉴优品”飞跃全民电商节宁夏电商超能团队全区20强，是宁夏唯一一家入榜的社区团购公司；永宁县区域公共品牌“禾美永宁”获得“2021年中国农产品区域公共品牌·市场竞争力新锐品牌”奖项。开展直播助农活动、农产品产销对接、农产品+异业旅游销售，销售永宁农产品上万斤，带动增收百万元，电商氛围助力农产品销售，带动县域农产品销售上行。

【食品安全】 2021年，永宁县开展放心食品超市创建和示范超市自我承诺活动，商业贸易管理部门制度性定期对物流企业和超市开展调研，落实食品安全最严谨的标准、最严格的监管、最严厉的处罚、最严肃的问责要求。开展进口食品和冷链食品监察，婴幼儿乳粉实行“一品一码”信息追溯。开展食品安全大检查、大宣传。2021年制作食品安全宣传专栏1个，张贴喷绘标语11个、宣传海报30张，制作横幅18条，电子屏滚动播放标语20条，发放宣传资料300份。

【诈财防范】 2021年，永宁县商业贸易管理部门组织全体干部职工进网点、进社区、进企业开展群众金融风险教育活动。在反非法集资宣传月活动中，集中开展宣传活动9次，参与人数40余人次，向群众讲解防范非法集资的知识。利用抖音、微信等社交平台开展以案释法，向群众普及非法集资案件特征的知识。向辖内手机用户发送防范非法集资宣传标语，在户外广告屏播放公益广告30余条次，发放传单、手册800份，海报30份。

【电商利民】 2021年，永宁县举办消费帮扶产品认定工作，举办“电商让乡村更美好”农村电商服务站资源共享交流会，为村点电商服务站引入技术指导、物流配送、信息咨询等服务，打通农村电子商务。用直播打通消费销售通道，组织开展永宁网上购货节活动、“爱心助农直播”等促销活动。打造电商乡村振兴模式，“闽宁巧媳妇”直播带货团队，实现移民妇女迈出家门转变为电商销售达人。培育电商大户，示范带动电商发展，建成1个县级电商服务中心、1个镇级电商公共服务中心、1个县级仓储物流中心、2个农产品O2O体验馆、23个村级电商服务点，注册重点电子商务企业88家，有各类网络店铺上百个，有各品牌快递公司11家，辐射县域建制村66个，完成县域全覆盖。

粮食

【概况】 2021年，永宁县粮食和物资储备办公室履职审核、办理粮食收购许可，监督检查粮食经营者从事粮食收购、储存、运输活动，监督政策性用粮的购销活动。落实全县粮食行业统计和社会粮食流通统计工作，对执行国家粮食流通统计制度的情况进行监督检查。监督实施储备粮管理的技术规范，监督检查储备粮的库存、质量和安全。执行全县粮食供应应急预案和粮食价格预警方案，掌握粮油市场动态，保证全县粮食安全及社会稳定。

【基地建设】 2021年，永宁县粮食和物资储备办公室完成小麦原粮基地建设任务1511.4公顷，交售小麦8008.2吨，核定补贴面积1339.8公顷，补贴金额386.08万元，全部足额拨付至农户。完成稻谷原粮储备生产基地建设任务1056公顷，交售稻谷3192.2吨，核定补贴面积4686公顷，补贴金额70.56万元。

【流通监管】 2021年，永宁县粮食和物资储备办公室落实政策性粮食出入库监管制度，对4批次政策粮食出入库进行联合监管，实现政策性超标粮食不流入口粮市场。开展粮食收购企业备案管理工作，备案粮食收购企业16家。开展夏秋粮收购市场监督检查，规范粮食收购者经营行为，维护售粮农民利益。开展安全排查整改工作，与13家重点粮食经营企业签订2021年安全生产目标责任书，对粮食储存安全和粮食生产安全开展专项排查。

【应急保障】 2021年，永宁县粮食和物资储备办公室落实县级应急成品粮550吨、应急食用植物油160吨，按季度开展监督检查，实现应急成品粮油储备数量充足、质量安全。对12家应急供应网点和1家配送中心开展复核检查，全县粮食企业经营正常、市场保障有力。

【节粮宣传】 2021年，永宁县粮食和物资储备办公室在粮食科技周、食品安全宣传周、世界粮食日等开展4次爱粮节粮及食品安全宣传工作，宣传珍惜粮食、杜绝粮食浪费。

【专项整治】 2021年，永宁县粮食和物资储备办公室制定实施方案，全面开展自查自纠，配合巡视巡察，报送调度报表，自查发现问题4个，跨年推进整改中。

【物资储备】 2021年，永宁县粮食和物资储备办公室实施永宁县应急物资储备库改扩建工程，9月15日工程开工建设，年内完成工程进度60%。开展防疫物资调拨工作，为县新冠肺炎疫情防控领导小组后勤保障组、县直部门调拨测温仪及防护服、口罩、消毒液等价值166.43万元，保障全县新冠肺炎疫情防控物资需求，完成调拨档案归集整理工作。

供　销

【概况】 2021年，永宁县供销社有15个核算单位，分别为：永宁县供销社农资贸易公司、永宁县供销社综合批发公司、永宁县供销社农副产品购销加工公司、永宁县供销社土畜产果品公司、永宁县供销社银桥宾馆、永宁县新合资产经营有限公司6个直属公司；永宁县中农金合农资有限责任公司、宁夏绿方水产良种繁育有限公司2个参股企业；李俊供销合作社、仁存供销合作社、望洪供销合作社、增岗供销合作社、胜利供销合作社、望远供销合作社、通桥供销合作社7个基层供销合作社。全年商品销售27820万元，比2020年增加2987万元，增幅为12%。

【农资供应】 2021年，永宁县供销社指导合作社成员社永宁县誉方圆农资有限公司落实宁夏回族自治区供销社化肥淡季储备2.2万吨任务。结合小城镇和中心村改造建设，整合、拓展改造基层经营服务网点。供销社化肥连锁经营网点遍布全县5镇1乡、2个国营农场，增岗供销合作社与永宁县宏源达农机作业服务有限公司合作开展农田配肥业务，为农民提供更便利的服务。

【流通服务】 2021年，永宁县供销社改造建设2家五星级农村综合服务社，进行统一建设标准、统一经营模式、统一服务标准、统一组织体系、统一管理制度，统一使用“中国供销合作社”标识，统一悬挂含村及社区名称和“综合服务社”字样的牌匾改造。2021年，全县烟花爆竹长期经营网点35家，遍布全县5镇1乡、1个街道办、2个国营农场。

【供销建设】 2021年，永宁县供销社主动融入永宁县乡村振兴事业，开展“现代供销”“开放供销”“市场供销”“数字供销”“活力供销”建设，做实做强一批、改造提升一批、发展创新一批基层供销社，争取宁夏回族自治区供销社两上体系项目建设资金，完成永宁县通桥供销合作社农副产品配送中心项目建设，实施永宁县闽宁镇供销合作社现代农业综合服务中心项目建设。开展永宁县供销合作社吸纳成员社入社工作，新吸纳成员社3家，新增社员2160名。组织开展农民经纪人培训1期，培训近150人，提高农民经纪人的业务素质。

金融业
JINRONG YE

综　述

【概况】　2021年，永宁县金融工作完善金融服务体系、提升金融服务水平，集中行动防范整治非法集资现象。辖区未发生系统性风险。存款、贷款均呈现平稳增长，信贷结构继续改善，金融服务实体经济发展的能力提升。全年全县人民币存款余额194.89亿元，较年初增加22.55亿元，同比增长13.08%。人民币贷款余额150.03亿元，较年初增加4.64亿元，同比增长3.19%。

【金融惠企】　2021年，永宁县帮助企业解决融资难问题，促进金融业与企业界的良性互动，政府、银行、企业合作共赢。3月，县人民政府召开金融政、银、企三方联席会议，宁夏永宁工业园区、县发改局等14个经济部门，人民银行、农发行等11家银行，中国人寿保险公司、中国人民财产保险公司等10家保险公司及50余家中小微企业参加会议。银行“主动营销”，与多家企业达成合作事项。2021年，银川闽宁中小企业融资担保有限公司完成注资3000万元，其中，银川市担保公司注入2000万元，县政府注入1000万元。宁夏农业信贷融资担保有限责任公司注入担保金200万元发展农业产业，当年担保贷款107笔3870万元。深化贷款最优惠利率改革，新发放贷款全部执行最优惠利率定价，银行扶强小微企业发展，促进金融向实体经济让利。永宁县金融机构新发放普惠小微企业贷款加权利率同比下降1.67个百分点，新发放涉农贷款加权平均贷款利率同比下降1.29个百分点。2021年末，全县中长期贷款余额76.24亿元，同比增长4.2%，较年初回落0.6个百分点，中长期贷款新增3.08亿元，同比增多0.57亿元，重点支持制造业领域、基础设施建设等需求。

【金融惠农】　2021年，人民银行永宁县支行、永宁县财政局、农业农村局、金融工作局联合实施金融助推永宁县乡村振兴工作，辖内各金融机构加大金融产品对乡村振兴的支持。2021年，发放支农再贷款0.99亿元，全县涉农贷款余额80.61亿元，占各项贷款总额的53.73%。农业银行、宁夏银行立足特色种植、特色养殖，在永宁县闽宁镇开设支行，开拓农村市场；中国银行、永宁农村商业银行在各村设立资产管理账户，提高普惠金融服务范围。

【经营规范】　2021年，永宁县金融局联合人民银行开展银行间放贷领域现场检查。对担保机构换证严格程序，严审金融机构报表数据，为材料翔实真实、规范把关。联合人民银行对闽商小贷公司、中联信担保公司开展现场检查，严查抽逃注册资本、非法集资等严重违规经营行为。参与公安重点对社会经济金融领域违法犯罪开展全面摸底排查专项行动。在公安、市监部门的配合下，对违法开展“私募”“基金”“私募股权投资基金”“私募证券投资基金”“财富管理”虚假宣传进行清理，对永宁县注册的9机构进行现场排查，注销公司1家，正在办理注销2家，列入异常名录6家。

【企业融资】 2021年，永宁县上市挂牌企业3家，其中，深交所创业板上市1家，新三板上市1家、新四板挂牌1家。2021年4月13日，宁夏晓鸣农牧股份有限公司在深交所创业板上市，直接融资2.1338亿元。宁夏悦丰生态农业科技股份有限公司注册资金4493.5万元，专业从事中高档蔬菜种植销售。宁夏玉泉生物肥料有限公司在新四板挂牌，非交易市场，作为企业宣传展示平台。

【基金规范】 2021年，永宁县设立产业发展基金7支，基金规模为12576.6万元，涵盖中小企业发展、创业、扶贫、农业特色优势产业发展、村级互助担保、葡萄产业、农民专业合作社等领域。其中：县财政配套支出4020万元、宁夏回族自治区配套资金8200万元、来自社会捐赠300万元、农户入股56.6万元。2021年，永宁县金融局联合监督检查扶贫产业发展基金、扶贫风险补偿金、农业特色优势产业基金的运行情况，对扶贫基金2000万元未能发挥效能提出整改要求。2021年，永宁农业特色优势产业基金担保贷款11390万元。

【防诈教育】 2021年，永宁县金融局联合县融媒体中心在永宁县广播台循环播放“宁夏打击非法集资系列广播剧”，提示居民守住钱袋子。永宁县融媒体中心官方微博发布相关稿件1条，点击量645次；永宁映像微信公众号发布相关稿件1条，点击量650次；“和美永宁”APP发布相关稿件等32条，点击量33万；网信办组织36家政务微博转载推送相关稿件7篇，转发200余次，点击阅读量5万次。全县11家银行、9家保险公司都利用电子屏开展防范非法集资宣传工作。1—6月，集中在县城设置宣传点，发放宣传彩页20000份。落实地方政府属地责任，履行行业主监管部门监管职责，将非法集资排查整治与日常监管、执法检查、网格员巡查、社区自治、行业自律、有奖举报等结合，开展涉嫌非法集资风险排查处置的工作，23个部门及单位、11家银行、9家保险公司开展宣传活动31场次，理论宣讲1次，参与群众3000余人。

【文明创建】 2021年，永宁县金融机构配合开展创城宣传工作，金融机构门店电子屏全年滚动宣传社会主义核心价值观，金融机构员工知晓永宁创建文明城市创城，参与创建文明城市创城。县城银行营业网点设置无障碍通道，配置母婴室，为特殊人群提供便捷服务。银行营业网点经营场所的环境舒适怡人，经营场所周边的环境干净整洁。平安财产保险永宁公司开展“乡风文明”公益活动，为祥和社区和胜利乡杨显村各捐款20000元。支持两个村环境建设。

【新冠肺炎疫情防控】 2021年疫情期间，永宁县金融局落实属地管理责任，督促辖内银行网点、保险公司、小额贷款公司、融资担保公司、典当行做好金融活动公共场所、自助服务设备消毒工作，落实复工人员14天内去向进行排查，外出人员健康观察14天，每天对上班职工监测体温制度，控制进入营业网点客户数量，大厅每次办理业务不超过3人。对防控措施不到位的3家金融机构开展整改，复检。县域银行11家、保险公司10家接种疫苗摸底人数958人，接种871人，接种率91%。疫情期间，工商银行永宁县支行向永宁县直部门6个单位捐物价值2.807万元，平安财产保险永宁支公司给财政局捐赠抗疫物资价值4000元。

人民银行永宁县支行

【概况】 2021年，人民银行永宁县支行执行国家货币政策，维护金融稳定，改善金融服务，推进金融改革，强化内部管理，提升履职能力，促进辖区内金融业和永宁县地方经济的健康、平稳、持续发展。

【地方经济支持】 2021年，人民银行永宁县支行加大金融支持实体经济发展力度，紧盯永宁重点产业，引导辖区金融机构扩大信贷规模。全县人民币贷款余额为146.31亿元，同比增长3.07%。

推进金融支持稳企业保就业，深化利率市场化改革，持续释放中期借贷便利利率改革，企业融资成本继续下降。延期还贷支持普惠小微企业，延期本金8390.31万元，发放普惠小微企业信用贷款3.9亿元，减轻小微企业阶段性还本付息压力。开展金融支持个体工商户发展专项活动，支持引导辖区金融机构增加个体工商户的信贷额度。

【服务乡村振兴】 2021年，人民银行永宁县支行督促金融机构对接过渡期脱贫人口小额信贷支持政策，加大对脱贫户和边缘易致贫户小额信贷发放。发放支农再贷款12笔，金额1.28亿元。支持引导辖区各金融机构创新金融产品，把金融资源配置到农村重点领域和薄弱环节，与县供销社建立联系机制，供销社连接农业经营主体与金融机构的合作。2021年，永宁县涉农贷款余额为78.85亿元。

【货币政策执行】 2021年，人民银行永宁县支行落实存款准备金政策，对考核结果达标的地方法人机构执行5%的存款准备金率政策。加强对地方法人机构存款准备金的监测，保持流动性整体平稳。完成2020年度县域法人考核，2家地方法人机构新增可贷资金11.3亿元，考核达标享受到优惠存款准备金率政策。

【风险监测】 2021年，人民银行永宁县支行落实地方法人机构风险监测，多次对法人机构进行风险提示和约见谈话。督促永宁汇发村镇银行通过增资扩股弥补资本金，提高资本充足率。重点关注永宁县大中型企业债务风险。跟踪监测泰瑞制药、宁夏紫荆花纸业等企业信贷风险，全县企业债务风险整体可控。加强房地产金融管理，关注三沙源楼盘项目信贷情况，防止房地产风险向金融机构传导。防范和化解地方政府债务风险。闭环管理永宁县债务化解资金，保证债务化解资金专款专用、审核拨付安全高效、债务项目有据可查，控制债务资金被挤占挪用。开展法人反金融机构洗钱和反恐怖融资工作，落实重大事项报告要求，制定永宁县支行重大事项报告制度和重大事项报告清单。跟进永宁县农村信用合作联社进行股份制改制。关注实体经济对辖区金融稳定的影响，维护辖内金融稳定。完成对宁夏银行闽宁支行的开业指导，优化辖区金融服务体系。

【征信管理】 2021年，人民银行永宁县支行提升征信查询服务便利性，推广个人、企业信用报告线上自助查询，在宁夏银行永宁支行新增2台征信自助查询机，方便群众就近查询征信。开展征信维权工作，处理征信异议申请2笔。组织召开接入机构征信合规例会2次，开展征信业务检查现场走访2次，提高征信合规和信息安全管理工作水平。开展非金融企业央行内部评级和农村地区“三信”评定创建，完善辖区信用体系建设。永宁县评定信用村66个，实现辖内建制村全覆盖，信用户18297户。

【服务国库】 2021年，人民银行永宁县支行发挥国库服务地方经济作用，推进永宁县政府债务化解，保障新冠肺炎疫情防控资金拨付，拨付债务化解资金44亿元。开展“国债下乡”，销售国债4835.5万元，闽宁镇国债销售实现零的突破。

【金融统计】 2021年，人民银行永宁县支行强化金融统计监测和管理，督促辖区金融企业落实金融统计、金融运行分析工作。开展民营小微企业贷款信贷统计、不良贷款统计、房地产贷款统计监测等统计工作，对重要指标数据变动情况进行分析，提升形势判断的敏感性、准确性和前瞻性。专题调研小微企业融资调查和企业景气指数，督促法人机构拓宽中小微企业金融服务领域。

【“断卡”反诈】 2021年，人民银行永宁县支行开展“断卡”行动，建立银行公安合作机制，组织召开电信网络诈骗涉案及异常账户核查督办工作银警联席会议，压紧压实各银行机构主体责任。全年向公安机关移送可疑银行账户数量14户，协助公安机关成功破获一起涉嫌帮助境外电信诈骗集团提供支付的犯罪案件，涉案流水金额超4000万元。组织开展反诈舆情监测工作，指导辖区金融机构堵截4起电信诈骗活动。推广安装注册“国家反诈中心”APP，使用人数达9.67万人。

【金融扶持企业】 2021年，人民银行永宁县支行多措并举降低市场主体经营成本，全年辖区11家金融机构减少支付服务费15.13万元，惠及小微企业、个体工商户3136户，纾困让利政策落地见效。落实“政府＋金融＋产业＋贫困户”4个维度的全方位金融支持乡村振兴模式，支持引导辖区金融机构对111家助农取款服务点进行优化调整，提高服务质效。

【货币金银工作】 2021年，人民银行永宁县支行开展假币收缴工作。收到辖区银行业金融机构缴来假币1369张，比2020年减少16.93%，面额107705元，比2020年降低25.49%。开展非法使用人民币图样行为专项整治工作，检查商户及流动摊点80余家，没收非法使用人民币图样冥币2000余张。整治拒收人民币现金行为，开展拒收人民币现金日常监管，处理现金服务投诉3起。协助公安机关破获假币案件，维护人民币流通环境。开展纪念币兑换巡查工作，辖区纪念币兑换稳定有序。

【金融知识宣传】 2021年，人民银行永宁县支行开展金融知识“线上＋线下”宣传，制作金融知识宣传美篇100余篇，阅读量10万余人次。在乡、村农贸市场开展反假宣传。组织开展反诈宣传进校园，征信教育进学校、进社区，反洗钱宣传月活动，提升辖区群众金融素养。全年开展专场宣传近100场，受众12万余人。

工商银行永宁支行

【概况】 2021年，工商银行永宁支行经营实现拨备前利润2724万元，较2020年减少66万元。实现营业收入4052万元，较2020年同期增长30万元。中间业务收入1179万元，较2020年增加109万元。

【储蓄存款】 2021年，工商银行永宁支行存款保持增长，储蓄存款连续4个季度稳居同业第一。实现各项存款214576万元，较年初增长25732万元，完成全年目标1.46亿元的176%。其中，储蓄存款余额165488万元，较年初增长49820万元，公司存款余额15414万元，较年初减少9439万元；机构存款余额33674万元，较年初下降14649万元，剔除社保基金定期存款到期上划16000万元影响外，实际增长1351万元。同业存款余额5332万元，较年初负增长12819万元。日均余额221353万元，较年初增长32508万元。各项存款四大银行余额同业占比第二，较年初增量排名第三。储蓄存款余额占比第二，增量排名第一。

【贷款增长】 2021年，工商银行永宁支行各项贷款余额80422万元，较年初增长26989万元。各项贷款余额四大银行占比第二，较年初增量排名第二。其中，公司贷款余额43572万元，较年初增长22000万元；个人贷款余额32483万元，较年初增长3365万元；普惠贷款余额6936万元，较年初增长1824万元。

【个人金融】 2021年，工商银行永宁支行个人金融业务储蓄存款实现增长。支行储蓄存款时点余额165488万元，较年初增长49820万元。储蓄存款日均余额163373万元，较年初增长55720万元。客户规模增加。年末支行个人全量客户较年初新增8539户，总量达152604户。新发乡村振兴福农卡1459张，位列特色发展第二。新发社会保障卡3167张。社保卡储蓄存款余额13163万元，较年初新增2005万元。统筹储蓄、理财、基金、保险、贵金属等产品至12月末，基金9540万元；销售保险3508万元，销售理财18780万元，较年初新增3546万元。个人贷款实现量质协调增长。年末，个人贷款余额32483万元，较年初新增3565万元。个人不良贷款余额158万元，不良率0.49%。

【对公业务】 2021年，工商银行永宁支行对公业务呈现恢复性发展势头，发放银团并购贷款2.2亿元。全年新开对公结算账户313户，净增账户156户。票据业务收入渠道拓宽，加大票据贴现营销工作，与分行票据中心信息沟通及时，形成分行、支行、客户三级联动机制。年末办理票据贴现9449万元。

【金融支持小微】 2021年，工商银行永宁支行开展金融支持小微企业复工复产普惠行活动，与县税务局开展产品推介会，签订《银税合作协议》，做实金融普惠小微企业业务。办理中国工商银行总行推出的e企快贷业务，成为宁夏分行首办此业务的支行。

交通 邮政

JIAOTONG YOUZHENG

综 述

【概况】 2021年，永宁县交通运输工作组织开展全县重点交通工程建设。履行全县道路旅客运输、货物运输、汽车维修市场、运输服务、汽车综合性能检测、汽车驾驶学校和驾驶员培训行业管理职能。组织交通基础设施建设资金筹集、使用和管理。督促指导公路客货运输生产安全管理；推进公路建设、客运公交和行业管理。党史学习教育、党建及党风廉政建设、公路建设、安全生产、农村公路管养、客货运输、债务化解等工作完成目标任务。新辟、优化调整9条公交线路，完善织密农村公交客运服务网络。

【工程建设】 2021年，永宁县交通运输管理局实施完成许黄公路李俊街改造工程、许旺公路改建工程。协调银川市公交公司推进陆坊公交停保场建设工作，11月完成招投标工作。完成县域内建设11座公交候车亭建设，所有候车亭10月完工并投入使用。

【公路养护】 2021年，永宁县交通运输管理局加强公路日常养护，实现每天对道路进行巡视保养，处置路面沙砾坑槽3218.6平方米，整修路肩边坡4985.71千米，清扫路面桥面11375000平方米，清理桥涵淤塞、维修桥涵2076处891.6立方米，维修交通标志和警示桩49块、防护设施136处216米，维修路缘石、百米桩46处，清理路障6099.8平方米，桥梁刷白574平方米，水车清洗路面7969500平方米，整修砂石土路路面188处，修剪、处理2680米公路行树。集中修补县域内坑槽、裂缝路段。

【政务服务】 2021年，永宁县交通运输管理局业务窗口办理7350件。其中，公示行政许可信息253件，公示行政处罚案卷151件；审验道路客货运输车辆2081辆，考核驾驶员从业资格证3926件，新增及迁入道路普通货物运输车辆653辆，迁出131辆，县内个人过户127辆，道路运输证注销及报废车辆28辆。

【执法监管】 2021年，永宁县交通运输管理局开展源头治理超载监管，督促企业落实源头治理超载主体责任。开展24小时常态化治理超载执法，对超限运输车辆实施对承运人、装载企业、货运企业、驾驶员实行“一超四罚”，超限超载得到遏制。开展非法营运车辆待客点排查，出动执法人员400余人次，检查13116辆货运车辆，查处超限超载261起，其中，百吨王22辆，罚款20.54万元；督查货运源头企业4家，处罚3起，处罚金额3万元；查处货运非法营运及无资格证营运62起，处罚4.9万元；查处未遮盖篷布4起罚款0.8万元。

【汽修监管】 2021年，永宁县交通运输管理局开展对三类维修企业安全隐患摸底排查，治理维修企业违章行为317家。

【危化品运输整治】 2021年，永宁县交通运输管理局开展货运市场治理，查处厢式货车拉运柴油等危化品违法运输行为6起，行政处罚 18 万元。

【非法改装整治】 2021 年，永宁县交通运输管理局会同县发改局、县市场监督管理局、县环保局开展货车非法改装专项整治，查处擅自改装机动车违法行为企业 1 家，现场拆除设备并行政处罚 2 万元。

【安全生产】 2021 年，永宁县交通运输管理局成立监督检查组 6 个，出动执法人员 320 余人次，检查道路运输企业 110 多家次，排查治理一般事故隐患 36 起，下发整改通知书 8 份。落实交通运输企业安全生产主体责任，督查企业开展自查自纠自改工作，督促企业落实安全生产管理制度，加大安全生产投入，开展从业人员的安全生产教育培训。开展辖区水路船舶、渡口安全监管，开展安全检查 7 次，对鹤泉湖 2 条快艇和望洪渡口渡船适航证书过期给予停运处理。组织 3 家危货运输企业、3 家驾校、公交出租、中巴客运企业开展应急演练。建立运输企业、车辆驾驶人、道路及管理三方责任清单，三方排查隐患 36 起，完成整治 36 起。

【党史学习教育】 2021 年，永宁县交通运输管理局把学习习近平总书记在党史学习教育动员大会上的重要讲话精神作为当前首要的政治任务，坚持中心组集中学、领导干部带头学、党员干部常态学、多种形式体验学。党组理论学习中心组开展党史专题学习 9 次；各党支部开展集中学习 90 次，党员撰写心得体会 40 份。党员干部职工在“学习强国”APP 平台每天至少学习 0.5 小时，全体党员参学率达到 100%，非党员职工参学率达到 99%。

公路管理

【概况】 2021 年，永宁县公路管理段养护公路总里程 742.539 千米，桥梁 148 座，其中省道 2 条 63.777 千米、专用道路 1 条 28.386 千米、县道 2 条 24.132 千米、乡道 103 条 490.634 千米、村道 62 条 143.732 千米。公路段直管农村公路 373.75 千米，乡镇代管农村公路 368.789 千米，宁夏中铁建宁东路桥投资发展有限公司养护永宁黄河大桥连接线 8.122 千米。列养公路平均优良路率 62.73%，公路技术状况值 83.77 分。2021 年，宁夏回族自治区交通运输厅共拨付燃油税补助资金 373 万元。

【制度创新】 2021 年，永宁县公路管理段落实永宁县农村公路“路长制”，改革县直管农村公路日常养护模式，由人工养护调整为政府购买服务，引进专业的养护公司，实现农村公路养护专业化、机械化、规范化。研究制定《永宁县直管农村公路养护服务承包考核办法》，通过平时抽查与月末考核相结合对养护公司日常养护工作进行打分考核，公路养护质量达标，养护现场安全管理到位。

【日常巡查】 2021 年，永宁县公路管理段每天安排专人对县域内重点路段进行巡查保养，清扫道路垃圾、砂石，清理道路障碍，修剪影响行车安全的行道树枝，对桥梁进行日常检查，修复路面病害、维修桥涵排水设施。全年处置路面沙砾坑槽 619.3 平方米，整修路肩边坡 7950.38 平方米，清扫路面桥面 16210030 平方米，清理桥涵淤塞、维修桥涵 4420 处 1910.5 立方米，维修交通标志和警示桩 15021 块、防护公路设施 40 处 290 米，维修路缘石 144 处，清理路障 9250.4 立方米。对所养的 148 座桥梁开展日常巡查保养。

【路面修补】 2021 年，永宁县公路管理段组织应急抢修队对滨河大道、青黄公路、宁平线、永黄公路、广夏公路、银黄公路、许黄公路、银永快速通道、通桥街道等公路路面病害进行 3 次集中修补，修补路面坑槽病害 4000 多平方米。组织技术人员对辖区养护公路路况开展现场调查，提请县人民政府专题会和常务会通过，对增胜公路、政永公路、银黄公路、月玉公路 4 条农村公路路面病害开展修复。

【限高杆调整】 2021 年，永宁县公路管理段根据道路实际调查和交通运输部法规要求，拆除政永、闽甘等公路影响消防、救护、公交车等车辆通行的限高杆；对宁平线征沙渠渡槽东侧、典农河东路与国道307交叉口等处存在安全隐患的限高杆进行维修加固。

【道路标线施划】 2021年，永宁县公路管理段在许黄公路与王团中心村出入口至王团中心小学门口施划减速振荡线、禁停网格线和人行横道线，在永黄公路武警中队门口至公路段门口之间施划减速振荡线和禁停网格线，共780平方米，保障车辆、行人出行安全。

【“四好农村路”】 2021年，永宁县公路管理段按照交通运输部和宁夏回族自治区交通运输厅“四好农村路”创建工作要求，开展“四好农村路”申报，闽甘公路通过宁夏回族自治区交通运输厅“四好农村路”专家组的评审。新华社、《中国交通报》、宁夏广播电视台等多家媒体记者对闽甘公路作现场采访报道。

【安全生产】 2021年，永宁县公路管理段与承包单位签订《安全生产合同》，督查承包单位制定安全生产制度并组织落实，开展公路作业人员安全教育培训和管理，增强养护工作人员的安全意识。督查承包方做好养护现场安全防护。对段内机械养护队养护车辆进行全面的安全检查，对机械养护大队作业人员进行养护作业、机械使用、现场防护培训。

【路况普查】 2021年，永宁县公路管理段落实宁夏回族自治区交通运输厅、县应急管理局公路自然灾害普查工作要求，组织专人开展公路自然灾害普查调查和数据统计，出动60余次，上传普查成果照片1500余张。配合交通运输厅、县财政局开展公路资产评估工作，完成330余段数据上传工作。

【项目筹划】 2021年，永宁县公路管理段为确保农村公路日常养护和养护工程的正常实施，公路段组织相关人员对宁夏回族自治区2020年、2021年燃油税补助资金及县财政2022年预算资金使用计划进行研究分配，并加强支付管理，实现资金的使用合理规范。

运输管理

【概况】 2021年，永宁县交通运输综合执法大队负责全县道路运输市场的行业监督管理，开展公共汽车、出租汽车的客运管理，负责公路行业安全生产监管工作，负责全县水上交通运输安全监管工作，负责全县交通运输综合执法工作。2021年，实现客运站、公交、出租、中巴车、危货运输企业、普货运输企业、水上交通运输领域伤亡事故为零的目标。

【安全监管】 2021年，永宁县交通运输综合执法大队按照安全生产专项整治三年行动工作要求，召开全行业安全生产专项整治三年行动部署会、推进会。组织全体干部职工、组织企业负责人和安全管理人员集中学习习近平总书记关于安全生产重要论述，制定全县交通运输企业安全风险等级划分图。全年排查隐患38起，完成整治38起，其中，重大隐患1起，整治完成突出问题1起。

【打非治违】 2021年，永宁县交通运输综合执法大队与交警部门开展联合整治专项行动，出动执法人员400余人次，查处非法营运车辆70辆；与银川市交通综合执法支队联合执法，8次查处班线非法营运车辆13辆；与永宁交警大队路巡中队、闽宁交警中队联合执法，9次查处拉运学生和农民工的非法营运车辆27辆。

【维修企业监管】 2021年，永宁县交通运输综合执法大队对三类维修企业安全隐患和存在的各类问题进行摸底排查，治理维修企业占道经营、环境脏乱差、污染道路317家。检查沿街维修企业376家，下发《整改通知书》318份，处以停业整改。

【危化品运输整治】 2021年，永宁县交通运输综合执法大队开展货运市场治理，定期巡查，查处6起厢式货车拉运危化品违法行为，行政处罚18万元。

【依法行政】 2021年，永宁县交通运输综合执法大队开展2021年行政执法证件申领、培训及考试工作，考试合格率达到100%。落实重大处罚案件集体讨论，实施自由裁量权、行政许可、行政处罚双公示。

【党史学习教育】 2021年，永宁县交通运输综合执法大队党支部每月组织集中学习研讨1次。开展党史学习教育集中学习40余次，研讨3次，讲党课6次，党史知识测试2次，组织道德讲堂活动1次，组织党员学党史大会3次，党支部委员会成员学党史会26场次，集中听党课6场，支部主题党日活动9场次，主题教育月等学习23场，谈话提醒教育4人次。

【精神文明建设】 2021年，永宁县交通运输综合执法大队蓝丝带志愿服务队开展常态化志愿者活动，4月，组织蓝丝带志愿服务队在闽宁镇、滨河新区开展义务植树活动，在县城爱国卫生日活动5次，开展交通行为文明劝导活动20余次；春节期间，开展爱心献社会活动，为10户结对帮扶家庭送去大米、食用油；7月1日，开展致敬老共产党员活动，为西和村的5名老党员送去大米、食用油；八一期间，组织慰问驻永宁军队官兵活动，为县消防队消防员送去洗衣液、洗衣粉、洗手液等。

邮　政

【概况】 中国邮政集团有限公司永宁县分公司隶属于中国邮政集团有限公司银川市分公司，现有职工115人，下辖9个营业网点、1个邮政所、4个揽投部。

【业务情况】 2021年，中国邮政永宁县分公司完成业务收入3739.69万元，收入增幅23.71%，超额完成市分公司预算目标。其中，代理金融业务收入完成2699万元、寄递业务收入完成606.21万元、邮务类业务收入完成389.14万元、其他收入完成45.34万元。

【经营管理】 2021年，中国邮政永宁县分公司以高质量发展为主题加快转型升级，促改革、求创新，推进各项业务健康发展。在全区邮政“8强县、30强网点、20强揽投部”综合评比中，永宁县分公司获得全区“8强”县局荣誉称号，望远镇营业所获得全区“30强网点”荣誉称号，四季鲜揽投部获得全区“20强揽投部”荣誉称号。

【新冠肺炎疫情防控】 2021年，中国邮政永宁县分公司守住新冠肺炎疫情防控底线，保障永宁县分公司全体员工的生命安全和身体健康，开展新冠肺炎疫情防控监督工作，督促各网点、揽投部落实永宁县委、县政府新冠肺炎疫情防控要求，分公司领导班子和党员采取包片督导、挂点帮扶、监督检查、明察暗访，下到网点、揽投部，督导部门、网点、揽投部落实好新冠肺炎疫情防控工作。

【关爱员工】 2021年，中国邮政永宁县分公司开展帮扶救助、大病互助、金秋助学、旺季生产和防控一线走访慰问等工作。升级改造6处金融网点和2处揽投部职工小家，为职工办实事、办好事。2021年，县分公司荣获邮政系统“全国模范职工小家”称号。

住房和城乡建设

ZHUFANG HE CHENGXIANG JIANSHE

综　述

【概况】 2021年，永宁县住房和城乡建设局履行城乡建设、住房保障、市政公用事业等管理职能，履职全县市政建设项目建设、工程招投标管理、工程施工管理、工程质量监督、工程安全监管、建设资金管理、工程预决算审批工作职能。开展全县大型项目、重点工程的施工许可、招投标、质量监督、安全监管和竣工验收工作。紧扣建设黄河流域生态保护和高质量发展先行区，提升城市业态、城市品位和城市功能，推进城乡一体、融合发展，为建设经济繁荣、民族团结、环境优美、人民富裕的永宁作出贡献。

【党史学习教育】 2021年，永宁县住房和城乡建设局组织召开党史学习教育动员大会、推进会等会议6次，集中学习147次，撰写心得体会11次，专题研讨15次，专题党课7次，举办专题宣讲会4次，举办各类文艺活动6次，观看红色电影8部，开展党史知识测试6次，到党史党性廉政教育基地、长征纪念馆等地参观学习4次，走访慰问老党员、老干部15名，撰写信息简报56篇。完成“我为群众办实事”实践活动项目11件，三沙源延期交房等问题取得进展。

【接受监督】 2021年，永宁县住房和城乡建设局依法接受人大及其常委会监督，自觉接受政协民主监督，主动接受社会和舆论监督，如期办结人大议案1件、政协提案2件、建议办理1件。建立法律顾问与权责明确的行政执法等制度。健全完善行政权力运行和监督制约机制，招投标重点领域监督加强，公开政务事项80余项。

【质量监管】 2021年，永宁县住房和城乡建设局新开工项目及续建项目57个，总建筑面积293.2万平方米，其中，政府投资类5个，建筑面积1.86万平方米，社会投资类项目52个，总建筑面积291.34万平方米。下发《建设工程质量安全监督记录表》127份、《建设工程质量安全隐患责令整改通知书》146份、《建设工程质量安全隐患责令停工整改通知书》79份。开展建设工程质量提升行动、安全隐患排查治理行动，检查工程55个，现场下发《建设工程质量安全隐患责令停工整改通知书》92份、《建设工程质量安全隐患责令整改通知书》143份、《建设工程质量安全监督记录表》95份，整改安全隐患问题600余条。组织人员对望远工业园区占地企业的消防手续履行情况进行排查，下发《现场检查记录》22份，下发《未办理消防竣工验收备案告知函》25份，约谈企业负责人16人。

【消防工程监管】 2021年，永宁县住房和城乡建设局完成特殊工程消防设计审查24件，特殊建设工程消防验收9件，其他建设工程消防备案32件；配合审批局推进建设工程改革工作，实现消防工程工改系统网上全流程审批和联合审批。对望远工业园区占地企业开展消防竣工手续和消防隐患排查，排查工业园区等功能区企业108家。

【地产运行】 2021年，永宁县房地产开发项目21个，其中，新建项目8个，续建项目13个，全县房地产项目完成投资33.15亿元，同比增长133.17%，全县全年固定资产投资总额为49.06亿元，房地产项目投资占投资总额67.6%。完成网上签约合同备案6057份，建筑面积72.86万平方米；个人、律师房屋备案查询20727件；查封、解封296件；房屋租赁备案17份；存量房楼盘信息补录20091条。化解永泰家园二期拆迁安置户办理不动产证问题。配合县商投局，完成3.0013亿元招商引资任务。落实房地产领域交易资金监管工作，永宁县是全区首个实行新建商品房预售资金监管的县区，新建商品房预售资金监管工作位于全区前列。

【住房保障管理】 2021年，永宁县住房和城乡建设局完成公租房租金收缴120.3万元、收缴住房押金25万元，签订租赁合同560余份，政策解答咨询250余人次，接收租户报修132人次。配合审计部门完成2020年安居工程审计整改，对团结小区年久未修的5套公租房进行维修，对新就业的事业编人员、望远工业园区等符合条件企业工作人员30余人进行公租房配租。

【物业服务管理】 2021年，永宁县住房和城乡建设局全年办理新建项目备案8项，续备案11项。完成民生城·逸兰汐二期与三期、世纪天骄、湖印绿洲、盛吉雅园、观湖名邸A区、庆丰御景湾等小区的物业管理查验工作。永泰家园、清和苑、唐徕湖畔等小区93栋居民楼45391平方米的屋面防水得到全面修缮，解决1563户居民急难愁盼的问题。与全县44家物业服务企业签订物业项目“合法经营，规范收费”承诺书85份，物业服务信息公开公示22个，开展检查17次，下发整改通知书12份，处罚企业6家，公开曝光企业1家，约谈8家企业负责人。与物业企业签订《安全生产目标责任书》42份。清理飞线充电、楼道停放电动车、自行车1541辆，清除堵塞消防通道堵塞情况85处。协调为17个小区在合理位置新安装电动车充电设备62套615个充电口。联合望远镇、团结西路街道办事处对县城、望远34个住宅小区的楼道堆物、占用、封闭消防应急疏散通道，飞线充电，电气线路老化等突出问题进行2次全面督查；将威吉斯花园、阳光花园小区3处违法建设线索移交综合执法部门处理。组织召开物业服务企业安全生产例会12次，组织物业专业知识培训1次。

【燃气管理】 2021年，永宁县住房和城乡建设局与全县25家燃气经营企业签订《年度安全生产目标责任书》。明确燃气经营企业的责任，对全县燃气企业开展集中检查96次，检查企业24家，排查各类隐患233条，整改233条。对县域内390.9千米中压燃气管道、326.7千米低压燃气管网进行全面排查，与市场监督管理局联合执法，对3家企业燃气管道超期未检行政处罚22万元。制定《永宁县燃气安全生产突发事件应急预案》，督查燃气行业成员单位修订完善企业应急预案，督查燃气行业成员单位开展应急演练。2021年，在新捷华气公司永宁白鸽加气站、宁夏中首油气有限公司举行大型应急演练。协调指导燃气企业在乡镇、街道开展燃气安全宣传培训19场次。燃气企业在街道和社区通过悬挂条幅、发放宣传资料进行安全宣传4次，发放《安全用气手册》3670余本、宣传页870张。

【供水保障】 2021年，永宁县住房和城乡建设局2021年配合国家、宁夏回族自治区水质检测部门对居民饮用水安全检测3次，监督企业聘请第三方进行水质检测4次，全年出厂水和管网水综合水质合格率100%。现场督导处理中低压供水管网爆管74次，维修及时率达到100%。督导中铁水务永宁供水公司更换破损供水井盖603座，维护保养市政消火栓388座，保障人民群众生命财产。

【供热保障】 2021年，永宁县住房和城乡建设局与2家供热企业签订《安全生产目标责任书》，制定《2021—2022 采暖季供热运行及安全达标供热方案》，督导企业对县域内所有的供热设施、设备进行全面、细致的维护保养和运行调试。5 次约谈事故频发、抢修不力、影响范围较大的供热企业。

【信用监管】 2021 年，永宁县住房和城乡建设局对 9 家未履行基本建设程序，擅自施工的建筑企业，移交综合执法局进行行政处罚。对建筑企业不良行为诚信扣分通报 7 批，涉及建设单位 3 家，施工单位 17 家，监理 21 家，项目经理个人扣分 7 人，总监理工程师 15 人，扣分情况录入宁夏建筑市场监管平台。

【工地数字监管】 2021 年，永宁县住房和城乡建设局组织建设永宁县建设工程智慧工地信息监控中心。监管永宁县在建工程项目 55 个，其中，视频监控管理系统监管项目 55 个；实名制考勤管理系统监管项目 55 个；扬尘噪声管理系统监管项目 19 个；塔机安全监控管理系统监管项目 13 个、塔机 57 台。视频监控系统平台启用抓拍各类违规行为 982 处。

【治污防污】 2021 年，永宁县住房和城乡建设局与 53 个在建项目负责人签订《永宁县施工现场文明施工和扬尘治理目标责任书》，明确施工企业扬尘治理目标责任。组织在建工程项目扬尘治理专题会 3 次，对年底停工 31 个项目全部覆盖、洒水封冻，覆盖面积 470557.41 平方米。施工工地周边 100% 围挡；出入车辆 100% 冲洗；拆迁工地 100% 湿法作业；渣土车辆 100% 密闭运输；施工现场地面 100% 硬化；物料堆放 100% 覆盖，基建工地扬尘治理全部达标。

【乡村基建】 2021 年，永宁县住房和城乡建设局完成永红路、仁心路、庆年路道路及给排水工程建设，完成永宁县中心村污水处理站提高标准改造工程、杨和大街两侧老旧建筑外立面修缮工程，总投资 4700 万元。建设城乡公路 1.4 千米，提高标准改造污水处理站 5 座，修缮 57 栋楼的外立面。完成李俊镇美丽小城镇续建工作，推动闽宁镇园艺村高质量美丽宜居村庄建设项目，完成危房改造 10 户，抗震宜居农房改造 14 户，促进脱贫攻坚与乡村振兴衔接。

【欠费专治】 2021 年，永宁县住房和城乡建设局开展人防系统问题专项治理，追缴人防易地建设费 1 项 147.5 万元，2 项 261.83 万进入诉讼程序。

【民用建筑管理】 2021 年，永宁县住房和城乡建设局办理人防工程审批 30 项，其中，应缴人防易地建设费 24 项。金额为 332.11 万元，缴纳人防易地建设费 332.11 万元。审批配建人防工程 6 项，总建筑面积 5.4 万平方米，审批率达到 100%。

【风险隐患化解】 2021 年，永宁县住房和城乡建设局召开建筑行业信访联席会议 8 次，受理微博投诉、政民互动平台投诉件 174 件、信访投诉件 140 件、12345 市长信访投诉 3538 条，办结率 100%。

【新冠肺炎疫情防控】 2021 年，永宁县住房和城乡建设局开展对住宅小区新冠肺炎疫情防控落实情况的日常巡查，下发督查通报 13 期，出动 78 人次，巡查小区新冠肺炎疫情防控点位 216 个，现场整改 17 个小区，约谈 8 名企业负责人，撤换项目经理 1 名。

城乡管理

【概况】 2021 年，永宁县综合执法局实施全县城市管理综合执法工作。开展城市违法建设的查处，落实城乡管理综合执法行政处罚、部分行政强制和强制措施。完成市政工程、路灯亮化等公用事业设施的维护，城市道路、桥梁隧道、排水、防汛等市政基础设施的维护和管理工作。开展重点地区、重点街道的景观建设和治理工作。完成全县城乡环境卫生保洁管理工作，生活垃圾等固体废弃物清扫、收集、贮存、运输和处置的监督管理工作，以及城市园林绿化养护管理。

【防疫防控】 2021年，永宁县综合执法局落实县委、县政府部署，成立南绕城高速卡点临时党支部，安排执法人员60人，12小时4班轮流值守对南绕城卡点入银车辆人员进行健康监测、信息查验、人员转运等工作，坚守700余天，查处车辆2000余万辆。

【市容管控】 2021年，永宁县综合执法局合理规划居民小区摆摊设点。督促小区周边服务点管理人员落实定时经营制，解决周边村民自产农产品销售。实行网格化服务管理模式，将永宁县城建成区划分为3个网格，每个网格由1—2名党员负责。落实“门前三包”责任制，开展专项整治。开展违章占道经营治理，户外广告、门头牌匾治理。对学校周边无照经营的食品流动摊点、店外经营、非法小广告等现象进行综合整治。落实道路挖掘工程的审批、监督、管理。严查非法占用公路打场晒粮行为。

【大气污染治理】 2021年，永宁县综合执法局建立渣土拉运夜查机制，执法人员实行错时上下班制度，全天候查处违章行为；开展露天烧烤治理、餐饮油烟治理、非法使用燃煤炉与机油取暖炉等专项整治。

【河岸生态治理】 2021年，永宁县综合执法局开展黄河流域环境整治行动，查处黄河流域环境违法行为，对11个点位进行核查。开展水源地生态保护，对垂钓、游泳、野外烧烤等现象治理。

【文明养犬倡导】 2021年，永宁县综合执法局联合社区、卫生院开展居民养犬信息登记、芯片植入、卡片领取服务，审核发放犬只登记证148张。

【“僵尸车”清理】 2021年，永宁县综合执法局对辖区长期停放不能移动汽车进行排查调查，排查辖区长期停放不能移动汽车11辆，联合交警部门出动拖车予以清理。

【共享单车规范】 2021年，永宁县综合执法局划制统一停车点与停车位标识，重点监管校园、医院、商场等人口密集场所车辆停放，对县城内共享单车占用盲道、人行道不按规定停放等现象进行集中整治，规范共享电单车乱停乱放900余辆。

【厨余废物处理】 2021年，永宁县综合执法局按照“集中统一、高度重视、长效管理、巩固成效”的原则，对县城、乡镇餐馆、学校、企业及机关事业单位食堂产生的餐厨垃圾进行统一收运处置。

城市供水

【概况】 2021年，永宁供水公司实现营业收入3415.31万元，较2020年增加482.90万元，完成年计划的111%，亏损827.66万元。供水、销售水相差8.90%，较2020年下降55.30%。完成全年生产经营任务。

【服务社会】 2021年，永宁供水公司推动城市管理工作落实、落细，开展井盖治理，全年更换、修复存在安全隐患的井盖设施551处；建立“十分钟到达工作圈”的机制，提高供水服务时效，为用户快速解决用水问题68次。供水服务工作得到集团公司的表扬。

【企业经营】 2021年，永宁供水公司排除各种干扰因素，解决遗留小区用户多年未抄表收费问题，开展清收清欠，实施应收尽收；与县政府沟通，协调关停无证采水自备井，扩大用户，增加水量；开展望远镇区域水表普查，优化管网连通，提升望远镇、县城区域供水安全。10月，与永宁县政府签订《特许经营协议》，永宁供水公司在永宁县供水市场地位得到保障。

【项目实施】 2021年，永宁供水公司实施2020年银川市宁夏四季鲜农产品综合批发市场2期供水工程建设，11月项目开始供水。

住房公积金管理

【概况】 2021年，银川住房公积金中心永宁分中心编制永宁县住房公积金的年度归集、使用计划；负责永宁县的住房公积金日常管理、归集、使用、保值增值与归还；负责记载永宁县范围内的职工住房公积金的缴存、提取、使用等情况；负责永宁县住房公积金的核算；审批永宁县住房公积金的提取、使用。

【公积金归集】 2021年10月前，银川市住房公积金中心永宁分中心管辖应缴单位341家，其中，42家封存单位；实缴单位299家；应缴职工23370人，其中，封存职工8141人，实缴职工15229人。新增缴存职工2102人，完成年度归集任务1400人的150.14%。归集1.70亿元，比去年同期增长22.30%。历年累计归集住房公积金15.14亿元，归集余额6.10亿元。2021年，完成电子化稽查整改工作，清理封存账户944户，基数低于缴存下限职工由原来的770人减少为38人；安排专人专岗对永宁县辖区内企业进行摸底调研，协同税务局、统计局对永宁县域辖区内企业经营情况及企业数量摸底调查，对收集的企业信息数据进行归纳整理。下到企业开展公积金宣传活动，有26家企业主动开户缴交。

【公积金提取】 2021年10月前，银川市住房公积金中心永宁分中心办理提取业务11333笔，含公积金逐月还贷8820笔，受理提取2513笔；比去年同期上升13.25%。提取金额1.11亿元，比去年同期增长13.27%。提取8.2万人次，提取金额9.07亿元。

【住房公积金贷款】 2021年10月前，银川市住房公积金中心永宁分中心发放个人住房贷款272笔，比去年同期减少6.85%，发放金额1.10亿元，比去年同期增长0.92%，个贷率为77.17%。历年累计发放贷款6025笔，发放贷款总额13.25亿元。还清贷款3864笔，存量贷款2161笔，贷款余额为4.70亿元。办理除二手房贷款以外的按转抵755笔，当年度办理305笔，贷款抵押登记率为54.05%。

【公积金资金运营】 2021年10月前，银川市住房公积金中心永宁分中心住房公积金业务资金流入2.49亿元，其中归集1.70亿元、回收贷款本金0.79亿元；资金流出2.21亿元，其中提取1.11亿元、发放贷款1.10亿元；净流量为0.28亿元。永宁分中心定期存款为0.1亿元。

【贷款收回争取】 2021年，银川市住房公积金中心永宁分中心推进按转抵工作，完成信贷电子稽查核实整改工作，对缴存未满6个月发放贷款、缴存证明开具等情况进行情况核实；加强逾期催收工作，完成3个月以上逾期催收2人次，均已还款，分中心没有3个月以上逾期贷款、6个月以上逾期贷款。开展准入楼盘贷后管理，对三沙源楼盘进度进行实时跟踪，查看楼盘建设进度，对三沙源存量贷款进行重点关注，出现逾期情况立即实施催收工作。

【审计整改】 2021年，银川市住房公积金中心永宁分中心配合银川市巡视组巡察整改“回头看”和审计专项问题自查清单，针对审计专项问题清单进行自查梳理并逐步进行整改；对审计署的检查如实反馈，针对检查出的问题立查立改，配合银川市住房公积金中心“管理中心”内审组完成2021年内部审计工作。

资源与环境

ZIYUAN YU HUANJING

国土资源管理

【概况】 2021年，永宁县自然资源管理工作履行全民所有土地、矿产、森林、湿地等自然资源资产所有者职责和所有国土空间用途管制职责，开展自然资源调查监测评价、自然资源统一确权登记工作，实施统筹国土空间生态修复，执行耕地保护制度，开展自然资源调查，摸清全县自然资源家底；开展生态保护修复，促进自然资源事业健康发展；开展自然资源执法，查处违法违规行为，完成全年目标任务。

【国土空间规划】 2021年，永宁县自然资源局启动永宁县国土空间总体规划，实地调研、访问收集资料。2月，启动《近期国土空间规划实施方案》的编制，召开县级、市级论证会，县级、市级专题会，厅长专题会及厅务会。9月，宁夏回族自治区人民政府下达批复文件。目前，《近期国土空间规划实施方案》中项目正在有序办理相关手续。全年县自然资源局督促乡镇14个村编制国土空间规划，专家及部门已审查9个，县政府专题会研究通过7个。

【建设项目总平面图审批】 2021年，永宁县自然资源局审批各类建设项目总平面图55个，出具建设项目设计条件审定通知书41宗，出具用地预审与选址意见书19个，建设项目规划核实32个。组织召开永宁县城市规划建设专家及部门评审会16期，审查项目48个，召开永宁县城市规划土地审查委员会会议5次，审议事项72个。

【土地供应处置】 2021年，宁夏回族自治区国土资源厅下达永宁县年度新增建设用地指标59.4公顷，其中，农用地46.2公顷（含耕地19.8公顷），未利用地13.2公顷，上报自治区人民政府审批项目用地7个批次15.24公顷。2021年，宁夏回族自治区国土资源厅下达永宁县批而未供土地处置任务，处置2009—2018年批而未供土地105.43公顷。处置2009—2018年批而未供土地24宗64.67公顷；处置2019—2020年批而未供土地8宗35.95公顷。2021年，宁夏回族自治区国土资源厅下达处置闲置土地任务61.51公顷，已处置闲置土地14宗72.12公顷，开工3宗21.4公顷，政府收回土地证并注销11宗50.71公顷。土地供应平稳推进，供应各类项目用地39宗118.5公顷，其中，划拨11宗15.11公顷，挂牌出让26宗88.43公顷，协议出让2宗2.14公顷，土地出让收益18.26亿元。办理临时用地7宗11.8公顷，办理设施农用地12宗80.32公顷。

【土地资源保护】 2021年，永宁县自然资源局制定耕地"非农化"、基本农田保护等9项制度，建立县、乡镇、村三级保护网络体系。2021年，确定永久基本农田划定面积24750公顷。实施望远镇政权村、杨和镇纳家户村高标准农田建设项目，新增耕地33.26公顷，完成指标任务。开展全县已征收土地清查工作，确认全县4镇1乡62个建制村、1个沿山农牧区已征收未使用地788块3730.65公顷，耕地2667.72公顷，其他农用地623.5公顷，建设用地226.25公顷，未利用地212.71公顷。

【行政执法】 2021年，国家下发永宁县土地卫片执法图斑38个76.41公顷，其中，耕地面积1.28公顷。违法用地的图斑3个6.74公顷，均不占耕地。2021年，宁夏回族自治区国土资源厅下发永宁县耕地变化图斑871个，完成外业核查、内业审核举证，移交属地乡镇整改中。2021年，国家自然资源督察西安局反馈永宁县耕地保护督察发现问题72个，完成图斑复核，移交属地乡镇整改中。排查上报国家农村乱占耕地建房问题图斑3类2655个311.43公顷，涉及占用耕地171.23公顷，完成整改2类8个6.62公顷。日常巡查发现违法占地行为26起，制止26起；非法开采砂石资源1起，正在调查中；立案查处非法占地案件7起，正在办理中。

【拆迁安置产权办理】 2021年7月15日，经永宁县人民政府第十八届第88次常务会议研究通过《永宁县拆迁安置房不动产登记实施方案》，2021年办理拆迁安置小区不动产权证书225件。

【新增耕地验收】 2021年，永宁县自然资源局邀请市自然资源局领导及专家组对永宁县实施的《2019年望远镇政权村、杨和镇纳家户村高标准农田建设项目新增耕地》内外业进行评审验收，新增耕地项目通过市级验收。

【政府开放日】 2021年，永宁县自然资源局推进基层政务公开标准化、规范化，提升规划设计、宅基地确权、不动产登记等工作的开放度，搭建机关与人民群众之间的沟通桥梁。组织开展2021年“政府开放日”活动。邀请机关干部、职工、记者、社区业主、社区工作者、村民代表、政务公开义务监督员等25人，走进政务大厅和评审会议现场，让群众了解不动产证书办理、档案调档流程、项目规划评审流程。

【附着物补偿标准制订】 2021年，永宁县自然资源局完善全县征地补偿机制，开展永宁县地上附着物和青苗补偿标准制订工作，委托宁夏博源卓越土地房地产资产评估规划测绘有限公司承担该项目技术工作，完成全部技术工作，形成《永宁县地上附着物和青苗补偿标准》。12月11日提请县人民政府专题会审议，征求各相关单位意见建议；12月22日县自然资源局组织召开成果听证会，广泛征求社会各界意见；12月23日，通过县司法局合法性审查，形成《永宁县地上附着物和青苗补偿》。

【宅基用地确权】 2021年，永宁县自然资源局推进全县农村宅基地和房屋统一确权登记颁证工作，推进全县农村宅基地使用权和房屋所有权统一确权登记颁证工作，赋予农民更多财产权，支撑农业供给侧结构性改革，激活农业农村发展新动能。在胜利乡杨显生态移民点、望远镇政权新村、望洪镇南方新村、李俊镇雷台新村、闽宁镇原隆村生态移民点开展试点，完成确定的18个村，实测11412宗的地籍测绘和入户调查，确定符合登记发证条件的宅基地为6881宗，登记发证的为5723宗，占应确权登记发证的83.2%，开展房地一体证书换发，阶段性通过县、区两级验收。

【制度创新】 2021年，永宁县自然资源局推进土地权改革，完善土地要素市场化配置改革，制定年度改革任务清单、五年改革任务目标。优化拓展空间布局，完成永宁县国土空间总体规划编制；推进实用性村庄规划编制工作，加强用地管控；执行最严格的耕地保护制度；推进土地确权，全面完成农村承包地确权，推进农村宅基地确权，慎稳推进农村宅基地制度改革；创新开展国有农用地确权，推进集体建设用地确权等。盘活土地资源，推进农村集体土地入市改革；推进土地指标跨区域交易。创新市场供地机制、提高用地效益，盘活存量建设用地，提高土地资源配置效率；创新用地审批方式、强化用地执法监管。永宁县成立推进用水权、土地权、排污权、山林权改革工作领导小组，县委书记、县长担任领导小组组长；领导小组下设土地权改革专项工作组，县级分管领导任组长，自然资源主要负责人为副组长，推动具体改革任务落实。

【廉政建设】 2021年，永宁县自然资源局党组召开局党组中心组理论学习11次、专题研讨6次。落实意识形态工作责任制，专题研究部署意识形态工作2次，召开意识形态舆情分析研判会议4次。组织学习中共中央民族宗教会议精神，开展党员信教季度排查。开展党史学习教育70余次，参学4200余人次，专题研讨9次、专题测试3次、党史微课堂16次、外出党史学习教育参观2次、集中宣讲4次。签订《党风廉政建设目标责任书》12份，《个人廉政承诺书》及《个人岗位廉政风险表》160余份。细化全面从严治党"三个清单"，梳理责任清单27条，问题清单53条。推进银川市委第十轮巡察反馈5个问题未完成整改问题整改工作。集体警示教育谈话6次。

【新冠肺炎疫情防控】 2021年，疫情期间，永宁县自然资源局组织干部职工320余人次在永宁县御景湾小区、蔚湖城小区、庆丰苑社区开展新冠肺炎疫情防控值班值守和核酸检测工作，控制小区出入人次，开展人员登记、体温监测及防控管理工作。为居家隔离人员提供生活用品配送工作。

林业资源

【国土绿化】 2021年，永宁县国土绿化完成513公顷，其中，乔木防护林87.17公顷，乡村巷道绿化16.36公顷，未成林补植补造330公顷，生态经济林79.52公顷；完成森林抚育1320公顷。办理采伐审批54起，办理树木移植许可1起。辖区没有发生重大林业有害生物灾害。全县林业有害生物防控成灾率0.13‰，无公害防治率93.6%，种苗产地检疫率100%，林业有害生物呈轻度发生。开展苗木调运检疫824.63万株，苗木复检6.5万余株，复检木材16批次600余方；苗木产地检疫415.8公顷，签发苗木产地检疫合格证65份。全年完成林业有害生物监测面积13530公顷，未监测到美国白蛾、松材线虫病等重大林业有害生物发生。

【湿地保护】 2021年，永宁县县域内重要湿地生态环境逐步向好，监测到湿地野生动物及迁徙候鸟20余种2万余只。全县湿地132个斑块7613.69公顷，湿地保护面积6285.91公顷，恢复湿地0.49公顷，修复湿地0.54公顷，湿地保护率82.3%，县域现有国家湿地公园1个、区级湿地公园1个。

【生态恢复】 2021年，永宁县投资1198.47万元完成闽宁镇历史遗留露天矿山生态环境恢复治理项目，修复106.54公顷；投资1170.35万元，开展贺兰山东麓闽宁镇地区历史遗留露天矿山生态环境项目恢复工程，占地面积50.97公顷，设计通过专家评审。

【林木管护监督】 2021年，永宁县自然资源局新增乡镇、重点林区护林员20人，现有护林员29人，开展护林区防偷伐、乱伐、放牧、防火工作。完成国家级公益林数据整合，新增国家级公益林19.8公顷。立案查处滥伐盗伐林木案件3起，违法破坏湿地案件1起；查处违法倾倒的固体废弃物多起，都给予处罚并恢复原状。2021年，国家下发永宁县森林督查违法图斑134个，实地调查核实处理违法图斑20个，数据录入国家森林督查数据库平台。

【全民义务植树】 2021年，永宁县开展"3·12"植树节宣传活动，发放宣传材料1000份，悬挂宣传横幅10条，解答120名群众林木产权政策、法规的咨询。4月，组织全县600多名干部职工在永宁县贺兰山东麓地区开展全民义务植树工作，完成义务植树造林面积约3.96公顷，栽植各类乔木4700余株。

【原隆村绿化】 2021年，永宁县自然资源局实施闽宁镇原隆村重点实施绿化提升工程，开展村道、巷道、公共场地、农家庭院绿化提升改造，实施原隆村园林型、林果型、生态型相结合建设项目，完成造林16.36公顷，栽植梨树、枣树、西梅、红杏梅、国槐及各类地被1.3万株，清理死树2330株，修枝抚育20223株，涂红刷白24374株，果树覆膜1974株，果树精修1959株，建设生态宜居的美丽乡村样板。

【山林权改革】 2021年，永宁县自然资源局成立山林权改革工作推进的工作领导小组。8月，印发《永宁县"四权"改革方案》。山林权改革以确权登记和经营权改革为重点，让资源变资产、资产变商品，实现植绿、增绿、护绿，增加森林覆盖率的目标。县深化改革委员会在8月9日、9月15日、11月26日召开山林权改革推进会。将25宗已办理的林权证全部登记入库，其中酿酒葡萄地13宗。

【林长制制订】 2021年，永宁县自然资源局制订《永宁县全面推行林长制实施方案》，10月29日，提请县人民政府专题会审议，后两次征求相关21个单位意见建议，2次完善后，11月15日，提交县人民政府常务会议审议，再次修改。12月6日，《永宁县全面推行林长制实施方案》由永宁县人民政府印发执行。林长制完成县、乡、村三级林业组织管理体系建设，全县设县级林长2名、副总林长9名、乡镇级林长65名、村级林长143名；建立林长信息电子数据库。

【松材线虫病防控】 2021年，永宁县自然资源局开展加强松材线虫病疫情防控工作，制定《永宁县松材线虫病疫情防控五年攻坚行动方案（2021—2025年）》。永宁县绿化绿委员会办公室办将文件下发至乡镇及相关责任单位，林业和草原局开展落实松材线虫病疫情防控工作，协调各乡镇安排专职测报人员并开展培训落实工作任务。

环境保护

【概况】 2021年，永宁县生态环境保护工作完成全县环境保护统一监督管理，分解和下达主要污染物总量控制目标和环境保护重点任务。全县优良天数为290天，优良天数比例为80.1%，比2020年增加11天；直径小于10微米的可吸入颗粒物平均浓度每立方米65微克，同比下降5.8%；直径小于2.5微米的可吸入颗粒物平均浓度每立方米26微克，比2020年下降23.5%。国家监控黄河干流永宁段断面黄河水质均稳定达到Ⅱ类水进入Ⅱ类水流出。永宁县南部水源地、征沙水源地水质达到Ⅲ类饮用水水质标准，地下水质量考核点位水质级别保持稳定。永宁县第一排水沟水质稳定达到Ⅲ类水体及以上水体，永清沟、中干沟及永二干沟永宁县段断面水质均值达到Ⅳ类水体。所有重点河湖水系水质全部达到Ⅳ类或以上标准。全县一般工业固体废物综合利用率为99.2%，土壤人居环境安全情况总体平稳，农产品质量安全得到保障，土壤污染风险得到管控，土壤环境质量总体安全。

【空污治理】 2021年，银川市环境保护局永宁分局突出实施大气污染整治，推进燃煤锅炉改电、改气，取缔非法散煤销售点。实施闽宁镇清洁煤配送中心建设，淘汰经纬创业园23家企业、33台燃煤小锅炉。强化工业企业超低排放改造，伊品、启元实现稳定达效，完成瀛海水泥改造工程。12家涉挥发性有机物重点监管企业完成综合改造、治理，排查涉挥发性有机物企业300余家次，完成治理90家。整治应办而未办理相关手续或无污染防治设施、不能稳定达标排放、治理无望的企业98家，实现动态清零。开展扬尘防控，监督56家在建工地落实工地周边100%围挡，物料堆放100%覆盖，出入车辆100%冲洗，施工现场地面100%硬化，拆迁工地100%湿法作业，渣土车辆100%密闭运输；整治裸露空地、堆土86万余平方米；城市道路保洁机械化清扫率达到87%。强化非道路移动机械监管，申报审核通过666辆，完成第一批申领牌照327张。划定黄牌车禁行区和限行区，查处冒黑烟车辆200余起。实施秸秆禁烧，下发秸秆禁烧督查通报2期、秸秆禁烧督办单1期，开展联合检查20余次，制止焚烧火点60余处。

环境空气质量明显改善。

【污水治理】 2021年，银川市环境保护局永宁分局实施第一、第二污水处理厂环境监管，实现污水处理稳定达标排放。落实河湖长制，清理整治河湖污染问题59处。4月，开展入河排污口专项整治行动，对宁夏回族自治区核查的15个排污口更新排污口清单，全年现场核查各类排污口116处。排查农村中心村6个污水处理站，全部达到一级A排放标准。2021年，实施许桥、黄羊滩、玉泉营、闽宁镇4个污水站提高标准改造项目。开展城市集中式饮用水源地排查整治，完成闽宁镇农村集中式供水工程水源地规范化建设并通过县级自验。完成李俊镇王团村广湖沟、望洪镇靖益村一分沟、李俊镇友爱村双庆沟、胜利乡先锋村庙头湖沟4条农村黑臭水体治理。完成户厕改造410座。15家葡萄酒庄污水治理设施稳定运行。封停港莱基地取水井74眼。

【净土工程】 2021年，银川市环境保护局永宁分局实施永宁县农村环境保护污染防治、推进土壤污染防治。建立土壤环境基础数据库。开展土壤污染治理与修复，将永宁县硫酸厂列为优先管控地块，与启元签订土壤污染防治目标责任书，委托第三方开展土壤污染隐患排查。督促泰瑞完成开发地块第二轮土壤污染状况详查，通过宁夏回族自治区审核。永宁工业固废填埋场全面建成投运，全县一般工业固体废物综合利用率为99.2%。对永宁境内19座加油站完成土壤污染状况监测，26座加油站完成水质监测井建设。开展畜禽养殖业污染防治，督促25家规模化养殖企业开展环境综合治理，粪污综合率90%以上，设施装备配套率95%以上。

【督察整改】 2021年，银川市环境保护局永宁分局完成宁夏回族自治区环保厅例行督察反馈的17个问题中14个问题的整改，进入销号阶段，3个正在整改阶段；银川市反馈的30个问题清单中，完成整改28个，2个正在整改。2021年，宁夏回族自治区环保专项督察反馈意见24个、问题清单17个，正在推进整改。2021年，第二轮中央生态环境保护督察群众信访投诉转办件26批次73件。其中，办结上报45件，办结率61.6%；阶段性办结28件，占比38.4%，均进入整改销号阶段。黄河流域生态保护警示片披露的违规取水、环境污染风险等2大类8个问题，完成整改5个，正进入验收销号，3个问题正在整改。

【环保执法】 2021年，银川市环境保护局永宁分局出动执法人员2100余人次，检查企业1100余家次。开展危险废物三年专项整治行动，对32家固废、危废企业进行环境监管，整治汽修企业135家。对40余家工业企业开展环境危机专项整治，实现危废规范化处置。9月，开展黄河流域清除废物行动，完成12处点位2万余平方米非正规垃圾的清理。开展大气、水等方面监测162批次，为环境管理提供数据。查处办理行政处罚案件10件，结案6起，行政罚款47.25万元；办理检察建议书2件，受理并办结环境信访投诉680余件，群众满意率95%以上。

【排污权改革】 2021年，永宁县制定《永宁县生态环境损害赔偿制度改革实施方案》《永宁县排污权有偿使用和交易改革实施方案》。全面开展排污权摸底核查、初始排污权量核算等工作，完成初始排污权确权的排污单位75家，确定启元药业为排污权改革示范企业。永宁有排污可交易权企业2家，有排污权企业95家，排污登记企业445家。12月27日，永宁县排污权首次交易在县人民政府正式签约。

科学技术

KEXUE JISHU

科技创新

【概况】 2021年，永宁县科学技术局制定全县创新驱动发展的政策，组织实施和监督管理。推进全县科技创新体系建设，推动企业科技创新能力建设，多方争取资金，推进科技基础条件平台建设和科技资源共享。开展新技术、新成果、新品种的引进、推广，指导科技示范基地和科技示范园区建设。组织开展与县外科研院所、大专院校等科研合作，推动全县招才引智工作深入实施。组织科技人员对本县重大科技、经济、社会发展项目进行评估和论证。引领全县科技发展进步事业。2021年，永宁县新认定国家高新技术企业4家，培育入库高新技术企业1家，宁夏回族自治区农业高新技术企业2家，宁夏回族自治区科技“小巨人”企业3家，宁夏回族自治区科技型中小企业15家，宁夏回族自治区技术创新中心4家。宁夏晓鸣农牧股份有限公司和宁夏伊品生物科技股份有限公司获2021年度暨首批“宁夏回族自治区创新型示范企业”。全县完成科技成果登记6项，技术合同登记金额1.07亿元。

【企业科创】 2021年，永宁县科学技术局引导科技型企业发展。落实宁夏回族自治区科技优惠政策，主动服务科技型企业，铁狮环保、泽瑞隆环保、和瑞包装、欣欣向荣新获批国家高新技术企业，全县高新技术企业达到12家；润宇泽环保入库高新技术企业；晶润生物、绿方水产新获批宁夏回族自治区农高企，全县有宁夏回族自治区农高企达到9家；青川管业、才运达机电、成建建筑3家企业获批宁夏回族自治区科技“小巨人”企业，全县有宁夏回族自治区“小巨人”企业8家；弘泽农业、穆勒电气、莫克仪表等15家企业新获批宁夏回族自治区科技型中小企业，全县有宁夏回族自治区科技型中小企业46家；墨工科技、晓鸣股份、润宇泽环保、北客生物、才运达机电5家企业新获批技术创新中心，全县技术创新中心达到12家；伊品生物、晓鸣农牧获得全区首批创新型示范企业称号；创业谷被评为国家级科技孵化中心。

【科技项目争取】 2021年，永宁县科学技术局争取宁夏回族自治区研发费用，高新技术企业补助、银川市高新技术领域研发等专项资金3517.36万元，其中：宁夏回族自治区乡村振兴科技成果转化引进示范推广6项180万元，科技特派员创业项目15项135万元，科普专项15万元。

【产学研合作】 2021年，永宁县科学技术局邀请浙江大学贾惠娟教授指导永宁鲜食葡萄生产。全年，贾惠娟教授5次到望洪镇农丰基地、前渠村、胜利乡八渠村、李俊镇金塔村及原隆村葡萄种植基地，解决葡萄种植户的技术难题。开展农业科技企业与科研院所合作，宁闽合发双孢菇等公司与福建农林科学院、福建漳州职业教育学院、宁夏农林科学院、宁夏职业技术学院开展合作，开展羊肚菌、松茸、桑黄菌等菌菇新品种种植实验示范；绿方水产与中国水产科学院长江所、中科院水产所合作，选育优良黄河甲鱼种苗；壹泰牧业、顶上盛夏、春之秋、新鲜美等企业与宁夏大学、宁夏农林科学院等高校科研院所合作，开展肉牛养殖、设施园艺智能控制、大果榛子引进等成果转化及示范等工作，都取得良好效益。

【科技成果转化】 2021年，永宁县有科技特派员139人，其中，有宁夏回族自治区级法人科技特派员73人，科技特派员创新创业覆盖永宁县各乡镇。组织科技特派员参加政策解读、专项申报、农村电商及品牌营销、设施葡萄提质增效等培训6场次，提升全县创新创业能力；申报宁夏回族自治区、银川市科技特派员创业项目，获批15项。全县科技特派员企业认定宁夏回族自治区农业高新技术企业5家、宁夏回族自治区科技型中小企业9家，建设“人才小高地”1家，科技特派员认定银川市高精尖缺人才1人、学术技术带头人1人，科技特派员创新创业成为带动农民增收和推动乡村振兴的主要力量。

【科技人才培养】 2021年，永宁县科学技术局加大科技人才培育力度，推荐1人被银川市认定为“市高精尖缺人才”，1名优秀人才被认定为“银川市学术技术带头人储备工程培养人选”。

【科学普及】 2021年，永宁县科学技术局联合中科院银川中心在永宁县一小开展科普进校园暨科学实验秀活动1场次，李俊小学、纳家户小学、新华小学与县一小智慧教室通过网络互联共同观看科学实验秀直播，参加6000人次。墨工科技被认定为宁夏回族自治区技术创新中心，为永宁县9个重点产业发展提供科技支撑。

气　象

【概况】 2021年，永宁县气象工作对本行政区域内的气象活动进行指导、监督和行业管理。组织管理永宁县气象探测资料的汇总、传输；依法保护气象探测环境。负责永宁县气象监测、预报管理工作，对重大气象灾害作出评估，为县政府组织防御气象灾害提供决策依据；管理本行政区域内公众气象预报、灾害性天气警报以及农业气象预报。管理永宁县区域人工影响天气工作，指导和组织实施人工影响天气作业。年内启动重大气象灾害应急响应4次，发布气象信息专报53期、农用天气预报10期、春运气象服务专报40期、酿酒葡萄气象服务专报9期，发布灾害预警信号179期，服务62527人次。

【防灾减灾】 2021年，永宁县气象局组织召开全县气象灾害防御联席会议，与县应急管理局、交通运输管理局、农业农村局、自然资源管理局、文化旅游广电局、住房和城乡建设局、水务局签署气象防灾减灾应急联动合作协议，建立联合会商机制，明确暴雨、暴雪、大风叫应流程和职责。组建气象信息共享群，更新全县各部门气象预警联络员名单1700余人，实现预警信息传播快速。全年县长批示专题服务材料5次。全年联合会商1次，发布提醒信息1条。完成永宁县气象灾害风险普查站点资料的收集和处理工作，完成永宁县气象灾害的致灾危险性因素调查工作和2021年度气象灾害风险普查数据审核工作。联合县应急管理局开展全国综合减灾示范社区推荐及申报初评工作。完成2019—2020年度气象灾情数据收集、审核和上报工作。组织开展防灾减灾业务平台培训和试运行工作。优化气象信息员队伍建设，联合县应急管理局开展现场防灾减灾培训。

【服务农业】 2021年，永宁县气象局组织制定《2021年永宁县气象局农业气象服务周年方案》和《2021年永宁县气象局特色产业气象为农服务方案》，对水稻、玉米、小麦、设施蔬菜开展全生育期气象服务及重要农事活动、灾害性天气气象保障服务。全县550个新型农业经营主体纳入气象服务范围。做好大宗作物春播、三夏期、秋收等关键农事期和病虫害气象服务。与县环保局建立联合会商机制，开展沙尘天气风险提醒工作。开展县域内森林火险预警业务，每日向自然资源局提供天气预报和森林火险监测情况，发布森林火险气象等级预警。

【气象观测】 2021 年，永宁县气象局按时完成地面观测数据传输保障任务，无重大责任事故发生，数据可用率达 100%；1 月 1 日完成永宁国家气象观测站迁址工作；按照宁夏回族自治区、银川市局汛前综合检查要求，对存在的问题隐患进行系统整改，建立整改台账，按时完成整改；按照气象观测质量管理体系要求，完成2021年质量体系内审检查，开展问题隐患整改。

【监测预警】 2021 年，永宁县气象局紧盯灾害性、转折性等重大天气过程，主动做好春运、春播、三夏期、秋收秋种等农事关键期以及永宁县冬枣节、防汛演练、森林火险演练及高考、中考、新冠肺炎疫情防控等重大活动气象保障。按照《应急与减灾处关于进一步加强预警信息发布工作的通知》要求，规范预警信号发布用语，按时参加市、县天气会商，做好会商发言，提高县局预报员的预报业务能力。执行在每次灾害性天气过程中，气象服务及时叫应县党政领导、乡镇党政领导、乡村气象信息员制度，制作暴雨、大风、暴雪电话叫应明白卡，将叫应标准、重点责任单位联系方式等内容涵盖在内，更新叫应单位人员信息，事件发生后值班员准确叫应到人。

【党史学习教育】 2021 年，永宁县气象局召开党史学习教育动员大会，成立党史学习教育工作小组，制定《永宁县气象局党史学习教育实施方案》，组织召开专题党史学习 20 次，开展专题研讨 16 次，讲专题党课 5 次，组织召开党史学习教育专题民主生活会和组织生活会。开展庆祝建党 100 周年系列活动。获全市气象部门“我心中的党史故事”演讲二等奖、党史知识竞赛第二名、“优秀共产党员事迹”朗诵三等奖。在全国气象系统第 2 期“颂歌献给党”歌唱活动获第 27 名。《传承工匠精神》微视频获第三届全国气象短视频创作大赛西北赛区三等奖。

教育　体育

JIAOYU TIYU

教　育

【概况】　2021年，永宁县教育体育局开展教育督导、检查与评估工作。规划、指导教师和教育行政干部队伍的建设工作，管理教育内部人才市场，指导教育系统人事制度改革。指导全县各级学校思想政治工作、精神文明建设工作、德育工作、教育教学工作、美育工作等。组织高考、中考及高等考试工作，规划、指导、推动教育系统的教育科研工作。全县有中小学校37所，有在校生82809人，其中义务教育阶段在校生37975人。全县有教职工5506人，其中义务教育阶段教职工2190人。

【学前教育】　2021年，永宁县教育体育局落实学前教育以游戏为基本活动的行动要求，学前教育纠正“小学化”倾向。扩大和巩固普惠幼儿园占比。完成永宁县第五幼儿园项目建设，3所幼儿园通过市级示范幼儿园复评。解决伊品水岸等10个小区规划无公办幼儿园的问题，满足所服务范围内的全部幼儿入园难、入园远的问题。争取宁夏回族自治区奖补资金32万元。接受2所民办城镇小区配套幼儿园。

【义务教育】　2021年，永宁县教育体育局制定2021年中小学招生工作方案，实施划片免试就近入学，随迁子女全部安排到公立学校就读，享受与城镇居民子女同等待遇。民办义务教育学校实行公民统招，采取电脑随机派位形式招生。规范转学、休学制度，启用全国统一的学籍管理系统，完成512人转入、242人转出。优化农村学校教育资源配置，新建闽宁镇第二小学风雨操场、多功能厅。学前三年毛入园率131.70%，小学六年巩固率101.72%，初中三年巩固率99.53%，九年义务教育完成率113.56%。

【高中教育】　2021年，永宁县教育体育局对县域内4所普通高中通过整合课程、教学、评价、资源配置等方式推进普通高中多样化特色发展。永宁县回民高级中学2021年招收2个特长班74名学生，形成具有特色的办学体系。推进永宁第二中学教学实验楼项目建设。

【教育质量提升】　2021年，永宁县教育体育局实施基础教育质量提升行动，全年召开基础教育质量提升行动推进会3次，组织申报2个基础教育质量提升行动示范点，2个试点项目，全县22所学校申报10个基础教育质量提升示范校项目，基础教育质量提升行动助力教育质量提升。

【教师补充】　2021年，永宁县教育体育局补充事业编公费师范生84人，面向全国选调在编教师29名，自主招聘事业编教师170名。开展全县中小学幼儿园的人员统计、教师资格认定、工资审核。向宁夏回族自治区教育厅推荐3名支教先进个人。开展高精尖缺人才和学术带头人才储备工程，上报硕博补助2人，为3名教师申请“基层之星”待遇。

【教师评优】　2021年，永宁县

教育体育局向宁夏回族自治区教育厅推荐2020年“最美乡村教师”4人，教书育人楷模1人，优秀教师6人，先进教育工作者1人，教育工作先进集体1个；向银川市推荐优秀教师43名，优秀教育工作者4名，十佳校长2名，十佳班主任2名，十佳教师2名，十佳乡村教师3名，师德先进个人11人，光荣退休教师58人；评选县级各类优秀教师210人。

【学生资助】 2021年，永宁县教育体育局完成2021年各学段贫困学生资助工作，其中，学前教育阶段为1045名贫困学生发放资助金86.97万元；义务教育阶段为3559名贫困学生发放资助金111.55万元；高中阶段教育阶段为530名贫困学生发放资助金53万元。落实普通高中贫困学生免学费政策，为353普通高中学生免除学费14.12万元。为67名接受中职教育贫困学生发放资助金6.7万元。

【社会支教】 2021年，永宁县社会各界资助教育，为永宁中学、永宁二中50名品学兼优的贫困高中学生发放“分贝基金”助学金5万元，“滋蕙计划”为全县50名普通高中学生发放助学金每人2000元。厦门市会议展览业协会等企业为闽宁地区各学校捐赠课桌、图书、文体器材价值17.5万余元。厦门银行“闽都基金会爱育人”基金为闽宁镇无经济来源、领取失业救济金、家庭人均收入低于当地低保等家庭困难学生购买人身意外伤害保险，慰问闽宁镇师生2000人次，发放资金21.75万元。为445名大学本科新生办理宁夏燕宝基金会奖学金，每人4年资助奖金7.12万元。为全县1710名家庭困难的本专科学生办理2021年大学生生源地助学贷款1201万元。

【校舍建设】 2021年，永宁县争取项目资金8019万元，实施7所中小学校舍新建、改扩建工程，总建筑面积34640.13平方米。完成闽宁二小多功能厅及风雨操场、原隆小学、玉海小学宿舍、永宁县第五幼儿园、木兰幼儿园建设，永宁二中实验楼项目、望远二中新建项目跨年建设。

【新冠肺炎疫情防控】 2021年，永宁县教育体育局保持新冠肺炎疫情防控工作不松劲、不走样、标准不降低。开展师生信息排查工作，落实、细化各项工作措施。疫情期间排查师生4801人，开展线上家访和线上教学，录制496节数学空中课堂，开展线上三级巡课活动，保障全县学生疫情期间的学习。关注师生心理、情绪，学习、生活，指导家长做好学生情绪调节、心理疏导，疏解平复师生心态。

【依法治教】 2021年，永宁县教育体育局安排普法专项经费，征订报刊，制作法律法规宣传栏，拓展教师及全体学生学法渠道。聘请法制副校长每学期举行一次法律知识讲座。各学校按规定开设法制教育课，发挥思品课、政治课在法制教育中的重要作用，并在相关学科教学中渗透法制教育。加强主题教育，利用每月的法制宣传主题，开展“珍爱生命，拒绝毒品”“珍爱生命，预防溺水”“关爱生命，安全出行”等主题宣传教育活动。

【校园安全】 2021年，永宁县教育体育局定期召开全县学校安全工作会议，部署校园安全工作，与各中小学幼儿园负责人签订校园目标责任书，落实校园安全责任。全年新增3所健康学校。开展学校人防、物防、技防建设。建设学校内部安全保卫组织，聘请专业保安人员、安全协管员。在学校重点部位、重要区域、重点场所安装防护栏、防盗门和照明设施。在校门、学生公寓、教工住宅、财务室、实验室、教学楼、图书馆、食堂、仓库、操场、楼道、重要出入口、周边复杂路段等重点场所、重点部位安装视频监控、防盗报警、消防报警、呼叫求助、门禁对讲以及其他电子管理系统，全县大中专、各中小学校门口防撞栏安装率100%，监控系统安装率100%。配备专业保安143名，实现警务室、保安全覆盖。

体 育

【全民健身】 2021年，永宁县体育中心开展永宁体育线上大拜年活动，组织开展2021年永宁县“健康宁夏·战疫行动”云居家线上全民健身挑战赛。举办永宁县三级社会体育指导员培训班、宁夏足球协会乙级联赛永宁赛区永宁县第十六届足球赛，举办全区D级足球教练员培训班、永宁县第五届职工运动会、永宁县青少年体育夏令营系列活动。组织2021年永宁县全民健身日网络视频展示暨第九套广播操大联动活动，以及永宁县第27届中小学生田径运动会，活动参与人数3万余人。12月举办全区门球邀请赛、残疾人运动会。

【竞技体育】 2021年，永宁县体育中心组织开展常规训练工作，提升中心业余体校自训队训练水平。5月，体育中心组织田径队中心4名运动员参加2021年全区学生田径锦标赛，组织参加第十四届全国学生运动会田径选拔赛，锻炼队员参赛心理素质，积累比赛经验。多方筹措资金，对接区射箭协会，购置射箭器材27套，在全县中小学校选拔射箭运动员30余名，组建永宁县射箭队。在全县中小学学校、县体育俱乐部组建武术、跆拳道、足球、拳击等项目运动队。组织参加2021年全区青少年锦标赛参赛工作，有足球、篮球、排球、田径等13个大项参加比赛。

【体育设施完善】 2021年，永宁县体育中心实施全县的体育设施提升完善工作。3次组织对全县的体育场地及设施开展安全隐患排查工作，维修更换存在安全隐患的健身器材，配发健身路径46件，组织维修体育中心田径场、体育中心看台，组织实施人民公园笼式篮球场维修工作，更换篮球架篮板3块，维修羽毛球场地1块、乒乓球场地2块。为闽宁镇购置50万米健身路径。新建人民公园多功能运动场、望远镇5千米健身步道，以及闽宁镇武河村、福宁村及木兰村多功能运动场，2021年全部完工。新建珍珠湖健身步道二期建设，规划建设望远镇、纳家户、珍珠湖小微公园3处，2021年11月完工。全县新增健身路径180件，篮球架14副，乒乓球桌13副。全县公共体育服务体系建设得到改善。

【新冠肺炎疫情防控】 2021年，永宁县体育中心根据县政府统一新冠肺炎疫情防控部署，调整县公共室内健身场馆开闭馆。全年对进入馆内健身的群众实施“一人一口罩，一人一测量，一人一登记”，分时段进入管理制度，避免扎堆健身。对场馆内外及各类设施每天进行消毒，落实消毒和卫生管理、通风换气等措施，严防严控。落实县委统一部署，单位职工下沉至望远镇塘湾社区，配合社区开展新冠肺炎疫情防控工作。

文化 旅游 传媒

WENHUA LÜ YOU CHUANMEI

文化事业

【概况】 2021年，永宁县文化工作完善公共文化服务体系建设，组织开展群众文体活动，加强文化市场规范管理，全面推动文体事业繁荣发展，完成全年目标任务。

【党史学习教育】 2021年，永宁县文化旅游广电局开展党史学习教育，组建党史学习教育领导小组，组织学习习近平总书记“七一”重要讲话精神，组织党员干部读原著、学原文、悟原理，学习《论中国共产党历史》《毛泽东邓小平江泽民胡锦涛关于中国共产党历史论述摘编》《习近平新时代中国特色社会主义思想学习问答》《中国共产党简史》《中国共产党的100年》《中华人民共和国简史》《改革开放简史》《社会主义发展简史》等。在宁夏工委旧址、黄河仁存渡口、耿飚红军小学红色教育展示馆、“全国脱贫攻坚楷模”闽宁镇等红色阵地开展现场教育活动。组织开展党史学习教育34次，撰写学习心得体会50余篇，开展主题研讨7次，宣讲3次。

【为民服务】 2021年，永宁县文化旅游广电局建设完成闽宁镇原隆村、团结西路街道永和社区2家图书馆分馆设置并投入使用，配送图书1500余册；成立永宁县第33家图书流通服务点——“红色阅读岛”，配送图书200余册；建设通桥乡村大舞台、永和社区多功能室。开展线上声乐、舞蹈、播音主持培训微课堂和线上“红歌漫舞”系列微课等教学活动。庆祝建党成立100周年期间，县文艺工作者开展中国梦、爱国主义、优秀传统文化等题材作品创排。全县各乡镇、村、社区放映红色电影1184场。

【清风正源】 2021年，永宁县文化旅游广电局出动执法检查人员1161人次，对歌舞娱乐场所、新闻出版经营单位、包装装潢印刷企业、互联网上网服务营业场所开展检查103次、检查企业741家次、收缴非法出版物1325册，立案查处12件。

【安全生产】 2021年，永宁县文化旅游广电局落实属地安全监管责任。与县委宣传部、县市监局、县应急管理局对全县文化旅游企业联合开展安全生产大检查，开展节日、节庆文化旅游行业的安全生产督查，排查整治文化旅游行业安全生产领域和人员密集场所安全隐患督查，督促各文化、旅游企业开展消防设施的自查。对全县文化旅游企业联合开展安全生产大检查21次。

【普法宣传】 2021年，永宁县文化旅游广电局启动文化旅游广电行业“八五”普法工作。参与“3·15”文化旅游广电行业集中普法宣传活动，向互联网上网服务营业场所、歌舞娱乐场所、书店等文化娱乐场所负责人发放《互联网上网服务营业场所管理条例》《娱乐场所管理条例》《出版管理条例》《印刷业管理条例》等法律法规。

【广电安全】 2021年，永宁县文化旅游广电局开展实现建党

100周年全县广播电视行业安全播出行动。与融媒体中心、宁夏广电网络公司永宁分公司签订安全播出责任书，落实广播电视安全播出工作责任制，文化执法人员开展永宁105.2MHz广播频道安全播出整改工作。完成整改且验收合格，调频广播FM105.2准予正常播出。

【阵地建设】 2021年，永宁县文化旅游广电局实施文化助推乡村振兴战略工作，完成13个村、社区综合文化服务中心、2个农民文化大院功能提升建设项目，申报5个2021年基层综合文化服务中心建设工程，实施永宁县人民公园足球场改造项目工程，工程完成原足球场的拆除，实施种植土的回填，足球场围网、排水沟、沉沙井、排水管道安装等；建设李俊镇文化活动中心项目综合楼项目，放映厅结构主体工程全部完成，放映厅看台建成，综合楼室内砌体二次结构完成，综合楼电气预埋完成100%，放映厅砌体及二次结构完成70%，放映厅电气预埋完成50%。

【全民阅读】 2021年，永宁县图书馆接待读者13.1万人次，图书借阅量达32.73万册次，联合全县社区、农家书屋、中小学在重要节日、纪念日、寒暑假吸引群众参与到全民阅读队伍，推动永宁县全民阅读活动开展。全年开展诗歌朗诵、经典诵读、读书分享、送文化下乡、送书进校园全民阅读活动110场次，参与群众8.75万人次。

【文化活动】 2021年，永宁县文化旅游广电局在春节期间录制“金牛送福文化进万家”云上活动，线上线下受众6万余人次；承办银川市2021年“美丽乡村文化大集”启动仪式，2021年“春雨工程”——厦门文化志愿者走进宁夏回族自治区漆画摄影展暨非遗展示活动；组织开展庆祝中国共产党成立100周年全县干部职工歌唱大赛，“永远跟党走奋进新时代”七一群众文艺会演等活动200余场次。在全县乡镇中小学开展“戏曲进校园”等活动12场次。县文化馆组队代表永宁县参加庆祝中国共产党成立100周年全区广场舞决赛，获三等奖；参加银川市“唱支山歌给党听”2021银川市第五届黄河大合唱，获三等奖、优秀组织单位组织奖；参加“永远跟党走幸福生活舞起来”2021庆祝中国共产党成立100周年银川市广场舞大赛展演活动，获二等奖、优秀组织奖。

【文艺创作】 2021年，永宁县文化旅游广电局开展庆祝建党100周年、黄河文化传承等主题作品创作，创排音乐快板《筑梦远航——文化人的担当》《百年辉煌跟党走》《疫情防控靠大家》，编排《扇舞鼓韵》《听到花儿就想家》《十送红军》《阿佤人民唱新歌》《我是宁夏川的娃》《黄河源头在哪里》《不灭的信仰》等舞蹈；创排《红》《花开一首歌》《归来》等广场舞；拍摄《春节拜年视频》《日行一善》《小贺喊你跳广场舞》等原创短视频20余部。

【文艺培训】 2021年，永宁县文化旅游广电局线上录制声乐、舞蹈、少儿主持、乐理知识等教学视频，开展“线上学歌温党史红歌传唱颂党恩”“红歌漫舞”线上教学微课堂20期，受众30000余人次；开展线下音乐、舞蹈培训班22期，民间文艺团队培训3期，开展培训进乡村6期、培训进社区4期、培训进学校6期、培训进机关3期，培训28000余人次；选派2名专业教师为市、县级宣讲员，宣讲党史。暑期开展“少儿公益剪纸培训班”1期、“少儿公益声乐培训班”1期、“少儿公益书法培训班”2期，受益少儿千余人次。

【非遗传承】 2021年，永宁县的柳编、手鞠球制作技艺等五项非遗项目6月获评第6批宁夏回族自治区级非物质文化遗产代表性项目。11月，宁夏回族自治区文旅厅对永宁县3项宁夏回族自治区级非物质文化遗产传承项目、1家非遗就业工坊和1个非遗保护传承基地进行全面复核评估，结果均为优秀。永宁县惠风文苑被宁夏回族自治区文化和旅游厅、银川市文化旅游局评为非物质文化遗产保护优秀传承基地。闽宁镇原隆村非遗扶贫工坊被评为宁夏回族自治区级非遗示范基地、非遗扶贫工坊。

文化执法管理

【概况】 2021年，永宁县文化市场综合执法大队行使文化、旅游、新闻出版等行业的行政执法职责，开展规范全县文化市场经营秩序，打击文化市场违法违规经营行为，治理行业乱象工作。为营造安全、文明、健康、有序的文化市场履职尽责。大队被命名为全国“青少年维权岗”，被推荐为第九届全国服务农民、服务基层文化建设先进集体，以及2021年“扫黄打非”先进集体。

【文化执法】 2021年，永宁县文化市场综合执法大队执法检查人员开展103次执法检查，检查企业741家次，其中，检查书店60家次、网吧384家次、印刷企业22家次、文物场所34家次、歌舞娱乐场所150家次、景区41家次、旅行社27家次、社会艺术考级机构23家次。开展未经审批擅自开展旅行社业务，无证导游从事导游工作专项整治行动计7次，引导旅游市场规范发展；开展“扫黄打非”系列专项行动13次，没收销毁涉黄涉暴有害出版物1000多本。

【案件办理】 2021年，永宁县文化市场综合执法大队办理执法案件12起，其中，出版物案件3起，没收非法出版物1325本；旅游案件2起，娱乐场所案件3起，印刷企业案件4起，罚款金额5万元整。对违法违规经营者予以警示教育。

【文物保护】 2021年，永宁县文化市场综合执法大队落实国家文物局对不可移动文物执法监测职责，落实宁夏回族自治区文物局对银川市不可移动文物执法监测要求，先后对中国石油天然气股份有限公司银川销售分公司昊王加油站和银川中铁水务集团有限公司擅自在文物保护单位的建设控制地带内进行施工建设，对文物历史风貌造成破坏的行为分别立案。经过宁夏回族自治区文物专家鉴定，两处建筑施工对国家文物保护单位西夏陵历史风貌产生轻微影响，分别给予当事单位罚款5万元的行政处罚。

【安全监管】 2021年，永宁县文化市场综合执法大队联合县市场监督管理局、应急管理局、消防队、环保局、公安、检察院等相关部门对包装装潢印刷企业、网吧、歌舞娱乐场所、景区、旅行社等文化旅游企业进行安全检查21次，将安全生产工作贯穿于日常执法检查的始终。组织大队所有干部职工参加局机关举办的《安全生产法》集中学习10余次，参加局机关组织的安全生产应急演练2次。

【扫黄打非】 2021年，永宁县文化市场综合执法大队出动执法检查人员81人次，对歌舞娱乐场所、新闻出版经营单位、包装装潢印刷企业、互联网上网服务营业场所等开展“扫黄打非”专项行动，集中检查13次，其中，开展“扫黄打非·净网”专项行动4次，“扫黄打非·护苗”专项行动4次，“扫黄打非·固边”专项行动3次，“扫黄打非·清源”专项行动2次，检查企业116家次、收缴非法出版物1325册，为维护永宁县文化安全筑起一道防线。

【微波设施管控】 2021年，永宁县文化市场综合执法大队联合望远镇派出所、永宁县城关派出所、永宁县市场监督管理局，开展非法安装、使用、销售卫星地面接收设施专项整治行动，对35家电器维修店、小家电零售店、五金杂货店、宾馆、酒店经营场所进行执法检查，排查接收境外卫星电视节目和卫星广播电视地面接收设施销售、安装、使用等违法行为。

【旅游市场监管】 2021年，永宁县文化市场综合执法大队联合永宁县城关派出所、运管所开展“未经许可擅自开展旅行社业务”大巴车巡检7次，立案查处2起，罚款金额4万元；配合旅游办公室对永宁县旅游景区、星级农家乐安全生产、消防安全、食品安全、诚信经营情况开展检查工作。对永宁县12家旅行社网点进行日常执法检查，依法依规查处旅行社非法转让或者变相转让旅行社业务经营许可证、未取得旅行社业务经营许可证从事旅行社业务、旅行社未经许可经营出境或者赴台旅游业务予以查处。

【新冠肺炎疫情防控】 2021年，永宁县文化市场综合执法大队监督企业做好新冠肺炎疫情防控工作，执法人员监督网吧、歌舞娱乐场所、景区等人员密集场所做好新冠肺炎疫情防控措施，全年通过微信工作群发新冠肺炎疫情防控工作要求信息100余条，制作并发放抗击新冠肺炎疫情宣传海报80余张，对新冠肺炎疫情防控工作不到位企业约谈7次，停业整顿计7家。

群众文化

【专业培训】 2021年，县文化馆派出声乐、舞蹈等业务骨干人员参加2021年全区群众文艺骨干戏剧、小品、曲艺专题创作培训班，全区群众文艺骨干音乐、舞蹈专题创作培训班，全区广场舞培训班，银川市广场健身舞推广培训班等，提高馆员业务技能，适应新常态下群众文化工作。

【文化活动】 2021年，县文化馆组织民间文艺团队创作排练“金牛送福文化进万家”文艺节目，节目通过和美永宁客户端、永宁县文化馆公众号推送线上，观众6万余人次。开展“我们的中国梦”文化进万家翰墨飘香送春联活动，受到闽宁镇、胜利乡群众的欢迎。组织文艺工作者下到东位村等开展新冠肺炎疫情防控宣传志愿活动、换届选举帮扶志愿活动、党课宣讲志愿活动、移风易俗宣传志愿活动。承办银川市2021年文化惠民“美丽乡村文化大集”启动仪式，组织在闽宁镇原隆村文化广场进行表演展示11个非遗项目，观众达2000人次。协办第五届全县职工运动会开幕式，负责开幕式展演中广场舞、啦啦操的创作、排练、培训；全程负责开幕式所有节目展演，观众2000余人次。组织民间文艺团队、文化馆合唱队、文化馆广场舞队，参加宁夏回族自治区广场舞比赛，以及银川市群众文艺会演、合唱比赛、广场舞比赛等赛事活动。协办永宁县庆祝中国共产党成立100周年全县干部群众合唱大赛，参与人数及现场观看群众4000余人。组织实施“永远跟党走奋进新时代”永宁县庆祝中国共产党成立100周年群众文艺会演活动，承担开场《没有共产党就没有新中国》歌曲、舞蹈快闪的编排、演出。协办学习宣传习近平总书记在庆祝中国共产党成立100周年大会上的重要讲话精神宁夏文化馆“文艺轻骑兵”基层巡演活动启动仪式。在新冠肺炎疫情防控阶段创作录制小快板、新冠肺炎疫情防控宣传提示音频，开展新冠肺炎疫情防控及疫苗接种宣传。配合第23个“民族团结进步月”活动，创作、排练民族团结文艺作品在闽宁镇、望远镇展演。协助排练永宁县2021年“我们的节日”阖家团圆喜庆丰收迎中秋庆国庆主题活动，组织教唱歌曲《我和我的祖国》，录制“为祖国庆生”微视频。

【戏曲进校园】 2021年，县文化馆开展戏曲进校园活动，全年开展戏曲进校园活动12场次，在县第二小学、县第三小学、望远镇中心小学、闽宁镇第一中学、望远镇银子湖学校、闽宁镇原隆村小学等12所中小学开设学生课堂，传授眉户剧、秦腔等地方戏曲的唱腔、扮相等知识。

【场馆开放】 2021年，县文化馆坚持节假日免费开放，错峰延时免费开放，每周免费开放时间不少于44小时。全年免费开放2000多小时。

【文艺普及】 2021年，县文化馆录制声乐、舞蹈、少儿主持、乐理知识等教学视频，开展“线上学歌温党史红歌传唱颂党恩”、“红歌漫舞”线上教学微课堂32期，推送在永宁县文化馆微信公众号，群众足不出户享受到公共文化服务。开展民间文艺团队培训3期、进乡村活动6期、培训进社区4期、培训进学校6期、培训进机关3期、少儿公益培训班6期，培训30000余人次；开展中老年文艺骨干及爱好者广场舞、声乐培训班，在团结西路街道胜利社区、祥和社区长期开展中老年声乐、合唱培训班，参与群众千余人。

【文艺创作】 2021年，县文化馆重视文艺创作，组织业务骨干开展庆祝中国共产党成立100周年、中国梦等爱国主义题材作品创作，完成快板《筑梦远航——文化人的担当》，音乐快板《百年辉煌跟党走》，新冠肺炎疫情防控快板《疫情防控靠大家》，原创舞蹈《扇舞鼓韵》《十送红军》《阿佤人民唱新歌》《我是宁夏川的娃》《黄河源头在哪里》《不灭的信仰》，广场舞《红》《花开一首歌》，韵律操《相信自己》，原创声乐作品《归来》《是你》，翻唱声乐作品《青春舞曲＋库斯克邮车》《再一次出发》，原创短视频《春节拜年视频》《日行一善》《小贺喊你跳广场舞》等作品的创作。

旅游事业

【旅游产业】 2021年，永宁县推进黄河国家文化公园闽宁镇“山海情”影视文化旅游基地项目建设，打造“山海情”“绿色乡村”等旅游品牌。开展闽宁镇省级旅游度假区、原隆村3A级旅游景区、玉泉国际酒庄4A级旅游景区、棚湖湾红树莓生态园4A级旅游景区、华夏河图艺术小镇4A级旅游景区创建工作，完善旅游景区公共设施配套建设。创建项目完成申报，宁夏回族自治区文旅厅景评专家组组织第一次评定验收，完成银川市文旅局组织的3A级及以下旅游景区复核评定。全年全县旅游收入1639.12万元，比2020年增长18.22%；接待游客总人数50.993万人，比2020年增长62.68%。

【旅游营销】 2021年，永宁县推出红酒一条街、共享酒庄品牌红酒展示区、游客咨询服务中心、葡萄酒主题特色餐饮、葡萄酒主题民宿、休闲图书馆、老街商业区等旅游项目。打造掌上闽宁小程序，搭建“葡萄酒＋文旅”主题展示专区。围绕酒庄设计标示标牌、介绍景物、开发语音导览、绘制地图等。完成“两晒一促”第二季大型文旅推介活动，围绕“大爱之地和美永宁”主题，全面立体地展示李俊塔、仁存渡口、明长城遗址和中共宁夏工委旧址的文化之美。全网点赞量760000余次，唱响永宁文化旅游。

【景点建设】 2021年，永宁县文化旅游广电局开展“闽宁人家”“德万顺山庄”乡村旅游示范点建设。推动旅游、农业融合，打造杨和镇王太堡生态观光园，实现农民既种庄稼又种风景。全县规划设计“黄河金岸休闲游”“葡萄美酒赏鉴游”“山海情深主题游”“古迹民俗研学游”“乡村振兴观光游”“红色教育学习游”“闽宁精神研学游”等7条旅游路线，引导永宁旅游业发展。2021年，闽宁镇被评为全国特色旅游镇，永宁县望洪镇宋澄村、永宁县杨和镇王太村、永宁县闽宁镇福宁村、永宁县闽宁镇武河村被评选为宁夏特色旅游村。

融媒体

【主题宣传】 2021年，永宁县融媒体中心开展庆祝“七一”建党100周年活动宣传，开展宁夏回族自治区、银川市、永宁县重大决策，永宁县重大活动宣传报道工作，开设学习贯彻习近平总书记在庆祝中国共产党成立100周年大会上的重要讲话精神“我为群众办实事”“党史学习教育”等专栏。围绕全面建成小康社会、乡村振兴、新冠肺炎疫情防控等重要工作，开设“脱贫攻坚精神的闽宁实践”“奋斗百年路 启航新征程”专栏，发稿百余条。在永宁广播播放《红色故事：中国共产党百年瞬间》597集、《红色歌曲》2300首。开设庆祝建党100周年红色电影专场，播放电影64场。

【新闻宣传】 2021年，永宁县融媒体中心策划制作《奋斗百年路 启航新征程——学党史、悟思想、办实事、开新局》《红色记忆》《共产党好黄河水甜》《党员说》等系列报道；聚焦文明城市创建和作风建设、民生服务热点，策划拍摄《永宁问政》3期；在春节、三八妇女节、五一国际劳动节等节点，策划系列宣传报道。在新冠肺炎疫情防控期间，拍摄“留永过年”系列短片；组织拍摄网上云拜年和云上文艺展演，营造节目氛围；聚焦移风易俗，拍摄民俗小常识短片，推动社会崇尚新风尚；聚焦乡村振兴工作，通过镜头展示永宁农业农村及农村环境整治的工作成就；策划《脱贫攻坚精神的闽宁实践》系列报道。播放双拥公益广告5条，阅读量28000余次。全年播出《永宁新闻》235档，采写各类新闻稿件1261条，区市台媒体采用近140条，“学习强国”采用50条。

【媒体融合】 2021年，永宁县融媒体中心制作推出抖音、微视、动漫、短视频等新媒体产品，编创融媒新产品270条，开辟周末影院，播出一批抗日战争、抗美援朝纪录片、电视剧、电影。引导社会铭记历史、缅怀先烈、珍爱和平。联通自治区融媒体中心黄河云视APP，定期在平台推送《永宁新闻》，扩大永宁新闻宣传传播的范围。全年发稿4438篇，点击量46万余次。将永宁县广播电视台频道直播信号接入宁夏IPTV平台，向永宁县收看电信、移动、联通三大运营商电视机顶盒的用户提供本地电视节目直播信号。实现《永宁新闻》在宁夏IPTV平台上播放，实现全区IPTV用户在“本地新闻”板块能够收看《永宁新闻》。

【政治建设】 2021年，永宁县融媒体中心推进学习型机关建设。为中心干部职工配发《论中国共产党历史》《毛泽东邓小平江泽民胡锦涛关于中国共产党历史论述摘编》《习近平新时代中国特色社会主义思想学习问答》《中国共产党简史》等指定学习材料。中心组织开展专题会14次、学习研讨会15次、读书班6期、知识测试13次、主题活动11次。召开党支部委员会议26次，党员大会4次，讲党课4次，主题党日11次。开展党建活动11次。

【新冠肺炎疫情防控】 2021年，永宁县融媒体中心记者下到基层一线采写宣传报道，打赢新冠肺炎疫情防控舆论支持战。中心召开专题会议5次，安排新冠肺炎疫情防控工作，在各平台发布新冠肺炎疫情防控小贴士动画科普视频，录制《社区“大白”当起了“临时妈妈”》《战“疫”夫妻档用爱合力守护家园》等专题。推送抗疫稿件579条，阅读量54.1万余次。参与新冠肺炎疫情防控，中心干部职工在望远人家C区3个单元开展24小时值班值守。

医疗卫生

YILIAO WEISHENG

综　述

【概况】　2021年，全县卫生健康工作落实卫生健康基本公共服务均等化、普惠化、便捷化和公共资源向基层延伸等政策。研究提出深化医药卫生体制改革重大建议。组织开展公立医院综合改革，推进管办分离，健全现代医院管理制度。组织落实疾病预防控制、免疫规划工作。组织指导突发公共事件预防控制和突发公共事件的医疗卫生救援，报送传染病疫情信息和发布突发公共卫生应急事件应急处置信息。实施国家基本药物政策和国家基本药物制度，开展药品使用监测、临床综合评价和短缺药品预警。建立医疗服务评价和监督管理体系。完成全年目标任务。

【医疗改革】　2021年，全县投入8674万元，新建3家乡镇卫生院综合门诊楼，县医院、中医院、闽宁卫生院3个发热门诊，建设5个社区卫生服务站和2个数字化预防接种门诊，为县人民医院配置64排CT，为乡镇卫生院更新全自动生化仪、彩超、DR等医疗设备。成立永宁县医疗健康总院，完成国家基层版胸痛中心、呼吸与危重症医学中心、危重孕产妇新生儿救治中心、创伤中心的创建。建设望远、望洪、李俊、闽宁镇卫生院4个医疗机构的医疗中心。全县县域内就诊率达到88%，基层就诊率达到64%。

【健康行动】　2021年，永宁县卫生健康局开展健康永宁26个专项行动。健康永宁建设工作纳入政府目标责任考核。开展慢病综合防控，推动公共卫生均等化，打造健康主题公园1个，健康步道7处，健康饮食一条街1处。全县88个社区、村，创建健康社区、村71个，创建率81%；创健康促进机关43个，创建率68%；创建健康促进学校34所，创建率64.15%；创建健康促进医院11家，创建率100%；创建健康促进企业4家，创建率27%。健康促进家庭7476户，提升居民健康素养。

【医养行动】　2021年，永宁县卫生健康局推进医养结合促进老年健康服务体系建设，开展家庭医生签约服务，引导杨和卫生院与永宁县第二敬老院、望远卫生院与安馨养老院合作，形成医养康养服务体系；在全县开展“情暖夕阳健康行”活动16场次；老年人家庭医生签约服务率巩固在85%以上，老年人健康管理率在75%及以上，65岁至74岁老年人失能发生率下降，65岁及以上人群老年期痴呆患病率增速下降。

【互联网医疗】　2021年，永宁县卫生健康局开展“互联网+医疗健康”示范区建设，打造永宁县卫生健康信息平台，建设县域医疗健康数据监管平台，对全县医疗健康成员单位业务数据、公共卫生数据、远程诊疗数据开展监督管理。分级诊疗平台实现一键会诊、视频会诊系统覆盖至村卫生室，村医在门诊系统中可以申请会诊。全年完成远程心电诊断13627例，远程影像诊断19212例。

【双向转诊】 2021年，永宁县实现线上双向转诊，通过病历资料上传、病例讨论确定转诊指征，开通绿色通道，建立转诊闭环管理。实现下级采样，上级检查，开展委托检验30524例。优化家医健康档案系统，提升数据完整性，收录各类医疗记录60余万条。

【健康服务】 2021年，永宁县提升基本公共卫生服务项目完善项目管理措施。全县建立电子健康档案222994份，电子健康档案建档率90.81%；有动态记录的档案56052份，健康档案动态使用率25.14%；65岁及以上常住居民数23820人，健康管理率47.14%；高血压已管理17065人，规范管理率88%；糖尿病规范管理3956人，规范管理率79.12%；全县筛查癫痫疑似患者698人，筛查率2.84‰，患者症状发作控制率80%。

【传染病防治】 2021年，永宁县卫生健康局开展传染病信息监测预警和处置工作。全年收到传染病自动预警系统预警信号52次，核实排除50次，疑似事件数2次。无甲类传染病报告。全县报告9起学校、托幼机构聚集性水痘7起、手足口病1起、流感1起，皮肤炭疽2例，均开展现场核实、处置。

【妇幼卫生】 2021年，全县婚前医学检查1913人，完成目标任务数2200对的43.48%，结婚登记1954人，婚检率97.90%，检出疾病558人，患病率29.17%，其中，指定传染性疾病70例，其中性病20人；建立免费孕前优生健康检查家庭档案758份，微机信息录入1516人，对1402人进行评估，对328例高风险病例给予个性评估指导，早孕随访及妊娠结局随访率100%；全县分娩产妇1695人，活产数1708人，早孕建册1695人，建册率99.24%，产后访视1695人，访视率99.24%；0—6岁儿童19576人，健康管理14008人，健康管理率71.56%；0—6岁儿童眼保健及视力检查12622人，覆盖率64.48%；新生儿访视1706人，新生儿访视率99.88%；完成宫颈癌、乳腺癌筛查6300人；兑现扶助资金278.24万元。

【心理服务】 2021年，永宁县卫生健康局开展社会心理服务体系建设。完善社会心理服务体系建设，对机关单位、乡镇街道心理专业干事、学校心理健康老师、医院精神卫生专干开展全员培训，提升永宁县心理危机干预队伍力量；联合县政法委、县疾控中心、县医院专业人员下到乡镇、街道、社区开展现场督导，构筑起社会心理健康服务网络。

【党史学习教育】 2021年，永宁县卫生健康局组建党史学习教育的领导小组，为党员干部发放指定学习材料1100余本，组织党员干部每周一三五集中学习，观看党史视频和红色教育片、开展知识测试和研讨交流。开展送学上门活动，组织退休老党员、困难党员参加党史学习教育。到包抓单位讲党史专题党课1次，开展1次专题调研，撰写体会文章30余篇。对8个党史学习教育主题开展研讨交流。

【庆祝“七一”】 2021年，永宁县卫生健康局组织开展系列庆祝中国共产党成立100周年活动。6月29日，举办永宁县卫健系统庆祝中国共产党成立100周年表彰大会，为党龄达到50周年的党员颁发“光荣在党50年”纪念章。开展卫健系统“两优一先”评选活动，评选9名优秀共产党员、5名优秀党务工作者和5个先进基层党组织。开展卫健系统慰问困难党员、老党员活动。局机关组织党员干部到帮扶新华村、蔚湖城社区开展志愿服务活动，为21名困难党员和8名离退休老党员送去米、面、油等生活用品。

【新冠肺炎疫情防控】 2021年，永宁县卫生健康局按照常态化防控机制和平战结合要求，全县医疗机构坚持设置预检分诊，严防死守。落实首诊负责制和门诊发热病人留院观察、筛查排查制度。核酸检测93923人次。推进疫苗接种工作，培训医疗机构相关人员千余人次。全县设置接种点31

个，改造方舱接种点2个，设置疫苗接种流动服务车，全县接种新冠疫苗481104剂次。

医疗保障

【概况】 2021年，永宁县医疗保障局组织开展城镇职工和城乡居民基本医疗保险、生育保险的征缴工作，落实城镇职工和城乡居民参保、支付、医疗救助职责，开展药品招标招采、医疗服务价格，耗材采购、建档立卡户医疗兜底的职责。深化医疗改革，全面做好永宁县医疗保障工作。

【参保缴费】 2021年，银川市医疗保障局下达永宁县城乡居民医疗保险目标任务为190544人，职工基本医疗保险目标任务为30174人。2020年，全县参加职工医疗保险33229人，完成参保任务的110.2%；城乡居民医疗保险人数194162人，完成参保任务的101.90%。

【医保扶困】 2021年，全县建档立卡人口5671名，贫困边缘户520名，除30名新认定的边缘户，其余490名边缘户全部缴纳城乡居民医疗保险，永宁县实现建档立卡人员、边缘户参保率100%。特殊困难人员11165人，全部参加城乡居民医疗保险，实现特殊困难人员参保率100%。实现建档立卡人口医疗保障扶贫等费用在宁夏回族自治区范围内实现“一站式服务、一窗口办理、一单制结算”。2021年，脱贫人口享受健康扶贫一站式结算人数562人734人次，发生医疗总费用551.96万元，实际报销502.36万元，其中，基本医疗保险支付267.31万元，大病保险支付26.46万元，大病财政补助支付36.16万元，民政救助支付110.51万元，扶贫保支付1.9万元，政府兜底支付58.47万元。贫困患者住院医疗费用实际报销比例91.01%，个人承担费用8.99%。实现已脱贫人口应保尽保。

【医保缴费调整】 2021年，永宁县城乡居民基本医疗保险个人缴费标准每年300元。其中，低保对象、重点优抚对象、高龄低收入老年人、农村建档立卡贫困人口个人缴费每年30元；三级中度残疾人员个人缴费每年64元；城乡特困供养人员、二级以上重残人员、无城镇职工基本医疗保险的离休干部遗孀个人不缴费。

【基金收支】 2021年，永宁县医疗保障局完成城镇职工医疗保险收入16080万元，职工医疗保险基金县域内支出3944万元；城乡居民医疗保险收入17824万元，医疗保险基金县域内支出12116万元。

【异地就医结算】 2021年，永宁县医疗保障局优化异地就医结算流程，通过异地就医备案小程序开展异地就医登记备案和就医结算服务。全年全县上传国家平台异地备案信息743人次，参保人员跨省异地直接结算465人次，医保基金支付490.13万元，其中，参保职工在区外跨省异地就医门诊直接结算191人次，医保结算个人账户基金2.56万元，住院直接结算98人次，金额194.94万元；参保居民住院直接结算176人次，费用292.63万元。外省参保人员在永宁县跨省直接结算47人次，结算基金9.71万元。

【医疗救助】 2021年，永宁县医疗保障局对最低保障对象、孤儿、高龄低收入老年人、特困供养人员、低收入家庭重度残疾人、重点优抚对象、因病致贫重特大疾病困难户等7类人群开展医疗救助。全年大病救助31人，救助资金52.18万元；重点优抚军人救助50人，救助资金16.3万元；低保及低收入重残救助2人，救助资金3.02万元；孤儿救助1人，救助资金0.28万元。

【医保电子凭证推广】 2021年，永宁县医疗保障局组织协议医药机构相关人员开展医保电子凭证激活使用业务培训。在医药机构挂号、候诊、购药等环节提示引导群众激活使用医保电子凭证。在新冠疫苗接种契机，组织干部职工到各医院、社区、乡镇疫苗接种点，现场指导群众使用微信开通激活医保电子凭证，在医药机构使用电子凭证。联合全县合作清算银行共同推进医保电子凭证。

【基金监管】 2021年，永宁县医疗保障局强化基金监管，织密医保基金“安全网”，管好用好群众“救命钱”。推进县域公立医院医保支付方式改革，实行“总额打包”支付模式，引入互联网管理，邀请第三方专业团队稽查稽核。实施不定期实地稽核协议医药机构，全年稽核156家，被暂停支付合作医药机构18家。

【疫苗接种经费保障】 2021年，永宁县医疗保障局在新冠疫苗接种期间，对接县域内各疫苗接种点核对接种剂次和数量，核实接种人数、剂次，审查确认上报银川市医保局支付。

【新冠肺炎疫情防控】 2021年，永宁县医疗保障局执行县委部署，医保局党员干部包抓望远镇兰花花社区，对新冠肺炎疫情防控点望远润禾酒店、兰花花社区公寓、永宁县隆翔酒店等新冠肺炎疫情防控点开展24小时防控工作。

【医保支付改革】 2021年，永宁县医疗保障局在县公立医院综合改革试点医保开展支付方式改革，与永宁县健康总院签订医保管理服务协议，明确支付方式，采取“总额控制，预算管理，月预结算，年度决算”的方式，对永宁县健康总院内各医疗机构分别结算，结算资金拨付至健康总院统一账户。全年支付医保费20779万元，其中，职工年度预算总额为4978万元，居民年度预算总额为15801万元。年度县域内参保职工结算总额为4435.28万元，居民县域参保人员结算额为13808.42万元。

疾病预防控制

【概况】 2021年，永宁县疾病预防控制工作全面实施全县内疾病预防控制工作；管理全县内疫苗使用，组织实施免疫、消毒、控制病媒生物的危害；开展全县突发公共卫生事件的监测调查与信息收集、报告，落实具体控制措施；开展病原微生物常规检验和常见污染物的检验；指导全县医疗卫生机构、城市社区卫生组织和乡镇卫生院开展卫生防病工作；开展疫情和公共卫生健康危害因素监测、报告。

【新冠肺炎疫情防控】 2021年，永宁县疾病预防控制中心建立6支流调小组，核实调查境外返宁人员13人、境外返宁密接人员66人，完成5月9日境外返宁确诊病例范某某、8月1日输入型确诊病例张某某、10月17日确诊病例艾某某，12月21日四季鲜二期火龙果，12月24日小任果业龙眼，12月29日入境复阳王某某等8起境外、区外输入新冠疫情的调查处置工作，排查密接人员605人、次密接2231人。

【传染病防控】 2021年，永宁县无甲类传染病报告，报告乙、丙类传染病17种1065例，发病率433.68/十万，乙类传染病11种476例，发病率193.83/十万，丙类传染病6种589例，发病率239.85/十万；全年调查处置9起学校聚集性疫情，对10所中学、19所小学、39所幼儿园春、秋季学校卫生责任清单落实情况进行督导。

【免疫规划】 2021年，永宁县接种免疫规划11种疫苗78651剂次，接种率99.91%，以乡为单位，疫苗报告接种率97%以上；采购二类疫苗17种，接种43309剂次，各医疗机构报告疑似预防接种异常反应病例32例，27例为一般反应，5例为偶合症。2021年，永宁县接种新冠疫苗607263剂次，其中，第一剂接种291973剂次，第二剂次接种242075剂次，第三剂次接种45004剂次，疫苗耗损52人份，报告新冠疫苗疑似预防接种异常反应12例，其中一般反应8例，4例为偶合症。

【艾滋病防治】 2021年，永宁县疾病预防控制中心开展监管场所艾滋病病毒抗体及梅毒检测5104人，艾滋病自愿咨询检测804人，管理现有获得性免疫缺陷综合征105人，实随访96人，抗病毒治疗96人，抗病毒治疗率为91.43%，治疗成功率为96.10%；符合条件治疗6个月以上应采集病毒载量检测85人，实际检测81人，病毒抑制率为95.30%。

【慢性病防控】 2021年，永宁县疾病预防控制中心筛查严重精神障碍病人359例，确诊严重精神障碍患者44例，累计建档1343例，报告患病率4.83‰，筛查疑似癫痫患者87例，疑似患者筛查率3.18‰；完成脑卒中高危人群筛查4335例，低危人群2062例，中危908例，高危及以上1362例；全县管理高血压患者17406人，规范管理15862人，规范管理率91.13%；管理糖尿病患者5188人，规范管理4621人，规范管理率89.07%；辖区内65岁及以上常住居民数23084人，接受健康管理17904人，体检19010人，体检率82.35%；按现住址和死亡时间统计报告居民死亡1347例，居民死亡率548.52/10万，报告恶性肿瘤病例636例，发病率168.30/10万。

【碘盐监测】 2021年，永宁县疾病预防控制中心对200份学生、100份孕妇食用的碘盐进行碘含量监测，合格碘盐287份，不合格碘盐13份，非碘盐0份，碘盐中位数24.45mg/kg，合格碘盐食用率95.86%。8—10岁学生尿碘中位数254.2ug/L，孕妇尿碘中位数210.30ug/L，对8—12岁291人儿童氟斑牙病情调查，结果全部正常。

【公共卫生】 2021年，永宁县疾病预防控制中心对2228名高危人群进行布病主动筛查，筛查出阳性94份，确诊为布鲁氏菌病15例，患病率为37.75/10万；全年完成62份水样的32项指标的检测；完成2所幼儿园、5所中小学校2140名学生的近视等常见病监测。

【人才培养】 2021年，永宁县疾病预防控制中心公开招聘4名公卫专业本科生补充到专业技术人员队伍中，选派3名专业技术人员到宁夏回族自治区疾控中心、北京市和浙江大学参加全区基层流调骨干培训项目

【信息化建设】 2021年，永宁县疾病预防控制中心采购1台自动核酸提取仪和10台现场流调电子信息采集器，为全县接种单位配备23套温度监控仪、18台医用冰箱、22个普通扫码枪、6个冷藏柜、2个冷藏箱、26台超厚接种证打印机，自筹资金4.6万元配备身份证阅读器23个。

卫生监督

【概况】 2021年，永宁县卫生监督所承担全县1126家机构及机构管理人的日常监督管理。其中：公共场所626家；生活饮用水供水单位30家；涉及饮用水卫生安全产品生产企业10家；现制现售饮用水经营单位22家；消毒产品生产企业4家；餐饮具集中消毒单位2家；纳入监管的重点行业职业病危害企业47家；医疗机构109家；学校42家；托幼机构60家；校外培训机构39家；传染病防治110家；放射卫生18家；妇幼健康5家；血液管理单位2家。

【日常监督】 2021年，永宁县卫生监督所监督检查523户，监督覆盖率为83.5%。制作现场笔录523份，下达意见书864份；没收并销毁过期、三无产品消毒剂约5000毫升。

【通风卫生监督】 2021年，永宁县卫生监督所监督抽查72家，其中，商超12家、住宿场所60家。全县公共场所安装使用集中空调通风系统2家，公共场所采取开窗自然通风70家。

【用水监督】 2021年，永宁县卫生监督所对辖区内的集中供水单位和二次供水单位进行逐户监督检查。监督检查29户，监督覆盖率为96.66%。对涉水产品生产企业进行监督检查。监督检查涉水产品生产企业10家，监督覆盖率为100%。对现制现售饮用水经营单位安装的直饮机逐台进行监督检查。全县现制现售饮用水经营单位22家，安装直饮机89台；按要求完成备案21家，签订行业承诺书21份、制水设备登记表备案21份、制水

设备新增登记表3份。对22家经营单位89台制水设备开展日常性监督检查，并建立分户档案，监督覆盖率100%。

【消毒产品监督】 2021年，永宁县卫生监督所对1家消毒产品生产企业进行监督检查，完成监督检查，监督覆盖率25%。开展抗菌制剂类消毒产品专项监督检查工作。对县级消毒产品生产企业、二级医疗机构、零售药店、母婴店、商场超市等经营使用单位进行监督检查。监督检查45家，完成抗抑菌制剂膏、霜剂产品采样48个，未发现辖区存在违法违规不合格消毒产品。对辖区的2家餐饮具集中消毒单位进行检查，监督覆盖率100%。

【医疗机构监督】 2021年，永宁县卫生监督所监督检查全县109家医疗机构，监督覆盖率100%。抽查186名医务人员的执业资质，查出1家乡镇卫生院医师注册临床内科从事外科诊疗活动，对机构和个人的不良执业行为纳入不良积分记录。

【新冠肺炎疫情防控】 2021年，永宁县卫生监督所对54家民营医疗机构新冠肺炎疫情防控等工作情况开展监督检查，对未设置发热病人留置观察室或预检分诊台未安排医护人员坐诊，给予当场警告行政处罚；对医疗废物登记记录不全，手消凝胶未标明开瓶日期，消毒记录登记不规范，紫外线评价不规范，医疗废物存放不规范，责令立即改正；对感染性医疗废物处置不规范的诊所，按法律法规立案查处；对诊所涉嫌接诊发热患者，预检分诊无人坐诊，防控措施落实不到位的30家医疗机构责令停止诊疗活动。

【传染病报告】 2021年，永宁县医疗机构报告传染病823例，未发现存在瞒报、缓报、谎报、漏报传染病疫情情况。医疗机构设置预检分诊点，卫生专业人员负责预检分诊工作，对就诊患者执行测温验码，落实新冠肺炎疫情防控措施。

【医疗废物处置】 2021年，永宁县各医疗机构制定管理制度，专兼职人员负责使用专用包装袋对医疗废物进行分类收集。由宁夏德坤科技医疗废物处置有限公司集中处置。全县二级医疗机构、乡镇卫生院和4家民营医疗机构医疗废物暂存间安装摄像头，实行人防、技防一体推进。

【医疗污水处置】 2021年，永宁县现有各级各类医疗机构109家，其中，3家二级医疗机构、8家乡镇卫生院、4家民营医疗机构安装污水处理设施，50所个体诊所安装污水处理器。

【生物安全管理】 2021年，永宁县20个实验室均建立安全管理制度、应急事故处置预案，保证实验室生物安全。机构均在实验室明显位置张贴生物危险警示标识和生物安全实验室级别标志。对实验室工作人员开展业务培训，对废弃标本血标本二级以上医疗机构使用内排式高压锅按感染性医疗废物暂存处置。全县未发生实验室感染报告，未发现高致病性病原微生物丢失、被盗、被抢事件。

【妇幼健康服务监督】 2021年，永宁县卫生监督所对许可从事母婴保健技术服务工作5家医疗机构，2家许可开设妇科常规检查个体诊所开展督查。未发现医疗保健机构、计划生育服务机构和个体诊所存在非医学需要鉴定胎儿性别和非法终止妊娠违法行为。

【学校卫生监督】 2021年，永宁县卫生监督所检查学校32所、托幼机构38家，监督覆盖率69%。制作现场笔录70份，下达卫生监督意见书136份。制定学校、托幼机构突发公共卫生事件和饮用水卫生事件应急预案；对未制定预防学生近视工作计划，通风、消毒登记不规范，饮水机滤芯无更换记录。对进行水质检测但信息未公示的单位；下达卫生监督意见书，督促立即改正。

【行政处罚】 2021年，永宁县卫生监督所立案查处54家，其中，简易程序处罚29件，一般程序处罚25件，罚款金额38500元。联合县人民检察院对闽宁镇高某某未取得《医疗机构执业许可证》《医师执业证书》擅自开展诊疗活动的行为进行取缔和立案查处，没收诊疗器械和药品进行，罚款5万元，没收违法所得2000元。

【双随机监督】 2021年，永宁县卫生监督所双随机抽取任务74家，完成58家，未完成16家，监督完成率98.65%，完结率78.38%。公共场所44家，任务完成32家，监督完成率100%，完结率72.73%；生活饮用水5家，任务完成5家，监督完成率100%，完结率100%；放射卫生3家，任务完成3家，监督完成率100%，完结率100%；学校卫生8家，任务完成8家，监督完成率100%，完结率100%；医疗卫生6家，任务完成6家，监督完成率100%，完结率100%；传染病防治5家，任务完成3家，监督完成率100%，完结率100%；妇幼健康3家，任务完成3家，监督完成率100%，完结率100%。

人力资源和社会保障

【概况】 2021年永宁县人力资源和社会保障工作组织实施全县人力资源市场发展规划，统筹全县城乡就业发展规划；开展就业援助工作；开展职业资格、职业培训、技能鉴定；统筹城乡的社会保障体系，落实社会保险关系接续，基础养老金统筹，开展社会保险基金的扩面征缴，社保基金的监督管理。组织实施劳动保障监察，劳动人事争议仲裁。推动和组织全县社会保障体系的建立和完善，促进社会稳定。

【城镇就业】 2021年，永宁县人力资源和社会保障局组织实施就业再就业和全民创业工作。城镇新增就业4232人，完成宁夏回族自治区指标任务151.14%，失业人员再就业2520人，完成区市目标任务126%，登记失业率3.68%，低于宁夏回族自治区、银川市4.5%指标。就业收入28219.57万元，完成全年任务的108.53%。

【技能培训】 2021年，永宁县人力资源和社会保障局开展职业技能培训17期840人，完成目标任务的105%，开展创业培训12期350人，完成目标任务的120.7%；开展企业培训55期2734人，完成目标任务的182.3%；实现城镇失业人员再就业2520人。

【劳务产业】 2021年，永宁县实现劳动力转移就业22555人，完成宁夏回族自治区下达目标任务22500人的100.2%，其中，中介组织及劳务经纪人带动转移就业843人，劳动力自发转移21712人。实现工资收入2.8亿元，完成目标任务2.5亿元的112%。

【高校毕业生管理】 2021年，永宁县人力资源和社会保障局托管流动人员及高校毕业生档案1431份，实名登记离校未就业应届高校毕业生417人，高校毕业生已就业376人，就业率90%以上。

【就业帮扶】 2021年，永宁县人力资源和社会保障局落实援企稳岗补贴促稳定政策。审核发放61家企业稳岗补贴217.8万元。落实灵活就业人员社保补贴促稳定政策，受理申报“4050”灵活就业人员社保补贴4184人，补贴资金1539万元，发放社保补贴2030人748万元。落实失业保险促稳定政策，为5210人次发放失业金916.63万元，代缴医保4936人次161.13万元，审核发放失业补助金16056人次，发放金额1794.4万元。落实创业担保贷款促稳定政策。发放创业担保贷款108笔5013.5万元，完成目标任务5000万元的100.3%，为479人贴息122.58万元。落实公益性岗位安置促稳定政策，安置城镇公益性岗位120个，完成宁夏回族自治区下达120个任务的100%，安置建档立卡公益性岗位50个，完成宁夏回族自治区下达50个任务的100%。

【社会保险】 2021年，永宁县城镇职工基本养老保险、机关事业单位养老保险、失业保险和工伤保险参保人数分别达到70085人、7329人、34380人、44113人，分别完成全年目标任务的116%、104%、103%、139%；城乡居民养老保险参保人数达到108346人，完成全年目标任务的108%。

【征地农民参保】 2021年，永宁县人力资源和社会保障局开展被征地农民参加基本养老保险相关工作，举办2020年度养老保险参保扩面以及被征地农民参加养老保险业务培训班，启动新被征地农民养老保险工作。为2250人办理参保手续。

【养老金调整】 2021年，永宁县城乡居民养老待遇应发20541人，实发20541人，人均发放280.57元，发放率达100%。对符合条件的20541名城乡居民待遇领取人员养老金进行调整，人均月增资5元；企业职工退休人员养老待遇应发16640人，实发16640人，人均发放2084.14元，发放率达100%；机关事业单位退休人员养老待遇发放情况：应发2502人，实发2502人，人均发放5196元，发放率100%。

【人事管理】 2021年，永宁县人力资源和社会保障局开展事业单位人员招录工作。2020年招聘98人，其中，中小教事业人员36人于当年12月到岗上班，其余62人于2021年1月初全部到岗。招募"三支一扶"高校毕业生。妥善安置2020年招募的80名"三支一扶"高校毕业生，9月初全部到岗。完成2019年招聘的111名事业人员转正定级工作；完成2017年48名特岗教师转正工作。

【职称评审】 2021年，永宁县人力资源和社会保障局组织开展职称评审工作，评审农业、工程系列初级职称14人，中小教、幼儿园系列一级教师160人，定向一级教师5人，二级教师188人。审核推荐中级职称申报10余人，高级职称申报60余人。开展全县事业单位非领导职责职员岗位晋升工作。管理岗八级晋升管理岗七级1人，管理岗九级晋升管理岗八级6人。开展机关事业单位工勤晋级工作。晋升技师6人、高级工1人、中级工1人。开展永宁县人才盘点工作。全县专业技术人员正高级11人，副高级1020人，中级1354人；高技能人才高级技师21人，技师82人，高级工93人；高精尖缺人员13人。推荐享受国务院政府特殊津贴人员2名；推荐享受银川市政府特殊津贴人员7名；推荐人才小高地项目建设申报1项；推荐申报银川市高精尖缺人才22人；申报博士硕士补贴1人。

【保障维权】 2021年，永宁县人力资源和社会保障局受理案件54起，立案处理11起案件，为52人追回欠薪103万元；协调处理43起案件，为81人追回欠薪48万元。接收"12333""12345"等平台转办劳动争议案件700余起，均在时效内办结。全县30个在建项目，工程建设项目分账管理率为100%，22%进度款拨付率为100%；工程建设项目使用农民工实名制管理率为100%，办卡率为100%，劳动合同签订率100%，农民工维权告知牌公示率为100%，劳资专管员配备率为100%，农民工工资保证金缴纳率为100%。受理、办理劳动人事争议案件205件，办结204件，其中，调解结案118件，裁决结案86件，时效内案件办结率100%，涉案经济标的1586万元，涉及劳动者252人，为劳动者和用工单位追回权益损失986万元。

【档案管理】 2021年，永宁县人力资源和社会保障局开展档案整理工作。现有人事档案2229份档案，其中，退休199份，组织部借出19份，辞职人员20份，死亡10份，开除人员9份，在职1400份，退休到财政人员572份。2021年补充完善1100多人干部人事档案材料，复印1600多件原件。保存改制企业人员档案数为2475份，办理企业退休人员69名。完成全县事业人员干部人事档案专项审核1127卷。档案室接待群众1600多人次，提供档案资料1500多卷（件），复印档案资料1500多页，接收人事档案材料3000余份。

【居民收入】 2021年，永宁县人力资源和社会保障局实施城镇居民收入提升行动，提高工资性收入、经营性收入、转移性收入，提升城镇居民收入。城镇居民人均可支配收入36601元，比上年同期增加2903元，同比增长8.6%。增速比宁夏回族自治区、银川市分别高1.4、1.0个百分点，位居全区各县（市、区）第3位、银川市各县（市、区）第1位。

【闽宁劳务协作】 2021年，永宁县人力资源和社会保障局与福建省湖里区和思明区开展常态化劳务对口帮扶，转移就业，闽宁镇农村劳动力转移就业7408人，实现劳务收入7692万元。引导30余名劳务经纪人发挥作用，对接福建用工企业，向群众发布用工信息。采取政府政策扶持，激励福建在宁企业吸纳更多劳动力就地就近实现就业。3000余名移民群众实现就地就近务工。

【搬迁群众就业】 2021年，永宁县组成由常务副县长任组长，28个成员组成的搬迁群众就业服务专班，开展搬迁群众就业工作，在重点移民安置区设置10个工作站，下到17042户搬迁群众家中，建立“一户一档”就业信息台账，开展重点就业帮扶，搬迁73502人中，实现就业33718人。

【诚信评价】 2021年，永宁县人力资源和社会保障局开展企业劳动保障守法诚信等级评价工作，随机抽取15家用人单位，对照评价办法内容和标准，审查用人单位报送的书面材料，参照劳动保障监察举报投诉案件、专项执法检查等资信，将用人单位劳动保障守法诚信等级划分为A、B、C3个等级。2家用人单位授予A级诚信单位，13家用人单位授予B级诚信单位，无C级非诚信单位。

【党史学习教育】 2021年，永宁县人力资源和社会保障局组织学习习近平总书记关于党的历史的重要论述，学习研讨习近平总书记在党史学习教育动员大会上的重要讲话和在庆祝中国共产党成立100周年大会上的重要讲话精神，学习《论中国共产党历史》《中国共产党简史》等书籍。全年开展党组理论学习中心组学习13次，局属各支部开展集中学习累计150余次，分专题组织交流研讨13场次，写心得215篇，组织应知应会测试40次。党组班子成员讲专题党课9场次，支部书记讲专题党课24场次，开展专题宣讲6场次。

社会保险

【全民参保】 2021年，永宁县社会保险中心在企业QQ群、微信公众号、政府公众网等平台，在社区、乡镇、企业、集市开展社保政策宣讲，扩展社保政策覆盖面。运用公安户籍数据库与全区社保系统进行比对，筛选出全县未参保人员信息，动员参保缴费；推进灵活就业人员、新业态从业人员、农民工等重点群体参加企业职工养老保险；推进建筑业、铁路、公路、能源工程等按项目参加工伤保险工作，提高参保率。2021年，全县城镇职工基本养老保险参保人数达到70085人，完成全年目标任务的116%；机关事业单位养老保险参保人数达到7329人，完成全年目标任务的104%；失业保险参保人数达到34380人，完成全年目标任务的103%；工伤保险参保人数分别达到44113人，完成全年目标任务的139%；城乡居民养老保险参保人数达到108346人，完成全年目标任务的108%。

【社保帮扶】 2021年，永宁县社会保险中心落实摘帽不摘责任、摘帽不摘政策、摘帽不摘帮扶、摘帽不摘监管政策要求，为参加城乡居民养老保险的特困、重度残疾等困难群体代缴养老保险政策。代缴率达到100%；60周岁以上贫困人员享受城乡居民养老保险待遇达到100%。全年为1510名一、二级残疾人，为635名三、四级智力精神视力残疾人，21名五保待遇人员代缴养老保险金。

【基金安全】 2021年，永宁县社会保险中心接收宁夏回族自治区推送6批疑点数据5567条，其中，养老保险疑点数据5358条，工伤保险疑点数据209条。全部按照分类完成核查，其中，5334条数据属于正常情况，233条数据完成整改204条，未完成整改29条。4条为正在服刑期间的服刑人员违规领取养老金。全县违规领取社会保险待遇追回78.34万元，4名服刑人员的20.55万元依法对其服刑期满进行追缴。

【信息共享】 2021年，永宁县社会保险中心建立县内服刑、死亡人员信息共享机制，与县法院、检察院、公安局沟通协作，制定《永宁县规范服刑人员缴纳养老保险、发放养老金工作实施细则》，执行《永宁县服刑死亡人员冒领和多领养老金问题源头治理工作方案的通知》，明确乡镇、街道等基层单位责任，从源头上杜绝县内服刑、死亡人员多领、冒领养老金现象。开展书面稽查与墓地稽查结合、投诉举报与重点稽查结合，与固原市、隆德县等市县对接服刑、死亡人员数据，通过致函，跨省、市、县实地稽核，走访所属乡镇、村委会、群众等，核实服刑、死亡人员信息。人社、纪委、公安、法院联合执法，形成合力打击欺诈骗取行为，对企图骗取冒领人产生震慑作用。

【冒领追讨】 2021年，永宁县社会保险中心联合法院、公安局、民政局、卫健局、乡镇、街道等，集中力量开展违规领取资金追缴工作。对相关责任人及其家属，讲政策规定，讲法律责任，引导其家属主动退回冒领、多领的养老金；对拒不退还者，由律师进行沟通，进入司法程序，运用法律手段追缴社会保险基金。

【资格认证】 2021年，永宁县社会保险中心对存在跨年未认证人员，先停发待遇，认证成功恢复待遇发放；对大龄领取人员，根据实际情况，每年开展2次资格认证，避免因认证导致冒领养老金的现象。对因服刑等原因丧失领取待遇资格的人员，暂停待遇，防止基金损失。

创业就业服务

【概况】 2021年，永宁县就业创业中心推进稳就业工作的开展发挥职能，在织密织牢新冠肺炎疫情防控网下，就业创业各项指标稳中向好。

【劳务供需履职】 2021年，永宁县就创中心通过搭建求职者和企业之间用工信息平台，全年开展线上招聘会23场，参会企业114家，提供岗位10612个；举办线下招聘会8场，517家企业参会，提供岗位22684个，其中，在移民安置区开展专场招聘会6场，参会企业179家，提供就业岗位8709个，达成就业意向277人。

【就业宣传】 2021年，永宁县就业创业中心通过微信公众号、微信群、全县就业信息公告栏和入户宣传等方式发布劳务用工信息，累计发布招聘信息223期，提供11600个就业岗位。扩大政策宣传，制作就业政策电视节目3期，政策解读线上课堂视频4期。在永宁政府公众网推出政策解读专栏，宣传社会保险补贴、就业见习补贴等政策11期。

【高校就业服务】 2021年，永宁县就业创业中心以离校未就业高校毕业生和失业青年为帮扶重点，促进高校毕业生就业。对2021届离校未就业高校毕业生主动提供实名制服务，全年全县有实名制登记离校未就业高校毕业生417人，推荐安排就业299人，对实名制登记的高校毕业生开展就业服务1200余人次。开发基础就业岗位，高校毕业生到机关事业单位实习生在岗99人，建成5家青年就业见习基地，派遣34人参加青年见习，安置高校毕业生公益性岗位14人。

【政策支持就业】 2021年，永宁县就业创业中心为18048人外出务工人员每人补助35元、个人承担15元，购买“铁杆庄稼保”意外伤害保险，为农村转移就业人员外出务工提供安全保障，完成目标18000人的100.2%。落实失业保险政策，保生活稳就业，全年向5210名失业人员发放失业保险金916.63万元，代缴医疗保险费161.13万元，审核发放失业补助金16056人次，发放金额1794.4万元。永宁县全年受理稳岗返还补贴申请企业101家，发放补贴资金155万元；为支持参保职工在岗参加培训并取得职业资格证书，发放技能提升补贴150人20.2万元。

【职业培训】 2021年，永宁县就业创业中心实施3年职业技能提升行动，培训机构开展订单式、定岗式、定向式技能培训，提高城乡劳动力技能水平和市场竞争力，增强劳动者的就业能力和职业转换能力。全年开展重点群体技能培训17期840人，完成宁夏回族自治区、银川市目标任务800人的105%，企业培训55期2734人，完成区市目标任务1500人的182.3%。

【移民就业】 2021年，永宁县就创中心支持引导就业扶贫车间吸纳劳动力就业，全县10家就业扶贫车间，8家复工，吸纳农村劳动力393人，其中，吸纳脱贫人口就业92人，吸纳移民家庭人口就业301人。遴选支持富贵兰（宁夏）实业有限公司、闽宁故事茶文化体验中心2家企业为就业帮扶示范基地，带动周边农村劳动力就业165人。

【创业支持】 2021年，永宁县就业创业中心优化创业创新环境。全县建成且正在发挥孵化创业作用的基地8家，入驻企业数553家，为永宁县初创小微企业和个体创业者提供生产经营场地，提供政策扶持。发挥创业担保贷款杠杆作用，利用贷款功能，解决创业者初创资金不足的问题。全年发放创业担保贷款108笔，金额5013.5万元，其中，个人创业55笔855万元；小微企业53笔4158.5万元，完成年初任务5000万元的100.3%，创业带动就业人数219人。举办劳动者创业培训，全年开展创业培训12期350人，完成目标任务290人的120.7%，实现创业155人。培育小企业984个，小老板984个，创造新岗位1583个，全民创业带动就业2350人。

退役军人事务管理

【概况】 2021年，永宁县退役军人事务局开展军队转业干部、退役士兵的移交安置工作服务工作。组织开展退役军人教育培训，协调扶持退役军人和随军随调家属就业创业。组织落实退役军人特殊保障政策。落实退役军人医疗保障，社会保险。开展伤病残退役军人抚恤工作，组织开展全县拥军优属工作。

【政务公开】 2021年，永宁县退役军人事务管理局通过永宁县人民政府网站公开退役军人事务信息条数66条，微信公众号推送退役军人事务信息142条。

【巡察整改】 2021年，永宁县退役军人事务管理局对银川市委第十四轮第六巡察组反馈的3个方面11条问题，逐条明确具体整改措施，确定责任领导和整改时限，制定整改措施36条，修订完善各项制度18项，完成10个巡察问题整改，1个正在推进整改中。整改过程批评教育6人，谈话提醒1人，追回违规违纪资金1572元。

【拥军优抚】 2021年，永宁县退役军人事务管理局在春节、八一走访慰问辖区部队，送上慰问金21万元。慰问重点优抚对象、现役军人家属、其他优抚对象、军转干部、抗美援朝老兵、伤残军人937人，支出慰问资金72.53万元。全年发放重点优抚对象、60岁农村籍退役士兵优抚金及其他补助1190.2万元。核实全县伤残军人信息报送市局、区厅；为全县65名伤残军人、伤残机关工作人员、伤残民兵发放伤残证件。根据军人军属随军就业、子女入学的相关政策，解决现役军人3名随军子女上学问题。安排12名退役军人参加区厅组织的短期疗养，为181名优抚对象开展免费体检，为92人开展听力筛查，为13名优抚对象进行医疗补助31573.96元。慰问抗美援朝出国作战70周年志愿军3人，颁发抗美援朝出国作战70周年纪念章，发放慰问金9000元，慰问烈属8人，发放慰问金16000元。

【军功褒扬】 2021年，永宁县退役军人事务管理局开展为立功受奖现役军人家庭送喜报活动，为数十名2020年、2021年荣立个人三等功的现役军人家庭送喜报，发放奖励金16000元；为几十名2020年、2021年“优秀士兵”和“四有军人”送立功受奖喜报，发放奖励金32000元。为现役军人家属悬挂光荣牌几十块；办理双拥卡上百张。

【烈士纪念】 2021年，永宁县退役军人事务管理局开展永宁县烈士纪念设施管理保护，与永宁县人民检察院联合成立永宁县烈士纪念设施管理保护专项行动工作组，建立永宁县烈士纪念设施管理保护专项行动联动工作机制。签订烈士纪念设施委托管理协议，以烈士陵园为中心，在散葬烈士墓设立管护点，划定保护范围，设立保护标识。清明节、国家公祭日期间组织干部群众开展祭扫活动。全县在录烈士73人，有烈士遗属8人，因公牺牲军人遗属3人，病故军人遗属3人。全部给予优待抚恤。

【双拥共建】 2021年，永宁县退役军人事务管理局军地双方联合走访慰问执行重要任务官兵14人，为官兵家属送慰问信和慰问金。帮助官兵家属解决就业、医疗、矛盾纠纷等问题，让现役军人保家卫国更安心。军地合力打造双拥主题公园、双拥一条街、拥军医院、双拥超市、双拥药店和双拥理发店，引导社会力量参与双拥共建工作。闽宁镇退役军人服务站建成全国一流“红色教育”基地。在第58个“学雷锋纪念日”，部队官兵来到闽宁镇福宁村开展志愿服务。

【军事设施保护】 2021年，永宁县人武部和县退役军人事务管理局联合在闽宁镇开展《军事设施保护法》宣传教育系列活动。发放《军事设施保护法》宣传资料和纪念品，通过送法进学校、进乡村、进机关、进社区等形式广泛进行宣传《军事设施保护法》。

【服务管理】 2021年，永宁县退役军人事务管理局建成县乡村三级退役军人服务中心（站）96个，其中，成功创建全国示范型退役军人服务中心1个，全国示范型乡镇、街道退役军人服务站7个。开展退役士兵社会保险接续工作。为118人缴费，缴费率达到97.52%。将全县1000多名退役军人党员全部纳入基层党组织。帮助在乡老复员军人张顺和伤残军人刘占海申请老兵关爱资金4000余元；协调相关单位为就业困难退役军人申请公益性岗位14个。发放军休干部工资及其他生活补助，为2名军休干部订阅报刊。

【就业帮扶】 2021年，永宁县退役军人事务管理局联合县人社局、总工会举办2021“春风送岗位、就业暖民心”专场招聘会2次，为退役军人推送就业岗位招聘信息200余条，达成就业意向30余人。县政府为8名对越参战老兵提供公益性岗位，为5名农村籍参战人员提供就业岗位。

【党史学习教育】 2021年，永宁县退役军人事务管理局开展周二、周五政治理论学习，开展支部主题党日活动11次，党组书记讲党课2次，组织全体党员干部进行党史、党纪法规知识测试16次，专题研讨交流4次。

民政事业

【概况】 2021年，永宁县民政工作开展全县城乡居民最低生活保障、医疗救助、五保供养、孤儿救助、临时救助工作。组织、开展全县社会慈善、社会捐赠等扶助活动。在全县开展优抚安置工作，执行兑现优抚对象优待、抚恤补助标准、医疗救助和国家机关工作人员伤亡抚恤标准。统筹新冠肺炎疫情防控与民政事业发展，改善民计民生，维护社会和谐稳定。

【救助机制完善】 2021年，永宁县民政局完善社会救助制度，将低保等社会救助审核确认权下放到乡镇、街道。优化工作流程，明确乡镇、街道审核主体责任，民政监管职责。民政局定期牵头联合永宁县纪律检查委员会、永宁县审计局等部门开展审核确认工作监督检查，发布检查通报，督促问题整改。全县最低生活保障管理工作流程规范，主体责任明确，审核确认周期缩短。

【脱贫巩固】 2021年，永宁县民政局实施社会救助制度与巩固脱贫攻坚成果同乡村振兴政策衔接，落实农村低保、特困供养、临时救助等兜底保障政策。与乡村振兴部门开展有返贫风险贫困人口监测，掌握不稳定脱贫户和边缘户的情况，将监测到低收入30人纳入兜底保障范围，脱贫不脱保。落实惠民政策，保障困难群众基本生活。全年发放城乡低保金及补贴3458.3万元，高龄津贴及补贴1106.5万元，特困人员救助资金及补贴189.93万元，困难残疾人生活及护理补贴770万元，孤儿养育津贴75.93万元，发放临时救助资金100.79万元。

【残疾人救助】 2021年，永宁县民政局对特殊困难群众开展贫困重度残疾人集中照护服务，与永宁县第二敬老院、永宁县爱心残疾人托养中心签订集中照护服务合作协议，对符合条件且有意愿入住照护机构的贫困重度残疾人开展集中照护服务。全年集中照护50名贫困重度残疾人，支付贫困重度残疾人集中照护费用60.26万元。投入项目资金27万元，引入华峻润德社工发展服务中心开展留守及困境儿童关爱保护工作，全县农村留守儿童、社会散居孤儿、事实无人抚养儿童804人得到保护。实现符合条件的孤儿和事实无人抚养儿童实现应保尽保。

【困难群众救助】 2021年，永宁县民政局在疫情期间为辖区3家供养机构统一采购米、面、口罩、酒精和消毒液等物资，保证社会福利服务机构运转正常。投入资金6.14万元，为307户保障对象困难家庭发放大米、面粉各307袋，各类蔬菜921份；投入资金105.75万元，为5359户城乡低保对象、1319户高龄低收入对象、187户分散特困供养对象发放取暖补贴；投入资金32.535万元，为全县城乡低保、农村分散供养特困人员、孤儿、高龄低收入老年人、低收入家庭购买并发放煤炭241吨，惠及困难群众482户；投入资金280万元，采购发放米、面418吨，油8144桶，完成春节救助慰问困难群众工作，群众安全温暖越冬。

【养老服务】 2021年，永宁县民政局推进永宁县第二敬老院规范运营，配备护理型床位190张，提供养老床位180张。为“特困救助”“低保”“残疾”等政府救助的特困对象提供集中供养服务。3月，引入宁夏阅海老年服务中心团队对永宁县第二敬老院实施运营管理。民办养老机构安馨养老院，配备床位223张，接纳失能、半失能社会老人。全县建成43家城乡老饭桌，其中，农村地区33家，覆盖48个建制村。规范农村老饭桌管理运营，在许桥、丰登等5个村选出150位留守老人作为直接服务对象，组织志愿者，为老人们提供用餐照顾、健康教育、心理关爱、智慧助老等养老服务。2021年，全县城乡老饭桌运营补助24万元，每个老饭桌每年补贴1万元，老年人就餐补贴27.4万元，配备设施设备1870件，计33万余元。建成社区日间照料中心7个，投入运营5个，在建改造3个，为社区生活不能完全自理、日常生活需要一定照料的半失能老年人提供膳食供应、个人照顾、保健康复、休闲娱乐等日间托养服务。

【民主建设】 2021年，永宁县民政局邀请辖区老党员、部门单位参与民主协商，每个社区平均每月解决2—4个协商议题，9月，全县开展社区民主协商月活动中，29个社区协商解决20项群众急难愁盼事宜。

【殡葬管理】 2021年，永宁县民政局落实清明节、寒衣节等重要时间节点24小时值班值守制度，倡导绿色低碳祭扫，消除火灾隐患，开展整治违法违规私建“住宅式”墓地，争取银川市民政局经费支持，清理整治贺兰山沿线银巴路至三关口硬化大墓1000余座，其中，用石材或砖块私自圈建硬化大墓412座，用石头垒砌圈建大墓600余座。落实生态惠民殡葬及生态葬奖补资金。全年发放惠民殡葬奖补资金

29人，计11.1万元。

【地名审核审批】 2021年，永宁县民政局完成4条新增地名命名审核审批。

【行政区划管理】 2021年，永宁县民政局落实《行政区划管理条例》《行政区划管理条例实施办法》，开展兴庆区与永宁县、灵武市与永宁县第四轮行政区域界线联合检查工作。全面开展永宁县及各乡、镇、团结西路街道办事处的政府驻地核查。

【婚姻登记】 2021年，永宁县民政局开展婚姻系统历史补录工作，推进婚姻登记全国通办工作。全年办理婚姻数据3942条，其中，结婚登记1676条，离婚登记397条，补发结婚登记882条，补发离婚登记63条，登记合格率100%。

【社会组织监管】 2021年，永宁县民政局推进社会组织党建工作。选派党建指导员42人走进社会组织开展工作，推进党的组织和党的工作覆盖。开展民政系统信息系统注册，全县75个社会团体、57个民办非企业单位完成网上注册。开展2020年社会组织年检工作，清理整治社会组织违规评选评奖工作。巩固行业协会、商会与行政机关脱钩改革工作成果。

【慈善事业】 2021年，永宁县民政局开展慈善宣传及捐助活动。2021年疫情期间，保障永宁县养老机构供养人员基本生活，投入资金9440元，为永宁县3家供养机构统一采购大米、面粉3吨，为养老机构配备防护口罩、酒精和消毒液防护物资。第六个“中华慈善日”期间，发动乡镇参与中华慈善日宣传活动。

【志愿服务】 2021年，永宁县民政局推动全国志愿服务信息系统在城乡社区、村落的应用，动员社区依法登记备案的社会组织，引导社会机构通过全国志愿服务信息系统招募使用志愿者。年末，永宁县实名注册志愿者有47964人，其中，有志愿服务20—40小时的志愿者24009人，志愿服务时长1615123.23小时。

应急管理

【概况】 2021年，永宁县应急管理工作实施全县应急预案体系建设，组织指导协调全县安全生产。全年全县发生安全生产事故4起，死亡4人，比2020年事故起数上升33.33%，死亡人数下降42.9%。2021年全县亿元GDP生产安全事故死亡率为0.03，比宁夏回族自治区下达指标减少0.038。全县未发生森林火灾及自然灾害事件，安全生产和自然灾害形势总体稳定。

【安全生产督查】 2021年，永宁县安全生产委员会办公室联合县政府督查室抽调专人组成4个督查组开展督查，完成8次专项督查，督查单位125家次。下发通报8次，下发督查反馈意见函40余份，对5个进度达不到要求的单位提出警示；约谈行动不力乡镇、部门5次，约谈企业30家。

【隐患整治】 2021年，永宁县应急管理局研究安全生产专项整治三年行动集中攻坚任务及措施，制定下发集中攻坚行动方案。2021年排查一般隐患10595处，整改7257处，整改率68.49%。排查重大隐患37处，整改33处，整改率89.19%。排查突出问题26处，整改21处。成立督导检查组488个，开展督导检查2566次，检查单位4677个，督导问题7562个。行政处罚115次，责令停产整顿24家，吊销证照1家，关闭取缔8家，罚款140.606万元，移送司法机关2人。约谈警示52家，联合惩戒4家。上报系统的重大隐患37处，整改33处；突出问题26处，整改21处。

【风险排查】 2021年，永宁县应急管理局检查永宁工业园园区企业379家，发现火灾隐患1715处，督促整改840处，组织约谈2382人。培训5783人，演练192次，临时查封11家，立案处罚22家，查封关停企业35家，开展高层建筑及老旧小区专项治理工作，印发张贴高层民用建筑消防安全海报1000余份，排查老旧小区36个、高层建筑12个，整治电动车“飞线”充电365起，推动25个小区安装电动车充电装置，清理违法占用消防车通道车辆50余辆，消防车通道画线率达到100%；对校外培训机构、革命文物遗址等场所检查70余次；规范70家高危、重点单位消防档案。开展电气火灾和电动自行车火灾综合治理，清理违规停放电动自行车1000余辆，在25个居住小区自行车棚安装充电桩26套。推动全县18家消防重点单位安装“智慧消防”物联网远程监控系统。检查消防产品使用单位79家，下发《现场检查判定不合格通知书》28份，开展消防产品地方监督抽查2批次。

【消防宣传】 2021年，永宁县应急管理局组织消防宣传进学校、进社区、进企业、进农村、进家庭活动126次，消防宣传活动72次，宣传车开展流动性宣传2次，受众14000余人，在学校、企业、农村、社区、家庭开展培训，受众25000余人。在闽宁镇原隆村举办全区农村消防安全工作示范创建活动，受众5000余人。消防志愿者平台注册21000人，消防志愿者开展消防宣传活动100余次。

【应急保障】 2021年，永宁县应急管理局整合完善全县防汛和森林草原防灭火监测监控系统，建立起“云指挥”应急指挥体系。40个高空高清摄像头对全县重点防洪区域和全县森林草原防灭火重点区域进行24小时监控。组织召开永宁县应急管理工作联席会商会议6次，发布预警信息30余条，印发风险提示函9份，印发《永宁县防汛抗旱应急工作专报》4期。

【应急力量构建】 2021年，永宁县应急管理局建立起全县应急救援预案体系。强化应急救援队伍建设，签订《永宁县防灾减灾应急救援合作框架协议》3份，应急救援队伍2支，施工救援队伍1支，防汛抢险救援队伍21支，计3550人，防汛抢险机械及应急车辆240辆。

【灾害风险普查】 2021年，永宁县应急管理局组织开展永宁县第一次全国自然灾害综合风险普查，9月30日完成调查阶段工作，经市普查办数据核查，确定永宁县调查数据总数1054条，其中，承灾体216条，减灾能力132条，历史自然灾害数据706条。10月22日，组织召开永宁县第一次全国自然灾害综合风险普查工作推进会，总结灾害普查调查阶段工作，安排部署全县30个村、社区1200户家庭减灾能力调查工作，追加专项经费预算146.46万元。

【草原防火】 2021年，永宁县组织召开森林草原防灭火联席会议5次，传达学习会议9场次，专项培训草原防灭火200余人次。制定野外火源治理专项行动方案9个，完善森林草原防灭火应急预案3个，增设野外火源治理检查站点35个，排查火灾隐患23处，发放整改通知书13份，查处制止违规用火行为2起。

【安全生产】 2021年，永宁县应急管理局组织开展防灾减灾救灾培训教育进社区等活动，设置现场宣传场点12个，悬挂横幅标语150余条，张贴宣传挂图3000余幅，发放宣传资料2万余份，设立咨询台接受群众咨询500余人次，在社区、学校、商场、广场等公共场所设置应急标识15处。在永宁电视台上普及防灾减灾知识。对36个社区的240余名工作人员进行专项培训，推荐永和社区、阳光社区为永宁县创建“全国防灾减灾示范社区”。

李俊镇

【概况】　李俊镇位于永宁县最南端，东靠黄河，南接青铜峡，西邻玉泉营农场，北与望洪镇相邻。全镇面积105平方公里，距县城25千米，是永宁县的南大门。镇辖15个建制村、2个社区，3.5万余人。汉延渠、唐徕渠、惠农渠、西干渠自南向北穿境而过，农业灌溉条件优越；109国道、许黄公路、李银公路纵横交织，交通便利；四棵树、多宝塔、雷祖庙、仁存渡等文化资源丰富。全镇有6个中心村，楼房296栋10252套，建筑面积110万平方米，农户9800户，全镇城镇化率达92%，中心村商网、供水供气供电管网、卫生室、幼儿园、村级活动场所、垃圾处理等公共设施完善。2021年，全镇农民人均可支配收入达到16357元，增幅12.0%。

【产业发展】　2021年，李俊镇落实原粮基地建设责任，推广小麦蔬菜轮作231公顷，种植小麦491.76公顷、种植水稻415.8公顷。全镇优质粮食种植面积3300公顷，蔬菜种植面积达2376公顷，种植鲜食葡萄270.3公顷，种植露地瓜菜429公顷。全年新建日光温室24栋。东方村发展“玲珑番茄”33公顷，带动农户40户，户均增收10万元。荣俊养殖专业合作社投资3600万元，实施奶牛养殖场扩建项目。全镇完成招商引资1亿元。投资2000万元建设占地132公顷蓝莓种植示范基地1个；建成高标准固定拱棚200栋。

【农业生态建设】　2021年，李俊镇开展农业层面源污染防治，改善农业农村生态环境，建设农用残膜和农药包装废弃物回收站1个，回收各类农用残膜16.4吨，回收率达95%上；关停小、散、乱污企业2家，遮盖裸露空地1.52万平方米。发展生态农业，推广有机肥替代化肥，全年利用永宁县农业技术推广服务中心相关项目，推广有机肥替代化肥，发放有机肥1000吨。实施秸秆综合利用项目，秸秆还田3432公顷，秋深翻3300公顷，清理枯枝烂叶20余吨。开展镇村队三级干部24小时巡查的秸秆禁烧。落实河长制，更换河长制公示牌28块，全年完成巡河任务1656次，每月巡河率均为100%；清理河长制沟道35条82.5千米，黄河李俊段水质稳定在II类水体，中干沟、第一排水沟李俊段等重点河湖水质均达到IV类。

【水利建设】　2021年，李俊镇许黄公路片带规划建设七大片区4686公顷高标准农田，完成清淤支斗沟36条74.8千米，清淤农沟696条418千米，修整培土支渠48条93千米，修整培土农渠725条371千米，清淤农渠616条370千米，恢复农田道路945条378千米；完成主干道路、沟道两侧修整修剪宽幅林带50多千米198公顷，树木刷涂料3.36万棵，春季补栽树木9500株；增施有机肥2970公顷；全镇投入人工8万余人次，出动机械400多台次，投资1300多万元。

【乡村振兴】　2021年，李俊镇建立健全防止返贫动态监测和帮扶机制，定期开展排查工作，全镇没有贫困老年人、重病人、残疾人家庭。对全镇3户脱贫户和28户边缘易致贫户开展帮扶，31户监测对象收入较上年全部实现增长。

【新冠肺炎疫情防控】 2021年，李俊镇新冠肺炎疫情防控精准施策，70余名医护人员、100余名志愿者、300余名基层干部投入抗疫一线。排查外地返回人员4829人，居家健康监测225户470人，封控点24个，封控128户270人，全员核酸检测采样23344人次，接种疫苗41000余剂次，接种率超过90%。

【换届选举】 2021年，李俊镇完成镇党委换届选举和17个村（社区）党支部委员会、村（居）民委员会换届选举工作，选举产生145名镇党代表，28名县级党代表。选出村（社区）党支部委员会、村（居）民委员会干部103人，实现村（社区）党支部委员会、村（居）民委员会班子成员学历提升、年龄下降。争取宁夏回族自治区发展壮大村集体经济项目2个300万元。组织机关党员到社区报到123人次，为129名老党员颁发“光荣在党50年”纪念章。

【意识育化】 2021年，李俊镇党委与班子成员、村（社区）党支部签订《意识形态工作责任书》。镇党委会议研究意识形态工作2次，召开意识形态分析研判会4次，举办意识形态工作责任制专题讲座1场，对全镇村（社区）党支部落实意识形态工作责任制情况开展专项督查1次。

【党史学习教育】 2021年，李俊镇开展18场次党史学习教育动员大会；举办镇党委领导班子党史学习教育集中读书班5场次；围绕学习习近平总书记“七一”重要讲话精神开展专题研讨10场次，参与70余人；在媒体平台宣传报道党史学习教育进展成效、特色做法，编发原创党史学习教育信息简报100余篇，自治区级、市级媒体采用28篇。组织党员干部赴大武口区五七干校博物馆、盐池革命纪念馆接受红色主题教育。以许桥中心村党史长廊、雷锋文化馆、雷台中心村村史馆为载体，教育引导干部群众学党史、听党话、感党恩、跟党走。全年接待观摩学习60余场次2000余人次。

【文化建设】 2021年，李俊镇开展庆祝中国共产党成立100周年、“我们的节日”群众性文化活动，累计30余场；依托综合文化服务中心、农家书屋等阵地，开展文化惠民送演出、送图书、送培训、送电影进农村、进社区、进校园、进军营、进工地、进特殊教育场所活动。举办篮球赛、柔力球比赛等。推进文化产业和文化事业融合发展，举办“同庆丰收感党恩 强村富民促振兴”2021年李俊镇农民丰收节。建好用好村史馆、党史长廊、家风家训文化长廊、雷锋文化馆等阵地，李俊镇完成自治区级文明村镇复验工作。

【民风建设】 2021年，李俊镇重新修订村规民约。党员干部带头主动签订移风易俗承诺书，带头破除陈规陋俗，摒弃大操大办红白喜事，示范引领带动广大群众树立文明新风。2021年，镇移风易俗进组入户劝导群众节俭操办红白喜事，入户率达到95%，劝导群众延办或不办婚丧喜庆事宜30余起，全镇开展移风易俗文艺演出10余场。

【文明创建】 2021年，李俊镇组织开展“文明永宁实践有我”学雷锋等志愿服务活动100余次，全镇志愿人数2000余人。引导群众健康生活习惯，推行公筷公勺的饮食习惯。开展庆祝中国共产党成立100周年、乡村振兴、春节慰问演出系列活动60余场次。整治百兴市场，整治违法占道经营，拆除公路道牙私自搭建斜坡120余处，拆除临时建筑5处，解决群众停车难的问题。

【党风建设】 2021年，李俊镇完善镇党委主体责任落实，办理上级交办问题线索26件，处分6人，问责3人，追缴违纪资金14.76万元。查处违反中央八项规定大操大办婚事案件1起。组织全镇干部、村（社区）党支部书记、村监会主任参观廉政教育警示基地和廉政教育作品展，观看廉政教育警示纪录片4场次。完成15个村统一制作村监会牌匾、统一列出监督清单、统一制作工作流程、统一制定工作制度，保障相对独立的办公场所和必要的办公设备，将村务监督委员会工作经费纳入村办公经费中统筹解决。

【安全生产】 2021年，李俊镇召开安全生产联席会议及安全生产部署会议12次，开展安全生产宣传教育和培训5次，对危化品企业、港菜基地、网吧、宾馆、餐厅等开展安全检查20余次，开展对液化气经营企业督查整改工作，整改安全隐患22处。

【民生保障】 2021年，李俊镇新增低保22户23人，取消不符合低保资格148户167人，发放困难群众临时救助120余人次16万元。医保缴费31280人，缴费率达100%，办理城乡居民养老保险参保登记、待遇领取、资格认证等1147件，失地农民待遇领取申报23件，受理城乡居民重特大疾病医疗救助申报2人次。办理残疾证20人次，发放残疾人津贴30.3万元。推进审批服务便民化，整合设置4个综合窗口，办理政务服务事项13326件，办结率100%。一体化建成18个镇村两级退役军人服务站，为全镇退役军人、优抚对象提供服务。

【环境建设】 2021年，李俊镇完成美丽小城镇建设项目，玉泉营农一队庄点道路硬化工程项目、玉泉营老场部环境整治项目、玉泉营博览路两侧绿化亮化工程，魏团村1、3、4组道路硬化工程，李俊镇雷台村5、9组胜利沟扬水站翻建及农渠砌护工程项目，宁化中心村环境整治工程项目，李俊镇东方村环境整治工程项目等；新建公共卫生厕所2座，改造老旧公共卫生厕所3座。完成村庄规划编制工作。

【就业创业】 2021年，李俊镇完成劳务转移输出3087人，累计收入3801.3万元。发布就业招聘信息150余条，发放各类就业政策宣传册2500余份，举办月嫂培训、小吃制作、油香制作等就业培训班3期150人次。办理就业创业证20个，为363名“4050”灵活就业人员办理社保补贴，参保“铁杆庄稼保”3107人。

【人口卫生健康】 2021年，李俊镇落实生育扶助政策，奖扶240人，发放资金13.56万元。举办健康教育培训班19期，受教育1000余人。成立心理咨询室12个，覆盖面达100%，开展心理健康知识宣传活动10次，发放宣传品500余份。开展吸烟危害健康科普知识讲座2期，受教育人次140余人。

【妇女儿童事业】 2021年，李俊镇全面摸底排查儿童监护情况，将75名儿童纳入“春风行动”关爱对象。开展三八国际妇女节纪念活动，发放妇女小额贷款200多万元，动员妇女参加“爱妮保”2785人，资助困难学生5名，完成镇村妇联换届工作。

【人民武装】 2021年，李俊镇党委会全年研究武装工作5次，专题研究武装工作1次。全年全镇兵役登记率100%。全年征集兵员大学生占绝大多数。组织民兵参加训练41人次，拉动迎检2次。民兵组织整顿点验大会实到超过80%。县人武部拨付阵地建设资金12万元，补充购置文体器材、应急物资、防汛物资等。

【法治建设】 2021年，李俊镇的农村普法志愿者有300余人，实现一村一居一法律顾问。设立金塔公园、李俊新时代文明实践所2个普法宣传阵地，设置普法宣传栏、法治宣传角43个，补充法治类图书1000余册。开展行政执法检查百余次，下达责令改正通知书60余份。26名干部通过行政执法考试资格申领；政府法律顾问解答群众法律咨询200余次，服务群众372人次。

【基层治理】 2021年，李俊镇开展矛盾纠纷排查化解工作，化解矛盾纠纷80件，化解率达97%，受理解决反映涉及民生的问题317件，办结回复率100%。开展中心村、供外港菜基地娱乐场所、外来人口居住地治安巡防工作。未发生50人以上或规模较大群体性事件；未发生重大及重大以上道路交通、火灾、公共聚集场所、食品安全事故；未发生邪教组织分子滋事及危害国家安全事故。镇派出所立治安案件73起，结案41起；立刑事案件54起，破9起。22个蔬菜基地行政案件、刑事案件0发案。落实网格员制度，2个社区、15个村有92名网格员。

【扫黑除恶专项斗争】 2021年，李俊镇开展以案释法，组织学习《永宁县扫黑除恶专项斗争典型案例》，落实源头治理工作，开展行业领域专项整治工作，办理“三书一函”4件，全镇扫黑除恶工作常态化、制度化。

【环境整治】 2021年，李俊镇成立农村人居环境整治工作领导小组，对各村人居环境整治区域进行责任划分，各村常态化对中心村内外、沟渠河道、主干道路、温棚园区、林带等区域全方面开展卫生整治。2021年，组织群众参与全镇农村人居环境整治61000余人次，清理农村生活垃圾51000余吨，整治沟渠河道累计530余千米，拆除土坯房屋及残垣断壁700余平方米。在玉泉营农场社区和魏团村配备大型垃圾收储设施17个，生活垃圾投放难的问题得到解决。

望洪镇

【概况】 望洪镇位于永宁县城西南方向，东与灵武市隔河相望，西至贺兰山东麓，南接李俊镇，北邻杨和镇、胜利乡。辖16个村民工作委员会：南方村、望洪村、西玉村、农丰村、农声村、西和村、东和村、增岗村、前渠村、史庄村、宋澄村、北渠村、靖益村、金星村、高渠村、新华村，共146个村民小组；望洪林场、宁夏大学试验农场。2021年，农业总产值达到6.1亿元，人均可支配收入达到17336元。

【党史学习教育】 2021年，望洪镇开展政治理论学习，教育干部群众、推动工作开展，镇党委理论学习中心组开展理论学习专题学习8次，专题研讨5次，开展党史学习70次，开展基层党员现场宣讲110余场。

【基层党建】 2021年，望洪镇推进基层党组织书记能力提升工程，培训村干部200余人次，完成村党支部委员会与村民委员会换届工作。征集“我为群众办实事”项目49个，为95名老党员颁发“光荣在党50年”纪念章，开展红色党史学习教育40余次。推行乡村干部老带新试点工作，结对帮带关系18组。

【农业发展】 2021年，望洪镇落实粮食播种面积3828公顷，粮食总产量9.17万吨，发放小麦种植补贴163.2万元，完成原粮基地建设任务。全镇有规模养殖户26家，扩建茂林奶牛养殖厂，畜牧业产值达1.9亿元，农业总产值达到6.1亿元，人均可支配收入达到17336元。农田水利基本建设完成4个建设片区4554公顷的改造，完成秋翻地任务5280公顷。

【农村发展】 2021年，望洪镇全镇流转复垦地604.56公顷，土地确权737户，发放耕地地力补贴9566户705.4万元。申请财政奖补项目资金128万元，铺设村级道路6492平方米。争取宁夏回族自治区扶持发展壮大村集体经济项目资金300万元，银川市发展壮大村集体经济项目资金100万元，实施3个项目的建设。落实中共中央组织部“红色村”建设项目，投入资金400万元，在新华湖建设宋澄村红色教育主题公园，红色教育培训带动全镇乡村文化旅游产业发展。

【村居环境治理】 2021年，望洪镇实施农村人居环境整治，清理各类生产生活垃圾600余吨，农业生产废弃物560余吨。投资30余万元建设东和11组集中生活污水管网。清理镇域内沟渠29条780千米。全镇供外蔬菜基地安装在线监测计量设施109套，管控辖区内地下水资源开采。开展农业面源污染防治，化肥减量40.5%、农药利用率达到41%；实施农用残膜回收利用，农药包装废弃物回收工作。全镇设置 16 个防火点，分布 181 名网格员，落实镇、村、组三级网格化队伍建设，开展秸秆禁烧巡查监督。

【困难救助】 2021 年，望洪镇开展救急救难救助工作，为 127 人，发放救助资金 23.27 万元。开展“我为群众办实事”工作，为 30 户有需求的残疾人实施居家无障碍改造，发放残疾人护理补贴 479 人、困难残疾人生活补贴 457 人。

【社保民生】 2021 年，望洪镇办理被征地农民养老保险人员 162 人，全镇城乡居民医疗保险参保缴费 33118 人。实现劳务转移输出 3570 人，累计收入约 4717.78 万元，为 600 名“4050”人员办理就业困难人员社保补贴，农民参保率达 100%。全镇群众接种新冠疫苗 35469 剂次；九年义务教育入学率达 100%。落实“两不愁三保障”，实施中心村屋顶漏雨维修工程，实施危房改造 41 户，安装自来水 218 户、净水器 46 户。推进基层审批服务便民改革，优化民生服务大厅服务机制，办理事项 28000 余件，其中网上办理 22000 余件，办结率 100%，群众满意率达到 99%。

【平安建设】 2021 年，望洪镇建立重点信访人员稳控台账，开展信访问题化解，3 件信访积案现依据化解程序已全部结案。开展扫黑除恶专项斗争，开展矛盾纠纷排查工作，全镇排查录入矛盾纠纷 120 件，调处 120 件，办结率 100%；12345 便民服务热线受理群众投诉件 364 件，办理 364 件，办结率 100%；宁夏网上信访综合平台受访 16 件，完成办理 16 件。开展安全生产专项整治三年行动工作，检查企业及个体经营户场所 136 家、学校 4 所、食品经营站 27 处，查处非法生产销售乙炔案件 1 起，排查各类安全隐患 335 处，全年无重大安全生产事故发生。

杨和镇

【概况】 杨和镇位于永宁县中部，东临黄河与灵武市隔河相望，南与望洪镇西和村、增岗村、高渠村毗邻，西靠唐徕渠，北与胜利乡八渠村，望远镇永清村、东升村接壤。杨和镇距银川 20 千米，境内环境优美，资源丰富，交通发达，通信快捷，土地肥沃，京藏高速、城际快速通道、109 国道、永黄公路横贯全镇。杨和镇面积 63 平方公里，辖杨和村、永红村、红星村、王太村、观桥村、旺全村、惠丰村、纳家户村、东全村、南全村、北全村等 10 个建制村 106 个村民小组，户籍人口 33777 人，常住人口 21898 人。全镇耕地总面积 1518.46 公顷。2021 年，杨和镇王太村被宁夏回族自治区文化和旅游厅命名为第一批宁夏特色旅游村镇，被银川市命名为三星级乡村旅游示范点。

【支部建设】 2021 年，杨和镇现有基层党组织 12 个，其中，农村党支部 10 个、机关党支部 1 个、离退休干部党支部 1 个。有党员 977 名，其中少数民族 325 名，占党员总数的 33.27%；大专以上学历 131 人，占党员总数的 13.41%，农村党员 927 人，机关党员 33 人，离退休党员 17 人。村党支部委员会、村民委员会干部 59 人，平均年龄 45 岁，大专以上学历 26 人。有四星级党支部 3 个，三星级党支部 7 个。

【农业生产】 2021 年，杨和镇全镇种植小麦 203.14 公顷，玉米 1354.98 公顷，水稻 39.27 公顷，露地蔬菜 112.78 公顷，种植其他作物 30.756 公顷。现有高标准固定拱棚 506 栋，二代日光温棚 1395 栋，占地总面积约 349.47 公顷。全镇现有生猪存栏 1110 头，牛 1733 头，羊 2.2 万只，禽 4.3 万只。

【村集体经济】 2021 年，杨和镇坚持党支部引领发展模式，发展村集体经济，推进王太堡生态农业观光园建设，永红村二期 26.4 公顷湖面“垂钓 + 鱼苗养殖”建设；惠丰村打造 QQ 采摘园；观桥村、南北全村、东全村、旺全村拓展休闲农业和乡村旅游融合发展；杨和村、东全村、旺全村推进集体设施农业基地发展。旺全村鲜食葡萄、南北全村设施蔬菜、拱棚番茄实现产业化、标准化、品牌化；东全村争取中央财政推进乡村振兴补助资金、少数民族发展任务资金260万元，建设第三代高标准日光温棚，东全村集体经济年增收15万元。2021年，全镇村集体经济收益可达643.7万元。

【环境整治】 2021年，杨和镇开展农村人居环境整治三年行动，清理农村生活垃圾2251吨，清理村内水塘11块，清理村内沟渠1108千米，清理乱堆乱建57处。在杨和康城、惠丰村、南北全村、旺全村新建积分超市4个，创建“美丽庭院”65户，“开展美丽庭院建设评比44次，开展垃圾分类积分兑换活动44次。对小区内的乱拉电线充电、长期停放不能移动汽车、自行车乱停乱放等现象集中整治4次，对小区楼顶的违建鸽棚开展回头看，拆除鸽棚3处。打造美丽宜居小区。

【社会保障】 2021年，杨和镇全年发放耕地地力保护补贴6370户289.6万元，种植农户一次性补贴1989户30.1万元。办理养老保险认证7862人，办理城乡居民养老保险参保登记22人，参加养老保险待遇领取144人，办理失地农民养老保险1145人。新增医保参保131人，激活电子医保卡12063人次。全镇有低保户644户815人，发放保障金35.16万元，核查取消155户197人，审核新增51户54人。动态调整高龄低收入老人25人，集中供养特困户5人，残疾人生活补贴69人，事实无人抚养儿童3人，实现“应保尽保、应退尽退”。

【扶残助残】 2021年，杨和镇全镇有残疾人1013人，享受困难残疾人生活补贴和重度残疾人护理补贴356人，发放金额51.26万元。免费为精神病人发放药物35人次，免费为残疾人发放康复器材30件，新办残疾证110人。

【就业创业】 2021年，杨和镇全面落实就业创业扶持政策，申请办理“4050”灵活就业人员养老保险补贴1356人，办理就业创业证330人，“铁杆庄稼保”承保2986人。参加技能培训70余人，劳动力转移就业总人数2896人，总收入163万元。

【新冠肺炎疫情防控】 2021年，杨和镇在全县率先实行绿卡、黄卡、橙卡、红卡、蓝卡做到五色定位管控，助力新冠肺炎疫情防控。解除居家健康监测人员54户122人，登记上报返乡、返学、返工、返岗人员367人。开展疫苗接种宣传和组织工作，完成3岁以上人群疫苗接种任务。

【文化事业】 2021年，杨和镇立足于“文化惠民、服务群众”，精心打造“党旗飘扬聚合力 乡村振兴展新颜”农业嘉年华活动。利用惠风文苑、文化广场、道德讲堂等文化阵地，组织开展送戏下乡，全年开展全民文化活动16场，开展“扣好人生的第一粒扣子”“护苗·绿书签”等主题，让社会主义核心价值观占领文化阵地。王太村被宁夏回族自治区文化和旅游厅命名为第一批宁夏特色旅游村镇、被银川市命名为三星级乡村旅游示范点。创建王太堡农业生态观光园，观光园承办永宁县2021年“中国农民丰收节”、中国共产党成立100周年表彰暨农业嘉年华活动、杨和镇农民运动会等文体活动。

【社会治理】 2021年，杨和镇未发生50人以上或规模较大群体性事件，未发生一次性死亡3人以上的安全事故，银川智慧城市网络平台反馈居民投诉186件，处理186件，化解率100%。开展安全生产专项领域整治，排查企业216余家，废旧厂房及闲置民房1000余家，关停取缔“不符合产业政策，不符合产业布局规划，未办理工信、发改、土地、规划、环保、工商、质监、安监、电力等相关审批手续企业2家，清退非法储存化工产品作坊1家，整改存在重大安全隐患场所3处。对全镇存在重大安全隐患的企业责令停产停业2家，清退搬离3家。351名吸毒人员纳入网格化管理。27名社区矫正人员、117名刑满释放人员等没有重新违法犯罪。

【法治建设】　2021年，杨和镇以《民法典》为重点开展群众性普法宣传活动20场次，受教育群众3000余人。开展防电信诈骗活动宣传，发行资料10000余份。在政府公众网站发布乡镇动态31条，主动公开政府文件110份；开展村级财务监督检查，规范村级财政收支管理。

【思想工作】　2021年，杨和镇党委理论学习中心组组织学习会11次，举行研讨活动6次；村级党支部举办专题党课20余场。全镇培养入党积极分子15名，确立发展对象10名，吸收预备党员10人，转正党员4人。开展党史学习教育和庆祝中国共产党成立100周年活动。开展党史学习教育课堂11期、专题研讨12次、知识测试4期，集中读书班2期。村级党支部集中举办夜读班4期38次，邀请市委讲师团讲师开展专题讲座2次。开展党史学习教育宣讲活动28场。组织包村领导、驻村第一书记在农田水利建设一线，开展“微宣讲”活动20场。开展“话发展、看变化、感党恩”活动，征集宣讲短视频8个。查找出廉政风险点174个，制定整改措施174条，签订廉政承诺书162份。完成“我为群众办实事”项目62个，完成率98.4%。

【新闻宣传】　2021年，杨和镇在媒体刊发各类新闻稿件102篇，在央广网、学习强国平台等新闻媒体平台刊发稿件67篇，发布政务微博320条。

【拥军优属】　2021年，杨和镇开展退役军人服务体系建设，10个建制村均成立退役军人服务站。落实退役军人优抚政策，组织走访退役军人、优抚对象活动，为现役军人家庭和退役军人家庭悬挂光荣牌，为4名现役军人送立功受奖喜报。走访慰问在乡老复员军人、烈属、参战参试退役老兵，生活困难的退役军人。组织退役军人参加专场招聘会，16名退役军人与用人单位达成就业意向。

【返贫监测】　2021年，杨和镇推进百万移民致富提升行动，排查出县外籍农村自主迁徙农户190户451人，21户监测对象没有出现返贫情况。

【困难救助】　2021年，杨和镇推进城乡居民收入提升行动，受理新申请并审核确认43户60人为城乡居民最低生活保障家庭。走访慰问低保、特困户等特殊困难群众1108人次，受理申请临时救助困难群众46户95人，发放救助资金103460元；核查全镇残疾人1024人，上报享受困难残疾人生活补贴和重度残疾人护理补贴354人，发放金额25200元。

【教育提升行动】　2021年，杨和镇推进基础教育提升行动，实施纳家户小学南侧停车场建设项目建设，建设面积2639平方米，护栏1200米；完成永宁县第六幼儿园启用工作。开展中小学辍学学生排查工作，全镇无辍学学生。落实全面压减作业总量和时长，减轻学生过重作业负担政策，邀请有特长老党员、退休教师为小学生提供课外帮扶。

【全民健康行动】　2021年，杨和镇举办健康教育培训班44期，发放宣传品等11000件。建立心理咨询室6个，开展讲座12期。创建健康村1个，健康家庭20户，健康细胞村1个。组织妇女群众参与宫颈癌和乳腺癌筛查及新婚夫妇孕前优生检查活动。开展新冠肺炎、牛炭疽、鼠疫等疫情防控工作，对辖区21082名群众全员核酸检测，3岁以上全部接种疫苗。

【换届选举】　2021年，杨和镇完成镇党委、镇政府换届选举工作。中共永宁县杨和镇委员会第四次代表大会，105名镇党代会代表选举产生杨和镇党委委员9名，选举产生纪委委员5名，选举23名出席中共永宁县第十五次党代会代表。完成全镇10个村的村党支部委员会、村民委员会换届工作，选出村党支部委员会和村民委员会成员59人，平均年龄46岁，大专及以上学历26人，占44%，实现新一届镇、村班子学历提升但年龄下降。

胜利乡

【概况】 胜利乡位于银川市永宁县西北部，北接望远镇，南连杨和镇，东邻灵武市，西靠兴泾镇，距离县城4千米。1961年建胜利公社，1984年置乡，下辖9个建制村和1个社区，区域面积171.7平方公里，第七次全国人口普查统计常住人口16453人；唐徕、西干和汉延三大干渠流境而过，农业灌溉条件优越；京藏高速、109国道及李银、观平、广厦、金玉公路贯穿全乡，交通十分便利。2021年全乡集体经济收入合计超过420万元。

【新冠肺炎疫情防控】 2021年，胜利乡成立新冠肺炎疫情防控工作领导小组，组建10个临时党支部，设立25个党员先锋岗；招募志愿者138人，240余名乡村干部及物业从业人员组成新冠肺炎疫情防控组织。全年召开新冠肺炎疫情防控协调会、推进会96次。全乡核酸检测17218人次，疫苗接种完成39732剂次，其中，第一针18917剂次，第二针18720剂次，第三针2095剂次。

【防疫宣传】 2021年，胜利乡新冠肺炎疫情期间，全乡350名党员干部、志愿者工作在一线。通过政府微信公众号发布新冠肺炎疫情防控信息100余篇，运用78个微信群宣传新冠肺炎疫情防控相关知识12000余次，悬挂宣传横幅105条，制作宣传展板、提示牌13块，张贴海报624张，发放各类新冠肺炎疫情防控宣传资料7100余份，全乡18个移动音箱、大喇叭设备循环播放新冠肺炎疫情防控相关音频3000次。

【廉政建设】 2021年，胜利乡召开党风廉政建设专题党委会1次，党委理论学习中心组专题研讨会1次、专题学习会1次，“一把手”讲廉政党课1次，将乡党委主体责任清单细化为13个方面，第一责任人责任清单细化为5个方面，乡纪委监督责任清单细化为5个方面，全年开展各项督查37次，监督完成县纪委监委2次督查反馈4个方面9个问题整改。约谈工作落实不到位的乡村干部，批评教育40次；对村监会监督工作考核2次，召开村监会主任例会4次。召开廉洁警示大会8次，发放廉洁过节提醒函8次，监督婚丧事宜6次；对8个领域相关责任人进行批评教育5人次，问责1人次；2021年核查问题线索23件，初核了结14件，完成核查1件，立案6件，处分6人，暂扣违纪资金1825元。

【党的建设】 2021年，胜利乡培育党组织带头人及后备干部33人，致富带头人90人，当年发展预备党员9名，转正党员9名。创建抓乡促村、整乡推进、整县提升农村基层党建工作的示范村6个，整顿建强后进村1个。为胜利乡9个建制村安装“智慧党建”平台，为全乡87名老党员颁发“光荣在党50年”纪念章，推荐评选表彰市县先进党支部11个，胜利乡党委被评为银川市“先进基层党组织”。组织党员干部集中学习习近平新时代中国特色社会主义思想，党的十九届五中、六中全会精神等150余次，乡村党员撰写学习心得体会346篇。

【产业发展】 2021年，胜利乡产业发展，农民增收，烽火村与新百超市实现“农超对接”，烽火村农产品直接进入宁夏新百连超销售；先锋村将57.42公顷流转土地承包给合作社，种植特色麒麟西瓜，建设小拱棚2580栋；八渠村大青葡萄规模种植列入永宁县人民政府2022年重点项目工作。

【意识形态引导】 2021年，胜利乡党委与班子成员签订意识形态工作责任书8份，乡党委与各村、社区签订责任书10份，乡党委会议专题研究意识形态工作2次，召开意识形态工作推进会分析研判会4次，形成风险研判报告4篇，回应答复政民互动网络投诉件7件，上报政务信息334条，发布政务微博502条，发布政府微信公众号312条，开展意识形态专题培训1次，对支部落实意识形态工作责任制开展专项督查2次，意识形态工作主体责任清晰。

【文化建设】 2021年，胜利乡组织干部群众100余人参加庆祝中国共产党成立100周年永宁县干部群众合唱大赛；开展“美丽乡村·文化大集”送戏下乡、文化科技卫生“三下乡”等演出活动30余场次，辖区演出覆盖率100%；组织黄羊滩农场社区、陆坊村广场舞队参加永宁县“天南地北唱中华”广场舞大赛。胜利乡农民文化艺术团创作的《习总书记到咱家》《六中全会放光芒》等节目，受到干部群众的喜爱。

【民风建设】 2021年，胜利乡倡导移风易俗建设，每季度召开移风易俗工作推进会，乡村党员干部签订移风易俗承诺书200余份，开展“进组入户”宣传30余场次，举行移风易俗专场文艺会演4场次，指导办理红白事138件。开展党的创新理论、方针政策、中心工作宣讲活动110余场次。开展道德模范、最美人物评选，推荐20余人次参加银川市、永宁县的评选，开展“送温暖走访慰问”“网上祭英烈”“粽叶飘香情暖端午” “情暖重阳，智慧助老”等主题活动10余场。

【文明创建】 2021年，胜利乡组织开展环境整改整治观摩3次，督查曝光问题2次。在乡政府驻地，村、社区、干道、广场等悬挂条幅110余条，发放宣传折页10000余份，开展创城宣传20余场次，更换辖区公益广告80余处。召开人居环境整治工作推进会6次，清理杂草杂物生活垃圾11808吨，清理畜禽养殖粪污等农业生产废弃物510吨，整治乱贴乱画89处，清理乱堆乱建209座，完成黄河流域“清废行动”固废点整改，办理环保督察反馈问题5件。争取项目资金1400余万元，实施胜利小镇屋顶防水改造工程、沟道整治工程、黄羊滩农场社区巷道硬化、卫生厕所改造等基础设施建设工程。

【产业发展】 2021年，胜利乡粮食播种面积稳定在3102公顷。全乡温棚面积250.8公顷，露地蔬菜面积达792公顷。依托金沙蔡建增和王建东水果种植大户引领，提高金沙水果的知名度，对烽火、园林、许旺、胜利等村老果园的改造，更新优良品种，提高胜利乡优质果品附加值，全乡经果林种植面积稳定在726公顷以上。烽火村与新百联锁超市集团签订“农超对接”合同，全村优质农产品直接进入新百联锁超市。小任果蔬等与大型超市合作，搭建电商平台，发展订单农业。

【乡村振兴】 2021年，胜利乡脱贫退出不再享受政策29户94人，3户9人退出但仍享受政策。有边缘户3户10人已全部消除致贫返贫风险。全年争取资金600万元实施黄羊滩农场社区基础设施提升工程，改造污水管网0.85千米、巷道硬化1.8千米，改造卫生厕所165户，建设占地0.5公顷的农贸市场，完成800平方米黄羊滩农场社区日间照料中心建设。投入资金1090万元，建设杨显村、园林村、烽火村大拱棚及配套设施项目建设，通过承包种植、分红等方式壮大村集体经济收入。

【人民武装】 2021年，胜利乡完成全年2次征兵工作，全乡年满18周岁青年全部兵役登记，几十名青年通过初审初检，多名青年应征入伍。疫情期间，全乡9个村均有民兵志愿者参与新冠肺炎疫情防控，20名民兵、8名退役军人在一线值守。完成2021年度民兵整组点验工作。

【平安建设】 2021年，胜利乡实施基层治理网格化管理，全乡划分网格长11个，副网格长60个，网格员88个，基层综治组织规范化。受理上级信访部门交办信访事项405件，实体性信访件受理14件，12345通平台受理391件，信访案件按期办结率100%。

【民生服务】 2021年，胜利乡推进144项民生业务集中在乡民生中心办理，养老认证、低保审核等48项民生业务全部实现一次性便民办理，10个村、社区民生服务代办点实现标准化建设全覆盖。

【环境整治】 2021年，胜利乡清理农村生活垃圾12868吨，清理畜禽养殖粪污等农业生产废弃物517吨，整治乱贴乱画89处，清理乱堆乱建210座，开展进村入户宣传教育484次，发放宣传资料29965份，张贴宣传标语843条，建立4个垃圾分类投放点，放置两分类容器758组，开展垃圾分类投放积分兑换活动58次。创建银川市“美丽庭院”20户，创建乡级“美丽庭院”239个。推进农户卫生厕所改造，完成卫厕改造224个，完成问题厕所整改128个。

【危房改造】 2021年，胜利乡对先锋村低保户周全珍家的危房进行改造，原址翻建62平方米，改善周全珍的住房安全问题。全年对胜利乡范围内6092户农村住房进行安全隐患排查。

【河长制落实】 2021年，胜利乡开展辖区水环境治理工作，推进24条灌渠、2个水源地河长及巡查员制度落实，开展清河行动，监管养殖场排污、河道围垦、河水污染生态环境等违法行为的整治，整治河道岸线65千米，巡河沟2200余人次，打捞杂草杂物600余吨。“水清、岸绿、景美”的人居环境渐现。

【农田建设】 2021年，胜利乡开展高标准农田建设，建设五渠先锋杨显片区，八渠许旺片区高标准建设，投入劳动力40223人次，投入机械994台次，清理沟道411条252.97千米，清理渠道283条191.84千米；整修绿化带106千米，修整农路524条265.30千米。完成农水建设任务3795公顷，全乡排灌畅通。

望远镇

【概况】 望远镇位于永宁县北部，京藏高速公路、南环绕城高速公路、109国道、滨河大道、望滨路、胜通路、永宁东线、银川—永宁快速通道贯穿镇区，地理环境优越，交通便捷。全镇面积162平方千米，下辖10个建制村、15个社区。总人口15.4万人。

【党的建设】 2021年，望远镇有村党组织带头人22个，农村致富带头人106个，村级后备力量人数63个。2021年，接收预备党员13名，转正党员24名，评选优秀党员273名。创建“抓乡促村、整乡推进、整县提升”示范村6个。庆祝建党100周年，为全镇108名老党员颁发“光荣在党50年”纪念章。开展党的建设联席会议79次，解决民生问题158件。新成立小区党支部35个、楼栋党小组121个；新增富原社区、逸兰汐社区、蔚湖城社区、兰花花社区4个社区的党群活动中心。开展新冠肺炎疫情防控专项检查86次、脱贫攻坚和乡村振兴衔接专项督查39次，开展党建和党风廉政工作专项督查31次，开展重点项目建设专项督查29次。查办问题线索30件，了结23件，立案7件，通报3次，约谈10人次，批评教育帮助和处理7人，给予警示谈话问责处理1人，给予党内警告1人，党内严重警告2人，撤销党内职务1人，开除党籍3人。

【集体经济】 2021年，望远镇配强村第一书记，壮大村集体经济，全镇8个村集体经济收入均超过10万元，其中，立强村、政台村村集体收入超60万元，永清村、政权村村集体收入超20万。全镇实施为民服务和发展项目18个，使用资金310余万元。建设2个壮大村集体经济项目，板桥村集体购置营业房出租，总投入100万元；通桥村集体建设707平方米番茄分拣车间一座，总投资131万元。

【新冠肺炎疫情防控】 2021年，新冠肺炎疫情防控期间，望远镇成立25个临时党支部、54个核酸采集临时党支部，招募1000余名党员志愿者投入新冠肺炎疫情防控工作，68名镇机关干部参与核酸采样、封控点值守工作。全镇累计完成疫苗接种328547剂次，全员核酸检测第1轮检测110874人，第2轮检测114993人，第3轮检测115546人。分批分次组织重点人群、高风险人群以及普通人群接种新冠疫苗，累计完成疫苗接种328547剂次；排查重点人群2247人，居家管控人员4984户12654人。全年全镇无新冠肺炎疫情疑似和确诊病例报告。

【乡村换届】　2021年，望远镇开展县镇人大代表换届选举工作，组织、安排全镇参加选举人数27548人，选举工作划分25个大选区、74个小选区。经过各选区10人以上选民联名推荐和党委推荐初步候选人，选举县级人大代表正式候选人70名，镇级人大代表正式候选人160名。9月6日，望远镇县乡两级人大代表选举大会召开，全体选民通过无记名投票方式选举产生42名永宁县第十九届人民代表大会代表，80名望远镇第十六届人民代表人会代表。9月17—18日，望远镇新一届人民代表大会第一次会议召开，依法选举镇人大主席1名，镇人民政府镇长1名，镇人民政府副镇长2名。新选出的望远镇各村党支部委员会和村民委员会人员。

【污染防治】　2021年，望远镇开展污染企业集中整治行动3次，现场下发检查整改通知单86份，依法关停取缔生产加工污染企业53家。开展黄河两岸整治行动，对全镇11处垃圾点进行清理，全部完成整治。争取资金建设生活污水收集处置设施设备，实施望远三队污水管网工程，工程总投资为114.25万元，当年进入招投标程序。开展第2轮第5批中央生态环境保护督察整改工作，接转办件22个，其中，13个转办件办结，9个按要求办理时间节点跨年整改中。

【债务化解】　2021年，望远镇实施防范化解重大风险攻坚战，在县委、县政府的安排部署下，化解系统内及系统外征地拆迁及房屋安置款28092万元，系统内及系统外工程款2448万元。系统内隐性债务、民营企业欠款已全部付清。

【农业生产】　2021年，望远镇建设设施园区5个107.25公顷，建设日光温棚337栋、大型拱棚256栋。板桥村建成全区首个农业效益倍增项目园区，形成多方参与、风险共担、利润共享的“板桥模式”。全镇设施农业面积1049.4公顷，设施园艺总产值达4.26亿元，占全镇农业总产值的68%，占农村居民人均可支配收入的70%，特色农业凸显新优势。全镇完成65.27公顷小麦和87.11公顷水稻播种；完成农产品质量安全检测963个；实施通桥村小牛渠砌护1100米，板桥6组、7组庄点道路硬化1600米。完成板桥村、通桥村壮大集体经济项目申报，实施板桥沟综合治理。

【移民就业】　2021年，望远镇打造劳务移民创业就业市场和扶贫车间占地1039平方米，引入3家企业，引导移民在家门口就业，吸纳劳务移民劳动力11人。富原社区劳务移民家庭中有劳动力2363人，就业2323人，就业人数占劳动力总数的98.34%。

【危房改造】　2021年，望远镇全年完成7户4类重点对象危房改造，其中，完成3户房屋置换，2户加固维修，2户原址翻建；完成4户一般农户危房改造，其中，完成1户加固维修，3户原址翻建。在富原小区安装充电桩5套，每套可同时为50台电动车充电，解决小区充电安全隐患。

【环境整治】　2021年，望远镇常态化开展村庄清洁行动。动员农民21860人次参与农村人居环境整治，清理农村生活垃圾10550吨。开展环境整治进村入户宣传10次，宣传标语273条，发放宣传册5928册；组织观摩18次，参与人次达800人。清理乱堆乱建1100座，清理废弃房屋残垣断壁60处，美化墙面达7000米。组织动员全镇2000余人，机械40余台完成望滨路、滨河大道、永清路、快速通道沿线绿化带整修，整修绿化带298.91公顷。秸秆焚烧专项通报3期，行政处罚6名村组干部，全镇发放《秸秆等废弃物禁烧倡议书》5000份，出动宣传车25台次，悬挂横幅标语30幅。

【社会治理】　2021年，望远镇组织各村开展矛盾纠纷和社会治安隐患问题排查工作，排查信访积案6件，化解信访积案2件，4件正在协调化解。健全完善立体化社会治安防控体系建设，矛盾排查网录入各类矛盾纠纷41件，化解41件，处理答复12345热线信访案件10082件，办结10025件。

【社会民生】 2021年，望远镇发放救助1898户2233人，1404名残疾人均享受相应政策救助。全年办理养老保险待遇资格认证774人，受理城乡居民及灵活就业养老保险参保登记62人，办理城乡居民医疗保险43500人。新增城镇居民就业1004人，全镇劳动力转移累计达3020人，完成劳务收入4017.05万元。制作健康教育宣传栏78期，举办健康教育培训班225期，创建银川市健康社区3个、永宁县健康社区1个、健康家庭1851户。

【文明建设】 2021年，望远镇开展文明宣讲65场次，参与人数3000余人次。开展党史学习教育，组织活动18场次。利用微信、微博等新媒体，各村、社区开展网上祭英烈活动4场，开展“红领巾学党史、跟党走”红色故事分享活动8场次，参加人数170余人。成立红白理事会25个。开展移风易俗宣传活动，走访红白事家庭130余次，关键节点育化新风。

闽宁镇

【概况】 闽宁镇位于永宁县贺兰山东麓百万亩葡萄长廊核心地带，行政区划面积210平方公里，农户耕地面积3533.333公顷，下辖6个村民委员会86个村民小组。2021年，闽宁镇经济发展实现特色产业扩大，东西协作深化，城乡协调发展，环境整治有变化。实现脱贫攻坚成果同乡村振兴衔接，实施移民致富提升行动，统筹落实民生领域各项工作，全镇经济发展、社会稳定、人民幸福。

【脱贫巩固】 2021年，闽宁镇入户走访2020年识别纳入的80户267人社会保障兜底对象，保证兜底措施落实。把控因病致贫人群、因灾和市场行情变化以后返贫的人员、贫困老人等的识别纳入条件，全年全镇7个村最终确定识别脱贫不稳定户、边缘易致贫户、突发严重困难户47户210人，其中，纳入监测户的为9户33人，纳入边缘户的为21户105人，纳入突发严重困难户的为17户72人。对接永宁县乡村振兴服务中心，为4290人办理“非贫低收入户和非高标准脱贫户购买家庭意外伤害保险”，投入资金17.16万元。

【产业发展】 2021年，闽宁镇累计投资4710万元，实施园艺村冷库配套工程建设、园艺村现代设施温棚园区建设。实施园艺村蔬菜种植提质增效项目3个。引进永宁县厚学农业科技有限公司承包园艺村设施园区，种植优质樱桃。引进宁夏药博园农业科技有限公司，接手福宁村南五组玫瑰园，投资160万元，种植中药材13.2公顷，吸收移民长期就业12人，季节性务工30余人。改造升级中光光伏肉羊养殖园区，推动入园肉羊8000余只。原隆村富麓酒庄酿酒葡萄基地投资《山海情》影视基地建设。在扶贫产业园推进的“谷余香”万吨粗粮加工项目、建发瓦楞包装箱制造项目开工建设，中建材现代化农业大棚项目建成投产。2021年，转移输出劳动力1.5万人，创收2.2亿元。累计接待890家企事业单位3万人次游访，文化旅游收入增幅明显。

【移民致富提升】 2021年，闽宁镇开展入户排查工作，不落一户、不落一人，详细登记家庭人口、经济收入、“两不愁三保障”落实情况，建立移民底册，为实施百万移民致富提升行动各项工作提供数据支撑，完成入户排查14525户，梳理全镇2021年移民致富提升任务清单296条。

【闽宁协作】 2021年，福建省增派2名县处级援宁挂职干部在闽宁镇服务，福建省43所学校参与结对帮扶闽宁镇16所学校，3所医院参与结对帮扶闽宁镇1所医院。选派教育、医疗等专业人才35名支援闽宁镇教育、医疗卫生建设。为闽宁扶贫产业园、新镇区、农业大棚等招商，当年新引进落地闽宁镇18家企业，注册资金2.48亿元，涵盖制造加工、信息技术、商贸物流等产业。青川管业、富贵兰服装、德龙酒业等17家在闽宁镇企业增加投资1.39亿元。实现东西协作消费帮扶销售额实现4.15亿元，其中，湖里区政府、思明区政府采购闽宁特色农产品1600多万元。在中国国际投资贸易洽谈会上设立闽宁镇展示馆，推介12家企业66种产品。

【党史学习教育】 2021年，闽宁镇党委组织理论学习中心组开展专题学习12次，全镇召开党支部“三会一课”200余次，镇党政班子主要成员到各党支部讲授党课10场次，举办党的十九届六中全会精神和习近平总书记系列重要讲话精神学习活动。开展党史学习教育专题研讨2次，举办党史专题读书班2期。完成“我为群众办实事”项目7件，闽宁镇教学点承接中央、区、市、县各级党政代表团学习、观摩、考察活动超过600批次近1.5万人。

【换届选举】 2021年，闽宁镇完成村党支部委员会、村民委员会、镇党委换届选举，选举产生村（社区）党支部委员会、村（居）民委员会干部58名，召开中国共产党永宁县闽宁镇第二次代表大会，选举党代表105名，选举产生新一届中共闽宁镇党委、闽宁镇纪委组成人员。

【环境建设】 2021年，闽宁镇实施原隆村村庄整治，集中对原隆村整村进行墙面粉刷、绿化、亮化，对福宁村14条巷道进行硬化。全镇改造卫生厕所480户，铺设污水管网300米，解决闽甘路以西、月玉路两侧近200户群众污水排放问题。砌筑墙体1027米，粉刷墙面10978平方米，彩绘墙体3218平方米，维修及新增路灯400盏，美化亮化村容村貌。动员群众2.4万人参与环境综合整治，拆除私搭乱建500余处，修复破损墙面11万平方米，整修巷道55条25千米，道路两侧铺砖硬化10万平方米。2021年，闽宁镇创建为“全国卫生乡镇”。

【社会民生】 2021年，闽宁镇统筹开展城乡低保保障、特困孤儿供养、高龄老人津贴、临时救助等工作，全镇全年新增低保98户113人，人员流动，取消或调整110户150人，新增特困对象3户3人。全镇有低保965户1384人，其中，农村低保864户1241人，城市低保101户143人，特困对象44户47人，农村高龄老人296户296人，集中供养5户5人。全镇有残疾人948户1053人，其中，一级162人，二级254人，三级216人，四级421人，2021年，发放残疾证278本。启动2022年度医疗保险收缴工作，完成缴费22000余人，特殊群体100%完成缴费；全镇参加养老保险15390人，领取养老金待遇3139人。

【社会治理】 2021年，闽宁镇开展扫黑除恶专项斗争，整治重点行业领域突出问题，排查受理各类矛盾纠纷772件，化解771件。其中：“12345”热线投诉受理689件，办结689件，办结率为100%；化解重复信访件1件；网上交办信访件50件，办结49件，办结率为98%；办理全国政法队伍教育整顿中央第四督导组移交群众信访件4件，办结4件，办结率100%；排查受理一般社会矛盾问题28件，调处化解28件，调处率为100%。

团结西路街道

【概况】 团结西路街道办事处是县政府的派出机构。位于永宁县城团结西路111号，行政区划面积11.2平方公里，管辖范围北起观湖路，南至王太堡，西起汉延渠，东至宁惠街。2021年，县城辖区居民小区86个，常住人口4.1万户，含银川大学1.1万人，总计7.2万人，下辖社区居委会10个，有社区工作者76人。

【党的建设】 2021年，团结西路街道构建5级党建体系，成立小区党支部40个，全年新发展党员15名，吸收入党积极分子7名。完成社区党支部委员会和社区居民委员会换届选举。庆祝中国共产党成立100周年评选优秀党员、党务工作者、先进基层党组织25人、6个党组织；为47名老党员颁发“光荣在党50年”纪念章。

【党史学习教育】 2021年，团结西路街道开展“传承党的百年光辉史基因·铸牢中华民族共同体意识”主题宣讲25场，学习习近平总书记“七一”重要讲话精神30余场次，交流研讨11场次，开展主题党课40余场次，举办党史知识竞赛6场，送教上门42人次。举办“颂党恩”群众文艺会演活动。

【志愿服务】 2021年，团结西路街道下辖新时代文明实践志愿服务队12支，注册志愿者8400人，在辖区开展文明劝导、垃圾分类、照顾孤寡老人等志愿服务活动1500余场。

【国家安全教育】 2021年，团结西路街道在4月15日国家安全日开展国家安全、防邪反邪宣传教育活动；收集社情民意、情报线索。街道与10个社区党组织分别签订意识形态工作责任书，组织召开意识形态分析研判会议，对影响国家安全稳定的情况向中共永宁县政法委、永宁县国家安全办公室等报告。召开打击处置“全能神”“门徒会”等邪教组织专题会，发动群众举报邪教组织活动。

【社区综合治理】 2021年，团结西路街道配强社区警务力量，街道办10个社区划分为南环、建设、阳光3个警务区。社区配备1名专职社区民警、1名辅警，选聘1名警务专干，禁毒专干、综治专干、巡防员各1名，开展社区治理工作。10个社区设立人民调解委员会，实现街道、社区人民调解委员会全覆盖，开展矛盾纠纷排查，化解各类矛盾纠纷80余起，处理市民热线100余件，为10个社区均配备社区法律顾问律师，建立团结西路街道办事处社区公共法律服务微信群，辖区内10个社区公共法律服务工作实现全覆盖。落实重点邪教人员，易肇事、肇祸精神病人的排查管控工作。9名重型精神病人、11名社区矫正人员、72名刑释解教人员、177名社区戒毒与社区康复人员、11名重点信访人员稳定。

【环境整治】 2021年，团结西路街道清查辖区裸露空地15处，补绿21处，集中清理乱堆乱放54处，排查整治私拉乱接充电516户；调解犬只噪声、遛狗不牵绳等扰民事件84起。为老旧小区设立垃圾分类投放房，投放垃圾桶500个，安装40个充电桩，购置微型消防站22个，新增灭火器120个。开展老旧小区基础设施改造，改造化粪池3处、下水管网600米，建设自行车棚3个。以网格为单元，在街道辖区范围内进行小学校或幼儿园、小医院、小商店、小餐饮场所、小旅馆、小歌舞娱乐场所、小网吧、小美容洗浴场所、小生产加工企业等场所专项整治，排查营业场所3041户，发现问题隐患776处，完成整改85%。为越秀苑、物苑南区、清和苑等老旧小区安装车辆出入道闸25个，门禁系统35个。

【民生保障】 2021年，团结西路街道优化临时救助、低保审核审批机制，主动发现、复核，审批发放临时救助44户7.66万元；对168户320名低保对象，发放低保金143.55万元。

【就业创业】 2021年，团结西路街道开展就业创业培训班8期，培训人员260余人，组织社区专干开展就业创业入户走访活动，走访5500人次；开展就业创业临街宣传咨询活动2次，发放宣传材料1500余份；发放用工信息150例。组织辖区就业困难人员及退伍军人参加县政府主办招聘会，35名就业困难人员与用工企业达成意向。开展就业援助月活动，走访登记上报辖区失业残疾人员28人，双失业家庭42人，无就业家庭6户，均安置公益岗位实现就业。

【政务服务】 2021年，团结西路街道统筹设置5个综合受理窗口，推行48项审批服务事项一个窗口受理，街道民生服务中心办理政务服务事项3490件，接待群众6000余人次。10个社区代办点累计办理各项业务5000余次。为民服务事项一次办结率90%以上，群众满意度达95%以上。

【双拥共建】　2021年，团结西路街道开展民兵调整改革、国防动员、民兵整组工作。编制基干民兵队伍，开展适龄青年兵役登记，输送多名优秀青年应征入伍。开展对伤残军人、军烈属、现役军人家庭、参战人员家庭等走访慰问活动，慰问175人次。联合共建单位开展爱心进军营志愿活动和文艺进军营活动3次。

【新冠肺炎疫情防控】　2021年，团结西路街道汇聚多方力量助力新冠肺炎疫情防控，成立35个临时党支部，设立85个党员先锋岗；设置栋长113个，组织街道社区党员干部、志愿者4600人次抗击疫情。启用“人脸识别”、人行门禁、监控视频等现代技术手段，把控“入口关”。10月，排查密接人员10人，次密接人员237人，“四返”人员254人，设置封控点194个，累计居家观察人员2064户，有零散监测40户50人。组织辖区55162名居民完成核酸检测。

荣 誉
RONGYU

先进个人

【2021 年受县级以上党委、政府及部门、行业表彰先进个人】

奖项	姓名	授奖单位	获奖时间
全国乡村振兴青年先锋	田鹏荣 （闽宁镇）	团中央 农业农村部	2021 年 12 月
第十三届中国青年志愿者优秀个人	王 澎 （闽宁镇）	团中央 中国青年志愿者协会	2021 年 12 月
全国优秀河（湖）长	赵赋力	水利部	2021 年 5 月
全国气象部门公务员个人二等功	刘 娟 （县气象局）	中国气象局	2021 年 12 月
全国“三线一单”工作突出表现个人	杨 鑫 （市生态环境局永宁分局）	生态环境部办公厅	2021 年 12 月
自治区脱贫攻坚先进个人	张永忠 （县行政执大队）	中共宁夏回族自治区委员会、宁夏回族自治区人民政府	2021 年 4 月
自治区脱贫攻坚先进个人	李海宁 （县扶贫开发中心）	中共宁夏回族自治区委员会、宁夏回族自治区人民政府	2021 年 4 月
自治区法院先进个人	许继承 （县人民法院）	宁夏回族自治区高级人民法院	2021 年 2 月
自治区扫黑除恶专项斗争先进个人	曹 忠 （县人民法院）	宁夏回族自治区扫黑除恶专项斗争领导小组	2021 年 4 月
自治区扫黑除恶专项斗争先进个人	王立荣 （县人民法院）	宁夏回族自治区扫黑除恶专项斗争领导小组	2021 年 4 月
自治区优秀共产党员	郑进选 （县委）	中共宁夏回族自治区委员会	2021 年 6 月
自治区优秀共产党员	周德强 （县委）	中共宁夏回族自治区委员会	2021 年 6 月
自治区优秀共产党员	吴文波 （李俊镇）	中共宁夏回族自治区委员会	2021 年 6 月
自治区优秀共产党员	魏爱英 （伊品生物有限公司）	中共宁夏回族自治区委员会	2021 年 6 月
自治区优秀党务工作者	王 军 （县委组织部）	中共宁夏回族自治区委员会	2021 年 6 月
自治区优秀党务工作者	赵 超 （县统计局）	中共宁夏回族自治区委员会	2021 年 6 月

续表

奖项	姓名	授奖单位	获奖时间
自治区优秀党务工作者	谢丽丽 （杨和镇）	中共宁夏回族自治区委员会	2021 年 6 月
自治区“七五”普法先进个人	唐 谦 （李俊镇）	中共宁夏回族自治区委员会 宁夏回族自治区人民政府	2021 年 12 月
自治区“七五”普法先进个人	武光宁 （县教育体育局）	中共宁夏回族自治区委员会 宁夏回族自治区人民政府	2021 年 12 月
自治区“七五”普法先进个人	马 蕾 （县司法局）	中共宁夏回族自治区委员会 宁夏回族自治区人民政府	2021 年 12 月
自治区“七五”普法先进个人	纳晓侠 （县市场监督管理局）	中共宁夏回族自治区委员会 宁夏回族自治区人民政府	2021 年 12 月
第二届宁夏“最美税务人”	王 瑛 （县税务局）	宁夏回族自治区税务局 宁夏精神文明建设指导委员会办公室 宁夏总工会 宁夏妇联	2021 年 1 月
个人所得税改革专项工作嘉奖	齐雪瑞 （县税务局）	宁夏回族自治区税务局	2021 年 4 月
全区税务系统向上向善好青年	鲁 丹 （县税务局）	共青团国家税务总局宁夏回族自治区税务局系统工作委员会	2021 年 4 月
优秀工会积极分子	李振宇 （县税务局）	宁夏回族自治区税务局系统工会委员会	2021 年 4 月
优秀共产党员	王 瑛 （县税务局）	中共国家税务总局宁夏回族自治区税务局委员会	2021 年 6 月
优秀共产党员	王 泉 （县税务局）	中共国家税务总局宁夏回族自治区税务局委员会	2021 年 6 月
优秀共产党员	郑 宁 （县税务局）	中共国家税务总局宁夏回族自治区税务局委员会	2021 年 6 月
优秀党务工作者	道佳玮 （县税务局）	中共国家税务总局宁夏回族自治区税务局委员会	2021 年 6 月
自治区第七次全国人口普查先进个人	丁 辉 （县统计局）	宁夏回族自治区第七次全国人口普查领导小组	2021 年 12 月
自治区第七次全国人口普查先进个人	鞠 波 （县统计局）	宁夏回族自治区第七次全国人口普查领导小组	2021 年 12 月
自治区第七次全国人口普查先进个人	柳 有 （胜利乡）	宁夏回族自治区第七次全国人口普查领导小组	2021 年 12 月
精神文明建设工作先进工作者	任 静 （县精神文明建设指导委员会办公室）	宁夏回族自治区精神文明建设指导委员会	2021 年 4 月
未成年人思想道德建设工作先进工作者	王 荣 （团结西路街道）	宁夏回族自治区精神文明建设指导委员会	2021 年 4 月
未成年人思想道德建设工作先进工作者	张学民 （银子湖学校）	宁夏回族自治区精神文明建设指导委员会	2021 年 4 月
移风易俗模范户	马海峰 （北全小学）	宁夏回族自治区精神文明建设指导委员会	2021 年 4 月
优秀志愿者	袁 芳 （街道办）	宁夏孝文化发展促进会	2021 年 9 月
优秀志愿者	王 辉 （街道办）	宁夏孝文化发展促进会	2021 年 9 月
优秀个人	沈 烨 （街道办）	宁夏回族自治区老龄健康服务中心	2021 年 6 月
宁夏禁毒卫士	王 玲 （街道办）	宁夏回族自治区禁毒委员会	2021 年 10 月
自治区气象部门优秀党务工作者	刘 娟 （县气象局）	宁夏气象局	2021 年 6 月

续表

奖项	姓名	授奖单位	获奖时间
自治区气象部门优秀共产党员	牛　斌 （县气象局）	宁夏气象局	2021年6月
自治区重要天气过程预报服务中表现突出个人	黄　冬 （县气象局）	宁夏气象局	2021年11月
银川市优秀共产党员	马学平 （李俊镇）	中共银川市委员会	2021年6月
银川市优秀共产党员	田　鹏 （水务局）	中共银川市委员会	2021年6月
银川市优秀共产党员	曹玉进 （望洪镇高渠村）	中共银川市委员会	2021年6月
银川市优秀共产党员	沈吉斌 （杨和镇旺全村）	中共银川市委员会	2021年6月
银川市优秀共产党员	茆德恒 （县公安局）	中共银川市委员会	2021年6月
银川市优秀共产党员	李海燕 （县人民检察院）	中共银川市委员会	2021年6月
银川市优秀共产党员	韦启忠 （县总工会）	中共银川市委员会	2021年6月
银川市优秀共产党员	谢尉庆 （县纪委）	中共银川市委员会	2021年6月
银川市优秀共产党员	李淑娟 （县卫健局）	中共银川市委员会	2021年6月
银川市优秀共产党员	王生明 （县农业农村局）	中共银川市委员会	2021年6月
银川市优秀共产党员	李程远 （县公安局）	中共银川市委员会	2021年6月
银川市优秀党务工作者	施　波 （县网信办）	中共银川市委员会	2021年6月
银川市优秀党务工作者	张　勇 （胜利乡陆坊村）	中共银川市委员会	2021年6月
银川市优秀党务工作者	荀　丹 （望远镇银子湖社区）	中共银川市委员会	2021年6月
银川市优秀党务工作者	张少先 （望远镇中心小学）	中共银川市委员会	2021年6月
银川市优秀党务工作者	刘彦军 （宁夏创业谷实业发展有限公司）	中共银川市委员会	2021年6月
银川市“优秀教师”	郭　存 （县第四中学）	中共银川市委员会 银川市人民政府	2021年9月
银川市税务系统优秀共产党员	鲁　丹 （县税务局）	中共国家税务总局银川市税务局委员会	2021年7月
银川市税务系统优秀党务工作者	盛　铧 （县税务局）	中共国家税务总局银川市税务局委员会	2021年7月
银川市最美家庭	李振宇 （县税务局）	银川市税务局系统工会委员会	2021年6月
银川市疫情防控“最美志愿者”	郭瑞芬 （团结西路街道）	银川市精神文明建设委员会办公室 银川市志愿服务联合会	2021年5月
民族团结进步示范工作先进个人	郭瑞芬 （团结西路街道）	中共银川市委员会 银川市人民政府	2021年10月
银川市“精武—2021”民兵骨干及专武干部比武竞赛“专武干部个人综合成绩”第二名	马斌涛 （李俊镇）	银川市警备区	2021年9月

续表

奖项	姓名	授奖单位	获奖时间
银川市“精武—2021”民兵骨干及专武干部比武竞赛军事理论第三名	马斌涛（李俊镇）	银川市警备区	2021 年 9 月
最美网格员	王少明（李俊镇）	中共银川市委组织部 银川市民政局	2021 年 7 月
银川市优秀法官	杨 露（县人民法院）	银川市中级人民法院	2021 年 3 月
银川市办案标兵	董 波（县人民法院）	银川市中级人民法院	2021 年 3 月
银川市办案标兵	朱海利（县人民法院）	银川市中级人民法院	2021 年 3 月
银川市法院系统执行攻坚工作先进个人	朱海磊（县人民法院）	银川市中级人民法院	2021 年 3 月
银川市法院系统两个一站式先进个人	王 辉（县人民法院）	银川市中级人民法院	2021 年 3 月
银川市法院系统民事诉讼繁简分流改革试点工作先进个人	黄建兴（县人民法院）	银川市中级人民法院	2021 年 3 月
银川市法院系统宣传调研先进个人	仇旭辉（县人民法院）	银川市中级人民法院	2021 年 3 月
礼献中国共产党成立 100 周年主题演讲比赛三等奖	李 晶（县审批服务局）	银川市审批局	2021 年 6 月
礼献中国共产党成立 100 周年主题演讲比赛三等奖	郭兆丽（县审批服务局）	银川市审批局	2021 年 6 月

【2021 年中共永宁县委员会表彰优秀共产党员】

奖项	获奖单位	授奖单位	获奖时间
永宁县优秀共产党员	吴 统（杨和镇）	中共永宁县委员会	2021 年 6 月
永宁县优秀共产党员	王书敏（杨和镇惠丰村）	中共永宁县委员会	2021 年 6 月
永宁县优秀共产党员	沈淑荣（杨和镇红星村）	中共永宁县委员会	2021 年 6 月
永宁县优秀共产党员	马吉荣（杨和镇东全村）	中共永宁县委员会	2021 年 6 月
永宁县优秀共产党员	于建军（杨和镇王太村）	中共永宁县委员会	2021 年 6 月
永宁县优秀共产党员	杜元立（胜利乡）	中共永宁县委员会	2021 年 6 月
永宁县优秀共产党员	方长军（胜利乡许旺村）	中共永宁县委员会	2021 年 6 月
永宁县优秀共产党员	穆秀兰（胜利乡黄羊滩社区）	中共永宁县委员会	2021 年 6 月
永宁县优秀共产党员	唐艳娟（胜利乡八渠村）	中共永宁县委员会	2021 年 6 月
永宁县优秀共产党员	周金川（胜利乡先锋村）	中共永宁县委员会	2021 年 6 月
永宁县优秀共产党员	李秋香（李俊镇综合办公室）	中共永宁县委员会	2021 年 6 月
永宁县优秀共产党员	郭华峰（李俊镇经济发展办公室）	中共永宁县委员会	2021 年 6 月
永宁县优秀共产党员	张海龙（李俊镇）	中共永宁县委员会	2021 年 6 月
永宁县优秀共产党员	强 波（李俊镇东方村党支部）	中共永宁县委员会	2021 年 6 月

续表

奖项	获奖单位	授奖单位	获奖时间
永宁县优秀共产党员	吴保仓（李俊镇宁化村党支部）	中共永宁县委员会	2021年6月
永宁县优秀共产党员	史建文（李俊镇）	中共永宁县委员会	2021年6月
永宁县优秀共产党员	郭兵章（望洪镇党委）	中共永宁县委员会	2021年6月
永宁县优秀共产党员	郑　波（望洪镇社会事务管理办公室）	中共永宁县委员会	2021年6月
永宁县优秀共产党员	史亚茹（望洪镇综治中心）	中共永宁县委员会	2021年6月
永宁县优秀共产党员	王成新（望洪镇东和村党支部）	中共永宁县委员会	2021年6月
永宁县优秀共产党员	刘中元（望洪镇北渠村党支部党员）	中共永宁县委员会	2021年6月
永宁县优秀共产党员	陈建文（望洪镇史庄村党支部）	中共永宁县委员会	2021年6月
永宁县优秀共产党员	潘君芬（望远镇民生服务中心）	中共永宁县委员会	2021年6月
永宁县优秀共产党员	陈淑花（望远镇红旗社区党支部）	中共永宁县委员会	2021年6月
永宁县优秀共产党员	曹建鹏（望远镇立业春城社区）	中共永宁县委员会	2021年6月
永宁县优秀共产党员	宋　贺（望远镇唐湾社区党支部）	中共永宁县委员会	2021年6月
永宁县优秀共产党员	高　平（望远镇政台村党支部）	中共永宁县委员会	2021年6月
永宁县优秀共产党员	岳金凤（望远镇望远社区党支部）	中共永宁县委员会	2021年6月
永宁县优秀共产党员	赵永斌（闽宁镇党委）	中共永宁县委员会	2021年6月
永宁县优秀共产党员	李辉钦（闽宁镇党委）	中共永宁县委员会	2021年6月
永宁县优秀共产党员	李德忠（闽宁镇综合办公室）	中共永宁县委员会	2021年6月
永宁县优秀共产党员	冯瑞强（闽宁镇园艺村驻村工作队队员）	中共永宁县委员会	2021年6月
永宁县优秀共产党员	朱长胜（闽宁镇福宁村驻村工作队队员）	中共永宁县委员会	2021年6月
永宁县优秀共产党员	张　莉（团结西路街道党工委）	中共永宁县委员会	2021年6月
永宁县优秀共产党员	徐娟娟（团结西路街道阳光社区党总支）	中共永宁县委员会	2021年6月
永宁县优秀共产党员	郭瑞芬（团结西路街道宁和社区党支部）	中共永宁县委员会	2021年6月
永宁县优秀共产党员	王红莉（团结西路街道南环社区居委会）	中共永宁县委员会	2021年6月
永宁县优秀共产党员	任建庆（县委办公室）	中共永宁县委员会	2021年6月
永宁县优秀共产党员	邢利斌（县纪委监委）	中共永宁县委员会	2021年6月
永宁县优秀共产党员	何亚军（县非公经济组织和社会组织工委）	中共永宁县委员会	2021年6月
永宁县优秀共产党员	邵博雅（县人大常委会办公室）	中共永宁县委员会	2021年6月
永宁县优秀共产党员	周永平（县文化旅游广电局）	中共永宁县委员会	2021年6月
永宁县优秀共产党员	丁　辉（县统计局）	中共永宁县委员会	2021年6月
永宁县优秀共产党员	唐治华（县财政局）	中共永宁县委员会	2021年6月
永宁县优秀共产党员	梁树岩（县档案馆）	中共永宁县委员会	2021年6月

续表

奖项	获奖单位	授奖单位	获奖时间
永宁县优秀共产党员	马永霞（县总工会）	中共永宁县委员会	2021年6月
永宁县优秀共产党员	邓志忠（县交通运输综合执法大队）	中共永宁县委员会	2021年6月
永宁县优秀共产党员	马淑琴（县人力资源和社会保障局）	中共永宁县委员会	2021年6月
永宁县优秀共产党员	王　瑞（县综合执法大队党支部）	中共永宁县委员会	2021年6月
永宁县优秀共产党员	王　瑛（县税务局党委第一党支部）	中共永宁县委员会	2021年6月
永宁县优秀共产党员	纳红玉（县审计局）	中共永宁县委员会	2021年6月
永宁县优秀共产党员	郑福军（县委党校）	中共永宁县委员会	2021年6月
永宁县优秀共产党员	明　晶（县退役军人事务服务中心）	中共永宁县委员会	2021年6月
永宁县优秀共产党员	李小梅（县水务局）	中共永宁县委员会	2021年6月
永宁县优秀共产党员	吴　勇（县发展和改革局）	中共永宁县委员会	2021年6月
永宁县优秀共产党员	马维利（县发展和改革局）	中共永宁县委员会	2021年6月
永宁县优秀共产党员	高峰华（永宁工业园区管委会）	中共永宁县委员会	2021年6月
永宁县优秀共产党员	吴允军（县市场监督管理局）	中共永宁县委员会	2021年6月
永宁县优秀共产党员	于　魁（县市场监督管理局）	中共永宁县委员会	2021年6月
永宁县优秀共产党员	石艳玲（县农业综合开发服务中心）	中共永宁县委员会	2021年6月
永宁县优秀共产党员	尹晓君（县农村合作经济经营管理站）	中共永宁县委员会	2021年6月
永宁县优秀共产党员	惠永成（县公安局城关派出所）	中共永宁县委员会	2021年6月
永宁县优秀共产党员	贺丽萍（县公安局政工监督室）	中共永宁县委员会	2021年6月
永宁县优秀共产党员	陈　龙（县公安局交警大队）	中共永宁县委员会	2021年6月
永宁县优秀共产党员	马　涛（县公安局刑侦大队）	中共永宁县委员会	2021年6月
永宁县优秀共产党员	刘海兰（县胜利中心小学）	中共永宁县委员会	2021年6月
永宁县优秀共产党员	赵甫恒（县闽宁镇武河小学）	中共永宁县委员会	2021年6月
永宁县优秀共产党员	王　红（县蓝山学校）	中共永宁县委员会	2021年6月
永宁县优秀共产党员	邹新锋（县第四中学）	中共永宁县委员会	2021年6月
永宁县优秀共产党员	王艳红（县第三中学）	中共永宁县委员会	2021年6月
永宁县优秀共产党员	陈　涛（县教育体育局基教室）	中共永宁县委员会	2021年6月
永宁县优秀共产党员	王晓冬（县妇幼保健计划生育服务中心）	中共永宁县委员会	2021年6月
永宁县优秀共产党员	方永新（李俊镇卫生院）	中共永宁县委员会	2021年6月
永宁县优秀共产党员	龚学鹏（望远镇卫生院党支部）	中共永宁县委员会	2021年6月
永宁县优秀共产党员	郭玉琴（杨和镇卫生院）	中共永宁县委员会	2021年6月
永宁县优秀共产党员	张　庆（宁夏凤凰城智能制造有限公司党支部）	中共永宁县委员会	2021年6月

续表

奖项	获奖单位	授奖单位	获奖时间
永宁县优秀共产党员	李　娜（宁夏美益康医疗器械有限公司党支部）	中共永宁县委员会	2021 年 6 月
永宁县优秀共产党员	常保利（宁夏伊品投资集团有限公司党委）	中共永宁县委员会	2021 年 6 月
永宁县优秀共产党员	吴周平（县人力资源和社会保障局）	中共永宁县委员会	2021 年 6 月
永宁县优秀共产党员	丁梅芳（县市场监督管理局）	中共永宁县委员会	2021 年 6 月

【2021 年中共永宁县委员会表彰优秀党务工作者】

奖项	获奖单位	授奖单位	获奖时间
全县优秀党务工作者	王晓燕（闽宁镇原隆村党支部副书记）	中共永宁县委员会	2021 年 6 月
全县优秀党务工作者	杨文佳（闽宁镇党委党务专干）	中共永宁县委员会	2021 年 6 月
全县优秀党务工作者	许建华（李俊镇许桥村党支部书记）	中共永宁县委员会	2021 年 6 月
全县优秀党务工作者	朱丽梅（李俊镇西邵村党支部副书记）	中共永宁县委员会	2021 年 6 月
全县优秀党务工作者	王少明（李俊镇李俊社区党支部副书记）	中共永宁县委员会	2021 年 6 月
全县优秀党务工作者	丁　洁（望洪镇党委党务专干）	中共永宁县委员会	2021 年 6 月
全县优秀党务工作者	王婉璐（望洪镇望洪村党支部副书记）	中共永宁县委员会	2021 年 6 月
全县优秀党务工作者	李万成（杨和镇纳家户村党支部书记）	中共永宁县委员会	2021 年 6 月
全县优秀党务工作者	张筱敏（杨和镇永红村党支部副书记）	中共永宁县委员会	2021 年 6 月
全县优秀党务工作者	李永新（杨和镇观桥村党支部书记）	中共永宁县委员会	2021 年 6 月
全县优秀党务工作者	张旺强（胜利乡烽火村党支部书记）	中共永宁县委员会	2021 年 6 月
全县优秀党务工作者	谢新宁（胜利乡胜利村党支部书记）	中共永宁县委员会	2021 年 6 月
全县优秀党务工作者	袁东梅（胜利乡园林村党支部副书记）	中共永宁县委员会	2021 年 6 月
全县优秀党务工作者	严佩莹（望远镇党委党务专干）	中共永宁县委员会	2021 年 6 月
全县优秀党务工作者	张淑英（望远镇政权村党支部副书记）	中共永宁县委员会	2021 年 6 月
全县优秀党务工作者	姬　春（望远镇三里屯社区党委书记）	中共永宁县委员会	2021 年 6 月
全县优秀党务工作者	徐秀梅（团结西路街道利民社区党支部书记）	中共永宁县委员会	2021 年 6 月
全县优秀党务工作者	王　辉（团结西路街道东环社区党支部书记）	中共永宁县委员会	2021 年 6 月
全县优秀党务工作者	蒋　波（县人民政府办公室党支部组织委员）	中共永宁县委员会	2021 年 6 月
全县优秀党务工作者	包　华（县市场监督管理局党委副书记、副局长）	中共永宁县委员会	2021 年 6 月
全县优秀党务工作者	李岩琴（县农业农村局党委委员、副局长）	中共永宁县委员会	2021 年 6 月
全县优秀党务工作者	任全刚（县种子公司党支部书记、经理）	中共永宁县委员会	2021 年 6 月
全县优秀党务工作者	白凯亮（县公安局党委党务专干）	中共永宁县委员会	2021 年 6 月
全县优秀党务工作者	王举斌（县公安局第五党支部组织委员）	中共永宁县委员会	2021 年 6 月

续表

奖项	获奖单位	授奖单位	获奖时间
全县优秀党务工作者	郑芳芳（县人民检察院党支部组织委员）	中共永宁县委员会	2021 年 6 月
全县优秀党务工作者	张婧婧（县审批服务管理局党支部党务专干）	中共永宁县委员会	2021 年 6 月
全县优秀党务工作者	施雪霞（县自然资源局党总支党务专干）	中共永宁县委员会	2021 年 6 月
全县优秀党务工作者	刘敦妮（县人民法院党总支党务专干）	中共永宁县委员会	2021 年 6 月
全县优秀党务工作者	倪小芳（县委宣传部党支部党务专干）	中共永宁县委员会	2021 年 6 月
全县优秀党务工作者	荀　倩（县发展和改革局党委党务专干）	中共永宁县委员会	2021 年 6 月
全县优秀党务工作者	黎　燕（县第一小学党支部委员）	中共永宁县委员会	2021 年 6 月
全县优秀党务工作者	徐光峰（闽宁二小党支部书记、校长）	中共永宁县委员会	2021 年 6 月
全县优秀党务工作者	姜海燕（县第一幼儿园党支部书记、园长）	中共永宁县委员会	2021 年 6 月
全县优秀党务工作者	朱晓林（县中医医院党支部组宣委员、副院长）	中共永宁县委员会	2021 年 6 月
全县优秀党务工作者	徐金虎（县人民医院门诊医技党支部书记）	中共永宁县委员会	2021 年 6 月
全县优秀党务工作者	王建军（宁夏泰瑞制药集团公司党委行政党支部书记）	中共永宁县委员会	2021 年 6 月
全县优秀党务工作者	孙慧荣（宁夏望远现代金属物流集团公司党支部副书记）	中共永宁县委员会	2021 年 6 月
全县优秀党务工作者	陈　迪（永宁县望远镇离退休党支部书记）	中共永宁县委员会	2021 年 6 月
全县优秀党务工作者	李风川（永宁县人社系统退休干部党支部书记）	中共永宁县委员会	2021 年 6 月

先进集体

【2021 年度获得国家及部委表彰的先进集体】

奖项	获奖单位	授奖单位	获奖时间
全国脱贫攻坚楷模	闽宁镇	中共中央　国务院	2021 年 2 月
全国脱贫攻坚交流基地	永宁县	国务院扶贫开发领导小组办公室	2021 年 1 月
全国文明村镇	望远镇	中央精神文明建设指导委员会	2021 年 9 月
全国文明村镇	望远镇政权村	中央精神文明建设指导委员会	2021 年 9 月
2019—2020 年度全国“青少年维权岗”	永宁县文化市场综合执法大队	共青团中央 文化和旅游部	2021 年 7 月
全国示范型退役军人服务站	李俊镇退役军人服务站	退役军人事务部	2021 年 1 月
全国节约型机关	中国共产党永宁县委网信安全和信息化委员会办公室	国家机关事务管理局　中共中央直属机关事务管理局　国家发展和改革委员会　财政部	2021 年 1 月
《党建》杂志宣传工作先进集体	县委宣传部	中宣部《党建》杂志社	2021 年 10 月
“科普中国”信息员队伍建设优秀组织单位	永宁县科协	中国科协	2021 年 2 月
全国软式棒垒球锦标赛徒手实验基地组 1—2 年级一等奖	永宁县三沙源小学	中国垒球协会	2021 年 7 月

续表

奖项	获奖单位	授奖单位	获奖时间
全国软式棒垒球锦标赛徒手实验基地组1—2年级第三名	永宁县三沙源小学	中国垒球协会	2021年7月
第十八届“全国中小学信息技术创新与实践”组织工作先进单位	永宁县银子湖学校	全国中小学信息技术创新与实践大赛组织委员会	2021年3月

【2021年获中共宁夏回族自治区委员会、自治区人民政府及自治区厅、局、委表彰先进集体】

奖项	获奖单位	授奖单位	获奖时间
全区先进基层党组织	闽宁镇党委	中共宁夏回族自治区委员会	2021年6月
全区先进基层党组织	团结西路街道建设社区党总支	中共宁夏回族自治区委员会	2021年6月
全区先进基层党组织	望远镇政权村党支部	中共宁夏回族自治区委员会	2021年6月
全区先进基层党组织	宁夏晓鸣农牧股份有限公司党支部	中共宁夏回族自治区委员会	2021年6月
全区先进基层党组织	建设社区	中共宁夏回族自治区委员会	2021年6月
自治区脱贫攻坚先进集体	县扶贫开发服务中心	中共宁夏回族自治区委员会 宁夏回族自治区人民政府	2021年4月
自治区脱贫攻坚先进集体	县教育体育局	中共宁夏回族自治区委员会 宁夏回族自治区人民政府	2021年4月
自治区文明城市	永宁县	宁夏回族自治区精神文明建设指导委员会	2021年4月
全区非公企业党建工作示范点	宁夏永宁工业园区	中共宁夏区委组织部 中共宁夏非公经济组织和社会组织工委	2021年6月
自治区铁路护路联防工作先进集体	永宁县	宁夏回族自治区铁路护路联防工作领导小组	2021年12月
自治区扫黑除恶专项斗争先进单位	永宁县扫黑办	宁夏回族自治区扫黑除恶专项领导小组	2021年3月
自治区文明单位	团结西路街道	宁夏回族自治区精神文明建设指导委员会	2021年4月
自治区文明单位	街道办	宁夏回族自治区精神文明建设指导委员会	2021年4月
自治区精神文明建设工作先进集体	街道办	宁夏回族自治区精神文明建设指导委员会	2021年3月
平安火车站	永宁火车站	宁夏回族自治区铁路护路联防工作领导小组	2021年3月
自治区党建课题调研一等奖	县委组织部	宁夏回族自治区党建研究会	2021年3月
自治区党建课题调研三等奖	县委组织部	宁夏回族自治区党建研究会	2021年3月
自治区非公企业党建工作研究课题优秀成果奖	县委组织部	中共宁夏区委组织部	2021年4月
自治区组织系统“学党史”知识竞赛一等奖	县委组织部	中共宁夏区委组织部	2021年6月
自治区“塞上枫桥”法庭	县人民法院	宁夏回族自治区高级人民法院	.2021年3月
庆祝中国共产党成立100周年理论征文活动优秀组织单位	县委宣传部	中共宁夏回族自治区委员会宣传部 中共宁夏回族自治区委员会党史研究室	2021年7月
自治区精神文明建设工作先进集体	团结西路街道	宁夏回族自治区精神文明建设指导委员会	2021年12月

续表

奖项	获奖单位	授奖单位	获奖时间
自治区移风易俗工作先进村镇	望远镇	宁夏回族自治区精神文明建设指导委员会	2021 年 12 月
自治区移风易俗工作先进红白理事会	李俊镇宁化中心村红白理事会	宁夏回族自治区精神文明建设指导委员会	2021 年 12 月
自治区第七次全国人口普查全区先进集体	李俊镇	宁夏回族自治区第七次全国人口普查领导小组办公室 自治区统计局	2021 年 12 月
自治区第七次全国人口普查全区先进集体	胜利乡	宁夏回族自治区第七次全国人口普查领导小组办公室 自治区统计局	2021 年 12 月
自治区第七次全国人口普查先进集体	县统计局	宁夏回族自治区第七次全国人口普查领导小组	2021 年 12 月
自治区“晒文化·晒优品·促消费”大型文旅推介活动最佳传播奖	永宁县	宁夏回族自治区“两晒一促”活动办公室	2021 年 3 月
自治区“晒文旅·晒优品·促消费”大型文旅推介活动最佳传播奖	县文化旅游广电局	宁夏回族自治区“两晒一促”活动办公厅	2021 年 3 月
自治区先进基层党组织	县教育体育局	宁夏回族自治区教育工委 宁夏回族自治区教育厅党组	2021 年 6 月
青少年禁毒知识竞赛三等奖	县第四中学	宁夏回族自治区禁毒办公室 宁夏回族自治教育厅 共青团宁夏回族自治区委员会	2021 年 6 月
庆祝中国共产党成立 100 周年全区诵读集体二等奖	县第三中学	宁夏回族自治区教育工作委员会	2021 年 7 月
巾帼文明岗	县税务局党建工作股	宁夏回族自治区税务局	2021 年 3 月
2021 年度“全区税务系统五四红旗团组织”	县税务局团总支	共青团国家税务总局宁夏回族自治区税务局系统工作委员会	2021 年 4 月
模范职工之家	县税务局工会	宁夏回族自治区税务局系统工会委员会	2021 年 4 月
先进基层党组织	县税务局党委	中共国家税务总局宁夏回族自治区税务局委员会	2021 年 6 月
自治区农林水财轻工工会先进职工之家	县税务局工会	宁夏农林水财轻工工会	2021 年 12 月
自治区三人制学生篮球锦标赛体育道德风尚奖	银子湖学校	宁夏回族自治区教育厅 宁夏回族自治区体育局	2021 年 7 月
自治区“七五”普法工作先进集体	县人力资源和社会保障局	中共宁夏回族自治区委员会 宁夏回族自治区人民政府	2021 年 12 月
自治区健康机关建设示范点	县人力资源和社会保障局	宁夏回族自治区爱国卫生运动委员会	2021 年 12 月
自治区就业创业工作先进集体	县人力资源和社会保障局	宁夏回族自治区就业工作领导小组	2021 年 12 月
自治区就业创业工作绩效考评奖	县人力资源和社会保障局	宁夏回族自治区就业工作领导小组	2021 年 12 月
全区农村人居环境整治示范村	望远镇政权村	宁夏回族自治区改善农村人居环境工作领导小组	2021 年 1 月
2021 年优秀单位	永宁县科协	宁夏回族自治区科协	2021 年 1 月
自治区民科学素质网络知识竞赛优秀组织单位	永宁县科协	宁夏全民科学素质领导小组	2021 年 10 月
宁夏特色旅游村	望洪镇宋澄村	宁夏回族自治区文化和旅游厅 宁夏回族自治区发展和改革委员会	2021 年 8 月
自治区重大气象服务先进集体	县气象局	宁夏气象局	2021 年 2 月
自治区气象部门 2020 年集体嘉奖	县气象台	宁夏气象局	2021 年 6 月

续表

奖项	获奖单位	授奖单位	获奖时间
自治区气象部门2020年集体记功	县气象台	宁夏气象局	2021年6月
庆祝中国共产党成立100周年“颂歌献给党——全区劳动者之歌”合唱大赛三等奖	县总工会	宁夏回族自治区总工会 宁夏回族自治区文化和旅游厅 宁夏回族自治区广播电视局	2021年4月

【2021年度获得中共银川市委、银川市人民政府及局、委、办表彰先进集体】

奖项	获奖单位	授奖单位	获奖时间
银川市“传承党的百年光辉史基因　铸牢中华民族共同体意识”线上知识竞赛优秀组织奖	永宁县	银川市委统战部 银川市民族事务委员会	2021年9月
“永远跟党走”党史知识竞赛暨第二届“学习强国”达人挑战赛团体优秀奖	永宁县	银川市委党史学习教育领导小组办公室	2021年5月
2020年健康银川建设先进县三等奖	永宁县	银川市健康银川建设领导小组	2021年6月
银川市先进基层党组织	胜利乡	中共银川市委	2021年6月
银川市先进基层党组织	杨和镇王太村党支部	中共银川市委	2021年6月
银川市先进基层党组织	县审批服务局党支部	中共银川市委	2021年6月
银川市先进基层党组织	县第一小学党支部	中共银川市委	2021年6月
第二届“学习强国”达人挑战赛团体优秀奖	县委宣传部	银川市委党史学习教育领导小组办公室	2021年5月
庆祝中国共产党成立100周年理论征文优秀组织奖	县委宣传部	银川市委宣传部	2021年6月
银川市综合执法系统歌咏比赛集体三等奖	县综合执法局	银川市综合执法局	2021年6月
2020年度业务工作考核县（市）区总工会一等次	县总工会	银川市总工会	2021年1月
银川市首届葡萄酒行业技能大赛优秀组织奖	县总工会	银川市总工会 银川市葡萄酒产业发展服务中心	2021年6月
两个一站式工作先进集体	县人民法院立案庭	银川市中级人民法院	2021年3月
银川市红色经典作品诵读大赛集体三等奖	县税务局	银川市委党史学习教育领导小组办公室 银川市委宣传部	2021年7月
银川市税务系统先进基层党组织	县税务局第四支部	中共国家税务总局银川市税务局委员会	2021年7月
银川市“互联网+教育”双优云桥项目集体二等奖	县教育体育局	银川市教育科学研究所	2021年9月
银川市基础教育质量提升三等奖	县教育教学研究室	中共银川市委 银川市人民政府	2021年9月
银川市“互联网+教育”双优云桥项目先进集体	县第三小学	银川市教育科学研究所	2021年9月
银川市“互联网+教育”双优云桥项目先进集体	县闽宁第二中学	银川市教育科学研究所	2021年9月
经典诵读《没有共产党就没有新中国》优秀奖	县第三小学	银川市教育局	2021年9月
银川市乡村教育质量提升奖	县三沙源小学	银川市人民政府	2021年9月
银川市教研先进集体	县三沙源小学	银川市教育科学研究所	2021年9月
银川市平安校园创建先进集体	县第四中学	银川市教育局	2021年12月

续表

奖项	获奖单位	授奖单位	获奖时间
经典诵读（初中组）二等奖	县第三中学	银川市教育局	2021 年 5 月
银川市第二届青少年三人制篮球篮球赛（初中男子组）第五名	县闽宁第二中学	银川市体育局 银川市教育局	2021 年 7 月
银川市第十届青少年篮球锦标赛(初中男子组)第六名	县闽宁第二中学	银川市体育局 银川市教育局	2021 年 6 月
银川市第二届青少年三人制篮球篮球赛（初中女子组）第四名	县闽宁第二中学	银川市体育局 银川市教育局	2021 年 7 月
银川市第四届青少年电子制作锦标赛优秀组织单位	县银子湖学校	银川市科学技术协会 银川市教育局	2021 年 4 月
“传承红色基因礼赞百年华诞”银川市中小学幼儿园第十三届经典诵读大赛（小学高段组）三等奖	县银子湖学校	银川市教育局	2021 年 7 月
银川市第十届青少年篮球锦标赛(初中男子组)第四名	县银子湖学校	银川市体育局 银川市教育局	2021 年 6 月
银川市第二届青少年三人制篮球比赛（初中男子组）第三名	县银子湖学校	银川市体育局 银川市教育局	2021 年 7 月
银川市第二届青少年三人制篮球比赛（初中女子组）第六名	县银子湖学校	银川市体育局 银川市教育局	2021 年 7 月
2021—2022 年永宁县青少年校园足球联赛（初中男子组）第一名	县银子湖学校	银川市体育局 银川市教育局	2021 年 6 月
银川市第四届青少年电子制作锦标赛（初中高级组）三等奖	县银子湖学校	银川市科学技术协会 银川市教育局	2021 年 6 月
银川市第十三届经典诵读大赛（高中组）二等奖	县职教中心	银川市教育局	2021 年 5 月
2020 年县财政预算执行审计项目获审计项目质量等级二等奖	县审计局	银川市审计局	2021 年 2 月
银川市先进基层党组织	县审批服务局	银川市委组织部	2021 年 7 月
银川市无烟党政机关	县审批服务局	银川市卫健局	2021 年 6 月
银川市基层理论宣讲先进集体	团结西路街道	银川市委宣传部	2021 年 11 月
银川市五星级基层党组织	建设社区	中共银川市委	2021 年 5 月
银川市五星级基层党组织	南环社区	中共银川市委	2021 年 5 月
银川市最美志愿服务社区	团结社区	银川市精神文明建设指导委员会办公室	2021 年 3 月
银川市最美志愿服务社区	团结社区	银川市精神文明建设指导委员会办公室	2021 年 3 月
银川市一级无毒社区	永和社区	银川市禁毒委员会	2021 年 6 月
银川市一级无毒社区	县望远镇蔚湖城社区	银川市禁毒委员会	2021 年 6 月
银川市二级无毒社区	利民社区	银川市禁毒委员会	2021 年 6 月
银川市最佳志愿服务组织	永和社区	银川市精神文明建设指导委员会办公室 共青团银川市委员会	2021 年 3 月
银川市健康社区	阳关社区	银川市爱国卫生运动委员会	2021 年 8 月
银川市先进基层武装部	望洪镇武装部	中共银川市委 银川市人民政府 银川市警备区	2021 年 1 月
银川市卫生乡镇	望洪镇	银川市爱国卫生委员会	2021 年 6 月

续表

奖项	获奖单位	授奖单位	获奖时间
2021 年银川市第一批健康“细胞”	望远镇逸兰汐社区	银川市爱国卫生运动委员会	2021 年 8 月
2021 年银川市第一批健康“细胞”	望远镇望远社区	银川市爱国卫生运动委员会	2021 年 8 月
2021 年银川市第一批健康“细胞”	望远镇立业春城社区	银川市爱国卫生运动委员会	2021 年 8 月
庆祝中国共产党成立 100 周年群众大合唱三等奖	县文化馆	银川市委宣传部	2021 年 7 月
庆祝中国共产党成立 100 周年群众大合唱优秀组织单位	县文化馆	银川市委宣传部	2021 年 7 月
庆祝中国共产党成立 100 周年银川市广场舞大赛展演活动	县文化馆	银川市文化旅游广电局	2021 年 6 月
庆祝中国共产党成立 100 周年银川市广场舞大赛展演活动	县文化馆	银川市文化旅游广电局	2021 年 6 月
银川市职工体操比赛道德风尚奖	县总工会	银川市总工会 银川市直属机关工作委员会	2021 年 9 月

【2021 年中共永宁县委员会表彰先进基层党组织】

奖项	获奖单位	授奖单位	获奖时间
先进基层党组织	李俊镇党委	中共永宁县委员会	2021 年 6 月
先进基层党组织	李俊镇金塔村党支部	中共永宁县委员会	2021 年 6 月
先进基层党组织	李俊镇李庄村党支部	中共永宁县委员会	2021 年 6 月
先进基层党组织	望洪镇望洪村党支部	中共永宁县委员会	2021 年 6 月
先进基层党组织	望洪镇高渠村党支部	中共永宁县委员会	2021 年 6 月
先进基层党组织	望洪镇宋澄村党支部	中共永宁县委员会	2021 年 6 月
先进基层党组织	望洪镇靖益村党支部	中共永宁县委员会	2021 年 6 月
先进基层党组织	杨和镇红星村党支部	中共永宁县委员会	2021 年 6 月
先进基层党组织	杨和镇杨和村党支部	中共永宁县委员会	2021 年 6 月
先进基层党组织	胜利乡五渠村党支部	中共永宁县委员会	2021 年 6 月
先进基层党组织	胜利乡陆坊村党支部	中共永宁县委员会	2021 年 6 月
先进基层党组织	望远镇西位社区党委	中共永宁县委员会	2021 年 6 月
先进基层党组织	望远镇新银社区党支部	中共永宁县委员会	2021 年 6 月
先进基层党组织	望远镇银子湖社区党支部	中共永宁县委员会	2021 年 6 月
先进基层党组织	望远镇立强村党支部	中共永宁县委员会	2021 年 6 月
先进基层党组织	闽宁镇武河村党支部	中共永宁县委员会	2021 年 6 月
先进基层党组织	闽宁镇福宁社区党支部	中共永宁县委员会	2021 年 6 月
先进基层党组织	团结西路街道南环社区党总支	中共永宁县委员会	2021 年 6 月
先进基层党组织	团结西路街道团结社区党总支	中共永宁县委员会	2021 年 6 月

续表

奖项	获奖单位	授奖单位	获奖时间
先进基层党组织	团结西路街道阳光社区党总支	中共永宁县委员会	2021 年 6 月
先进基层党组织	县人大常务委员会办公室党支部	中共永宁县委员会	2021 年 6 月
先进基层党组织	县政协办公室党支部	中共永宁县委员会	2021 年 6 月
先进基层党组织	县委统战部党支部	中共永宁县委员会	2021 年 6 月
先进基层党组织	县委政法委员会党支部	中共永宁县委员会	2021 年 6 月
先进基层党组织	县应急管理局党委	中共永宁县委员会	2021 年 6 月
先进基层党组织	县市场监督管理局宁和市场监督管理所党支部	中共永宁县委员会	2021 年 6 月
先进基层党组织	县扶贫开发服务中心党支部	中共永宁县委员会	2021 年 6 月
先进基层党组织	县公安局机关第二党支部	中共永宁县委员会	2021 年 6 月
先进基层党组织	县公安局望远派出所党支部	中共永宁县委员会	2021 年 6 月
先进基层党组织	中粮长城葡萄酒宁夏有限公司党支部	中共永宁县委员会	2021 年 6 月
先进基层党组织	华润雪花啤酒中国有限公司宁夏分公司党委	中共永宁县委员会	2021 年 6 月
先进基层党组织	宁夏创业谷实业发展有限公司党支部	中共永宁县委员会	2021 年 6 月
先进基层党组织	宁夏四季鲜果品蔬菜批发市场有限公司党支部	中共永宁县委员会	2021 年 6 月
先进基层党组织	宁夏国际语言学校党支部	中共永宁县委员会	2021 年 6 月
先进基层党组织	县第二小学党支部	中共永宁县委员会	2021 年 6 月
先进基层党组织	县第一幼儿园党支部	中共永宁县委员会	2021 年 6 月
先进基层党组织	闽宁镇卫生院党支部	中共永宁县委员会	2021 年 6 月
先进基层党组织	县疾病预防控制中心党支部	中共永宁县委员会	2021 年 6 月
先进基层党组织	胜利学区离退休党支部	中共永宁县委员会	2021 年 6 月
先进基层党组织	县人大离退休党支部	中共永宁县委员会	2021 年 6 月

工作报告

勇于探索开新局　务实奋进创新业 为全面建设社会主义现代化新永宁而努力奋斗

——在中国共产党永宁县第十五次代表大会上的报告

中共银川市委常委、永宁县委书记　朱　剑

（2021 年 9 月 25 日）

现在，我代表中国共产党永宁县第十四届委员会向大会报告工作，请予审议。

中国共产党永宁县第十五次代表大会，是在建党 100 周年的重要时刻、“两个一百年”奋斗目标历史交汇的关键节点，召开的一次十分重要的大会。大会的主题是：坚持以习近平新时代中国特色社会主义思想为指导，深入贯彻习近平总书记“七一”重要讲话和视察宁夏重要讲话精神，全面落实自治区党委、市委决策部署，勇于探索开新局，务实奋进创新业，为全面建设社会主义现代化新永宁而努力奋斗！

一、攻坚克难，实现全面建成小康社会历史性跨越

县第十四次党代会以来，在党中央和自治区党委、市委的坚强领导下，县委团结带领全县上下振奋精神、务实苦干，推动各项事业取得新进展新成就，胜利完成全面建成小康社会和“十三五”规划主要目标任务，为开启全面建设社会主义现代化新征程奠定了坚实基础。

政治建设全面加强。始终把学习宣传贯彻习近平新时代中国特色社会主义思想作为首要政治任务，及时研究部署贯彻党的十九大精神和习近平总书记视察宁夏重要讲话精神、落实全面从严治党、推动高质量发展、推进基层治理体系和治理能力现代化等重大工作。旗帜鲜明讲政治，从严整改中央、自治区党委巡视反馈问题，深入开展“两学一做”学习教育，推动“不忘初心、牢记使命”主题教育常态化制度化，全县党员干部“四个意识”“四个自信”“两个维护”更加坚定。深入贯彻习近平总书记“七一”重要讲话精神，扎实开展党史学习教育，营造学党史、悟思想、办实事、开新局的浓厚氛围，“我为群众办实事”取得实实在在的成效。

发展质效稳步提升。坚持以新发展理念为引领，

深入实施创新驱动、工业强县等重大战略，地区生产总值保持在100亿元以上，累计完成一般公共预算收入48.4亿元，实施投资亿元以上项目121个。中钢新型材料年产2万吨特种石墨项目全面开工，墨工科技建成全国首条自动化石墨烯生产线。国家葡萄及葡萄酒产业开放发展综合试验区在闽宁镇挂牌，贺兰红共享酒庄成为中国（宁夏）国际葡萄酒博览会永久会址。全社会研究与试验发展经费投入强度排名全区前列，伊品生物、晓鸣农牧被评为全区“创新型示范企业”。现代农业提质增效，粮食生产保持稳定，成功创建自治区级农业高新技术产业示范区，板桥村获评全国“一村一品”示范村镇。晓鸣股份成为全国蛋鸡养殖行业和全区企业创业板第一股，实现了永宁上市企业“零”的突破。商贸物流快速发展，京东“亚洲一号”成为全区单体面积最大的智能物流园区，四季鲜成为全区唯一交易额过百亿农产品批发市场。党政机构改革、“放管服”、综合行政执法等重点领域改革取得明显成效，营商环境持续优化。

“三大攻坚战”成效显著。坚决打赢脱贫攻坚战。闽宁镇成为东西部扶贫协作的成功典范，荣获“全国脱贫攻坚楷模”荣誉称号，谱写了“干沙滩变成金沙滩”的现实版《山海情》。坚持尽锐出战、精准施策，统筹124亿元实施扶贫项目231个，全县2019户8405名建档立卡户稳定脱贫，6个贫困村全部脱贫出列，“两不愁三保障”问题全面清零，实现了全面小康不漏一户、不落一人。全国易地扶贫搬迁及后续扶持发展现场会在永宁县实地观摩。坚决打赢污染防治攻坚战。狠抓中央环保督察及“回头看”反馈问题整改，生物发酵企业异味扰民、饮用水水源地保护、“散乱污”企业整治取得明显成效。牢固树立绿水青山就是金山银山理念，扎实开展污水处理厂站提高标准改造、人工湿地建设、黄河河滩地生态修复，地表水全部实现Ⅳ类以上水质，切实守好改善生态环境生命线。坚决打赢防范化解重大风险攻坚战。通过“八个一批”积极稳妥化解政府债务，清欠400余家民营企业中小企业账款35.98亿元，兑付约2.9万户农民群众征地拆迁款19.6亿元，守住了不发生系统性债务风险底线。加强社会面风险防控，解决三沙源逾期交房等问题取得重要进展。

城乡面貌明显改善。推动城乡扩容提质，常住人口增长到32.16万人，城镇化率达64.6%，提升13.1个百分点。完成永宁黄河大桥、京藏高速（永宁段）改扩建、109东线等重大项目，保障银西高铁（银中城际铁路）建成通车，所有建制村实现通客车，获评全区“四好农村路”示范县。配合实施银川都市圈城乡西线供水、“东热西送”等重大工程，开发建设房地产面积268万平方米，改造老旧小区34万平方米，新建城乡道路278公里，人民公园优化提升，成功创建国家卫生县城、国家园林县城。深入开展农村人居环境整治三年行动，拆除违法违规建筑5.3万平方米，清理危房37万平方米，完成饮水安全改造5000余户、新建卫生厕所6400余座，获评全国首批农村生活垃圾分类和资源化利用示范县。全域旅游加快推进，葡萄酒体验游、研学观光游、生态采摘游等活动丰富多彩，闽宁镇成为全国乡村旅游重点乡镇。

民生福祉更加殷实。五年财政支出的76%投向民生领域。城乡居民人均可支配收入年均增长6.1%、7.8%，居民储蓄存款余额年均增长7.4%。新建、改建26所中小学及幼儿园，新增学位9330个，基本解决义务教育“大班额”问题，成为国家义务教育发展基本均衡县、自治区普及高中阶段教育达标县。城镇新增就业2.2万人，农村劳动力转移就业10.2万人，城镇登记失业率稳定在自治区控制线以下。发放各类社会救助保障金2.9亿元，建成“老饭桌”49个、居家养老服务站及日间照料中心28个，第二敬老院投入运营，基本医疗保险参保率稳定在95%以上，残疾人“两项补贴”全覆盖，社会保障更加有力。成立县医疗健康总院，建成4个规范化基层医疗健康服务中心和30个标准化村卫生室，成功创建全国健康促进县，人均预期寿命由2016年的76.3岁提高到77.7岁。深入推进文化惠民，建成23个基层综合文化服务中心，开展文化科技卫生“三下乡”“永宁大集·大吉永宁”等活动上千场次，打造了《暖春》等文艺精品。全民健身深入开展，闽宁镇获评全国群众体育先进单位。

治理能力持续增强。面对突如其来的新冠肺炎疫情，充分发挥制度优势，严格抓好“四区”“四场”防控，积极推进疫苗接种，有力保障了人民群众身体健康和生命安全。全面落实“1+6”政策文件，基层治理体系和治理能力现代化稳步推进，闽宁镇获评全国乡村治理示范乡镇。建立党政主要负责人述职述法制度，大力推动法治政府建设，县人力资源和社会保障局、原隆村被表彰为全区“七五”普法先进集体。深入推进扫黑除恶专项斗争，依法严惩5个涉黑涉恶犯罪团伙，“破网打伞”工作受到中央督导组好评。深化司法责任制综合配套改革，政法队伍教育整顿取得圆满成效。压实安全生产责任，完善应急管理体系，加强信访法治化建设，社会更加安定有序。持续推进文明城市创建，广泛开展志愿服务活动，深化移风易俗，依法整治电瓶车非法运营、私搭乱建等突出问题，获评全国未成年人思想道德建设先进县，县法院、检察院、税务局被命名为全国文明单位，政权村获评全国文明村镇。

团结和谐更加巩固。认真学习贯彻中央民族工作会议精神，以铸牢中华民族共同体意识为主线，依法管理宗教事务，坚决守好促进民族团结、维护政治安全生命线。积极稳妥完成宁夏川民俗园等突出问题整改，宗教法治化水平明显提升，成功创建自治区民族团结进步示范县，闽宁镇被表彰为全国民族团结进步模范集体，新华中心村等4个单位获评全国民族团结进步示范单位（村、社区）。坚持党的领导、人民当家作主、依法治国有机统一，支持县人大及其常委会通过法定程序审议和批准“一府两院”工作报告、“十四五”规划等重大事项，人民意志得到充分彰显。认真贯彻中央和区市党委政协工作会议精神，出台《关于新时代加强和改进人民政协工作的实施方案》，全力保障政协依照章程开展工作，“有事好商量”协商议事深入推进。指导6个民主党派、工商联完成换届，不断增进“五个认同”，努力画好“最大同心圆”。深化群团改革，工会、团委、妇联、科协、残联、文联围绕中心、服务大局能力进一步增强。获评全国实施妇女儿童发展规划纲要示范县、全国科普示范县，县总工会被表彰为全国工会系统先进集体。加强党管武装工作，国防动员和后备力量建设取得新成绩。组建县乡村退役军人服务保障机构，成功创建自治区双拥模范县。

全面从严治党纵深推进。严格贯彻党委意识形态工作责任制，守好意识形态主阵地。强化理论武装，完善党委（党组）中心组学习制度，推动习近平新时代中国特色社会主义思想学懂弄通做实。新时代文明实践中心建设走在全区前列。深入推进“一抓两整”、“四优四提”、党建带团建，圆满完成乡镇、村（社区）“两委”换届，全面消除“空壳村”，基层组织规范化水平明显提升。坚持正确选人用人导向，完善干部考核评价激励机制，党员干部担当作为意识持续增强。一批先进基层党组织和优秀共产党员受到区市表彰，裘志新同志荣获“全国最美奋斗者”荣誉称号，任建华同志被表彰为“全国最美基层民警”。严格履行“两个责任”，深化国家监察体制改革，一体推进不敢腐、不能腐、不想腐，查处违反中央八项规定精神问题84起，处置问题线索3898件（次），给予党纪政务处分568人次，反腐败斗争压倒性胜利更加巩固。发挥巡察利剑作用，配合市委开展十一轮巡察，整改问题1288个。加强常委会自身建设，坚持民主集中制，修订完善常委会议事规则、重大事项请示报告等制度，带头履行“一岗双责”，有力营造了风清气正、干事创业的良好政治生态。

各位代表、同志们！五年来，全县党员干部经受了各种严峻考验，团结一心、砥砺奋进，破解了一个又一个难题，办成了一件又一件大事，打赢了一场又一场硬仗，推动全县经济社会发展迈过急流险滩、进入崭新阶段！在此，我代表中共永宁县第十四届委员会，向所有关心、支持和参与永宁建设发展的同志们、朋友们，表示衷心感谢和崇高敬意！

艰难方显勇毅，磨砺始得玉成。五年的艰辛与成就，让我们更加深刻认识到：正确政治方向是做好一切工作的首要前提。要坚持不懈用习近平新时代中国特色社会主义思想武装头脑、指导实践、推动工作，不折不扣把党中央和区市党委决策部署落到实处。高质量发展是矢志不渝的发展主题。要完整准确全面贯彻新发展理念，崇尚创新、注重协调、倡导绿色、厚植开放、推进共享，实现更高质量、更有效率、更加公平、更可持续、更为安全的发展。增进民生福祉是发展的根本目的。要始终站稳人民立场，坚持尽力而为、量力而行，用心用情解决人民群众的急难愁盼问题，在改善民生中汇聚民心、凝聚民力、汲取民智。全面从严治党是发展的根本保证。要加强党的全面领导，弘扬伟大建党精神，认真履行管党治党政治责任，增强党员干部奋斗精神，走好新时代的长征路。

在充分肯定成绩的同时，我们也要清醒地看到：永宁发展不足、体量不大、质效不高的状况尚未根本改变，落地大项目好项目不多，政府债务仍然沉重，稳定经济增长、提高发展质量任务依然繁重；教育、医疗水平还不高，公共服务保障能力有待提升，群众收入水平还有明显差距；社会治理还有薄弱环节，监管缺位、失职失责等问题不同程度存在；一些基层党组织党建质量不高、执行纪律规矩不够严格，一些干部担当意识不强、进取精神不足，“四风”问题及腐败现象仍时有发生，全面从严治党还需久久为功。对此，我们必须高度重视，认真加以解决。

二、接续奋斗，推动永宁高质量发展开新局创新业

“十四五”时期，是开启全面建设社会主义现代化新征程、向第二个百年奋斗目标进军的第一个五年。站在承前启后、继往开来的新起点，我们要准确把握形势任务，科学谋划永宁全局和长远发展。

习近平总书记视察宁夏时指出，要努力建设黄河流域生态保护和高质量发展先行区，继续建设经济繁荣、民族团结、环境优美、人民富裕的美丽新宁夏。我们要坚定不移用习近平总书记重要讲话精神统一思想、统揽全局、统领发展，全面落实自治区党委“守好三条生命线、走出一条高质量发展新路子”目标要求，聚焦“发展高质量、治理现代化、城市国际化、生态园林化”和“四个继续走在前列”，不忘初心、牢记使命，敢于担当、勇于作为，推动永宁高质量发展迈上新台阶。

今后五年工作的指导思想是：高举习近平新时代中国特色社会主义思想伟大旗帜，全面贯彻党的十九大和十九届二中、三中、四中、五中全会精神，深入贯彻习近平总书记“七一”重要讲话和视察宁夏重要讲话精神，坚持稳中求进工作总基调，统筹推进“五位一体”总体布局，协调推进“四个全面”战略布局，以建设黄河流域生态保护和高质量发展先行区为统领，以满足人民日益增长的美好生活需要为根本目的，践行“一高三化”目标要求，围绕“三带两城”总体部署，持续深化改革、扩大开放，大力发展九大产业，实施“四大提升行动”，勇于探索开新局，务实奋进创新业，为全面建设社会主义现代化新永宁而努力奋斗。

县委明确提出开新局、创新业，就是绝不辜负全县人民重托，巩固和发展来之不易的成果，奋力实现以下主要目标：产业发展取得新突破。坚持发展第一要务，集中精力抓招商、谋项目、兴产业，着力打造贺兰山东麓葡萄酒文旅产业带、现代物流及“三新”产业带、现代农业产业带，加快转变经济发展方式，实现地区生产总值年均增长6%以上、到2025年突破130亿元。全社会研究与试验发展经费投入强度超过2.3%。乡村振兴谱写新篇章。巩固脱贫攻坚成果，加快农业农村现代化，全面推进乡村产业、人才、文化、生态、组织振兴，争当全区农业强、农村美、农民富的乡村振兴排头兵。将闽宁镇打造成为东西部协作示范镇、移民致富提升示范镇、乡村振兴示范镇。民生福祉实现新提升。在发展中保障和改善民生，加强县城、望远“两城”建设，持续改善生态环境，推动教育、卫生、文化、体育等民生事业提档升级。千方百计增加群众收入，确保城镇居民收入增速不低于经济增速、农村居民收入增速高于城镇居民。基层治理再上新台阶。坚持党建引领，广泛开展群众性精神文明创建活动，深入推动基层自治、法治、德治“三治”融合，全

社会法治意识不断增强，中华民族共同体意识更加牢固，民族团结、社会和谐的良好局面持续巩固，争创全国民族团结进步示范县。

围绕上述目标，重点抓好以下五个方面的工作：

（一）壮大经济实力，提升产业层次，厚植发展动能。坚持把经济发展的着力点放在实体经济上，坚定不移加快产业转型升级，把基础优势转化为竞争优势和发展优势，推动经济总量和质量实现双提升。

发展壮大特色产业。充分发挥国家葡萄及葡萄酒产业开放发展综合试验区政策优势，做大做强葡萄酒产业，力争到2025年酿酒葡萄种植面积达到20万亩、年产葡萄酒4000万瓶以上、实现综合产值超过100亿元，把闽宁产区建设成为贺兰山东麓葡萄酒总部经济中心和葡萄酒文化教育中心。加快文化旅游融合发展，打造葡萄酒及红色文化旅游、休闲娱乐、观光采摘等精品线路，支持华夏河图、玉泉国际酒庄创建4A级景区。大力发展商贸物流产业，推动四季鲜、京东、新百等生活性物流和钢材、五金、农机等生产性物流相互融合，带动人流、物流、信息流、资金流集聚发展，提升区域经济整体竞争力。

巩固提升传统产业。大力实施工业强县战略，认真落实"工业稳增长24条""中小微企业18条"，加大"专精特新"企业培育力度，力争到2025年全县规模以上工业企业超过60家。做大做强永宁工业园区，加快清理闲置土地和"僵尸企业"，大力发展高端装备制造业，提高产业水平和投资强度。加强与银川综合保税区、银川经济技术开发区、宁东能源化工基地的协调联动，推动资源集约、产业集聚。做优生物制药业，支持启元、多维改造升级，巩固提升市场竞争优势。做强伊品宁夏基地，打造全国氨基酸产业标杆，推动食品加工业高端化、品牌化、规模化发展。

着力培育新兴产业。积极推进中钢新型材料项目投产达效，实现年产值11亿元以上。依托墨工科技等创新型企业，积极拓宽产业链条，打造石墨烯下游应用产业链。规划发展光伏发电、太阳能利用系统建设、清洁能源、氢能及储能电池等新能源产业。推动比亚迪新能源产业园复工复产。加快新一代信息技术产业发展，推动5G、人工智能、大数据、物联网应用，促进产研结合、产投融合发展。推进制造业与互联网深度融合，鼓励规上企业开展智能制造、企业上云和"两化"融合诊断评估，积极发展智能工厂、数字化车间，培育新的经济增长点。

扎实推进绿色发展。践行习近平生态文明思想，严守生态保护红线、环境质量底线、资源利用上线和生态环境准入清单，坚决杜绝不顾资源消耗、不惜污染环境、不重生态保护的发展方式。以"碳达峰、碳中和"为引领，持续打好污染防治攻坚战，统筹推进"四尘同治""五水共治""六废联治"，坚决遏制高污染、高能耗项目盲目发展，确保空气质量优良天数比率平均达到85%，能耗和主要污染物排放完成区市下达目标任务、好于自治区平均水平。大力发展循环经济，加强固废综合利用，科学规划建设分布式光伏电站，提高能源资源利用效率，推动经济社会发展绿色转型。

（二）提升城市品质，增强城市功能，促进城乡融合发展。坚持产城融合，以更高标准优化空间布局，更实举措提升管理水平，更大力度推进乡村振兴，不断改善城乡面貌、提升城乡建设水平。

大力推进"两城"建设。加快与银川同城化发展，高标准编制国土空间总体规划（2020—2035年）。加强县城基础设施建设，实施老旧小区改造、地下管网提升工程，积极妥善解决综合文化艺术中心、中医院迁建、利民广场等遗留问题，增强综合承载力和基本服务功能。实施乌银高速（永宁段）等道路工程，进一步完善县域公路布局，打造更加便捷高效的城乡客运体系。按照银川城区规划标准高水平建设望远片区，实施道路及给排水项目，完善商贸、文化、体育等公共设施，加强湖泊湿地保护与修复，合理布局小微公园，打造银川城南高品质休闲居住区。坚持"房住不炒"定位，加强商品房预售监管，推进物业管理规范化、人性化，保障房地产市场健康发展。

大力推进美丽乡村建设。以乡村振兴战略为引领，坚持设施农业和绿色有机农产品发展方向，促进农业高质高效、乡村宜居宜业、农民富裕富足，推动城乡共同繁荣。健全农村人才引进培养激励机制，壮大懂农业、爱农村、爱农民的“三农”工作队伍。开展农村人居环境整治提升五年行动，推进厕所革命、垃圾分类、污水处理，实现美丽乡村扩面提质。加强宁夏工委旧址、仁存渡口、李俊塔等历史文化保护，打造一批特色民宿、最美庭院。坚持因地制宜、分类施策，支持望远镇深化“板桥模式”，发展都市型现代农业；杨和镇做优生态观光农业，加快与县城深度融合发展；李俊镇、望洪镇积极发展露地瓜菜、设施葡萄、冬枣等特色产业，建设现代农业示范镇；胜利乡大力发展优质经果林，打造“四季鲜果之乡”。

大力推进闽宁镇建设发展。牢记习近平总书记嘱托，用好全国脱贫攻坚楷模和综试区两块“金字招牌”，持续走好东西协作的脱贫之路、产业支撑的致富之路、生态优先的发展之路、民族团结的和谐之路。深化闽宁协作，重点加强与厦门市湖里区、思明区产业、人才、资源等方面深层次合作，实现先富带后富、外力促内力。用好闽宁协作政策，推动闽宁扶贫产业园优化提升，积极承接产业转移，提高项目签约落地率。大力发展特色种植、特色养殖、劳务产业、加工制造业，加快推进贺兰红共享酒庄、富麓酒庄、葡萄酒包装、《山海情》影视基地等项目，推动形成观光休闲、教育娱乐于一体的产业链条。高标准建设贺兰山东麓防洪体系、贺兰山浅山区生态防护林。加强美丽乡村建设，组织群众积极打扫屋子、收拾院子、整治村子，改善人居环境质量。深化“积分制”管理，打造“塞上枫桥”警务品牌，建设高水平的平安闽宁。

（三）深化改革开放，优化发展环境，扩大招商引资。始终把改革开放作为发展的动力之基、活力之源，突出重点领域、关键环节，推动改革系统集成、协同高效，为永宁新一轮发展提供强劲动力。

要深化改革，充分激发发展活力。推进“四权”改革，努力创造可借鉴、可复制、可推广的改革经验。坚持以水定城、以水定地、以水定人、以水定产，加强节水型社会建设，全面整治非法取水，开展水权有偿转换和水权交易，切实转变用水方式、优化用水结构、提高用水效率。建立以“亩均论英雄”的用地导向，依据投资强度、产出效益、亩均税收等标准对企业开展综合评价，全面清理违法用地、违规占地，提高土地产出效益和节约集约利用水平。推进山林地“三权”分置改革，培育“以林养林”“以地换林”造林新模式，加快植绿增绿护绿步伐。公平合理配置企业排污权，增强降污增效内生动力，倒逼企业节能减排、推动绿色发展。深化农村改革，发展多种形式的适度规模经营，培育更多更强的农民合作社和家庭农场。积极开展农村集体经营性建设用地入市，巩固拓展农村集体产权制度改革成果。

要破除堡垒，强力优化发展环境。狠抓干部作风建设，严肃整治不作为、慢作为、乱作为，坚决破除“中梗阻”。严格落实减税降费政策，扎实有效降低企业生产经营成本。倾力服务民营企业，用心用力为企业发展排忧解难，构建亲清政商关系。搭建政银企沟通合作平台，引导更多金融活水流向实体经济。加快建设人民满意的服务型政府，推进“证照分离”改革全覆盖，实现政务服务“马上办、就近办、网上办、掌上办、一次办”。落实国家高标准市场体系建设行动，健全支持小微企业和个体工商户发展长效机制，打造全区一流的法治化、市场化营商环境。

要扩大开放，全力做好招商引资。坚持借力开放与自主开放相结合，抢抓自治区打造中国（宁夏）自由贸易试验区、中国（银川）跨境电子商务综合试验区等政策机遇，进一步加大招商引资力度，抓好产业协作配套。借助中阿博览会、中国（宁夏）国际葡萄酒博览会、闽宁协作联席会议等平台，加强与东部地区的务实合作，更好融入国内国际双循环。完善招商引资考核激励机制，各级领导干部要带头招商，推动形成全民招商热潮。深化“四争”工作，积极争取区市政策资金支持，推动协议项目尽快落地实施、在建项目扩大有效投资、建成项目及早投产达效。

（四）坚持民生为本，实施四大提升行动，持续增进民生福祉。始终把人民对美好生活的向往作为奋斗目标，尽心竭力办好民生实事，提高民生保障水平，让人民群众的获得感成色更足、幸福感更可持续。

实施百万移民致富提升行动，推动脱贫攻坚同乡村振兴有效衔接。严格落实“四个不摘”要求，保持现有帮扶政策、资金支持、帮扶力量总体稳定，坚决遏制返贫现象。统筹抓好产业、就业、社会融入，推进10个重点移民村（社区）结对帮扶机制，积极发展特色产业，加强就业技能培训，落实创业奖补、创业贷款贴息等优惠政策，带动移民稳定就业。实施福宁路延伸段、兴泾镇至闽宁镇等扶贫公路项目，完善镇村物流体系，提升移民村（社区）“互联网＋公共服务”水平。强化玉泉营、黄羊滩农场社会管理职能，完善基础设施，建设日间照料中心，提升移民养老服务和兜底保障能力。妥善解决自发移民就业创业、产业帮扶、户籍、社会保障等问题，提高移民群众认同感和归属感。

实施城乡居民收入提升行动，有效促进共同富裕。坚持把就业作为民生之本，统筹做好高校毕业生、农民工、退役军人、残疾人等重点群体就业，加强就业技能培训和服务指导，加大公益性岗位安置力度，努力创造更多就业机会，持续提升城乡居民收入水平。实施促进农村劳动力转移就业项目，培育壮大劳务中介组织和劳务经纪人队伍，促进群众就近就业和稳定外出务工。坚持以创业带就业，打造一批双创示范基地和高质量创业孵化载体，配套完善奖励扶持政策。优化创业环境，推进农村妇女小额担保贷款提标扩面，将自主创业农民纳入担保贷款范围，提高个人、小微企业创业担保贷款额度。加大困难群体救助力度，建立低保、特困人员供养标准自然增长机制，构建以基本生活救助、专项社会救助、急难社会救助为主体，社会力量积极参与的分层分类救助体系。

实施基础教育质量提升行动，努力办好新时代人民满意的教育。落实立德树人根本任务，深化教育改革，引导学生全面发展。用好自治区事业编制周转池政策，解决中小学、幼儿园教师配备不足问题。多渠道加大优秀教师选聘力度，保障教师队伍待遇，壮大教学骨干名师队伍。启动创建义务教育优质均衡发展县。实施永宁第四小学、望远第二中学等项目，不断扩大义务教育学位供给。深化城镇小区配套幼儿园治理，推进乡村小规模学校撤并。加强普通高中基础设施建设，大力开展“互联网＋教育”，深化农村学校在线互动课堂应用，促进教育教学信息化现代化。抓好“双减”政策落实，切实减轻学生负担。加强产教融合、校企合作，大力发展高等教育、职业教育、增强与本地产业发展结合度。

实施全民健康水平提升行动，持续深化健康永宁建设。慎终如始抓好常态化新冠肺炎疫情防控，加快公共卫生体系建设，切实增强应对突发公共卫生事件能力。坚持预防为主、中西医并重，突出重大疾病防控、医疗服务水平提升和保障能力建设，统筹推进健康素养提升、健康细胞创建、医疗卫生人才培养等“十二大工程”，力争到2025年全县居民广泛形成健康生活方式，重大慢性病、传染病、地方病得到有效防治，人均预期寿命提高到78.2岁，居民健康素养水平提高到30%。建设残疾人康复服务站。积极推动北大肿瘤医院国家区域医疗中心项目，实现望远胸科医院正式运营。坚持医养结合，加快养老产业发展，培养一批“金牌月嫂”“星级护工”。大力加强公共体育服务，完善全民健身设施，着力提升人均体育场地面积，打造“10分钟健身圈”。贯彻“四个最严”要求，认真落实自治区全域创建“食品药品安全区”工作，坚决守护群众身体健康和生命安全。

（五）提升治理效能，抓好“两个统筹”，维护和谐稳定。更好统筹发展与安全，加快推进基层治理体系和治理能力现代化，有效防范和化解各种风险，保障人民安居乐业、社会安定有序。

要夯实基层治理基础。积极推进市域社会治理现代化试点城市创建工作，健全基层群众自治制度，着力构建党委统一领导、政府依法履责、各级组织积极协同、群众广泛参与，自治、法治、德治相结合的基层治理体系。加强智慧永宁建设，健全常态化管理和应急管理动态衔接的基层治理机制，打造网格化管理、精细化服务、信息化支撑、开放式共享的基层管理服务平台。推进县乡综治中心规范化建设、实体化运行，提高基层治理数字化智能化水平。深化“55124”村民代表会议模式，加强基层民主协商，提高群众组织化程度。深入推进文明创建行动，广泛开展文明志愿服务活动，拓展“街道吹哨、部门报到”机制，推动治理力量下沉，打通“最后一公里”。

要加快依法治县进程。充分发挥法治在治理体系和治理能力现代化中的积极作用，运用法治思维和法治方式深化改革、推动发展、化解矛盾、维护稳定。深化司法体制改革，全面落实司法责任制，严格规范公正文明执法。扎实推进“八五”普法，全面落实“谁执法谁普法”责任制，健全“法律顾问”制度，加强律师行业管理，让法治成为社会共识和基本准则。深化基层整合审批服务执法力量改革，构建简约高效、权责明晰、执法有力的基层综合行政执法体系，逐步实现“一支队伍管执法”。

要全面推进平安永宁建设。抓好政府债务风险化解，牢固树立过紧日子思想，从严控制和压减一般性支出，坚决遏制增量，稳步化解存量，确保全县政府债务风险总体可控、逐年向好。常态化开展扫黑除恶专项斗争，强化重点行业领域整治，保持依法严打高压态势。巩固政法队伍教育整顿成效，锻造全面过硬政法铁军，从严从细从实防风险、保安全、护稳定。扎实开展安全生产专项整治三年行动，加快推进应急体系建设，提高自然灾害防御水平。依法化解信访矛盾纠纷，保障群众合理合法诉求。健全重大决策社会风险评估机制，有效化解影响和谐稳定的风险隐患。

要凝聚基层治理合力。把党的领导贯穿工作各方面、全过程，支持和保证县人大及其常委会依法行使职权，创造性开展工作；坚持和完善政治协商制度，提高政治协商、民主监督、参政议政水平，更好凝聚共识。加强同民主党派、工商联、无党派人士的合作共事，加强政治引领，不断巩固和发展最广泛的爱国统一战线。坚决铸牢中华民族共同体意识，依法管理宗教事务，常态化开展马克思主义“五观”教育，推动民族团结进步深入人心。加强群团工作，积极选树“永宁工匠”，推进全国县域共青团基层改革试点，实施新一轮妇女儿童发展规划，落实“科创中国”枢纽城市建设工作，更好发挥各群团组织桥梁纽带作用。抓好国防教育、军民融合、双拥共建等工作，努力开创党管武装和国防动员新局面。

三、从严治党，为全面建设社会主义现代化新永宁提供坚强政治保证

深入学习贯彻习近平总书记“七一”重要讲话精神，贯彻落实新时代党的建设总要求，传承弘扬伟大建党精神，推动全面从严治党向纵深发展，以高质量的党建工作推动高质量发展、引领新征程起步。

（一）强化思想政治建设，筑牢理想信念之魂。推动学习贯彻习近平新时代中国特色社会主义思想走深走实，不断提高政治判断力、政治领悟力、政治执行力，坚定自觉地把“四个意识”“四个自信”“两个维护”体现在工作中、落实到行动上。持续开展党史学习教育，做到学史明理、学史增信、学史崇德、学史力行，传承红色基因，赓续红色血脉。牢牢掌握意识形态工作领导权，坚决维护意识形态领域绝对安全。坚持正确舆论导向，建强用好融媒体中心，打造一批群众喜爱、刷屏热传、出新出彩的对外宣传精品，深度展现全县各项工作的丰硕成果和干部群众的精神风貌，对内凝聚力量，对外提升形象，为经济社会发展增强舆论支持和精神动力。

（二）强化干部队伍建设，激发干事创业之志。坚持党管干部原则，强化“重品德、重才干、重担当、重实绩、重公认”的导向，加强年轻干部培养使用，建设政治素质过硬、具备领导现代化建设能力的干部队伍。完善干部担当作为激励保护机制，旗帜鲜明为敢于负责的干部负责，为敢于担当的干部担当。深入实施干部治理能力提升工程，倡导精细化的工作态度，做到掌握情况要细、分析问题要细、制定方案要细、配套措施要细、工作落实要细。持续做好基层干部待遇保障、职级晋升、权责匹配等工作，让干部既有“干头”、更有“奔头”。高水平办好县委党校，打造全区有特色、有影响的干部培训阵地。力戒形式主义、官僚主义，深入解决督查考核事项过多、以会议落实会议、以文件落实文件等问题，切实为基层松绑减负。加强党管人才工作，激发人才创新创造活力。

（三）强化基层组织建设，弘扬为民务实之风。树立大抓基层的鲜明导向，统筹推进农村、社区、机关、学校、非公经济组织等各领域党建工作，不断增强基层党组织政治功能和组织力。加强基层组织带头人队伍建设和后备力量储备，常态化整顿软弱涣散基层党组织，健全向重点乡村选派驻村第一书记和工作队的长效机制。持续壮大村级集体经济，提升服务群众能力。巩固乡镇党委和村（社区）“两委”换届成果，分级分类抓实农村党员干部轮训。严格落实党支部工作条例，贯彻执行“三会一课”等基本制度，推进基层党建活动阵地标准化建设和示范评比。加强党员教育管理，提高发展党员质量，积极开展党内激励关怀帮扶，引导广大党员充分发挥先锋模范作用。

（四）强化党风廉政建设，恪守清正廉洁之本。严格落实中央八项规定及其实施细则精神，坚持打铁还需自身硬，持续纠正“四风”，防止反弹回潮。压紧压实“两个责任”，深化运用监督执纪“四种形态”，切实强化不敢腐的震慑、扎牢不能腐的笼子、增强不想腐的自觉，确保反腐败斗争力度不减、节奏不变。坚持政治巡察定位，有针对性地开展专项巡察和“回头看”，精准发现问题，严格问题整改。严厉整治群众身边的不正之风和腐败问题，把“严”的主基调长期坚持下去，做到无禁区、全覆盖、零容忍。常态化开展廉政警示教育，对违纪违法问题敢于亮剑、严肃查处、通报曝光，持续放大震慑效应，巩固风清气正的良好政治生态。

各位代表、同志们，美好蓝图鼓舞人心，宏伟事业催人奋进！让我们更加紧密地团结在以习近平同志为核心的党中央周围，在自治区党委、市委的坚强领导下，勇于探索开新局，务实奋进创新业，为全面建设社会主义现代化新永宁，继续建设经济繁荣、民族团结、环境优美、人民富裕的美丽新宁夏而努力奋斗！

政府工作报告

——在永宁县第十九届人民代表大会第一次会议上

永宁县县长 郝春明

（2021 年 11 月 12 日）

各位代表：

现在，我代表永宁县人民政府，向大会报告工作，请予审议，并请各位政协委员提出意见。

一、过去五年工作回顾

永宁县第十八届人大一次会议以来的五年，是我县发展进程中极不寻常的五年。习近平总书记两次视察宁夏，为我们做好新时代各项工作指明了前进方向，注入了强大动力。五年来，面对错综复杂形势、繁重攻坚任务、新冠肺炎疫情等多重压力，我们坚持以习近平新时代中国特色社会主义思想为指导，深入学习贯彻习近平总书记视察宁夏重要讲话精神，认真落实区市党委、政府决策部署和县委工作要求，坚持稳中求进工作总基调，认真践行新发展理念，锐意进取、攻坚克难、决战决胜，取得了新冠肺炎疫情防控和经济社会发展“双胜利”，实现了打赢脱贫攻坚战、全面建成小康社会和“十三五”规划目标任务“三个圆满收官”。

五年来，我们着力转方式、调结构，产业发展迈出新步伐。实施招商引资项目 225 个，到位资金 243 亿元。聚焦现代农业、装备制造、文化旅游、葡萄酒等优势产业，实施亿元以上项目 121 个。工业转型优化。主导产业以生物发酵为主向装备制造、装饰材料、新材料等领域转型，实施比亚迪、国光新能源 10 万千瓦光伏等重点项目 81 个，中钢 2 万吨特种石墨项目全面开工，墨工科技建成全国首条自动化石墨烯生产线，巨源液压、铁狮环保等 6 家企业跻身国家高新技术企业。预计规模以上工业总产值增速较 2016 年提高 3.2 个百分点，R&D 经费投入强度达到 2.0%。农业提质增效。设施园艺、酿酒葡萄、肉牛养殖等主导产业集约化、规模化发展，新增设施农业 5000 亩、酿酒葡萄 5.3 万亩，肉牛（羊）标准化养殖园区达到 10 个，昊鑫有机大米深加工、中建材现代智慧农业等一批创新引领项目相继落地，晓鸣股份成为全国蛋鸡养殖行业和全区企业创业板第一股，实现了永宁上市企业“零”的突破。成功创建首个自治区级农业高新技术产业示范区，获评全国主要农作物全程机械化示范县、全国农产品质量安全县。服务业提档升级。京东、新百等 12 个商贸物流项目建成运营，四季鲜成为全区唯一交易额过百亿元的农产品批发市场。实施国家级电子商务进农村综合示范县项目，培育重点电商企业 203 家。建成长城天赋、立兰等 4A 级酒庄 8 家，贺兰红共享酒庄成为中国（宁夏）国际葡萄酒博览会永久会址，国家葡萄及葡萄酒产业开放发展综合试验区在闽宁镇挂牌。新增棚湖湾树莓产业园等国家 A 级以上旅游景区 5 家，闽宁镇入选第一批全国乡村旅游重点镇，实现旅游收入 3.5 亿元。预计第三产业比重较 2016 年提高 22.7 个百分点。

五年来，我们着力化危机、求突破，“三大攻坚战”取得新成就。脱贫攻坚取得决定性胜利。把脱贫攻坚作为最大政治责任，累计投入 124 亿元，实施 231 个扶贫项目。引进宁闽合发双孢菇、富贵兰服饰等 10 余家福建企业，厦门、漳州等对口协作深入推进，《山海情》引发热烈反响。妥善解决 526 户住房安全问题，农村安全饮水实现全覆盖，义务教育阶段控辍保学动态“清零”，“两不愁三保障”全面实现。全县 2019 户 8405 名建档立卡群众脱贫退出，6个贫困村脱贫出列，实现了“干沙滩”向“金沙滩”的历史巨变，闽宁镇荣获“全国脱贫攻坚楷模”。风险防范取得阶段性成果。落实“八个一批”措施，盘活闲置房屋等国有资产4.6亿元，交易水权5.4亿元，出让土地收入32.2亿元。获批国家建制县隐性债务风险化解试点，新增再融资债券55亿元。化解民营企业账款35.98亿元，400余家民营企业中小企业无分歧账款实现清零。2.9万户62.9亿元农民征地拆迁补偿款全部兑付到位。累计化解债务67亿元，牢牢守住了不发生系统性债务风险底线。污染防治取得显著性成效。中央环保督察及“回头看”反馈问题全部销号，黄河流域生态环境问题扎实整改。泰瑞制药整体搬迁，园区148家企业挥发性有机物（VOCs）有效治理，环境空气质量稳定达到国家二级标准。实施了第一、第二污水处理厂提标改造和中干沟、永二干沟人工湿地建设等重点工程，闽宁镇污水处理厂及李俊、胜利中心村等6个污水处理站投入使用；关停取缔“散乱污”企业324家，整治饮用水水源地生产经营单位221家，收回修复黄河河滩地2.4万亩，黄河干流永宁断面水质保持Ⅱ类进Ⅱ类出。第二次全国污染源普查任务全面完成，一般工业固废贮存场建成投用，面源污染得到有效治理。完成闽宁镇矿产资源生态环境恢复治理，累计绿化造林2.2万亩，成功创建国家卫生县城、国家园林县城。

五年来，我们着力补短板、强弱项，城乡面貌彰显新形象。城市服务功能持续提升。高质量编制《国土空间规划》，银川“南大门”优势凸显，望远地区引来投资热潮，全县累计开发建设房地产268万平方米，改造老旧小区16个34万平方米，建成区面积拓展到42.5平方公里。常住人口增长至32.16万人，城镇化率达64.6%。完成永宁黄河大桥连接线、109国道东线等重大项目，配合实施城乡西线供水、“东热西送”等重大市政配套工程，保障京藏高速改扩建、银西高铁等项目建成通车。新增公交线路18条，实现村村通客车。新建城乡道路278公里，建制村道路硬化率达到100%，获评全区“四好农村路”示范县。农村人居环境明显改善。坚持整治为主、建管并重，投入资金1亿多元，实施拆违除危、植绿增靓、厕所改造等工程，拆除违建242户5.3万平方米，清理危房37万平方米，改造危房463户，完成饮用水安全改造5000余户，改建户厕6400户。全县生活垃圾有效治理率达到100%，农村污水集中处理率达到85%以上，政权村被评为全区农村人居环境整治示范村。

五年来，我们着力增动力、添活力，改革开放释放新动能。重大改革接续落地，完成改革任务355项。全面承接黄羊滩、玉泉营农场社会事务管理，深入推进望远经济发达镇行政体制改革。实施综合行政执法改革，应急救援队伍建设和基层单位应急管理规范化建设进入全区先进行列。税费管理体制改革持续推进，落实“减税降费”4.93亿元，降低企业成本1.2亿元，市场主体增加到7682户。引进汇发村镇银行，成立中小企业担保公司和农业信贷担保融资公司，金融服务政策形成叠加效应。完成全县66个村集体产权制度改革，农村集体土地实现产权交易。推进相对集中行政许可权改革，清理行政审批事项508项，减少材料30%、精简环节21.3%、压缩时限52%。工程建设项目审批“多规合一”成效明显，涉企审批事项告知承诺制、基层审批服务便民化等改革多点突破。

五年来，我们着力惠民生、解民忧，民生福祉实现新提升。五年财政支出的76%投向民生领域。就业创业扩面富民。开展就业创业培训1.5万人次，城镇新增就业1.25万人，农村劳动力实现转移就业10万人次，城镇登记失业率控制在4.5%以下。教育事业均衡发展。投入5.3亿元，实施银子湖学校、闽宁镇第二中学等项目26个，新建改建校舍8.6万平方米，完成小区配套幼儿园治理、学前教育“5080”目标，全面压减作业总量和时长，减轻学生过重作业负担工作压茬推进，职业教育实现产教融合，“互联网+教育”成果显著。文化体育普惠利民。建成基层综合文化服务中心23个，开展文化科技卫生“三下乡”“永宁大集·大吉永宁”等活动上千场次，首届中国（宁夏）国际葡萄酒文化旅游博览会在闽宁镇召开，贺兰山自行车越野挑战赛等赛事活动广泛开展，全民健身蔚然成风。健康永宁深入推进。县域综合医改在全区率先试点，北大肿瘤医院国家区域医疗中心项目成功签约，望远卫生院、闽宁卫生院新门诊楼投入使用，建成标准化社区（村）卫生站（室）39个，居民健康素养普及率达到19.7%，人均寿命达到77.7岁，成功创建全国健康促进县。社会保障不断完善。筹集资金7.2亿元，落实被征地农民养老保险制度，惠及农民2.3万人。发放各类社会救助保障金2.9亿元，建成日间照料中心7个、“老饭桌”42个、农村幸福院58个，第二敬老院投入使用。全民参保计划深入实施，基本医疗保险参保率达到95%以上。建立退役军人服务三级保障体系，残疾人“两项补贴”全覆盖。

五年来，我们着力控疫情、稳治理，平安建设达到新水平。新冠肺炎疫情防控坚决有力。面对突如其来的新冠肺炎疫情，我们扛起新冠肺炎疫情防控全面责任，防控工作启动早、行动快、力度大、措施严，第一时间落实突发公共卫生事件Ⅰ级响应，为全县新冠肺炎疫情防控赢得了主动权。快速改造启用银川市临时急救医院，为全区阻击疫情提供了战“疫”保障。坚持“外防输入、内防反弹”，常态化新冠肺炎疫情防控慎终如始，投入近6000万元，规范建设发热门诊，在全市率先建成塘湾社区、永和社区数字化接种中心，改造永和锦城、胸科医院方舱接种点，累计接种新冠病毒疫苗约49万剂次，有序高效完成多轮大范围核酸检测，构建起全方位防控链条。社会治理不断强化。扎实开展安全生产专项整治三年行动。依法严惩“一黑四恶”犯罪团伙，扫黑除恶专项斗争成果持续巩固，政法队伍教育整顿取得良好成效。彻底取缔三轮电瓶车非法运营乱象，交通秩序明显好转。智慧城市运营中心一体化运行，城市精细化管理能力大幅提升。严格落实新建商品房预售、二手房交易资金监管，三沙源、兰花花逾期交房等遗留问题化解工作取得突破性进展，信访总量明显下降。持续推进精神文明建设，新时代文明实践中心（所、站）实现全覆盖，深化文明城市创建，成功创建全国文明单位（村镇）5个，获评全国未成年人思想道德建设先进县。深化“1+6”基层治理，下放乡镇（街道）事权83项，践行新时代“枫桥经验”。依法加强宗教事务管理，闽宁镇获评全国民族团结进步模范集体、全国乡村治理示范乡镇。

五年来，我们着力转作风、提效能，政府建设展现新作为。落实全面从严治党主体责任，“不忘初心、牢记使命”主题教育成果持续巩固，党史学习教育深入开展，政府效能不断提升。完善《重大行政决策规则》，科学民主依法决策机制更加健全。圆满完成“七五”普法任务，全面依法治县取得重大进展。主动接受人大法律监督，支持政协参政议政，办理人大议案建议105件、政协提案建议117件，办复率100%。扎实推进政务公开常态化，开展“政府开放日”活动112次。严格落实“过紧日子”要求，压减一般性支出14.2%，因公出国（境）经费、公务车购置及运行费、公务招待费较2016年下降76.8%。审减不合理支出7.6亿元，政府投资绩效得到优化。从严执行中央八项规定精神，坚决纠治“四风”，营造为民、务实、清廉的良好氛围。

此外，人民武装、双拥共建、档案史志、红十字会、团委、文联、残联、科协、工商联、气象等工作取得新进步，总工会、县妇联被表彰为本系统全国先进集体，我县获评全国实施妇女儿童发展纲要示范县、全国科普示范县。

落子开新局，奋进勇争先。2021年是本届政府收官之年，也是开启全面建设社会主义现代化国家新征程第一年。我们不懈怠不松劲，坚持“起步就是冲刺、开局就是决战”，坚定不移实施“四大战略”，强势推进“十大工程”，聚力发展九大重点产业，示范推进“四大提升行动”，高位引领“四权”改革，咬定目标抓落实，科学调度促增长，推动经济运行稳中有进、进中向好。预计到2021年底，全年地区生产总值达到120亿元，可比增长10%，是2016年的1.3倍；规模以上工业增加值、固定资产投资分别增长13%、8%左右，增速较2016年提高5.7和25.5个百分点；地方一般公共预算收入9.64亿元，增长10%，近三年年均增速保持两位数增长；社会消费品零售总额增长8%左右，年均增长2.2%；城乡居民人均可支配收入分别达到36393元和17484元，较2016年分别提高9445元和5620元，收入差距由2.3倍缩小到2.1倍；全县金融机构人民币各项存款余额、贷款余额分别达到198.5亿元和148亿元，是2016年的1.6倍和1.2倍，经济质量效益实现双提升，取得“十四五”规划的精彩开局。

各位代表，五年发展、成之唯艰，五年耕耘、收获满满。过去的五年，是永宁砥砺奋进破难题、艰辛磨砺得玉成的五年。这五年，挑战前所未有，困难超过预期，“三大攻坚”场场都是硬仗，“六稳”“六保”个个都有难关，环保督察、债务化解、脱贫攻坚全面考验，转型阵痛、收支紧张、疫情冲击相互交织。面对困难和挑战，我们丝毫没有犹豫、懈怠和畏难。我们迎难而上、主动出击，挑战不可能，每一步走得都不容易，每一步走得都很坚定，在大战大考中交出了一份多方肯定的成绩单。所有经验和成绩的取得，充分彰显习近平新时代中国特色社会主义思想和习近平总书记视察宁夏重要讲话精神的实践伟力，倾注着区市党委、政府和县委的坚强领导，饱含着福建各级各界对永宁的倾情帮扶，凝聚着人大、政协的监督支持，体现着全县上下的不懈奋斗和努力拼搏！在此，我代表县人民政府，向全县广大干部群众，向各位人大代表、政协委员、各民主党派、工商联、无党派人士、人民团体和离退休老同志，向区市驻永单位和人民解放军、武警官兵，向所有关心、支持和帮助永宁经济社会发展的各界朋友，表示崇高的敬意和衷心的感谢！

回顾五年来的工作，我们也清醒地看到，全县发展还存在一些困难和问题：一是经济总量小，政府负债率高，财政收支矛盾突出；二是产业基础薄弱，项目接续不足，招商引资乏力；三是教育、医疗、养老等民生领域存在弱项，基本公共服务保障与群众的美好期盼还有一定差距；四是部分干部依法行政意识和能力有待增强，落实“严细深实勤俭廉”要求还有差距；五是营商环境有待进一步改善，政府效能还需进一步提高。对此，我们一定直面挑战、敢于担当，全力以赴解决问题、做好工作，不负重托、不辱使命。

二、今后五年目标任务

今后五年，是永宁抢抓机遇、转型发展，推动县域经济高质量发展的关键五年，挑战与机遇并存，困难与希望同在。只要我们坚持党的领导，一张蓝图绘到底，一任接着一任干，就一定能在新起点上展现新作为；只要我们坚定发展信心，保持战略定力，就一定能走出一条质量更高、效益更好的发展路子；只要我们坚持问题导向，勇于正视矛盾，敢于动真碰硬，就一定能为经济社会持续健康发展提供新的能量；只要我们心系人民群众，聚合各方力量，多办顺民意、暖民心、惠民生的实事好事，就一定能凝聚推动发展的强大合力；只要我们加强自身建设，提升治理效能，以更高标准、更严要求、更实作风争先进位，就一定能在开新局创新业的新征程上勇立潮头。

新一届人民政府将紧紧围绕县第十五次党代会描绘的宏伟蓝图，突出重点、扭住关键、精准发力，力争一年一个新台阶、五年实现大突破，把美好愿景变成美好现实。总体要求是：坚持以习近平新时代中国特色社会主义思想为指导，深入贯彻习近平总书记“七一”重要讲话和视察宁夏重要讲话精神，全面落实县第十五次党代会决策部署，坚持稳中求进工作总基调，牢牢把握高质量发展这个根本要求，践行“一高三化”目标任务，聚力“四区”建设，实施“四大战略”，建好“三带两城”，为全面建设社会主义现代化新永宁而努力奋斗。主要发展指标预期是：地区生产总值年均增长6%；固定资产投资年均增长6%；地方一般公共预算收入年均增长6%；城乡居民人均可支配收入增速高于经济增长速度。

重点抓好以下五个方面的工作：

（一）推动支柱产业不断升级，打造经济增长新引擎。坚持内培外引、创新驱动、集群发展，推进产业基础高级化、产业链现代化，构建优势明显、竞争力强的现代产业体系。做强工业。坚持“工业强县”目标不动摇，支持装备制造、印刷包装等产业改造升级，做强生物制药、绿色食品等优势产业，依托伊品生物打造中国氨基酸产业示范基地，培育更多“单打冠军”以及规模大、品牌响、带动强的领军企业，力争到2026年全县规模以上工业企业超过60家，R&D经费投入强度达到2.3%，居于全区前列。推动中钢新材料投产达效，实现年产值11亿元以上。依托墨工科技等创新型企业，补强石墨烯上下游产业链。引进一批光伏发电、清洁能源、新材料等“三新”“三绿”产业，打造经济增长新高地。到2026年，培育新兴产业龙头企业5家、国家高新技术企业和科技型中小企业20家。做活现代服务业。推进现代物流产业集聚区建设，打造109国道现代物流产业带。通过招商引资等方式盘活鸿曦汽车、北方建材、昊昇农机等市场。依托四季鲜、新百物流、小任果业等生活性市场，打造银川市国家骨干冷链物流基地；大力发展辐射全区的钢材、五金等生产性物流业，打造银川市国家级商贸物流枢纽副中心，力争商贸物流年交易额突破230亿元以上，年均增长10%。按照“点上突破、线上串联、面上提升”的思路，做活三沙源、丝路文旅等旅游资源，积极创建4A级景区和乡村旅游示范点，做优“两红”旅游、休闲观光等精品线路，打造国家全域旅游示范县。做响葡萄酒产业。推进国家葡萄及葡萄酒产业开放发展综合试验区建设，高端打造玉泉营葡萄酒主题小镇，新增优质酿酒葡萄9万亩，新建列级酒庄5座，年产葡萄酒7000万瓶以上，实现综合产值100亿元以上，把闽宁产区建设成为贺兰山东麓葡萄酒总部经济中心、葡萄酒文化教育中心和葡萄酒全产业链聚集展示中心。

（二）推动城乡区域协调发展，塑造互促共融新局面。坚持“产城融合、城乡融合”，优化服务功能，打造“产业旺、城乡美、生活好”的幸福美丽家园。推进乡村振兴。全方位推进黄河“几”字弯乡村振兴发展示范区建设，强化国土空间规划和用途管控，科学布局生产生活生态空间。落实最严格的耕地保护制度，持续开展农村乱占耕地问题专项整治行动。壮大肉牛养殖、露地蔬菜、设施园艺、酿酒葡萄等优势产业，做强昊鑫米业、晓鸣农牧等深加工龙头企业，促进一二三产业融合发展，创建国家级农业高新技术产业示范区。开展农村人居环境整治提升五年行动，探索解决中心村“空心化”问题，实施农村安全饮水、危房改造工程和移民地区基础设施提升改造项目，到2026年美丽庭院创建率达到90%以上，实现美丽乡村建设全覆盖。强化城市建设。持续推进全国文明城市创建，实施城市更新三年行动，加快老旧小区改造，更新市政管网、供电设施，抓好5G网络新基建项目，完善居住社区功能和公共服务设施。妥善解决综合文化艺术中心、中医院迁建、利民广场等遗留问题，合理规划停车场，提高物业管理水平，完善城市综合服务功能。配合实施乌银高速道路贯通等交通项目，强化道路改建和破损修复，优化县域公路网布局，让城市和谐宜居更美好。打造“三个示范”。坚定走好“闽宁镇探索出的这一条康庄大道”，推动闽宁镇经济社会高质量发展。打造移民致富提升示范镇，做强养殖、菌菇、光伏、劳务、文旅、电商等优势产业，实现移民群众收入增幅高于农村居民收入增幅。打造乡村振兴示范镇，拓宽葡萄酒全产业链，建设中国红酒第一镇。强化基础设施建设，实施一批县乡道路连通工程，加快上下水管网建设改造。打造东西协作示范镇，规划建设扶贫产业园二期，推动厦门“飞地经济”产业园落地，积极承接中东部地区产业转移，不断深化闽宁协作。

（三）推动重点领域深化改革，不断释放发展新活力。聚焦发展所需、链接企业所求、呼应群众所盼，以改革拓展发展新空间。改革开放强动力。推进重点领域和关键环节改革，稳步推进国资国企、教育、医疗、财税等领域改革。用好闽宁镇和“综试区”两块“金字招牌”，充分利用中阿博览会、葡萄酒博览会、闽宁协作联席会议等平台，加强与沿黄城市互动发展，加大与陕甘蒙等周边地区交流合作，引进更多优质企业落户永宁，构建开放发展新格局。盘活要素挖潜力。加强信用体系建设，保持各类市场主体每年增长10%以上。建立工业园区企业“优进劣退”机制，以亩均论英雄，以税收论贡献，将工业园区打造成自治区百亿级园区。深化“四权”改革，加快“四权”资源入市交易，促进节水增效、盘活增值、降污增益、植绿增绿。落实权责清单及市场准入负面清单，积极推进证照分离改革全覆盖，全面推行“一业一证”，完善“互联网＋政务服务”，提升政务服务标准化、规范化、便民化，营商环境建设走在全区前列。

（四）推动人与自然和谐共生，筑牢生态安全新屏障。坚持生态立县，推进精准治污、生态修复、绿色生活，让蓝天白云、绿水青山永驻。强化绿色引领共治。扎实推进自治区环保督察反馈问题整改，持续巩固污染防治攻坚战成果。推进“碳达峰”“碳中和”，加强能耗总量和强度“双控”，遏制“两高”项目，推动传统高耗能行业节能改造。推进垃圾分类和资源循环利用。强化配电网、充电桩等综合智慧能源服务，构建绿色低碳能源体系。强化大气污染治理。加强重点行业领域、重点涉气企业环境监管，深化“散乱污”企业整治，巩固生物发酵企业异味治理成效，确保空气质量优良天数比例达到85%以上。强化水污染治理。实施河岸堤防、滩区治理等工程，全力保障黄河永宁段长久安澜。严格落实“河湖长制”，狠抓河道生态环境恢复治理，加大中水回用力度，污水利用率达到25%以上。推进银子湖、鹤泉湖等水系湖泊环境综合整治，加强饮用水水源地保护，黄河干流永宁断面水质稳定达到Ⅱ类进Ⅱ类出。强化土壤污染治理。开展固体废弃物综合整治，一般工业固废综合利用率达到88%以上。加大农业面源污染治理力度，落实“三减”行动。实施贺兰山东麓水毁地段修复和腰石井拦洪库清淤工程，提高贺兰山防洪堤防洪能力。开展大规模国土绿化行动，加强贺兰山浅山区生态防护林建设，森林覆盖率达到9.2%以上，湿地面积保持在11.4万亩以上，构建生态优先绿色发展先行区新格局。

（五）推动县域共建共治共享，谱写民生改善新篇章。坚持以人民为中心，用心用情优先办好惠民实事，让人民群众获得感成色更足、幸福感更可持续、安全感更有保障。提升社会保障能力。全面推进“四大提升行动”，统筹抓好产业、就业和社会融入三件事。全面落实更加积极的就业创业政策，多渠道开发就业岗位，持续提升城乡居民收入。不断扩大义务教育学位供给，深化城镇小区配套幼儿园治理。抓好“双减”政策落实，切实减轻学生负担。深化“互联网＋教育”，不断提升信息化水平。加快公共卫生体系建设，提高应对突发公共卫生事件能力，深入推进综合医改，居民健康素养普及率达到30%，人均预期寿命达到78.2岁。健全退役军人服务保障体系，落实新一轮妇女儿童发展规划，加快发展养老、慈善事业和康养产业，积极开展扶贫济困、助孤安老等社会救助，织密织牢民生保障网。开发仁存渡口等文旅资源，加大历史文物和文化遗产保护利用。广泛开展群众性文化体育活动，促进全民健康。提升社会治理效能。坚持总体国家安全观，统筹推进“1+6”基层治理体系建设，提升基层治理能力。常态化开展扫黑除恶专项斗争，营造安全稳定社会环境。扎实开展八五普法，加快法治政府、法治社会建设。深化“互联网＋监管”，打造数字政府。铸牢中华民族共同体意识，依法管理宗教事务，推动民族团结深入人心。坚持量入为出，持续化解政府债务，有效防范风险。开展食品药品专项治理，争创食品药品安全区。扎实推进智慧小区建设，提高信息化管理水平。持续巩固安全生产专项整治三年行动成效，全面提升应急处置和公共安全保障能力，努力构建更高水平的平安永宁。

三、2022年主要工作

各位代表，开局关系全局，起势决定胜势！2022年是新一届政府的起步之年，我们将自觉站位新发展阶段、坚决贯彻新发展理念、主动融入新发展格局，锚定目标不松劲，持续加力抓落实，创新驱动、融合带动、实干推动，努力实现高质量发展、高效能治理、高品质生活，践行对全县人民的庄严承诺。全年经济社会发展主要预期目标是：地区生产总值增长8%左右，规模以上工业增加值增长10%，地方一般公共预算收入增长6%，固定资产投资增长7%以上，社会消费品零售总额增长10%，城乡居民人均可支配收入分别增长7.5%、8%左右，城镇登记失业率控制在4.5%以内，节能减排降碳指标完成区市下达的目标任务。

重点抓好以下7个方面工作：

（一）聚焦高端高质，提升产业发展能级

强化工业支撑增动力。全面促进工业企业转型升级，推动产业发展存量迭代、增量提质、整体提升。加快“僵尸企业”清理，支持装备制造、印刷包装等重点行业加大技术升级力度，力争年内新增规上工业企业5家以上。强化要素服务保障，全力推动中钢新材料、墨工石墨烯应用等重点项目投产达效，加快推进和瑞包装、钧诺建材等新项目开工建设。鼓励支持启元、伊品等企业加大技改，创新开发山梨醇中药颗粒、赤藓糖醇及酵母提取物等新产品，提升传统产业实力，新增“专精特新”企业5家，实现工业总产值92亿元以上。

强化商贸流通增活力。依托国家级电子商务进农村综合示范县项目和全国“数字供销”示范区，推进县镇村三级电商综合服务中心建设，支持发展网络渠道销售，增强“禾美永宁”电商公共品牌影响力，力争电商交易额突破20亿元以上。提升京东、红星美凯龙等品牌影响力，提高路丰、四季鲜等市场运营品质，抓好四季鲜二期现代智能化建设，吸引银川市同业态商贸物流市场入驻永宁。积极引进社会资本，做活闽宁汽车商贸物流园、新天地等商业综合体。推进新华百货冷链物流基地、供销社智慧化果蔬分拣加工中心等项目建设，壮大小任果业、西域有品等骨干企业，畅通生鲜农产品冷链物流和城市共同配送渠道，促进109国道商贸物流业提档升级。力争新培育商贸物流企业30家以上，打造永宁消费新地标。

强化文旅融合增魅力。促进旅游与文化、生态、产业深度融合，挖掘利用明长城、典农河、仁存渡口等资源禀赋，打造《山海情》影视文化旅游基地及原隆村精品民宿，将镇史馆、红酒街、滨河大道等景点串珠成链，构建全域旅游大格局。推进王太堡生态观光园、宋澄村红色美丽村庄等乡村旅游示范点建设，推动玉泉国际酒庄、华夏河图艺术小镇等创建4A级旅游景区，打造“两红”体验、“美丽乡村”等旅游IP，争创国家全域旅游示范县。力争全年接待游客100万人次以上，旅游收入超3000万元。

（二）聚焦蓄势赋能，不断提升综合实力

有效提升创新能力。积极融入沿黄科技创新改革试验区建设，实施创新型示范企业培育工程。依托伊品技术研发中心、晓鸣农牧院士工作站等平台，深化产学研、大中小企业配套协作，支持企业与高等院所合作，新增国家高新技术企业1家、自治区科技型中小企业5家以上。推进互联网与现代农业、商贸物流、装备制造等领域深度融合，支持企业建立数字车间、智能工厂。围绕重点产业，开展混凝土减碳路径、新型绿色建筑材料等技术攻关，建立自治区技术创新中心2家，实施各类科技项目20个。引进和培养高精尖人才、市级学术技术带头人等各类人才20人。R&D经费投入强度达到2.0%。

强力推进重点改革。深化工业园区“管委会+公司”模式改革，下放园区经济管理权限18项，完善项目区域评机制，加快推进各类功能区融合发展。实施创新三年行动计划，探索推行项目、平台、资金、人才等资源一体化配置模式。统筹推进国企国资改革，推动望远经济发达镇体制改革区级试点出经验、出亮点。持续深化农村集体产权制度改革，发展壮大农村集体经济，力争经营性收入增长15%以上。发展普惠金融、科技金融、绿色金融，深化金融扶贫，提升金融服务实体经济能力。深化“四权”改革，全面落实水资源“四定”要求，用活黄河水、用好地表水、保障生态水、涵养地下水、多用再生水；积极推进土地二级市场建设，持续推广土地入股保底分红模式，加快宅基地和农房一体确权颁证工作；完善排污权监管体系，稳定开展排污权有偿使用和交易；启动山林权确权登记，完善山林权交易平台和规则，提高林草资源综合利用水平。

精准实施招商引资。围绕装备制造、食品医药、新材料等产业，建立招商引资项目库，精准开展项目推介，着力在招大引强、聚新培优上实现新突破，精准引进一批“专精特新”企业。全力对接京东银川家电物流总部搬迁整合项目，积极引进岩板科技建材、路丰物流木材加工等项目。提升引商保商要素供给和保障能力，紧盯利俊植物油、一面食品、尚禹节水设备等项目落地，推动江山阅购物广场、新发地供应链等招商项目建成运营，全力完成区市下达的招商引资任务。

扩大项目有效投资。坚持投量、投向、投效并重，推行“要素跟着项目走”保障机制，着力抓好福斯特节能环保建材、硕辰昊肉制品加工、谷余香原生态粗粮产品深加工等一批产业项目，重点配合推进哈纳斯天然气管道、陆坊停保场等基础设施项目，加快建设望远垃圾综合处置场、第二中学教学实验楼等一批社会民生项目。抓实光耀和玺、绿城桃李江南、万科理想新都会等17个房地产项目，打造望远投资“新名片”。谋划一批重点项目，力争2022年实施项目70个以上，完成年度投资50亿元以上，争取国家政策性资金超过6亿元。

（三）聚焦提质增效，全面推进乡村振兴

做大做精现代农业。加大农业基础设施投入力度，开展秋冬季农田水利建设，确保粮食产量稳定在20万吨以上，瓜菜播种面积25万亩以上。做强现代化设施园艺，推进小任果蔬现代农业产业园二期、中建材智慧农业等项目。做优“一村一品”特色产业，扩大许桥黑莓、西玉冬枣、八渠大青葡萄等特色农产品规模。提高优势养殖产业比重，实施武河村肉牛养殖园区等项目建设。招引一批精深加工企业，培育市级以上农业龙头企业50家。实施农产品品牌提升计划，扩大“三品一标”农产品认证面积，提升“贺兰神”“臻回味”等品牌影响力。抢抓国家种子库建设机遇，实施晓鸣农牧蛋鸡产业研究院、绿方水产良种繁育等项目，支持重点企业培育自主品种，生物育种产业综合产值达到7亿元。建设优质酿酒葡萄园2300亩，改造低产园4000亩。实施长和翡翠、富麓酒庄等新扩建项目，推进玉泉营葡萄一二三产业融合示范园、贺兰红共享酒庄二期等续建项目，实现葡萄酒产业年产值30亿元以上。

加快建设美丽乡村。全面完成22个村庄“多规合一”规划编制，稳妥推进“空心村”撤并，鼓励农村剩余人口向中心村转移。持续开展农村人居环境综合整治，新改造农厕200户，力争卫生厕所普及率达到92%以上。建设镇村生活垃圾集中收集点28个，力争城乡生活垃圾分类资源化利用率达50%以上。加快补齐农村基础设施短板，实现危房改造动态清零，新改建上长路、胜增路等农村公路，实施闽宁镇、黄羊滩农场、玉泉营农场污水处理站提高标准改造。推进“互联网＋城乡供水”工程，农村自来水普及率达到99%。深入开展移风易俗，新建“积分超市”20个，培育良好家风、淳朴民风、文明乡风。

着力打造闽宁示范。提炼升华闽宁经验，巩固拓展脱贫攻坚成果同乡村振兴有效衔接。深化闽宁协作，重点加强与厦门市思明区、湖里区深层次合作，拓宽产业、资源等合作领域。增强扶贫产业园引商育商能力，规划建设厦门“飞地经济”产业园龙头板块，实施厦门葡萄酒包装、犇旺冷链物流综合示范等项目，提高实体经济数量和质量。打造观光休闲、教育娱乐等一体化产业链，大力发展特色种植养殖、劳务、旅游、电商等产业，推进原隆村“光伏＋”、园艺村日光温棚等6个农业项目。全方面补齐基础设施弱项，实施闽宁镇福宁村、园艺村、木兰村等基础设施提升工程，改善人居环境，全力打造闽宁协作示范样板。

（四）聚焦宜居宜业，提升城市功能品质

更大力度推进城市更新。加大基础设施建设，实施县城3.6公里道路管网提升项目，加快望远庆年路、青年路、双龙路建设。完善综合服务功能，推进光纤宽带提速升级和5G网络规模组网、改造老旧小区9个6.8万平方米、增设城镇集贸市场2个、改造公厕6座。突出小镇特色，推进闽宁镇、望远镇等美丽小城镇建设。突出文化特色，加大宁夏工委旧址、李俊塔等文化遗产保护。突出生态特色，把生态功能和休憩健身功能有机结合起来，实施银子湖、珍珠湖等小微公园项目，持续推进文明城市创建，让城市既有“面子”，又有“里子”。

更高标准加强精细管理。完善智慧城市运营中心平台应用体系，提高一体化指挥调度能力。广泛开展文明志愿服务活动，深入推进爱国卫生运动。积极开展县城、望远等重点区域环境整治，不断深化道路保洁市场化运作，建成区道路机械化清扫率达到88%以上。建立健全社区、业主、物业三方联动共融服务机制，提升物业管理服务，完成全县安置房及富原移民小区楼顶防水维护。科学配置资源，构建以配建为主、公共为辅、道路为补的停车设施供给格局，新建改造停车泊位1000个，有效缓解“停车难”问题。优化城市公共服务布局，推进综合文化艺术中心、利民广场等公共设施建设，积极打造15分钟步行便民社区服务圈。

更实举措加快生态建设。抓好自治区环保督察和黄河流域生态环境警示片反馈问题整改。持续整治不符合产业政策，不符合产业布局规划，未办理工信、发改、土地、规划、环保、工商、质监、安监、电力等相关审批手续的企业，淘汰沥青防水卷材等落后产能，推动重点行业节能降碳，全县单位工业增加值能耗同比下降3%。坚持“五水共治”，以“河长制”推动“河常治”，实施望远镇污水管网清淤、三沙源污水管网建设及第二污水处理厂一期提高标准改造等工程，确保重点入黄排水沟水质达到Ⅳ类及以上标准。坚持“四尘同治”，加强启元、伊品等重点涉气企业环境监管，空气质量优良天数比例稳定达到85%。坚持“六废联治”，提高一般工业固废综合利用率，强化农业面源污染防治。统筹山水林田湖草沙协同共治和生态修复，加强贺兰山东麓、黄河东升段等重点区域防洪能力建设，推进银子湖、中干沟人工湿地综合治理工程，全面清查整治地下水资源违规开采乱象。推行“林长制”，实施贺兰山浅山区生态屏障防护林项目，新增绿化造林1000亩，森林覆盖率提高到7.9%，不断筑牢生态安全屏障。

（五）聚焦“四大提升行动”，不断提高幸福指数

深入推进百万移民致富提升行动。严格落实“四个不摘”，持续开展移民致富“9+1”专项提升行动，推进10个重点移民村（社区）结对帮扶机制。实施福宁路延伸段、兴泾镇至闽宁镇等扶贫公路项目，完善镇村物流体系，提升移民村（社区）“互联网＋公共服务”水平。强化玉泉营、黄羊滩社会管理职能，完善基础设施，建设日间照料中心，提升移民养老服务和兜底保障能力。强化产业联农带农利益共享机制，扩大侩牛、壹泰、犇旺等肉牛养殖规模，投产肉牛加工项目，壮大葡萄、菌菇、红树莓、优质桃、白萝卜等特色产业，增强产业带动致富实效。依托扶贫基地、扶贫车间，强化“企业＋基地＋农户”模式，确保村村有优势产业，户户有致富项目，人人有增收渠道。

深入推进城乡居民收入提升行动。多渠道开发就业岗位，加大公益性岗位安置力度，保障高校毕业生、农民工、退役军人、残疾人等重点群体充分就业，开展职业技能培训3000人次以上，创造新岗位1050个，创业带动就业2300人，农村劳动力转移就业2万人次以上，城镇登记失业率控制在4.5%以内。配套完善奖励扶持政策，坚持以创业带就业，举办青年创新创业大赛，打造创业谷等双创示范基地和高质量创业孵化载体。实施“引凤还巢”工程，鼓励各类人才返乡创业，带动更多群众增收致富。发挥创业担保基金作用，推进创业就业、农村妇女创业担保贷款提标扩面，发放贷款3000万元以上。加大困难群体救助力度，构建分层分类救助体系，筑牢社会兜底保障网。

深入推进基础教育质量提升行动。用好自治区事业编制周转池政策，解决中小学、幼儿园教师配备不足问题。整合撤并乡村百人以下小规模学校，实施第四小学、望远第二中学等项目，不断扩大义务教育学位供给。加快灵隆九悦湾、中房永悦府等小区幼儿园配建，巩固扩大“5080”成果。强化“互联网＋教育”，以教育教学信息化发展促进教育现代化。抓好“双减”“五项管理”政策落实，开展多样化课后延时服务。加强产教融合、校企合作，大力发展高等教育、职业教育，办好人民群众满意的教育。

深入推进全民健康水平提升行动。压实“四方责任”，严格落实“四早要求”，坚持人、物、场

所同防严管，慎终如始抓好常态化新冠肺炎疫情防控，健全突发公共卫生事件应急体系。深入推进“十二大工程”，提升“互联网＋医疗健康”服务水平，加快北大肿瘤医院国家区域医疗中心建设，引进国内顶尖医疗资源进驻永宁，打造辐射陕甘蒙的区域医疗中心。推进4个基层医疗服务中心和杨和社区卫生服务中心建设，实施闽宁卫生院数字化疫苗接种中心项目，提档升级乡镇卫生院中医馆。落实全民参保，基本医疗保险参保率稳定在95%以上，特困人员参保率达到100%。实施街道南环社区康养服务、李俊镇综合养老等项目，启动红十字应急救护点、3个社区日间照料中心及村（社区）残疾人基层康复站建设。实施群众体育“六边工程”，促进全民健身与全民健康深度融合。

（六）聚焦社会治理，提高风险防范能力

全力防范重大风险。强化债务风险防控，坚持“无预算不支出”，杜绝新增隐性债务，积极稳妥化解政府债务。加强互联网金融、非法集资放贷专项整治，深化反诈人民战争，有效防范金融风险。强化新建商品房预售、二手房交易资金监管措施，稳步推进逾期交房问题整改，有效防范化解房地产领域风险隐患。

合力推动社会治理。统筹推进“1+6”基层治理，探索“互联网＋社区治理”新模式，深化“街道吹哨、部门报到”机制，推动社会治理重心下移、资源下沉。全面推进“八五”普法，打造县级《民法典》公园和乡镇普法宣传阵地。推行村级事务治理和村民代表会议制度“55124”模式，有序引导群众积极参与基层自治共治。打造“老班长工作室”，引导广大退役军人“离军不离党、建功新时代”。建立多元化矛盾纠纷调处化解新模式，推进县矛盾调解中心和县乡村综治中心规范化建设，打造永宁版“塞上枫桥”。提高宗教工作法治化水平，争创全国民族团结进步示范县，坚决守好促进民族团结生命线。

聚力建设平安永宁。推动扫黑除恶常治长效，巩固政法队伍教育整顿成果。强化社区警务管理，健全立体化、法治化、专业化、智能化社会治安防控体系。落实“四个最严”要求，全力创建国家食品安全示范城市和食品药品安全区。加强应急管理，完成第一次全国自然灾害综合风险普查，实施固定治超站、应急物资储备库、闽宁镇消防救援站和危货运输企业场项目，推进安全生产专项整治三年行动落实落细，发展安全保障更加有力。

（七）聚焦服务效能，加强政府自身建设

突出政治引领。始终把政治建设摆在首位，增强“四个意识”、坚定“四个自信”、做到“两个维护”，不断提高政治判断力、政治领悟力、政治执行力，全面推进政府治理体系和治理能力现代化，坚决推动上级政策有力执行、县委部署全面落实、政府工作高标准开展。

坚持依法行政。深入贯彻习近平法治思想，全面推进法治政府建设，用法治思维和法治方式，深化改革、推动发展、化解矛盾、维护稳定。主动接受县人大及其常委会的依法监督和县政协的民主监督，自觉接受舆论监督和社会监督，支持县监察委、法院和检察院开展工作。推进数字政府建设，提升政务公开实效，确保政府工作更透明、办事流程更简明，打造既有“速度”、更有“温度”的营商环境。

勇于担当实干。深化党史学习教育成果，强化实干实践实绩导向，提高“七种能力”，增强“八项本领”，担当实干强作风，让“马上就办、真抓实干”成为政府系统的鲜明导向，把精力集中到抓落实上，真心实意为群众办实事、做好事、解难事，当好群众的“服务员”。

永葆清正廉洁。坚定不移推进政府系统党风廉政建设，严格执行中央八项规定精神，严格贯彻自治区“八条禁令”，持之以恒纠治“四风”。加强重点部门、重点岗位、重点环节和公共资金的审计监督。政府持续过“紧日子”，让群众过“好日子”、企业过“宽日子”。严厉整治庸政懒政怠政行为，践行“严细深实勤俭廉”要求，始终保持为民务实、清廉高效的政治本色。

各位代表，路虽远，行则将至；事虽难，做则必成。让我们在区、市党委、政府和县委的坚强领导下，以追赶超越的拼劲、踏石留印的狠劲、水滴石穿的韧劲，向着既定目标奋勇前进，为全面建设社会主义现代化新永宁，继续建设经济繁荣、民族团结、环境优美、人民富裕的美丽新宁夏而努力奋斗！

名词解释

两不愁三保障：“两不愁”即不愁吃、不愁穿，“三保障”即义务教育、基本医疗、住房安全有保障。

两项补贴：困难残疾人生活补贴、重度残疾人护理补贴。

“1+6”基层治理：完善基层治理体系提高治理能力及乡村、社区、宗教、校园、企业、社团6个领域治理。

学前教育“5080”：公办幼儿园在园学生比例达到50%，普惠性幼儿园占比达到80%。

双减：有效减轻义务教育阶段学生过重作业负担和校外培训负担。

四大战略：工业强县、生态立县、产城融合、民生优先。

十大工程：优势产业提升工程、新兴产业提速工程、水系湖泊环境综合整治工程、农村环境综合整治工程、城市功能提升工程、闽宁协作示范区建设工程、葡萄酒核心产区建设工程、服务业提升工程、教育质量提升工程、全民健康提升工程。

九大重点产业：枸杞、葡萄酒、奶产业、肉牛和滩羊、电子信息、新型材料、绿色食品、清洁能源、文化旅游。

四大提升行动：百万移民致富提升行动、城乡居民收入提升行动、基础教育质量提升行动、全民健康水平提升行动。

“四权”改革：用水权、土地权、排污权、山林权改革。

一高三化：发展高质量、治理现代化、城市国际化、生态园林化。

“四区”建设：黄河“几”字弯乡村振兴发展示范区、现代物流产业发展集聚区、生态优先绿色发展先行区、民生优先协调发展示范区。

三带两城：三带，即贺兰山东麓葡萄酒文旅产业带、现代物流及“三新”产业带、现代农业产业带；两城，即县城和望远地区。

三新：新材料、新能源、新食品产业。

三绿：绿能开发、绿氢生产、绿色发展。

飞地经济：两个互相独立、经济发展存在落差的行政地区打破原有行政区划限制，通过跨空间的行政管理和经济开发，实现两地资源互补、经济协调发展的一种区域经济合作模式。

一业一证：优化行业准入业务流程，将一个行业准入涉及的多张许可证整合为一张“行业综合许可证”，大幅压减审批环节和时限，简化审批手续，有效提升行政效能和办事效率，更大激发市场主体发展活力。

碳达峰：在碳中和实现的过程中，二氧化碳的排放量在2030年达到峰值，之后不再增长并逐步回落。

碳中和：通过使用低碳能源取代化石燃料、植树造林、节能减排、碳捕捉等形式，以抵消自身产生的二氧化碳排放量，实现二氧化碳“零”排放。

“两高”项目：高耗能、高排放的项目。

“三减”行动：开展减化肥、减农药、减除草剂行动。

“专精特新”企业：具有“专业化、精细化、特色化、新颖化”特征的工业中小企业。

旅游IP：具有简单鲜明特色，代表旅游目的地的元素或符号。

水资源“四定”：以水定城、以水定地、以水定人、以水定产。

一村一品：在一定区域范围内，以村为基本单位，按照国内外市场需求，充分发挥本地资源优势，通过大力推进规模化、标准化、品牌化和市场化建设，使一个村（或几个村）拥有一个（或几个）市场潜力大、区域特色明显、附加值高的主导产品和产业。

三品一标：无公害农产品、绿色食品、有机农产品和农产品地理标志。

空心村：农村建设上，新建住宅大部分都集中在村庄外围，而村庄内却存在大量的空闲宅基地和闲置土地，形成了内空外延的用地状况。

五水共治：饮用水源、黑臭水体、工业废水、农业退水、城乡污水共同治理。

四尘同治：烟尘、煤尘、扬尘、汽尘协同治理。

六废联治：建筑垃圾、生活垃圾、危险废物、畜禽粪便、工业固废、电子废弃物联同治理。

五项管理：加强中小学生作业、睡眠、手机、读物、体质管理。

十二大工程：健康素养提升工程、健康细胞创建工程、人均预期寿命提升工程、医疗卫生机构达标工程、医疗服务能力提升工程、中医药服务能力提升工程、医疗卫生人才培养工程、智慧医疗健康升级工程、重点领域改革创新工程、健康产业培育工程、健康帮扶行动提升工程、健康永宁文化品牌创建工程。

群众体育“六边工程”：完善群众身边的健身组织、建设群众身边的健身设施、组织群众身边的健身活动、举办群众身边的健身赛事、提供群众身边的健身指导、讲好群众身边的健身故事。

“55124”村民代表会议模式：以“五步工作法”为统揽夯实制度基础，以“五联记录表”规范会议程序和记录，以“一份议事清单”规范决议内容，以“乡村两级监督”确保工作合法合规，以“四级联动督查”推动工作落实。

七种能力：政治能力、调查研究能力、科学决策能力、改革攻坚能力、应急处突能力、群众工作能力、抓落实能力。

八项本领：学习本领、政治领导本领、改革创新本领、科学发展本领、依法执政本领、群众工作本领、狠抓落实本领、驾驭风险本领。

永宁县人民代表大会常务委员会工作报告

——在永宁县第十九届人民代表大会第一次会议上

永宁县人大常委会副主任 陈丽娟

（2021 年 11 月 13 日）

各位代表：

我受永宁县第十八届人民代表大会常务委员会委托，向大会报告工作，请予审议。

过去五年工作回顾

永宁县第十八届人大常委会履职的五年，是我县顺利实施“十三五”规划、决胜全面建成小康社会的重要时期。在县委的坚强领导和上级人大的科学指导下，县人大常委会高举习近平新时代中国特色社会主义思想伟大旗帜，全面贯彻党的十九大及十九届二中、三中、四中、五中全会精神和习近平总书记视察宁夏重要讲话精神，深入学习贯彻习近平法治思想、习近平总书记关于坚持和完善人民代表大会制度的重要论述，坚持党的领导、人民当家作主、依法治国有机统一，团结和依靠广大代表，不忘初心、牢记使命，围绕中心、锐意奋进，聚力推动永宁高质量发展，聚力推动全面建成小康社会。五年来，人大常委会服务大局尽心竭力、依法监督高质高效，代表工作有声有色、自身建设扎实有力，创新实践亮点纷呈、民主法治推进有效，彰显了与时俱进、守正创新的时代风貌，书写了发展永宁、人大在线的生动篇章。

一、回首五年，我们讲政治、顾大局，维护核心坚决有力

党之所指，人大所向。人大常委会始终坚持党的全面领导这一重大政治原则，坚定不移向党看齐、向党的理论和路线方针政策看齐、向党的决策部署看齐。

——始终做到旗帜鲜明讲政治。切实增强“四个意识”、坚定“四个自信”、做到“两个维护”，自觉将中央及区、市、县党委的各项决策部署贯穿于人大履职全方面、落实于工作全过程。严格执行重大事项请示报告制度，人大常委会党组定期向县委报告工作，重大问题、重要事项一事一报。五年来，县委常委会专题研究人大工作 15 次，为人大依法履职提供了有力支持和坚强保障。

——始终做到深学笃信强根基。把学懂弄通做实习近平新时代中国特色社会主义思想作为首要政治任务，及时传达、专题研究部署贯彻党的十九大精神和习近平总书记视察宁夏重要讲话精神，在学思践悟中坚定理想信念。扎实开展“两学一做”学习教育，深入推进“不忘初心、牢记使命”主题教育常态化、制度化，在奋发作为中体现忠诚担当。创新开展党史学习教育，19 堂专题党课贯通“四史”，四项专题研讨掀起学习贯彻习近平总书记“七一”重要讲话精神新高潮，结合实际广泛开展“我是代表我先行、我为群众办实事”主题活动，在力学笃行中赓续红色血脉。

——始终做到担当作为见行动。对县委作出的重大决策，依法决定、全力推动；对县委做出的人事安排，依法任免、全程监督；对县委部署的重点工作，用心“选题”，着力“破题”。本届人大常委会共召开常委会会议 41 次、主任会议 52 次；作出决议、决定 33 项；开展视察、调研、执法检查等 105 次，较上届增长 48%；听取审议专项工作报告 66 项，较上届增长 43%，为推动县域治理体系和治理能力现代化作出积极贡献。

——始终做到依法依规严换届。准确把握县乡两级人大换届选举工作的总体要求、基本原则、工作重心，制定方案、精心组织、规范指导，先后向县委请示报告换届选举相关事项4次，党组会议研究6次，依法做出换届选举时间等决定4项。突出把好代表政治关、素质关、结构关，严格代表候选人提名推荐和审查程序，不断优化代表结构。严格落实“十严禁”纪律要求，确保换届选举风清气正。依法选举产生新一届县人大代表196名、乡（镇）人大代表420名。开展第十九届人大代表履职培训，为代表依法履职打下良好基础。

二、回首五年，我们迎大考、战大疫，制度优势深刻显现

“十三五”时期极不平凡、极具考验。人大常委会以依法治国的制度优势、以全面监督的强劲保障、以无数战“疫”战“贫”的人大代表风采，尽显务实为民的代表本色、担当奋进的人大品格，于非常之期交出了满意答卷。

——锚定脱贫决战决胜。严守“两不愁三保障”底线，先后两次专题视察脱贫攻坚工作，持续发力、跟踪监督。聚焦农业产业发展，调研设施农业、酿酒葡萄、供外蔬菜等重点产业，让全面小康成色更足。致力于脱贫攻坚与乡村振兴有效衔接，调研乡村振兴实施及“四大提升行动”推进情况，促进农村发展和农民收入稳步提升。坚持脱贫不脱帮扶，机关帮扶责任人坚持每月入户走访，选派机关干部担任责任村第一书记，扎根基层服务“三农”。

——携手抗疫共克时艰。常委会闻令而动、果断战“疫”，坚决贯彻全国人大常委会和自治区人大常委会“两个决定”，为新冠肺炎疫情防控增添法治底气。充分发挥制度优势，视察全县新冠肺炎疫情防控和传染病防治法贯彻情况，成立8个专项督查组对全县各乡镇（街道）防疫工作开展全面督查，形成督查通报8期、问题清单44份。各级代表总动员奔赴防疫“火线”，机关干部齐上阵守好责任小区，同心筑牢基层防疫防线。

——呵护生态严守底线。紧盯中央环保督察组反馈问题整改，连续四年视察调研生态环境保护工作，确保问题整改清仓见底。以建设黄河流域生态保护和高质量发展先行区为己任，开展“保护母亲河　共圆中国梦”主题活动，视察水污染防治法执行、河长制落实等工作，守护黄河生态、同享黄河安澜。调研大气污染防治工作，督查全县植树造林和生态绿化工作，让青山常在、绿水长流、空气常新。

三、回首五年，我们重创新、敢作为，民主法治长足进步

制度为本，创新赋能。人大常委会实践不息、探索不止，在法治轨道上深化了监督权、任免权、重大事项决定权的有效行使，为永宁民主法治建设增添了浓墨重彩的一笔。

——科学民主决策，依法决定重大事项。立足全县大局，充分发扬民主，依法审议决定县域政治、经济、民生、社会建设以及关系群众切身利益的重大事项，高效、负责地作出相关决议决定33项。坚持高质量发展，依法批准年度国民经济和社会发展计划、财政预决算，依法调整预算，强化预算审查监督，规范财政运行。修订“十三五”规划，审查并通过“十四五”规划和二〇三五年远景目标纲要，凝聚起全面建设社会主义现代化的集体智慧和法治力量。

——做好人事任免，强化任职监督。坚持党管干部与人大任免相统一、人大任命与人大监督相结合，任前严格审查，任中如实供职，任后定期述职。本届人大常委会共依法任免国家机关工作人员378人（次）、人民陪审员111人（次），依法补选人大代表28名，接受人大常委会委员、人大代表辞职26人（次）。严格落实宪法宣誓制度，组织33批次168名国家工作人员进行了宪法宣誓，弘扬宪法精神、增强宪法意识、维护宪法权威。每年组织代表集中对人大常委会及其组成人员、“一府一委两院”及其班子成员进行履职满意度测评，测评结果向县委报告并在一定范围内公布，在干部工作评价、职务任免、绩效考评等内容中予以充分应用。

——体制机制创新，厚植制度沃土。立足县域实际、把握制度规律，人大常委会于2017年提出打造“学习型、法治型、服务型、担当型、创新型、廉洁型”机关，塑造“心中有党、心中有法、心中有民、心中有责、心中有为、心中有戒”的“六有”干部。2018年创新性建立“三监督三满意三应用”工作办法，配套制定满意度测评、供职述职等制度，丰富和拓展了基层人大制度内涵。同年成立了由财经、法律、教育等方面专家组成的专家咨询委员会，有效改善人大常委会专业人才短缺的局面。2019年依据代表工作性质、联系选民、专业特长等情况，整合组成工业经济、农林水牧、生态环保等10个监督小组。2020年制定监督建议工作办法，创设监督建议书，主动求效、跟踪问效。五年来，我们逐步探索、逐年完善，实现了监督各环节高效衔接、深度融合，形成了专项到点、专题到面、专业到位的监督大格局。

四、回首五年，我们促发展、惠民生，精准监督成效涌现

于监督中大力支持，于支持中有效监督。人大常委会恪守监督的政治定位、法律定位、社会定位，服务经济、聚焦民生、维护法治，切实将监督压力转化为推进工作的不竭动力。

——重点聚焦，持续推进经济社会高质量发展。致力县域经济平稳运行，加强对国民经济和社会发展计划执行、财政预算执行和审计问题整改等法定内容的常态化监督，听取和审议县人民政府专项工作报告，依法作出决议决定。致力财政资金规范管理，高标准建设预算联网监督中心，切实推进政府资金审查全口径、预算单位全覆盖、预算监督全过程。2021年，专题调研全县财政专项资金管理，确保财政资金安全、规范、高效运行，发挥财政专项资金最大效益。致力国有资产有效利用，制定并认真落实国有资产报告制度，专题调研行政事业性、自然资源性等国有资产管理情况，全面掌握我县国有资产现状。致力“十四五”强势起步，以重点项目为支撑视察县人民政府“十四五”规划开局之年工作开展情况，调研绿色食品、红色旅游产业发展，激活经济发展的产业引擎。1—9月份，全县主要经济指标涨幅均高于去年同期，“十四五”规划实现高起点开局。

——要点深化，全速推进民生事业改善。关注衣食住行，对安全生产法、食品安全法、道路交通安全法等10余项民生领域法律法规贯彻执行情况进行视察检查，守好基础民生。关心人居环境，以创建全国文明城市为导向，组织开展文明创城、老旧小区改造、物业管理条例等贯彻实施情况专题视察，结合“问政永宁”反映问题强力推动民生焦点问题整改，擦亮文明底色。关切权益保障，紧盯“六稳”“六保”任务，视察就业促进法贯彻实施情况，夯实社会稳定根基。关爱“一老一小”，对老年人权益保障法落实、未成年人保护法落实、老饭桌运营管理、中小学幼儿园集中配餐进行视察，呵护弱势群体，共创民生和谐。

——关键用力，深入推进法治永宁建设。力促公平正义，持续推动“两院”司法体制改革，视察法院执行、人民法庭建设、家事审判等工作，视察检察院刑事检察、公益诉讼、两法衔接等工作，提高审诉质效，擦亮司法利剑。坚持审慎稳妥，调研县监察委员会工作，支持监委依法依纪依规履责。力促社会和谐，紧扣扫黑除恶专项斗争三年目标任务，把握形势跟进视察，全力推进扫黑除恶常态化。专题视察“七五”普法开展情况，通过“八五”普法决议，加大对《民法典》的宣传普及力度，努力营造全民懂法、守法、用法的良好氛围。力促执法规范，强化规范性文件备案审查，审查规范性文件61件，助力法治政府建设。依法受理群众来信来访41件次，推动涉法涉诉信访问题依法妥善解决。

——特色着墨，全面凸显监督刚性约束。有效运用专题询问，靶向施策精准监督。围绕“食品安全”的基本民生问题首次发问，一问一答之间尽显政府对人大依法监督的尊重，对群众健康的负责。围绕“工业强县”战略实施再度发问，为促进工业经济高质量发展增添强劲推力。防范化解重大风险，持续不断跟进监督。连续三年调研政府性债务管理情况并听取专项工作报告，深入分析债务现状，督促县人民政府制定债务风险预警处置预案。紧盯55亿再融资债券分配使用，有效化解债务总量，坚决遏制债务增量，全县政府隐性债务由2018年的119.35亿元减少至46.35亿元。

五、回首五年，我们强平台、优服务，代表履职热情空前

代表接地气，人大有底气。人大常委会尊重代表主体地位，着力保障好、服务好、支持好代表履职作为，不断提升代表工作水平。

——基层基础更为坚实。认真落实中央和区市县党委关于加强和改进县乡人大工作的部署要求，深入推进县乡人大规范化建设。县人大设立社会建设委员会，提高常委会专职组成人员比例。乡镇人大配齐主席、配强专干，团结西路街道设立人大工委。主动适应司法改革需求，法制工作委员会更名为监察和司法工作委员会。

——服务保障更加有力。坚持学用结合，扎实有效开展代表培训工作，至今累计集中培训代表780余人次。邀请各级人大代表、专家小组成员1100余人次列席常委会会议、参加调研视察等活动，不断拓展代表知情知政渠道。组织代表340余人次旁听社会关注度较高的案件庭审、参加政府开放日、相关政策会议等，把社情民意反映在工作各环节。修订代表活动经费管理办法，为代表积极履职创造条件。于今年9月组织县第十八届人大代表视察县域经济社会发展情况，有始有终圆满完成十八届人大代表光荣使命。

——代表联系更趋紧密。规范打造了7个“代表之家”和84个“代表之窗”，“家”“窗”成为民意集散地、民主发声场。持续拓展“双联”机制，将人大常委会组成人员及区市县乡（镇）四级人大代表进行编组，联系全县各领域开展代表小组活动。五年来累计组织代表开展联系选民、走访选民、接待选民活动710余人次，共收集意见建议933件，现场答复575件，经梳理转交县人民政府研究办理103件。定期组织代表向选区选民述职，向群众汇报、请群众监督，本届人大170名代表全部完成述职。

——议案办理更具成效。制定办理人大代表议案建议相关办法，不断完善统一交办、重点督办、及时反馈、集中复验、满意度测评的议案建议办理工作机制。每年组织多轮实地督导并适时召开推进会议，重点建议由常委会和主任会议全程跟踪督办，力促议案建议“答复满意”变“结果满意”。本届人大确定的36件议案、61件重点督办建议全部办理，一些事关群众生产生活的实际问题得到有效解决，人大代表服务民生、促进发展的作用进一步显现。

六、回首五年，我们建“六有”、创“六型”，实干担当蔚然成风

人大常委会矢志建强“六有”党组，打造“六型”机关，锻造“六有”干部，持续履好人大职责、发好人大声音、树好人大形象，有力推动人大工作取得新发展。

——党组建设与支部建设同频推进。充分发挥人大常委会党组在人大把方向、管大局、保落实的领导作用，坚持民主集中制，不断改进完善党组议事流程，党组工作制度化、规范化、程序化水平逐年提升，本届人大常委会党组共召开党组会议77次，中心组学习84次。全面加强对机关党建工作的领导，压紧压实机关党组工作责任，人大常委会机关党组于2019年配齐班子并规范履职。悉心指导人大常委会办公室党支部建设，“三同心三融入四提升”党建品牌成效初显，办公室党支部获评“四星级”支部、先进基层党组织荣誉称号，离退休党支部获评银川市“银发先锋”先进集体。

——从严治党与锤炼作风同向发力。人大常委会党组坚决落实全面从严治党主体责任，扎实开展“学查改”干部作风整治，严格落实中央八项规定精神，着力整治“四风”。积极配合自治区第四巡视组、银川市委第十轮巡察组巡视巡察，主动接受派驻纪检监察组监督。结合实际开展“好习惯养成”系列活动，大力弘扬真抓实干的优良作风。大兴调研之风，形成了工业强县、脱贫富民、幸福永宁、生态立县等一批有水平、有分量的调研报告，既为县委科学决策提供了参考，也为人大依法履职提供了依据。深化“两个机关”建设，修改完善财务管理等制度20余项，机关管理水平日益提升，人大常委会机关获评国家级节能机关、银川市级文明单位、县委“让党中央放心、让人民群众满意”模范机关。

——宣传发动与对外交流同步提升。牢牢把握意识形态正确方向，于2017年创刊《发展永宁 人大在线》专刊，将永宁人大及人大代表服务大局在一线、担当作为在一线、苦干实干在一线的生动实践传递到基层一线，专刊刊发35期。充分发挥网页、微信等网络媒体优势，五年来共有410余篇信息被区市县新闻媒体、刊物采用。加强与外县区人大的交流学习，先后赴江苏省张家港市等地考察学习9次，形成考察报告8份。接待山东省临沂市河东区等40余地人大考察交流，互学互鉴共研讨，互联互通同提升。

各位代表，回顾五年来的工作实践，我们深刻认识到，要保证人大工作行稳致远、进而有为，必须坚持心中有党，始终在增强“四个意识”、坚定“四个自信”、做到“两个维护”上走在前、做表率；必须坚持心中有法，切实维护宪法权威，不断加强法律实施监督，保证宪法和法律的贯彻实施，以法治护长治；必须坚持心中有民，发挥密切联系群众的制度优势，推动解决群众最关心、最直接、最现实的民生问题，以民生赢民心；必须坚持心中有责，始终将“发展永宁、人大在线”的承诺铭于心、见于行，以责立身、负任前行、不辱使命；必须坚持心中有为，秉持创新理念、激活有为之源，实践探索、总结完善，迸发基层人大新的生机与活力；必须坚持心中有戒，不断加强和改进作风建设，心无旁骛干事业、聚精会神抓落实。以上“六有”，是十八届人大常委会砥砺前行的思想之基、动力之源，是十分宝贵的经验财富，希望在今后的工作中倍加珍惜、长期坚持。

回望五年，人大常委会在探索中前进、在创新中加强、在规范中提高，各方面工作取得了新进展、新突破、新成效，圆满完成了自身使命。常委会所取得的每一点成绩、每一个进步，都浸润着县委的高度重视、坚强领导，凝结着“一府一委两院”和乡镇人大的鼎力支持、密切配合，倾注着全体人大代表的尽心履职、有力作为，记录着常委会组成人员和人大工作者的辛勤付出、携手奋进，饱含着全县人民的充分信任、倾情相助。在此，我谨代表县第十八届人大常委会，向所有关心、支持人大工作的同志们、朋友们，表示衷心的感谢并致以崇高的敬意！

在总结成绩的同时，我们也清醒地认识到，同县委要求、人大使命相比，同代表职责、群众期待相比，人大常委会的工作，在监督实效方面仍有差距，在代表履职方面仍有不足，在自身建设上仍需提升。希望新一届常委会高度重视上述问题，绵绵发力、久久为功，答好时代问卷、开好发展新局、走好新的“赶考路”！

未来五年奋斗目标及2022年主要任务

各位代表，习近平总书记在中央人大工作会议上的重要讲话，为我们在新的历史起点上坚持和完善人民代表大会制度、推进社会主义民主政治建设指明了奋进方向、提供了根本遵循。新一届人大常委会必须深入学习、准确把握，全面贯彻、主动实践，为县域经济社会高质量发展提供制度保障。

以此为前提，今后五年人大工作总的指导思想是：高举习近平新时代中国特色社会主义思想伟大旗帜，深入贯彻党的十九大和十九届二中、三中、四中、五中、六中全会精神，全面贯彻习近平总书记“七一”重要讲话和视察宁夏重要讲话精神，全面落实中央人大工作会议精神，以满足人民日益增长的美好生活需要为根本目的，以发展全过程人民民主为根本任务，围绕永宁县第十五次党代会总体部署，坚持党的领导、人民当家作主、依法治国有机统一，加强和改进新时代人大工作，巩固和发展生动活泼、团结安定的政治局面，为全面建设社会主义现代化新永宁筑牢民主法治基石！

站在承前启后、继往开来的新起点，提出新一届人大常委会奋斗目标：党的领导坚定不移。旗帜鲜明、坚定不移贯彻党的领导这一最高政治原则，确保县委工作中心在哪里，人大工作就跟进到哪里，力量就汇聚到哪里，作用就发挥到哪里。宪法法律全面实施。不断加强对宪法法律实施情况的监督检查，保证宪法法律在县域内得到遵守和执行，自觉维护国家法治统一，以法治推进县域治理体系和治理能力现代化。人民民主充分彰显。高举人民民主旗帜，发挥好人民代表大会制度作为实现全过程人民民主的重要制度载体作用，不断扩大群众有序政治参与，保证人民群众依法享有广泛权利和自由。依法监督正确有效。聚焦县委决策部署，聚焦群众所思所盼所愿，完善“三监督三满意三应用”体系建设，实行正确监督、有效监督、依法监督，推动解决制约县域经济社会发展的突出矛盾和问题。代表工作提质升级。尊重代表、依靠代表、服务代表，丰富人大代表联系群众的内容和形式，完善支持和保障代表依法履职的制度机制，把各方面社情民意统一于最广大人民群众根本利益之中。“四个机关”高位建成。弘扬伟大建党精神，将“六有”“六型”充分融入“四个机关”建设，努力打造让党中央放心、让人民群众满意的政治机关、国家权力机关、工作机关、代表机关。

围绕上述目标，2022 年重点抓好以下工作：

一、开新局、起新步，在落实县委部署上担当新使命

毫不动摇坚持党对人大工作的全面领导，始终保持政治上的清醒和坚定，人大重要会议、重大事项、重点工作主动向县委请示报告。及时审议决定县域重大事项，坚决落实县委人事意图，充分运用民主法治力量维护县委权威、落实县委部署。毫不动摇坚持、与时俱进完善基层人民代表大会制度，加强和改进新时代人大工作，推动制度优势更好转化为治理效能。修订人大常委会议事规则，进一步增强常委会决策的科学化、民主化、法治化水平，提高议事效率。

二、开新局、起新步，在服务经济发展上增添新动能

坚持发展第一要务，自觉在全县经济社会发展大局中定位、谋划和推进人大工作。巩固经济基础。深化对全县经济社会发展、财政预决算、审计监督、政府性债务管理工作的常态化监督，推动审计查出问题有效整改。调研市政基础设施资产和保障性住房管理工作，提升公共基础设施国有资产使用效益。推进“四大战略”。开展以“持续推进‘工业强县’战略，增强制造业竞争优势”为主题的集中调研，深入挖掘产业优势。专题视察固废物污染环境防治法实施情况，除害兴利、变废为宝，走好生态优先、绿色发展之路。坚持创新驱动，视察全县科技创新工作，培育壮大新兴产业，为经济发展注入科技动力。聚焦“三带两城”。视察全县红色文化旅游发展情况，整合县域资源，推进文旅深度融合。

三、开新局、起新步，在增进民生福祉上展现新作为

顺应群众对美好生活的新期待、新向往，主动参与“四大提升行动”。推进全民健康水平提升行动，视察全县公共卫生暨新冠肺炎疫情常态化防控工作，慎终如始抓好防控，切实筑牢公共卫生屏障；调研健身器材管理工作，满足群众健身需求，提高整体健康素质。推进基础教育质量提升行动，视察全县中小学及幼儿园教育教学工作，抓好基础教育，重塑人才培养新优势。持续关注“一老一小”，视察未成年人检察工作，助推“一号检察建议”落实，全方位呵护未成年人健康成长；调研全县养老机构运营情况，推动实现老有所养、老有所安、老有所乐。深化法治护航，视察人民法院民商事审判工作，持续优化营商环境，维护公众合法权益。

四、开新局、起新步，在保障代表履职上实现新提升

着眼于代表理论素养和视野眼界提升，多样化开展代表履职培训；完善代表履职档案建设，形成科学合理的履职评价体系，激发代表履职热情。深化“双联”机制，重新编制代表监督小组，邀请代表全过程参与人大工作，参与“一府一委两院”重大决策、重要事项，更好发挥代表作用。致力将“代表之家”“代表之窗”打造为民主民意表达平台，保证群众的知情权、参与权、表达权、监督权落实到人大工作各方面、各环节、全过程，着力推动“为民作主”向“由民作主”转变，发展好全过程人民民主。全流程加大议案建议收集、整理、督办力度，真正做到民有所呼、我有所应。

五、开新局、起新步，在强化自身建设上迈出新步伐

将“四个机关”作为人大自身建设的现实目标和终身课题，深化党史学习教育成果运用，以伟大建党精神滋养“六有”“六型”，更加坚定自觉地践行初心使命。坚持全面从严治党，大力倡导“严细深实勤俭廉”的干事创业风气，加强干部行为约束，促进能力提升、工作增效。牢牢掌握意识形态主导权，优化《发展永宁 人大在线》专刊、人大网页栏目设置，拓展新媒体宣传阵地。强化精神文明引导，建成自治区级文明单位。积极配合区、市人大工作，进一步密切与外县区人大的沟通联系，拓展交往面、扩大朋友圈。

各位代表、同志们，回望过往的奋斗路，我们光荣自豪、百感交集；眺望前方的奋进路，我们意志坚定、满怀信心。机遇在握、时有所需，人大必将大有可为，也必将大有作为！让我们高举习近平新时代中国特色社会主义思想伟大旗帜，在县委的坚强领导下，永葆初心、牢记使命，乘势而上、赓续前行，在永宁现代化建设的新征程上，不断焕发人民代表大会制度的勃勃生机，继续谱写“发展永宁、人大在线”的壮美华章！

中国人民政治协商会议永宁县第十届委员会常务委员会工作报告

——在政协永宁县第十一届委员会第一次会议上

政协永宁县第十届委员会主席　段伏林

（2021年11月11日）

各位委员、同志们：

我受政协永宁县第十届委员会常务委员会委托，向大会作工作报告，请予审议，并请列席会议的同志提出意见。

五年工作回顾

五年来，在区市政协的悉心指导下，在县委的坚强领导下，在县人大、县政府的关心支持和各方的密切配合下，县政协十届常委会坚持以习近平新时代中国特色社会主义思想为指导，深入贯彻落实党的十九大精神和十九届历次全会精神，牢牢把握团结和民主两大主题，围绕中心、服务大局，认真履行政治协商、民主监督、参政议政职能，广泛凝聚共识，为推动永宁经济社会高质量发展做出了积极贡献，谱写了永宁政协事业发展的新篇章。

一、党建引领，把牢思想政治航向

五年来，十届县政协始终坚持党的领导，深学笃行习近平新时代中国特色社会主义思想，始终做到同县委方向一致、目标一致、步调一致。

一是政协党的建设持续加强。认真贯彻落实《中共永宁县委关于新时代加强和改进人民政协工作的实施方案》，切实履行党建、党风廉政建设、意识形态工作责任制，健全完善责任、组织、制度体系，设立政协机关党组和4个专委会功能型党支部，形成了政协党组、机关党组、政协办公室党支部、专委会功能型党支部层层抓党建的工作新格局。

二是政治理论学习持续强化。以深入学习习近平新时代中国特色社会主义思想为主线，通过全体委员学习会、党组理论学习中心组学习、专题辅导、交流研讨、领导干部讲党课等形式，不断夯实团结奋斗的共同思想政治基础。扎实开展“新时代新使命新样子”学习讨论活动，组织委员和政协机关干部围绕“新时代”“新使命”“新样子”3个专题7个方面开展集中学习23场次，交流研讨11场次，研讨论文30篇。

三是主题教育筑牢思想根基。扎实开展“两学一做”学习教育和“不忘初心、牢记使命”主题教育，引导政协委员进一步增强对中国共产党和中国特色社会主义的政治认同、思想认同、理论认同和情感认同，不断提高政治判断力、政治领悟力、政治执行力。

四是党史学习教育增强奋进力量。紧紧围绕“学党史、悟思想、办实事、开新局”主题，开展集中学习52次、收看网上专题讲座9次、邀请专家辅导2场、党组成员基层宣讲4场次、开展专题交流研讨8期28人次，通过“永宁政协”微信公众号发布“党史知识”240余条；协调解决群众“急难愁盼”事7件，帮助望远镇东位村争取项目资金100万元，成功出列软弱涣散党组织，包抓杨和镇王太村集体经济突破100万元，“我为群众办实事”系列活动成效显著。

二、围绕中心，协商议政献计助力

五年来，十届县政协紧紧围绕县委决策部署，想高质量发展之策、建高质量发展之言、举高质量发展之措，为促进我县经济社会高质量发展发挥了积极作用。

多层面进行政治协商，议政建言。集中协商共谋发展。十届政协共召开全体委员会议5次，组织委员围绕“一府两院”工作报告和涉及我县经济、政治、文化、社会、生态文明建设各个方面的热点、难点问题协商建言，共收集469条意见建议。先后组织22名界别委员，就乡村振兴、民营经济发展、葡萄酒产业发展、平安永宁建设等主题建言献策。专题协商服务大局。召集委员和行业专家围绕我县“十四五”规划制定、防范化解重大风险、脱贫富民、生态治理等主题，召开专题协商会议13次，分析问题研究对策，推动经济发展、环境改善、社会稳定。对口协商尽责出力。积极参与全县重点工程和项目建设，主动深入施工一线，聚焦问题现场施策；主动参与精准扶贫、招商引资、河长制、信访接待、矛盾纠纷化解等工作，服务中心有力有为。联动协商汇聚合力。借助“有事好商量”协商平台，联合区、市政协就“启元药业环保整改及恢复生产问题”“健康宁夏建设”开展三级联动调研；联合市政协就银川与永宁公交一体化建设开展联动协商，协调相关部门新增了永宁至银川定制公交线路3条，优化调整公交线路4条，增加县域公交18条，社会反响良好。

多方位开展深入调研，助力发展。调研方式不断创新。坚持不学习就不调研、不调研就不协商，创新形成协商议政议题切口小、调研队伍小、会议规模小、报告篇幅小的“四小”规则。调研成果含金量高。五年来，先后就我县工业、农业、社会治理等开展专题调研38次，撰写调研报告38篇，县委、县政府高度重视和采纳，绝大多数建议转化成了推动工作的具体措施。针对全县生态绿化和长效管理机制不健全、管护方式粗放、林木补栽不科学等突出问题提出对策建议22条，县委主要领导作出批示，县政府研究出台文件理顺机制，明确责任，保障经费。

多视角组织专项视察，资政聚力。五年来，着眼党政所思、发展所需、群众所盼和社会各界共同关注的工业转型升级、农业品牌打造、生态立县战略、社会治理创新、禁毒工作开展、扫黑除恶专项斗争、国家卫生县城创建、营商环境优化、教育优先发展等方面开展视察11次，形成视察报告11篇报送县委政府，意见建议得到充分采纳。针对我县幼儿园学前教育“5080”工程“教师编制严重不足，公办园教师缺口大”等问题提出意见建议，政府高度重视，新招聘200多名幼儿教师，有效加强幼儿教育。

三、服务大局，凝心聚力促进发展

五年来，十届县政协紧紧围绕县委政府中心工作，组织委员深入基层解难题，在基层一线助推发展。

聚集众力脱贫攻坚。组织政协委员及机关干部积极开展精准帮扶，协调有关部门争取项目扶贫资金和银行扶贫无息贷款，支持发展畜牧养殖、苗木培育、果树种植、电商营销等脱贫项目，帮助贫困户就地就业、外出务工增收致富，帮扶的19户建档立卡户全部如期脱贫，帮扶成效明显。

众志成城防控疫情。动员带领全县政协委员坚决贯彻落实县委新冠肺炎疫情防控决策部署，积极投身防控一线。18名医疗卫生行业和乡镇、社区政协委员夜以继日、不顾风险，冲在战“疫”最前沿。文艺界委员创作大量的文艺作品，宣传防控知识，鼓舞抗“疫”士气。先后有5位委员提交了7篇有关新冠肺炎疫情防控的提案和社情民意信息，全县各界别政协委员和政协机关干部捐资捐物价值113万余元，助力新冠肺炎疫情防控。

四、反映民情，民主监督普惠民生

五年来，十届县政协积极探索新形势下民主监督的新方法和新途径，积极反映民情民意，不断增强监督实效。

提案质量稳步提升。按照“围绕中心、服务大局、提高质量、讲求实效”的工作方针，努力在提高提案质量上下功夫，在健全办理机制上求创新，在促进转化效能上做文章，积极推进提案清单式管理，创新建立了县委政府主要领导领衔督办提案建议工作机制，联合“两办”督查室定期督查提案，开展满意度测评并首次通过电视台公示评议结果，提案建议办理实效全面提升。五年来，十届县政协共收到委员提案576件，立案117件，提案办结率

76.43%。

社情民意反映积极。研究制定了《政协永宁县委员会社情民意信息工作办法》，新建4个专委会微信工作群，拓展社情民意信息收集渠道。五年来，共收集各类社情民意信息116篇并整理上报，上级政协采用并转送相关领导10篇。其中，《促进小型服务业、季节性用工企业参加工伤保险的建议》《严禁非法违规制售经营储存成品油行为的建议》等6篇信息得到区、市领导批示。2019年荣获自治区政协系统反映社情民意信息工作先进单位。

民主监督有效开展。深入开展特约监督，推荐和选派62名素质高、能力强、善担当的委员，担任公检法、发改等部门和行业的特约监督员，积极参与公开庭审、行风评议、价格听证等监督工作，以政协民主监督推动政府部门工作落实、作风转变、服务优化。

五、团结民主，协调各方汇聚合力

五年来，十届县政协充分发挥联系广泛的优势，坚持团结各方，联系各界，人民政协的感召力、凝聚力不断增强。

联系基层纵深推进。五年来，先后建立了8个乡镇、街道委员联系基层点和5个委员界别工作室，为察民情、听民意、解民忧搭建“联系桥”。围绕农业产业发展、社会综合治理等主题开展50余次联系基层活动和20余场界别活动，组织委员开展送科技、送健康、送文化下乡、捐款捐物帮扶困难群众等社会公益活动，得到社会各界和广大群众的普遍好评。完善“政协委员大讲堂”活动机制，充分发挥委员专业优势，组织委员围绕“贯彻落实习近平总书记视察宁夏重要讲话精神”“推动乡村振兴”等主题在基层开展委员大讲堂10余场。

文史工作卓有成效。弘扬中华优秀传统文化，深度挖掘永宁历史文化，成立了永宁历史文化、民间传说故事编纂委员会，经多次实地走访征集、召开讨论会和专家评审会，对“鹤泉湖”“四棵树”“李俊塔”“海子湖”等历史文化古迹进行深入挖掘，编纂出版了永宁县历史文化、民间传说故事系列丛书，为打造全域旅游奠定了文化基础。

联系交流广泛深入。以庆祝中华人民共和国、人民政协成立70周年，改革开放40周年，中国共产党成立100周年为契机，组织各界别委员成功举办了“齐心同绘新时代、携手共圆中国梦”等系列庆祝活动，广泛宣传中国共产党领导的多党合作和政治协商制度，进一步加深了广大政协委员对新时代人民政协新方位新使命的理解，增强了做好新时代政协工作的责任感和使命感。五年来，先后接待了部分全国政协领导、住宁全国政协委员及区内外政协兄弟单位93批次来我县考察交流，组织11批次县政协委员外出交流学习，有效扩大永宁对外知名度。

六、强基固本，自身建设全面强化

五年来，十届县政协高度重视自身建设，对标对表新时代人民政协的新使命新任务，以学习强素质、以规范促有序、以作为树形象，政协工作活力进一步激发。

学习培训持续加强。五年来，全面加强委员学习，通过委员培训、专题讲座、提案培训、委员大讲堂、委员读书活动等形式，着力提高委员素养；选派80余名委员和机关干部赴外学习培训，委员履职能力水平有效提高。

制度体系逐步规范。五年来，持续加强政协履职的制度化、规范化、程序化建设，先后制定完善了县政协《全体会议工作规则》等30余项规章制度，内容涵盖政协党的建设、履职工作、委员管理、内部运行等各方面，构建了权责清晰、程序规范、关系顺畅、运行有效的制度体系，为加强和改进新时代县政协工作提供了制度遵循。

机关建设有力提升。五年来，以建设“五型机关”为抓手，全面加强政协机关作风建设，实现精细化管理；增设社会治理委员会，完善政协内设机构设置；加强政协机关与党政部门间的干部交流，形成“能进能出”的双向干部交流机制；加大干部教育培养选拔力度，定期组织开展形式多样的结对共建活动，干部队伍整体素质全面提高；新建党建活动室、委员之家、职工书屋、书画苑等，阵地建设有效加强；严格日常管理考核，机关工作效率和服务水平全面提升。

各位委员，过去五年县政协工作成绩的取得，是中共永宁县委正确领导的结果，是县人大、县政府和社会各界大力支持的结果，是政协各参加单位、广大政协委员、政协机关全体工作人员共同努力的结果。在此，我代表十届县政协常委会向大家表示衷心的感谢！肯定成绩的同时，我们也清醒地认识到工作当中还存在一些差距和不足。主要表现在，委员交流学习的频次还不够多；协商议政成果转化的监督跟进还不够及时；提案建议办理的质效还需进一步加强。这都需要在今后的工作实践中进一步提升改进。

回顾五年工作，十届县政协继承和发扬历届县政协的优良传统，着眼新形势、新任务、新要求，研究新情况，解决新问题，在实践中积累了许多宝贵经验，值得倍加珍惜。我们深刻认识到：必须始终坚持和依靠党的领导，确保政协工作正确的政治方向。只有始终坚持党的领导，用党的创新理论统一认识、分析问题、指导实践，才能巩固团结合作的思想政治基础，才能把握人民政协事业正确的发展方向，才能始终与县委保持思想同心、目标同向、工作同步。必须始终坚持围绕中心、服务大局，把助推高质量发展作为第一要务。只有主动把政协工作融入全县工作大局，紧紧围绕党政所需、人民所盼找准履行职能的着力点，紧贴发展、善谋实干，才能实现政协工作的有为有位。必须始终坚持团结民主两大主题，努力形成维护社会和谐稳定的整体合力。只有坚持民主协商、平等议事、求同存异的原则，努力创造和衷共济、和谐稳定的社会环境，才能使各民主党派、工商联、人民团体和社会各界人士的协商议政活动更加富有成效，更好地为促和谐、保稳定服务。必须始终坚持开拓创新，不断提高政协工作科学化水平。只有立足新时代、新使命、新任务，不断推进理论创新、制度创新、工作创新，才能使人民政协事业保持旺盛的生机和活力，担负起党和人民赋予政协的历史使命和光荣责任。必须始终坚持全面加强自身建设，不断提高履职能力。只有不断加强自身建设，进一步促进党派合作、突出界别特色，发挥好委员主体作用和专委会的基础性作用，才能为开创政协工作新局面提供坚强有力的保障。

对今后五年政协工作的建议

今后五年是我县开新局、谋新篇，实施“十四五”规划，全力推进社会主义现代化建设新征程的关键五年，也是县政协继往开来，奋发有为的五年。刚刚闭幕的县第十五次党代会描绘了未来五年发展的宏伟蓝图，确定了永宁县高质量发展的定位、目标和思路，也为政协工作指明了方向。在此，我们建议十一届县政协工作的总体要求是：以习近平新时代中国特色社会主义思想为指导，深入贯彻落实习近平总书记“七一”重要讲话精神和视察宁夏重要讲话精神，在县委的坚强领导下，按照县第十五次党代会的部署要求，坚持团结和民主两大主题，把握新发展阶段、贯彻新发展理念、服务新发展格局，聚焦“践行‘一高三化’目标要求，围绕‘三带两城’总体部署，持续深化改革、扩大开放，大力发展九大产业，实施‘四大提升行动’”的目标任务，进一步提高政治协商、民主监督、参政议政水平，更好凝聚共识，同心同德干事业，攻坚克难抓落实，为开启全面建设社会主义现代化新征程、建设高质量发展新永宁贡献政协力量。

（一）坚持党的领导，为把宏伟蓝图变为美好现实筑牢思想基础。全面加强党的领导，持续加强政协党的建设，严格落实党风廉政建设和意识形态工作责任制。坚持以中心组学习为引领，进一步健全完善学习机制，采取集中学、个人学、辅导学、线上学等形式，组织引导政协各参加单位、广大政协委员和机关干部，把习近平总书记关于加强和改进人民政协工作的重要思想作为理论学习的重中之重，准确把握丰富内涵、精神实质和实践要求。深入学习贯彻习近平总书记“七一”重要讲话精神和视察宁夏重要讲话精神，认真贯彻落实中央和区、市、县党委政协工作会议的部署要求，引领政协委员增强“四个意识”、坚定“四个自信”、做到“两个维护”，坚持坚定的政治方向，确保政协事业有信仰、有根基、有力量。

（二）聚焦发展大局，为把宏伟蓝图变为美好现实凝聚强大合力。要立足新发展阶段，聚焦党委和政府工作的重点、群众关心关注的难点、社会治理的焦点，明确履职重点，精心选择事关我县经济发展、民生改善、城乡建设、产业壮大、创新驱动、社会治理等具有全局性、综合性和前瞻性的重大问题，认真开展调研视察、协商议政、民主监督等履职活动，多提富有创造性、建设性、实用性的建议和对策。要加强专门协商机构建设，不断完善协商内容，丰富协商形式，健全协商规则，培育协商文化，提高协商能力，在建言资政和凝聚共识上双向发力。要积极创造条件，充分发挥全体委员和各界人士的积极性、主动性、创造性，发挥委员“聚是一团火、散是满天星”的政协优势，组织引导委员投身经济建设主战场，为全县经济社会高质量发展凝心聚力。

（三）高度关注民生，为把宏伟蓝图变为美好现实打牢群众根基。坚持把满足人民群众对美好生活的向往作为履职的出发点和落脚点，以促进共同富裕、增进群众福祉为目标，找准作为基点，紧盯发展重点，关注民生热点，围绕巩固脱贫攻坚成果、实施“四大提升行动”、加快产业发展、重点领域改革、生态环境保护等方面，不断拓展联系基层、深入群众的范围和领域，丰富服务基层群众方式，加强提案、社情民意信息、民主评议等工作，为我县民生改善多谋发展之计、多建利民之言、多献富民之策、多办惠民之事，引导带动社会各界踊跃投身开新局、创新业的伟大实践。

（四）广泛凝聚共识，为把宏伟蓝图变为美好现实共筑政治同心。要坚持大团结大联合，始终秉持“党政所需、群众所盼、政协所能”的工作原则，最大限度调动一切积极力量和因素，协助党委政府做好协调关系、理顺情绪、化解矛盾的工作。要强化团结联谊，加强同各民主党派、工商联和各界人士的联系，主动与党外知识分子、民族宗教界人士、非公有制经济人士和新的社会阶层人士沟通联络，把各党派团体和各界人士紧密团结在党的周围，不断厚植党的民意基础和群众基础。要支持和鼓励民主党派、人民团体以组织名义提出精品提案、进行会议发言，体现党派团体在政协舞台上的整体作用。要加强与区内外政协的学习交流合作，为我县招商引资、招才引智搭建平台。

（五）严格履行职责，为把宏伟蓝图变为美好现实贡献政协力量。要多措并举提升委员能力素质，打造“懂政协、会协商、善议政，守纪律、讲规矩、重品行”的政协委员队伍。发挥政协机关服务保障作用，提升服务能力和水平，在服务群众和委员中体现政协价值。坚持严管厚爱，锤炼素质过硬、作风务实的干部队伍，增强机关干部的理解领会力、履职创新力、落实执行力、团结战斗力，以攻坚克难的实干精神、严谨细致的工作作风，推动政协工作再上新台阶。

2022 年政协工作

2022 年是新一届政协开局之年，建议县政协十一届委员会以习近平新时代中国特色社会主义思想为指导，紧紧围绕县委提出的目标任务，团结和带领广大政协委员，认真履行政治协商、民主监督、参政议政职能，广泛凝聚共识，为建设社会主义现代化新永宁贡献政协力量。

一、筑牢根基，同心同向，把握前行风向标

加强党对政协工作的领导。坚持党对政协工作的全面领导，坚定不移地贯彻执行中央和区市县党委的决策部署，自觉在县委的领导下开展工作，主动请示报告重大事项，邀请县委政府领导参加政协重要会议和重大活动，始终做到与县委在思想上同心、目标上同向、行动上同行。

加强意识形态工作。坚持以习近平新时代中国特色社会主义思想为指导，深入学习贯彻落实党的十九大、十九届历次全会精神和习近平总书记系列重要讲话精神以及中央、区市县党委政协工作会议精神，严格落实意识形态工作责任制，夯实履行职能的思想理论基础，切实增强政治定力和责任担当。

加强政协党的建设。肩负起政协党组把方向、管大局、保落实的领导作用，弘扬伟大建党精神，严格落实党建、党风廉政建设和意识形态工作责任制；发挥好政协机关党组和功能型党支部的政治功能，丰富组织生活内容和形式，在视察考察调研、集中学习培训活动中切实发挥党员委员示范引领作用，以党的建设引领和推动履职实践。

二、紧扣中心，建言献策，助推永宁开新局

紧紧围绕县第十五次党代会提出的奋斗目标，找准政协履行职能的着力点和切入点，通过常委会专题议政、专题协商、民主监督、有事好商量和区市县联动协商等形式广泛开展调研，为开新局、创新业贡献智慧和力量。要聚焦推动农业产业现代化发展，就供外蔬菜发展对我县农业产业发展的影响开展调研，助推农业产业化合理布局；要聚焦提升治理效能、维护和谐稳定，就全国民族团结进步示范县创建工作开展调研，进一步铸牢中华民族共同体意识。要聚焦加强基层治理能力建设，就黄羊滩农场、玉泉营农场社会治理现状开展调研，助推国有农场规范化管理。要聚焦实施城乡居民收入提升行动，就重点群体就业难与企业用工紧张的矛盾问题开展调研，进一步拓展增收空间。要聚焦实施基础教育质量提升行动，就校外培训机构现状及治理情况开展调研，推动“双减”政策落实，努力办好新时代人民满意的教育。要聚焦实施全民健康水平提升行动，就医疗卫生人才队伍培养工程开展调研，持续深化健康永宁建设。要聚焦促进城乡融合发展，就我县城乡服务与城市管理及政府购买公共服务现状开展调研，不断提升城乡建设水平。要聚集促进民生改善，就高层住宅居民用水情况开展调研，着力提升群众生活品质。

三、突出主题，凝聚合力，勠力同心促和谐

坚持团结联合，进一步加强与社会各界的沟通和联系，充分发挥民主党派、工商联、人民团体、无党派人士和新社会阶层、新社会组织的作用，拓展统一战线平台，汇聚促进社会和谐稳定的正能量。

致力改善民生，充分发挥团结面广、包容度大、代表性强的特点，组织全体委员和各界人士深入基层，倾听群众呼声，反映群众意愿，维护群众权益，搭建党和政府联系各界群众的纽带和桥梁，为更好满足全县人民对美好生活的向往主动作为。深入联系基层，以委员联系基层和结对共建活动为抓手，为群众诚心诚意办实事、尽心尽力解难事、坚持不懈做好事，积极协助县委、县政府做好协调关系、化解矛盾、理顺情绪的工作。

四、创新履职，积极实践，服务大局创新业

加强专门协商机构建设，增强政协协商与县委、县政府工作的有效衔接，制定并实施好年度协商计划，更加灵活、更为经常地组织重点协商、专题协商、对口协商、界别协商、提案办理协商，积极探索网络议政、远程协商等新形式，建立健全协商成果采纳落实、跟踪督办和反馈机制，推动政协协商民主制度化、规范化、程序化发展。

继续推进提案“清单式”管理，增加集体提案比重，畅通提案交办、办理、督办渠道和机制，完善县委政府领导领衔督办制度，提高提案工作质量。持续提升民主监督实效，引导委员积极参加政协协商、民主评议、调研视察等监督活动，支持政协委员在党政部门、司法机关及有关单位担任特邀监督员、政风行风评议员，引导委员认真撰写提案和建议案，积极反映社情民意，充分发挥主体作用。

延伸协商民主触角，持续强化委员联系服务基层点、委员界别工作室、委员会客室建设，推进委员按界别联系社会组织工作，拓展委员联系基层形式和内容；依托政协全体会议、常委会会议、专题协商会议等载体，邀请群众代表听取会议发言，为社会各界广泛参与民主协商搭建平台，推进协商民主向基层延伸。

五、固本培元，完善机制，展现政协新风貌

打造忠实履职、勇于担当的委员队伍。强化委员履职管理，制定完善委员考评、退出机制，认真开展履职评价考核，健全委员履职档案，提高委员参政议政、建言献策的主动性。健全委员知政明情机制，积极组织委员参加重要会议、重大决策论证和县域经济发展观摩等活动。借助永宁主流媒体和各类新媒体，反映政协工作动态、委员履职事迹和履职成果，激励全体委员履职担责，提高能力和水平。

锤炼素质过硬、能力突出的干部队伍。坚持严管与厚爱结合，激励与约束并重，从严要求、从严教育、从严管理，努力培养造就一支政治坚定、作风优良的高素质干部队伍；引导机关干部钻研政协业务、保持昂扬向上状态、提升工作水平，在服务委员、服务群众上更加有力有为；加强政协机关干部的培养，不断优化结构、增强活力，提升干部队伍整体素质。

建设管理有序、作风优良的政协机关。进一步健全政协机关管理制度，完善机关运行机制，提高服务保障效能。持续深化模范机关和文明单位创建，继续完善职工书屋、书画苑建设，打造书香政协。加强与兄弟区县政协的联谊交流，在学习交流中提升服务水平。持续加强机关党建、党风廉政建设和意识形态工作，严格执行财务和公务用车管理等各项制度。

各位委员、同志们，征程万里风正劲，重任千钧再奋蹄，让我们紧密团结在以习近平同志为核心的中共中央周围，站稳信仰立场，找准前行方向，常思百姓疾苦，常谋富民之策，以积极主动的姿态、昂扬向上的精神、高效务实的作风，凝聚万众之心、集聚各界之识、汇聚各方之力，勠力同心，奋楫笃行，共同谱写建设社会主义现代化新永宁的政协篇章！

组织机构与负责人

（2021年1月1日—12月31日）

中国共产党永宁县委员会

书　记　　朱　剑
副书记　　郝春明
　　　　　张　虹（女，3月免）
　　　　　张　文（6月任）
常　委　　张　文
　　　　　钱　冬（挂职）
　　　　　杨　勇
　　　　　李　伟
　　　　　林　骏
　　　　　余　梁
　　　　　高建华（4月任，6月免）
　　　　　祁　华（女，6月任）
　　　　　马小平（6月任）
　　　　　周德强（6月任）
　　　　　孙佳永（9月任）
　　　　　李建军（挂职2年，7月任）
　　　　　郑进选（6月免）
　　　　　王立平（6月免）
　　　　　张延能（7月免，挂职）

永宁县人大常委会

主　任　　郭雪平
副主任　　王少林（11月免）
　　　　　满　红（11月免）
　　　　　陈丽娟（女）
　　　　　马少军
　　　　　姜　利（9月任）
　　　　　曹永进（11月任）

人大常委会党组

书　记　　郭雪平
成　员　　陈丽娟（女）
　　　　　王少林
　　　　　满　红
　　　　　姜　利（9月任）
　　　　　曹永进（11月任）
　　　　　王　成

永宁县人民政府

县　长　　郝春明
常务副县长　李　伟
副县长　　马　燕（女，7月免）
　　　　　孙佳永
　　　　　杜　勇（7月免）
　　　　　杨文智（6月任）
　　　　　屠建强（7月任）
　　　　　沙　勐（7月任）
　　　　　李淑娟（女11月任）
　　　　　郑江强（挂职，1月免）
　　　　　王维焕（挂职，9月免）

政府党组

书　记　　郝春明
成　员　　李　伟
　　　　　马　燕（女，7月免）
　　　　　孙佳永
　　　　　杜　勇（7月免）
　　　　　杨文智（6月任）
　　　　　屠建强（7月任）
　　　　　李淑娟（女，11月任）

郑江强（挂职，1月免）
王维焕（10月免，挂职）
郭旭宏

中国人民政治协商会议永宁县委员会

主　席　段伏林（11月免）
郑进选（11月任）
副主席　蒯金银（11月免）
郭　宏（女，11月免）
刘志刚（8月免）
马立云（11月任）
张文霞（女，11月任）
马文君（11月任）
秘书长　刘玉生

政协党组

书　记　段伏林（11月免）
郑进选（11月任）
副书记　马小平（11月任）
成　员　马立云（11月任）
马文君（11月任）
刘玉生
蒯金银（11月免）
刘志刚（8月免）

中共永宁县纪律检查委员会 监察委员会

中共永宁县纪律检查委员会

书　记　王立平（6月免）
祁　华（女，6月任）
副书记　白崇东（2月免）
谢尉庆（女）
张泉柳（2月任）
纪委常委　梁　峰（9月免）
杨立军（10月免）
岳海瑞（女）
邢利斌（女）
赵红霞（女，10月任）
张　冬（9月任）

巡察办

主　任　赵红霞（10月任）
杨立军（10月免）

永宁县监察委员会

主　任　王立平（7月免）
祁　华（女，7月任）
副主任　白崇东（2月免）
谢尉庆（女）
张泉柳（2月任）
委　员　岳海瑞（女）
邢利斌（女）
梁　锋（9月免）
马建林（6月任）

县纪委监委第一纪检监察室
主　任　王金钢
县纪委监委第二纪检监察室
主　任　姚　旭
县纪委监委第三纪检监察室
主　任　马建林（5月免）
王铁妹（女，5月任）
县纪委监委第四纪检监察室
主　任　乔　栋
县纪委监委党风政风监督室
主　任　伍思凯
县纪委监委案件监管室（信访室）
主　任　成　静（女，5月免）
朱宁燕（女，5月任）
县纪委监委案件审理室
主　任　（暂缺）
县纪委监委案件办公室（宣教室）
主　任　王贵娟（女）
永宁县纪律审查服务中心

主　任　　郭　润（女）

中国共产党永宁县委员会机关

中共永宁县委办公室［督查室、保密委员会办公室（县国家保密局）、机要局、县档案局］
主　任　　李耀续
副主任　　李学军（6月免）
　　　　　张泉柳（2月免）
　　　　　张　乐
　　　　　李柄锋（2月任）
　　　　　刘海峰（6月任）
督查室
主　任　　张泉柳（2月免）
　　　　　李柄锋（2月任）
县档案局
局　长　　张　乐
保密委员会办公室（国家保密局）
主任、局长　李学军（6月免）
　　　　　刘海峰（6月任）
机要局
局　长　　李学军（6月免）
　　　　　刘海峰（6月任）

中共永宁县委组织部（挂直属机关工作委员会、老干部局、县公务员局牌子，非公有制经济组织和社会组织工作委员会、离退休干部工作委员会设在组织部）
部　长　　余　梁
常务副部长　王　军
副部长　　韩　刚（6月免）
　　　　　刘晓磊
县直属机关工委
书　记　　余　梁
常务副书记　韩　刚（6月免）
　　　　　刘晓磊（7月任）
委　员　　白崇东
　　　　　陈绍峰
非公经济组织和社会组织党工委
书　记　　韩　刚（6月免）
　　　　　刘晓磊（10月任）
专职副书记　何亚军（7月免）
　　　　　马　微（女，10月任）
人才工作领导小组办公室
主　任　　金　莹（女，4月免）
　　　　　王　佳（女，5月任）
永宁县老干部局
局　长　　刘晓磊
副局长　　朱占河
永宁县公务员局
局　长　　王　军
永宁县离退休干部党工委
书　记　　刘晓磊
专职副书记　朱占河
永宁县党员教育中心
主　任　　张　琛（6月免）
永宁县老干部服务中心
主　任　　王　佳（5月免）
　　　　　文玉孝（5月任）
关心下一代工作委员会办公室
副主任　　刘进才（保留副处级待遇）

中共永宁县委宣传部（县精神文明建设指导委员会办公室、县新闻出版局）
部　长　　林　骏
常务副部长　叶广军（10月免）
　　　　　唐英荣（女，10月任）
副部长　　唐英荣（女，2月任，10月免）
　　　　　刘智文（2月免）
永宁县精神文明建设委员会办公室
主　任　　叶广军（10月免）
　　　　　唐英荣（女，10月任）
副主任　　任　静（女）
永宁县新闻出版局
局　长　　刘智文（2月免）

唐英荣（女，2月任，10月免）

永宁县委统战部（县民族宗教事务局、县政府侨务办公室、港澳台工作办公室、县政府港澳台事务办公室）

部　长　郑进选（6月免）
马小平（6月任）
常委副部长　翁　华（5月免）
韩向成（5月任）
副部长　马自和
永宁县民族宗教事务局
局　长　马自和
县政府侨务办公室，县政府港澳台事务办公室
主　任　翁　华（5月免）
韩向成（5月任）

中共永宁县委网络安全和信息化委员会办公室（县互联网信息化办公室）

主　任　王学荣
副主任　唐英荣（2月免）
李　丹（2月任）
施　波（5月任）
网络舆情监测研判中心
主　任　马天宝
永宁县智慧城市运营中心
副主任　姜　武（6月任）

中共永宁县委政法委

书　记　张　虹（女，3月免）
高建华（4月任，6月免）
张　文（6月任）
常务副书记、秘书长
眭光武（4月任）
杨　钊（6月免）
副书记　张　龑（4月任）
唐晓菲（5月任）
杜　勇（7月免）
魏凯军（7月免）
王　哲（7月任）
屠建强（7月任）
安　宁（7月免）
肖　声（女，7月任）
翁　华（5月免）
韩向成（5月任）
副秘书长　张　龑
唐晓菲（女5月任）

中共永宁县委政策研究室

主　任　黄轶群（5月免）
张　乐（10月任）
副主任　李小燕（女）

中共永宁县机构编制委员会办公室（事业单位登记管理局）

主　任　李学军（5月任）
王雪霞（女，5月免）
副主任　马玉红（女，10月免）
事业单位登记管理局
局　长　王雪霞（女，5月免）
李学军（5月任）

中共永宁县委员会巡察工作领导小组办公室

主　任　杨立军（10月免）
赵红霞（10月任）
副主任　王江峰

中共永宁县委巡察组

巡察组副组长　韩玉莲（5月免）
蒋景平（2月免）
马化慈（5月任）

中共永宁县委党校（永宁县行政学校）

校　长　张　虹（女，3月免）
张　文（6月任）
党校常务副校长、行政学校校长
刘　印

党校副校长、行政学校副校长
黄新年（5月免）
行政学校副校长
裴建明（5月任）
党校副校长　郑福军

永宁县档案馆（县史志编纂委员会办公室、县党史研究室）
馆　长　　路　晶（女）
县史志编纂委员会办公室
主　任　　路　晶（女）
县党史研究室
主　任　　路　晶（女）

永宁县融媒体中心（永宁县广播电视台）
主　任　　沈学华
副主任　　王　娜（女）
侯智膑

永宁县人民代表大会专门委员会
社会建设委员会
主任委员　　陈丽娟（女）
副主任委员　张　艺（女）
委　员　　苏志军
靳　萍（女）
谢丽丽（女）

永宁县人民代表大会常务委员会内设机构、负责人
办公室
书记、主任　王　成
副主任　　邵博雅（5月任）
唐晓菲（女，5月免）
监察和司法工作委员会
主任委员　　张　艺
人事任免代表联络工作委员会
主任委员　　姚海军（6月免）
马彦斌（6月任）
教科文卫体工作委员会
主任委员　　罗桂宁（女，6月免）
樊建军（6月任）
财政经济工作委员会
主任委员　　哈玉忠

中国人民政治协商会议永宁县委员会内设机构
办公室
主任、秘书长
刘玉生
副主任　　马婷婷（女）
经济委员会
主任委员　　任生雄（4月免）
翁　华（4月任）
教科文卫委员会
主任委员　　杨永霞（女，10月免）
马玉红（女，10月任）
提案和委员联系联络委员会
主任委员　　刘红霞（女）
社会治理委员会
主任委员　　杨　冰（女，10月免）
孙占军（10月任）

永宁县民主党派
中国国民党委员会永宁支部第十六届委员会
主　委　　付燕荣（女，7月任）
副主委　　顾　燕（女，7月任）
拜桂霞（女，7月任）
中国民主同盟永宁总支第六届委员会
主　委　　张学民
副主委　　邹丽琼（女，7月任）
赵晓华（7月任）
张　凡（7月任）
中国民主建国会永宁支部第三届委员会
主　委　　马少军（7月任）
副主委　　马小英（女，7月任）
范月忠（7月任）
中国民主促进会永宁支部第五届委员会
主　委　　勉维娜（女，7月任）

副主委　　哈丽娟（女，7月任）
　　　　　刘　娟（女，7月任）
中国农工民主党永宁县第四届委员会
主　委　　周金生（7月任）
副主委　　赵梦飞（女，7月任）
　　　　　张贤姣（女，7月任）
九三学社永宁支社第五届委员会
主　委　　吴自平（7月任）
副主委　　刘晓瑞（女，7月任）
　　　　　杜小梅（女，7月任）

法检两院

永宁县人民法院
党组书记、院长、审判委员会委员、审判员
　　　　　魏凯军（7月免）
永宁县人民法院党组成员、书记、代理院长
　　　　　王　哲（7月任）
永宁县人民法院院长
　　　　　王　哲（11月任）
党组成员、副院长、审判委员会委员、审判员
　　　　　郭冬林（6月免）
　　　　　胡冬云
党组成员、纪检组组长
　　　　　赵红霞（女，10月免）
党组成员、审判委员会专职委员、审判员
　　　　　杨志华
　　　　　周建新（6月免）
党组成员、审判委员会委员、审判员
　　　　　隋学红（女）

永宁县人民检察院
党组书记、检察长
　　　　　安　宁（1月任，7月免）
　　　　　王　哲（11月任）
党组书记、代理检察长
　　　　　王　哲（7月任）
党组成员、副检察长
　　　　　王定国（3月免）
　　　　　张金伏（8月任）
党组成员、纪检组组长
　　　　　王　薇（女）
党组成员、检委会专职委员
　　　　　李少波
检委会专职委员
　　　　　吴新莉（女）

永宁县人民政府工作部门

永宁县人民政府办公室（信访局、政府督查室、政府外事办公室、政务公开办公室）
党组书记、主任
　　　　　郭旭宏
副主任　　赵文生（5月免）
　　　　　王红新（10月免）
　　　　　司迎春
　　　　　沈　青
　　　　　孟庆禹（2月免）
　　　　　陈小艳（5月任）
信访局
局　长　　沈　青
政府督查室
主　任　　王红新（10月免）
政府外事办公室
主　任　　司迎春
政务公开办公室
主　任　　赵文生（5月免）
　　　　　陈小艳（5月任）
县机关事务管理服务中心
主　任　　赵　涛

永宁县发展和改革局（工业和信息化局、粮食和物资储备局）
党委书记、局长

马跃林
副书记　　周　莉（女，4月任）
联合纪检组组长
　　夏爱红（女）
副局长　　张冬萍（女，2月免）
　　马维利
　　李小梅（女，5月免）
　　张俊平（挂职，4月免）
　　李成龙（6月任）
粮食和物资储备局
局　长　　马跃林
副局长　　李小梅（女，5月免）
　　李成龙（5月任）
工业和信息化局
局　长　　马跃林
副局长　　张冬萍（女，2月免）
　　周　莉（女，4月任）
永宁县节能中心
主　任　　杨　辉
永宁县粮食和物资储备中心
主　任　　李成龙（6月免）
　　高喜宁（6月任）

永宁县教育体育局（政府教育督导室）
党工委书记、局长
　　马立云
党工委副书记、教育工会主席
　　刘春芳（女）
纪检组组长　武进明
副局长　　武光宁
　　吕乐春（女）
　　何　乐（6月免）
县人民政府教育督导室
主　任　　马立云
副主任　　何　乐（5月免）
永宁县体育中心
主　任　　马飞志
教育考试中心
主　任　　高　泽

永宁县科技局
党组书记、局长
　　王学斌
副局长　　焦占江（2月免）
　　付有华（女，5月任）

永宁县公安局
党委书记、局长
　　杜　勇（7月免）
　　屠建强（7月任）
党委副书记、政委
　　曾晓隆
党委委员、副局长
　　沈　波（6月任）
党委委员、副局长
　　任建华（6月任）
党委委员、指挥中心主任
　　茆德恒（8月任）
党委委员、副政委
永宁县纪委监委派驻第八纪检监察组组长、党委委员
　　张　冬

永宁县民政局
党组书记、局长
　　徐　军（5月免）
　　马文君（5月任）
副局长　　金　铸（2月任）
　　哈东军（2月免）
　　单桂香（女）

永宁县司法局
党组书记、局长
　　潘　毅
党组成员、副局长
　　李奇峰
　　马小英（女，5月免）

吕正芳（女7月任）

永宁县财政局（金融工作局）

党组书记、局长

曹永进

党组成员、副局长

马　越（女）

保美宏（女）

王　峰

纪检组组长　夏爱红（女，5月免）

党组成员　温彩霞（女）

永宁县金融工作局

局　长　马　越（女）

永宁县国库集中支付中心

主　任　温彩霞（女）

永宁县人力资源和社会保障局

党组书记、局长

陈绍峰

副局长　张　荣

马淑琴（女）

纪检组组长　夏爱红（女）

党组成员　姜　磊（女，5月任）

张永芳（女，5月任）

永宁县就业创业和人才服务中心

主　任　姜　磊（女）

永宁县社会保险事业管理中心

主　任　张永芳

党支部书记　仇建宁（任）

永宁县劳动保障监察执法局

局　长　路　逵

永宁县劳动人事争议仲裁院

院　长　袁富贵

永宁县自然资源局（林业和草原局）

党组书记、局长

伍庭利

副局长　孙林峰

杨淑英

马鹏举（5月任）

夏建军（5月免，9月免党组成员）

纪检组组长　李剑鸣

党组成员　章永胜

永宁县林业和草原局

局　长　伍庭利

副局长　孙林峰

永宁县土地储备中心

主　任　徐建辉

永宁县住房和城乡建设局（地震局、人民防空办公室）

党组书记、局长

许　波（3月任）

杨雁冰（3月免）

副局长　李　程（5月免）

谢　峰

杜平燕（11月免）

杨　策（5月任）

纪检组组长　夏爱红（女）

党组成员　唐晓云（9月任）

人民防空办公室

主　任　杨雁冰（3月免）

许　波（3月任）

副主任　李　程（5月免）

杨　策（5月任）

地震局

局　长　杨雁冰（2月免）

许　波（2月任）

副局长　李　程（5月免）

杨　策（5月任）

永宁县建设工程质量安全监督站

站　长

永宁县城乡公共事业服务中心（机构改革新设）

主　任　张永忠（2月任）

副主任　刘志刚（2月任）

张　超（2月任）

永宁县交通运输局
党组书记、局长
王文勇（5月免）
郭　斌（5月任）
副局长　苏　勇（6月任）
张志强（12月免）
唐学平
党组成员　蒋红梅（女，6月任）
乔文元（6月任）
交通战备办公室
主　任　王文勇（5月免）
郭　斌（5月任）
永宁县交通运输综合执法大队
队　长　蒋红梅（女）
永宁县公路管理段
党支部书记、段长
杨玉荣
副段长　乔文元
李　辰
章建林

永宁县水务局
党组书记、局长
哈东军（2月任）
副局长　金　铸（2月免）
徐建军（6月免）
李小梅（女，5月任）

永宁县农业农村局
党委书记、局长
赵建明（2月免）
孙伟国（2月任）
副局长　李岩琴（6月任）
张　平（6月免）
高金强

永宁县乡村振兴局（原永宁县扶贫开发办公室）
局　长　赵建明（2月免）
孙伟国（2月任扶办主任，
6月任乡村振兴局局长）
副局长　李岩琴（6月任）
永宁县乡村振兴服务中心（原永宁县扶贫开发服务中心）
主　任　李海宁（6月任）
副主任　裴建明（5月免）
赵　涛（6月任）
杨　越（自然免除）
汪晓龙（自然免除）
段　晶（6月任）
永宁县农业技术推广服务中心
党支部书记
主　任　迟永伟
永宁县农作物种子育繁所
所　长　李前荣
永宁县农业综合执法大队
大队长　李少华
永宁县农业综合开发服务中心
党支部书记　杨国平
主　任　史建春
副主任　王　庭（6月免）
张利涛
永宁县农村合作经济经营管理站
站　长　刘登彪（6月免）
王　庭（6月任）

永宁县商务和投资促进局
党组书记、局长
郭　斌（5月免）
杨立军（10月任）
副局长　石祖百（女）
王　妍（女）
永宁县经济技术合作服务中心
主　任　梁　刚

永宁县文化旅游广电局（永宁县文物局）
党组书记、局长

　　　　　周永平（5月免）
党组书记　黄轶群（5月任）
局　长　　马小英（5月任）
副局长　　赵宝权（5月免）
　　　　　袁秀琴（女）
　　　　　张　蕾（6月任）
永宁县文物局
局　长　　周永平（5月免）
　　　　　马小英（5月任）
副局长　　赵宝权（5月免）
　　　　　张　蕾（6月任）

永宁县卫生健康局
党委书记、局长
　　　　　李淑娟（女）
纪检组组长　孙建平
副局长　　孙兴平（5月免）
　　　　　王金玉（4月任）
　　　　　宋志学（7月任）
永宁县爱国卫生运动委员会办公室（2月机构撤销）
主　任　　张永忠（2月免）
副主任　　王　瑞（2月免）

永宁县退役军人事务局
党组书记、局长
　　　　　田　浩
党组成员、副局长
　　　　　李克斌
副局长　　黄　华（7月任）
党组成员　伍炳乾
永宁县退役军人服务中心
主　任　　伍炳乾

永宁县应急管理局
党委书记、局长
　　　　　杨志星
副局长　　徐　光
　　　　　包其华
县安全生产执法大队
大队长　　艾　琦（7月免）
　　　　　丁　心（10月任）

永宁县审计局
党组书记、局长
　　　　　王海军
副局长　　葛俊峰（女，5月免）
　　　　　成　静（5月任）
　　　　　张晓丽（女）
　　　　　吕　涛
党组成员　白　莉（女）
经济审计局
局　长　　吕　涛

永宁县市场监督管理局
党委书记、局长
　　　　　李　海（5月免）
　　　　　徐　军（5月任）
副书记、副局长
　　　　　包　华
纪检组组长　孙建平
副局长　　李　敬
　　　　　耿　迁
党委委员　于　魁
　　　　　沈之迁

永宁县统计局
党组书记、局长
　　　　　胡海龙（5月免）
　　　　　赵　超（5月任）
副局长　　赵学慧（女，5月免）
　　　　　丁　辉（女）

永宁县医疗保障局
党组书记、局长
　　　　　孙占军（10月免）
　　　　　王红新（10月任）

副局长　　　陈进才
　　　　　　李　楠（6月任）
永宁县医保服务中心
主　任　　　刘秀竹（女）

永宁县审批服务管理局
党组、局长　陈国宝
副局长　　　于　英（女）
　　　　　　王建斌（5月免）
永宁县政务服务中心
主　任　　　刘　璐

永宁县综合执法局（永宁县城市管理局）
党组书记、局长
　　　　　　邵永胜（5月免）
　　　　　　王勇强（5月任）
党组成员、副局长
　　　　　　吕正芳（女，2月免）
　　　　　　杨平德（8月任）
　　　　　　赵宝权（5月任）
党组成员　　王　瑞（6月任）
　　　　　　王晓凤（6月任）
永宁县城市管理局
党组书记、局长
　　　　　　邵永胜（5月免）
副局长　　　吕正芳（女，2月免）
　　　　　　赵宝权（5月任）

永宁县综合执法大队
大队长　　　张永忠（2月免）
　　　　　　王　瑞（2月任）
副大队长　　王　瑞（2月免）
　　　　　　刘志刚（2月免）
　　　　　　张　超（2月免）

永宁县供销社
党委书记、主任
　　　　　　李新宁

政府直属事业单位
永宁县文化市场综合执法大队
大队长　　　张　莉（女）

银川市派出机构

宁夏永宁工业园区管理委员会
党工委书记　郝春明（兼）
管委会主任　钱　冬（兼）
管委会副主任
　　　　　　姜　利（9月免）
　　　　　　徐　瑾（女，7月免）
　　　　　　马跃林（9月任）
党工委委员、副书记、纪工委书记
　　　　　　白建忠
党工委委员、副书记
　　　　　　许建宏
园区内设机构6个：
党政办公室
主　任　　　王旺庄
副主任　　　李　楠（6月免）
　　　　　　高峰华（6月任）
国土和规划建设部
部　长　　　胡　军
经济发展服务部
部　长　　　吴　涛（6月免）
　　　　　　刘　茜（女，10月任）
投资促进部
部　长　　　吴　平
副部长　　　刘　茜（女，10月免）
　　　　　　张　蕾（10月任）
物流产业服务部
副部长　　　谢　斌（6月免）
　　　　　　撒奋勇（6月任）
应急管理部
部　长　　　杨小永

副部长　　　高峰华（6月免）
　　　　　　谢　斌（6月任）

群团组织

永宁县总工会

主　席　　　蒯金银
常务副主席　王金成（5月免）
　　　　　　王文勇（5月任）
副主席　　　李晓峰（女）
纪检组长　　姚建新（5月免）
　　　　　　葛俊峰（女，5月任）

经费审查委员会

主　任　　　李晓峰（女）

困难职工帮扶中心

主　任　　　张丽娟（女，6月免）
　　　　　　席吉兴（6月任）

共青团永宁县委员会

书　记　　　马彦萍（女，2月免）
　　　　　　张　惠（女，2月任）
副书记　　　杨　越（5月免）
　　　　　　纳世豪（5月任）

永宁县妇女联合会

主　席　　　马晓梅（女）
副主席　　　杨进启（女）

永宁县科学技术协会

党支部书记、主席
　　　　　　王学东
副主席　　　赵玉霞（女，5月免）
　　　　　　赵学慧（5月任）

永宁县工商业联合会

会　长　　　马少军（兼）
党组书记　　翁　华（5月免）
　　　　　　韩向成（5月任）
驻会副主席、副会长
　　　　　　康利平
秘书长　　　撒奋勇（6月免）
　　　　　　马小梅（女，6月任）

永宁县文学艺术界联合会

党支部书记、主席
　　　　　　王建邦
副主席　　　李晓哲

永宁县残疾人联合会

副主席、执行理事会理事长
　　　　　　马学忠（5月免）
　　　　　　邵永胜（5月任）
执行理事会副理事长
　　　　　　马　丽（女，12月免）
　　　　　　陈兴隆（6月免）
　　　　　　何兴花（女，6月任）
　　　　　　赵晓林（挂职）

永宁县红十字会

会　长　　　吕正芳（女，2月任，6月免）
　　　　　　张丽娟（女，6月任）

乡镇、街道

李俊镇

书　记　　　马文君（5月免）
　　　　　　赵赋力（5月任）
副书记、镇长
　　　　　　赵赋力（5月免）
　　　　　　何　乐（5月任副书记，9月任镇长）
人大主席　　刘宝林（5月免）
　　　　　　张自军（9月任）
党委副书记　王　富（8月免）

韩向成（5月免）
徐建军（5月任）
纪委书记 刘 刚
副镇长兼武装部部长
陈兴隆（5月免）
副镇长 李幸福（5月免）
杨 阳（5月免）
乔玉杰（5月任镇党委委员，9月任副镇长）
何兴花（5月任镇党委委员，9月任副镇长）
组织委员 杨 策（4月免）
组织委员、宣传委员
杨 阳（5月任）
党委委员、武装部部长
潘 菲（6月任）

望洪镇

书 记 王 凯（4月免）
苏志军（4月任）
镇 长 苏志军（4月免）
陈兴隆（9月任）
人大主席 纳英超
副书记 陈兴隆
马少锋
史 宝（3月任，兼）
纪委书记 张海青
组织委员、宣传委员
张 惠（女，2月免）
王 静（5月任）
党委委员、副镇长
吴 鹏（9月任）
郭兵章（5月免）
曹玉进（9月任）
王 静（5月免）
武装部部长
吴 鹏（5月免）
郭兵章（5月任）

杨和镇

党委书记 许 波（2月免）
谢丽丽（女，5月任）
副书记、镇长
张 昊（9月任）
人大主席 白崇东（2月任）
党委副书记、政法委员
吴 统（5月任）
党委副书记 马鸿喜
李维新（5月免）
党委委员、纪委书记
吴 统（5月免）
夏 洁（女，5月任）
武装部长、副镇长
汪晓瑞（5月免武装部部长一职）
党委委员、武装部部长
杨少林（6月任）
党委委员、组织委员
李佳琪（女，5月任）
组织委员、宣传委员
施 波（女，5月免）
党委委员、副镇长
陈小艳（女，5月免）
马 远（女，5月免）
王晓光（9月任）
副镇长 马鹏举（5月免）
魏月玥（女，9月任）

胜利乡

书 记 唐 健（6月免）
柳 有（6月任）
副书记、乡长
柳 有（6月免）
韩 刚（9月任）
人大主席 樊建军（5月免）
姚建新（9月任）
副书记 韩 刚（6月任）

金　涛（4月免）
崔　宝（8月免）
杜元立（5月任）
潘志勇（8月任，兼）
纪委书记　李柄锋（2月免）
许润思（女，5月任）
党委委员、组织委员、宣传委员
杨　旭（女，5月免）
邹　娜（5月任）
党委委员、副乡长
王金玉（5月免）
李　海（5月免副乡长、免武装部部长）
杜元立（5月免）
王建斌（9月任）
牛婉婉（9月任）
武装部部长　郭贵龙（5月任）

望远镇

党委书记　姜　利（4月免）
王　凯（4月任）
镇　长　眭光武（6月免）
杨　钊（9月任）
人大主席　苏玉华（5月免）
夏建军（9月任）
党委副书记　司升阳
王　俭
纪委书记　张秉楠（5月免）
马　远（女，5月任）
组织委员、宣传委员
张　蕾（女，5月免）
赵　娴（6月任）
党委委员、武装部部长
夏　洁（女，5月免）
冯瑞强（6月任）
党委委员、副镇长
周金川
赵晶晶（5月任）
郭贵龙（5月免）
贺　璐（6月免，挂职）
夏　洁（女，5月免）

闽宁镇

党委书记　张　文（兼，6月免）
周德强（兼，6月任）
党委副书记、镇长
王勇强（5月免）
马晓平（9月任）
党委委员、人大主席
马彦斌（5月免）
张　平（9月任）
党委副书记　郑江强（1月免，兼，挂职）
张延能（兼，挂职）
赵　超（5月免）
任建华
朱志斌（5月免，挂职）
李　杨（4月，挂职）
杨　青（5月任）
李建军（6月任，挂职2年）
尹扬岚（6月任，挂职2年）
纪委书记　马晓平（4月免）
梁　慧（4月任）
党委委员、副镇长
李辉钦（挂职）
田　鹏（6月任）
姚　剑
付有华（女，5月免）
副镇长　陈　赟（女，5月任）
杨　青（5月免）
苏　勇（5月免）
党委委员、组织委员、宣传委员
梁　慧（4月免）
赵　睿（女，5月任）
武装部部长　薛　飞（5月任）
苏　勇（5月免）

团结西路街道

党工委书记　谢丽丽（女，4月免）
　　　　　　李岳峰（5月任）
党工委副书记、主任
　　　　　　李岳峰（5月免）
　　　　　　金　涛（5月任）
党工委副书记
　　　　　　张自军（5月免）
　　　　　　张秉楠（5月任）
党工委委员、纪委书记
　　　　　　蒋景平（2月任）
党工委委员、副主任
　　　　　　周　飞（5月兼武装部部长）
　　　　　　杨　旭（女，5月任）
党工委委员、组织委员、宣传委员
　　　　　　刘欢欢（女，5月任宣传委员）
副主任、街道武装部部长
　　　　　　许润思（女，5月免）

宁夏回族自治区、银川市驻永宁县机关

国家税务总局永宁县税务局

党委书记、局长
　　　　　　王　和（1月免）
　　　　　　吴永川（1月任）
党委副书记、副局长
　　　　　　吴永川（1月免）
党委委员、副局长
　　　　　　蒋志凤（女）
　　　　　　吴　平
　　　　　　马　健
　　　　　　张志刚（1月任）
党委委员、纪检组长
　　　　　　杨国华

银川市生态环境局永宁分局

党组书记、局长
　　　　　　孙伟国（2月免）
　　　　　　向伯安（2月任）
副局长　　　海万军
　　　　　　杨　鑫
监察大队
队　长　　　刘建武

永宁县气象局

局　长　　　刘　娟（女）
副局长　　　牛　斌
　　　　　　温芸芸（5月任）
气象台台长　黄　冬

国家统计局永宁调查队

队　长　　　李国军
副队长　　　王乃钰（女，4月免）
　　　　　　张海涛（4月任）
纪检员　　　连晨辉

银川市住房公积金管理中心永宁分中心

主　任　　　曹晓刚

文献辑存

规则　办法

永宁县人民政府重大行政决策规则

第一条　为了健全科学、民主、依法决策机制，规范重大行政决策程序，提高决策质量和效率，明确决策责任，根据国务院《重大行政决策程序暂行条例》（以下简称《暂行条例》）、《宁夏回族自治区重大行政决策规定》，制定本规则。

第二条　县人民政府重大行政决策的作出和调整程序，应当遵循《暂行条例》和本规则。各乡镇（街道）、部门（单位）和法律、法规授权的具有管理公共事务职能的组织重大行政决策的做出和调整程序，参照《暂行条例》和本规则执行。

第三条　本规则所称重大行政决策事项（以下简称决策事项）包括：

（一）制定有关公共服务、市场监管、社会管理、环境保护等方面的重大公共政策和措施；

（二）制定经济和社会发展等方面的重要规划；

（三）制定开发利用、保护重要自然资源和文化资源的重大公共政策和措施；

（四）决定在本行政区域实施的重大公共建设项目；

（五）决定对经济社会发展有重大影响、涉及重大公共利益或者社会公众切身利益的其他重大事项。

第四条　决策机关可以根据《暂行条例》和本规定第三条规定，结合职责权限和本地实际，确定决策事项目录、标准，经同级党委同意后向社会公布，并根据实际情况调整。

第五条　重大行政决策必须坚持和加强党的全面领导，全面贯彻党的路线方针政策和决策部署，发挥党的领导核心作用，把党的领导贯彻到重大行政决策全过程。

第六条　作出重大行政决策应当遵循科学决策原则，贯彻创新、协调、绿色、开放、共享的新发展理念，坚持从实际出发，运用科学技术和方法，尊重客观规律，适应经济社会发展和全面深化改革要求。

第七条　作出重大行政决策应当遵循民主决策原则，充分听取各方面意见，保障人民群众通过多种途径和形式参与决策。

第八条　作出重大行政决策应当遵循依法决策原则，严格遵守法定权限，依法履行法定程序，保证决策内容符合法律、法规和规章等规定。

第九条　作出重大行政决策，应当坚持决策质量和效率并重，力戒形式主义和官僚主义。

第十条　重大行政决策依法接受本级人民代表大会及其常务委员会的监督，根据法律、法规规定属于本级人民代表大会及其常务委员会讨论决定的重大事项范围或者应当在出台前向本级人民代表大会常务委员会报告的，按照有关规定办理。上级行政机关应当加强对下级行政机关重大行政决策的监督。审计机关按照规定对重大行政决策进行监督。

第十一条　县人民政府办公室负责推进、指导、协调、监督本行政区域的重大行政决策工作。

第十二条　决策机关决定启动决策程序，应当明确决策事项的承办单位（以下简称决策承办单位），由决策承办单位负责重大行政决策草案的拟订等工作。决策事项需要两个以上单位承办的，应当明确牵头的决策承办单位。

第十三条　决策承办单位应当严格依照《暂行条例》和本规定，做好决策草案拟订和公众参与、专家论证、风险评估、报送决策机关决定等各项工作。决策承办单位应当严格依照《暂行条例》和本规则，做好对决策事项涉及的人财物投入、资源消耗、环境影响等成本和经济、社会、环境效益进行分析预测，形成决策事项成本效益分析预测报告。

决策承办单位应当全面梳理与决策有关的法律、法规、规章、政策和党中央、国务院、自治区、银川市、县党委、政府的决策部署，使决策草案合法合规、与有关政策相衔接。

第十四条　人大代表、政协委员等通过建议、提案等方式提出决策事项建议，以及公民、法人或者其他组织提出书面决策事项建议的，决策机关决定启动或者不启动决策程序，决策承办单位应当书面予以答复，阐明理由和依据。

第十五条　决策事项直接涉及公民、法人、其他组织切身利益或者存在较大分歧，需要召开听证会的，依照《暂行条例》和《宁夏回族自治区行政听证程序规定》执行。

第十六条　涉及文化教育、医疗卫生、资源开发、生态环境保护、公用事业、公共安全等方面的决策事项，决策承办单位可以进行民意调查。对社会关注度高的决策事项，决策承办单位应当公开相关信息、进行解释说明，及时反馈公众意见建议采纳情况和理由。

第十七条　对专业性、技术性较强的决策事项，以及对决策事项涉及的人财物投入、资源消耗、环境影响等成本和经济、社会、环境效益进行分析预测，决策承办单位应当组织专家、专业机构论证其必要性、可行性、科学性等，并提供决策事项背景信息（材料）和人财物等方面的保障。

第十八条　重大行政决策的实施可能对社会稳定、公共安全等方面造成不利影响的，决策承办单位或者负责风险评估工作的其他单位应当组织评估决策草案的风险可控性。决策承办单位应当对决策事项进行社会稳定风险因素分析预判，认为存在社会稳定风险因素的，在公开征求社会公众意见建议前，应当采取必要的处理措施，避免引发社会矛盾和负面舆情。开展风险评估，依照《暂行条例》和国家及自治区有关规定进行。

第十九条　决策事项内容应当符合党的路线方针政策和决策部署。决策承办单位应当将前款规则贯彻到决策承办工作全过程。

第二十条　决策草案提交决策机关讨论前，应当由司法行政部门进行合法性审查，并将决策草案贯彻党的路线方针政策和决策部署的情况，落实公平竞争审查制度、优化营商环境政策措施等情况，作为合法性审查的重要内容。司法行政部门或者决策机关确定的部门，应当建立健全内部重大行政决策合法性审查制度，明确合法性审查的标准、程序等内容。

第二十一条　决策承办单位提交决策机关讨论决策草案，除应当报送《暂行条例》第二十九条规定的材料外，进行成本效益分析预测的，还应当报送决策事项成本效益分析预测报告。

第二十二条　决策机关应当依照《暂行条例》的规定集体讨论决定草案。各乡镇（街道）、部门（单位）和法律、法规授权的具有管理公共事务职能的组织的决策事项，应当经领导班子会议讨论决定。集体讨论决定情况应当如实记录，不同意见应当如实载明。

第二十三条　重大行政决策出台前，决策机关应当按照规定向同级党委请示报告。决策机关应当依据《暂行条例》的规定，做好重大行政决策公布、宣传解读等工作。

第二十四条　决策机关应当明确负责重大行政决策执行工作的单位（以下简称决策执行单位），并对决策执行情况进行督促检查。决策执行单位应当依法全面、及时、正确执行重大行政决策，并向决策机关报告决策执行情况。

决策执行需要两个以上单位的，应当明确统筹协调单位。县人民政府办公室具体负责前两款规定的督促检查工作，将督促检查情况书面报告决策机关，并按照政府信息公开的相关规定公开督促检查情况。

第二十五条　决策执行单位发现重大行政决策存在问题、客观情况发生重大变化，或者决策执行中发生不可抗力等严重影响决策目标实现的，应当及时会同有关单位进行调查研究，提出解决或者建议方案，向决策机关报告。

公民、法人或者其他组织认为重大行政决策及其实施存在问题的，可以通过信件、电话、电子邮件等方式向决策机关或者决策执行单位提出意见建议。

县人民政府办公室或者决策执行单位应当会同有关单位，认真研究前款规定的相关意见建议，提出解决方案，报决策机关决定，并书面反馈意见建议提出人。

第二十六条　决策执行单位在决策执行过程中，县人民政府办公室在督促检查、意见建议办理工作中，认为需要对决策进行后评估或者需要对决策进行调整的，可以向决策机关提出具体意见建议。

第二十七条　县人民政府办公室应当对各乡镇（街道）、部门（单位）重大行政决策实施情况进行年度汇总。

第二十八条　决策机关、决策承办单位或者承担决策有关工作的单位、决策执行单位，违反《暂行条例》和本规定的，依法追究有关人员的责任。县人民政府办公室于每年3月30日前，将上年度重大行政决策汇总情况报自治区人民政府办公厅。

第二十九条　本规则自3月1日起施行。2019年1月15日永宁县人民政府公布的《永宁县人民政府重大行政决策规则》同时废止。

本规则不适用有效期制度。

永宁县人民政府

2021年2月10日

永宁县临时救助办法（修订稿）

第一章 总 则

第一条 为深入贯彻落实习近平新时代中国特色社会主义思想和党的十九大精神，健全完善社会救助体系，进一步规范临时救助工作，根据《宁夏回族自治区临时救助办法》（宁政发〔2016〕16号）和《宁夏回族自治区临时救助工作规程》（宁民规发〔2018〕14号），结合工作实际，制定本规程。

第二条 临时救助是国家对遭遇突发事件、意外伤害、重大疾病或者其他特殊原因导致基本生活陷入困境，其他社会救助制度暂时无法覆盖或者救助之后基本生活暂时仍有严重困难的家庭或者个人给予的应急性、过渡性的救助。

第三条 临时救助应坚持以下原则：

（一）坚持适度救助，应救尽救。着眼于解决城乡群众基本生活困难，摆脱临时困境，既尽力而为，又量力而行，确保有困难的群众都能及时得到救助。

（二）坚持公开公正，规范有序。做到政策公开、过程透明、结果公正、程序规范，合法合规，合情合理，体现社会公平正义。

（三）坚持制度衔接，资源统筹。加强各项救助制度的衔接配合，形成政府救助、亲邻互助、家庭自救相结合的社会救助机制。

第四条 临时救助工作实行各级人民政府负责制。县民政部门要负责统筹县域内的临时救助工作，相关部门按照各自职责做好配合工作。

第五条 县民政部门是审批临时救助的责任主体。乡镇人民政府（街道办事处）是受理、审核临时救助的责任主体。县民政部门可委托乡镇人民政府（街道办事处）进行审批，最高审批额度由县民政部门指导确定。村（居）民委员会协助做好临时救助对象的发现、报告和核查等工作。

第二章 救助对象

第六条 具有本地户籍或持有本地居住证的家庭和个人，有下列情形的可以申请临时救助：

（一）家庭对象。

1. 急难型困难家庭。

（1）因遭遇火灾、矿难、交通事故、溺水等突发意外事件，导致家庭基本生活暂时出现严重困难的；

（2）因家庭成员突发重大疾病需要紧急入院治疗，导致家庭基本生活暂时出现严重困难的。

2. 支出型困难家庭。

（1）因家庭成员患重大疾病，在扣除各类保险、报销及其它社会救助和帮扶资金后，自负医疗费用支出仍然较大的；

（2）因家庭子女接受教育，在扣除教育救助、社会帮扶资金后，自负费用仍然较大的；

（3）因生活必需支出突然增加后，超出家庭承受能力，导致基本生活暂时出现严重困难的低保家庭或特困供养人员；

（4）因遭遇其他特殊困难的家庭。

其中：子女接受教育支出是指维持子女高中教育（含职业高中）、大中专院校就学所需的学费、住宿费、课本费等基本生活费用支出，不含择校费、校外租房等非基本费用；生活必需支出是指维系基本生活所需的最低限度费用支出。

（二）个人对象。因遭遇火灾、矿难、交通事故、溺水、突发重大疾病或其他意外原因造成的特殊困难，暂时无法得到家庭支持，导致个人基本生活陷入困境的对象。对符合生活无着落流浪乞讨人员救助条件的，由县民政部门按照有关规定提供临时食宿、急病救治、协助返回等救助。

（三）县民政部门认定的遭遇其他特殊困难的

家庭或个人。

第七条　对申请临时救助对象财产状况、收入的要求和财产的核定、计算，可参照申请低保家庭的财产状况、收入和财产核定的有关程序执行。

第八条　有下列情形之一，不予临时救助：

（一）申请人拒绝配合家庭经济状况调查，致使无法核实相关情况的。

（二）故意隐瞒家庭真实收入、财产、支出和家庭人口变动情况，提供虚假证明材料的。

（三）在法定劳动年龄段内并且有劳动能力，无正当理由拒绝就业或者从事生产劳动的。

（四）以家庭对象申请救助时，有以下情形的，其个人不得享受临时救助：

1. 个人或家庭成员中有从事封建迷信、传销等非法活动造成困难的；

2. 从事赌博、吸毒、嫖娼、卖淫等非法活动且尚未改正的；

3. 各类服刑期内人员（经司法行政部门认定的社区矫正人员除外）。

（五）县人民政府认定的其他不予救助的情形。

第九条　对困难群众家庭成员亡故后，造成临时性生活困难的，可以从临时救助资金中予以救助。具体救助标准及救助程序按照《宁夏回族自治区特殊困难群体殡葬救助办法》（宁民发〔2016〕86号）文件执行。

第十条　因自然灾害、事故灾难、公共卫生、社会安全等突发公共事件，需要开展紧急转移安置和基本生活救助，以及属于疾病应急救助范围的，按照有关规定执行。

第三章　救助方式、标准和资金

第十一条　对符合条件的救助对象，可采取以下救助方式：

（一）发放临时救助金。临时救助金原则上实行社会化发放，通过银行直接支付到临时救助对象个人账户。个别特殊紧急情况，可以采取直接发放现金方式，但必须由受领人本人签收及2名经办人员签字确认。因特殊原因只能有1名经办人员签字确认的，应留有图片资料。

（二）发放实物。参照救助金的发放标准，并根据救助对象基本生活需要，采取发放衣物、食品、饮用水、提供临时住所等方式予以救助。所发放的实物，除紧急情况外，要严格按照政府采购制度的有关规定执行。

（三）提供转介服务。在实施临时救助后，仍不能解决救助对象困难的，可分情况提供转介服务。对符合低保或医疗、教育、住房、就业等专项救助条件的，要协助其申请；对需要公益慈善组织、社会工作服务机构等通过慈善项目、发动社会募捐、提供专业服务、志愿服务等形式给予帮扶的，及时转介。

第十二条　临时救助标准最低标准参照我县城市低保月保障标准，最高标准按照《宁夏回族自治区临时救助办法》（宁政发〔2016〕16号）执行，采取一次性救助的方式。具体标准由县人民政府根据县域经济社会发展水平，以及救助对象家庭收入、家庭财产、困难类型、困难程度等因素，分类分档合理确定临时救助金额。

（一）急难型困难家庭。人均救助标准不低于我县城市低保月保障标准的2倍，具体公式为“城市最低生活保障标准×共同生活家庭成员人数×2”。

（二）支出型困难家庭。人均救助标准不低于我县城市低保月保障标准的3倍，具体公式为“城市最低生活保障标准×共同生活家庭成员人数×3”。

（三）个人对象。每人按照不低于我县城市低保月保障标准的水平的1.5倍给予救助，具体公式为“城市最低生活保障标准×1.5”。

第十三条　临时救助资金来源包括：

（一）中央和自治区、银川市财政补助的困难群众救助补助资金。

（二）县人民政府按照当年所需的临时救助资金安排县级财政预算资金。

（三）社会捐助的资金。

第十四条　城乡居民最低生活保障资金如有结余，可以安排部分资金用于最低生活保障对象的临时救助支出。

第十五条　救助金额在4000元以下，县民政部门委托乡镇人民政府（街道办事处）审批。受委托的乡镇人民政府（街道办事处）的审批决定应当于每季度10日前报委托的县民政部门。

第十六条　县民政部门协商财政部门，在乡镇（街道）全面建立临时救助备用金制度，根据乡镇（街道）人口基数、上年临时救助人数、资金管理使用等情况，预拨部分临时救助资金到各乡镇（街道），作为备用金，确保特殊紧急需要。

第十七条　临时救助是对符合救助条件对象的临时性生活救助，不能等同其它专项救助或与其它专项救助捆绑，不得用于走访慰问及居民福利补助。

第十八条　临时救助资金实行专账核算、专款专用，不得挪作他用。

第四章　救助程序

第十九条　申请临时救助一般以家庭为单位。遭遇突发意外事件导致基本生活陷入困难，暂时无法得到家庭支持的个人可单独申请。对于单人户的重残低保家庭，若个人符合申请条件但以家庭为单位不符合条件的，可以单人户家庭申请临时救助。

第二十条　临时救助原则上按照“居民申请，乡镇人民政府（街道办事处）受理、审核［委托金额以下的，乡镇人民政府（街道办事处）可直接审批］，县民政部门审批”的程序实施。对于情况紧急，需要立即采取措施以防造成无法挽回的损失或者无法改变的严重后果的，乡镇人民政府（街道办事处）、县民政部门可以先行救助，事后按规定补办审核审批手续。

第二十一条　临时救助应坚持属地管理，实行属地申请。但救助对象如遭遇特殊紧急情况，可不受户籍、区域、家庭等限制，在意外事件发生地申请、救助，当事人户籍地县（区）民政部门应当协助调查、审核。

第二十二条　临时救助的申请受理分为依申请受理、主动发现受理、特殊紧急受理三种。依申请受理指城乡居民认为自身或家庭符合临时救助条件的，向户籍所在地或者居住地乡镇人民政府（街道办事处）提出申请，本人提出确有困难的，可以委托村（居）民委员会或者其他单位、个人代为提出。

第二十三条　申请临时救助应当提交以下材料：

（一）申请家庭户口簿和家庭成员身份证原件，非本地户籍的申请人应当提供本人居住证原件。

（二）家庭（个人）遭遇困难相关材料。家庭重大支出证明，公安、医疗卫生、学校等单位出具的相关材料等（其中医疗支出票据需提供原件）。

（三）县民政部门要求的其他相关材料。

第二十四条　乡镇人民政府（街道办事处）收到救助申请材料后，对符合办法规定条件的，应当予以受理，无正当理由，不得拒绝受理。申请材料欠缺的，应当一次性告知需要补充的材料。

第二十五条　审核审批应按照以下步骤进行：

（一）审核。乡镇人民政府（街道办事处）受理救助申请后，应当在10个工作日内，对临时救助申请人的家庭经济状况、人口状况、突发性特殊困难情况进行调查、核实，提出审核意见，村（居）民委员会应当予以协助。

（二）公示。乡镇人民政府（街道办事处）经调查、核实符合救助条件的，应当在其所在村（居）民委员会公示，公示期限不少于7日。公示无异议的，乡镇人民政府（街道办事处）应当在3个工作日内报县民政部门审批；不符合救助条件的，通过乡镇人民政府（街道办事处）以书面形式告知申请人或其代理人，并说明理由。

（三）审批。县民政部门在收到乡镇人民政府（街道办事处）报送的有关材料和审核意见后，应当及时审核，并在5个工作日作出审批决定。符合条件的，应当及时予以批准；对不符合条件的，不予批准，通过乡镇人民政府（街道办事处）以书面形式告知申请人或其代理人，并说明理由。

对于急难型困难对象的临时救助，乡镇人民政府（街道办事处）、县民政部门应简化审批手续，采取直接受理、直接审批、先行救助、补办手续等做法，及时为困难对象提供救助。

第二十六条　主动发现受理指县民政部门、乡镇人民政府（街道办事处）、村（居）民委员会通过各种渠道发现本辖区内遭遇突发事件、意外事故、罹患重病等情况的困难家庭或者个人主动核实，帮助有困难的家庭或者个人提出救助申请。

公安机关和其他有关行政机关的工作人员在执行公务时发现流浪乞讨人员的，应当告知其向救助管理机构求助。对其中的残疾人、未成年人、老年人和行动不便的其他人员，应当引导、护送到救助管理机构；对突发急病人员，应当立即通知急救机构进行救治。乡镇人民政府（街道办事处）、县民政部门、救助管理机构在发现或者接到有关部门、社会组织、公民个人报告救助线索后，应当主动核查情况，对于其中符合临时救助条件的，应当协助其申请救助并受理。

第二十七条　特殊紧急受理指对于情况紧急、需立即采取措施以防止造成无法挽回的损失或无法改变的严重后果的，可先行救助，紧急情况解除或当事人困境缓解后，按规定补全审核审批手续，具体情形由负责临时救助的审批机关判定。

第二十八条　临时救助实行一事一救，因同一事由申请临时救助的，一般一年内救助一次；情况特殊的，经县民政部门调查核实、审批后，一年内可以给予二次救助。县民政部门应当按户建立临时救助台账，避免重复救助。

第五章　管理与责任

第二十九条　县民政部门应当协调卫生健康、教育、住房和城乡建设、自然资源、人力资源和社会保障、公安等部门建立社会救助信息共享机制，按照“一门受理、协同办理”的工作要求，明确各业务环节的经办主体责任，强化责任落实，确保困难群众求助有门、受助及时。

第三十条　县民政、财政部门要协调有关部门将临时救助制度落实情况作为督查督办的重点内容，定期组织开展专项检查。加强对临时救助资金管理使用情况的监督检查，防止挤占、挪用、套取等违纪违法现象发生。有条件的，可委托第三方机构对临时救助资金使用情况进行审计，增强临时救助资金的规范使用。

第三十一条　鼓励、支持企业和社会力量参与临时救助，发挥社会力量在对象发现、专业服务、发动募捐等方面的作用。县民政部门应当建立救助对象需求与公益慈善组织、社会工作服务机构的救助资源对接机制。对政府救助政策解决难度较大的特殊案例实施灵活救助，实现政府救助与社会帮扶的有机结合、相互补充。

第三十二条　乡镇人民政府（街道办事处）应当依托村（社区）党组织、群众性自治组织和社会组织，发挥社会工作者、慈善工作者和志愿者的作用，及时了解、掌握辖区居民遭遇突发事件、意外事故等特殊情况，主动帮助其提出救助申请。

第三十三条　县民政部门应当定期向社会公开临时救助情况，接受社会监督；对于公众和媒体发现揭露的问题，应及时查处并公布处理结果。

第三十四条　县民政部门应当设立社会救助热线，畅通困难群众申请救助和有关人员报告急难情况渠道。

第六章　责任追究

第三十五条　违反本办法规定，有下列情形之一的，情节轻微的，由上级行政机关或者纪检监察机关责令改正；构成违纪违法的，对直接负责的主管人员和其他直接责任人员依纪依法予以责任追究：

（一）对符合申请条件的救助申请不予受理的。

（二）对符合救助条件的救助申请不予批准的。

（三）对不符合救助条件的救助申请予以批准的。

（四）泄露在工作中知悉的公民个人信息，造成后果的。

（五）丢失、篡改接受救助款物、服务记录等数据的。

（六）不按照规定发放临时救助金、物资或者提供相关服务的。

（七）在履行救助职责过程中有其他滥用职权、玩忽职守、徇私舞弊行为的。

第三十六条 违反本办法规定，截留、挤占、挪用、私分救助资金、物资的，由有关部门责令追回；有违纪违法所得的，没收违纪违法所得；对直接负责的主管人员和其他直接责任人员依纪依法给予处分。

第三十七条 采取虚报、隐瞒、伪造等手段，骗取救助资金、物资或者服务的，由有关部门决定停止社会救助，责令退回非法获取的救助资金、物资，可以处非法获取的救助款额或者物资价值一倍以上三倍以下的罚款；构成违反治安管理行为的，依法给予治安管理处罚。

第七章 附 则

第三十八条 本办法自印发之日起施行。2016年印发的《永宁县临时救助办法》（永政发〔2016〕42号）同时废止。

本办法不适用有效期制度。

永宁县人民政府

2021年4月1日

永宁县拆迁安置房不动产登记实施办法

为维护安置户合法权益，保障安置户不动产登记顺利开展，根据《中华人民共和国民法典》《不动产登记暂行条例》《不动产登记暂行条例实施细则》的有关规定，参照《关于印发〈经济适用住房管理办法〉的通知》（建住房〔2007〕258号），结合我县拆迁安置房实际，制定本办法。

第一条　办理原则

（一）依法依规、实事求是、便民利民的原则；

（二）分类施策、精简高效、应登尽登的原则；

（三）谁建设、谁安置、谁负责的原则；

（四）成熟一批、通告一批、办理一批的原则。

第二条　适用范围

永宁县境内历年来拆迁安置的住宅、营业房均适用本办法。具体包括：团结小区、清和苑、实成二区、宁和家园、永泰家园、幸福小镇、纳家户新村、杨和新村一期、杨和新村二期、杨和新村三期、杨和新村四期、杨和康城、望远人家ABC区、望洪小城镇、望洪镇新华中心村、望洪镇靖益中心村、李俊镇小城镇、李俊镇雷台中心村、李俊镇许桥中心村、李俊镇王团中心村、李俊镇宁化中心村、胜利乡八渠中心村、陆坊小镇、闽宁镇棚户区等安置小区。除上述小区外，类似拆迁安置房的，参照本办法办理。

第三条　分工保障

建设单位、安置单位各司其职，尽快完善手续，为安置户办理不动产转移登记提供保障。

第四条　工程竣工验收和规划核实验收资料不完整的容缺受理

（一）工程竣工验收备案资料不完整的，由住建部门委托第三方房屋质量检测机构进行安全性检测，并依据第三方房屋质量检测报告出具房屋质量意见书，两项同时具备可代替竣工验收备案资料，自然资源部门容缺受理不动产首次登记。

（二）2018年以前建设，无规划核实验收资料的，自然资源部门依据建设工程规划许可证、规划总平图（蓝图）、建设项目实测平面图核实建设范围，三者一致的自然资源部门出具规划核实意见后再容缺受理不动产首次登记。

第五条　登记方式及土地出让金缴纳计算方式

（一）以出让方式取得国有建设用地使用权的拆迁安置住宅、营业房，安置户需依照本实施办法第六条缴纳契税后，申请不动产登记，自然资源局按照出让国有建设用地使用权及房屋所有权方式办理不动产转移登记。

（二）以划拨方式取得国有建设用地使用权的拆迁安置营业房，根据《中华人民共和国城市房地产管理法》、自治区原国土资源厅《关于宁夏不动产登记工作中有关问题的指导意见》（宁国土资发〔2016〕542号），安置户根据评估地价补缴土地出让金后，再依照本实施办法第六条缴纳契税，申请不动产转移登记，自然资源局按照出让方式办理国有建设用地使用权及房屋所有权转移登记。土地出让金缴纳计算方式为：补缴土地价款（元）= 评估地价（元 / 平方米）× 分摊土地面积，土地使用期限为四十年（使用权期限以该宗地上的首户申请人办理出让之日起开始计算），土地用途为商业服务业用地，房屋所有权性质为安置房，房屋用途为商业服务。

（三）以划拨方式取得国有建设用地使用权的拆迁安置住宅，安置户需依照本实施办法第六条缴纳契税后，申请不动产转移登记，自然资源局以划拨方式办理国有建设用地使用权及房屋所有权转移登记，房屋所有权性质为安置房，房屋用途为住宅。

（四）以拍卖方式取得的住宅及营业房，由各建设单位负责，完善相关手续，申请办理国有建设用地使用权及房屋所有权首次登记后，报县人民政府批准完成资产调拨，再由银川市欣荣建设发展有限公司负责开具拍卖房屋销售发票，并协助竞买人办理不动产权转移登记。已拍卖房屋（住宅、营业房）按照评估地价缴纳土地出让金，土地出让金缴纳参照本条第二款计算，由银川市欣荣建设发展有限公司统一缴纳。缴纳后，房屋用途为住宅的，土地用途为住宅用地，使用权类型为出让，使用权期限为该宗地上的首户申请人办理土地出让之日起开始计算，使用期限为七十年；房屋用途为营业房的，土地用途为商业服务业用地，使用权期限为该宗地上的首户申请人办理出让之日起开始计算，使用期限为四十年。

第六条 契税征缴计算方式

营业房、住宅契税缴纳，原被拆迁房屋已办理《房屋所有权证》的，只征收超出面积部分的契税；原被拆迁房屋未办理《房屋所有权证》的，契税按照拆迁安置房屋结算价格征收契税，缴清契税后，方可办理不动产转移登记。

第七条 拆迁安置住宅所有权人在不动产转移登记时，自愿缴纳土地出让金的，缴纳标准按照《永宁县人民政府关于银子湖水都棚户区安置房上市交易有关问题的批复》（永政函〔2019〕6号）执行。缴纳后，以出让方式办理国有建设用地使用权及房屋所有权的转移登记，土地使用权类型为出让，土地用途为住宅用地，土地使用期限为七十年（使用权期限以该宗地上的首户申请人办理土地出让之日起开始计算），房屋所有权性质仍为安置房，房屋用途为住宅。

第八条 在确保户有所居的前提下，安置户在办理不动产登记后方可上市交易，上市交易时，交易双方按照相关法律法规及政策缴纳土地出让金（划拨土地）和契税后申请办理不动产转移登记。土地出让金缴纳标准按照《永宁县人民政府关于银子湖水都棚户区安置房上市交易有关问题的批复》（永政函〔2019〕6号）执行。

第九条 办理程序

（一）安置单位与安置户签订《拆迁安置合同（协议）》；

（二）安置单位向安置户出具房屋《结算证明（结算票据）》，结算证明中必须包含结算价格和是否结清等内容；

（三）安置户携带《拆迁安置合同（协议）》《结算证明（结算票据）》到税务窗口缴纳契税，缴纳契税后到不动产登记窗口申请办理不动产登记；

（四）契税缴纳后，需缴纳土地出让金的，在办理不动产登记时一并缴纳土地出让金；

（五）颁发不动产权证书。

第十条 办理安置房不动产登记需提交以下资料

（一）不动产登记申请表（原件）；

（二）申请人身份证明（委托办理的提交委托书）；

（三）《拆迁安置合同（协议）》《结算证明（结算票据）》、土地出让金缴纳票据；

（四）原被拆迁房屋不动产权证书（或房屋所有权证、国有土地使用权证）；

（五）契税完善证明材料。

第十一条 安置户办理不动产登记不收取登记费。

第十二条 本办法未包含的特殊事例，按照一事一议的原则解决。

第十三条 本办法自印发之日起施行。

永宁县人民政府

2021年7月15日

永宁县行政执法争议协调解决制度

第一条　为了加强和规范行政执法争议协调工作，促进依法高效行政，保障公民、法人和其他组织的合法权益，根据有关法律、法规、规章和《宁夏回族自治区行政执法争议协调处理办法》的规定，结合本县实际，制定本制度。

第二条　本制度所称行政执法争议协调，是指县司法局在本级政府领导下，依法对行政执法机关（含法律、法规授权的组织，下同）之间在执行法律、法规、规章和其他规范性文件过程中发生的争议事项进行协调的活动。

第三条　永宁县行政区域内行政执法机关之间的行政执法争议协调事项，适用本制度。

法律、法规、规章对行政执法争议协调另有规定的，从其规定。

第四条　行政执法争议协调遵循维护法制统一、保持政令畅通、提高行政效能、促进依法行政和保障行政相对人合法权益的原则。

第五条　有下列情形之一的，行政执法机关可以依据本制度提请行政执法争议协调：

（一）两个或者两个以上行政执法机关对同一事项均认为本机关具有或者不具有法定管理职责而发生的争议；

（二）两个或者两个以上行政执法机关对同一事项均具有法定管理职责，就执法环节、标准等事项而发生的争议；

（三）两个或者两个以上行政执法机关就同一事项因联合执法而发生的争议；

（四）行政执法机关因行政执法协助而发生的争议；

（五）行政执法机关因移送行政执法案件而发生的争议；

（六）其他涉及行政执法争议的事项。

第六条　有下列情形之一的，不适用行政执法争议协调：

（一）不涉及法律规范适用的具体行政管理事务争议；

（二）行政执法机关内部的行政执法争议；

（三）行政执法机关因行政执法活动与行政相对人发生的争议；

（四）法律、法规、规章对行政执法争议事项的协调另有规定的。

第七条　有关行政执法机关发生本制度第五条规定情形之一的，应当及时协商解决。经自行协商不能达成一致意见的，除法律、法规另有规定外，行政执法机关可以提请县司法局进行行政执法争议协调。

行政执法机关自行协商达成的一致意见，不得违反法律、法规、规章的规定，不得损害国家集体公共利益及行政管理相对人的合法权益。

第八条　行政执法争议协调可以由发生争议的任何一方或双方行政执法机关向县司法局提出。

县司法局发现有本制度第五条规定情形之一的，可以主动就争议事项进行协调。

第九条　行政执法机关提请行政执法争议协调时，应当报送下列材料：

（一）行政执法争议协调申请书，申请书应载明争议协调事项、相关情况、建议及理由等；

（二）涉及协调事项依据的有关法律、法规、规章和其他规范性文件；

（三）行政机关已受理行政执法案件的，应当说明受理日期和办理案件所需时限；

（四）其他有关涉及争议协调事项的材料。

第十条　县司法局收到行政执法争议协调申请后，应当及时进行审查，符合本制度第五条规定的，应当在五个工作日内作出受理决定；不符合本制度第五条规定的，在五个工作日内作出不予受理决定，并书面告知提请争议协调的行政执法机关。

第十一条 县司法局作出行政执法争议协调受理决定后，应当在三个工作日内通知行政执法争议另一方行政执法机关。另一方行政执法机关收到通知后，应当在七个工作日内提交书面答复和本制度第九条规定的有关材料。县司法局依其职权，主动就有关行政执法争议事项进行协调时，应当向有关行政执法机关发出书面通知。有关行政执法机关收到通知后，应当在七个工作日内报送本制度第九条规定的有关材料。

第十二条 县司法局在办理行政执法协调争议事项时，应当调查了解有关情况，充分听取有关行政执法机关的意见；必要时可以召开有关行政执法机关负责人参加的协调会议，也可以邀请政府法律顾问及有关专家学者对争议事项进行论证。

第十三条 在行政执法争议协调过程中，对因争议协调事项不及时处置可能给公共利益或行政相对人合法权益造成损害的，县司法局应当及时提请县人民政府作出采取临时性处置措施决定。

第十四条 行政执法争议协调应当依据法律、法规和规章，可以参照其他规范性文件。

有关法律、法规、规章及其他规范性文件对行政执法争议协调事项没有作出明确规定的，县司法局应当根据法律、法规、规章及其他规范性文件确立的原则进行协调；必要时可以依照法定程序提请有权机关解释。

第十五条 县司法局对争议协调事项，应当按下列规定分别处理：

（一）经协调，有关行政执法机关达成一致意见的，制作《行政执法争议协调意见书》，载明协调事项、依据和结果，加盖有关行政执法机关和县司法局印章，发送相关行政执法机关执行；

（二）经协调，有关行政执法机关对争议事项所涉及的主要问题达成一致意见，但对其他枝节问题不能达成一致意见的，制作《行政执法争议协调意见书》，载明协调事项、事实状态、各方意见、法律依据、协调意见，加盖县司法局印章，发送相关行政执法机关；

（三）经协调，有关行政执法机关无法形成一致意见的，县司法局应当提出书面建议报请县人民政府决定，县人民政府无权决定的，应当报请有权决定的机关处理；

（四）县司法局制作的《行政执法争议协调意见书》，应当抄送上一级人民政府司法行政机构备案；涉及国家、自治区实行垂直管理的，应当同时抄送相关行政执法机关的上一级主管机关。

第十六条 县司法局办理的行政执法争议协调事项，应当在三十个工作日内办结；情况复杂，不能在规定期限内完成协调工作的，经本机关主要负责人批准，可以延长十个工作日。

法律、法规和规章对行政执法的办理时限有明确规定的，行政执法争议协调的办结时限应当符合相关规定。依照法定程序提请有权机关对有关法律、法规、规章的规定作出解释的，所需时间不计算在本条规定的期限内。

第十七条 有关行政执法机关应当积极配合、协助行政执法争议协调工作，自觉执行《行政执法争议协调意见书》和临时性处置措施决定。

第十八条 行政执法机关有下列情形之一的，由县司法局向县人民政府报告，情节轻微的，由县人民政府给予通报批评，责令改正；情节严重的，提请有权机关对相关负责人和其他责任人员依法给予处理：

（一）产生行政执法争议不及时提请争议协调，造成行政执法混乱或严重不良社会影响的；

（二）自行协商意见违反法律、法规和规章的规定，损害公共利益和行政管理相对人合法权益的；

（三）阻挠行政执法争议协调的；

（四）行政执法争议协调程序启动后，行政执法机关单方面就争议事项作出行政执法行为的；

（五）不执行或无正当理由拖延执行《行政执法争议协调意见书》或临时性处置措施决定的。

第十九条 本制度自 2021 年 9 月 1 日起施行，有效期为 5 年，至 2026 年 8 月 31 日止。

永宁县人民政府

2021 年 7 月 26 日

永宁县行政执法案件移送制度

第一条　为加强行政执法案件的移送管理，规范执法程序，根据《中华人民共和国行政处罚法》《行政执法机关移送涉嫌犯罪案件的规定》等法律法规的规定，结合工作实际，制定本制度。

第二条　本制度所涉及的行政执法案件，是指行政执法机关受理的涉嫌犯罪应当向公安机关移送的行政执法案件，以及不属于本单位职权范围向其他行政机关移送的行政执法案件。

第三条　移送的行政执法案件，应为新近发生、发现的，或未超过法定时效期限的案件。积案或已超过法定时效期限的案件，原则上不予移送。

第四条　各行政执法机关在日常工作中发现的案件线索，若不属于本机关职权范围的，办案人员应在初步调查结束后的三日内提出书面移送申请，经法制审核并报主管领导审批后，将案件连同相关的调查报告、证据材料、涉案物品等一并移交相关的行政机关办理。

第五条　向其他行政机关移送行政执法案件时，应将下列材料同时移送：

（一）案件的现场取证记录及取证照片、视频等证据材料；

（二）案件的初步调查报告及结论；

（三）相关联系方式；

（四）其他有关材料。

第六条　符合接收条件的行政执法案件，被移送的行政机关应在收到之日起三日内作出决定，法律、法规另有规定的除外。不属于本单位职权范围的行政执法案件，应在三日内书面回复移送机关。

第七条　被移送的行政机关对接收的行政执法案件需按照相关法律法规的时限要求限期办理，并在结案或依法终止后的五日内书面向移送机关回复处理结果。

第八条　向其他行政机关移送行政执法案件时，同被移送机关产生案件管辖权争议，双方任何一方均可向县司法局申请协调解决，县司法局无法协调解决的，报请县人民政府作出决定。

行政执法机关在查处违法行为过程中，必须妥善保存所收集的与违法行为有关的证据。

行政执法机关对查获的涉案物品，应当如实填写涉案物品清单，并按照国家有关规定予以处理。对易腐烂、变质等不宜或者不易保管的涉案物品，应当采取必要措施，留存证据；对需要进行检验、鉴定的涉案物品，应当由法定检验、鉴定机构进行检验、鉴定，并出具检验报告或者鉴定结论。

第九条　行政执法机关对应当向公安机关移送的涉嫌犯罪案件，应当立即指定2名或者2名以上行政执法人员组成专案组专门负责，核实情况后提出移送涉嫌犯罪案件的书面报告，报经本机关主管领导审批。行政执法机关主管领导应当自接到报告之日起三日内作出批准移送或者不批准移送的决定。决定批准的，应当在24小时内向同级公安机关移送；决定不批准的，应当将不予批准的理由记录在案。

第十条　向公安机关移送涉嫌犯罪的案件，应当附有下列材料：

（一）涉嫌犯罪案件移送书，载明移送案件的受理时间、案由、移送的法律依据，移送单位名称、行政违法行为涉嫌犯罪罪名、案件主办人及联系电话等。案件移送书应当附移送材料清单、并加盖移送机关公章；

（二）涉嫌犯罪案件情况的调查报告，载明案件来源、查获情况、嫌疑人基本情况、涉嫌犯罪的事实、证据、法律依据、处理建议等；

（三）涉案物品清单，载明涉案物品的名称、数量、特征、存放地等事项，并附采取行政强制措施、现场笔录等表明涉案物品来源的相关材料；

（四）附有鉴定机构和鉴定人资质证明或者其他证明文件的检验报告或者鉴定意见；

（五）现场照片、讯问笔录、电子数据、视听资料、认定意见等其他与案件有关的证据材料；

（六）其他有关涉嫌犯罪的材料。

已经或者曾经作出行政处罚决定的，应当同时附有行政处罚决定书等相关文书和材料。

以上材料需经法制审核，主管领导批准后，由办案人员办理移送手续。

第十一条 行政执法机关接到公安机关不予立案的通知书后，认为依法应当由公安机关决定立案的，可以自接到不予立案通知书之日起三日内，提请作出不予立案决定的公安机关复议，也可以建议人民检察院依法进行立案监督。

移送案件的行政执法机关对公安机关不予立案的复议决定仍有异议的，应当自收到复议决定通知书之日起三日内建议人民检察院依法进行立案监督。

第十二条 对公安机关决定不予立案的案件，应依法作出处理；其中，依照有关法律、法规或者规章的规定应当给予行政处罚的，应当依法实施行政处罚。

第十三条 对应当向公安机关移送的涉嫌犯罪案件，不得以行政处罚代替移送。

向公安机关移送涉嫌犯罪案件前已经作出的警告，责令停业，暂扣或者吊销许可证、暂扣或者吊销执照的行政处罚决定，不停止执行。

依照《中华人民共和国行政处罚法》的规定，向公安机关移送涉嫌犯罪案件前，已经依法给予当事人罚款的，人民法院判处罚金时，依法折抵相应罚金。

第十四条 行政执法机关作出行政处罚决定后，当事人逾期不履行行政处罚决定的，具有行政强制执行权的行政机关依法采取强制执行措施，不具有行政强制执行权的行政机关可以依法申请人民法院强制执行。

第十五条 需向法院申请强制执行的案件，应由办案人员在法定期限内提出书面申请，经法制审核后报主管领导审批。

第十六条 向法院申请强制执行的案件，应按照法院的要求将案件全部卷宗资料复印留存后一并提交。

第十七条 行政执法机关对应当移送的案件不移送或者逾期移送，应当接受的案件不接受或逾期不作决定的，对直接负责的主管人员和其他直接责任人员依法给予处分并责令改正；情节严重构成犯罪的，依法追究刑事责任。

第十八条 本制度自2021年9月1日起施行，有效期为5年，至2026年8月31日止。

永宁县人民政府

2021年7月26日

永宁县重要改革方案制定工作细则（试行）

第一条　为提高永宁县重要改革方案制定质量和水平，根据《中央文件创定工作规定》《自治区党委关于加强改革方案谋划制定工作的意见》及《自治区重要改革方案制定工作细则（试行）》，结合我县改革工作实际，制定本细则。

第二条　改革方案制定工作以习近平新时代中国特色社会主义思想为指导，坚决贯彻落实党中央决策部署和习近平总书记视察宁夏重要讲话精神，顺应新发展格局，贯彻新发展理念，围绕推进治理体系和治理能力现代化，突出高质量发展主题，聚焦先行区建设，坚持社会主义市场经济改革方向，加强前瞻性思考、全局性谋划、战略性布局、整体性推进，高质量高效率制定改革方案，提升“最先一公里”的谋划能力，增强改革政策的指导性、针对性、集成性、协同性，有效发挥改革方案的政治引领和政策引导作用。

第三条　永宁县重要改革方案是指县委及县委深改委决定实施、推动落实的重要改革任务，并需要研究制定具体政策措施的方案。

第四条　改革方案制定工作应当遵循下列原则：

（一）坚持党的全面领导。全面贯彻党领导全面深化改革的制度机制，在县委的集中统一领导下谋划改革、研究改革、设计改革，确保改革的正确方向。

（二）坚持民主集中制。把促进公平正义、增进人民福祉作为改革的根本出发点和落脚点，充分发扬民主，汇集各方意见，凝聚改革共识，步调一致推动改革。

（三）坚持系统观念。加强顶层设计，注重各项政策措施的系统性、整体性、协同性，依法依规制定改革文件，推进改革系统集成、协同高效。

（四）坚持问题导向、务实管用。聚焦改革任务，一切从实际出发，力戒形式主义、官僚主义，把握时度效，力求短实新。

第五条　改革方案的制定一般应经过任务提出、调查研究、方案起草、征求意见、会议审议、文件印发等环节。县委深改办协助县委及县委深改委做好改革方案制定的统筹协调、督促指导、联络服务、审核把关等工作。

第六条　制定重要改革方案应按照确有必要、精简高效、基层减负的原则，由相关单位提出，县委及县委深改委研究确定：

（一）县委及县委深改委可直接提出安排改革方案制定任务。

（二）政府党组根据党中央、国务院、自治区、银川市决策部署及全县改革发展需要，可向县委提出制定改革方案的建议，由县委确定改革方案制定任务。

（三）县委深改委委员、改革专项小组、县直部门（单位），根据中央、国家部委、区市厅局的改革安排部署、分管领域或本系统改革发展需要，可提出制定改革方案的建议，由县委深改办汇总后提交县委深改委决定。

第七条　县委及县委深改委作出制定重要改革方案的决定后，相应改革主责单位应主动承担改革方案制定任务，15 个工作日内提出工作计划，报县委深改办审核。改革主责单位按照审定的工作计划推进制定工作，原则上 6 个月内完成方案制发任务。

第八条　重要改革方案制定工作实行“专项小组组长牵头负责、主责单位具体落实、专项小组办公室统筹协调、相关成员单位主动配合”机制，全面落实调查研究、方案起草、征求意见、会议审议等环节的工作。

第九条　调查研究是重要改革方案制定的必经

环节，原则上不调研不制发文件、不上会审议：

（一）改革主责单位在制定改革方案前，组织开展调查研究、形成调研报告，实事求是梳理情况、找准问题、分析原因，明确改革的重点难点问题和体制机制障碍。

（二）改革主责单位根据中央精神、区、市、县党委和政府部署要求，结合调研情况，研究提出改革的方向思路、目标任务和要解决的重点问题，形成改革方案提纲，报改革专项小组组长审定。

（三）调研报告压缩成3000字以内简稿，作为改革方案的重要附件，在县委深改委会议、政府常务会议、改革专项小组会议等研究讨论时供与会领导参阅。

第十条　改革主责单位承担改革方案起草工作。改革的政策举措应坚持上接“天线”、下接“地气”，注重总结经验、把握规律、守正创新、务实管用，确保能落实到基层、能解决实际问题、能实现改革目标。

第十一条　改革方案初稿形成后，改革主责单位党组（党委）应充分研究讨论。两个以上部门共同起草的，应共同研究讨论、形成一致意见。

实行改革方案前置初审制度。初稿经改革主责单位党组（党委）研究讨论后，分别报送改革专项小组组长、副组长和县委深改办进行初审，提出意见建议，改革主责单位按照前置初审意见修改完善。

第十二条　改革方案征求意见应通过书面征求意见、座谈会商研究等方式，充分吸收各方意见建议。

落实改革风险评估机制。对关系复杂、牵扯面广、矛盾突出的改革任务，应认真开展咨询论证，广泛听取社会各界和群众代表意见，科学评估改革的政治风险、社会风险、经济风险、生态风险等。

第十三条　重要改革方案原则上按程序提交有关会议集体研究讨论、审议通过，做到依法决策、科学决策、民主决策。

（一）改革主责单位按流程向改革专项小组、县人民政府、县委深改委报请研究审议的请示，并附改革方案稿、起草说明、调研报告简稿等。会议研究审议改革方案时，由改革主责单位主要领导作起草说明。

（二）提请政府常务会议、县委深改委会议或县委常委会会议研究审议的改革方案，由政府办公室、县委深改办进行审核把关，重点把好政治关、政策关、法律关、程序关、文字关。方案稿比较成熟的，按程序报请会议研究审议；尚不成熟的，报请政府、县委及县委深改委领导同意，退回改革主责单位修改完善。

第十四条　重要改革方案经县委深改委会议或县委常委会会议审议通过后，改革主责单位应根据会议提出的意见建议及要求进行修改完善，经县委深改办复审、法制办合法性审查后，按程序报县委、县政府有关领导同志审定。

第十五条　改革方案正式印发之日起7个工作日内，由改革主责单位向县委深改办备案，县委深改办建立改革方案资料档案，指导主责单位建立任务台账，导入推进落实阶段。

第十六条　制定重要改革方案应坚持安全保密原则，严格执行保密法律法规和有关规定，确保改革方案制定工作全流程严格规范、绝对安全。

第十七条　建立完善重要改革方案保密审查、风险评估、公开发布等工作制度。改革主责单位根据党务公开、政务公开的内容、范围、程序、方式等规定要求，除涉及党和国家秘密不得公开或依照有关规定不宜公开外，应及时公开，做好宣传解读和舆论引导工作。

第十八条　重要改革方案制定工作作为全县年度改革工作效能目标管理考核的重要内容，由县委深改办会同各专项小组办公室进行考核赋分。

第十九条　本细则自发布之日起施行，由县委深改办督促落实并承担具体解释工作。

中共永宁县委办公室

2021年11月18日

永宁县重要改革任务推动落实工作细则（试行）

第一条　为全面贯彻落实中央和区市县党委关于全面深化改革决策部署，推动重要改革任务落实落地，根据自治区党委深改委有关工作规则，结合永宁改革工作实际，制定本细则。

第二条　重要改革任务推动落实以习近平新时代中国特色社会主义思想为指导，对标对表各级党委改革决策部署、重要改革任务及事项，聚焦群众反映强烈的难点、热点、堵点问题，构建党委领导、横向联动、上下贯通、责任明确、落实有力的工作机制，破解“三多三少”（即讲改革的多、敢改革的少；讲创新的多、会创新的少；讲落实的多、抓落实的少）问题，提升“中间一公里”的统筹能力和“最后一公里”的落实能力，推动改革举措落地生根，为加快融入新发展格局、推进高质量发展、建设先行区提供有力保障。

第三条　重要改革任务主要包括：

（一）中央关于全面深化改革的决策部署，中央深改委会议审议通过的改革方案和改革事项。

（二）中央及国家部委、自治区和银川市党委政府及区市厅局在永宁开展的重要改革试点任务。

（三）区、市、县党委制定的重要改革方案和党委深改委会议审议通过的改革方案和改革事项。

（四）各级党委及党委深改委安排部署的其他改革任务。

第四条　县委深改委在县委的领导下指导协调、组织推动、督促检查重要改革任务的落实：

（一）坚持把学习贯彻中央全面深化改革重大决策部署，中央和自治区、银川市党委深改委会议精神作为重大政治任务，认真谋划落实各级改革任务的政策举措，带头抓好工作落实。

（二）县委深改委委员负责分管领域改革任务落实工作，抓好县委及县委深改委安排的改革任务，统筹协调、研究解决落实中的问题和矛盾。县委深改委委员每年至少开展2次重要改革任务专题督办调研，并向县委深改委报告情况。每年年底书面向县委深改委报告年度改革任务推进落实情况。

（三）建立健全县委深改委会议听取重要改革任务落实情况制度。根据工作需要和改革推进情况，适时组织并听取深改办、改革专项小组、改革主责单位工作情况汇报。

第五条　各改革专项小组是重要改革任务落实的牵头组织者和协调推进者，对本领域改革任务落实负有主要责任：

（一）改革专项小组组长是本领域改革任务落实的第一责任人，改革任务落实情况纳入党员领导干部年度述职范围。

（二）加强对成员单位改革工作统筹协调和督促落实，根据需要召开全体会议，安排部署改革任务推动落实工作。适时通过专题会议、协调会议等形式，协调解决改革中的矛盾问题，切实把问题解决在专项小组层面。涉及全局的重大政策问题应报县人民政府研究解决，或经县委深改办梳理汇总后报县委深改委研究解决。

（三）每年至少开展2次本领域重要改革任务督促检查或调研督导，并向县委深改委报告。

（四）各成员单位在专项小组的统一安排下开展工作，改革中出现了问题，要及时提请专项小组研究解决。各成员单位应主动配合专项小组办公室工作，每月按时向其报送本单位改革任务推进落实情况。

（五）专项小组办公室所在单位应确定1个处室，负责办公室日常对接协调、联络服务工作，承担专项小组会议活动、督查调研的组织协调，落实好专项小组及组长的工作安排，加强与县委深改办、各成员单位的经常性沟通联系，定期汇总上报各成员单位改革任务推进落实情况。

第六条 改革主责单位承担本单位本系统改革任务落实工作的主体责任：

（一）改革主责单位党组（党委）每年至少研究 2 次改革任务推进落实工作，紧迫问题、重点问题及时研究解决。每年年底书面向县委深改委、改革专项小组报告年度本单位改革任务落实情况。

（二）主责单位党政主要负责人是改革任务落实第一责任人，应确定 1 名班子成员具体协调负责本单位改革工作，确定具体处室统筹落实改革任务。

（三）对本单位承担的重要改革任务，及时建立台账、梳理分解任务，按时启动、全面有序推进落实。

（四）建立改革任务推进落实动态信息机制。改革任务启动后，每月要更新一次改革任务推进落实情况（改革任务台账），并及时报送县委深改办。

（五）协同解决改革落实中的矛盾问题，需要改革专项小组组长协调解决的，由主责单位提请解决。

第七条 县委深改办要做好改革任务推动落实的指导协调、督促督察、检查考核等日常工作：

（一）县委深改办要发挥参谋服务作用，履行重要改革任务组织落实职能，向县委深改委提出推动落实重要改革任务的意见建议，落实好县委深改委的工作部署及要求，协调服务深改委委员推动重要改革任务落实。

（二）加强与各改革专项小组、改革主责单位及区市的经常性对接沟通，协调督促各单位抓好重要改革任务落实。

（三）建立完善重要改革任务清单和推动落实台账，加强对重点改革任务落实情况全过程纪实、全方位管理。

（四）建立重要改革任务动态跟进、督促落实机制，加大督查通报问责力度，对落实进度缓慢、工作不力、效果不好的改革任务和事项及时提醒。

（五）建立改革工作落实情况“主责单位自查评估、深改办对比评价”机制。改革主责单位对照改革任务台账、按期如实填报改革进度情况，县委深改办通过督查调研、走访基层、开展改革成效群众满意度测评等形式，对比印证改革主责单位自查评估成果。对虚报瞒报、弄虚作假的在全县进行通报。

第八条 加强和完善改革督办督察工作机制，分级分类督查重要改革任务落实情况，推动形成层层抓落实、级级有责任、事事见成效的工作体系：

（一）县委深改委可根据工作需要，安排部署开展督查调研、专题调研、专项督察等活动。

（二）县委深改办每年至少开展 2 次改革督查调研。年中召开 1 次改革工作推进会或开展 1 次“以下看上”“从上推下”专题调研活动；年底集中开展 1 次改革“回头看”，对全县年度改革工作进行全面自查、总结评估，形成年度自查总结报告，报县委深改委审定。

（三）建立督查调研成果运用机制。督查调研既总结经验做法、更注重解决问题，及时通报情况，鼓励先进、鞭策后进。对督查调研人员发现的问题，建立问题清单，明确整改要求，实行对账销号。

第九条 重要改革任务推动落实情况纳入全县年度改革效能目标管理考核体系，由县委深改办会同各专项小组办公室进行考核赋分。

第十条 本细则自发布之日起施行，由县委深改办督促落实并承担具体解释工作。

中共永宁县委办公室

2021 年 11 月 18 日

永宁县委全面深化改革委员会专项小组工作细则（试行）

第一条　改革专项小组由县委深改委按照精简务实、权责匹配、协同高效原则，根据工作需要设立、增减和调整，并经县委深改委会议研究确定。改革专项小组尽可能依托县处级领导同志担任组长的议事协调机构设立。

第二条　改革专项小组由组长、副组长、成员单位和小组办公室组成。组长设1人，一般由县委或政府分管领导同志担任；副组长和成员单位根据工作需要确定。改革专项小组组长和副组长实行席位制，人员变动调整后，由相应岗位接任领导同志担任，不再另行通知调整事宜。改革专项小组办公室可根据专项小组及其成员单位的意见，提出调整增减成员单位的建议，经县委深改办审核报县委深改委批准。

第三条　改革专项小组在成员单位中确定1个单位，设立专项小组办公室，作为专项小组的办事机构，负责处理专项小组日常事务。专项小组办公室应明确1个处室，负责办公室具体工作，并确定1名联络员，报备县委深改办。

第四条　改革专项小组在县委深改委的领导下开展工作，承担县委深改委安排部署的工作任务，负责本专项小组改革任务的研究谋划、统筹协调、组织落实和督促检查，发挥“统”的职能、强化“专”的功能、提升“落”的效能。

（一）认真学习贯彻落实党中央及中央深改委的战略决策、区市党委及党委深改委的部署要求，蓉实县委及县委深改委交办的工作任务。

（二）负责本领域改革任务的研究谋划、方案审核等。提交政府常务会、县委深改委会议的改革方案，应经改革专项小组会议研究审议，或报专项小组组长审核签批。

（三）及时研究解决本领域改革问题和矛盾。对成员单位提请专项小组研究解决的问题，应本着“议而必决、决而必行”的原则，在1个月内提出解决方案。

（四）根据需要召开全体会议安排部署改革任务推动落实工作。每年至少开展2次本领域改革任务督促检查或调研督导，并向县委深改委报告。每年年底书面向县委深改委报告年度本专项小组改革任务推进落实情况；小组组长在年度述职报告中报告改革任务组织落实情况。

（五）建立改革专项小组约谈提醒制度。对改革任务落实不力的，专项小组组长应对成员单位进行约谈提醒，或根据县委深改委的意见、专项小组办公室或县委深改办的建议，进行约谈提醒。

第五条　各成员单位在专项小组的组织领导和统筹协调下抓好改革谋划和落实工作：

（一）成员单位应认真落实专项小组的安排部署，坚决执行专项小组的协调意见，不得推诿扯皮、敷衍塞责。

（二）成员单位牵头起草的改革方案，应主动听取专项小组组长、副组长的意见，改革方案征求意见范围应包括本专项小组成员单位。

（三）对本单位难以解决、需要专项小组协调的，应及时书面报告专项小组研究解决，并抄送县委深改办。

（四）承担改革任务的成员单位定期向专项小组办公室报送改革任务推进落实情况。

第六条　专项小组办公室在专项小组的领导下，负责处理专项小组日常事务，负责办公室日常对接协调、联络服务工作：

（一）统筹、协调、督促成员单位落实专项小组的决定事项和安排部署。

（二）对接联络县委深改办、专项小组组长、副组长和成员单位的工作，落实县委深改办的工作安排，定期汇总各成员单位工作情况，并及时上报专项小组组长、副组长和县委深改办。

（三）承担专项小组会议活动、督查调研的组织协调。

（四）会同县委深改办对各成员单位年度改革工作进行效能目标管理考核。

第七条 改革专项小组根据需要召开全体会议、专题会议、协调会议等，研究部署工作、协调解决问题：

（一）全体会议由小组组长主持召开。

（二）专题会议、协调会议、工作推进会等根据工作需要适时召开，小组组长可委托副组长主持召开。参会人员按照确有必要、解决问题、缩小范围的原则确定，可邀请其他县领导、县直部门（单位）负责同志列席。

（三）全体会议由专项小组办公室牵头负责，相关成员单位主动配合；专题会议、协调会议等由主要议题单位牵头负责，专项小组办公室和相关单位配合。

（四）全体会议、专题会议、协调会议应形成会议纪要，重点反映研究协调解决问题的方案和意见。会议纪要由专项小组办公室负责起草、印发、存档，并抄送县委深改办，作为督促落实的依据。

第八条 县委深改办应加强与各改革专项小组的对接协调，推动专项小组落实县委深改委的安排部署，督促各专项小组办公室履行协调服务职能。

第九条 本细则自发布之日起施行，由县委深改办督促落实并承担具体解释工作。2018 年 4 月 23 日印发的《永宁县全面深化改革领导小组专项小组工作规则（修订）》（永改组发〔2018〕2 号）同时废止。

中共永宁县委办公室

2021 年 11 月 18 日

规划　方案

永宁县创建“食品药品安全区”实施方案

为认真贯彻落实《中共中央　国务院关于深化改革加强食品安全工作的意见》《地方党政领导干部食品安全责任制规定》精神，推动创建国家食品安全示范城市工作，建立健全食品药品安全治理体系和治理能力，切实规范食品药品生产经营行为，用3年时间，将建成“以落实‘四个最严’为引领，以互联网智能监管为支撑，以提升保障水平为核心”的食品药品安全区，按照《自治区全域创建“食品药品安全区”实施方案》《银川市创建“食品药品安全区”实施方案》要求，结合我县实际，特制定本方案。

一、指导思想

以习近平新时代中国特色社会主义思想为指导，全面贯彻党的十九大和十九届二中、三中、四中、五中全会，自治区十二次党代会、十二届十二次全会以及市委十四届十次全会、县委十四届八次全会精神，坚持和加强党的全面领导，坚持以人民为中心的发展思想，紧紧围绕统筹推进“五位一体”总体布局和协调推进“四个全面”战略布局，坚持稳中求进工作总基调，鼓足干劲、实干兴永，按照“一高三化”和“走在前、做表率、惠民生、防风险”的要求，实施健康永宁战略和乡村振兴战略，不断深化改革创新，用最严谨的标准、最严格的监管、最严厉的处罚、最严肃的问责，提高食品安全从农田到餐桌全环节、全链条监管能力和保障水平，确保人民群众“舌尖上的安全”，为建设美丽新永宁奠定坚实的食品药品安全基础。

二、基本原则

坚持“源头严防、过程严管、风险严控”工作原则，构建“党政同责，部门协作，企业自律，社会参与，行业规范”的食品药品安全社会共治新格局，促进永宁县食品药品安全高质量发展。

（一）坚持统一领导和统筹推进。县委和政府统一领导“食品药品安全区”全域创建工作，永宁县食品安全委员会及其办公室负责统筹协调和全面推进，县食品安全委员会各成员单位为创建工作责任主体，食品药品生产经营单位落实主体责任，社会各界广泛参与。

（二）坚持全链条全环节统筹规范。充分调动社会各方力量和各种资源，多措并举，多元共治，分步有序推进创建工作，构建全链条、全环节食品药品安全保障体系，全面提升我县食品药品安全保障能力。

（三）坚持问题导向专项治理。以维护和促进公众健康为目标，从解决人民群众普遍关心的突出问题入手，标本兼治、综合施策，不断增强人民群众的安全感和满意度。强化法治理念，严格遵守法规制度、标准体系，重典治乱，加大检查执法力度，依法从严惩处违法犯罪行为，严把从农田到餐桌的每一道防线。

（四）坚持全域创建和全面提升。按照《宁夏食品药品安全区创建评价验收细则》和《银川市食品药品安全区创建评价验收细则责任分工》，通过进一步细化工作目标和标准，明确创建分工，在全县范围内同步开展创建。通过召开创建工作动员会，组织开展中期评估，全面加强监督核查，推动创建工作深入开展。

三、总体目标

（一）食品药品安全整体状况良好。群众对食品药品安全总体满意度达到75%以上，对创建工作的知晓率达到80%以上，对创建工作的支持率达到90%以上，群众对食品药品安全的获得感、幸福感和安全感明显提升。

（二）监管责任落实到位管理机制运行高效。食品药品安全工作责任和监管部门事权划分科学清晰，党政同责全面落实，综合协调机制运行顺畅。乡镇（街道）、村（社区）网格化管理全面落实，食品药品安全协管员（信息员）队伍健全，食品药品安全治理体系基本形成。

（三）安全保障能力显著提升。全县食品及食用农产品抽检量达到每年 5 批次 / 千人以上。食用农产品质量安全监测总体合格率稳定在97%以上，食品评价性抽检合格率保持在 98% 以上，化学药及中成药抽检合格率稳定在 99% 以上，中药饮片抽检合格率稳定在 90% 以上，食品药品安全监督抽检不合格产品核查处置达到 100%。规模以上食品药品生产企业 100% 建立 HACCP 或 ISO22000 等管理体系。食品药品安全违法案件办结率达到 100%，应公开的监管信息公示率达到 100%。

（四）生产经营者守法和诚信意识普遍增强。食品药品生产经营者全面履行主体责任，生产企业质量安全管理人员法规知识抽查考核覆盖率和合格率达到 98% 以上，自查报告率达到 95% 以上，符合“阳光药店”建设标准的零售药店达到 80% 以上。地产规模以上食用农产品、食品、生产企业依法建立追溯体系，100% 统一纳入“一品一码”电子信息化管理系统。全县餐饮单位“明厨亮灶”达到 100%。

（五）社会共治格局基本形成。增强部门联动、群防群治的合力，将食品药品安全信用状况纳入社会征信范围。建设覆盖全区的投诉举报系统，实现网络 24 小时接通，电话接通率达 100%，法定时限回复率、有效处置率达 100%。

四、重点任务

（一）完善食品药品安全治理体系。

1. 构建事权清晰的党政同责、属地管理责任体系。落实《永宁县党政领导干部食品安全责任制规定》，明确监管职责、事权，厘清监管范围和责任边界，按照“每季度一暗访督查、每半年一评价考核”的方式强化评价考核、督查督办，形成严密高效的责任体系（责任单位：县食品安全委员会各成员单位）。

2. 构建统一科学的标准体系。围绕优质粮食、现代畜牧、瓜菜、酿酒葡萄等特色农产品，积极参与制定特色食品安全地方标准（责任单位：县农业农村局、自然资源局、发改局、卫健局、市监局）。开展食品安全标准解释和贯彻宣传，对相关标准使用进行跟踪评价（责任单位：县卫健局）。严格执行地方特色食用农产品、宁夏中药材标准（责任单位：县农业农村局、卫健局）。建立企业标准公开承诺制度，鼓励企业制定并实施严于食品安全国家标准或地方标准的企业标准（责任单位：县农业农村局、科技局、卫健局、市监局）。

3. 构建健全完善法规规章制度。严格执行《中华人民共和国食品安全法》《农产品质量安全法》等法律法规，加快构建永宁县现代化食品药品安全治理体系，提升治理能力（责任单位：县食品安全委员会各成员单位）；严格落实自治区制定的食品安全信息追溯管理办法、医疗机构药品使用质量管理规范、餐厨废弃物及废弃油脂处理办法等地方性法规和规章制度（责任单位：县司法局、市监局、农业农村局、综合执法局、银川市生态环境局永宁分局）。

4. 构建专业高效的执法监督体系。县机构编制、财政、人力资源、会同市场监管、农业农村等部门在统筹现有各级食品药品监督岗位、编制的基础上，积极探索通过实行食品药品监察员分级分类管理、严格检查员岗位准入、科学考核评定职级等方式，建立起一支政治素质过硬、专业水平合格的职业化食品、药品监督检查员队伍（责任单位：县编办、市监局、农业农村局、财政局、人社局）。严格执行“行刑衔接”和“检打联动”，落实重大案件联合督办制度。推行行政执法公示制度、执法全过程记录制度、重大执法决定法制审核制度（责任单位：县市监局、农业农村局、公安局、检察院、司法局、综合执法局）。

5. 构建“三位一体”的检验检测体系建设。充分发挥检验检测在食品安全监管中的技术支撑作用，着力打造“食品检验检测机构法检，基层所、乡镇食品快检，商场超市、学校食堂、农业公司、农产品批发零售市场自检”的“三位一体”食品监测网络体系。食品、食用农产品检验监测机构100%通过资质认证。农业农村部门要加强食用农产品检验检测机构建设，强化地产农产品检验检测，确保入市前农产品质量安全；商投部门要督促食品经营企业、超市、市场强化检验检测能力建设，并在经营场所显著位置公示检验结果。市场监管部门要加大食品快速检测室的建设和快检覆盖面，加强企业（超市、市场）检验检测人员的培训力度。鼓励并支持食品早市、夜市食品检验检测能力建设，积极发挥“你送我检”便民服务措施，确保人民群众购买安全、放心食品（责任单位：县农业农村局、市监局、商投局）。

6. 构建管控有效的风险预警体系。加强协作配合和资源信息互通共享，对食品药品安全风险隐患早发现、早沟通、早研判、早预警。完善预警交流机制，定期开展风险会商（责任单位：县市监局、农业农村局、公安局、卫健局）。健全完善食品药品安全应急预案和处置规程，组织开展突发事件应急演练（责任单位：县市监局、农业农村局、公安局、教体局、卫健局）。建立重大舆情收集、分析研判和快速响应机制，进一步提高基层监管人员应急响应和处置能力，有效防范区域性、系统性重大食品安全风险［责任单位：县市监局、农业农村局、卫健局、公安局、发改局，各乡镇（街道），永宁工业园区管委会］。

（二）督促使用全区食品药品安全信息化管理平台。

1. 地产食品实施“一品一码”。严格按照自治区“一品一码”食品安全追溯编码地方标准，实现与现有食用农产品追溯系统互联互通，将规模化生产的食品和畜禽肉、水产品、供港蔬菜等主要食用农产品统一纳入自治区“一品一码”信息化管理系统。商投部门要做好肉菜追溯系统中涉及相关农产品信息的端口对接工作。2022年6月底前，各行业主管部门及监管部门督促指导全县规模以上企业全部上线。（责任单位：县农业农村局、商投局）

2. 输入型食品统一建立进销货电子台账。食品生产者、批发市场、连锁超市、大型经销商对于购进的外省区生产的食品原料、包装材料、食品、食用农产品，将索证索票、检验检测等相关信息录入食品安全信息化管理平台，按照“一户一档”的要求建立进货和销货电子台账，以备查验。2022年6月全县经营主体全部上线（责任单位：县市监局、农业农村局、商投局、科技局）。食品生产企业、食品加工小作坊及小型食品经营户严格执行食品进货索证索票和食品销售台账记录制度。督促使用全区统一的食品药品销售凭证格式，实现食品药品流通全过程规范留痕，源头可追、过程可控，去向可查。2022年6月，全县经营主体全部上线（责任单位：县市监局）。

3. 推动“互联网＋明厨亮灶”建设。建立“互联网＋明厨亮灶”智慧监管平台，实现餐饮食品安全智慧管理和网上监管（责任单位：县市监局）。督促商场内餐饮服务提供者、养老机构、学校食堂、建筑工地食堂以及旅游景区餐饮服务提供者主动向消费者公开加工制作过程，接受社会监督。对现有学校食堂“明厨亮灶”进行升级改造，接入全区食品安全信息化监管系统。2020年，小学（含幼儿园）食堂“互联网＋明厨亮灶”全部上线，2022年，餐饮单位“明厨亮灶”达到98%以上。［责任单位：县市监局、教体局、财政局、发改局，民政局、卫健局、文旅局、商投局，各乡镇（街道）］

4. 督促使用药品信息化追溯体系。按照国家统一制定的药品追溯标准和规范，根据自治区药品监督管理局《关于做好宁夏药品智慧监管平台推广应用工作的通知》（宁药监便函〔2020〕9号）要求，使用永宁县药品监管追溯系统，推进药品追溯信息互通互享，督促辖区零售企业和医疗机构建立并实施药品追溯制度，按照规定提供追溯信息，保证药品全程可追溯。（责任单位：县市监局、卫健局、发改局、财政局）

（三）建立长效监管机制，规范全环节监管。建立健全食品药品从产地环境、种植养殖、生产加工、储存运输到终端消费各环节、全链条的“线上线下”监督管理制度，形成分工负责、紧密衔接的食品药品安全治理体系，通过强化监督管理，督促食品药品生产经营者落实市场主体责任。

1. 实施食品产地环境提升工程。加大农用地土壤环境保护和水污染治理力度，降低污染物排放对食品安全的影响。实施耕地分类清单管理，确定土壤环境重点监管企业名单。深入推进重金属及农药化肥污染土壤整治工作，严格执行污染物排放标准，定期对粮食、蔬菜、枸杞、酿酒葡萄等产地环境进行监测，并出具年度监测报告。强化大气污染治理，加大重点行业挥发性有机物治理力度。加强重点入黄排水沟、库井灌溉区综合整治，对农业种植养殖环境污染实施有效防治，治理源头污染［责任部门：银川市生态环境局永宁分局、县农业农村局、水务局、自然资源局，各乡镇（街道）］。

2. 规范提升种植养殖环节监管。

（1）严把农业投入品生产使用关。严禁使用国家明令禁止的农业投入品，开展禁限用农药、兽用抗菌药综合治理，指导农户严格执行农药安全间隔期、兽药休药期有关规定。严格落实农兽药定点经营和实名购买制度、农业生产经营记录制度、农业投入品使用记录制度。全面禁止将剧毒、高毒农药用于蔬菜、瓜果、枸杞、酿酒葡萄和中草药材种植，着力解决农药兽药残留超标问题。大力实施化肥农药减量增效、畜禽水产养殖用药减量、兽药抗菌药治理。到2022年底前化肥农药利用率稳定在40%以上。［责任单位：县农业农村局、银川市生态环境局永宁分局、自然资源局，各乡镇（街道）］

（2）严格实施食用农产品准出准入。按照“自我承诺、自我出局”原则，督促农业生产企业、农业合作社、家庭农场、种养殖大户，重点围绕畜禽肉、水产品、蔬菜、水果推进食用农产品合格证制度。对暂未实行合格证制度的食用农产品各类市场经营主体，按照“先检测、后上市”的原则，形成基地准出、市场准入紧密衔接。创新食用农产品快速检测和抽样检测机制，快速检测进入田间地头，实现基地、农业合作社生产的食用农产品检测全覆盖，严格落实产地准出制度，确保农产品质量安全。［责任单位：县农业农村局、市监局，各乡镇（街道）］

（3）严把粮食收储质量安全关。建立完善粮食收储企业质量安全管理制度，加强粮食收购和储存环节质量安全监测。建立超标粮食分类档案，依规做好超标粮食的收购及无害化处置工作，严防不符合食品安全标准的粮食流入口粮市场和食品生产企业。（责任单位：发改局）

3. 强化食品药品生产加工过程监管。制定食品生产过程风险清单、责任清单，规范食品企业生产原辅料、生产过程、检验检测等全过程规范化管理，监督企业对出厂产品实行批批检验。对食品生产企业实施食品安全风险分级管理和全覆盖监督检查，加强特殊食品、高风险食品、大宗食品和地方特色食品生产企业体系检查工作，确保地产食品安全。推进药品生产企业风险分级管理，对药品生产企业监督检查和抽检覆盖率达到100%（责任单位：县市监局）。

4. 强化食品药品流通监管。规范农产品批发市场、农贸市场、早市、餐饮夜市“脏乱差”现象［责任单位：县综合执法局，各乡镇（街道）］。规范冷链物流企业管理，不断提高冷链物流运输率以及在运输环节食品安全自查自检率（责任单位：县商投局）。严格食用农产品产地准出和市场准入管理，加强食用农产品入场销售者信息档案管理，实现建档率达到100%(责任单位:县农业农村局、市监局)。推进药品经营企业风险分级管理，严格疫苗等高风险药品监管，强化医疗机构药事管理，实施“阳光药店”工程，到2022年，80%零售药店达到“阳光药店”建设标准，保障药品经营使用质量安全(责任单位：县市监局、卫健局）。

5. 强化餐饮业质量安全监管。实施餐饮质量安全提升，餐饮单位无差异化管理和用餐环境改善行动，统一餐饮服务基本要求，着力解决餐饮后厨环境卫生脏乱差、餐饮操作不规范等问题（责任单位：县市监局）。大力推进餐厨废弃物资源化利用和无害化处理，确保餐厨废弃物集中收集率达到100%，防范“地沟油”流入餐桌（责任单位：县市监局、综合执法局、银川市生态环境局永宁分局）。强化网络餐饮服务第三方平台责任，严格履行对入网餐饮服务提供者实名登记、审查许可证、发现问题报告等责任。餐饮外卖全面实行封签制（责任单位：县市监局）。督促落实学校（托幼机构）、建筑工地食堂、养老机构食堂以及餐饮服务单位原料验收、人员管理、生产加工、清洗消毒、食品留样等制度。加强旅游景区、高速公路服务区、养老机构食品安全监管，做到食品安全可靠、环境卫生整洁、经营服务优良［责任单位：县市监局、教体局、文旅局、民政局、住建局，各乡镇（街道）］。

6. 强化进出口食品安全管理。严把食品进口关，认真落实进口食品准入制度。加大进口食品的监管力度，强化对不合格进出口食品监管处置，严防不合格食品流入消费市场、走出国门。严格落实进口动植物产地属地查验，严防重大疫病疫情传入风险。严厉打击食品走私行为（责任单位：县公安局、商投局、市监局）。

（四）突出重点品种、领域、业态监管，发挥示范引领作用。

1. 全面提升农村食品药品安全治理水平。制定农村食品药品安全风险隐患清单，分区域、分类型、分品种因地制宜开展专项整治（责任单位：县市监局）。全面清查农村地区、城乡接合部食品药品生产经营主体资格，开展食品生产加工小作坊提升行动，严厉打击生产经营“三无”、假冒劣质和过期食品药品等违法违规行为，坚决取缔“黑工厂”“黑窝点”“黑作坊”（责任单位：县市监局、农业农村局、公安局、综合执法局）。全面规范农村食品药品流通供应体系，净化农村食品消费市场，提高农村食品药品安全保障水平。（责任单位：县商投局、市监局、农业农村局）

2. 实施地方特色食品药品质量提升工程。调整优化食品药品产业布局，鼓励企业获得质量认证，实施增品种、提品质、创品牌行动，重点打造乳制品、枸杞、葡萄酒、牛羊肉、蔬菜、胡麻油等食品产业（责任单位：县市监局、农业农村局、商投局、发改局）。实施标准生产促进行动，创建一批优质标准化生产示范基地、示范点、示范区，鼓励引导食品企业延伸产业链条，加强与电商平台深度融合，打造有影响力的品牌，形成一批特色鲜明、质量优良、品牌响亮的示范典型（责任单位：县农业农村局、发改局、市监局、卫生健康局，各乡镇（街道），永宁工业园区管委会）。

3. 切实保障校园食品安全。严格落实学校和幼儿园食品安全校长（园长）负责制，落实学校相关负责人陪餐制度。实行大宗食品公开招标、集中定点采购，全面加强学校食堂、学生集体用餐配送单位、校园及周边食品经营单位监督管理［责任单位：县教体局、市监局，各乡镇（街道）］。全面开展校外托幼机构（小饭桌）、食品摊贩联合整治，严厉打击无照无证经营、制售伪劣食品违法行为［责任单位：县教体局、市监局、综合执法局、公安局，各乡镇（街道）］。

4. 实施农贸市场和“小微”经营者规范达标活动。对农贸市场有序进行改造，促进农贸市场硬件设施和软件管理提档升级［责任单位：县商投局、市监局、财政局，各乡镇（街道）］。持续开展“五小”食品综合治理，规范小作坊、小食品店、小餐饮、小摊点、小农贸市场的经营行为［责任单位：县市监局、综合执法局，各乡镇（街道）］。加快推进食品加工小作坊园区和餐饮夜市建设，促进“五小”食品提档升级［责任单位：县市监局、住建局、发改局、综合执法局，各乡镇（街道）］。

（五）推动落实生产经营主体责任。督促食品生产经营企业结合实际设立食品药品质量安全管理岗位，配备专业技术人员，严格执行法律法规、标准规范等要求，确保生产经营过程持续合规，确保产品符合食品药品安全标准［责任单位：县市监局、综合执法局，各乡镇（街道）］。大型食品生产企业要率先建立和实施危害分析和关键控制点体系（责任单位：县市监局、商投局）。加强食品药品生产经营过程控制，对安全责任落实情况、质量安全状况进行自查评价（责任单位：县市监局）。食品、食用农产品生产经营主体和药品经营主体要对其生产经营的产品进行追溯负责，建立食品药品安全追溯体系，真实完整记录相关信息，确保产品来源可查、去向可追（责任单位：县市监局、商投局、农业农村局）。推进肉蛋奶和白酒生产企业、集体用餐单位、农村集体聚餐、大宗食品配送单位、中央厨房和配餐单位主动购买食品安全责任保险，有条件的中小企业要积极投保食品安全责任保险。到2022年食品生产经营企业食品安全责任保险投保率达到30%以上（责任单位：县市监局）。

（六）强化食品药品安全社会共治。加强新闻宣传和舆论引导，定期宣传食品安全科普知识和曝光违法行为。对接自治区统一建立从业人员培训平台，提升市场主体人员的责任意识。持续开展食品药品安全“五进”（进企业、进机关、进校园、进社区、进农村）宣传活动。在中小学开展食品安全与营养教育。完善举报奖励制度，鼓励群众举报违法犯罪行为。支持行业协会依照法律法规和章程建立行规行约。健全完善食品药品行刑衔接制度，依法打击违法犯罪和网上造谣传谣、欺诈和虚假宣传行为。将食品药品生产经营者的信用状况全面纳入社会征信范围。健全食品药品安全管理红黑名单制度，定期公布失信企业相关信息。健全食品药品生产经营企业信用档案，实行信用分级分类管理，加大信用联合惩戒（责任单位：永宁县食品安全委员会各成员单位）。

五、时间安排

从2021年1月开始至2022年12月底，分四个阶段进行。

第一阶段：动员部署阶段（2021年1月—2021年2月）。全县动员部署、广泛宣传创建。各成员单位根据创建工作要求，制定行动方案，组织召开动员大会，成立创建工作领导小组及办公室，做好基础工作。

第二阶段：全面实施阶段（2021年3月—2022年10月）。各成员单位结合实际，制定任务书、时间表、路线图、责任人，按照《自治区食品药品安全区创建评价验收细则》全面推进创建工作。2022年10月底前，完成创建工作任务，达到创建标准。

第三阶段：中期评估及自查自纠阶段（2021年11月—2022年9月）。成员单位对照《自治区食品药品安全区创建评价验收细则》组织开展自评，2021年底，完成创建工作中期评估；2022年1月—2022年9月，根据中期评估和暗访检查情况进行整改完善。

第四阶段：评价验收阶段（2022年10月—12月）。组织开展创建工作评价验收，全面完成全域“食品药品安全区”创建工作。

六、工作要求

（一）加强组织领导。各部门（单位）要把“食品药品安全区”建设工作作为一项重大政治任务和民生工程，主要负责人要亲自挂帅，统筹调度各方资源和力量，协调解决创建工作中遇到的问题。县食品安全委员会及其办公室要加强统筹协调，及时研究部署“食品药品安全区”创建工作，协调解决跨部门跨地区重大问题。各有关部门要按照管行业必须管安全的要求，对主管领域的食品安全工作承担管理责任。要压实食品安全监管责任，加强全链条、全流程监管。

（二）加大投入保障。建立健全食品药品安全监督管理资金投入保障机制，将食品药品安全监督抽检、风险监测、设施配备、科普宣教等各项工作经费纳入财政预算。加强项目资金管理，提高资金使用效能。

（三）强化监督检查。将“食品药品安全区”创建工作情况纳入年度食品药品安全督查考核范围。强化监督检查、专项督查，确保各项任务落实到位。将食品药品安全工作考核结果作为党政领导班子和领导干部综合考核评价的重要内容，作为干部奖惩和使用、调整的重要参考。对考核达不到要求的，督促限期整改。

（四）严格评价验收。创建工作实施过程中，永宁县食品安全委员会办公室将组织第三方评价机构，按照创建评价验收细则，适时开展系列暗访、检查，通报暗访、检查结果，对创建工作进行全程跟踪评价，并做好自治区中期评估和评价验收各项准备工作。

中共永宁县委办公室

永宁县人民政府办公室

2021年3月5日

永宁县贫困重度残疾人集中照护服务工作实施方案

为切实做好全县贫困重度残疾人集中照护服务工作，根据《自治区民政厅　财政厅　卫生健康委员会　扶贫办　残联关于在脱贫攻坚中做好贫困重度残疾人照护服务工作的通知》（宁民发〔2020〕38号）及《银川市人民政府办公室关于印发银川市贫困重度残疾人集中照护服务工作实施意见的通知》（银政办规发〔2020〕13号）有关文件精神，结合我县实际，制定本实施方案。

一、目标任务

通过建立完善的长效机制，做好贫困重度残疾人照护服务工作，切实解决好群众的操心事、烦心事、揪心事。坚持自愿申请、精准实施，坚持资源整合、政策引导，坚持政府主导、责任共担，切实把这项基本民生救助保障工作做实做好。对符合条件且有意愿的贫困重度残疾人开展集中照护服务，提高个人生活质量，增强家庭发展动能，达到“照护一个人，解放一家人，温暖一群人”，助力特殊困难群体与全县人民同步进入全面小康社会。

二、服务方式

按照便于管理、利于照护、量力而行、尽力而为的原则，整合现有资源，充分利用县域内养老服务机构，择优确定具备集中照护能力的机构承担集中照护服务任务。以政府补贴和政府购买社会救助服务的形式委托社会服务机构开展贫困重度残疾人集中照护工作。

三、集中照护对象管理

（一）照护对象。集中照护对象原则应同时具备下列条件：

1. 永宁县户籍且满16周岁；

2. 持有效残疾人证且残疾程度为一级智力、精神、肢体残疾或二级智力、精神残疾，精神疾病经医治后病情稳定；

3. 属于最低生活保障对象或建档立卡人员；

4. 无传染性疾病，有长期照护需求，自愿同意集中照护；

5. 不符合特困供养人员条件；

6. 县民政部门、残联认定的人员。

（二）申请审批程序。

1. 申请。残疾人（无民事行为能力或限制民事行为能力的残疾人由其监护人代理）向户籍所在地村（居）民委员会提出书面申请，填写《贫困重度残疾人集中照护申请审批表》，出具本人户口簿、身份证及残疾人证原件。

2. 初审。村（居）民委员会根据贫困残疾人实际情况和申请材料进行初审后，在村（居）民委员会驻地公示，公示期不少于5个工作日。符合条件的，据实填写本级意见，连同相关证明材料一并报乡镇人民政府（街道办事处）审核；不符合条件的，要以书面或者其他形式告知申请人或者其代理人并说明理由。

3. 审核。乡镇人民政府（街道办事处）对村（居）民委员会上报的材料在5个工作日内进行审核，核对其低保或建档立卡、残疾类别等级等信息，符合条件的应进行公示，公示期不少于5个工作日。经公示无异议的，在审批表上签署意见，确定照护服务形式。不符合条件的，要以书面或其他形式告知申请人或者其代理人并说明理由。

4. 备案。乡镇人民政府（街道办事处）要在每月月底前将贫困重度残疾人集中托养信息汇总报送至县民政局备案，由县民政局统一安排集中照护。

（三）建立动态管理机制。乡镇人民政府（街道办事处）要建立贫困重度残疾人信息台账，对集中照护服务的重度残疾人实行实名制管理，做到一人一档。对因自愿放弃集中照护或亡故、家庭经济状况改善等原因，不再符合集中照护条件的，应及时终止集中照护，报经县民政局核实无异后，结算照护费用。

四、实施步骤和时间安排

（一）动员部署阶段（2021年3月）。各乡镇（街道）要结合实际，制定落实贫困重度残疾人集中照护服务工作实施方案，于2021年4月15前向县民政局报送实施方案、任务分解表和工作人员名单、联系方式。

（二）照护对象确认阶段（2021年4月）。各乡镇（街道）要在4月完成对象筛选，并于2021年4月15日前将《贫困重度残疾人集中照护服务摸底调查表》（附件3）报县民政局，县民政局于2021年4月20日前完成审核、汇总工作。

（三）组织实施阶段（2021年4月—2023年10月）。集中照护服务对象确定后，各乡镇（街道）在残疾人自愿提出申请、同意集中照护条件的前提下，严格按照本方案规定的条件与程序，确定集中照护对象。县民政局对符合条件、通过申请审批程序确认的贫困重度残疾人，统一安排到照护服务机构进行集中照护。

五、集中照护服务机构和机构条件

择优选择确定我县1—2所具备集中照护能力的机构承担集中照护服务。县民政部门、乡镇人民政府（街道办事处）要与照护服务机构、照护对象签订委托照护服务协议，明确各方权利义务和相关职责。无民事行为能力的照护对象，应当由其监护人代为签订。委托照护服务协议文本，由县民政部门统一制定，包括照护对象和照护服务机构基本信息，照护对象自理能力认定类别、照护服务内容、照护服务要求、照护服务费用及分担比例、照护服务权利义务以及违约责任、协议期限等内容。照护对象因病需要到定点医疗机构就医的，照护服务机构要及时告知照护对象监护人和乡镇人民政府（街道办事处）。

县域内无法满足病情稳定精神残疾人员集中照护需求的，由县民政局报请银川市民政局统筹安排。

集中照护服务机构应具备下列基本条件：

（一）生活用房、消防设施、无障碍设施、应急呼叫系统、安全监控系统等符合相关规范和技术标准；对不同类型的重度残疾人照护服务实施分区管理。

（二）根据照护服务对象人数和照料护理需求，按照一定比例配备具有照护能力的工作人员。

（三）除上述条件外，承接病情稳定精神残疾人员集中照护的机构，还应具备能够为精神残疾人员提供托养康复服务的相关资质。

六、经费补贴标准和支付办法

（一）经费补贴标准。照护服务机构应建立健全集中照护对象入院评估制度，结合其生活自理能力评估结果，确定照料护理等级，为照护对象提供日常生活照料、膳食服务、康复护理等基本生活照护服务，合理确定照料费用。

1. 基本生活费用。基本生活费用参照周边县（区）集中托养标准，根据现阶段物价水平及服务成本测算，暂定托养集中照护基本生活费用每人每月2000元。

2. 护理费用。护理费用参照《自治区民政厅财政厅关于进一步明确城乡特困人员救助供养标准的通知》（宁民发〔2019〕31号）文件规定，部分丧失生活自理能力、完全丧失生活自理能力人员的照料护理标准分别按不低于上年度我县最低月工资标准1560元的45%（702元）和75%（1170元）确定。

今后视物价变化及服务提供情况，由县民政局、财政局、残联适时研究调整费用标准，报请县人民政府同意后实施。

（二）支付办法。整合被照护残疾人个人领取的低保金、困难残疾人生活补贴和重度残疾人护理补贴、经济困难失能老年人生活补贴和护理补贴、残疾人托养补贴等政府救助补助资金，直接拨付给照护服务机构，不再转入贫困重度残疾人个人账户。整合救助补助资金如有不足，由县民政部门报财政部门，按照下列标准予以补贴：

1. 集中照护对象是整户纳入低保的，给予缺额100%补贴。

2. 集中照护对象是按单人户纳入低保的，如其家庭同时被认定为低收入家庭，给予缺额100%补贴；如不是低收入家庭，给予缺额70%补贴费用，剩余费用由集中照护对象家庭负担。

3.集中照护对象是建档立卡人员的，给予缺额100%补贴。

七、集中照护资金保障

补贴所需资金，经县民政局统计测算，报经财政部门列入预算，安排解决。照护对象救助补助资金不足支付照护费用的，县民政局、财政局按照《宁夏回族自治区民政厅关于推行政府购买社会救助服务加强基层经办服务能力的实施意见》（宁民规发〔2018〕2号）有关规定，以政府购买社会救助服务的形式，从本级既有的社会救助专项资金预算中统筹安排。

照护资金应专项用于政府购买照护机构为照护对象提供的日常生活照料、膳食服务、康复护理等基本生活照护服务。集中照护期间，照护对象因医治疾病产生医疗、陪护等费用，按照医疗保险、医疗救助等医疗保障制度规定支付后，如其家庭无力承担剩余自负部分，可按照临时救助有关规定给予救助。

八、工作要求

（一）加强组织领导。按照县人民政府统筹、民政局负责、乡镇（街道）落实的原则，推动建立政府主导、民政牵头、部门配合、社会力量支持、被照护人及其家庭参与的工作机制，为集中照护工作落地见效奠定基础。

（二）加强配合协作。县民政局要履行牵头部门职责，加强社会救助与养老服务、残疾人康复、脱贫攻坚等工作的衔接，做好政策整合、资金统筹、照护机构确定、组织协调及监督管理等工作。县财政局要配合做好相关资金整合及配套资金安排，将所需资金列入年度预算，保障贫困重度残疾人集中照护服务工作顺利开展。残联要发挥“代表、服务、管理”职能作用，及时了解掌握残疾人意愿和需求，严格残疾人证审核发放管理，做好贫困重度残疾人集中照护服务相关工作。乡镇（街道）要切实落实主体责任，做好对象审定及动态管理，严格按照委托照护服务协议履行相关职责，督促照护对象监护人履行照护费用结算、送医陪诊等相关义务。照护服务机构要建立并落实照护制度，严格规范开展集中照护服务，加强岗位培训及机构建设管理，确保相关设施设备符合规范和技术标准。

（三）加强监督管理。县民政局要加强对照护服务机构的监督管理，会同财政局和残联定期开展贫困重度残疾人集中照护服务工作绩效评估，或委托第三方对委托照料服务实施全过程监督和评估。对考核评估不合格的，要及时解除委托照料服务协议，更换照料服务机构。要充分发挥社会监督作用，对公众举报和媒体报道的问题，应及时查处并公布处理结果，杜绝安全责任事故以及欺虐照护对象事件发生。

（四）加强宣传引导。要在积极开展集中照护工作的同时，加大政策引导宣传，坚持正确舆论导向，采取多种形式，宣传社会救助、残疾人福利等相关政策，形成良好的舆论氛围。督促引导法定赡（抚、扶）养人依法履行赡（抚、扶）养义务，明确政府部门、照护机构、照护对象家庭责任，推动形成政府兜底线、部门履职责、家庭尽义务、社会广参与的社会救助兜底保障基本民生工作新格局。

本方案有效期3年，自2021年4月2日起，至2024年4月1日止。

永宁县人民政府办公室

2021年4月2日

永宁县生态环境损害赔偿制度改革实施方案（试行）

根据《中共中央办公厅　国务院办公厅关于印发〈生态环境损害赔偿制度改革方案〉的通知》（中办发〔2017〕68号）和《自治区党委办公厅　人民政府办公厅关于印发〈宁夏回族自治区生态环境损害赔偿制度改革方案〉的通知》（宁党办发〔2018〕107号）要求及《银川市人民政府办公室关于印发〈银川市生态环境损害赔偿制度改革实施方案（试行）〉的通知》（银政办发〔2021〕15号），为加快构建永宁县生态环境损害赔偿制度，深入实施生态立县战略，推进生态文明建设，结合永宁县实际，制定本实施方案。

一、总体要求

（一）指导思想。以习近平生态文明思想为指导，深入贯彻习近平总书记在全国生态环境保护大会上和习近平总书记视察宁夏重要讲话精神，牢固树立绿水青山就是金山银山的发展理念，探索建立健全职责明晰、分工合理的生态环境保护责任体系，通过开展生态环境损害赔偿制度改革，明确生态环境损害赔偿范围、责任主体、索赔主体和损害赔偿解决途径等，为建设黄河流域生态保护和高质量发展先行区提供重要制度支撑和保障。

（二）工作目标。在全县范围内建立生态环境损害赔偿制度，同步开展案例实践。通过案例实践和经验总结，进一步完善生态环境损害赔偿制度体系，持续推进生态环境损害赔偿重点工作，完善鉴定评估机制和赔偿工作机制，深入开展宣传动员工作，切实提高全社会的生态环保意识，形成环境有价、损害担责的良好氛围。逐步建立起责任明确、途径畅通、技术规范、保障有力、赔偿到位、修复有效、公开透明的生态环境损害赔偿制度。

（三）概念界定。本方案所称生态环境损害，是指因污染环境、破坏生态造成大气、地表水、地下水、土壤、森林等环境要素和植物、动物、微生物等生物要素的不利改变，以及上述要素构成的生态系统功能退化。

二、工作原则

（一）依法推进，鼓励创新。按照相关法律法规规定，立足县情，由易到难、稳妥有序开展生态环境损害赔偿制度改革工作，探索建立生态环境损害赔偿制度和实施机制。鼓励对法律法规未作规定的具体问题，大胆探索与实践，根据工作需要提出政策建议。

（二）环境有价，损害担责。全面落实生态环境资源生态功能价值，促使赔偿义务人对受损的生态环境进行修复。生态环境损害无法修复的，应当实施货币赔偿，用于替代修复。赔偿义务人因同一生态环境损害行为需承担行政责任或刑事责任的，不影响其依法承担生态环境损害赔偿责任。

（三）主动磋商，司法保障。生态环境损害发生后，赔偿权利人组织开展生态环境损害调查、鉴定评估、修复方案编制等工作，主动与赔偿义务人磋商。磋商未达成一致，赔偿权利人可依法提起诉讼。

（四）信息共享，公众监督。实施信息公开，推进政府及其职能部门共享生态环境损害赔偿信息。生态环境损害调查、鉴定评估、修复方案编制、修复效果等涉及公共利益的重要事项应当向社会公开，并邀请专家和利益相关的公民、法人和其他组织参与。可视情况邀请人大代表、政协委员参与。

（五）典型示范，协同联动。积极探索生态环境损害赔偿制度改革，强化工作配合、信息共享、问题共商，建立部门间综合协同联动机制，通过典型案例示范推动，及时总结经验做法，切实推动永宁县生态环境损害赔偿制度扎实有效推进。

三、工作内容

（一）明确适用范围。有下列情形之一的，按本方案要求依法追究生态环境损害赔偿责任：

1. 发生《国家突发环境事件应急预案》（国办函〔2014〕119 号）中特别重大、重大和较大突发环境事件的；

2. 在国家、自治区主体功能区规划中划定的重点生态功能区、禁止开发区域发生环境污染、生态环境破坏事件的；

3. 在重点生态功能区和禁止开发区域以外的其它区域，直接导致区域大气、水体、土壤等环境质量等级下降或造成耕地、林地、湿地、饮用水源地等功能退化的；

4. 因污染环境、破坏生态构成犯罪，造成生态环境损害的；

5. 发生其他严重影响生态环境事件，造成一定后果的。涉及人身伤害、个人和集体财产损失要求赔偿的，适用《民法典》等法律规定，不适用本方案；历史遗留且无责任主体的生态环境损害问题由行政管辖所属的政府纳入正常环境治理工作，不纳入生态环境损害赔偿。

（二）明确赔偿范围。生态环境损害赔偿范围包括清除污染费用、应急处置费用、生态环境损害赔偿调查（含监测分析）、鉴定评估、生态环境修复、生态环境修复期间服务功能的损失或功能永久性损害、生态环境健康损害、修复效果评估、专家咨询、律师代理等合理费用。政府相关职能部门及各乡镇政府可根据生态环境损害赔偿工作进展情况和需要，向县政府提出细化赔偿范围的参考建议。鼓励开展环境损害赔偿探索性研究与实践。

（三）确定赔偿义务人。违反法律法规，对生态环境造成损害的单位或个人，应当承担生态环境损害修复或赔偿责任。现行民事法律和资源环境保护法律有相关免除或减轻生态环境损害赔偿责任规定的，按相应规定执行。

（四）明确赔偿权利人。县政府为本行政区域内生态环境损害赔偿权利人，可指定生态环境、自然资源、住建、水务、农业农村等部门和各乡镇政府（含宁夏永宁工业园区管委会）或机构组织负责生态环境损害赔偿具体工作。生态环境损害赔偿案件涉及两个及以上同级部门的，报县政府确定办理部门；办理部门应当就全部生态环境损害赔偿一并进行磋商，其他相关部门应当积极配合。跨乡镇生态环境损害事件，由县政府指定相关部门或乡镇政府办理。

（五）工作程序。发生生态环境损害事件后，按以下程序开展生态环境损害赔偿工作：

1. 提起赔偿。发生生态环境损害情形或收到相关投诉举报后。行使损害赔偿权利的部门或机构应及时进行初步核实研究，认为应启动生态环境损害赔偿程序的，迅速提出意见和工作方案，启动相关工作程序。

2. 调查和损害鉴定评估。行使赔偿权利的部门或机构（赔偿权利人代表）组织相关部门（单位）代表和专家组成损害调查组，就生态环境损害情况进行全面调查，同时委托具有生态环境损害鉴定资质的机构开展生态环境损害赔偿鉴定与评估，确定生态环境损害因果关系、损害程度、修复方案，赔偿义务人及责任，形成鉴定评估结论及调查报告。

3. 开展赔偿磋商。经调查发现生态环境损害需要修复或赔偿的，赔偿权利人根据生态环境损害鉴定评估报告，就损害事实和程度、修复启动时间和期限、赔偿的责任承担方式和期限等具体事宜与赔偿义务人进行磋商，统筹考虑修复方案技术可行性、成本效益最优化、赔偿义务人赔偿能力、第三方治理可行性等情况，达成赔偿协议。对经磋商达成的赔偿协议，可以依照民事诉讼法向法院申请司法确认。经司法确认的赔偿协议，赔偿义务人不履行或不完全履行的，赔偿权利人及其指定的部门或机构可向法院申请强制执行。磋商未达成一致的，赔偿权利人及其指定的县政府相关职能部门或机构应当及时提起生态环境损害赔偿民事诉讼。

4. 完善赔偿诉讼规则。县政府及其指定的相关职能部门、乡镇政府或机构均有权提起诉讼。县人民检察院对在履行职责中发现的破坏生态环境行为，存在相关行政机关怠于履职或不作为的，应向相关行政机关发出检察建议，相关行政机关仍不整改的，应依法提起公益诉讼。县人民法院要在诉讼服务中心公示环境资源案件集中管辖的相关规定，切实做好生态环境损害赔偿诉讼的诉讼指引、诉讼服务工作。

5. 加强生态环境修复与损害赔偿的执行和监督。赔偿权利人及其指定的部门或机构负责对磋商或诉讼后的生态环境修复效果进行评估，确保生态环境得到及时有效修复。生态环境损害赔偿款项使用情况、生态环境修复效果，由赔偿权利人或其指定的部门或机构依法监督赔偿义务人或其委托第三方专业修复机构按照要求在限期内修复达标。生态损害赔偿资金要专项用于生态修复。对不能原位修复的，要实施替代修复，确保不能牺牲生态环境功能。生态修复全过程向社会公开，主动接受公众监督。

6. 规范生态环境损害鉴定评估。加快推进生态环境损害鉴定评估专业力量建设，推动组建符合条件的专业评估队伍，尽快形成评估能力。研究制定鉴定评估管理制度和工作程序，保障独立开展生态环境损害鉴定评估，并做好与司法程序的衔接。生态环境损害鉴定评估机构应当符合国家有关要求和司法行政机关相关规定与规范。

7. 加强生态环境损害赔偿资金管理。落实自治区银川市生态环境损害赔偿资金管理有关规定，经磋商或诉讼确定赔偿义务人的，赔偿义务人应当根据磋商或判决要求，组织开展生态环境损害的修复。赔偿义务人无能力开展修复工作的，可以委托具备修复能力的社会第三方机构进行修复。修复资金由赔偿义务人向委托的社会第三方机构支付。赔偿义务人自行修复或委托修复的，赔偿权利人前期开展生态环境损害调查、鉴定评估、修复效果后评估等费用由赔偿义务人承担。赔偿义务人造成的生态环境损害无法修复的，其赔偿资金作为政府非税收入，全额上缴同级国库，纳入预算管理。赔偿权利人及其指定的政府相关职能部门、乡镇政府或机构根据磋商或判决要求，结合本区域生态环境损害情况开展替代修复。县财政局设立环境赔偿损害赔偿资金专户，会同相关部门制定永宁县生态环境损害赔偿资金管理办法，资金专项用于生态环境损害赔偿。

四、职责分工

（一）银川市生态环境局永宁分局。组建生态环境损害鉴定评估专家库，委托具有生态环境损害鉴定资质的机构开展生态环境损害鉴定与评估，做好对生态环境损害赔偿工作的指导协调，加强与区市的沟通，会同相关部门指导有关生态环境损害赔偿启动、调查、评估以及磋商、修复、效果评估等业务工作。

（二）县人民法院。加强与集中管辖法院协作配合，做好跨域立案、诉讼指引、巡回审理、法治宣传等相关工作。

（三）县人民检察院。负责并指导有关生态环境损害赔偿的检察工作，充分运用公益诉讼检察制度，加强对生态环境损害赔偿及修复的监督。

（四）县公安局。依法组织对生态环境损害赔偿工作过程中发现的涉嫌环境污染犯罪案件的查处工作，参与重大及以上突发环境事件的调查工作。

（五）县司法局。加大对生态环境损害司法鉴定机构的工作力度，提高鉴定质量和社会公信力。协调指导县级承担相关生态环境保护职能的部门推动生态环境损害鉴定评估能力建设。

（六）县发改局。配合加快推进生态环境损害调查与修复工作，负责将相关项目纳入县本级年度投资计划予以推进实施。配合生态环境等部门组织对涉及工业企业及工业园区等生态环境损害进行调查、鉴定评估、赔偿磋商、提起诉讼、修复监督等工作。

（七）县财政局。负责县级生态环境损害赔偿资金管理工作，指导各部门、乡镇做好生态环境损害赔偿资金管理工作。

（八）县自然资源局。负责组织对涉及全民所有土地、矿产、森林、草原、湿地、自然保护地等自然资源生态环境损害进行调查、鉴定评估、赔偿磋商、提起诉讼、修复监督等工作。

（九）县住建局。负责组织对建筑工地等生态环境损害进行调查、鉴定评估、赔偿磋商、提起诉讼、修复监督等工作。

（十）县农业农村局。负责组织对在农业生产过程中涉及农业环境等的生态环境损害进行调查、鉴定评估、赔偿磋商、提起诉讼、修复监督等工作。

（十一）县水务局。负责组织对涉及其管理的河流、湖库、地下水、地表水等生态环境损害进行调查、鉴定评估、赔偿磋商、提起诉讼、修复监督等工作。

（十二）县卫生健康局。负责对因生态环境损害造成的健康损害人员开展医疗救治及预防工作，配合有关部门开展风险评估工作。

（十三）县信访局。负责对处理生态环境损害赔偿发生的信访事件进行信访接待及协调化解。

（十四）县审批服务管理局。负责生态环境损害赔偿相关项目的审批工作。

（十五）县城乡公共事业服务中心。组织对涉及城市规划区内城市园林绿化等生态环境损害进行调查、鉴定评估、赔偿磋商、提起诉讼、修复监督等工作。

（十六）各乡镇。成立相应组织机构，切实强化对辖区生态环境损害赔偿工作的组织领导和工作推动。

五、保障措施

（一）健全组织领导机制。成立县生态环境损害赔偿制度改革工作领导小组，组长由分管副县长担任，成员由各相关单位负责人组成，负责统筹全县生态环境损害赔偿改革工作，研究解决重大疑难、跨区域跨流域生态环境损害赔偿问题。领导小组办公室设在银川市生态环境局永宁分局，局长兼任办公室主任，负责协调推进日常事务，组织开展生态环境损害调查、鉴定评估、磋商、诉讼、修复及绩效考核等工作，督促相关部门和各乡镇政府履行生态环境损害赔偿制度改革确定的职责，定期通报生态环境损害赔偿制度改革推进情况。县政府指定的负责生态环境损害赔偿具体工作的部门、乡镇政府或机构要明确人员专门负责生态环境损害赔偿工作，按照改革任务和工作要求，积极探索，扎实推进，确保各项改革措施落到实处。县政府相关部门、各乡镇政府要于本方案公布后结合实际制定本单位实施方案并报县生态环境损害赔偿制度改革工作领导小组办公室。县政府有关部门、乡镇政府或相关机构于每年1月5日前将上年度生态环境损害赔偿制度改革情况送县生态环境损害赔偿制度改革工作领导小组办公室，由其汇总后按程序上报。

（二）建立监督联动机制。建立对生态环境损害索赔行为的监督机制，赔偿权利人及其指定的县政府相关职能部门、乡镇政府或机构负责人、工作人员在索赔工作中存在滥用职权、玩忽职守、徇私舞弊的，依纪依法追究责任；涉嫌犯罪的，移送司法机关。

（三）强化公益诉讼衔接。加强检察机关与行政机关的协作配合，检察机关可以对生态环境损害赔偿磋商和诉讼提供法律支持，银川市生态环境局永宁分局、县自然资源局、住建局、农业农村局、水务局等部门可以对检察机关提起环境民事公益诉讼提供证据材料和技术支持。

（四）加大经费政策保障。生态环境损害赔偿制度改革工作所需经费由同级财政予以安排。县财政局、发改局、自然资源局、住建局、司法局等有关部门应在政策、资金、项目和技术研发等方面给予必要支持。

（五）鼓励公众积极参与。不断创新公众参与方式，邀请专家和利益相关的公民、法人和其他组织参加生态环境修复或赔偿磋商工作。依法公开生态环境损害调查、鉴定评估、赔偿、诉讼裁判文书和生态环境修复效果报告等信息，保障公众知情权。对公民、法人和其他组织举报要求提起生态环境损害赔偿的，赔偿权利人及其指定的部门、乡镇政府或机构应当及时研究处理和答复。

中共永宁县委办公室

永宁县人民政府办公室

2021年7月1日

永宁县村民委员会和农村集体经济组织分账管理实施方案

为深入贯彻《中共中央　国务院关于稳步推进农村集体产权制度改革的意见》(中发〔2016〕37号)精神，根据自治区农业农村厅、民政厅、财政厅联合下发的《关于推进村民委员会和农村集体经济组织分账管理的指导意见》[宁农(经)发〔2021〕5号]文件要求，现就深化我县农村集体产权制度改革，推进村民委员会与农村集体经济组织(股份经济合作社、经济合作社)分账管理工作，制定以下实施方案。

一、总体要求

坚持以习近平新时代中国特色社会主义思想为指导，全面贯彻落实《中共中央　国务院关于稳步推进农村集体产权制度改革的意见》和《自治区党委　人民政府关于深入推进农村集体产权制度改革的实施意见》精神，坚持在基层党组织领导下，有序推进村民委员会和农村集体经济组织分账管理，村民委员会有效承担村民自治事务，农村集体经济组织有效承担集体经济经营管理事务，形成社会职能归村民委员会管理，经济职能归农村集体经济组织管理的格局，建立起符合社会主义市场经济要求的运行机制，充分发挥农村集体经济组织管理集体资产、开发集体资源、发展集体经济、服务集体成员等功能作用。

二、基本原则

(一)坚持基层党组织领导。推行村民委员会和农村集体经济组织分账管理，要充分发挥乡镇党委和村党组织的领导核心作用，不能简单将分账管理理解为“分家”和“剥离”，农村集体经济组织依然是村党组织领导下与村民委员会相互依托、共同促进的有机整体。

(二)坚持依法依规推进。村民委员会和农村集体经济组织实行分账管理是农村集体产权制度改革理顺村民委员会和农村集体经济组织关系的客观需要。在遵循现有财务法规和管理制度的前提下，建立村民委员会与农村集体经济组织会计核算分账管理的新机制。

(三)尊重农民群众意愿。充分发挥农民主体作用，支持农民创新创造，广泛听取农民意见建议，依靠农民群众解决分账管理中出现的问题，保障农民知情权、参与权、表达权和监督权，切实维护广大农民合法权益。

三、目标任务

(一)实施范围。

全县所有建制村。

(二)完成时限。

从2021年起，力争用2年时间，全面完成村民委员会和农村集体经济组织会计核算分账管理，其中，2021年完成杨和镇、胜利乡、望远镇分账管理工作，2022年完成望洪镇、李俊镇、闽宁镇分账管理工作。

四、职能划分

(一)村民委员会的主要职能。

1.办理本村的公共事务和公益事业，调解民间纠纷，协助维护社会治安，向人民政府反映村民的意见、要求和提出建议。村民委员会向村民会议、村民代表会议负责并报告工作。

2.尊重并支持农村集体经济组织依法独立进行经济活动的自主权，维护以家庭承包经营为基础、统分结合的双层经营体制，保障村民的合法财产权和其他合法权益。

3.宣传宪法、法律、法规和国家的政策，教育和推动村民履行法律规定的义务、爱护公共财产，维护村民的合法权益，发展文化教育，普及科技知识，促进多种形式的社会主义精神文明建设活动。

4.支持服务性、公益性、互助性社会组织依法开展活动，推动农村社区建设。

5. 遵守宪法、法律、法规和国家的政策，遵守并组织实施村民自治章程、村规民约，执行村民会议、村民代表会议的决定、决议，办事公道，廉洁奉公，热心为村民服务，接受村民监督。

（二）农村集体经济组织的主要职能。管理集体资产、开发集体资源、发展集体经济、服务集体成员等职能，开展以下业务：

1. 保护利用农村集体经济组织成员集体所有或者国家所有依法由农村集体经济组织使用的农村土地等资源，并组织发包、出租、入股，以及集体经营性建设用地出让等；

2. 经营管理农村集体经济组织成员集体所有或者国家所有由村集体经济组织使用的经营性资产，并组织转让、出租、入股、抵押等；

3. 管护运用村集体经济组织成员集体所有或者国家所有由村集体经济组织使用的非经营性资产；

4. 提供村集体经济组织成员生产经营所需的公共服务；

5. 依法利用农村集体经济组织成员集体所有或者国家所有由村集体经济组织使用的资产对外投资，参与经营管理；

6. 其他业务。

五、实施内容

（一）账户分设。农村集体经济组织凭《农村集体经济组织登记证》，及时办理公章刻制，申请开设银行账户；村民委员会保留原银行账户。

（二）资产分管。农村集体经济组织依法代表集体行使所有权，包括资源性、经营性和非经营性等资产所有权。资源性资产、经营性资产由农村集体经济组织统一运营管理，实现集体资产保值增值。用于公共服务的办公场所、教育、科技、文化、卫生、体育等非经营性资产，由村民委员会统一使用管护，提高公共服务能力，条件成熟后交由农村集体经济组织进行运营管理。

1. 农村集体资产：非经营性资产纳入村民委员会账内核算，经营性资产如短期投资、长期投资及投资收益、无形资产、经营性固定资产等全部归农村集体经济组织核算。

2. 农村集体资源：农村集体所有的土地、森林、山岭、草原、荒地、滩涂等资源性资产全部划转到农村集体经济组织。

3. 农村集体资金：货币资金按来源和结余性质情况，分别划归村民委员会和农村集体经济组织；资金来源不明确的，经村民委员会研究具体货币资金划分比例，由村民代表大会民主决定。

4. 债权债务按资金用途、经营性质等对余额进行划分；来源、用途不明确的划转到农村集体经济组织管理。分账之后形成的债权债务按照来源、成因、用途划分到村民委员会或者农村集体经济组织；已经成为坏账的召开村民代表大会，通过“四议两公开”程序，报请乡镇党委政府批准后进行账务处理。

5. 所有者权益类：按资金来源及形成原因等据实划分。

（三）核算分立。在新会计制度没有颁布前继续执行《村集体经济组织会计制度》。

1. 村民委员会：村民委员会会计账套名称为“XXX 村民（社区居民）委员会”，主要对公共服务管理费用和社会公益开支进行核算。财务收支会计科目分为两类：收入类一级会计科目主要包括补助收入和其他收入；支出类一级会计科目主要包括管理费用、其他支出。

2. 农村集体经济组织：农村集体经济组织会计账套名称为“XXX 村股份经济合作社（联合社）”或“XXX 村经济合作社（联合社）”，主要对与村集体资产经营和管理相关的财务活动，对发生的收支、资产、负债、所有者权益进行核算。财务收支会计科目分为两类：收入类一级会计科目主要包括经营收入、发包及上交收入、投资收益、补助收入和其他收入；支出类一级会计科目主要包括管理费用、经营支出和其他支出。

（四）账务明晰。农村集体经济组织根据收支情况从净收益中提取一定比例的公积金、公益金。公积金主要用于农村集体经济组织发展生产、转增资本、弥补亏损等；公益金主要用于公共事务和公益事业，村民委员会确需使用公益金，需经成员（代表）大会审议通过后规范使用。

（五）确定乡镇代理记账人员。村民委员会与农村集体经济组织账务分设后，要加强收支行为管理，会计核算统一由乡镇代理，严格执行农村集体“三资”管理的相关规定。

（六）确定分账数据。

1. 村民委员会收入主要是：一是补助收入，财政等有关部门拨付的用于公共服务管理和社会公益的补助资金等、财政拨付的运行经费、有关部门给予的工作经费等；二是其他收入。主要指利息收入、村集体经济组织发展壮大后划转给村民委员会的公共服务和社会管理收入以及捐赠收入。

2. 村民委员会支出主要是：村党支部、村民委员会、村务监督委员会成员及从事村务管理有关人员的支出；村级组织正常运转所必需的办公经费；基本公共服务管理和社会公益支出，主要用于党组织建设、农业事业、民政福利、文明创建、综治维稳、环境保护、社区活动等支出。

3. 农村集体经济组织的收入主要是：一是进行各项生产、服务等经营活动取得的收入，包括产品物资销售收入、出租收入、劳务收入等；二是农户和其他单位因承包集体耕地、林地、果园、鱼塘等上交的承包金和村（组）办企业上交的利润等；三是对外投资分得的利润、现金股利和债券利息，以及投资到期收回或者中途转让取得款项高于账面价值的差额等；四是政府有关部门对农村集体经济组织的补助资金；五是其他收入。

4. 农村集体经济组织的支出主要是：一是农村集体经济组织因生产经营、销售商品、农产品、对外提供劳务等活动发生的实际支出，包括因生产经营的成本、销售商品或农产品的成本、销售牲畜或林木的成本、对外提供劳务的成本、维修费、运输费、保险费、产役畜的饲养费及成本摊销、经济林木投产后的管护费用及其成本摊销等；二是村集体经济组织经营管理活动中发生的各项支出，包括村集体经济组织管理人员及固定员工的工资、办公费、差旅费、管理用固定资产折旧费和维修费等；三是村集体经济组织壮大后划转给村的公共服务和社会管理支出等其他支出。

（七）数据录（导）入。各乡镇要整理现有的村委会科目余额明细表，把该划入农村集体经济组织的资金、往来、资产、收入和支出数据单独整理科目余额表。以凭证录入的方式在村委会里做减少，以凭证录入的方式在农村集体经济组织里做增加。

（八）平台统一。继续保留村民委员会财务账套，新建农村集体经济组织财务账套，纳入宁夏农村集体“三资”管理平台管理，统一进行财务管理、资产管理和合同管理，实行区、市、县、乡、村“五级”监管。

六、工作要求

（一）加强组织领导。各乡镇党委、政府要充分认识到开展村民委员会和农村集体经济组织分账管理的重要性和紧迫性，明确分工，各负其责、各司其职，确保分账工作有序衔接，规范运行。

（二）强化政策落实。贯彻落实《中共中央　国务院关于稳步推进农村集体产权制度改革的意见》《财政部国家税务总局关于支持农村集体产权制度改革有关税收政策的通知》《国家发展改革委财政部关于不动产登记收费标准等有关问题的通知》中有关税费优惠的规定，免征因权利人名称变更登记、资产权变更登记涉及的契税，免征签订产权转移书据涉及的印花税，免收确权变更中的土地、房屋等不动产登记费。

（三）强化监督检查。农村集体经济组织依法依规接受县级农经管理部门的监督，坚决防止少数人控制和外部资本侵占集体资产等情况。集体经济组织重大决策参照执行“四议两公开”机制，集体重大经济事项随时公开，财务收支情况按季度或月度公开。县级农经管理部门要依法依规切实履行好村级财务检查和审计监督的责任，组织开展农村集体资金、资产、资源清产核资、村级财务管理审计等工作，强化村级财务的监督检查。

永宁县人民政府办公室

2021 年 11 月 29 日

永宁县创建义务教育优质均衡发展县实施方案

为深入贯彻落实全国教育大会精神及国家、自治区中长期教育改革和发展规划纲要，全面巩固义务教育基本均衡发展成果，整体提高我县义务教育发展水平和教育质量，根据《中共中央 国务院关于深化教育教学改革全面提高义务教育质量的意见》（中发〔2019〕26号）、教育部《关于县域义务教育优质均衡发展督导评估办法》（教督〔2017〕6号）以及《自治区人民政府关于推进义务教育优质均衡发展实施方案》（宁政办发〔2020〕44号）精神，结合我县实际，制定本方案。

一、目标要求

坚持以习近平新时代中国特色社会主义思想为指导，深入贯彻落实习近平总书记视察宁夏重要讲话精神，全面贯彻党的教育方针，落实教育优先发展战略，坚持立德树人根本任务，以“办好每一所学校、教好每一个学生”为宗旨，统筹推进县域内城乡义务教育一体化改革发展，巩固义务教育基本均衡发展成果，进一步缩小义务教育城乡、校际差距，整体提高义务教育标准化建设水平和教育质量，推动全县义务教育优质均衡发展，促进学生德智体美劳全面发展。到2024年9月全县义务教育资源配置、政府保障程度、教育质量、社会认可度等四个方面各项指标、校际差异系数全部达到国家县域义务教育优质均衡发展评估验收要求，确保2025年顺利通过自治区评估和国家认定。

二、主要任务

（一）资源配置。全县义务教育学校教师、校舍、仪器设备等7项资源配置指标达标，校际差异系数小学均小于或等于0.50、初中均小于或等于0.45。

（二）政府保障。县政府依法履职、落实国家有关法规和政策要求、推进义务教育均衡发展和城乡一体化工作成效等15项政府保障程度指标均达到要求。

（三）教育质量。全县义务教育普及程度、学校管理水平、

学生学业质量、综合素质发展水平等9项教育质量指标均达到要求。

（四）社会认可度。县政府及相关职能部门落实教育公平政策、推动优质资源共享、规范办学行为、全力实施素质教育、大力推动考试评估制度改革、提高教育教学质量等方面的社会认可度达85%以上。

“一票否决”事项：全县义务教育学校存在以考试方式招生、违规择校、办重点学校或重点班、“有编不补”等情况；教育系统存在重大安全责任事故和严重违纪违规事件；存在弄虚作假行为等情形，实行“一票否决”，不予认定义务教育优质均衡发展县。

三、重点措施

（一）合理规划义务教育学校办学规模。

1. 按布局优化学校结构。以推进全县义务教育优质均衡发展为重点，科学预测城乡人口流动和县域内人口发展趋势，进一步分析研判各年龄段学龄人口规模及变化规律，合理编制义务教育学校分布规划，严格按照《银川市中小学校幼儿园用地规划和保护条例》《城市居住区规划设计标准》（GB 50180–2018）有关要求，通过新建、改扩建等方式，整合资源、调整结构、合理布局学校，按标准建设城镇中小学，切实满足学位需求。

2. 按标准核定办学规模。坚持就近入学原则，根据学校占地、校舍、体育场馆等办学条件核定学校学位、办学规模、招生计划，确保小学、初中所有班额不超过45人、50人，所有小学、初中规模不超过2000人，九年一贯制学校办学规模不超过2500人，所有小学、初中（均不含寄宿制学校）就近划片入学达到100%、95%以上。

（二）大力推进教育资源标准化建设。

1. 按照标准建设校舍场地，实现建设标准统一。按照《中小学设计规范》（GB 50099-2011）《城市普通中小学校校舍建设标准》（建标〔2002〕102 号）《农村普通中小学建设标准》（建标 109-2018），加速推进学校新（改、扩）建项目，确保到 2024 年县域内所有小学、初中办学条件达标，校舍场地面积符合标准，小学、初中生均教学及辅助用房面积达到 4.5m^2、5.8m^2 以上、生均体育运动场馆面积达到 7.5m^2、10.2m^2 以上；所有中小学每 12 个班级配备音乐、美术专用教室 1 间以上（每间音乐专用教室、美术专用教室面积不小于 96m^2、90m^2）。

2. 按照标准配齐设施设备，实现教育技术装备配备统一。按照《自治区教育厅关于印发〈宁夏回族自治区幼儿园办园条件基本标准〉〈宁夏回族自治区小学教育技术装备标准〉〈宁夏回族自治区初级中学教育技术装备标准〉的通知》（宁教财〔2020〕47 号）文件要求，配齐新建学校教育技术装备，更新、完善其他学校设施设备，实现全县义务教育阶段学校教育技术装备配置标准统一，生均教学仪器设备值小学、初中分别达到 2000 元以上、2500 元以上。普及“三通两平台”应用和教育教学管理信息化，每百名学生网络多媒体教室小学、初中分别达到 2.3 间以上、2.4 间以上，校园网、校园监控系统、校园广播系统配齐率达 100%。

3. 合理均衡配置教师资源，努力实现师资水平统一。根据《关于统一城乡中小学教职工编制标准的通知》（中央编办发〔2014〕72 号），按照“严控总量、盘活存量、优化结构、增减平衡”的要求，落实好城乡义务教育学校教职工编制标准统一。一是加强教师编制和岗位管理。严把教师从教资格关，实行定期注册制度，确保专任教师 100% 持证上岗，并做到岗证一致。在编制总量内，探索落实教师“县管校聘”制度，严禁“有编不补”。二是提高教师队伍素质。全面落实《关于全面深化新时代教师队伍建设改革的意见》（中发〔2018〕4 号），加强师德师风建设，提高教师思想政治水平。加大优秀教师和短缺专业学科教师招录、引进力度，鼓励教师在职进修提高学历，使每百名学生拥有高于规定学历教师数小学、初中分别达到 4.2 人、5.3 人以上，每百名学生拥有体育、艺术（美术、音乐）专任教师数小学、初中均达到 0.9 人以上。加大骨干教师培养力度，实现小学、初中每百名学生拥有县级以上骨干教师数 1 人以上。加大教师培训力度，实现所有教师能熟练运用信息化手段组织教学，设施设备利用率达到较高水平。三是落实教师城乡交流轮岗机制。创新教师城乡之间、优质学校和薄弱学校之间的互动交流机制，每年交流轮岗教师比例不低于符合交流条件教师的 10%，骨干教师不低于交流轮岗教师的 20%。

4. 落实政府保障政策，实现教育经费标准统一。根据《关于印发〈城乡义务教育补助经费管理办法〉的通知》（财教〔2019〕121 号）文件精神，确保教育经费投入达标。一是保障资金投入。将义务教育经费全额纳入财政预算，保障每年教育经费达到“两个只增不减”要求，加强教育费附加、土地出让金等资金的征用和管理，做到应收尽收、严格管理、专款专用，切实保障义务教育优质发展所需资金。二是保障小规模学校公用经费和教师培训经费。不足 100 名学生的小学和教学点按 100 名学生核定公用经费，特殊教育学校生均公用经费不低于 6000 元，所有学校按照不低于学校年度公用经费预算总额的 5% 安排教师培训经费。三是保障教师工资水平。严格落实义务教育教师工资政策，确保全县公办义务教育学校教师平均工资收入水平不低于当地公务员平均工资收入水平。健全完善教师绩效工资考核与分配办法，教师待遇与实绩贡献、师德师风考核挂钩。

（三）全面提高教育教学质量。

1. 扎实开展教学工作。坚持五育并举，突出德育实效，推进大中小幼德育一体化建设。积极培育和践行社会主义核心价值观，加强传统文化教育。严格按照国家课程方案和课程体系实施教学，强化课堂主阵地作用，以创新素养教育为内涵推动课堂变革，开全开足上好音体美及社会综合劳动实践课程，建立以学生发展为本的新型教学关系，改革教与学的方式、课堂教学组织形式，构建高效课堂模式，切实提高课堂教学质量。充分发挥“三名工作室”的引领、辐射作用，推进一批有前瞻性的教学改革项目，切实提高课堂教学水平，促进全县整体教学质量均衡提升，确保在国家义务教育质量监测中学科学业水平均达到Ⅲ级以上，且校际差异率低于0.15。

2. 全面落实创新素养教育。强化学校体育工作，定期开展体质健康监测，推动足球、篮球等各类体育项目进校园，保障学生每天在校活动不少于1小时。推进学校艺术教育工作，培养学生艺术知识、技能和方法，提高学生审美素养。加强中小学劳动教育，拓宽劳动教育渠道、方法和评价机制。推进心理健康教育示范校建设，保障中小学心理健康师资配备，增强心理健康教育针对性和有效性。重视校园文化建设，创设格调高雅、富有美感、充满朝气、简约而有内涵的校园文化环境。

3. 切实减轻学生课业负担。落实“五项管理”制度，切实减轻学生课外负担，坚决杜绝在职教师有偿补课、组织学生有偿补习等违规行为，重点解决“超标、超前、超量”问题，维护正常教学秩序。强化家庭教育指导服务，明确家长责任，切实改变“学校减负、家庭增负，校内减负、校外增负”现象。

4. 做好特殊群体关爱工作。完善贫困家庭学生资助体系，建立以政府为主导、社会广泛参与、体系健全的留守儿童关爱体系。落实进城务工人员随迁子女入学制度，全县符合条件的随迁子女在公办学校就读的比例不低于85%。强化控辍保学措施，确保全县初中三年巩固率达到98%以上。通过随班就读、送教上门等途径，保障残疾儿童少年受教育权力，确保残疾儿童少年入学率达96%以上，确保全县所有适龄儿童少年依法接受义务教育。

（四）推进校园数字化建设。

1. 努力构建“互联网＋教育”机制。以“互联网＋教育”示范县建设为抓手，构建数字化、网络化、智能化的教学环境，推动大数据、人工智能、虚拟现实等新技术与教育教学融合应用，形成人才培养、教育服务、教育治理的新模式。

2. 加速推进信息化与教育教学的深度融合。构建完善的信息化支撑环境，推进数字校园建设全覆盖，推动优质教育资源普惠共享。全面开展智慧校园建设，推动学校在教育教学、科学决策、业务管理、教育评价等方面的信息化程度；加大信息化与课堂教学的深度融合，全面推进在线互动课堂常态化应用；充分发挥县域发展共同体作用，扩大优质资源全覆盖，提升薄弱学校教育教学质量。开展线上线下融合式互动教学，推动“互联网＋”创新素养教育综合改革。

3. 大力提高网络研修能力。发挥教研支撑作用，完善区域教研、城乡联动、线上线下融合等网络研修能力，通过网络学习空间应用普及化，充分发挥“名师工作室”引领示范带动作用，让骨干教师、教学名师与一定数量教师结成网络研修发展共同体，提升广大教师的教学研修能力和水平，推动教师“课堂用、经常用、普遍用”的网络创新应用能力，真正提高教师信息化素养和应用水平。

（五）提升校园治理水平。

1. 完善校园综合治理体系。加强学校党组织建设，完善党组织领导制度，落实意识形态工作责任制。坚持不懈开展马克思主义祖国观、民族观、文化观、历史观、宗教观教育，牢牢掌握学校正确发展方向。坚持教育和宗教相分离，坚决防范抵御宗教向校园渗透。

2. 完善学校协同育人机制。构建师生、家长和社区群众共同参与的学校治理体系。规范招生工作，合理规划学区，公开招生计划、招生条件、招生范围、招生时间，实施阳光均衡分班，均衡配备师资，严禁设置重点校和重点班。

3. 突出校园安全管理。建立健全学校安全制度及应急预案，强化师生安全教育，加强人防物防技防建设，加强校园周边综合治理，完善医教协同机制，定期开展各种安全演练，依法依规处置校园欺凌和暴力事件，切实维护师生合法权益。

四、实施步骤

（一）宣传准备阶段（2021年11月底前）。制定印发《永宁县创建义务教育优质均衡发展县工作实施方案》，成立创建义务教育优质均衡发展县工作领导小组，适时召开动员会，部署创建工作；对相关人员进行业务培训；多渠道宣传创建工作，营造良好舆论氛围。

（二）组织实施阶段（2021年11月—2023年9月）。围绕优质均衡中的资源配置、政府保障程度、教育质量、社会认可度等方面，建立创建项目管理制度和工作台账，列出时间表和路线图，加强指导督促，全力推进，确保评估验收项项达标、校校达标。

（三）自查自验阶段（2023年9月—2024年6月）。各单位对照标准逐项开展自查自评。县政府组织督导评估组对各单位进行初评。各单位根据初评意见查漏补缺、整改提高。按规定程序申请银川市、自治区的复核评估。

（四）迎检评估阶段（2024年6月—2025年1月）。根据银川市、自治区的复核评估意见，及时进行整改落实，确保通过国家审核认定。

五、工作要求

（一）加强组织领导。为加强组织领导和统筹协调，成立永宁县创建县域义务教育优质均衡发展工作领导小组。（小组人员组成编录时略）

领导小组办公室设在县教育体育局，由教育体育局局长兼任办公室主任，负责做好统筹协调、具体规划、组织实施、检查指导和日常管理工作。成员单位要定期研究义务教育均衡发展工作，及时协调解决突出问题，协力推进义务教育优质均衡发展。领导小组成员如有变动，由成员单位相应岗位职责人员自行递补，原则上不再做调整。

（二）强化宣传引导。宣传部、教体局等部门要广泛深入宣传创建义务教育优质均衡发展县的战略意义，引导全社会关心、重视、支持教育发展。大力宣传广大教师扎根基层、教书育人、爱岗敬业、无私奉献的先进典型，广泛宣传县委、县政府在推进义务教育优质均衡、提高教育质量等方面取得的成效，着力营造全社会理解、支持、认可基础教育发展的良好社会环境和舆论氛围。

（三）强化经费保障。坚持把义务教育作为教育投入的重中之重，严格落实财政一般公共预算教育支出“两个只增不减”要求，进一步优化财政支出结构，加大财政投入，有力保障“互联网+教育”、教育集团化办学、教师交流、质量检测、政府购买服务等工作需要。

（四）强化监督检查。县政府教育督导委员会办公室对义务教育优质均衡发展工作定期进行专项督导检查，督导情况及时通报，各有关部门单位要抓好整改落实。将推进义务教育优质均衡发展纳入效能考核内容，对出现达不到义务教育经费“三个增长”、截留或挪用义务教育经费、不及时补充缺编教师、不按规定建立实施教师交流机制和举办重点校、重点班等问题的责任单位和责任人员，将严肃问责。

永宁县人民政府办公室

2021年11月29日

永宁县深化医养结合建立完善老年健康服务体系实施方案

为贯彻落实自治区卫健委等十二部门《关于深入推进医养结合促进老年健康服务体系建设的实施意见》（宁卫发〔2020〕349号）和银川市卫健委等十部门《关于印发深化医养结合建立完善老年健康服务体系的实施方案的通知》（银卫健发〔2021〕152号）精神，深入推进我县医养结合，进一步完善老年健康服务体系，特制定本实施方案。

一、总体要求

坚持以习近平新时代中国特色社会主义思想为指导，深入贯彻落实习近平总书记视察宁夏重要讲话和党的十九届五中、六中全会精神，以健康永宁建设为引领，以满足全县老年人健康服务需求为导向，以提升老年人健康质量为目标，进一步强化县域医疗卫生机构与养老服务机构的有效衔接，加快建设居家社区相协调、医养康养相结合与全县经济社会发展相适应的老年健康服务体系，全面提高全县老年人的生命生活质量。

到2022年，全县医疗卫生机构为老年人提供挂号就医等便利服务绿色通道比例均达到100%；全县县级医院均开设老年医学科；县中医医院完成康复科建设；望远卫生院与安馨养老院、杨和卫生院与永宁县第二敬老院全面完成运行规范的医养结合机构；全县65岁以上老年人健康管理率达到72%以上；基层医疗卫生机构护理床位占比达到30%以上；全县医疗卫生机构老年友善医疗卫生机构建设100%；护理型养老床位占比达50%以上。老年健康相关制度、标准、规范不断完善，老年健康服务队伍更加壮大，服务内容更加丰富，老年健康教育、预防保健、疾病诊治、康复护理、长期照护、安宁疗护等能有效供给，服务质量明显提升。

二、主要任务

（一）深入推进医养融合发展

1. 强化医疗卫生与养老服务衔接

（1）深入推进居家医养结合服务。以居家老年人为重点，做实做细家庭医生签约服务，提升签约服务质量。鼓励基层医疗卫生机构为居家老年人提供上门服务，明确服务内容、工作标准，完善收费政策。提供上门服务的医疗卫生机构要投保责任险、医疗意外险、人身意外险等，防范应对执业风险和人身安全风险。有条件的医疗卫生机构要为居家重病、失能及部分失能老年人提供家庭病床服务。（责任单位：县卫生健康局。配合单位：县民政局、医疗保障局）

（2）加快推动社区医养结合服务。实施社区医养结合能力提升工程，重点为失能、失智老年人提供集中或居家医养结合服务。鼓励社区日间照料中心、社区卫生服务站一体化、嵌入式发展。加强社区独居、空巢和计划生育特殊家庭等老年人医养结合服务，逐步提高社区居家养老服务覆盖面。（责任单位：县卫生健康局。配合单位：县民政局）

（3）规范医养结合服务。按照方便就近、互惠互利原则，进一步规范医疗卫生机构和养老机构合作。鼓励养老机构与辖区医疗卫生机构开展多种形式的签约合作，双方签订合作协议，明确合作内容、方式、费用及双方责任。签约养老机构要在老年服务信息、合作机制等方面积极予以支持；签约医疗卫生机构为养老机构提供老年人健康管理、健康教育、预防保健、疾病诊治、康复护理、安宁疗护等老年健康服务内容，为入住养老机构的老人提供一体化签约服务。养老机构中具备条件的医疗机构可与签约医疗卫生机构建立双向转诊机制，严格按照医疗卫生机构出入院标准和双向转诊指征，为老年人提供连续、全流程的医疗卫生服务。养老机构也可通过服务外包、委托经营等方式，由医疗卫生机构为入住老年人提供医疗卫生服务。到2022年，养老机构基本能够以不同形式为入住老年人

提供必要的医疗卫生服务，医养签约服务覆盖率100%。（责任单位：县卫生健康局。配合单位：县民政局、医疗保障局）

（4）不断提升农村医养结合服务水平。积极推广乡镇卫生院、养老院“两院一体”模式，通过签约合作、托管、派驻医护人员等形式，建立紧密型医养合作关系。（责任单位：县卫生健康局。配合单位：县民政局）

（5）充分发挥中医药在医养结合服务中的作用。把中医诊疗、中医治未病、中医药养生保健等融入健康养老全过程。推广中医药适宜技术，增强基层医疗卫生机构中医药医养结合服务能力，支持养老机构规范开展中医药养生保健服务，鼓励中医医师在养老机构提供保健咨询和调理服务，普及中医药健康理念和知识，培养老年人健康科学的生活方式。（责任单位：县卫生健康局。配合单位：县民政局）

（6）发展智慧健康医养结合服务。依托自治区、银川市健康医疗大数据，建设医养结合一体化服务平台，对接线下基层医疗卫生服务机构和第三方互联网医院，将养老服务和公共卫生服务、家庭医生签约相结合，为居家养老人员提供在线复诊、慢病管理、送药上门、“互联网+护理”、“互联网+检验”等服务，并以居民健康档案为核心，通过终端检测可穿戴设备、健康管理APP、物联网智能家居设备等，实现服务对象的医疗、康复、照料、安宁疗护一体化管理。发挥第三方互联网医院优势，依托各医疗卫生机构及养老机构，建设“健康幸福园”，打造“健康云小屋”或“健康云管家”和“健康小剧场”，包含智能健康检测设备、线上健康评估系统、健康管理团队、医疗资源调度系统等，涵盖健康档案管理、慢病管理、远程问诊、日常体检、健康教育等服务，构建“线上+线下”双服务体系，完成康养产业中医疗服务工作的同时，让养老机构的老人享受到“互联网+医疗健康”的便捷服务。（责任单位：县民政局。配合单位：县发改局、卫生健康局、财政局）

2. 推进医养结合机构“放管服”改革

（1）简化医养结合机构审批登记。贯彻落实《宁夏回族自治区医养结合机构审批登记工作管理办法（试行）》（宁卫规发〔2019〕4号），持续优化医养结合机构审批流程和环境。养老机构申请内部设置诊所、卫生所（室）、医务室、护理站的，取消行政审批，实行备案管理；申请设立一级及以上医疗机构，经审批服务管理部门审核合格后，发放《医疗机构执业许可证》。医疗卫生机构利用现有资源提供养老服务的，涉及建设、食品安全、卫生防疫等有关条件，可依据医疗卫生机构已具备的上述相应资质直接进行登记备案，简化手续。（责任单位：县卫生健康局。配合单位：县审批服务管理局、民政局、发展和改革局、住房和城乡建设局）

（2）鼓励社会力量举办医养结合机构。按照“非禁即入”原则，不得设置并全面清理取消没有法律法规依据和不合理的前置审批事项，没有法律法规依据不得限制社会办医养结合机构的经营性质。支持社会力量通过市场化运作方式举办医养结合机构，并按规定享受税费、投融资、用地等有关优惠政策。鼓励政府和社会资本合作，通过公建民营、民办公助等方式，为老年人提供多层次、多样化医养结合服务，逐步形成政府引导、社会参与、市场驱动的健康养老发展格局。支持社会办大型医养结合机构走集团化、连锁化发展道路。鼓励保险公司、信托投资公司等金融机构作为投资主体举办医养结合机构。（责任单位：县卫生健康局。配合单位：县发改局、民政局、财政局、自然资源局、税务局、行政审批服务局）

（3）加强医养结合服务监管。医养结合服务的监管由卫生健康行政部门牵头负责、民政部门配合。医养结合机构中的医疗卫生机构和养老机构分别由卫生健康行政部门和民政部门负责进行行业监管。按照国家、自治区、银川市的监管和考核办法，加大对医养结合服务质量考核检查力度，执行国家医养结合机构服务指南和管理指南。各医养结合机构要严格执行医疗卫生及养老机构服务相关法律、法规、规章和标准、规范，建立健全相关规章制度和人员岗位责任制度，严格落实消防安全责任和各

项安全制度。（责任单位：县卫生健康局。配合单位：民政局、消防救援支队）

（二）构建老年健康服务体系

1. 加强健康教育

（1）加强老年人保健知识宣传教育。利用广播、电视、报刊、微信公众号、微博等新媒体平台，借助县文化旅游广播电视台《健康之约》等媒体媒介，加大健康老龄化和健康知识宣传力度，宣传营养膳食、运动健身、心理健康、疾病预防、慢病管理、康复护理、生命教育等健康科学知识和中医药健康养生养老文化，不断提高老年人健康素养水平。加大对防范新冠肺炎等传染病的宣传力度，切实提高老年人的防范意识和自我保护能力。通过开展“老年健康宣传周”“敬老月”等主题活动，实施人口老龄化国情区情教育，宣传老年健康预防保健知识和心理健康宣教活动，营造关心支持老年健康的社会氛围。（责任单位：县卫生健康局。配合单位：县文化旅游广电局、教育体育局）

（2）积极开展老年健康促进行动。组织健康保健知识进养老机构、进社区、进家庭等行动。针对老年人开展运动健身、心理健康、生命教育、中医药健康养生、疾病预防、伤害预防、康复锻炼、康复护理等活动。老年大学等老年教育机构要将健康教育纳入课程体系和教学内容。到2022年，经常性参与教育活动的老年人占老年人口总数的比例达到20%以上。（责任单位：县卫生健康局。配合单位：县委老干部局、民政局）

（3）积极开展老年社区活动。改善社区和老年机构环境，完善社区和老年机构健身设施，鼓励老年人积极参与社会活动，自觉维护自己的身心健康。依托社区服务、基层老龄社会组织等，开展适合老年人的中医药传统运动项目，包括太极拳、八段锦、经络穴位拍打养生操等。（责任单位：县卫生健康局。配合单位：县民政局、文化旅游广电局、教育体育局）

2. 加强预防保健

（1）加强老年人健康管理。落实国家基本公共卫生服务项目，加强65岁及以上老年人健康管理服务，每年为老年人提供1次生活方式和健康状况评估、体格检查、辅助检查和健康指导，将老年人健康管理相关指标纳入项目绩效评价。到2022年底，全县65岁以上老年人健康管理率达到72%以上，不断满足老年人健康服务需求。（责任单位：县卫生健康局。配合单位：县财政局）

（2）加强老年疾病防治。加强老年人群重点慢性病的早期筛查、早期干预及分类管理，积极开展阿尔茨海默病、帕金森病等神经退行性疾病的早期筛查和健康指导。重视老年人心理健康，完善精神类疾病的早期预防及干预机制，针对抑郁、焦虑等常见精神障碍和心理行为问题，以村和社区为基础单元开展心理健康状况评估和随访管理，为老年人特别是贫困、空巢、失能、失智以及计划生育特殊家庭和高龄独居老年人提供心理关怀服务。实施失能预防与干预项目，宣传失能预防核心信息，老年人失能发生率得到有效控制。到2022年，老年人心理关爱项目覆盖全县。（责任单位：县卫生健康局。配合单位：县民政局、残联）

（3）加强适老环境建设和改造。在城镇老旧小区改造中，在充分尊重居民个人意愿的前提下，通过对公共场所无障碍改造、消防设施改造、因地制宜增加活动场地设施、有条件的加装电梯等措施，为老年人提供安全、舒适、便利的社区环境。（责任单位：县住房和城乡建设局。配合单位：民政局、财政局、交通局、自然资源局、城乡公共事业服务中心、残联）

3. 加强疾病诊治

（1）加强老年医疗卫生服务机构建设。推动有条件的基层卫生医疗机构发展为医养结合机构。推动县级医院通过扩建等方式，积极发展老年医学、康复医学、安宁疗护等。县级医院开设老年医学科不低于90%；县中医医院完成康复科建设。支持有条件的养老机构设立医疗机构。重视老年人综合评估和老年综合征诊治，推动老年医疗服务从以疾病为中心的单病种模式向以患者为中心的多病共治模式转变。强化老年人用药保障，开展老年人用药使用监测，加强老年人用药指导，建立老年慢性疾病

长期处方制度。（责任单位：县卫生健康局。配合单位：县民政局、发改局、财政局、市场监督管理局）

（2）全面落实老年人医疗服务优待政策。全县各级各类医疗机构在挂号、就诊、取药、住院、化验、检查等窗口醒目位置统一设立“老年人就诊优先”标识、老年人候诊专用座椅等，对老年人看病就诊实行绿色通道，优化老年人就医流程，免收挂号费，为老年人提供看病就医的快捷便利服务。到 2022 年，全县医疗机构为老年人提供挂号就医等便利服务绿色通道比例均达到 100%。（责任单位：县卫生健康局）

（3）开展老年友善医疗卫生机构创建活动。推动各级医疗卫生机构开展适老化改造，为老年人营造尊重、关爱与支持的环境。开展符合老年人身心特点的医疗、康复、护理和照护等老年友善服务。到 2022 年，80% 以上的县级医院、基层医疗卫生机构要建成老年友善医疗卫生机构。（责任单位：县卫生健康局）

4. 加强康复护理服务

（1）加强老年康复护理服务体系建设。建立覆盖老年人群疾病急性期、慢性期、康复期、长期照护期、生命终末期的护理服务体系，大力发展老年护理服务，建立完善以机构为支撑、社区为依托、居家为基础的老年护理服务网络。（责任单位：县卫生健康局。配合单位：县民政局）

（2）开展中医特色老年人康复、护理服务。宣传推广适宜老年人的中医养生保健方法，推动兴建以中医药健康养老为主的护理院、疗养院。鼓励有条件的养老机构申办中医养生保健机构和以老年保健、康复为主的中医医院、中医门诊部、中医诊所，促进中医药健康养生养老融合发展。积极推进中医药特色医养结合服务示范基地建设，到 2022 年，建设 1—2 个中医药特色医养结合服务示范单位。（责任单位：县卫生健康局。配合单位：县民政局）

（3）提升老年护理服务供给能力。多渠道增加居家养老健康服务资源，鼓励社会力量举办规模化、连锁化的护理站、护理中心、康复医疗中心、安宁疗护中心等医疗机构。推动部分公立医疗机构建设康复科。鼓励提供老年护理服务的医疗机构规范开展老年护理需求评估和服务。积极开展“互联网 + 护理服务”新型业态，优先为失能、高龄老年患者提供居家护理等服务。支持基层医疗卫生机构利用现有富余床位开设康复、护理床位，养老机构空置率高的养老床位转设为护理型床位。到 2022 年，基层医疗卫生机构护理床位占比达到 30%；护理型养老床位占比达 50% 以上。（责任单位：县卫生健康局。配合单位：民政局）

5. 加强长期照护服务

（1）健全长期照护服务体系。建立长期照护服务项目、质量评价等行业规范，构建居家、社区、机构相衔接的专业化长期照护服务体系。逐步探索建立符合实际、与相关保险和福利及救助相衔接的长期护理保险制度，完善长期照护体系。（责任单位：县卫生健康局。配合单位：县医疗保障局、民政局、财政局）

（2）开展长期照护服务。通过政府购买服务等方式，支持社区嵌入式为老服务机构发展。支持专业化、品牌化、连锁化社区居家为老服务企业发展，提供更多个性化、多样化居家上门为老服务。依托社区卫生服务中心、乡镇卫生院等医疗卫生机构以及具备提供长期照护服务能力的社区日间照料中心、敬老院等养老机构，为失能老年人提供长期照护服务。鼓励通过公建民营、政府购买服务、发放运营补贴等方式，支持各类医养结合机构为特困供养人员、重点优抚对象、计划生育特殊家庭和经济困难的高龄失能老年人等困难老年人群开展长期照护服务。（责任单位：县卫生健康局。配合单位：县民政局、财政局、医疗保障局）

6. 加强安宁疗护服务

（1）积极开展安宁疗护服务。鼓励县医院、县中医医院、医养结合机构、社区卫生服务中心（站）、乡镇卫生院等机构根据自身的功能和定位开展安宁疗护服务。（责任单位：县卫生健康局。配合单位：县民政局、医疗保障局）

（2）规范安宁疗护服务内容和收费标准。非营利性医疗机构提供的安宁疗护服务，属于治疗、护理、检查检验等医疗服务的，按现有项目收费。属于关怀慰藉、生活照料等非医疗服务的，不作为医疗服务价格项目管理，收费标准由医疗机构自主确定。营利性医疗机构可自行确定安宁疗护服务内容和收费标准。（责任单位：县卫生健康局。配合单位：县民政局、财政局、医疗保障局）

（3）树立生命教育理念。建立完善安宁疗护多学科服务模式，为疾病终末期患者提供疼痛及其他症状控制、舒适照护等服务，为患者及家属提供人文关怀。加强对公众的宣传教育，将生命教育纳入中小学校健康课程，推动安宁疗护理念得到社会广泛认可和接受。（责任单位：县卫生健康局。配合单位：县民政局、教育体育局）

三、保障措施

（一）强化组织保障。各部门要高度重视医养结合和老年健康服务体系建设工作，将其纳入本单位相关规划，紧紧围绕《健康永宁建设（2020—2030）》和本实施方案确定的目标任务，及时解决医养结合和老年健康服务体系建设中的重大问题，确保各项措施落到实处。

（二）加强队伍建设。加大养老服务从业人员培训力度，按规定落实培训费补贴、职业技能鉴定补贴等政策。建立健全养老服务从业人员激励机制。鼓励医护人员到医养结合机构执业，并在职称评定等方面享受同等待遇。加强老年健康相关职业技能等级证书和职业技能水平评价，养老服务人才队伍专业化水平得到明显提升，基本满足老年人护理服务需求。

（三）加强信息化支撑。针对家庭、社区、机构等不同应用环境，运用“互联网＋健康养老”服务模式，充分利用互联网、物联网等技术，探索开展老年健康教育、健康监测、健康管理、远程医疗等服务。鼓励医疗卫生机构、老年人服务机构加强智慧健康养老应用，推动智慧健康服务，实现线上线下结合，将医疗卫生资源和相应服务辐射到社区和养老机构。加强老年健康服务相关信息系统建设，建立老年人健康全周期管理体系，促进各类健康数据的汇集和融合，整合信息资源，促进医院、养老机构、社区、家庭信息互联互通，实现信息共享。充分利用人工智能等技术，探索开展远程实时查看、实时定位、健康监测、紧急救助呼叫等服务。利用现有养老服务信息平台，打造覆盖家庭、社区和机构智慧健康养老服务网络，实现智慧医疗健康服务便捷化，为老年人提供综合性智慧健康养老服务。

（四）加大保险支持。按照国家统一部署，适时开展长期护理保险试点工作，为全县失能、半失能老人提供医疗护理服务保障。将符合条件的医养结合机构中的医疗机构按规定纳入基本医疗保险协议管理范围。支持商业保险机构大力发展医养保险，针对老年人风险特征和需求特点，重点发展老年人疾病保险、医疗保险和意外伤害保险，加快发展包括商业长期护理保险在内的多种老年护理保险产品，满足老年人护理保障需求。对符合条件的医养结合机构中的医疗机构按照规定纳入基本医疗保险协议管理范围。对符合医疗行业和医保政策规定的转诊住院患者连续计算医保起付线。按规定逐步将符合条件的医疗康复项目纳入基本医疗保险支付范围。厘清医疗卫生服务和养老服务的支付边界，基本医疗保险基金只能用于支付符合医疗保险政策范围的疾病诊治、医疗护理、医疗康复等医疗卫生服务费用，不得用于支付生活照护等养老服务费用。

（五）推进标准建设。落实老年人健康干预及评价标准。建立健全长期照护服务标准和管理规范，执行长期照护专业人员职业技能标准。加强老年医疗、康复、护理、安宁疗护等老年健康服务机构基本标准和服务规范管理，推进综合医院老年医学科建设，强化老年友善医疗卫生机构标准建设。建立健全保障机制，鼓励相关机构投保责任险、医疗意外险、人身意外险等，防范应对执业风险和人身安全风险，适当提高上门服务人员的待遇水平。

永宁县人民政府办公室

2021 年 11 月 29 日

中共永宁县委、县委办公室重要文件目录一览表

题名	文件编号
关于全面推进乡村振兴加快农业农村现代化的实施意见	永党发〔2021〕1 号
关于制定国民经济和社会发展第十四个五年规划和二〇三五年远景目标的建议	永党发〔2021〕3 号
关于对《永宁县推进基层整合审批服务执法力量改革实施方案（送审稿）》予以批准的请示	永党发〔2021〕4 号
关于呈送永宁县农村生活污水处理站提标改造项目（一期）“9・10”较大中毒和窒息事故检查的报告	永党发〔2021〕5 号
关于 2020 年隐形债务化解情况的情况	永党发〔2021〕6 号
关于印发《永宁县委落实全面从严治党主体责任清单》的通知	永党发〔2021〕7 号
关于闽宁镇建设发展方案及 2021 年计划实施项目情况的报告	永党发〔2021〕8 号
关于政府隐形债务变动统计结果核查情况的报告	永党发〔2021〕15 号
关于闽宁会议中心建设项目情况的报告	永党发〔2021〕28 号
关于全县严格规范村庄撤并工作开展情况的报告	永党发〔2021〕29 号
关于永宁县乡镇领导班子换届人事安排的请示	永党发〔2021〕32 号
关于做好中国共产党永宁县第十五届代表大会代表选举工作的通知	永党发〔2021〕39 号
关于印发《永宁县法治社会建设实施方案（2021 年—2025 年）》的通知	永党发〔2021〕43 号
关于确定永宁县出席中国共产党银川市第十五次代表大会代表候选人预备人选的情况报告	永党发〔2021〕48 号
关于选举产生永宁县出席中国共产党银川市第十五次代表大会代表的情况报告	永党发〔2021〕51 号
关于推荐中共银川市第十五届委员会委员候补委员和纪委委员候选人推荐人选的报	永党发〔2021〕53 号
关于印发《永宁县落实〈关于在全区深入实施干部政治能力和专业能力提升工程的意见〉分工方案》的通知	永党办发〔2021〕3 号
关于进一步做好困难群众基本生活保障有关工作的通知	永党办发〔2021〕4 号
关于印发《2021 年全县领导干部接待群众来访工作实施方案》的通知	永党办发〔2021〕6 号
关于印发永宁县贯彻落实提高自然灾害防治能力重点工程实施方案的通知	永党办发〔2021〕10 号
关于印发《银川市委 2020 年度党风廉政建设责任制落实情况考核反馈问题整改方案》的通知	永党办发〔2021〕12 号
关于印发《永宁县开展集中治理重复信访、化解信访积案专项工作攻坚行动方案》的通知	永党办发〔2021〕17 号
关于印发 2021 年县级领导包抓基本建设项目责任分工实施方案的通知	永党办发〔2021〕19 号
关于印发永宁县贯彻落实自治区生态环境保护督察反馈意见整改方案的通知	永党办发〔2021〕29 号
印发《关于全面推进乡村振兴加快农业农村现代化的实施意见》分工方案的通知	永党办发〔2021〕35 号
关于印发《2021 年永宁县全面从严治党党风廉政建设和反腐败主要任务分工方案》的通知	永党办发〔2021〕36 号
关于印发《永宁县 2021 年度扶持壮大村集体经济项目实施方案》的通知	永党办发〔2021〕40 号

续表

题名	文件编号
关于印发永宁县2021年争项目资金争政策争示范工作方案的通知	永党办发〔2021〕43号
关于印发《永宁县政治生态分析研判评价暂行办法》的通知	永党办发〔2021〕47号
转发《中共永宁县委统战部关于协助各民主党派基层组织做好换届工作的实施方案》的通知	永党办发〔2021〕48号
关于成立永宁县推进“四大提升行动”工作领导小组的通知	永党办发〔2021〕51号
关于印发永宁县迎接自治区党委2021年生态环境保护专项督察工作方案的通知	永党办发〔2021〕52号
印发《关于深入开展群众身边腐败和不正之风专项整治实施方案》的通知	永党办发〔2021〕55号
关于印发《市县一体化巡查反馈问题整改“回头看”工作方案》的通知	永党办发〔2021〕56号
关于印发《永宁县农村人居环境整治提升五年行动2021年工作方案》的通知	永党办发〔2021〕58号
关于印发《永宁县生态环境损害赔偿制度改革实施方案（试行）》的通知	永党办发〔2021〕62号
关于印发永宁县实现巩固拓展脱贫攻坚成果同乡村振兴有效衔接的实施方案的通知	永党办发〔2021〕64号
关于印发进一步强化易地搬迁后续扶持实施移民致富提升行动工作方案的通知	永党办发〔2021〕65号
关于印发移民致富提升行动县级领导包抓重点移民村（社区）实施方案的通知	永党办发〔2021〕66号
关于印发永宁县进一步促进劳务移民就业创业工作实施方案的通知	永党办发〔2021〕67号
关于印发《永宁县移民安置区产业发展实施方案》的通知	永党办法〔2021〕68号
关于印发永宁县红十字会改革方案的通知	永党办发〔2021〕72号
关于印发《永宁县媒体融合发展改革实施方案》的通知	永党办发〔2021〕77号
关于做好黄河流域生态环境问题整改工作的通知	永党办发〔2021〕79号
关于印发永宁县城乡居民收入提升行动实施方案的通知	永党办发〔2021〕82号
关于印发永宁县基础教育质量提升行动实施方案的通知	永党办发〔2021〕83号
关于印发用水权、土地权、排污权、山林权四权改革实施方案的通知	永党办发〔2021〕84号
关于印发《永宁县工商联合会深化改革实施方案》的通知	永党办发〔2021〕89号
关于印发黄河流域生态环境警示片披露永宁县问题整改方案的通知	永党办发〔2021〕91号
关于印发《永宁县开展违规吃喝隐形变异问题专项整改工作方案》的通知	永党办发〔2021〕96号
关于印发《关于做好第二批集中交办重复信访事项化解工作方案》的通知	永党办发〔2021〕104号
关于印发《永宁县推进县域共青团基层组织改革试点工作实施方案》的通知	永党办发〔2021〕105号
关于废止《永宁县地下水取水设施整改方案》的通知	永党办发〔2021〕109号
关于印发永宁县贺兰山区域地下水取水井专项治理行动方案的通知	永党办发〔2021〕112号
关于印发《永宁县全面推进林长制实施方案》的通知	永党办发〔2021〕114号
关于印发《永宁县迎接第二轮中央生态环境保护督察工作方案》的通知	永党办发〔2021〕115号
关于印发永宁县贯彻落实自治区生态环境保护专项督察反馈意见整改方案的通知	永党办发〔2021〕116号
关于印发《永宁县科级领导班子和科级领导干部考核办法（试行）》的通知	永党办发〔2021〕119号
关于印发《永宁县法治政府建设“十四五”规划（2021—2025年）》的通知	永党办发〔2021〕122号

永宁县 2021 年国民经济和社会发展统计公报[1]

永宁县统计局

2021 年，全县上下坚持以习近平新时代中国特色社会主义思想为指导，全面贯彻落实党的十九大和十九届历次全会精神以及习近平总书记视察宁夏重要讲话精神，坚持稳中求进工作总基调，坚持以建设黄河流域生态保护和高质量发展先行区为统领，科学统筹新冠肺炎疫情防控和经济社会发展，扎实做好“六稳”工作，全面落实“六保”任务，实现了“十四五”良好开局。

一、综合

初步核算，全年全县实现地区生产总值 130.35 亿元，按可比价格计算，比上年增长 9.8%[2]。其中，第一产业增加值 22.07 亿元，增长 5.5%；第二产业增加值 35.07 亿元，增长 16.6%；第三产业增加值 73.22 亿元，增长 8.3%。三次产业增加值占比为 16.9∶26.9∶56.2。按常住人口计算，全县人均地区生产总值 40357 元，增长 9.0%。

年末全县常住人口 32.4 万人，比上年末增长 0.2 万人，其中，城镇常住人口 21.3 万人，占总人口比重为 65.7%；回族人口 8.04 万人，占总人口的比重为 24.8%；女性人口 15.8 万人，占总人口的比重为 48.8%。人口出生率为 11.76‰，死亡率为 4.64‰，人口自然增长率为 7.12‰。

全年居民消费价格比上年上涨 1.4%，其中，食品烟酒类上涨 1.6%，衣着类下降 0.5%，医疗保健上涨 2.6%，教育文化和娱乐类上涨 1.5%，居住类上涨 0.1%，生活用品及服务类上涨 1.0%，交通和通信类上涨 3.9%，其他用品和服务下降 1.2%。商品零售价格总指数上涨 2.0%。

全年完成地方财政收入 21.74 亿元，比上年增长 65.9%。一般公共预算收入 10.27 亿元，同比增长 17.1%。全年完成地方财政支出 35.38 亿元，比上年增长 1.7%。一般公共预算支出 26.95 亿元，同比下降 8.5%。

二、农业

全年完成农林牧渔业总产值 42.53 亿元，按可比价格计算，比上年增长 5.8%。全年粮食作物播种面积 38.41 万亩，比上年下降 1.1%。其中，小麦播种面积 6.68 万亩，增长 23.7%。蔬菜播种面积 24.38 万亩，下降 4.3%。园林水果播种面积 18.07 万亩，增长 8.0%。全年粮食产量 22.11 万吨，下降 0.4%，其中，小麦产量 2.59 万吨，增长 26.9%。蔬菜及食用菌产量 49.55 万吨，下降 8.4%。园林水果产量 8.74 万吨，增长 1.4 倍。禽蛋产量 0.92 万吨，下降 8.6%。牛奶产量 3.78 万吨，增长 38.2%。水产品产量 3950 吨，下降 28.7%。全年肉类总产量 1.43 万吨，增长 12.1%。其中，猪肉产量 0.25 万吨，增长 42.9%；牛肉产量 0.52 万吨，下降 9.0%；羊肉产量 0.38 万吨，增长 27.9%。年末牛存栏 4.58 万头；生猪存栏 2.26 万头；羊只存栏 15.64 万只；家禽存栏 0.73 万只。

三、工业和建筑业

全年全部工业增加值比上年增长 8.7%[3]。其中，规模以上工业增加值增长 11.9%。在规模以上工业中，分轻重工业看，轻工业增加值增长 21.8%，重工业增加值下降 9.3%。分经济类型看，国有企业增加值下降 19.9%，股份制企业增加值增长 10.5%，外商及港澳台商投资企业增加值下降 87.8%。全县规模以上非公有制工业企业增加值增长 12.9%。

全年规模以上工业中，电力、热力的生产和供应业增加值比上年增长 14.8%；化学原料及化学制品制造业下降 2.5%。六大耗能行业[4]增加值下降 14.0%，占规模以上工业增加值比重为 14.6%；高新技术产业增加值增长 15.8%，占规模以上工业增加值比重为60.8%。

全年规模以上工业总产值比上年增长16.5%，工业销售产值比上年增长17.6%；规模以上工业企业营业收入93.60亿元，比上年增长14.8%；营业成本82.58亿元，比上年增长18.7%；工业品出口交货值17.68亿元，应收账款14.49亿元。年末规模以上工业企业资产负债率52.2%，比上年末增长1.0个百分点；企业亏损面30.8%，亏损企业亏损额1.23亿元。

全年全县具有资质等级建筑业企业8个，实现建筑业总产值4.56亿元，比上年增长32.8%。房屋建筑施工面积31.93万平方米，比上年增长1.9倍。房屋建筑竣工面积6万平方米，比上年增长2.6倍。

四、固定资产投资

全年全县固定资产投资比上年增长20.5%。从投资结构看，第一产业投资增长10.7%；第二产业投资增长23.5%；第三产业投资增长86.5%。

全年完成房地产开发投资33.16亿元，比上年增长1.3倍。其中，住宅开发投资25.39亿元，增长1.1倍；商业营业用房投资3.97亿元，增长4.1倍；其他投资3.80亿元，增长1.6倍。房屋施工面积501.27万平方米，增长19.8%，其中，住宅施工面积358.32万平方米，增长23.3%。商品房销售面积49.05万平方米，增长3.3%，其中，住宅销售面积43.74万平方米，下降2.8%。商品房销售额28.03亿元，增长24.5%，其中，住宅销售额25.20亿元，增长19%。

五、国内贸易

全年实现社会消费品零售总额26.95亿元，比上年增长2.8%[5]。分城乡看，城镇消费品零售额增长3.5 %，乡村消费品零售额增长0.3%。分行业看，批发业消费品零售额增长3.4%；零售业消费品零售额增长2.1%；住宿业消费品零售额下降4.8%；餐饮业消费品零售额增长5.1%。分规模看，限额以上企业消费品零售额增长16.1%，限额以下企业及个体户消费品零售额增速与上年持平。

六、交通、邮电和旅游

全年公路客运量1320.4万人次，公路客运周转量14824万人公里[6]，公路货运量262.7万吨，公路货运周转量55310万吨公里。

全年完成邮政业业务收入3741.85万元，收寄函件完成营业收入总量15.33万元，占全年计划的102.2%。收寄特快专递完成营业收入总量257.40万元，占全年计划的73.5%。全年收寄函件0.98万件。年末本地固定电话用户0.82万户，移动电话用户达到37.66万户，计算机互联网用户12.06万户。

全年接待境内游客达51.29万人次，同比增长61.1%；实现旅游总收入1392.37万元，同比增长0.4%。

七、金融和保险

年末全县金融机构人民币各项存款余额为194.89亿元，增长13.1%。其中，住户存款为149.55亿元，增长14.7%。人民币各项贷款余额为150.03亿元，增长3.2%，其中，短期贷款余额49.66亿元，增长5.9%，中长期贷款余额76.24亿元，增长4.2%。

全年实现保费收入1.93亿元，下降8.5%。其中，财产保费收入0.71亿元，下降18.4%；人身险保费收入1.22亿元，下降1.6%。全年支付各项赔款及给付额0.78亿元，增长16.4%。其中，财产险赔付0.43亿元，增长13.2%；人身险赔付0.35亿元，增长20.7%。

八、教育和科学技术

年末全县有普通本科高校1所，招生5919人，在校生14834人，毕业生3022人，教职工703人，其中，专任教师607人。中等职业学校3所，招生2530人，在校生6129人，毕业生751人，教职工333人，其中，专任教师236人。普通高中院校4所，招生2282人，在校生6537人，毕业生1709人。初中学校6所，招生4134人，在校生12476人，毕业生4397人。普通小学27所，招生4413人，在校生25499人，毕业生3900人。幼儿园64所，在园幼儿12388人。学前三年毛入园率131.70%，小学学龄儿童入学率100%，初中学龄人口入学率99.59%，初中三年巩固率99.53%。

年末全县有高新技术企业12家，有效发明专利215件，比上年增长9.1%，专利授权414件，比上年增长 1.2 倍。

九、文化、卫生和体育

年末拥有文化馆 1 个、公共图书馆 1 个，广播电台 1 座，电视台 1 座。广播综合人口覆盖率 100%，电视综合人口覆盖率 100%。年末公共图书馆藏书 20 万册，比上年增长 5%。

年末全县共有医疗卫生机构 13 个，其中，医院 2 个、乡镇卫生院 8 个。卫生机构床位 524 张，其中，医院、卫生院床位 504 张。卫生技术人员 1127 人，其中，执业（助理）医师 306 人，注册护士 447 人。疾病预防控制中心 1 个，卫生技术人员 15 人；妇幼保健院（所）1 个，卫生技术人员 35 人；社区卫生服务中心（站）10 个，卫生技术人员 55 人；卫生监督所 1 个，卫生技术人员 11 人；村级卫生室 29 个，乡村医生及防疫妇幼 69 人。全县儿童免疫规划疫苗接种率 99.91%。

年末全县经常性参加体育锻炼的人数占全县人口总数的 36%，人均体育场地面积达到 2.21 平方米。

十、人民生活和社会保障

全年全县全体常住居民人均可支配收入 24915 元，比上年增加 2244 元，增长 9.9%。

全年全县城镇常住居民人均可支配收入 36601 元，比上年增加 2903 元，增长 8.6%。城镇常住居民人均消费性支出 24064 元，增长 4.1%。城镇常住居民家庭恩格尔系数 27.6%。

全年全县农村常住居民人均可支配收入 17914 元，比上年增加 1873 元，增长 11.7%。农村常住居民人均生活消费支出 14759 元，增长 16.6%。农村常住居民家庭恩格尔系数为 28.9%。

年末全县参加基本养老保险 16.19 万人，比上年下降 3.4%，其中，参加城镇职工养老保险 7.01 万人，参加城乡居民养老保险 9.18 万人，参加失业保险 0.44 万人。缴费期截止，全县参加基本医疗保险 22.82 万人，其中，参加城乡居民医疗保险 19.45 万人，参加城镇职工医疗 3.38 万人。2021 年，发放城乡医疗救助金 1129 万元，接受城乡医疗救助 3.3 万人次。

年末全县拥有养老机构 2 家，共有床位 593 张，其中，民办养老院 1 家，床位 223 张；全县居民享受城市最低生活保障人数 1745 人，全年发放城镇居民最低生活保障金 0.11 亿元；农村享受最低保障人数 4917 人，全年发放农村最低生活保障金 0.22 亿元；高龄老人补贴 1784 户，共 1827 人；享受特困 60 岁以上供养待遇共 251 人，其中，集中供养 65 人，散居供养 186 人。

十一、城市建设

年末全县总面积 934 平方公里。建成区绿化覆盖面积 480.43 公顷；年末建成区绿地面积 421.97 公顷，其中，建成区公园绿地面积 114.13 公顷。

十二、环境与安全生产

全年平均气温 10.9℃；累计降水量 153.1 毫米；日照时数 2874.4 小时。

全年城市空气质量优良天数 307 天，优良天数比例 84.1%。

据县应急管理部门提供，全年发生安全生产事故 4 起，死亡 4 人。

注：

[1] 本公报中的数据均为初步统计数。

[2] 地区生产总值、各产业增加值和人均地区生产总值绝对数按现行价格计算，增长速度按不变价格计算。根据第四次全国经济普查结果及有关制度规定，对 2000—2018 年地区生产总值进行修订。

[3] 自 2018 年起，不再公布规模以上工业增加值、固定资产投资总量。

[4] 六大高耗能行业分别为：化学原料和化学制品制造业、非金属矿物制品业、黑色金属冶炼和压延加工业、有色金属冶炼和压延加工业、原油加工冶焦和核燃料加工业、电力热力生产和供应业。

[5] 根据第四次全国经济普查结果及有关制度规定，对 1992—2019 年社会消费品零售总额数据进行修订。

[6] 2021 年公路客运数据包含农村客运、出租车、公交车。

永宁县第七次全国人口普查公报[1]（第一号）

——全县人口情况

永宁县统计局
永宁县第七次全国人口普查领导小组办公室
2021年6月9日

根据第七次全国人口普查结果，现将2020年11月1日零时我县人口的基本情况公布如下：

一、常住人口

全县常住人口[2]为321618人。

二、人口增长

全县常住人口与2010年第六次全国人口普查的218260人相比，增加103358人，增长47.36%，年平均增长率为3.95%。

三、户别人口

全县共有家庭户[3]116910户，集体户5155户，家庭户人口为301927人，集体户人口为19691人。平均每个家庭户的人口为2.58人，比2010年第六次全国人口普查减少0.59人。

四、民族人口

全县常住人口中，汉族人口为237592人，占73.87%；各少数民族人口为84026人，占26.13%，其中回族人口为79774人，占24.80%。与2010年第六次全国人口普查相比，汉族人口增加69901人，增长41.68%；各少数民族人口增加33457人，增长66.16%，其中回族人口增加30123人，增长60.67%。

注释：

[1] 本公报数据均为初步汇总数据。

[2] 常住人口包括：居住在本乡镇（街道）且户口在本乡镇（街道）或户口待定的人；居住在本乡镇（街道）且离开户口登记地所在的乡镇（街道）半年以上的人；户口在本乡镇（街道）且外出不满半年或在境外工作学习的人。全县常住人口包括9个乡镇、场、街道的常住人口。

[3] 家庭户是指以家庭成员关系为主、居住一处共同生活的人组成的户。

永宁县第七次全国人口普查公报[1]（第二号）

——地区人口情况

永宁县统计局
永宁县第七次全国人口普查领导小组办公室
2021 年 6 月 9 日

根据第七次全国人口普查结果，现将 2020 年 11 月 1 日零时我县的常住人口[2]有关数据公布如下：

一、乡镇人口

分 9 个乡镇、场、街道[3]看，团结西路街道人口为 69008 人，占全县常住人口的 21.46%；杨和镇人口为 30750 人，占 9.56%；李俊镇人口为 17400，占 5.41%；望远镇人口为 118671 人，占 36.89%；望洪镇人口为 15907 人，占 4.95%；闽宁镇人口为 47526 人，占 14.78%；胜利乡人口为 13550 人，占 4.21%；黄羊滩农场人口为 2903 人，占 0.90%；玉泉营农场人口为 5903 人，占 1.84%。

二、乡镇人口变化

9 个乡镇、场、街道，人口比重与 2010 年第六次全国人口普查相比，团结西路街道、望远镇、闽宁镇人口所占比重分别上升 6.22、17.64、3.47 个百分点，杨和镇、李俊镇、望洪镇、胜利乡、黄羊滩农场、玉泉营农场分别下降 6.31、7.29、9.23、3.10、0.93、0.47 个百分点。

与 2010 年第六次全国人口普查相比，9 个乡镇场、街道中，人口增加的乡镇、场、街道依次为：团结西路街道、望远镇、闽宁镇、玉泉营农场，分别增加 35742 人、76649 人、22830 人、873 人。

注释：

[1] 本公报数据均为初步汇总数据。部分数据因四舍五入的原因，存在总计与分项合计不等的情况。

[2] 常住人口包括：居住在本乡镇（街道）且户口在本乡镇（街道）或户口待定的人；居住在本乡镇（街道）且离开户口登记地所在的乡镇（街道）半年以上的人；户口在本乡镇（街道）且外出不满半年或在境外工作学习的人。

[3]9 个乡镇、场、街道包括：李俊镇、望洪镇、杨和镇、望远镇、闽宁镇、胜利乡、团结西路街道、黄羊滩农场、玉泉营农场。

[4] 指各乡镇的常住人口占全县常住人口的比重。

永宁县第七次全国人口普查公报[1]（第三号）

——人口性别构成情况

永宁县统计局
永宁县第七次全国人口普查领导小组办公室
2021 年 6 月 9 日

根据第七次全国人口普查结果，现将 2020 年 11 月 1 日零时我县的人口性别构成情况公布如下：

一、全县人口性别构成

全县常住人口[2]中，男性人口为 164901 人，占 51.27%；女性人口为 156717 人，占 48.73%。总人口性别比（以女性为 100，男性对女性的比例）为 105.22，与 2010 年第六次全国人口普查总人口性别比 107.55 相比，下降 2.33 个百分点。

二、乡镇人口性别构成

9 个乡镇、场、街道中，总人口性别比在 103[3] 以下的乡镇、场、街道有 2 个，在 103 至 107 之间的乡镇、场、街道有 4 个，在 107 以上的乡镇、场、街道有 3 个。

注释：

[1] 本公报数据均为初步汇总数据。

[2] 全县常住人口包括 9 个乡镇、场、街道的常住人口。

[3]（103—107）是国际公认的人口性别比正常水平。

永宁县第七次全国人口普查公报[1]（第四号）

——人口年龄构成情况

永宁县统计局
永宁县第七次全国人口普查领导小组办公室
2021 年 6 月 9 日

根据第七次全国人口普查结果，现将 2020 年 11 月 1 日零时我县的人口年龄构成情况公布如下：

一、全县人口年龄构成

全县常住人口[2]中，0—14 岁[3]人口为 63728 人，占 19.81%；15—59 岁人口为 215461 人，占 66.99%；60 岁及以上人口为 42429 人，占 13.19%，其中 65 岁及以上人口为 30242 人，占 9.40%。与 2010 年第六次全国人口普查相比，0—14 岁人口的比重上升 0.63 个百分点，15—59 岁人口的比重下降 4.31 个百分点，60 岁及以上人口的比重上升 3.68 个百分点，65 岁及以上人口的比重上升 3.35 个百分点。

二、乡镇人口年龄构成

9 个乡镇、场、街道中，15—59 岁人口比重在 65% 以上的乡镇、场、街道有 4 个，在 60%—65% 之间的乡镇、场、街道有 4 个，在 60% 以下的乡镇、场、街道有 1 个。

7 个乡镇、场、街道 65 岁及以上老年人口比重均超过 7%。

注释：

[1] 本公报数据均为初步汇总数据。部分数据因四舍五入的原因，存在总计与分项合计不等的情况。

[2] 全县常住人口包括 9 个乡镇、场、街道的常住人口。

[3] 0—15 岁人口为 67133 人，16—59 岁人口为 212056 人。

永宁县第七次全国人口普查公报[1]（第五号）

——人口受教育情况

永宁县统计局
永宁县第七次全国人口普查领导小组办公室
2021 年 6 月 9 日

根据第七次全国人口普查结果，现将 2020 年 11 月 1 日零时我县的人口受教育基本情况公布如下：

一、受教育程度人口

全县常住人口[2]中，拥有大学（指大专及以上）文化程度的人口为 41075 人；拥有高中（含中专）文化程度的人口为 37343 人；拥有初中文化程度的人口为 115140 人；拥有小学文化程度的人口为 84209 人（以上各种受教育程度的人包括各类学校的毕业生、肄业生和在校生）。与 2010 年第六次全国人口普查相比，拥有大学文化程度的由 12409 人增至 41075 人；拥有高中文化程度的由 23166 人增至 37343 人；拥有初中文化程度的由 90979 人增至 115140 人；拥有小学文化程度的由 62357 人增至 84209 人。

二、平均受教育年限[3]

与 2010 年第六次全国人口普查相比，全县常住人口中，15 岁及以上人口的平均受教育年限由 8.47 年提高至 9.32 年。

9 个乡镇、场、街道中，平均受教育年限在 9.32 年以上的乡镇、场、街道有 3 个。

三、文盲人口

全县常住人口中，文盲人口（15 岁及以上不识字的人）为 12416 人，与 2010 年第六次全国人口普查相比，文盲人口减少 880 人，文盲率[4]由 6.09% 下降为 3.86%，下降 2.23 个百分点。

注释：

[1] 本公报数据均为初步汇总数据。部分数据因四舍五入的原因，存在总计与分项合计不等的情况。

[2] 全县常住人口包括 9 个乡镇、场、街道的常住人口。

[3] 平均受教育年限是将各种受教育程度折算成受教育年限计算平均数得出的，具体的折算标准是：小学＝6 年，初中＝9 年，高中＝12 年，大专及以上＝16 年。

[4] 文盲率是指 9 个乡镇、场、街道的人口中 15 岁及以上不识字人口所占比例。

永宁县第七次全国人口普查公报[1]（第六号）

——城乡人口和流动人口情况

永宁县统计局
永宁县第七次全国人口普查领导小组办公室
2021 年 6 月 9 日

根据第七次全国人口普查结果，现将 2020 年 11 月 1 日零时我县 9 个乡镇、场、街道的人口城乡分布及流动情况公布如下：

一、城乡[2]人口

全县常住人口[3]中，居住在城镇的人口为 207698 人，占 64.58%；居住在乡村的人口为 113920 人，占 35.42%。与 2010 年第六次全国人口普查相比，城镇人口增加 131108 人，乡村人口减少 27750 人。

二、流动人口[4]

全县常住人口中，人户分离人口[5]为 182045 人，流动人口为 182045 人。流动人口中，外省流入人口为 47722 人，区内流动人口为 134323 人。

与 2010 年第六次全国人口普查相比，人户分离人口增加 134136 人，流动人口增加 134136 人。

注释：

[1] 本公报数据均为初步汇总数据。

[2] 城镇、乡村是按国家统计局《统计上划分城乡的规定》划分的。

[3] 全县常住人口包括 9 个乡镇、场、街道的常住人口。

[4] 流动人口是指人户分离人口中扣除市辖区内人户分离的人口。

[5] 人户分离人口是指居住地与户口登记地所在的乡镇、街道不一致且离开户口登记地半年以上的人口。

说 明

一、本索引采用分析索引方法，按标引词第一字汉语拼音，同音字按声调顺序排列；第一字相同，按第二字音序排列。依此类推。

二、标引词后的阿拉伯数字表示内容所在的页码。数字后的 a、b、c 分别表示从左到右第一、第二、第三栏。

三、标引词后有多个页码，表示互见内容所在的位置。

四、年鉴“彩页”“大事记”“附录”等内容未作索引。

A

B

C

D

F

G

H

J

K

L

P

Q

R

S

T

W

X

Y

Z